WILHELM BOUSSET

Hauptprobleme
der Gnosis

Neudruck der 1. Auflage von 1907

VANDENHOECK & RUPRECHT

IN GÖTTINGEN

Forschungen zur Religion und Literatur des Alten und Neuen Testaments

herausgegeben von

D **Wilhelm Bousset** und *D* **Hermann Gunkel**
ao. Prof. d. Theol. in Göttingen   o. Prof. d. Theol. in Giessen

10. Heft.

ISBN 3-525-53551-1

Neudruck 1973. Alle Rechte vorbehalten. — Ohne ausdrückliche Genehmigung des Verlages ist es nicht gestattet, das Buch oder Teile daraus auf foto- oder akustomechanischem Wege zu vervielfältigen. Druck: fotokop, Darmstadt · Bindearbeit: Hubert & Co., Göttingen

Vorwort.

Ich lege in diesem Heft Studien vor, die mich bereits etwa seit einem Jahrzehnt beschäftigen. Seit dem Erscheinen von Anz, Ursprung des Gnosticismus, haben mich die hochbedeutsamen religionsgeschichtlichen Probleme, welche die Gnosis bietet, immer von neuem angezogen. Wenn ich jetzt mit einem vorläufigen Abschluß meiner Studien an die Öffentlichkeit trete, so tue ich das in der Überzeugung, daß nur eine große, gemeinsame Arbeit von Forschern der verschiedensten Gebiete die Aufgabe einer religionsgeschichtlichen Erforschung der Gnosis zu Ende führen kann, und in der Hoffnung, ein wenig dazu beitragen zu können, daß diese Arbeit energischer als bisher in Angriff genommen werde. Weite Strecken unseres Gebietes harren noch ganz und gar der Bearbeitung. Die Quellen des Mandäismus sind dem mit der mandäischen Sprache nicht Vertrauten erst zum allergeringsten Teil erschlossen, und wir dürfen nur hoffen und wünschen, daß ein Forscher wie Lidzbarski uns in absehbarer Zeit diese terra incognita völliger erschließe. Für das Studium des Manichäismus beginnt mit der Entdeckung der Fragmente von Turfan geradezu eine neue Epoche. Neue Schätze koptisch-gnostischer Überlieferung harren noch der vollständigen Hebung. Ich bin aber der Meinung, daß die vorhandenen Mittel genügen, um in dem Studium der Gnosis schon jetzt einen Schritt nach vorwärts zu kommen, und hoffe mich darin nicht getäuscht zu haben. Ich bedaure, daß ich P. Wendlands vortreffliche Skizze über die Gnosis (Hellenistisch-römische Kultur S. 161 ff.) nur noch für die letzten Bogen benutzen konnte.

Göttingen, im Oktober 1907.

Wilhelm Bousset.

Inhaltsangabe.

Einleitung.

Frühzeitig hat man begonnen, wie die Natur der Sachlage es mit sich brachte, sein Augenmerk auf das religionsgeschichtliche Problem der Gnosis zu richten. Doch hat dies Interesse, sowohl hinsichtlich seiner Intensität als auch hinsichtlich seiner Richtung starke Schwankungen durchgemacht. Seit Mosheim spricht man von Orientalismus und orientalischem Charakter der Gnosis. Matter, Gieseler, Neander arbeiteten in dieser Richtung. Namentlich hat F. Chr. Baur (die christl. Gnosis in ihrer geschichtl. Entwicklung 1835, das manichäische Religionssystem 1831) eine reiche Fülle religionsgeschichtlichen Wissens in den Dienst der Erforschung der Gnosis gestellt. Selbst bis zur indischen Religion hinüber richtete bereits Baur seine Aufmerksamkeit; und an ihn hat sich Lassen (indische Altertumskunde, III. Bd. 1858 S. 380—387)[1] angeschlossen. Die allgemeine Behauptung vom orientalischen Charakter hat Lipsius (Artikel Gnosticismus in Ersch und Grubers Encycl. Sect. I, Teil 71) auf einen sichereren Boden zu stellen versucht, indem er besonders die semitischen Religionen Vorderasiens (Syriens und Phöniciens) zum Vergleich heranzog. Auch Hilgenfeld ist in den gelegentlichen religionsgeschichtlichen Bemerkungen seiner Ketzergeschichte wesentlich nach dieser Seite orientiert und hebt gern Berührungen mit dem Parsismus hervor.

---

1. Es mag hier gleich betont werden, daß man nach dieser Seite nicht weit über Baur und Lassen hinausgekommen ist. Was Garbe, Sāṃkhyaphilosophie 1894, S. 96—99, Sāṃkhya und Joga 1896, S. 4 f. 40 zur Erhärtung der These beibringt, führt nicht viel weiter. Im ganzen handelt es sich hier mit wenigen Ausnahmen (s. namentlich Kapitel IV dieses Buches und Grill, Entstehung d. 4. Evangeliums 1902, S. 344 ff.) um Vermutungen sehr vager und unbestimmter Natur. Das gilt auch von Useners Andeutungen: religionsgesch. Untersuch. I 72.

Dann schwenkte das Urteil der Forscher. Joel, (Blicke in die Religionsgesch. zu Anfang des zweiten christlichen Jahrhunderts, Breslau 1880) war allen Ernstes der Meinung, daß alle wesentlichen gnostischen Ideen bereits in der griechischen Philosophie (Plato) vorhanden seien und brachte damit das Verständnis der Gnosis glücklich etwa wieder auf das Niveau der Auffassung der alten Kirchenväter. Einen nicht ganz so einseitigen Standpunkt vertrat Weingarten (Die Umwandelung der ursprünglichen christl. Gemeindeorganisation zur kathol. Kirche; histor. Ztschr. v. Sybel N. F. IX, 1881, S. 441 ff.), der wenigstens nicht nur die griechische Philosophie, sondern auch die griechische Mysterienreligion zum Vergleich heranzog. Mit dem letzteren Vergleich war etwa Richtiges ausgesprochen, denn in der Tat gehört die Gnosis in den großen Kreis der Mysterienreligionen der ausgehenden Antike hinein. Aber man verhehlte sich dabei, daß die Mysterienreligionen, wenn man den Blick nicht auf die genuin griechischen beschränken will, selbst wieder ein religionsgeschichtliches Rätsel sind und ein Gemisch von spätgriechischer und orientalischer Religion darstellen mit überwiegendem Einfluß des Orientalischen. — Zunächst aber ging die Forschung auf dieser Bahn weiter; zu nennen sind hier Th. Koffmane, die Gnosis nach ihrer Tendenz und Organisation, 12 Thesen, 1881; G. Anrich, das antike Mysterienwesen 1894; G. Wobbermin, religionsgeschichtliche Studien 1896. Mitten hinein in diese Arbeit fiel das geflügelte Wort A. Harnacks: »Die Gnosis akute Hellenisierung des Christentums«; das wohl als der Kulminationspunkt dieser Betrachtungsweise der Gnosis angesehen werden darf. Harnack war nun zwar, wie er selbst hervorhebt, keineswegs der Meinung, die ganze Bewegung der Gnosis aus griechischen Prämissen ableiten zu wollen, aber er meinte doch, daß diese in ihren geistig hervorragenden Vertretern, soweit sie wirklich kirchengeschichtlich wirksam geworden sei, von griechischem Geist durchtränkt sei. Zugleich gab Harnack der ganzen Forschung eine andere Wendung. Er lenkte den Blick von der eigentlichen Materie der gnostischen Weltanschauung und von den konkreten Einzelheiten der Gnosis ab und wies auf das große Ganze der Erscheinung und ihre Stellung in der Gesamtentwicklung der christlichen Religion hin. Nachdem schon F. Chr. Baur und nach ihm Lipsius die

Gnostiker als Männer von hervorragendem Geist, als die ersten Religionsphilosophen charakterisiert hatten und überall darauf ausgegangen waren die tiefen, der Gnosis vermeintlich zugrunde liegenden Ideen zu erfassen, sah auch Harnack die Gnostiker als die ersten christlichen Philosophen resp. Theologen an; und dies, daß sich in der Gnosis das Christentum nach seiner Meinung zum ersten Mal zu einer wissenschaftlichen Weltanschauung erweiterte, war ihm das eigentlich Wertvolle und Interessante; daher sprach er von akuter Hellenisierung des Christentums und sah in den Gnostikern Männer, die mit ihren Bestrebungen ihrer Zeit weit vorausgeeilt waren. — Bei dieser mehr formalen Betrachtung der Gnosis aber verlor dann das Materiale, die konkreten Einzelheiten der gnostischen Systeme, das Interesse, und so ist es unter dem faszinierenden Einfluß der Harnackschen Betrachtung im großen und ganzen dahin gekommen, daß die religionsgeschichtliche Frage im engeren Sinne nach der Entstehung und Herkunft der einzelnen gnostischen Systeme seit dem Erscheinen von Harnacks Dogmengeschichte stark zurücktrat.

Mittlerweile bahnte sich aber wieder ein Umschwung in der Beurteilung der Gnosis an und der Blick wandte sich nun wieder mehr nach dem Orient. Es soll hier hervorgehoben werden, daß es in erster Linie das Verdienst Keßlers ist, hier von neuem Bahn gebrochen zu haben (»Über Gnosis und altbabylonische Religion«, Abh. u. Vortr. d. 5. Orientalisten-Kongresses Berlin 1882, S. 288—305, »Mani« Teil I 1889, Artikel Mandaeismus und Manichaeismus in der theol. Realenzyklopädie). Keßler lenkte den Blick zuerst auf die altbabylonische Religion und fand hier den Mutterboden der gnostischen Weltanschauung. Freilich hat K. viel zu rasch die genuine altbabylonische Religion in Zusammenhang mit der Gnosis gebracht, ohne sich zu fragen, was denn von jener Religion im Zeitalter des Synkretismus noch wirklich lebendig war, und bei den Nachweisen im einzelnen ist sein Verfahren außerordentlich willkürlich und verliert sich oft in leere Raterei und müssige Kombinationen. — Von anderem Kaliber sind F. W. Brandts Arbeiten über den Mandaeismus (mandäische Religion 1889; Jahrbücher f. protest. Theol. Bd. XVIII: Aufsatz über das Schicksal der Seele nach dem Tode nach parsischen und mandäischen Vorstellungen; mandäische Schriften 1893). Brandts Werke gehören zu dem

allerbesten, was auf dem Gebiet der Gnosis geschrieben ist.
Er verbindet mit einer genauen Kenntnis des gnostischen Materials ein umfassendes Wissen auf religionsgeschichtlichem
Gebiet, und in seinen monographischen Untersuchungen hat er
so für die Erforschung nicht nur des Mandaeismus, sondern
auch der gesamten Gnosis die reichsten Anregungen gegeben.
Seine Werke sind eine wahre Fundgrube für jeden, der auf
diesem Gebiet arbeitet[1]. Und auch Brandt lenkte in seinen
Forschungen trotz der energischen Abweisung des Panbabylo-
nismus Kesslers den Blick wieder ganz wesentlich auf den
Orient. Die größte Förderung aber hat die Arbeit auf dem
engeren Gebiet der Gnosis durch das Werk von Anz über den
Ursprung des Gnosticismus (Texte und Unters. XV 4 1897)
erfahren. Ich verschließe mich den Bedenken, welche man
gegen diese Schrift erhoben hat, durchaus nicht. Allzu schnell
hat Anz an einem Punkt, in der Lehre von den sieben Himmeln
und dem Aufstieg der Seele, das Zentrum gnostischer Weltanschauung finden wollen, allzu schnell und allzu ausschließlich
hat er bei der Frage nach der Herkunft dieser Vorstellungen
sein Augenmerk auf die babylonische Religion gerichtet. Dennoch halte ich an dem obigen Urteil fest. A. hat tatsächlich
zum ersten Mal für das Gesamtgebiet der Gnosis dem religionsgeschichtlichen Problem in einer einheitlichen und umfassenden
Untersuchung sein ausschließliches Augenmerk zugewandt, während vor ihm diese Frage immer nur gelegentlich erhoben und
meist mit vorübergehend hingeworfenen Vermutungen beant-
wortet wurde, er hat am meisten dazu beigetragen, die Forschung auf unserm Gebiet wieder über allzu allgemeine und
abstrakte Vues auf der einen, über Detail- und Registratur-
arbeit auf der anderen Seite zu erheben. Auch sonst scheint
übrigens die These von dem vorherrschend orientalischen Charakter der Gnosis wieder in siegreichem Vordringen zu sein.
Auch Harnack hat in seinem Wesen des Christentums die
Gnosis nicht mehr als akute Hellenisierung, sondern als Einführung dualistischer Weltanschauung in das Christentum charakterisiert. Und Carl Schmidt hat sich das Verdienst erworben,

1. Sehr zu bedauern ist bei der künstlichen Art B.'s, zu dispo-
nieren, daß seinem Werk über die mandäische Religion das Register
fehlt.

in seiner Arbeit über Plotins Stellung zum Gnostizismus (Texte
u. Unters. N. F. V 4 1901) auf den fundamentalen Unterschied hinzuweisen, der an diesem Punkte die Gnosis von der
speziell hellenischen Weltanschauung auch in ihren neuplatonischen Ausläufern auf immer trennt. Die prinzipiell dualistische,
pessimistische Weltbeurteilung der Gnosis hat der griechische
Geist trotz aller seiner Überzeugung von der Minderwertigkeit
dieser Welt niemals geteilt, sie dünkte ihm vielmehr abscheulich.
Auch Reitzenstein (Poimandres 1904), der einen guten Teil
gnostischer Grundanschauungen aus dem hellenistischen Synkretismus[1], wie er sich auf dem Boden Ägyptens bildete, abzuleiten
versucht, erkennt doch da, wo er auf diesen Dualismus stößt,
dessen speziell orientalische Herkunft unumwunden an. Zuletzt
hat Gruppe in dem gleich noch genauer zu besprechenden
Abschnitt seines großen Werkes »griechische Mythologie und Religionsgeschichte« seiner früheren Beurteilung der Gnosis den
Abschied gegeben und ist für deren orientalischen, genauer
babylonischen Grundcharakter eingetreten.

Aber an einem noch entscheidenderen Punkt wendet sich
ein Forscher wie Gruppe gegen die seit Baur bis Lipsius und
Harnack zur Herrschaft gekommene Auffassung der Gnosis
als einer bedeutsamen selbständigen Geistesbewegung. Man lese
seine Ausführungen S. 162: »Die meisten Gnostiker sind Orien-
talen . . . Von Anfang an war es nicht der von dem Hel-
lenentum ergriffene Teil der Bevölkerung Vorderasiens, der
sie vorzugsweise pflegte, und es ist deshalb auch die in einzelnen Fällen zutreffende Annahme nicht zu verallgemeinern,
daß auch die orientalischen Elemente der Gnosis erst durch
die Vermittelung des Griechentums zugeflossen seien . . . Die
Gnostiker sind wenigstens zum Teil Arme im Geist.

---

1. Auf diesen hat auch Dieterich in seinen Werken »Abraxas« und
»eine Mithrasliturgie« (1903) hingewiesen. Daß Ägypten ein Zentrum
der gnostischen Bewegung gewesen ist, kann nicht geleugnet werden,
man denke an die vielen neuentdeckten koptisch-gnostischen Schriften,
auch an die Notizen des Epiphanius über sein Zusammentreffen mit
Gnostikern in Ägypten. — Aber andrerseits war Ägypten sicher nicht
der Heimatboden der Gnosis, ägyptische Einflüsse sind in den wurzel-
haften Grundanschauungen derselben nicht nachweisbar, wohl aber in
sekundären Weiterbildungen.

Sie stehen auf dem Standpunkt einer Kultur, die ein halbes
Jahrtausend zuvor die große Welt bewegt hat, und in der sie
desto fester wurzeln, weil sie die wahre Bedeutung des Christentums, das sie aus diesem Boden herausreißen will, gar nicht
verstehen und gar nicht einsehen, daß eben dies Herausreißen
die große Tat des neuen Glaubens ist. Durch die Gunst der
Zeit haben sie eine gewisse Bedeutung erlangt... Aber eine
bewegende Kraft sind sie weder in der allgemeinen
Geschichte der menschlichen Kultur noch speciell in
der Geschichte des Christentums. Als Symptom sind
sie beachtenswert, welche Stimmungen das Christentum vorfand, welche Widerstände es überwinden mußte,
um sich zu erhalten. Gefördert aber haben sie nicht«.

Es wird sich wohl auch das Urteil Gruppes als einseitig
herausstellen, obwohl es mir näher bei der geschichtlichen Wirk-
lichkeit zu stehen scheint, als die Überschätzung der Gnosis,
die von Baur bis Harnack geherrscht hat. Jedenfalls sollte
das nach allem klar sein, daß wir auf diesem Gebiet erst
in den Anfängen der Forschung stecken. Und auch das
darf behauptet werden, daß hier nur eine entschlossene In-
angriffnahme und Weiterführung der allgemeinen religionsgeschichtlichen Betrachtung weiterhelfen wird. Es hilft nichts
mit einer gewissen Animosität gegen eine Betrachtung, die mit
Unrecht das Prädikat »religionsgeschichtlich für sich zu mono-
polisieren sucht« zu proklamieren, man wolle nur »die Religion
des christlichen Gnostizismus« erforschen[1]. Eine derartige
Selbstbeschränkung mag und kann man vornehmen bei Erscheinungen, die eignen Boden und eigne Wurzeln haben, und
auch da nur mit einem gewissen Recht; aber man darf es
nicht bei einer so wesentlich synkretistischen Erscheinung, wie
es die Gnosis nach allgemeinem Zugeständnis ist. Wer das tut
läuft Gefahr, daß er seinen Standpunkt nicht hoch genug nimmt,
daß er das zusammengehörige Ganze nicht überschaut, sondern
nur zufällige Teilerscheinungen, daß er infolgedessen zu übereilten
Allgemeinurteilen gelangt oder im gelehrten Detail stecken bleibt.

Die Arbeit, die hier vor uns liegt, ist dann freilich eine
ungemein weitschichtige und mühsame. Denn freilich nur,

---

1. Vgl. Liechtenhan, die Offenbarung im Gnosticismus 1901, S. 3 f.

wenn man das gesamte für die Gnosis in Frage kommende
Religionsgebiet einigermaßen überschaut und nicht willkürlich
an dieser oder jener Religion mit dem Vergleich hängen bleibt,
wird man hier vorwärtskommen können. Niemand kann so
davon überzeugt sein, daß wir hier bei den allerersten, vielfach noch
zu korrigierenden Schritten und Versuchen stehen, als der Verfasser der vorliegenden Studien. Aber diese Schritte müssen
einmal getan werden und können jetzt mit um so stärkerer Hoffnung auf Erfolg getan werden als in vergangenen Jahrzehnten,
als unser Wissen um die religiösen Zustände des in Betracht
kommenden Zeitalters sich beträchtlich erweitert und gefestigt hat.

Diese Schritte müssen getan werden. Denn wir können
doch nicht eher ein Urteil über die christliche Gnosis abgeben,
als wir das Material übersehen, das sie vorfand und die Bausteine, mit denen sie arbeitete. Und ich vermute, wenn die
Arbeit getan sein wird, so wird unser Urteil näher bei Gruppe
als bei Baur, Lipsius, Harnack stehen. Die Gnosis ist auch
meines Erachtens keine nach vorwärts dringende, geistesgewaltige
Erscheinung, eher ein Zurückbleiben, eine Reaktion des antiken
Synkretismus gegen die aufstrebende Universalreligion. Und
selbst die vom griechischen Geist erleuchteten, hervorragenden
Schulhäupter späterer Zeit sind keine Männer der Zukunft,
sondern Leute der Vergangenheit, die durch mühsame, wenn
auch geistig nicht unbedeutende Kompromisse eine verlorene
Sache zu halten suchten.

Man kann fragen: Wozu dann diese ungeheure Mühe
und Arbeit, die man hier von der Forschung verlangt? Wird
sie nicht einer verlorenen untergegangenen Welt geopfert, von
der das Wort gilt: Laßt die Toten ihre Toten begraben? —
Demgegenüber ist zuzugeben, daß diese ganze Arbeit allerdings
für die Geschichte der christlichen Kirche von geringem Wert
und Bedeutung sein dürfte. Um so größer ist aber ihre
Tragweite vom Standpunkte allgemein religionsgeschichtlicher
Interessen aus. Wir beklagen den Untergang der meisten
direkten Quellen und Zeugnisse für die Zustände des religiösen
Lebens im vorchristlichen synkretistischen Zeitalter. Nur hier
und da, nur auf Teilstrecken dieses ganzen großen Gebietes
fällt hier das Licht geschichtlicher Quellen. Mühsam muß die
Forschung ihren Weg suchen und tappt sehr oft im fast un-

durchdringlichen Dunkel. Bei dieser Sachlage müssen wir froh sein über jegliches Material, das sich uns hier bietet. Und die Gnosis enthält das allerreichste Material gerade in dieser Hinsicht. Sie enthält in sich — und darauf beruht ihr wesentlicher Wert — ganze Schichten untergegangener religiöser Vorstellungen und Anschauungen in der Versteinerung und Erstarrung. Wie der Geologe und Paläontologe aus den versteinerten und erstarrten Resten untergegangener Welt ein Stück Erdgeschichte rekonstruiert, so hat der Historiker hier auf dem Gebiet der Gnosis ganz ähnliche Aufgaben vor sich. Die alten Überreste einer verschollenen religiösen Vergangenheit gilt es wieder lebendig zu machen und reden zu lassen. — Indirekt wird dann die hier zu erfassende Bereicherung unserer Kenntnis des Milieus des antiken Synkretismus der Erkenntnis des Werdens und Wachsens des Christentums große Dienste leisten. Es gilt, also mit einigem Mut die hier angedeuteten Wege einzuschlagen und beharrlich zu verfolgen. Ohne Frucht wird die Arbeit sicher nicht sein.

Auch nach der formalen Seite hin habe ich mich in dem vorliegenden Versuch übrigens der Arbeit von Anz angeschlossen. Ich habe nicht die einzelnen Systeme der Gnosis jedes für sich behandelt, sondern versucht die den meisten Systemen zugrunde liegenden gnostischen Grundanschauungen im Zusammenhang darzustellen und in ihren religionsgeschichtlichen Beziehungen zu erfassen; ich meine mit Recht: das einzelne gnostische System bedeutet im Zusammenhang der vielen Systeme noch weniger als etwa die einzelne jüdische oder christliche Durchschnittsapokalypse im Zusammenhang der Geschichte der Apokalyptik. Tradition ist hier alles, die Einzelerscheinung wenig oder nichts. Die Gnosis lebt von einigen wenigen Grundideen, die bald mehr, bald weniger deutlich immer wiederkehren. Erst im größeren Zusammenhang, im fortgesetzten Vergleich der Systeme, lassen sich die Einzelheiten verstehen und die vielen Hieroglyphen, die uns die Überlieferung hier bietet, entziffern. Darin, daß ich mich im Gegensatz zu Anz nicht auf eine gnostische Grundidee festgelegt, vielmehr eine reiche Mannigfaltigkeit nebeneinander liegender, sich mannigfach verschlingender Gedanken habe stehen lassen, und ferner darin, daß ich den religionsgeschichtlichen Vergleich weiter ausdehne und hier mit viel mehr Möglichkeiten[1] rechne, möchte ich einen Fortschritt über Anz' Arbeit hinaus erblicken. In einem letzten Abschnitt habe ich kurz angedeutet, was aus jener allgemeinen vergleichenden Betrachtung sich für die Beurteilung der einzelnen gnostischen Systeme ergibt.

Ich betone noch einmal, daß ich in meiner Arbeit erste Schritte zu tun versucht habe. In jeder Beziehung hoffe ich auf Weiterarbeit und Ergänzung. Es wird sich ganz gewiß die Forschung einer genaueren und detaillierten Durcharbeitung der einzelnen Systeme wieder zuwenden müssen. Ich habe hier nur die notdürftigsten Andeutungen gegeben. Es wird sicher der Kirchenhistoriker das Verhältnis der Gnosis zur christlichen Kirche von neuem in Angriff nehmen müssen und hier zwischen den gänzlich divergierenden Urteilen eine mittlere Linie finden müssen. Das alles war nicht meine Aufgabe in der vorliegenden Arbeit. Aber ich hoffe, das eine klar gemacht zu haben, daß es der allgemeinen und vergleichenden Religionswissenschaft zusteht, das grundlegende Verständnis der Gnosis anzubahnen.

I. Kapitel.

Die „Sieben" und die Μήτηρ.

I. In seinem Werk über den Ursprung des Gnostizismus hat Wilhelm Anz die für die Beurteilung und Kenntnis der Gnosis so überaus wichtige Vorstellung von den sieben, die niederen Himmel beherrschenden Geistern in umsichtiger und vorzüglicher Weise behandelt. Da er aber die Linien in seiner Untersuchung noch nicht bis zu Ende geführt hat, so wird eine

---

1. Darin meine ich auch Révilles Bedenken (bei Krüger, Real.-Enzykl. VI S. 730) gegen eine einheitliche Formel, mit der man die Gnosis umspannen möchte, Rechnung getragen zu haben, teile aber R.'s skeptische Haltung nicht. Ich verweise hier noch auf E. de Faye's Introduction à l'étude du gnosticisme. Revue de l'hist. des rel. Bd. 45. 46. 47. Faye gibt eine gute Zusammenfassung der bisherigen Arbeit abgesehen von ihrer letzten Phase.

erneute Aufnahme derselben notwendig sein; und zwar müssen
auch wir von der Erhebung des Materials, das er im ersten
Abschnitt seines Werkes (S. 9ff.) zusammengestellt hat, unseren
Ausgangspunkt nehmen. Wir werden dabei von vornherein eine
Vorstellung, der Anz nicht genügend Berücksichtigung hat an-
gedeihen lassen, in die Untersuchung hineinziehen, nämlich die
mit der Vorstellung der »Sieben« eng verwachsene Anschauung
von der „Μήτηρ", die fast in allen Quellen in engster Verbindung mit den »Sieben« erscheint. Dagegen werden wir die
mehr praktisch gerichteten Vorstellungen von dem Aufstieg der
Seele zum Himmel, die Anz so ausführlich behandelt hat, zurück-
stellen, da es uns in diesem Zusammenhang in erster Linie auf
die Theorie ankommt.

Wir beginnen auch unsererseits die Darstellung mit dem
System der Ophiten, von welchem uns bekanntlich Celsus und
Origenes ausführliche Nachrichten überliefert haben. Origenes,
der im Verhältnis zu Celsus die ursprünglichere Überlieferung
bewahrt zu haben scheint, schildert uns in seiner Auseinandersetzung mit Celsus (VI 31) die Gestalten der sieben dämonischen Geister und nennt ihre Namen in folgender Reihenfolge:
Jaldabaoth, Jao, Sabaoth [Adonaios][1], Astaphaios, Ailoaios (Elohim), Oraios. Ausdrücklich wird nun unter diesen sieben dem
löwenköpfigen Jaldabaoth der Planet Saturn zugewiesen (φασὶ
δὲ τῷ λεοντοειδεῖ ἄρχοντι συμπαθεῖν ἄστρον τὸν φαίνοντα).
Auch an der Planetennatur der übrigen dürfte ebenfalls kein
Zweifel sein, und zwar ist die Wahrscheinlichkeit vorhanden,
daß die Planeten hier nach der alten astronomischen Anschauung
nach ihrer Erdferne (von rückwärts) angeordnet sind, sodaß wir
die Gleichung hätten: Jaldabaoth = Saturn, Jao = Jupiter,
Sabaoth = Mars, Adonaios = Sonne, Astaphaios = Venus,
Ailoaios = Merkur, Oraios = Mond[2].

---

1. Origenes zählt in diesem Kapitel nur sechs Geister auf. Ein
Vergleich mit der Liste c. 32 ergibt, daß Adonaios hier ausgefallen ist.
Da Astaphaios ausdrücklich als der Archon des dritten Tores (von rück-
wärts) gezählt wird, Sabaoth aber offenbar als der fünfte gilt, so muß
Adonaios zwischen Sabaoth und Astaphaios eingeordnet werden; vgl.
Anz 11₂. Auch c. 30 zählt O. ausdrücklich sieben Dämonen, die hier
meist den Namen jüdischer Engel tragen, auf.

2. Zu dieser Vermutung würde stimmen, daß auch im System der

Hervorzuheben ist, daß auch bei Origenes diese sieben Planetengestalten in Verbindung mit einer höheren weiblichen Göttergestalt erscheinen. In dem von Origenes überlieferten Gebet an Astaphaios spricht der Myste: Πάρες με παρθένου πνεύματι κεκαθαρμένον. Im Gebet an Ailoaios heißt es: Πάρες με τῆς σῆς μητρὸς φέροντά σοι σύμβολον. Auch in dem von Origenes und Celsus gemeinsam besprochenen Diagramm der Gnostiker findet sich in den Kreisen, die das Reich der Mitte darstellen, die Inschrift: σοφίας φύσις (Hilgenfeld, Ketzergeschichte S. 279). Wenn freilich Celsus c. 34 von einer Προυνίκου τινος ῥέουσα δύναμις παρθένου spricht, so ist es fraglich, ob er diesen Ausdruck dem ophitischen System entlehnt hat. Origenes erinnert im folgenden Kapitel selbst an die Valentinianische Gnosis.

Zu erwähnen ist ferner noch, daß nach dem Bericht Origenes in dem Diagramm der Gnostiker die sieben Kreise[1] dieser Archonten sich innerhalb eines größeren Kreises mit der Aufschrift »Leviathan« befanden (VI 35) und daß sie den Leviathan auch als „ψυχή" (Weltseele) bezeichneten (VI 25 u. 35). Wir werden diesen Leviathan als Vater der Sieben im mandäischen System (hier gewöhnlich »Ur« genannt) wiederfinden.

Die sieben Namen der Archonten finden wir genau — nur in einer ein wenig veränderten Reihenfolge — bei den Gnostikern in der Schilderung des Irenäus I 30 wieder. Ihr Planetencharakter ist deutlich I 30, 9 zum Ausdruck gebracht: sanctam autem hebdomadam septem stellas, quas dicunt planetas, esse volunt. Als Mutter der Sieben erscheint auch hier die Σοφία die auch Προύνικος (?), die »linke«, „ἀριστερά" genannt wird. Sie

---

Mandäer Adonaios die Sonne repräsentiert (Brandt, mandäische Religion 126). Auch die Gleichung Sabaoth = Mars hat eine gewisse Wahrscheinlichkeit für sich. Jao (als ἄρχων νυκτοφαής = der hellglänzende Jupiter) würde passend bei Origenes charakterisiert sein. Daß der Name Astaphaios sich auf eine weibliche Göttergestalt bezieht, scheint aus der Überlieferung des Namens in der Zauberliteratur hervorzugehen. Wir besitzen Gemmen mit einer weiblichen Gestalt und der Aufschrift Ασταφη oder ähnlichem. (W. King, The Gnostics a. their remains p. 214; Plate VI 5). Hier würde Ασταφαιος der Venus entsprechen.

1. Wie sich zu diesen 7 Kreisen des Origenes die von Celsus (VI 25) erwähnten 10 Kreise verhalten, ist nicht ganz deutlich.

ist von den höheren Aeonen als unreifes Wesen emaniert, ist
dann gefallen und in die unteren Wasser hinabgestiegen (descendentem in aquas I 30, 3) und hat dort als Sohn — der
Vater wird nicht genannt — den Jaldabaoth geboren, aus dem
dann ihrerseits die übrigen sechs durch allmähliche Emanation
hervorgehen (I 30, 3—4). Von der Sophia wird weiter berichtet,
daß sie sich nach ihrem Fall wieder teilweise erhoben habe und
daß sie über der Welt der Sieben (ἑβδομάς) die Welt der ὀγδοάς bilde (I 30, 4): octavum matre habente locum. Jaldabaoth
steht in diesem Zusammenhang an hervorragender Stelle; er
wird bereits in deutlicher Weise mit dem Gott des alten Testamentes identifiziert, eine Kombination, die nicht ursprünglich
sein dürfte und sich bei den Ophiten des Celsus noch nicht
findet. Er und die übrigen sechs erscheinen hier bereits als
die Weltschöpfer und Weltherrscher, sodaß Jaldabaoth ausruft:
»Ego pater et deus et super me nemo« (I 30, 5—6). Mit dieser
Darstellung steht weiter der hier berichtete Mythus von der
Schöpfung des ersten Menschen in engem Zusammenhange.
Es wird erzählt, daß, als Jaldabaoth den eben erwähnten Ausspruch getan habe, die Mutter (Sophia) ihm zugerufen habe:
»Noli mentiri, Jaldabaoth, est enim super te pater omnium
primus Anthropus et Anthropus filius Anthropi«. Durch diese
Stimme verwirrt, habe dann Jaldabaoth die Engel aufgefordert:
»Venite faciamus hominem ad imaginem nostram«. Sie bilden
darauf einen Menschen in ungeheuren Dimensionen, der sich
nicht habe aufrichten, sondern nur wie ein Wurm habe kriechen
können; und die Sophia habe den Jaldabaoth bewogen, den
Menschen den Lebensgeist einzublasen, um den Jaldabaoth
selbst der himmlischen Kraft zu entleren. Da habe der Mensch
sofort in Kraft dieses von oben stammenden Geistes dem »ersten
Menschen« unter Übergehung der Weltschöpfer Danksagung dargebracht (vgl. auch Epiphanius Haer. 37, 6).

Abhängig von der Darstellung des Irenäus ist die des Epiphanius in der Beschreibung der Sekte der Ophiten (Haer. 37,
vgl. namentlich c. 3ff.). Zu erwähnen ist in dieser Darstellung
nur, daß Epiphanius den Jaldabaoth ausdrücklich als „ϑεὸς
Ἰουδαίων" einführt, und daß die Sophia hier eine wie es scheint
höhere Stellung einnimmt als bei den Gnostikern des Irenäus

und günstiger beurteilt wird als in der Darstellung des Irenäus (vgl. 37, 4: ἡ ἄνω μήτηρ entsprechend dem ἄνω πατήρ).

Auch die Barbelognosis, die Irenäus 1, 29 schildert, gehört ganz und gar in diesen Zusammenhang. Die gefallene Göttin hat hier die Namen »Spiritus Sanctus« (vgl. die Ruhâ d' Qudšâ des mandäischen Systems), „Σοφία, Προύνικος" I 29, 4. Die Darstellung ihres Falles ist nicht ganz klar. Es scheint auch hier, als ob sie in die untere Materie versinkt (inferiores partes). Doch ist zugleich davon die Rede, »quoniam sine bona voluntate patris impetum fecerat«, ein Ausdruck, der an die bekannte Auffassung des Valentinianischen Systems erinnert, derzufolge die Sophia in Liebe zum Urvater (Βυθός) entbrennt und sich in diesen stürzt. Die Gestalten der Sieben sind in diesem System bis zur Unkenntlichkeit verblaßt; an Stelle des Jaldabaoth finden wir den Proarchon (fabricator condicionis huius), der in Gemeinschaft mit der Αὐθαδία die Aeonen Κακία, Ζῆλος, Φθόνος, Ἐρινύς, Ἐπιθυμία schafft. Wir haben hier ein direktes Beispiel, wie ursprünglich plastische Göttergestalten in hypostasenartige Abstraktionen umgewandelt werden.

Die Gestalten der Μήτηρ und der Sieben spielen auch im System der Simonianer die Hauptrolle. Die Stelle der Μήτηρ vertritt hier die Gestalt der Helena, die Genossin des Simon, die nach Irenäus I, 23, 2 als die Ἔννοια des höchsten Vaters aufgefaßt wird. Von ihr heißt es, daß sie »degredi ad inferiora et generare angelos et potestates, a quibus et mundum hunc factum dixit«. Ein neuer Zug ist es hier, daß die Helena von den unteren Mächten, die sie erzeugt hat, durch Gewalt in ihrer niederen Lage festgehalten wird, aus der sie dann der Erlöser Simon erst befreit. Ganz ähnlich ist die Darstellung des Simonianischen Systems bei Epiphanius (Haer. 21, 2). Als Name der Helena ist auch hier „Πνεῦμα ἅγιον, Προύνικος" erwähnt. Auch wird darauf hingewiesen, daß in anderen Sekten die Helena den Namen »Barbelo« trage. Ferner wird erwähnt, daß die von ihr abstammenden Engel die Menschen geschaffen hätten.

Eine wesentlich günstigere Stellung nimmt die Μήτηρ in den Systemen ein, die Epiphanius unter dem Namen der Nicolaiten und Gnostiker[1] (Haer. 25, 26) behandelt und die wir

---

1. Epiphanius hat in diesem Doppelkapitel unter Hinzufügung viel-

insgesamt als barbelognostische Systeme[1] bezeichnen können.
Hier trägt die μήτηρ in der Regel den Namen »Barbelo«, der,
schwer deutbar, zu vielfachen Vermutungen Anlaß gegeben hat.
Ich möchte die Vermutung wagen, daß Barbelo nichts anderes
ist als eine Verstümmelung von παρθένος. Die Mittelform
Βαρθενώς finden wir bei Epiphanius (Haeres. 26, 1) als deutliche
Verderbnis aus παρθένος[2]. Der Schritt von ΒΑΡΘΕΝΩΣ zu
ΒΑΡΒΕΛΩΣ ist handschriftlich außerordentlich leicht denkbar[3].
Barbelo wäre also die jungfräuliche Göttin (vgl. die παρθένος,
in dem ophitischen System bei Origenes; s. o. S. 11). Diese
Barbelo gilt in diesem System wie es scheint einfach als höchste
Göttin: Βαρβηλώ τινα δοξάζουσιν, ἣν ἄνω φάσκουσιν εἶναι ἐν
ὀγδόῳ οὐρανῷ καὶ ταύτην ἀπὸ τοῦ πατρὸς προβεβλῆσθαί φασι
(Haer. 25, 3). Sie wird auch hier als Mutter des Jaldabaoth
eingeführt. Bemerkenswert ist es aber, daß daneben erwähnt
wird, daß andre sie für die Mutter des Sabaoth halten (25, 3).
Man sieht noch deutlich, wie der bekannte Name Sabaoth später
an Stelle des Jaldabaoth getreten ist und dadurch erst sich die
hier vollzogene Umdeutung des Jaldabaoth auf den alttesta-

---

facher eigner Beobachtungen diejenige gnostische Gruppe behandelt,
die seine Quelle, Hippolyt, unter dem Namen Nicolaiten (wir setzen
besser dafür »Gnostiker« im engeren Sinne) einführt.

1. Ein wesentlich komplizierteres System repräsentiert die oben
besprochene Barbelognosis des Irenäus. Das zeigt sich schon darin,
daß hier die Barbelo nicht mit der gefallenen Göttin, der Mutter der
Sieben identisch ist und durch einen weiten Abstand von ihr getrennt
erscheint. Bei den Haer. 25, 26 besprochenen Gnostikern des Epiphanius (den Nicolaiten des Hippolyt) liegt die ursprüngliche Form der
Barbelognosis vor.

2. Βαρθενώς soll hier die Frau Noas sein, die nach anderer (ab-
gelehnter) Überlieferung Νωρία (hebr. נעדה ?) genannt wird. In der Form
Norea erscheint sie Iren. I 30, 9 als Frau Seths. Für die Kombination
spricht endlich Philaster adv. haer. 33, wo es von den Nicolaiten heißt:
»isti Barbelo venerantur et Noriam«, (Barbelo also = Noria).

3. Ist diese Vermutung richtig, so würde das darauf hinweisen,
daß die Schriften dieser Gnostiker ursprünglich nicht griechisch, sondern wohl in irgend einem semitischen Idiom geschrieben waren. Daher
dann die Verstümmelung des griechischen Namens, der dann unerkannt
wieder in griechische Überlieferung übergegangen ist. Ich brauche
wohl nicht zu versichern, daß mir die sonst übliche Ableitung des Namens der Barbelos bekannt ist.

mentlichen Jahwe Zebaoth, wie weiter unten nachgewiesen werden wird, vollendet. Weiter wird auch hier von Jaldabaoth-
Sabaoth berichtet, daß er sich „τοῖς ὑποκάτω“, also den unter
ihm stehenden Sechs als der erste und der letzte gegeben habe,
außer dem kein anderer Gott sei, und daß die Muttergöttin
wegen der Anmaßung ihres Sohnes geweint habe. Analog ist
die Darstellung bei Epiphanius Haer. 26 (vgl. namentlich c. 10).
Auch hier steht die Muttergöttin als höchste Göttin da; die
Seelen, die auf ihrer Himmelsreise die Stationen der Dämonen
überwunden haben, gelangen (ὑπερβαίνειν) εἰς τὸ ἄνω μέρος,
ὅπου ἡ μήτηρ τῶν ζώντων ἡ Βαρβηρὼ ἤτοι Βαρβηλώ, und ausdrücklich wird gesagt, daß sich im achten Himmel die Barbelo,
der Vater des Alls und der Χριστὸς befinden. Die Namen der
sieben Planetengeister variieren hier bereits bedeutend, die Überlieferung war eben bei den verschiedenen Sekten dieser Gruppe
eine schwankende. So soll im sechsten Himmel nach den einen
Jaldabaoth, nach den anderen sich Elilaios aufhalten, im siebenten nach den einen Sabaoth, nach den anderen Jaldabaoth.
Auch hier hat also infolge der oben erwähnten Umdeutung der alttestamentliche Sabaoth den Jaldabaoth bereits aus
seiner Stellung verdrängt. Von neuen Dämonennamen finden
wir den Saklas, dem wir im manichäischen System wieder begegnen werden und den Seth. Zwei andere Dämonen, David
und Elilaios, finden wir im System der Barbelognosis bei Irenäus I 29, 2 als David und Eleleth wieder.

In diesen Zusammenhang gehören auch die bei Epiphanius
(Haer. 40) geschilderten Archontiker[1]. Auch hier werden (40, 2)
die Muttergöttin und die Archonten der sieben Himmel als „ὀγδοάς“ und „ἑβδομάς“ bezeichnet. Als höchster der Archonten wird
hier ohne weiteres Sabaoth genannt, und deutlich erscheint auch
hier die Muttergöttin als höchste, nicht als gefallene Göttin;
sie heißt „ἡ μήτηρ ἡ φωτεινή“, und wer die Himmel der Archonten überstiegen habe, gelangt, „πρὸς τὴν ἀνωτέραν μητέρα
καὶ πατέρα τῶν ὅλων, ὅθεν δὴ κατῆλθεν εἰς τόνδε τὸν κόσμον.
Auch bei den Sethianern (Epiphanius Haer. 39) erscheint neben

---

1. Die Archontiker sind nichts anderes als ein Absenker der
»Gnostiker«, der sich in Palästina bis zu Epiphanius Zeit gehalten und
über welchen dieser aus Autopsie berichten konnte. Der Name der
Archontiker ist bedeutsam. Gnosis ist Verehrung der (7) Archonten.

den weltschöpferischen Engeln nur noch die Muttergöttin als
höchste Göttin, ἡ ἄνω δύναμις, ἣν μητέρα φάσκουσιν καὶ ϑή-
λειαν (39, 2; vgl. noch die Darstellung der Kajaner [Kainiten]
bei Epiphanius Haer. 38).

    In einer Reihe von gnostischen Systemen hat sich dann
endlich die Gestalt der Μήτηρ verdoppelt. Als deren eines ist
vielleicht das System des Syrers Bardesanes hierherzustellen.
Wir kennen bekanntlich dessen System nur recht ungenau und
fragmentarisch. Doch ist es wahrscheinlich, daß Bardesanes
eine doppelte weibliche Göttergestalt gekannt habe, eine himmlische Muttergöttin neben der gefallenen Sophia[1]. Jedenfalls
kannte er die Gestalten der Sieben. Von ihm berichtet Ephraem
(Hymn. 51 p. 550 D), »Er verkündete die Zodiakalzeichen, beobachtete die Geburtstunde, verkündete die Sieben«. Diese
Sieben erscheinen bei ihm als Schöpfer und Regierer der Welt
(Ephraem Hymn. 3 p. 444 A). Auch die Schöpfung des
Menschen durch die Sieben kennt Bardesanes. »Es gibt feind-
selige Wesen, Sterne und Tierzeichen, einen Leib von den
Bösen ohne Auferstehung, eine Seele von den Sieben (Ephraem
Hymn. 53 p. 553 F.).«

    Bei den Valentinianern ist endlich, wenigstens in den
späteren Systemen der Schule, die Verdoppelung der Sophia
tatsächlich eingetreten[2]; von der höheren himmlischen Sophia
wird die andere Sophia (Ἀχαμώϑ, חכמות) unterschieden. Übrigens vollzieht sich der Fall der oberen Sophia nicht, wie in
den älteren Systemen der Gnosis, dadurch, daß sie in die Materie versinkt, sondern so, daß sie von Liebe entbrannt nach
unerlaubter Vereinigung mit dem höchsten Urwesen, dem Βυϑός,
strebt. Die Materie und die niedere Welt, die dort einfach als
existent angenommen werden, werden hier erst aus den Leidenschaften und Leiden der Sophia resp. ihrer Tochter, der unreifen
Geburt der Sophia Achamoth abgeleitet. Ganz und gar ver-

---

    1. Vgl. Lipsius, apokryph. Apostelgeschichten I S. 309; Hilgenfeld,
Ketzergeschichte S. 519. Doch ist hier alles unsicher, und ganz anders
urteilt z. B. Hort, Dict. of christ. Bibliogr. I 250 ff. (s. u.).

    2. Auch bei den Barbelognostikern des Irenäus ist, wie schon gesagt,
die Barbelo als höchste Göttin von dem Spiritus Sanctus, Sophia,
Prunikos geschieden, ebenso bei den Gnostikern des Irenäus I 30 der
Spiritus Sanctus von der fallenden Sophia.

schwunden sind die Gestalten der Sieben. Nur an einer Stelle des Berichts des Irenäus über das ptolemäische System (I 5, 2) finden wir noch einige Spuren der alten Anschauung. Hier wird gesagt, daß der Demiurg, die einzige Gestalt, die in dem System von den Sieben stehen geblieben ist und die etwa dem Jaldabaoth der älteren gnostischen Systeme entspricht, sieben Himmel geschaffen habe: καὶ διὰ τοῦτο Ἑβδομάδα καλοῦσιν αὐτόν, τὴν δὲ μητέρα τὴν Ἀχαμώθ Ὀγδοάδα. Deutlich erkennen wir die ursprünglichen Zusammenhänge auch noch, wenn es heißt: τοὺς δὲ ἑπτὰ οὐρανοὺς [οὐκ][1] εἶναι νοητοὺς φασιν, ἀγγέλους δὲ αὐτοὺς ὑποτίθενται[2]. Auch die Erzählung von der Schöpfung des Menschen durch die Sieben, die, wie es scheint, in dem späteren Valentinianischen System ganz verloren gegangen ist, findet sich in einem Bruchstück aus Valentins Briefen bei Clemens von Alexandria (Stromat. II 8, 36) angedeutet: „Εἰς γὰρ ὄνομα Ἀνθρώπου πλασθεὶς Ἀδὰμ φόβον παρέσχεν προόντος Ἀνθρώπου, ὡς δὴ αὐτοῦ ἐν αὐτῷ καθεστῶτος, καὶ κατεπλάγησαν καὶ ταχὺ τὸ ἔργον ἠφάνισαν.

Sehr interessant sind in diesem Zusammenhang auch die koptisch-gnostischen Schriften, vor allem die Pistis Sophia und die Jeû-Bücher. Die Systeme gehören zum Teil in den Umkreis der Barbelognosis hinein, zeigen aber auch bereits die eigentümliche Verdopplung der Gestalt der Μήτηρ in die der Barbelo und ihrer Tochter der Pistis Sophia. Nach der »Pistis Sophia« befindet sich erstere, die Barbelo, in dem über den zwölf Aeonen befindlichen dreizehnten Aeon neben dem unsichtbaren (ἀόρατος) Gott und den 24 Emanationen[3]. In dem zweiten Jeû-Buch (c. 52; S. 325, 38) heißt es freilich, daß die Barbelo sich neben dem unsichtbaren Gott und dem ungezeugten (ἀγέννητος) Gott im zwölften Aeon befinde. Wenn aber dann weiter behauptet wird (S. 326, 22ff.), daß im dreizehnten Aeon der große

---

1. Das οὐκ des griechischen Textes (des Epiphanius) ist sinnlos; es ist entweder zu streichen, oder nach der Übers. οὕς zu lesen.

2. Vgl. Epiphanius Haer. 31, 4, wo es vom Demiurgen heißt: αὐτοῦ ὄντος ἐν τῇ ὀγδοάδι καὶ ἑπτὰ οὐρανοὺς μετ᾽ αὐτὸν πεποιηκότος. Hier erscheint bereits der Demiurg, nicht die Sophia als Ogdoas.

3. Das ergibt sich aus einer Kombination der Stellen c. 29 (C. Schmidt, koptisch-gnostische Schriften I S. 25f.), c. 136 S. 233, 10f.; c. 137 S. 234, 40. Genaueres s. im Kap. II.

unsichtbare Gott und der große jungfräuliche (*παρθενικός*) Geist
und die 24 Emanationen des unsichtbaren Gottes seien, so ist es
klar, daß dieser dreizehnte Aeon genau dem dreizehnten Aeon
der Pistis Sophia entspricht, und daß in dem zweiten Jeû-Buche
die Gestalten des dreizehnten Aeon zum Teil in den zwölften
Aeon zurückverlegt sind[1]. Von der Barbelos des dreizehnten
Aeons wird nun die Gestalt der gefallenen Göttin unterschieden.
Das ist die Pistis Sophia, die Tochter der Barbelos (P. S; S. 234, 40).
Von ihr wird berichtet (P. S. c. 29 ff.), daß sie ursprünglich
ebenfalls im dreizehnten Himmel ihren Aufenthalt gehabt habe,
daß sie aber von dem Dämon Authades[2] durch eine Licht-
emanation, die sie für eine Ausströmung der ersten Gottheit
gehalten habe, ins Chaos unterhalb der zwölf Aeonen hinabgelockt sei und von den dort befindlichen Dämonen in Gefangenschaft gehalten sei. Hier werden wir unmittelbar an die Darstellung des Simonianischen Systems (Helena in Gefangenschaft
der niederen Mächte) erinnert. Auch scheint die Darstellung
der Pistis Sophia in der Mitte zu stehen zwischen der Auffassung der älteren Systeme (freiwilliges Hinabsinken der Sophia
in die niedere Welt) und der Auffassung der Valentinianischen Gnosis (Hinabstürzen der Sophia in den Bythos aus
Liebessehnsucht), da hier die Sophia durch eine vermeintliche
Emanation des höchsten Gottes in das Chaos hinabgelockt wird.
Die Gestalt der Sieben ist auch in diesem System fast ganz
verschwunden. Eine Spur derselben zeigt sich noch c. 31 S. 28, 17 ff.,
wo erzählt wird, daß aus der Hefe der der Sophia geraubten
Lichtkräfte der löwenköpfige Ialdabaoth geboren wird (vergl.
den löwenhäuptigen Ialdabaoth in dem System der Ophiten bei
Origenes). Es scheint, als wenn hier die Gestalt der Sieben
durch die Annahme der zwölf unter dem dreizehnten Aeon befindlichen Aeonen gänzlich verdrängt ist. Eine ähnliche Annahme von zwölf bösen Aeonen finden wir in der Baruchgnosis
des Justin (Hippolyt, Philos. V 26 p. 218).

---

1. Bemerkenswert ist auch, daß, wenn dieser Tatbestand richtig
aufgefaßt ist, sich zugleich wieder ein Beweis ergibt für die Identität
von *Βαρβηλως* und *Παρθένος* (zwölfter Aeon Barbelos = dreizehnter
Aeon *παρθενικὸν πνεῦμα*).

2. Vergl. den weiblichen Dämon Anthadia neben dem Proarchon
bei den Barbelognostikern Iren. I 29, 4.

An den Schluß stelle ich die gnostischen Systeme, in denen die Gestalt der *Μήτηρ* ganz und gar verloren gegangen, vielleicht absichtlich unterdrückt ist. Das erste ist das des Satornil (Iren. I 24, 1—2). Dieser läßt in seinem System von dem einen unbekannten Vater vielerlei Mächte und Gewalten abstammen. Von einigen abgefallenen Engeln sei dann die Welt geschaffen, und jeder von ihnen habe teil an der Weltherrschaft. Mit dieser Darstellung verbindet Satornil den uns bekannten Mythus von der Menschenschöpfung. Ein Lichtstrahl, der von oben heruntergefallen sei, habe in ihnen den Wunsch hervorgerufen, die sich in ihm offenbarende Gestalt festzuhalten, und so seien sie zu dem Entschluß gekommen, den Menschen zu schaffen. Aber der von ihnen geschaffene Mensch habe sich nicht erheben können und sei in Wurmes Weise am Boden gekrochen, bis die höchste Macht ihren Spinther (Lichtfunken) in die Gestalt des Menschen gesandt habe. Daher »nennt er Seele des Menschen den Spinther«. *Καὶ τούτου ἕνεκα πάντως δεῖ τὸν σπινθῆρα σωθῆναι, τὸ δὲ πᾶν τοῦ ἀνθρώπου ἀπολέσθαι* (Epiph. Haer. 23, 1).

Auch in dem System des Basilides erscheinen als letzte der 365 Emanationen des höchsten Gottes die weltschöpferischen Engel[1]. Von ihnen wird erzählt, daß sie das Regiment über die Erde unter sich geteilt hätten, daß der erste unter ihnen derjenige gewesen sei, den man sonst für den Gott der Juden hielte, und daß dieser, da er sein Volk allen übrigen unterwerfen wollte, Kampf und Streit in der Engelwelt hervorgerufen habe (Iren. I 23, 3ff.). Auch in dem von Hippolyt (Refut.. VII 20ff.) dargestellten andersartigen Systeme der Basilidianer wird bei der Schilderung des zweiten aus dem Allsamen aufsteigenden geringeren Archon und der von ihm gebildeten Welt gesagt: *καὶ καλεῖται ὁ τόπος οὗτος Ἑβδομάς* (VII 24, p. 368, 53), während die Welt des ihm übergeordneten großen Archon als Ogdoas bezeichnet wird (VII 23 p. 366, 35f.).

---

1. Die Figur der Sophia ist hier allerdings noch zum Teil erhalten; sie erscheint neben der *Δύναμις* als die letzte der Hypostasen des höchsten Gottes, ist aber durch die 365 Himmel des Systems von den sieben weltschöpferischen Mächten abgetrennt. Es scheint, als wenn die Spekulation der 365 Himmel erst später eingedrungen ist, und ursprüngliche Zusammenhänge zerrissen hat.

Endlich ist bei der Sekte der Karpokratianer von einem
Aufstieg der Seelen die Rede ad illum deum, qui est supra
angelos, mundi fabricatores (Iren. I 25, 4). Auch von Jesus
heißt es, daß seiner Seele von Gott eine Kraft gesandt sei, uti
mundi fabricatores effugere posset et per omnes transgressa et
in omnibus liberata ascenderet ad eum (I 25, 1).

Noch verblaßter sind die Spuren der $M\acute{\eta}\tau\eta\varrho$ und der Sieben
in dem in Hippolyts Refutatio dargestellten System der
Naassener. Ein schwaches Überbleibsel der Vorstellung von der
Muttergöttin ist es, wenn hier der mannweiblich gedachte Urmensch folgendermaßen in einem Hymnus angeredet wird: $'A\pi\grave{o}$
$\sigma o\tilde{v}$, $\pi\alpha\tau\acute{\eta}\varrho$, $\varkappa\alpha\grave{\iota}$ $\delta\iota\grave{\alpha}$ $\sigma\acute{\epsilon}$, $\mu\acute{\eta}\tau\eta\varrho$, $\tau\grave{\alpha}$ $\delta\acute{v}o$ $\mathring{\alpha}\vartheta\acute{\alpha}\nu\alpha\tau\alpha$ $\mathring{o}\nu\acute{o}\mu\alpha\tau\alpha$,
$\alpha\mathring{\iota}\acute{\omega}\nu\omega\nu$ $\gamma o\nu\epsilon\tilde{\iota}\varsigma$, $\pi o\lambda\tilde{\iota}\tau\alpha$ $o\mathring{v}\varrho\alpha\nu o\tilde{v}$, $\mu\epsilon\gamma\alpha\lambda\acute{\omega}\nu\mu\epsilon$ $"A\nu\vartheta\varrho\omega\pi\epsilon$ (V 6
p. 132, 63). Die Gestalten der Sieben sind völlig verschwunden.
Es findet sich nur einmal eine Erwähnung des Demiurgen
Esaldaios (El-Schaddai), der als $\vartheta\epsilon\grave{o}\varsigma$ $\pi\acute{v}\varrho\iota\nu o\varsigma$ $\mathring{\alpha}\varrho\iota\vartheta\mu\grave{o}\nu$ $\tau\acute{\epsilon}\tau\alpha\varrho\tau o\varsigma$
eingeführt wird (V 7 p. 146, 64). Auch sonst ist einmal von
einem dritten und vierten Dämon als dem Weltschöpfer die
Rede (V 8 S. 150, 60). Dagegen wird hier der Mythus von
der Menschenschöpfung durch‧die niederen Mächte vorgetragen.
Danach sollen die Chaldäer den „Adam" verehren, von dem es
heißt V 7 p. 136, 9: $K\alpha\grave{\iota}$ $\tauo\tilde{v}\tau o\nu$ $\epsilon\tilde{\iota}\nu\alpha\iota$ $\varphi\acute{\alpha}\sigma\varkappa o\upsilon\sigma\iota$ $\tau\grave{o}\nu$ $\mathring{\alpha}\nu\vartheta\varrho\omega\pi o\nu$,
$\mathring{o}\nu$ $\mathring{\alpha}\nu\acute{\epsilon}\delta\omega\varkappa\epsilon\nu$ $\mathring{\eta}$ $\gamma\tilde{\eta}$ $\mu\acute{o}\nu o\nu$, $\varkappa\epsilon\tilde{\iota}\sigma\vartheta\alpha\iota$ $\delta\grave{\epsilon}$ $\alpha\mathring{v}\tau\grave{o}\nu$ $\mathring{\alpha}\pi\nu o\upsilon\nu$, $\mathring{\alpha}\varkappa\acute{\iota}\nu\eta\tau o\nu$,
$\mathring{\alpha}\sigma\acute{\alpha}\lambda\epsilon\upsilon\tau o\nu$ $\mathring{\omega}\varsigma$ $\mathring{\alpha}\nu\delta\varrho\iota\acute{\alpha}\nu\tau\alpha$, $\epsilon\mathring{\iota}\varkappa\acute{o}\nu\alpha$ $\mathring{v}\pi\acute{\alpha}\varrho\chi o\nu\tau\alpha$ $\mathring{\epsilon}\varkappa\epsilon\acute{\iota}\nu o\upsilon$ $\tauo\tilde{v}$ $\mathring{\alpha}\nu\omega$,
$\tauo\tilde{v}$ $\mathring{v}\mu\nu o\upsilon\mu\acute{\epsilon}\nu o\upsilon$ $'A\delta\acute{\alpha}\mu\alpha\nu\tau o\varsigma$ $\mathring{o}\nu\vartheta\varrho\acute{\omega}\pi o\upsilon$, $\gamma\epsilon\nu\acute{o}\mu\epsilon\nu o\nu$ $\mathring{v}\pi\grave{o}$ $\delta\upsilon\nu\acute{\alpha}\mu\epsilon\omega\nu$
$\tau\tilde{\omega}\nu$ $\pi o\lambda\lambda\tilde{\omega}\nu$, $\pi\epsilon\varrho\grave{\iota}$ $\mathring{\omega}\nu$ $\mathring{o}$ $\varkappa\alpha\tau\grave{\alpha}$ $\mu\acute{\epsilon}\varrho o\varsigma$ $\lambda\acute{o}\gamma o\varsigma$ $\mathring{\epsilon}\sigma\tau\grave{\iota}$ $\pi o\lambda\acute{v}\varsigma$. Obwohl
die Darstellung des Mythus in der Mitte abbricht, ist es doch
unverkennbar, daß hier eine Parallele zu den schon öfter mitgeteilten Phantasien vorliegt. Bedeutsam ist es, daß hier der
Mythus als ein chaldäischer eingeführt wird. Eine Parallele zu
diesem chaldäischen Mythus hat übrigens Reitzenstein (Poimandres S. 104) aus dem mit Ω bezeichneten Buch des Ägypters
Zosimus nachgewiesen. Nachdem auch hier erwähnt ist, daß
die Chaldäer, Parther, Meder, Hebräer den Urmenschen Adam
nennen, wird berichtet, daß die Archonten einst das Licht,
das im Paradiese weilte, hätten überreden wollen, den von ihnen
aus den vier Elementen geschaffenen Adam anzuziehen ($\mathring{\epsilon}\nu\delta\acute{v}\sigma\alpha\sigma\vartheta\alpha\iota$
$\tau\grave{o}\nu$ $'A\delta\acute{\alpha}\mu$). Er habe freilich nicht gewollt, sie hätten sich aber
dessen gerühmt, als hätten sie ihn geknechtet. Diese sonderbare

und einen ursprünglichen Eindruck machende Wendung des
Mythus wird uns noch in einem anderen Zusammenhang beschäftigen, wenn es sich darum handeln wird, dessen ursprünglichen Sinn und Bedeutung wieder zu entdecken[1].

Schließlich sei noch eine charakteristische Wendung, die
sich in den gnostischen Thomasakten findet, erwähnt. Hier
wird in dem Weihgebet c. 27 der Heilige Geist angerufen als
barmherzige Mutter, die Mutter der sieben Häuser, deren Ruhe
im achten Hause ist (nach dem syrischen Text bei Wright,
Aporcyphal Acts II 166)[2].

II. Wie haben wir diese bunten, phantastischen Vorstellungen zu erklären? Den richtigen Weg hat hier bereits
Anz gewiesen, indem er den Blick auf die babylonische Religion
richtete. Er vermutet, daß wir in den sieben Archonten der
gnostischen Systeme, deren Beziehung zu den Planeten der
Gnosis selbst noch bekannt ist, die sieben babylonischen Planetengötter zu erblicken haben, die wenigstens in der spätbabylonischen
Religion eine ganz hervorragende und beherrschende Stelle im
religiösen System eingenommen haben müßten. Anz hat bereits
selbst die Schwierigkeiten hervorgehoben, die sich dieser Hypothese entgegenstellen. Es läßt sich vor allen Dingen einwenden, daß sich bestimmte Zeugnisse für die hier postulierte
Entwicklung der spätbabylonischen Religion kaum nachweisen
lassen. Neuerdings hat auch Zimmern, der die ganze Frage
sehr umsichtig und umfassend behaudelt hat, hier sehr zurückhaltend geurteilt (Keilinschriften u. d. A. Test.[3] S. 620—626).
Demnach ist in der altbabylonischen Religion keineswegs überall
da, wo von sieben Göttern die Rede ist, an die sieben Planeten

---

1. Eine Lehre von der Schöpfung des Menschen durch die Engel
scheint nach Tertullians Andeutungen (de resurr. carnis 5) bereits
der Gnostiker Menander vorgetragen zu haben (Hilgenfeld, Ketzergeschichte 188).

2. Im sogenannten Testamentum Salamonis erscheinen dem Salomo
sieben weibliche an einander gefesselte Dämonen. Auf die Frage wer
sie seien, erfolgt die Antwort: ἡμεῖς ἐσμὲν ἐκ τῶν τριάκοντα τριῶν
στοιχείων τοῦ κοσμοκράτορος τοῦ σκότους . . . καὶ τὰ ἄστρα ἡμῶν ἐν οὐρανῷ εἰσιν ἑπτὰ ἄστρα μικροφανῆ ἐν ὁμονοίᾳ. Hier ist kaum an Planeten, sondern etwa an die sieben Plejaden zu denken. (Fleck, wissen-
schaftliche Reise II 3 S. 120.)

zu denken. Die Siebenzahl der Plejaden spielt z. B. eine viel
stärkere Rolle. Ja es ist sogar fraglich, ob die siebentägige
Woché ursprünglich mit den sieben Planeten zusammenhängt.
In den bildlichen Darstellungen begegnen wir nirgends den sieben
Planetengottheiten in einheitlicher Zusammenstellung (S. 621 f.).
Aber trotz dieser Bedenken wird sich eine derartige Entwicklung
der spätbabylonischen Religion doch mit höchster Wahrscheinlichkeit nachweisen lassen. Der planetarische Charakter einer
Reihe der in Betracht kommenden babylonischen Gottheiten,
wie Sin, Šamaš, Ištâr, Marduk ist schon in den alten Quellen
außer allem Zweifel. Auch besitzen wir eine Reihe von Planeten-
listen, in denen die sieben planetarischen Gottheiten bereits
nebeneinander stehen (S. 622). Ferner zeigt uns der wichtige
Bericht Diodors (II 30 f.), der wahrscheinlich auf den im dritten
vorchristlichen Jahrhundert lebenden Hecataeus zurückgeht,
welche Rolle in dieser Zeit die Planeten und damit die Planetengottheiten in der damals bereits astrologisch bestimmten babylonischen Religion spielten. Allerdings werden hier als eine
Einheit nur die fünf Planeten[1] zusammengefaßt, aber daneben
werden doch auch schon in unmittelbarem Zusammenhang Sonne
und Mond genannt. Von den Planeten aber heißt es: *πλεῖστα
δὲ πρὸς τὰς γενέσεις τῶν ἀνθρώπων συμβάλλεσθαι τούτους
τοὺς ἀστέρας ἀγαθὰ καὶ κακά.* Es ist eigentlich garnicht anders
möglich, als daß eine Religion, die sich mehr und mehr in
astrologischem Fatalismus konzentrierte, schließlich die fünf resp.
sieben Gestirngottheiten, aus deren Wandel man das Geschick
des Menschen vor allem berechnete, als eine Einheit höchster
Götter setzte.

    Zum weiteren Beweise dieser Wendung, den die spät-
babylonische Religion nahm, können hier noch die Berichte
späterer arabischer Schriftsteller über die ssabäische Religion
der (mesopotamischen) Harranier, welche Chwolsohn in seinem
großen Werk über die Ssabier zusammengestellt hat, heran-

---

    1. Bemerkenswert ist, daß hier der Planet *Κρόνος*-Saturn als be-
sonders mächtig und einflußreich hervorgehoben und den übrigen
Planeten vorangestellt wird: *ἰδίᾳ δὲ τὸν ὑπὸ τῶν Ἑλλήνων Κρόνον
ὀνομαζόμενον ἐπιφανέστατον δὲ καὶ πλεῖστα καὶ μέγιστα προσημαίνοντα.*
Man erinnere sich dabei an die hervorragende Stellung des Ialdabaoth-
Saturn.

gezogen worden. Die Ssabier haben ihren Namen nach dem
Bericht im Fihrist des en-Nedîm (Chwolsohn II S. 14ff.), im
Jahre 830, zur Zeit des Abbassiden el-Mâmûn angenommen.
Als dieser verlangte, daß sie sich als zu einer der vom Islam
anerkannten Religionen zugehörig ausweisen sollten, hätten sie
sich »Ssabier«[1] genannt, d. h. den Namen einer Religionsgenossen-
schaft gewählt, deren bereits im Koran gedacht sei. Die Religion
dieser Ssabier können wir tatsächlich als Verehrung der sieben
Planeten charakterisieren. Die Planeten werden hier mehrfach
unter den höchsten Göttern der Harranier genannt (Chwolsohn
II 22 nach en-Nedîm; II 430 u. 440 nach Schahrastâni; II 609.
611 nach el-Maqrîzi[2] u. ö.). Hervorzuheben ist, daß die Planeten hier zum Teil noch mit ihrem babylonischen Namen erscheinen. Wir finden II 22 Sin, Nabûq (= Nabu), Bâl
(= Jupiter), Balthî (= Venus). Die Ssabier besaßen Tempel
der einzelnen Planeten, die Masûdi (bei Chwolsohn II 367) erwähnt und Dimeschqî (II 382 ff.) ausführlich beschreibt. Ausdrücklich heißt es im Fihrist (Chwolsohn II 7), daß sie Schlacht-
opfer nur den Planeten darbringen. Über diese ursprünglich
rein planetarische Religion hat sich allerdings ein dünner Firnis
eines monotheistischen Glaubens gedeckt. Es wird namentlich
vor Schahrastâni (Chwolsohn II 420ff.) dargelegt, daß die Ssabier
den einen höchsten Gott anerkennen, aber der Meinung seien,
daß nur die geistigen Wesen, die in den Planeten ihre Be-
hausung haben, mit diesem Gotte verkehren können, daß sie
daher auch keinen Kult der höchsten Gottheit hätten[3]. Es ist
deutlich, daß hier ein ursprünglich krasser Polytheismus nur
leicht durch monotheistische Gedanken verdeckt ist. Es läßt
sich auch noch nachweisen, woher die Einflüsse dieses höheren
religiösen Glaubens zu den Ssabiern gekommen sind. Als ihre

---

1. Wahrscheinlich sind mit den Ssabiern des Koran die Anhänger
der mandäischen Religion gemeint.

2. An den drei letzten Stellen werden die Planeten in der bekannten astrologischen Reihenfolge genannt.

3. Wenn an anderer Stelle auch einmal von einem Tempel der
ersten Ursache, der ersten Vernunft, der Weltordnung, der Notwendig-
keit die Rede ist (Dimeschqî nach Chwolsohn II 381), so liegen hier
sicher sekundäre Elemente wohl ebenfalls synkratistisch ägyptischer
(hermetischer) Provenienz vor (s. o.).

Lehrer in der Religion werden fast in allen Quellen die Heroen
Agathodaimon, Hermes, auch Asklepios angegeben[1]. Daraus geht
hervor, daß wir einen Einfluß der aus Ägypten stammenden,
halbphilosophischen, sogenannten hermetischen Religion vor uns
haben, die uns neuerdings von Reitzenstein in seinem Werk
»Poimandres«[2] wieder erschlossen ist. Der ägyptische Einfluß
wird über jeden Zweifel deutlich, wenn wir hören, daß die
Harranier nach Schahrastâni (vergl. Chwolsohn I 764) eine
Weltperiode von 36425 Jahren kannten, eine Zahl, welche beinahe genau 25 ägyptischen Sothis-Perioden à 1461 Jahren
= 36525 Jahren entspricht. Charakteristisch ist auch, daß
Masûdi (bei Chwolsohn II 378) im Unterschiede von den chaldäischen oder babylonischen Ssabiern, die nach ihm in den
Sumpfgegenden bei Basra wohnen (also den Mandäern), die
»ägyptischen« Ssabier in Harran unterscheidet. Es wäre wichtig,
die Entstehungszeit dieser harranischen Religion festzulegen.
Nachrichten über sie liegen, wie gesagt, in späteren islamischen
oder arabischen Quellen vor; doch deuten gewisse Spuren darauf
hin, daß die harranischen Ssabier mindestens bereits im dritten
nachchristlichen Jahrhundert vorhanden waren. So wird bei
Dimeschqî (Chwolsohn II 410) offenbar nach harranischen Quellen
auf eine Erzählung hingewiesen, die sich zwischen einem der
Häuptlinge der Harranier und dem Begründer der Sassanidendynastie Sapur I (3. Jahrh.) zugetragen haben soll. Auch soll
nach Masûdi (Chwolsohn II 378) der Kaiser Philippus Arabs
ein Anhänger der ssabischen Religion gewesen sein. Auch sonst
finden wir in den Quellen historisch bekannte Namen des dritten
und vierten nachchristlichen Jahrhunderts häufiger angeführt,
und in diese Zeit weist auch wohl die Tatsache der Beeinflussung der harranischen Ssabier durch die hermetische Religion,
als deren Blütezeit etwa das zweite und dritte nachchristliche
Jahrhundert anzusetzen ist. Wenn aber bereits im dritten oder
vierten nachchristlichen Jahrhundert die komplizierte Gestalt

---

1. Vergl. das Material bei Chwolsohn I 780—802.

2. In seinen lehrreichen Ausführungen S. 166 ff. über die Harranier
und ihre Beziehungen zur hermetischen Literatur hat Reitzenstein den
Doppelcharakter der Ssabier nicht genügend hervorgehoben und die
beiden übereinander gelagerten Schichten in ihrer Religion nicht scharf
genug von einander unterschieden.

der ssabäischen Religion vorhanden war, so wird die ursprünglich rein polytheistische siderische Religion in viel frühere Zeit
zurückreichen, und wir dürften dieselbe als einen Nachschößling
der spätbabylonischen Religion auffassen. Dann aber würde
sich die Annahme glänzend bestätigen, daß die babylonische
Religion späterer Zeit, wie sie sich bei der Landbevölkerung
Mesopotamiens erhalten hat, sich fast ganz und gar auf die
Formel: Verehrung der sieben Planetengötter, reduzieren läßt.

Ferner kann darauf hingewiesen werden, daß auch in der
Mithrasreligion die sieben Planetengottheiten eine Rolle spielten
und daß bereits Celsus (bei Origenes VI 22) die auf die Auffahrt der Seelen durch die sieben Planetenhimmel bezüglichen
Mysterien der Mithrasreligion kennt. Mit Recht hat Cumont
(Textes et monuments figurés relatifs aux mystères de Mithra)
in seinem großen Werk über die Mithrasreligion angenommen,
daß diese, ein Seitenzweig der genuin eranischen Religion, bei
ihrem Vordrängen nach dem Westen das Element der Verehrung der sieben Planetengottheiten im babylonischen Tieflande in sich aufgenommen habe[1]. Auch darf darauf hingewiesen werden, daß die vielfach schon beobachtete und behandelte Zusammenstellung der sieben Planeten, sieben Farben,
sieben Metalle aller Wahrscheinlichkeit nach babylonischen Ursprungs ist[2].

So ergibt sich von verschiedenen Seiten her, daß der Versuch, die Gestalten der sieben Planetengottheiten auf die
spätbabylonische Religion zurückzuführen, zu Recht besteht.
Dazu kommt noch, daß die wahrscheinlich älteste Sekte der
Gnosis, die wir mit dem Namen »Gnostiker« im engeren Sinne

---

1. Vergl. noch Cumont II 54 Die Platoscholie: ἢ ὡς τῷ Μίθρᾳ
οἰκεῖον τὸν ζ´ ἀριθμὸν, ὃν διαφερόντως οἱ Πέρσαι σέβουσιν. Auf vielen
Mithrasdokumenten finden sich die sieben Planeten unter dem Symbol
von sieben flammenden Altären. Cumont II Fig. 23. 63. 88. 119. (120).
132. 148. 167 (168). 193. 218 u. ö. Vergleiche auch Cumonts Ausführungen
über die sieben Planetenkreise und die ihnen entsprechenden Planeten-
statuen an den Wänden im Mithraeum zu Ostia. II. Monum. 84 d.
Fig. 77 u. s. w.

2. Vgl. meine Ausführungen Archiv f. Religionswissensch. IV
136 ff. 229 ff.; Lobeck, Aglaophamus 936; Chwolsohn Ssabier II 411.
658 ff. 839; Cumont I 118; Berthelot, alchymistes grecques I 76 ff.
Origines de l'alchymie 48 ff. 233. 276; Zimmern, Keilinschr. u. d. AT.[3] 623.

(Ophiten) bezeichnen können, vielleicht nachweisbar aus dem babylonischen Tieflande stammt. Als Urheber der »ophitischen« Sekte wird bei Origenes VI 28 ein gewisser Euphrates genannt. Damit ist zu vergleichen, daß nach Hippolyts Refutatio der Zweig der peratischen Gnosis von zwei Schulhäuptern abstammen soll, als deren einer Εὐφράτης ὁ Περατικός genannt wird. Mit einer gewissen Wahrscheinlichkeit hat Brandt (mandäische Religion 192) hier vermutet, daß der Ortsname Περατικός[1] auf Forat-Maišân (in der Nähe von Basra) hinweise.

Sind aber die sieben Archonten der gnostischen Systeme ursprünglich identisch mit den babylonischen Planetengöttern, so dürfen wir schon jetzt eine Vermutung darüber aussprechen, welche Göttin wir in der mit ihnen ständig zusammen genannten Muttergöttin, der Μήτηρ, Παρθένος, Σοφία, der Rucha, dem Spiritus Sanctus[2] zu sehen haben. Sollte nicht ihr Prototyp die große Himmels- und Muttergöttin sein, die wir unter verschiedenen Namen in Vorderasien verehrt finden: als Ištar der Babylonier, als die große syrische Göttin Attargatis, die uns Lucian in seiner »Dea Syria« charakterisiert hat, als Kybele des kleinasiatischen (phrygischen) Mysterienkultus, als Anaitis (Anahita) der Perser, als Astarte der aramäischen Bevölkerung u. s. w. Diese große Muttergöttin ist eine derartige charakteristische Erscheinung der vorderasiatischen Götterwelt, daß wir annehmen dürfen, daß sie als besondere und hervorragende Einzelgestalt, obwohl sie ja als Göttin des Abendsterns Ištar (Balthis, Venus u. s. w.) bereits in den Kreis der Sieben gehört, zugleich neben ihnen stehen blieb und so die Mutter der sieben höchsten babylonischen Götter geworden ist. Es sei also diese Vermutung mit aller Reserve hier erst einmal vorläufig aufgestellt. Die vollständige Beweisführung müssen wir einem späteren Abschnitt (Kap. II) überlassen.

Endlich gewinnt auch der mit den Gestalten der Muttergöttin und der Sieben verbundene Mythus von der Menschen-

---

1. Clemens Stromat VII 17 hebt ausdrücklich hervor, daß die Gnostiker teilweise von einzelnen Personen ihren Namen haben, teils ἀπὸ τόπου, teils ἀπὸ ἔθνους und nennt an zweiter Stelle (ἀπο τόπου) die Peraten.

2. Über diese auf spezifisch jüdischen (oder christlichen) Einfluß zurückgehenden Namen s. u.

schöpfung durch die Archonten in diesem Zusammenhang einen
erkennbaren Sinn. Wenn, wie es in den gnostischen Systemen
der Fall war, die Meinung feststand, daß die weltschöpferischen
und weltregierenden Mächte nicht die höchsten Mächte seien,
so entstand von vornherein die Frage, wie es denn komme, daß
der Mensch, der doch zu dieser niederen Welt gehöre, sich der
Herrschaft dieser Mächte habe entziehen und zur Erkenntnis
der höheren Gottheit habe durchdringen können. Auf diese
Frage antwortet der Mythus von der Menschenschöpfung: von
den sieben Archonten stammt eben nur der Leib des Menschen,
das höhere geistige Wesen aber ist ihm irgendwie ohne Wissen
der Archonten von oben her geschenkt. So schließen denn auch
die betreffenden Mythen sehr oft mit dem Hinweis darauf, daß
der Mensch sich sofort nach seiner Schöpfung von den schöpferischen Mächten abgewandt und dem höchsten Gotte zugewandt
habe. Das ist in der Meinung der Gnostiker jedenfalls der tiefere
Sinn und Bedeutung dieses Mythus. Was er aber ursprünglich
bedeutete, wie seine Entstehung im einzelnen zu erklären ist,
ist damit noch nicht aufgehellt. Man hat wohl gemeint, daß
der alttestamentliche Bericht von der Schöpfung des Menschen,
aus einem Erdenkloß und der Einblasung des göttlichen Geistes
und die Wendung, die wir im ersten Kapitel der Genesis finden:
»Gott sprach: ‚Lasset uns Menschen machen'«, die ja leicht und
frühzeitig auf die Annahme von mehreren Schöpfern führte, die
Ausgestaltung unseres Mythus im einzelnen beeinflußt hat. Auf
die Form, in der dieser gegenwärtig in den gnostischen Systemen
vorliegt, trifft das auch sicher zu. Ob wir aber den Ursprung
des ganzen Mythus daher erklären dürfen, ist sehr fraglich und
muß einer weiteren Untersuchung vorbehalten bleiben.

III. Mit alledem haben wir die Hauptfrage, die sich uns
bei der Übersicht über diese gnostischen Mythen aufdrängt, und
den Hauptkern des zu untersuchenden Problems noch garnicht
berührt. Auf diesen hat auch Anz in seiner vorliegenden
Untersuchung seiner Zeit noch nicht genügend achtgegeben.
Diese Hauptfrage lautet aber: Wie kommt es, daß in den
gnostischen Systemen und Mythen die Gestalten der höchsten
babylonischen Gottheiten, die Sieben und die hohe Muttergöttin,
nicht mehr als höchste Gottheiten, sondern als niedere dämo-

nische Wesen oder doch als halbgute, halbböse Wesen, der
Mittelwelt angehörig, oder als aus der oberen Welt gefallen
erscheinen? Es wird sich aber dieses Problem am besten dadurch lösen lassen, daß wir unsere Untersuchung noch etwas
erweitern und auch die mandäische Gnosis, in welcher unsere
Gestalten in einer ganz neuen und eigenartigen Position wieder
erscheinen, in ihren Kreis einbeziehen.

In den Quellen der mandäischen Religion treten uns die
Muttergöttin und die Sieben wiederum in einer zentralen und
beherrschenden Stellung entgegen. Die Muttergöttin trägt hier
den Namen »Ruhâ d'Quudšâ«, und dabei ist die Polemik gegen
die jüdische oder christliche Religion ohne weiteres deutlich.
Doch scheint Ruhâ d'Quudšâ nicht der ursprüngliche Name
der Dämonin gewesen zu sein. Im sechsten Traktat des rechten
Genzâ tritt häufig der ältere Name Namrus[1] ein. Da sich
derselbe Name auch im manichäischen System in der Form
Namrael (Theodor Bar-Kuni bei Pognon, Inscriptions Mandaïtes
1899 Bd. II p. 191) oder Nebrod (F. C. H. Baur, das manichäische Rel.-System S. 137) findet und hier ebenfalls eine
Teufelin, die Mutter des ersten Menschen bezeichnet, so ist es
sicher, daß in diesem Namen eine ältere Überlieferung vorliegt,
die im mandäischen System teilweise in polemischer, antijüdi-
scher, resp. antichristlicher Tendenz umgedeutet wurde. Nach
Brandt (mandäische Religion S. 183, 4) ist Namrus vielleicht ein
persisches Wort und bedeutet Mittag-, Südgegend; wir hätten
in der Namrus demgemäß eine Dämonin der Mittaghitze. —
Sehr charakteristisch ist es nun weiter, daß sich in den verschiedenen Aufzählungen der Namen der »Sieben« noch die
alten babylonischen Planetennamen erhalten haben. Sie werden
im 8. Traktat des r. Genzâ (Brandt, mandäische Schriften
S. 189) in folgender Reihenfolge aufgezählt: Šâmeš (Sonne), Sin
(Mond), Kêwân (Saturn), Bêl[2] (Jupiter), Dlibat (altsemitisch:

1. Vgl. Brandt, Mandäische Schriften S. 130 »Ruhâ, die auch
Namrus genannt wird«.

2. Der spezielle babylonische Name für Jupiter »Marduk« scheint
in einem bei Theodor Bar-Kuni (Pognon p. 226 f.) überlieferten mandäischen Psalm (Zauberformel) erhalten zu sein. Wir lesen hier unter
anderen Dämonennamen »Mardik« und dürfen vielleicht in dem daneben
stehenden »Labarnita« den Namen der Gemahlin Marduks »Zarpanitu«
sehen.

Dilbat, Verkünderin = Venus), Nbu (babylonisch: Nabu = Merkur), Nirek (babylonisch: Nergal = Mars). Verwandte Aufzählungen finden sich im 1. und 2. Traktat des r. Genzâ (Brandt, mand. Schr. S. 45 u. 85). Hier stehen die Sieben in der Reihenfolge: Sonne, Venus, Merkur, Mond, Saturn, Jupiter, Mars, d. h. in der alten astronomischen Reihenfolge, in der die Planeten nach der Erdferne geordnet sind, aber so, daß die Sonne hier vorantritt und die zweite Reihe: Venus, Merkur, Mond vor Saturn, Jupiter, Mars steht. Wir finden hier dieselben Namen, wie im achten Traktat, nur daß im zweiten und ähnlich auch im ersten Traktat an Stelle von Dlibat: Ruhâ d'Qudšâ (»deren Name Libat-Istrâ [babyl.: Ištar]-Ammamet«) steht (vgl. Brandt 45, 7), ferner im 1. Traktat Nbu das Attribut »der Messias der Lüge« bekommt, während im zweiten Traktat der »betrügerische Messias« den Nbu ganz verdrängt hat. Daß wir bei diesen Veränderungen spätere Eintragungen polemischer Tendenz zu sehen haben, dürfte klar sein. Die jetzigen mandäischen Quellen sind durchzogen von Polemik gegen das Judentum und Christentum, und ersichtlich ist hier vor allem in der späteren Überlieferung der Messias an Stelle des Nbu getreten. In älteren mandäischen Texten steht der »Lügenmessias«, der Prophet der Juden, noch neben den Sieben, wie Brandt (mand. Rel. p. 126) mit Recht hervorgehoben hat. Daß der Messias gerade mit Merkur-Nbu identifiziert wird, wird daher rühren, daß Nabu in der späteren Entwicklung der babylonischen Religion eine ganz besonders hervorragende Stellung einnahm. Er ist bereits schon am Ende der für uns verfolgbaren Entwicklung der babylonischen Religion in der Zeit des Unterganges des babylonischen Reiches die beherrschende Gestalt des babylonischen Pantheons geworden[1]. Damit hängt offenbar weiter zusammen, daß in der unten ausführlich zu behandelnden Erzählung von der Empörung der Engel auf dem Berge der Vernichtung Nabu als ihr Oberster erscheint, den sie mit einem Ölhorn salben und mit Feuer

---

1. Vielleicht darf in diesem Zusammenhange darauf hingewiesen werden, daß in der Apologie des Melito von Sardes (Corpus apologetarum IX p. 426, Nebo neben Zaraduscht [Zarathustra]), der hier irgendwie mit dem aramäischen Gotte Hadran identifiziert wird, als hohe Gottheit erwähnt wird, die in Mabug ihren Kult hat.

bekleiden (zweiter Traktat, Brandt S. 89). Eine etwas andere
Bewandtnis hat es mit der Eintragung des Namens Ruhâ d'Qudšâ
und der Identifikation dieser Gestalt mit dem Planeten Venus.
Durch diese Eintragung erscheint nun Ruhâ d'Qudšâ, die sonst
als Mutter der Sieben gilt, als eine von den Sieben neben den
sechs anderen. Wir haben hier einen deutlichen Beleg für die
schon oben gemachte Annahme, daß die babylonische Muttergöttin
bald als die höchste, beherrschende Göttin (hier Dämonin), bald
als Gottheit des bestimmten Planeten, als eine von den Sieben
erscheint. Eine dritte Eintragung, die noch nicht in diesen
Listen zum Ausdruck kommt, besteht dann darin, daß vielfach
an Stelle von Šâmeš der Name Adônaj erscheint (Brandt, mand.
Rel. p. 126). Offenbar soll hierdurch der Planet Šâmeš mit
dem Gott der Juden vereinerleit werden. (Es erscheint auch
hier und da für Šâmeš-Adônaj der Name »Jorba«, wahrscheinlich = Jo [Jahwe] Rabba.) Neu ist in diesem Zusammenhang,
daß auch ein Vater der Sieben genannt wird; er trägt hier
den Namen Ur[1], der etwa an den Oraios des ophitischen
Systems bei Origenes und an den jüdischen Erzengel Uriel
erinnert. Im sogenanten Königsbuch der Mandäer (61. Traktat r.)
erhält dieser Dämon den Namen Leviâtân. Wir erinnern uns,
daß nach Celsus-Origenes der große Kreis des Leviathan die
sieben Kreise der kleinen Planeten umfaßte. Ich erwähne noch,
daß in der erreichbar ältesten Darstellung des mandäischen
Systems, im 6. Traktat r. die Ruhâ einfach neben dem bösen
Geiste Ur als von Anfang an in der Welt der Finsternis vorhanden erscheint. Der 8. Traktat r., eine entschieden spätere
Darstellung, weiß einen ausführlichen Mythus über die Herkunft
der beiden Gestalten zu berichten und betrachtet den Ur als
den Sohn und zugleich Gatten der Ruhâ. Mit diesen späteren
Phantasien brauchen wir uns in diesem Zusammenhang nicht
zu beschäftigen.

Im mandäischen System erscheint ganz anders wie im
gnostischen die Ruhâ neben Ur und den Sieben als absolut
böses, teuflisches Wesen. Die uns überall in den gnostischen
Systemen entgegentretende Auffassung, daß die Sieben halb-
schlächtige mittlerische Wesen seien, ist hier vollständig ver-

---

1. Vielleicht dürften wir an den altbabylonischen Namen des Mond-
gottes Ur denken.

schwunden, und die Ruhâ, die dort sogar oft als ein höchstes und himmlisch reines Wesen erschien, ist hier die vollendete Teufelin.

Wir suchen in den umfangreichen mandäischen Mythus, der von der Ruhâ und den Sieben handelt, weiter einzudringen. Die ursprünglichste Darstellung liegt uns im 6. Traktat r. vor. Hier wird erzählt, daß Ur, lebhaft unterstützt von der Ruhâ, dereinst einen mehrfachen Ansturm gegen die oberen Welten, namentlich gegen die Erde unternommen habe und daß er bei jedem Versuch, aus der Welt der Finsternis hervorzubrechen, durch die bloße Erscheinung des Mândâ d'Hajê (der mandäischen Erlösergestalt) zurückgeschlagen sei und alle seine dämonischen Heere vernichtet seien. Eine besondere Rolle spielt bei diesem Kampf der »Stab (Margna)« des lebenden Wassers und die Krone des lebenden Feuers, mit denen Mândâ d'Hajê erscheint. Schließlich wird Ur von ihm in Fesseln geschlagen, mit einer siebenfachen Mauer umschlossen und in einem Turm, der bis zur Mitte des Himmels hinaufreicht, gefangen gehalten (Brandt, M. R. 34 u. M. S. 131). Ausführlicher noch berichtet über diesen Kampf der 8. Traktat r. (Brandt, M. S. 178 ff.): »Und er (Ur) sprach zu ihr (Ruhâ): „Ich ringe nach dem Licht, nicht nach der Finsternis“. Und als er dies gesagt, sprang er, der „Ur“, in das schwarze Wasser. Und das schwarze Wasser drehte sich vor ihm in einem Strudel, bis es an die Mauern und Grenzen stieß, die zwischen der Finsternis und dem Licht [sind], und gegen die Mauern schlug. Und er hob seine Stimme auf und schrie mit seinem Aufschrei, bis die Mauern alle wankten«. Auch hier wird der Ansturm mehrfach wiederholt und mehrfach abgeschlagen. »Und ich (Mândâ d'Hajê) fesselte ihn und brachte Ketten, schwerer denn alle seine Welten, 10000 mal soviel schwerer denn er selbst, und legte sie dem Ur an, dem Meister der ganzen Macht der Finsternis«. (S. 182). Es werden dann Wächter über dem gefesselten Ur aufgestellt, je 4 Wächter in den 4 Himmelsgegenden.

Der weitere Fortgang des Mythus im mandäischen System ist dunkel. Es tritt hier eine neue Gestalt, die des Weltschöpfers Ptahil (gewöhnlich des Sohnes des Abatur) auf. Das Verhältnis des Ptahil, im mandäischen System eines Wesens der Mitte, zu den höheren geistigen Wesen wird in den man-

däischen Quellen bekanntlich sehr verschieden dargestellt. Ptahil
gilt als Sohn des Abatur, in anderen Quellen als des Bhâq,
der wieder von dem sogenannten zweiten Leben, dem Jôšamin
abstammen soll. Im mandäischen Schöpfungsmythus in seiner
älteren Gestalt wird gewöhnlich berichtet, daß Ptahil zunächst
auf eigene Faust hin oder auf Veranlassung der niederen
Mächte des zweiten und des dritten Lebens die Weltschöpfung
unternimmt, daß diese ihm allein jedoch nicht gelingt und er
erst mit Unterstützung der höheren himmlischen Mächte das
Werk zu Ende führt (Brandt, M. R. 35, 48—56). Mit
diesem Mythus von der Weltschöpfung durch Ptahil ist nun
der weitere Mythus von der Ruhâ und den Sieben in offenbar
kunstvoller Weise kombiniert. Nach der Erzählung des 6. Traktats soll nämlich die Ruhâ, durch das häufige Mißlingen der
Weltschöpfung ermutigt, sich dem gefesselten Ur genaht und
mit ihm zunächst die Sieben, dann zwölf (die Tierkreisgestirne)
und endlich fünf Söhne erzeugt haben[1]. Dann sei die Ruhâ
mit den Sieben dem Ptahil erschienen und habe ihm ihre
Dienste angeboten, die dieser angenommen habe. Im Zusammenhang wird damit erwähnt, daß dem Ptahil (vielleicht zur
Strafe für dieses Bündnis) die Weltherrschaft genommen wurde.
Eine parallele Darstellung finden wir im 41. Traktat r. (Brandt,
M. R. 51). Auch hier schließt Ptahil ein Bündnis mit den
Sieben: »Wenn Ihr gute Werke tun wollt, will ich Euch zu
meinem Trupp nehmen, ... sollt Ihr meine Söhne in dieser
Welt genannt werden und die Werke, über die mein Vater
mich angestellt hat, regieren«. Dann heißt es auch hier: »Als
Ptahil so gesprochen, wurde das Haus von ihm genommen, und
in eine große Fessel setzten sie ihn«. In einer parallelen Dar-
stellung desselben Traktats (Brandt S. 53) wird sogar berichtet,
daß Ptahil selbst durch einen schöpferischen Ruf die Ruhâ
und ihre sieben Söhne geschaffen habe und dafür von seinem
Vater Abatur bestraft sei. Ähnlich ist die Darstellung im 28.
Traktat r. (Brandt M. R. 50). Etwas verblaßt, aber in einem

---

1. Der Zug von der Erzeugung der 5 Söhne ist offenbar eine
sekundäre Ausgestaltung des Mythus, der sich in den entsprechenden
Stellen des 8. Traktats noch nicht findet. Die Fünf repräsentieren die
5 Planetensterne und sind also nur eine Doublette zu den Sieben, abgesehen von Sonne und Mond.

anderen Punkte doch wieder charakteristisch ist endlich die Erzählung des 8. Traktats r. (Brandt M. S. 187 ff.). Hier wird berichtet, daß Ptahil mit der Ruhâ Freundschaft geschlossen, und diese dann mit dem Ur die sieben und die zwölf Söhne erzeugt habe. Darauf habe Hibil - Ziwâ zunächst geplant, sie zu vernichten, habe aber seinen Plan geändert: »Und darauf rief ich sie und sprach zu ihnen: Fürchtet Euch nicht! Ich nehme Euch und mache Euch wohnhaft . . . . . . Ich gebe Euch Wagen — und setzt Euch darauf! Und ich bekleide Euch mit einem wundersamen Kleide, und Glanz gebe ich Euch, daß Ihr leuchtet in dieser Welt« (S. 189). Er habe dann ferner zwei Wächter über die Planetengestirne gesetzt, welche Streit und Parteiungen unter ihnen verhindern sollten. »Und ich setzte sie in den Wagen, und sie erleuchteten die Welt 360000 Jahre« (S. 190). Diese Auffassung des 8. Traktats scheint dann in der späteren Überlieferung weiter ausgesponnen zu sein. Nach dem mandäischen Dîvân[1] werden Sonne und Mond als Schiffe dargestellt, und das Licht dieser Gestirne strahlt von Kreuzen aus, die in denselben von Engeln errichtet sind. Es ist ferner von einem dritten Schiff des Bahrâm[2] die Rede, der von Gott zur Beaufsichtigung der beiden Gestirne bestellt sei. Petermann (Reisen II 254) berichtet, daß nach mandäischer Auffassung die Sterne, unter diesen auch Sonne und Mond und die 5 Planeten, als böse Dämonen, an sich dunkel, auf Schiffen, die durch von Engeln getragene Brillantkreuze erleuchtet werden, daherfahren. Nach Sioufi[3] sind der Sonne und dem Monde zwei beaufsichtigende Engel zugesellt, welche die Gestirne in der Ausübung etwaiger böser Pläne dadurch hindern, daß sie ihren Körper einschnüren. Der Sinn aller dieser verschiedenen mythischen Vorstellungen ist deutlich[4]. Es soll erklärt werden, wie es kommt, daß die sieben ursprünglich bösen Mächte als leuchtende Gestirne am Himmel wandeln und als solche nach dem astrologischen Glauben der

---

1. Renan, Journal Asiatique 1853 II p. 469, vgl. Brandt S. 62.
2. Der (persische) Name Behrâm findet sich auch in dem späteren Taufformular der Mandäer (Brandt M. R. 105).
3. Études sur la religion des Soubbas. Paris 1880, p. 149.
4. Vergleiche zu den letzten Ausführungen überhaupt Brandt M. R. S. 62.

Zeit einen so starken Einfluß auf die Geschicke der Menschen und der Welt haben. Es wird dann entweder gesagt, daß der Weltschöpfer Ptahil ihnen gegen den Willen der höheren Gottheiten durch Vertrag diesen Einfluß eingeräumt habe, oder daß die Erlösergottheit Mândâ d'Hajê resp. Hibil - Ziwâ die bösen Mächte, anstatt sie zu vernichten, begnadet und den an sich dunklen Wesen ihre Lichtwagen geschenkt habe, oder auch daß Engel, die ihnen zugesellt seien, den dunklen Dämonen ihren Glanz verleihen.

Im engen Zusammenhange mit den eben bisher behandelten Mythen steht nun auch hier, wie wir kaum anders erwarten können, der uns schon bekannte Mythus von der Schöpfung des ersten Menschen durch die Sieben. Im 6. Traktat r. wird unmittelbar hinter den oben erwähnten Ausführungen berichtet (Brandt M. R. 36), daß die Sieben (von Ptahil dazu aufgefordert, der, trotzdem seine Absetzung berichtet war, inkonsequenterweise wieder als aktiv erscheint) den Leib des Adam, des ersten Menschen geschaffen hätten. Auch hier heißt es, daß sich dieser Leib nicht habe aufrichten können und daß er als eine leblose körperliche Säule dagelegen habe. Dieser charakteristische Ausdruck »körperliche Säule« kehrt öfter in der Darstellung wieder und erinnert an den durch die Naassener überlieferten chaldäischen Mythus, wo ebenfalls der von den Dämonen geschaffene Leib des Menschen »ἀνδριάς« genannt wird. Wir dürfen bei den »Chaldäern« in der naassenischen Überlieferung wohl direkt an die »Mandäer« denken. — Auch hier stammt dann das höhere Wesen des Menschen von oben. Eine neue Gestalt greift an diesem Punkt der mandäischen Kosmogonie in die Handlung ein: Adakas-Mânâ. Die Vorstellung von diesem Adakas-Mânâ ist im mandäischen System nicht mehr ganz deutlich. Bald erscheint er einfach als die Seele, das höhere Wesen des Adam selbst, so im 18. Traktat r.: »Als ich [noch] nicht gekommen und gefallen war in Adam und seine Gattin« (Brandt M. R. 36, 2); bald erscheint er als der Schutzengel, der diese Seele geleitet (36. Traktat r., Brandt S. 36). Daß diese letzte Vorstellung sekundär ist, zeigt sich schon darin, daß auch im 6. Traktat neben Adakas-Mânâ als der Bringer der Seele Mândâ d'Hajê erscheint. Wie dem sein möge, jedenfalls ist in dem Mythus darauf Wert gelegt, daß

die Seele in die körperliche Säule gelangt, ohne daß Ptahil oder die Sieben ahnen, wie das geschieht (ebenso wie
in dem gnostischen System der pneumatische Samen ohne
Wissen des Jaldabaoth zu dem Menschen gelangt). Es heißt
im 6. Traktat, daß, als Ptahil die Seele in die Säule zu werfen
suchte, Mândâ d'Hajê sie auf seinen Arm nahm und ohne ihn
das Werk vollbrachte. Wie endlich in den gnostischen Systemen aus der eigentümlichen Entstehung des ersten Menschen
abgeleitet wird, daß er sofort nach seiner Entstehung unter
Übergehung der weltschöpferischen Mächte den höchsten Gott
preist und anruft, so heißt es nun auch hier, daß Adam sofort
unter Nichtbeachtung der Ruhâ und der Sieben die Himmelsgottheiten angebetet und verherrlicht habe. Freilich wird
die Religion Adams nicht mehr direkt aus der Art seiner
Schöpfung abgeleitet, sondern auf eine am Anfange seines Lebens
liegende besondre Offenbarung Mândâ d'Hajês zurückgeführt, der
ihm eine »wundersame Stimme zuruft«, d. h. ihm die wahre
Religion verkündet (Brandt 37). Hier ist also der ursprüngliche Sinn des herübergenommenen Mythus nicht mehr klar
erkannt; dennoch haben sich die Zusammenhänge desselben
deutlich erhalten[1].

Neben den eben erwähnten Mythen stehen im mandäischen
System, mit diesen nicht mehr in ganz klarem Zusammenhang,
andere charakteristische Erzählungen über die Ruhâ und die
Sieben. Vor allem ist die Erzählung des 6. Traktats zu erwähnen, daß die Ruhâ und ihre Söhne sich in der Urzeit
nach der Schöpfung Adams auf dem Berge Karmel versammelt
und dort eine Verschwörung gegen die oberen Mächte und
gegen das Leben des fremden Mannes, Adam, angestiftet hätten.
Durch Zauberkunst hätten sie dann in die vollendete Schöpfung
überall Verderben hineingebracht, in die Früchte, in den Wein,
in das Wasser, in das Gold, und hätten Himmel und Erde
schließlich gewaltig erschüttert. Charakteristisch ist, daß weiter
berichtet wird, daß Adam während dieses Vorgehens der Geister
in einen Schlaf verfallen sei und, durch den Lärm der durch
die Dämonen aufgeregten Natur aus seinem Schlafe geschreckt,

---

1. Vgl. noch die ähnlichen Mythen bei Pognon, Inscr. Mandaites
II p. 210. 223.

die Verwüstungen in der Welt wahrgenommen habe (vgl. Brandt
M. R. 38). Eine Parallele zu diesem Mythus findet sich (vgl.
auch die Anspielung auf ihn im Anfang des 12. Traktats r.)
im 2. Traktat (Brandt M. S. 89). Hier scheint allerdings aus
dem Mythus der Urzeit eine eschatologische Weissagung geworden zu sein, aber der Zusammenhang ist noch deutlich.
Es heißt hier: »Wenn Nbu aus der Mitte der Engel der Mangel-
haftigkeit herkommt, so ruft ihn Ruhâ d'Qudšâ, seine Mutter,
und auf der Krone des Himmels und der Erde, auf dem Berge
der Vernichtung, versammeln sich die Engel der Mangelhaftig-
keit und salben den Nbu mit einem Ölhorn und bekleiden ihn
mit Feuer«. Im 6. Traktat wird dann nach einem nicht hierher
gehörigen Zwischenspiel das Ende dieses Mythus berichtet.
Mândâ d'Hajê tritt zunächst unerkannt unter die Sieben, entreißt ihnen durch List das Geheimnis ihres Zaubers und voll-
führt dann eine furchtbare Bestrafung an ihnen[1]. Man sieht,
daß dieser Mythus namentlich mit dem im 8. Traktat vorgetragenen, nach welchem Hibil-Ziwâ die Sieben begnadigt und
sogar auf leuchtende Wagen setzt, nicht übereinstimmt. Es
geht aber auch aus anderen Stellen des Genzâ hervor, daß
diese letztere freundliche Anschauung von dem Endgeschick
der Sieben nicht überall vorwaltet. Nach Genzâ r. (p. 269 f.)
sind z. B. die Ruhâ und die Engel dieser Welt in dem fres-
senden Feuer, aus welchem sie hervorgerufen, gelassen, und hat
nur einer von ihnen, die Sonne, den Schein des Ptahil behalten
dürfen, damit die Welt nicht ganz in Finsternis vergehe
(Brandt M. R. 62). Wir haben verschiedene, nicht miteinander
übereinstimmende, sich durchkreuzende Mythen, die aber alle
aus demselben Milieu stammen. In dem letztbehandelten Mythus tritt besonders deutlich die Erbitterung heraus, mit der
man in dem Religionssystem der Mandäer die falschen Gottheiten, die Sieben und ihre Verehrer, bekämpfte.

    Endlich haben wir es noch mit einer letzten Anschauung,
die demselben Umkreise von Ideen angehört hat, zu tun, nämlich der Ableitung der falschen Religionen von den Sieben.
Diese bösen Mächte sollen nach dem Genzâ die Urheber der

---

1. Ich habe hier und teilweise schon im vorhergehenden mit Vorsicht neben dem kurzen Excerpt von Brandt die Übersetzung von Norberg benutzt, vgl. Codex Nasaraeus I 207—215. 223—225.

gesamten falschen Religionen auf der Erde geworden sein.
Das ist schon im 6. Traktat r. ausgeführt, und diese Ausführungen kehren im 1. und 2. Traktat (Brandt M. S. 45 ff. 85 ff.)
wieder. Es heißt hier in der Einleitung zu diesem Abschnitt:
»Es verführen 7 Verführer alle Adamskinder«, und dann folgt
die Liste der planetarischen Gottheiten. Der 16. Traktat r. ist
ganz der Darstellung der falschen Religionen und ihrer Urheber
gewidmet. Die Schilderung der Religionen, die von den Sieben
abstammen sollen, ist leider ungemein verworren, ungeordnet
und vollständig durch die wohl später hinzugekommene, überaus
feindselige Polemik gegen Juden und Christen überwuchert.
Einiges Ursprüngliche läßt sich vielleicht erkennen. So ist in
der Schilderung der religiösen Irrtümer, die von der Ruhâ ausgegangen sind, noch der wilde und sinnlich erregte Kultus der
vorderasiatischen Muttergöttin zu erkennen. Wenn auf der
anderen Seite gerade von der Ruhâ das mönchisch-asketische
Wesen des Christentums und das verkehrte Leben der Einsiedler, die ihr Leben auf Bergen und Höhen zubringen, abgeleitet wird, so ist die Überarbeitung noch besonders deutlich.
Auf Nergal wird in erster Linie alles kriegerische Wesen und
alle Grausamkeit der Herrscher auf Erden sinnentsprechend zurückgeführt. Mit Šâmeš-Adônaj sind vor allem die Juden zusammengebracht; daneben begegnen wir hier der merkwürdigen
Sekte der Jazukâjâ's (Brandt M. R. 127). In sonderbarer Weise
treffen wir bei der Schilderung dieser Irrlehre auf ganz bestimmte
Züge der persischen Religion, wie bereits Brandt hervorgehoben
hat[1]. Jedenfalls ist diese Ableitung der fremden Religionen
von den Sieben (zu bemerken ist, daß in diesem Zusammenhang die Ruhâ nur immer als eine der Sieben erscheint) außerordentlich beachtenswert[2], und wir werden uns weiter unten
damit noch im Zusammenhang beschäftigen.

IV. Hinsichtlich der Gestalten der Ruhâ und der Sieben

1. Auf die Möglichkeit einer Berührung dieser Sekte mit dem
'Ιεξαί dem »Bruder« des Elxai bei Epiphanius 53, 1; 19, 1 hat Brandt
a. a. O. ebenfalls bereits hingewiesen.

2. Es mag hervorgehoben werden, daß auch nach den Gnostikern
Iren. I 30, 9 der Götzendienst durch die Verführung der Hebdomas
in die Welt kommt.

im mandäischen und damit auch in den gnostischen Systemen
kann m. E. kein Zweifel mehr obwalten. Wenn die babylonischen
höchsten Gottheiten hier als dämonische, teuflische Gestalten
erscheinen, so kann das nur daher rühren, daß in diesen Reli-
gionssystemen ein anderer und fremder Glaube über die babylonische Religion gekommen ist. Im Rahmen dieses höheren
Glaubens werden die alten Göttergestalten zu Dämonen degradiert. Deutlich merkt man noch den mandäischen Quellen den
Ingrimm des Kampfes an, der hier gespielt hat. Mit fast fana-
tischer Wut werden die alten Göttergestalten entwürdigt und
in die Tiefe hinabgestoßen. Es fragt sich nun, von welcher
Religion jene Einflüsse ausgegangen sind, die zu dieser Degradation der babylonischen Göttergestalten geführt haben. Die
christliche Religion werden wir bei der Lösung dieses Problems
nicht in Anschlag bringen dürfen, da sie für diese Annahme
zu jung ist. Die gnostischen Systeme und Spekulationen begleiten die christliche Religion fast von ihrem Anfange an, und
mit Beginn des zweiten nachchristlichen Jahrhunderts haben
jedenfalls jene von uns behandelten Mythen bereits in weiten
Kreisen existiert. Wir wüßten aber keinen Grund anzugeben,
wie das Christentum dazu gekommen sein sollte, sich bereits
in seinen allerersten Anfängen mit der verhältnismäßig fern-
liegenden babylonischen Religion auseinanderzusetzen. Auch
die jüdische Religion wird man nicht heranziehen dürfen: es
zeigt sich in dem höheren Glauben an die Götter oder die
Gottheit der Lichtwelt, die sich über die Verehrung der babylonischen Göttergestalten gelagert, keinerlei Spur von jüdischem
Einfluß. Im Gegenteil zeigen alle Systeme, soweit wir sie überschauen können, eine spezifisch judenfeindliche Haltung[1]. Auch
wissen wir, wie das Judentum sich mit der babylonischen Lehre
von den sieben höchsten Göttern tatsächlich auseinandergesetzt
hat, nämlich in seiner Lehre von den sieben Erzengeln. Daß
bei der Entstehung der gnostisch-mandäischen Systeme hie und
da in Einzelheiten Einflüsse von seiten des Judentums oder,

---

1. Ich erinnere noch einmal an die Identifikation des alttestamentlichen Gottes (Sabaoth) mit dem Archon der Sieben (Jaldabaoth)
in den gnostischen Systemen, an die Identifikation des Spiritus Sanctus
(Sophia) mit der gefallenen μήτηρ, — an die Ruhâ d'Qudŝâ und die
Gestalt des Adônaj im mandäischen System u. s. w.

besser gesagt, von seiten der alttestamentlichen Literatur vorliegen, soll damit nicht geleugnet werden. Da das babylonische
Tiefland seit dem Exil auch ein Zentrum der jüdischen Religion war, so muß sogar als a priori wahrscheinlich angenommen
werden, daß auch das Judentum seinen Beitrag zu der großen
hier stattfindenden Religionsmischung geliefert hat. Aber jene
oben besprochenen Grundvorstellungen lassen sich nicht aus
einem dominierenden Einfluß jüdischer Religion erklären. Man
wird auch kaum mit Keßler vermuten dürfen, daß die spezifische, alte und angestammte Taufreligion des Mandäismus gegen
die Verehrung der babylonischen Göttergestalten reagiert hätte
und ihre Degradation von hier aus erfolgt sei. Denn für diese
Annahme ist die Spekulation über die Muttergöttin und die
Sieben eine zuweit verbreitete und keineswegs auf den Umfang
mandäischen Einflusses beschränkte. Es bleibt demgemäß eigentlich nur eine mächtige und große Religion übrig, die diese
Umgestaltung der babylonischen Religion herbeigeführt haben
kann, nämlich die persische Religion. Die persische Kultur
und Religion hat tatsächlich die Stellung der siegenden Kultur
und Religion gegenüber der babylonischen innegehabt. Es ist
bereits oft darauf hingewiesen worden und es wird unten noch
ein weiterer zusammenhängender Beweis dafür geführt werden[1],
daß die persische Religion mindestens seit dem Zeitalter
Alexanders d. Gr. bereits ins babylonische Tiefland vorgedrungen
war und dort die führende Rolle übernommen hatte. Hier ist
der Boden und die Zeit gegeben, auf dem jene gnostischen Ideen
aufwuchern konnten. In dem Ringen der persischen und babylonischen Religion sind die sieben babylonischen Göttergestalten,
in deren Verehrung sich die spätbabylonische Religion konzentrierte, zu Dämonen degradiert.

Speziell die mandäische Religion zeigt auch sonst und
nicht nur in Außendingen, sondern in ihren Grundlagen,
die unverkennbaren Einflüsse persischer Religionsvorstellungen,
wie das Brandt (M. R. 194 ff.) bereits zum Teil nachgewiesen hat
Vor allem liegt beiden die Grundanschauung der Identität des
Gegensatzes von Licht und Finsternis mit dem von Gut und Böse

---

1. Cumont, l. c. I 8—10. 14. 223 ff.; Bousset, Arch. f. Religionswissensch. IV 245 f.; Religion des Judentums [2] 548.

zugrunde. Hier wie dort stehen sich die ewigen Welten des
Lichts und der Finsternis schroff gegenüber. Namentlich in
der späteren Lichtkönigslehre der Mandäer läßt sich der persische Einfluß mit Händen greifen. Auch wenn schon in den
ältesten Systemen die höchste Gottheit in der Welt des Lichts
mit Mânâ bezeichnet wird, so dürfte der Zusammenhang mit
dem persischen Mainjô möglich sein (Brandt M. R. 23)[1]. Die
Lehre von dem Schicksal der Seele nach dem Tode ist fast
ganz dem Parsismus entlehnt; den Aufstieg der Seele in die
Lichtwelt, die Brücke »Tschinvat« (diese wenigstens andeutungsweise), den Richter mit der Wage, — alle diese bekannten persischen Vorstellungen und manches andre[2] finden wir im Mandäismus wieder. Auch zu der mandäischen Kulthandlung des
Masiqtâ[3] liegen bereits im persischen Kultus Parallelen vor.
Auch manche andere Kultsitte, so das Tragen des heiligen
Gürtels (Brandt M. R. 91), stammt dorther. Besonders aber
erinnert der Ansturm Urs gegen die Welt des Lichts und seine
Bezwingung und Gefangensetzung durch den göttlichen Erlöser
auf das stärkste an die Spekulationen der persischen Religion.
Ganz ebenso wie hier das Hervorbrechen Urs geschildert wird,
ist z. B. im Bundehesh (1, 9—10 und 3) der Ansturm Ahrimans gegen die Lichtwelt beschrieben. Wie Ur von der Ruhâ
zu seinem Angriff ermuntert wird, so steht (Bundehesh 3, 3 ff.)
neben Ahriman ein weiblicher Dämon und bestürmt ihn, den

---

1. Neuerdings (Lidzbarski, Orient. Studien Nöldeke gewidmet 1906
S. 538) zieht man es allerdings vor, bei der Grundbedeutung von mânâ,
Gefäß stehen zu bleiben. Dann hätten wir für das höchste mandäische
Wesen ein Abstraktum wie Makom, $\tau\acute{o}\pi o\varsigma$ im späteren Judentum.

2. Vgl. Brandt, das Schicksal der Seele n. d. Tode nach parsischen
und mandäischen Vorstellungen; Jahrb. f. Prot. Theol. XVIII.

3. Das Masiqtâ ist nach Siouffi (bei Brandt p. 82) eine Art Totenmesse, Gebete, die für die aufsteigende Seele vom vierten Tage nach
dem Tode an sieben Tage hindurch gehalten werden, um dieser den
sicheren Aufstieg in den Himmel zu garantieren. Auch nach der alten
persischen Religion findet bei der Totenfeier bereits Ähnliches statt,
vgl. de la Saussaye, Lehrbuch der Religionsgeschichte[3] II 222: »Am
vierten Tage beim ersten Morgengrauen erreicht das Fest seine höchste
Spannung: in diesem Augenblick wird nämlich das Schicksal der Seele
fest bestimmt; darum gilt es im Beten unermüdlich, mit Opfern frei-
gebig zu sein«.

Angriff zu unternehmen. Ganz ähnlich wie im 6. Traktat r.,
so wird auch hier die Verderbnis und Verwüstung der guten
Schöpfung durch die unter der Leitung des Satan anstürmenden
Dämonen und deren Gegenschöpfungen geschildert 3, 12 ff.
(Brandt M. R. 38 u. 64). Auch der Zug in dem Bericht des
6. Traktats, daß Adam, von dem Schlafe erwachend (s. o.), die
Welt durch die Dämonen verwüstet vorfindet, hat vielleicht
seine Parallele in dem rätselhaften Bericht des Bundehesh über
den Urmenschen Gâyômard (Bundehesh 3, 20). Der Bericht
von der Besiegung und Fesselung des Ur erinnert wiederum
an einen persischen Mythus, nämlich an die Erzählung von dem
Sieg Frêdûns über den Drachen Azi-Dahâk, der im Berge Demavend in Fesseln liegt. Und wenn es in diesem persischen
Mythus heißt, daß am Ende des Weltenlaufs Azi-Dahâk von
seinen Fesseln wieder loskommen wird und von dem alten
Heros Sâm erschlagen werden soll, so ist es außerordentlich
charakteristisch, daß auch die Erlösergestalt im Mandäismus
Mândâ d'Hajê oder Hibil-Ziwâ vielfach den Namen Sâm-Javar,
d. h. Sâm der Helfer, bekommt (Brandt M. R. 194; Bundehesh
29, 7—9 u. 12, 31).

Den schlagendsten Beweis für die vorgetragene Kombination, der bisher nicht beachtet wurde, aber gewinnen wir aus
der Beobachtung, daß auch die spätere persische Religion eine
ähnliche Auffassung von dem dämonischen Charakter der Planeten aufzuweisen hat. So wird im Bundehesh (3, 25) ausdrücklich berichtet, daß beim Ansturm Ahrimans gegen die
gute Schöpfung des Ormuzd auch die Planeten neben anderen
Dämonen gegen die Himmelssphären angestürmt seien. 90 Tage
und 90 Nächte hätte der Kampf der himmlischen Engel gegen
die mit Ahriman verbündeten Dämonen gedauert, bis sie dieselben zur Hölle hinuntergewirbelt hätten. Im Zusammenhang
damit steht offenbar die Behauptung (5, 1), daß die sieben Irr-
sterne unter die Herrschaft von sieben anderen Hauptsternen
am Himmel getan seien[1], und zwar werden hier als die sieben
unterworfenen, gefangenen Geister nur die 5 Planeten aufgezählt,
nämlich Tîr (Merkur), Vâhrâm (Mars), Aûharmazd (Jupiter),
Anâhîd (Venus) und Kêvân (Saturn); Sonne und Mond sind

---

1. Die Idee von Wächtern, die über die Planeten gesetzt sind,
fand sich auch im Mandäismus s. o. S. 33.

in diesem Zusammenhange nicht genannt, da hier die altpersi-
sche Vorstellung, nach der diese Gestirne als gute Geister gelten,
nicht überwunden werden konnte.   Dafür treten der Stern
Gôkihar und der »diebische« Mûspar (vielleicht ein Komet) ein.
Diese sieben Sterne sind nun je einem guten Sterngeiste unter-
worfen, und ausdrücklich wird erwähnt, daß die Sonne den
Mûspar an ihren Strahlen befestigt habe, damit er nicht zuviel
Unglück anrichte (vgl. auch die verwandte Darstellung von der
Gefangenschaft der 7 Awâkhtars = Planeten im Minô-khired
(VIII 17—21). Eine verwandte Darstellung finden wir in dem
vielleicht aus dem Anfang der islamischen Zeit stammenden
Buche Ulemaï Islam (arabische Gelehrte), in dem die Ant-
worten aufgezeichnet sind, die ein persischer Religionslehrer
über seine Religion arabischen Gelehrten gegenüber gegeben
hat. Auch hier wird von dem Ansturm erzählt, den Ahriman
gegen die obere Lichtwelt unternommen habe. »Nun bestürmte
der bösartige Ahriman wieder den Himmel und durchbrach
Berg und Erde; er durchkreiste die Welt und befleckte sich
selbst mit allem Bösen und Unreinen, was in der Welt war.
Da er aber gegen das Himmlische nichts vermochte, so führte
er neunzig Tage und neunzig Nächte Krieg in der Welt . . . .
Darauf wurde Ahriman ergriffen und durch dieselbe Öffnung,
wodurch er in die Welt gekommen, in die Hölle gebracht.
Hier band man ihn mit paradiesischen Fesseln und übertrug
seine Bewachung den beiden Engeln Ardibehischt und Behram[1]«
(nach der Übersetzung von J. A. Vullers, Fragmente über die
Religion des Zoroaster p. 49). In diesem Zusammenhang wird
nun erzählt, daß die himmlischen Engel (die Paradiesbewohner)
sieben der schlimmsten Diws ergriffen und in den Himmel geführt hätten (Vullers S. 49). Als ihre Namen werden hier
zunächst nicht die Planetennamen, sondern die auch sonst aus
dem parsischen System bekannten sieben höchsten Dämonen,
die den Ahriman umgeben, genannt. Dann aber heißt es, daß
Ormuzd einem jeden dieser Sieben einen Lichtkreis und göttlichen Namen gegeben habe, und so seien die sieben Planeten
— hier sogar auch Sonne und Mond zu ihnen gerechnet —
entstanden. Das ist also etwa genau dieselbe Auffassung, wie

---

1. Man vergleiche hier die Fesselung des Ur und seine Bewachung
durch Engel; s. o. S. 31.

sie sich im 8. Traktat des Genzâ findet: Hibil - Ziwâ setzt
die begnadeten Planetendämonen auf himmlische Lichtwagen.
Als dritte Quelle kommen für diese späteren persischen Anschauungen die Rivâyets, eine spätpersische Schrift, in Betracht.
Auch hier ist davon die Rede, daß beim Kampfe gegen Ahriman sieben Dämonen von den Mächten des Lichts gefangen
genommen werden. Vier von ihnen werden nicht mehr genannt,
die übrigen drei werden mit Saturn, Mars und Merkur identifiziert, die im siebenten, fünften und zweiten Himmel lokalisiert
werden. Von Merkur heißt es ausdrücklich, daß er unter die
Herrschaft der Sonne gestellt sei und seine Neigung, Böses zu
tun, nicht so sehr zum Ausdruck komme, da er von der Sonne
beaufsichtigt werde. Hier hat sich die Anschauung von dem
schädlichen Charakter der Planeten modifiziert durch die die
Astrologie beherrschende Anschauung, daß es unter den Planeten gute und böse Gestirne gebe und zu den bösen eben
Saturn, Mars und Merkur gehören (vgl. zu d. Bericht der Rivâyets Spiegel, Eranische Altertumskunde II 180 f.) Bemerkenswert ist endlich, daß in dem Werk Schâhrastânis über die
Religionsparteien (übersetzt von Haarbrücker I 292) bei der
Schilderung der Sekte des Mazdak erwähnt wird, daß nach
diesem die Sieben und die Zwölf, also die Planeten und die
Tierkreisgestirne die Herrscher der niederen Welt geworden seien.

Wir fassen den vorliegenden Tatbestand zusammen: In der
späteren persischen Religion galten die Planeten als Dämonen,
die im Anbeginn der Welt in dem zwischen Ormuzd und Ahriman
geführten Kriege gefangen und an den Himmel versetzt wurden.
Diese Vorstellung kollidierte sichtlich mit der altpersischen Anschauung und der göttlichen Natur dieser Gestalten. Daher
erklärt es sich, daß wenigstens hier und da Sonne und Mond
aus dem Kreis der Planeten verschwanden und als gute Geister
galten, und daß andererseits die Idee aufkam, daß die Planeten
ursprünglich andere Namen gehabt hätten und nur nachträglich
mit guten Namen benannt wären. Wie mag sich das Eindringen dieser fremdartigen Vostellungswelt in den Parsismus
erklären? Als eine Beeinflussung des späteren Parsismus durch
die eben dargelegten gnostisch-mandäischen Ideen kann dieser
Vorgang kaum betrachtet werden. Denn die Vorstellungen,
wie sie hier vorliegen, sind im Vergleich zu den teilweise ver-

blaßten, schwer deutbaren gnostischen Ideen viel klarer und
bestimmter, im Vergleich zu den komplizierten mandäischen
Systemen viel einfacher und durchsichtiger. Es spricht alle
Wahrscheinlichkeit dafür, daß auch in der persischen Religion
jene Ideen aus der Zeit des Zusammenfalls der babylonischen
mit der persischen Religion stammen[1]. Damals machte die
persische Religion die von den Babyloniern als höchste Wesen
verehrten Planetengeister zu Dämonen und geriet dadurch mit
ihren älteren Anschauungen in Widerspruch, den man nun
mühsam durch die verschiedenen künstlichen Annahmen, die
wir besprochen haben, auszugleichen suchte.

Aber läßt sich wirklich — könnte man einwenden — den
Nachrichten der späteren, aus dem islamischen Zeitalter stammenden persischen Quellen ein solcher Wert und ein solches
Alter zuschreiben? Ich glaube, daß sich diese Frage bejahen
läßt und daß noch ein bestimmter Beweis für das höhere Alter
dieser Ideen geführt werden kann. Im Ulemaï Islam und in
den Rivâyets finden sich diese Anschauungen als Anschauungen
des Systems der Sekte der Zervaniten vorgetragen, und Spiegel
findet m. E. hier mit Recht gerade in ihnen eine spezifische
Eigentümlichkeit dieses Zervanitischen Systems. Wir werden
also annehmen dürfen, daß jene Anschauung von den Planeten
etwa so alt sein mag, wie das Zervanitische System, und dieses,
die Lehre von Zervân akarana, d. h. der unendlichen Zeit,
der Ormuzd und Ahriman übergeordneten Schöpfergottheit, läßt
sich in der Tat in eine viel frühere Zeit zurückverfolgen. Es
hat, wie bekannt ist, bereits im 4. und 5. Jahrhundert eine
außerordentliche Verbreitung gefunden, sodaß es die offizielle
Lehre des Parsismus fast verdrängt hat. Theodor von Mopsueste ist bereits mit ihm vertraut. In einem verloren gegan-
genen Buche soll er τὸ μιαρὸν Περσῶν δόγμα, ὃ Ζαράσδης

---

1. Cumont I 120, der alle Fäden zur richtigen Lösung des Pro-
blems in der Hand hatte, erklärt die Anschauung der spätpersischen
Religion über die Planeten merkwürdigerweise aus der Natur der
Wandelsterne. Mit dieser Erklärung dürften wir uns dann allenfalls
zufrieden geben, wenn nicht die religionsgeschichtlichen Parallelen im
Mandaeismus und in der Gnosis vorlägen, und wenn nicht die gesamte
Konstellation der Religionen, mit denen wir uns beschäftigen, uns eine
viel bessere und innerlich begründetere Lösung an die Hand gäbe.

εἰςήγησατο, ἤτοι περὶ τοῦ Ζαρουάμ, ὃν ἀρχηγὸν πάντων εἰς-
άγει, ὃν καὶ τύχην καλεῖ behandelt haben (Photius Bibl. p. 63
ed. Becker). Auch der armenische Schriftsteller Eznik (5. Jahrh.;
vgl. die Übersetzung von J. M. Schmid »Eznik von Kolb wider
die Sekten«, Wien 1900 S. 89ff.) kennt als persische Religion
nur das zervanitische System. Ebenso berichtet Basilius (Ep.
258), daß die Magusäer in Kappadozien Ζαρουὰν ἀρχηγὸν τοῦ
γένους ἐπιφημίζουσιν. Im 5. nachchristlichen Jahrhundert war
also der Zervanismus in Armenien, Kappadozien und den syrischen Ländern verbreitet. Noch viel weiter zurück aber führt
uns der auf Eudemus zurückgehende Bericht des Damascius
»de principiis« (§ 125 ed. Kopp S. 384): Μάγοι δὲ καὶ πᾶν
τὸ Ἄρειον γένος, ὡς καὶ τοῦτο γράφει ὁ Εὔδημος, οἱ μὲν τόπον,
οἱ δὲ χρόνον καλοῦσι τὸ νοητὸν ἅπαν καὶ τὸ ἡνωμένον· ἐξ οὗ
διακριθῆναι ἢ θεὸν ἀγαθὸν καὶ δαίμονα κακὸν ἢ φῶς καὶ
σκότος«. Da Eudemos Rhodios, der Schüler des Aristoteles,
auch von Diogenes Laertius Prooem. 6 als Gewährsmann für
Nachrichten über die persische Religion angeführt wird, da
wir einen andern Eudemus, mit dem eine Verwechselung stattgefunden haben könnte, nicht kennen, da außerdem Damascius, in dem was er über die orientalischen Kosmogonieen
überliefert, sich als ein sehr zuverlässiger Zeuge erweist, so
haben wir zunächst keinen Grund an der eminent wichtigen
Tatsache zu zweifeln, daß die Zervanitische Lehre bereits im
Anfang des Diadochenzeitalters bekannt war. Und damit er-
gäbe sich von neuem die Wahrscheinlichkeit, daß die mit jener
zusammenhängende Lehre von dem dämonischen Charakter der
sieben Planeten alt ist, so alt wie die Eroberung des babylonischen Tieflandes durch die persische Religion[1].

---

1. Somit dürften wir vielleicht auch annehmen, daß die bekannten
Spekulationen der Orphiker und Stoiker über Kronos = Χρόνος durch die
persische Lehre von der unendlichen Zeit angeregt sind (vgl. Roscher,
Lexikon der Mythologie s. v. Kronos 1495ff.). Ja vielleicht ist auch
Philo von Alexandrien mit dieser Lehre des Parsismus vertraut gewesen, wenn er »in Genesim« 1, 100 (2, 72) äußert: »Tempus (ut
Cronus s. Chronus) ab hominibus pessimis putatur deus, volentibus ens
essentiale abscendere .... pravis hominibus tempus putatur causa rerum mundi, sapientibus vero et optimis non tempus, sed deus, a quo
tempora et tempestates.

Einen weiteren Beweis aber für das Alter dieser Ideen
innerhalb des persischen Religionssystems liefert die Mithrasreligion, jener Absenker der alten und gemeinen persischen Religion. Nach Cumonts vortrefflichen Nachweisen ist die Lehre,
vom Zervân akarana in der Mithrasreligion bekannt gewesen[1]
und schon oben (S. 25) sahen wir ferner, daß auch die Anschauung von dem dämonischen Charakter der sieben planetarischen Gottheiten hier den Mysten vorgetragen wurde, daß man
eine Weihe (*τελετή*) kannte, in welcher der Myste belehrt
wurde, wie er durch die Planetentore zum höchsten Himmel
eingehen könne. So weist alles darauf hin, daß tatsächlich jene
bedeutsame Umwandlung der persischen Religionsideen sich im
babylonischen Tieflande infolge des Zusammenpralls der persischen und der babylonischen Religion vollzogen hat.

V. Es wird sich verlohnen, von hier aus noch einigen
weiteren Parallelen, die in diesem Zusammenhang in Betracht
kommen, nachzugehen. In erster Linie steht hier das manichäische System. Hier ist die Lehre von den gefangenen und
gefesselten Dämonen zwar bereits entstellt und mit einem anderen Mythus kontaminiert, ist aber noch deutlich erkennbar.
Von dem weltschöpferischen Geiste, der, nachdem er den Urmenschen von den Mächten der Finsternis befreit hat, diese
Welt schafft, heißt es in den Acta Archelai Kap. 8: Ἔκτισε
τὸν κόσμον καὶ . . . . κατελθὸν ἀνήνεγκε τοὺς ἄρχοντας καὶ
ἐσταύρωσεν ἐν τῷ στερεώματι, ὅ ἐστιν αὐτῶν σῶμα, ἡ σφαῖρα.
Bei Epiphanius (Haer. 66, 32) findet sich die verwandte Aus-
sage: ποτὲ δὲ τὸ στερέωμα δέρματα εἶναι τῶν ἀρχόντων φάσκει, ποτὲ δὲ σταυροῦσθαι αὐτὰ ἄνω ἐν τῷ πόλῳ κατατρέχειν
καὶ συννεφεῖν καὶ ὀργᾶν. Offenbar sind in diesen Stellen zwei
Vorstellungen miteinander in unklarer Weise verbunden. Nach
der einen erscheinen auch hier die gefangenen Dämonen der
Finsternis als am Himmel befestigt. Nach der anderen sind
aber die Himmelsgewölbe selbst ihre Leiber. Epiphanius sagt
geradezu, daß die Himmelsgewölbe die abgezogenen Häute der
Archonten seien. Die letztere Vorstellung findet sich allein in
der Darstellung des Theodor Bar-Kuni (Pognon p. 188), wo es

1. Cumont, die Mysterien des Mithra übers. v. Gehrich, S. 81.

einfach heißt, daß die Mutter des Lebens den Himmel resp. die
elf (? sonst zehn) Himmel von den Häuten der Dämonen bereitet habe. Ganz besonders urwüchsig ist hier der Bericht
des Ephraem, der in seinem Traktat über die Ophiten, Mani,
Marcion und Bardesanes äußert: »Nachdem nämlich der Urmensch die Kinder der Finsternis gefangen hatte, zog er ihnen
die Haut ab und machte aus ihren Häuten diesen Himmel, aus
ihrem Miste wölbte er die Erde und aus ihren Knochen goß
er die Berge, richtete sie auf und türmte sie empor« (vgl. Keßler
Mani S. 279). Auf der anderen Seite spricht Augustin (contra
Faustum VI, 8) wesentlich nur von den im Himmel gefesselten
Dämonen (plerosque eorum in coelestibus fabricis colligatos). So
liegt hier deutlich die Vermischung zweier Mythen vor, die wir
kennen. In dem einen erkennen wir den babylonischen
Schöpfungsmythus, in dem berichtet wird, wie Marduk die
Tiâmat spaltete und aus ihrem Leib Himmel und Erde bildete.
So wird hier aus den Leibern der gefangenen und getöteten
Dämonen das Weltall gebildet, wie das besonders deutlich aus
dem Berichte des Ephraem hervorgeht. Damit steht in einer
starken Differenz der andere uns bekannte Mythus, den wir
auch an dieser Stelle wieder entdecken, von der Fesselung der
Dämonen an dem Himmelsgewölbe. Und zwar finden wir hier
diesen Mythus in der Form, wie er uns gerade in den persischen Quellen und teilweise auch im Mandäismus begegnete.
Nur die Zahl der Archonten ist verschwunden und, ohne daß
wir die Parallelen hätten, ließe sich die Vorstellung im manichäischen System nicht mehr rekonstruieren. Es ist wiederum
ein Beweis für das Alter dieser Phantasie, daß im System des
Mani nur noch ein letzter, kaum erkennbarer Nachklang derselben sich findet.

Es ist nun nicht zu verwundern, daß in diesem Zusammenhang auch der schon besprochene Mythus von der Schöpfung
des Menschen durch die Dämonen, allerdings in einer ungemein
komplizierten Form, wiederbegegnet.

Wir versuchen diesen Mythus zu analysieren und in seine Bestandteile aufzulösen. Auch hier erscheinen die Archonten, wie sonst,
als die Schöpfer des Menschen nach seiner leiblichen Seite. An ihrer
Spitze stehen die beiden: »Saklas«[1] (Augustin de haeres. c. 46;

1. Vgl. o. S. 15.

Theodoret fab. haeret. c. 26; vgl. manichäische Anathematismen bei
Keßler, Mani S. 403) = Aškalun bei Theodor Bar-Kuni (Pognon 191)
und »Namrael« (Pognon 191) = Nebrod (Keßler manich. Anathem. 403),
Gestalten, die uns lebhaft an die mandäischen Ur und Namrus erinnern, zumal die Namen des weiblichen Dämons Namrael = Namrus
identisch erscheinen. Auch das, was hier über Veranlassung und Motiv
der Menschenschöpfung erwähnt wird, erinnert lebhaft an die gnostischen Systeme. In dem bei Augustin (de natura boni c. 46) überlieferten Fragment der »epistola fundamenti« des Mani redet der oberste
der Dämonen diese folgendermaßen an »Quid vobis videtur maximum
hoc lumen quod oritur? Intuemini quemadmodum polum movet, con-
cutit plurimas potestates . . . . illius magni qui gloriosus apparuit,
imaginem fingam, per quam regnare poterimus, tenebrarum aliquando
conversatione liberati«. Auch in dem manichäischen Fragment, das bei
Titus v. Bostra (III; Prooemium vgl. Baur, manich. Religionssystem
S. 122) aufbewahrt ist, wird angedeutet, daß die Archonten sich zur
Menschenschöpfung entschlossen hätten, »erschrocken über die Lichtgestalt des Erlösers, *τοῦ φανέντος πρῶτον ἐπὶ τὴν λύτρωσιν τῆς ψυχῆς,*
τῆς θύρας πρῶτον ἀνοιγείσης. Die Schöpfung des Menschen selbst wird
dann am einfachsten in dem Bericht im Fihrist (Flügel Mani S. 90 f.)
geschildert. Hier heißt es, daß einer der Archonten[1] sich mit einer
Reihe weiblicher Dämonen — unter ihnen werden die Habgier, die
Sinnenlust genannt — begattet habe. Aus dieser Begattung »ging der
erste Mensch, welches Adam ist, hervor«. Aus einer zweiten Begattung
entstand dann die Eva. Es ist dann noch davon die Rede, daß die
Engel in dem Menschen das Licht Gottes, welches die Habgier heim-
lich entrissen habe, in diesen beiden Geschöpfen, Adam und Eva, gefangen eingeschlossen hätten. Der Sinn dieses Mythus ist in sich klar.
Die Schöpfung des Menschen hat hier den Zweck, die in der Welt noch
vorhandenen Lichtteile gefangen zu halten, damit sie nicht ihren Rück-
weg zu den himmlischen Höhen finden können. Das ist also eine etwas
andere Wendung, als wir sie bisher in den gnostischen Systemen gefunden haben. Weiter ausgeführt, erscheint dann diese Phantasie in
der Epistola fundamenti des Mani bei Augustin de natura boni c. 46.
Hier wird berichtet, daß der oberste Dämon den ihm untergebenen
Dämonen männlichen und weiblichen Geschlechts befahl, sich zu be-
gatten, und daß er ihre darauf erfolgenden Geburten verschlungen habe,
um sich die in ihnen vorhandenen Lichtteile sämtlich anzueignen. Nachdem er so seine Kraft gestärkt habe, habe er mit einem weiblichen
Dämon (Namrael-Nebrod) sich verbunden und die beiden ersten Menschen gezeugt. Ähnliches wird berichtet bei Theodor Bar-Kuni. Auch

---

1. Genauer: Einer jener Archonten und der Sterne. — Es scheint,
als wenn hier noch eine Erinnerung an die Sternennatur der Archonten,
die sonst im Manichäismus verloren gegangen ist, sich erhalten hat.

hier wird erzählt, daß der König der Finsternis, Aškalun, die unreifen
Geburten der Dämonen genommen, die männlichen selbst verschlungen,
die weiblichen seiner Gattin Namrael gegeben habe, und daß sie so den
Menschen erzeugt hätten.　Wie mag diese seltsame, an kannibalistische
Urzeiten erinnernde Haltung des Mythus entstanden sein?　Vielleicht hilft uns hier eine Parallele, die wir dem Bericht des Epiphanius über die »Gnostiker« (26, 5) verdanken, weiter.　Hier weiß Epiphanius von einem greulichen und obscoenen Kultus der Gnostiker zu
berichten.　Da diese es für die stärkste Sünde des Pneumatikers hielten,
wenn er Kinder erzeugte, so hätten sie, wenn eine Frau bei unge-
regeltem Geschlechtverkehr zufällig empfangen habe, den Embryo
herausgenommen: „*Λαμβάνουσιν ἐκτρωϑὲν τοῦτο τὸ βρέφος καὶ ἐν ὅλμῳ
τινὶ κόπτουσιν ὑπέρῳ καὶ ἐμπαραμίξαντες μέλι καὶ πέπερι καὶ ἄλλα τινὰ
ἀρώματα καὶ μύρα . . . . οὕτως συναχϑέντες πάντες . . . . μεταλαμβάνουσιν
ἕκαστος τῷ δακτύλῳ ἀπὸ τοῦ κατακοπέντος παιδίου καὶ οὕτω τὴν ἀνϑρω-
ποβορίαν ἀπεργασάμενοι εὔχονται λοιπὸν τῷ ϑεῷ, ὅτι οὐκ ἐνεπαίχϑημέν,
φασιν, ὑπὸ τοῦ ἄρχοντος τῆς ἐπιϑυμίας, ἀλλὰ συνελέξαμεν τὸ παράπτωμα
τοῦ ἀδελφοῦ . . . καὶ δῆϑεν τοῦτο τὸ τέλειον πάσχα ἡγοῦνται*“.　Es ist
sehr wahrscheinlich, daß eine derartige obscoene kultische Handlung,
die sich in einer der gnostischen Sekten gefunden haben mag, das Vorbild jenes phantastischen manichäischen Mythus gewesen sei[1].　Zugrunde
liegt sowohl jenem Ritus als dem Mythus die in der Tat mit dem
Kannibalismus zusammenhängende Vorstellung, daß durch das Essen
und Verschlingen eines lebenden Wesens, Tieres oder Menschen, die
Kräfte und Eigenschaften dieses in den Essenden übergehen.　So nennen
die Gnostiker ihre grauenhafte Speise „*τὸ τέλειον πάσχα*“; der Dämon
Saklas bekommt durch das Verschlingen der unreifen Geburten die
Lichteigenschaften, die auf diese von ihren Eltern übergegangen sind.

　　An einigen Stellen der manichäischen Fragmente scheint übrigens
geradezu der Gedanke ausgesprochen zu sein, daß der menschliche Leib
gleichsam das Lockmittel sei, durch das die Dämonen versucht hätten,
das obere aus jener Welt erscheinende Licht zum Hinabstieg in diese
Welt zu bewegen und in ihr festzuhalten.　So heißt es im Fihrist
ausdrücklich, daß die Dämonen das Licht Gottes in den beiden Geschöpfen Adam und Eva gefangen und eingeschlossen gehalten hätten.
So scheint diese Auffassung auch in den schon zitierten Worten der
Epistola fundamenti angedeutet zu sein: »illius magni qui gloriosus
apparuit, imaginem fingam, per quam regnare poterimus«.　Ganz deutlich spricht es Titus v. Bostra in der Vorrede zum dritten Buch aus,

---

　　1. Beide Mal liegt eine ähnliche Grundidee vor.　Die Gnostiker
verschlangen das nach ihrer Meinung zu Unrecht geborene Kind, um
keine Lichtteile in der Materie zu lassen; nach Mani verschlingt Saklas
mit jenen Geburten die Lichtteile, die er innerhalb der Materie gefangen halten möchte.

daß jeder der Dämonen ἐμόρφωσεν ἑαυτὸν εἰς ϑήραμα τῆς ψυχῆς καὶ μίμημα αὐτοῦ ἔπλασεν ἐπὶ τῆς γῆς, οὗ (statt τοῦ zu lesen?) δυσαποσπάστως ἔχειν ἠνάγκασεν τὰς ψυχὰς κατακηλουμένας· καὶ πλάσμα αὐτῶν ἐστὶ πρῶτον ὁ Ἀδάμ, ὄργανον ἐπιϑυμίας καὶ δέλεαρ τῶν ἄνωϑεν ψυχῶν καὶ μηχάνημα τοῦ αὐτὰς εἰς σώματα ἐμπίπτειν (Baur S. 135, vgl. auch Tit. v. Bostra 1, 29). Wenn es in dem von Zosimus in seinem Werk Ω überlieferten Mythus heißt, daß die Archonten das im Paradiese weilende Licht überredet hätten, den von ihnen stammenden Adam anzuziehen, dieses aber sich auf die Verführung nicht eingelassen habe, so gehört diese Überlieferung — abgesehen von der letzten Wendung — demgemäß direkt in den Umkreis der manichäischen Gedanken hinein, und es ist wohl kein Zufall, daß wir in demselben Stück am Schluß eine deutliche Anspielung auf Manes, der hier als Vorläufer des Antichrist aufgefaßt wird, finden (vgl. Reitzenstein, Poimandres 104 ff.).

Der ursprünglichen Anlage des manichäischen Systems entspricht diese Wendung des Mythus freilich kaum. Im manichäischen System stammen die Lichtteile in dieser Welt aus der erstmaligen Vermischung von Licht und Finsternis, die in den Uranfängen durch das Hinabsinken des Urmenschen veranlaßt ist. Die Idee, daß das überweltliche Licht durch das Lockmittel des menschlichen Leibes in die Materie hineingezogen sei, ist eine Doublette zu der Grundauffassung des manichäischen Systems und erinnert an die platonische Lehre von dem Hinabgezogenwerden der überweltlichen Seele in den menschlichen Leib. Der Grundanlage des manichäischen Systems entspricht der Mythus, daß die Dämonen den menschlichen Leib bilden, um die ihnen noch verbliebenen Lichtteile dauernd festzuhalten. Auch der im Anfang erwähnte Zug, daß die Dämonen durch die Erscheinung einer Lichtgestalt zur Schöpfung des Menschen veranlaßt seien, will nicht recht zum Übrigen passen und scheint eine mehr mechanische Entlehnung aus älteren gnostischen Systemen zu sein.

Trotz der Differenzen, die sich zwischen den gnostisch-mandäischen Systemen und der Auffassung des manichäischen Systems hier überall auftun, kommen doch die verschiedenen Überlieferungen in der Grundtendenz beide Male überein. Beide Male soll doch schließlich erklärt werden, wie der Mensch, obwohl teilweise ein Geschöpf der Dämonen, doch in sich einen höheren Wesensbestandteil berge und so befähigt und bestimmt sei, sich über die Welt der Dämonen zu erheben. So schließt denn auch die Erzählung im manichäischen System damit, daß berichtet wird, wie der Mensch sich tatsächlich zu dem höheren Glauben an die Lichtwelt erhebt. Allerdings wird auch hier, wie im mandäischen System, und in Abweichung von den

älteren gnostischen Systemen diese Erhebung des Menschen
nicht einfach auf den von Anfang an in ihm vorhandenen Lichtfunken zurückgeführt, sondern auf eine durch den Erlöser (hier
den manichäischen Jesus) sich vollziehende Errettung und Offenbarung (vgl. den Bericht im Fihrist bei Flügel, Mani S. 89).
Jedenfalls hat auch das manichäische System für die Zusammenhänge, die wir verfolgen, reiche Ausbeute geliefert. Der Mythus
von der Gefangennahme und Fesselung der Archonten, die Gestalt der Ruhâ-Namrus, der Mythus von der Schöpfung des
Menschen, ferner ein letzter Nachklang des obscönen Ritus
einer gnostischen Sekte, alles das begegnet uns hier wieder.

Eine neue und eigentümliche Beleuchtung erfahren von
hier aus auch die Phantasien, die im vierten Buch der Pistis
Sophia vorgetragen werden. Hier wird berichtet, daß »Jeû,
der Vater der Lichter«, dereinst eine Schar von Dämonen, die
in der Ausübung der Sünde des Geschlechtsverkehrs verharrt
hätten, gefangen und sie in die Sphäre ($\sigma\varphi\alpha\tilde{\iota}\varrho\alpha$) gebunden habe.
»Er band 1800 Archonten in jeden Aeon und stellte 360 über
sie, und fünf andere große Archonten stellte er als Herrscher
über die 360 und über alle gebundenen Archonten, die in der
ganzen Welt der Menschheit mit diesen Namen genannt werden:
Der erste wird Kronos genannt, der zweite Ares, der dritte
Hermes, der vierte Aphrodite, der fünfte Zeus« (c. 136 S. 234, 24 ff.)[1].
Unverkennbar finden wir hier den uns bekannten Mythus von
den gefesselten Archonten, die hier sogar ausdrücklich als Planeten charakterisiert werden, wieder, und zwar werden hier nur
fünf Archonten aufgezählt, d. h. die fünf Planeten ohne Sonne
und Mond [2]. Wir begegnen hier also einer Variante des
Mythus, wie sie sich teilweise in den persischen Quellen findet.
Wenn dann weiter (c. 137) gesagt wird, daß Jeû höhere
Kräfte aus den höheren Geisteswelten in die einzelnen Planeten

---

1. Vgl. übrigens auch c. 25 im ersten Buch der P. S. — Auch ist
c. 14 f. davon die Rede, daß die Archonten der 12 Aeonen gegen das
ihnen erscheinende Licht Krieg führen.

2. Ich verweise auf die Zusammenstellung der sieben Planeten
c. 131 S. 219, 5: »die fünf großen Archonten der großen Heimarmene
der Aeonen und der Archon der Sonnenscheibe und der Archon der
Mondscheibe«. Es wird hier dargestellt, wie die Planeten der durch
sie hinabziehenden Seele ihre Eigenschaften mitteilen. S. u. Exkurs IV.

gebunden hätte, so eine Kraft des großen Unsichtbaren in den
Kronos und eine Kraft der Pistis Sophia in die Aphrodite, so
erinnern wir uns wieder direkt an die Phantasieen der Mandäer über die Mächte, die den Gestirnen zur Aufsicht beigegeben sind, und besonders an die Darstellung des Bundehesh,
nach der jeder Planet unter der Leitung eines guten himmlischen Gestirns steht. Auch wenn hier gesagt wird (c. 137,
S. 235, 14ff.), daß die Planeten neben den bekannten Namen noch
andere geheimnisvolle, unvergängliche Namen haben, so erinnert
das an die Umnennung der Planeten, wie sie im Ulemaï Islam
beschrieben wurde. Eine einfache Verdopplung dieser Phantasie von den fünf gefesselten Archonten ist es, wenn Pistis
Sophia c. 139ff. von weiteren fünf großen Archonten, die sich
auf dem Wege der Mitte, d. h. hier der höllischen Unterwelt,
befinden, die Rede ist. Daß wir uns übrigens mit diesen Phantasien der Pistis Sophia in der Nähe der Gedanken des manichäischen Systems aufhalten, beweist, daß Jeû, diejenige Gottheit, welche die Planeten in die Sphäre fesselt, hier häufig
als der erste Mensch (vgl. den Urmenschen des Manichäismus,
Pist. Sophia S. 185, 4; 208, 25; 215, 29 f.) erscheint.

VI. Vielleicht können wir übrigens die Nachwirkungen
des Mythus von der Empörung und der Gefangenschaft der Archonten noch weiter verfolgen und zwar mitten hinein in die jüdische Literatur. Auch im Buche Henoch wird die Erzählung von
der Empörung der Engel gegen Gott im Anfang der Weltgeschichte vorgetragen. Sie findet sich allerdings hier in Verbindung mit dem anderen, bereits Genesis 6 angedeuteten Mythus
von der Vermischung der Engel (Bne Elohim) mit den Men-
schentöchtern; aber es ist bereits von anderer Seite hervorgehoben, daß sich im Henochbuch Kap. 6 ff. zwei neben einander
liegende Erzählungen leicht absondern lassen[1]. In der uns
interessierenden Variante versammeln sich die abtrünnigen Engel
in den Tagen des Jared auf dem Gipfel des Berges Hermon.
Ebenso hatten wir im mandäischen Mythus die Versammlung
der Ruhâ, der Sieben und der Zwölf auf dem B e r g e Karmel.

---

1. Vgl. neuerdings Appel, die Komposition des äthiop. Henochbuches (Beitr. z. Förd. christl. Theol. X 3. 1906) S. 227 (15)ff.

Man könnte freilich gegen diese Kombination einwenden, daß eine engere Verwandtschaft zwischen dem Mythus des Henochbuches und dem der mandäischen Spekulation kaum angenommen werden dürfe, da die Erzählung von der Empörung der Dämonen gegen die Götter des Himmels, ihre Versammlung auf einem Berge und ihr Ansturm gegen die Stadt der Götter an und für sich ein uralter und weitverbreiteter Mythus sei[1]. Aber es finden sich doch eine Reihe von Berührungen im einzelnen, die eine derartige Kombination wahrscheinlich machen. So sind auch im Henochbuch die Hauptmittel, mit dem die sich empörenden Engel arbeiten: Zaubermittel und Beschwörungen. Von der Hinaufführung der Dämonen zum Himmel ist allerdings im aethiopischen Henochbuche nicht die Rede; sie werden vielmehr unter die Hügel der Erde bis zum Tage ihres Gerichts in Fesseln gelegt. Aber auch in den mandäischen Spekulationen herrscht jene Vorstellung von der Begnadigung und Hinaufführung nicht durchaus, wie wir gesehen haben, daneben zeigt sich eine andere, die der Auffassung des Henochbuches parallel läuft (s. o. S. 36), und andererseits ist wieder in dem parallel laufenden slavischen Henochbuch in der Tat von einer Fesselung der Engel im zweiten Himmel die Rede (c. 7). Auch eine Anspielung, daß die gefesselten Geister gerade die Planetengestirne seien, findet sich in einem anderen Bericht des Henochbuches, der mit dem eben erwähnten nicht im Zusammenhange steht (Kap. 18, 13 ff.; nach der Übersetzung bei Kautzsch, Pseudepigraphen): »Ich sah dort sieben Sterne, wie große brennende Berge. Als ich mich danach erkundigte, sagte der Engel: Ein Gefängnis ist dies für die Sterne und für das Heer des Himmels. Die Sterne, die über dem Feuer dahinrollen, das sind die, welche beim Beginn ihres Aufgangs den Befehl Gottes übertreten haben; denn sie kamen nicht zu ihrer Zeit hervor. Da wurde er zornig über sie und band sie 10000 Jahre bis zu der Zeit, da ihre Sünde vollendet ist“. Auch die Anschauung, daß von den gefallenen Engeln aller Götzendienst in der Welt stamme, ist Henoch 19, 1 ausgesprochen. Endlich macht eine weitere Beobachtung es noch wahrscheinlich, daß He-

---

1. Vgl. Bousset, Kommentar z. Offenbarung Johannis ² S. 309 (zu Apk. 16 16).

noch 6ff. ein uralter, von der Sintfluterzählung der Genesis gänzlich unabhängiger Mythus verarbeitet ist. Es wird hier nämlich
unmittelbar nach der Erzählung der Besiegung und Vernichtung
der abgefallenen Engel der Anbruch des goldenen Zeitalters
geschildert (10, 16ff.). Dieser Zug ist der biblischen Erzählung
vollkommen fremd. Es muß in dem zu postulierenden Mythus
erzählt sein, wie nach Besiegung und Vernichtung der bösen
dämonischen Mächte in der Urzeit ein goldenes Zeitalter her-
aufzog.

Nachdem wir somit Spuren unseres Mythus vielleicht bis
in die jüdische, vorchristliche Literatur zurückverfolgen konnten,
wird es nicht zu kühn sein, wenn wir die Vermutung wagen,
daß wir ihm auch noch in einer Stelle des Neuen Testamentes
begegnen. Wenn es Kol. 2, 15 heißt, daß Christus den Mächten
und Gewalten ihre Rüstung abgezogen und sie öffentlich zur
Schau gestellt habe, da er über sie triumphierte, so dürfen wir
hier verblaßte Züge jenes alten Mythus sehen von dem Erlöser,
der die Archonten dieser Welt besiegt und fesselt.

VII. Wir versuchen in Kürze das Resultat, das sich uns
bisher ergeben hat, zu ziehen. Jene wunderbaren und merkwürdigen Phantasien, die wir an uns haben vorüberziehen lassen,
haben uns doch einen Einblick in wichtige religionsgeschichtliche Vorgänge verstattet, die sich in einer Zeit und an einem
Orte abspielten, für die uns sonst alle Quellen fehlen. Wir
versuchen einen kurzen Abriß dieser Entwicklung zu geben.
Als in früher Zeit — jedenfalls vor dem Zeitalter Alexanders des
Großen — die persische Religion als Religion eines siegenden
Volkes und einer siegenden Kultur in das babylonische Tiefland
vordrang, befand sich die babylonische Religion bereits in einem
Stadium der Erstarrung. Mehr und mehr muß sich offenbar
der babylonische Glaube in der Verehrung der sieben planetari-
schen Gottheiten konzentriert haben, die man mit den höchsten
Gottheiten des babylonischen Pantheons identifiziert hatte. Der
Umstand, daß die babylonische Religion sich daneben allmählich zu einem astrologischen Fatalismus umgestaltete, beför-
derte diese Entwicklung. Die große babylonische Muttergöttin
Ištâr, deren Gestalt mit den Gestalten wie so mancher anderer Muttergottheiten der vorderasiatischen Welt, so auch mit

der aramäischen Astarte und der persischen Anaita zusammengeflossen war, und der babylonische Zauber- und Offenbarungs-
gott Nabu (Merkur) scheinen in dieser späten Zeit noch eine
besondere Rolle gespielt zu haben und im Vordergrund der
Verehrung gestanden zu sein. Als nun die persische Religion
mit der babylonischen zusammenprallte, degradierte sie diese
höchsten babylonischen Gottheiten zu Dämonen, die tief unter
der Lichtwelt, in der die höchste Gottheit der persischen Religion und ihre Trabanten wohnten, in der Finsternis ihr Wesen
trieben, ähnlich etwa — und auch wieder anders —, wie die
jüdische Religion die babylonischen Göttergestalten in die sieben
Erzengel ummodelte und diese um Jahwes Tron stellte. Von
hier aus ist die Behauptung vom dämonischen Charakter der
Planetengeister auch in die späteren persischen Religionsurkunden
eingedrungen. Namentlich in der Zervanitischen Ausgestaltung
der persischen Religion, die dann vor allem in den westlichen und
nördlichen Gegenden den orthodoxen Parsismus fast ganz verdrängt
zu haben scheint, scheint diese Vorstellung eine Hauptrolle gespielt zu haben. Auch der Seitenzweig der persischen Religion,
die Mithrasreligion, welche sehr bald viel weiter nach Westen
vorwärts drang als die genuine Zarathustrische Religionsgestal-
tung, hat offenbar im babylonischen Tieflande die Lehre von
den sieben dämonischen Planetengestalten in sich aufgenommen,
sie mit der Lehre vom Aufstieg der Seele zum Himmel verbunden und diese Anschauungen weit nach Westen geführt, so
daß im zweiten nachchristlichen Jahrhundert der heidnische
Philosoph Celsus mit ihnen bekannt ist. Infolge der Aufnahme
dieser Vorstellungen stellten sich verschiedene Schwierigkeiten
und Inkongruenzen ein. Man stellte sich die Frage, wie es
denn zu erklären sei, daß diese leuchtenden Gestalten, die am
Himmel ihre Bahnen ziehen, Dämonen seien und wie es gekommen sei, daß ihnen sogar ein Teil des Weltregiments
zugefallen sei. Man antwortete auf die Frage mit verschiedenen Mythen: Diese Gestirngottheiten waren ursprünglich Dämonen der Finsternis, dann gefangen an den Himmel
hinaufgeführt und von der höchsten Gottheit begnadigt; sie
waren ihrem Wesen nach ursprünglich dunkle Dämonen und
sind vom höchsten Gott auf leuchtende Wagen gesetzt, ihnen
ist von der obersten Gottheit nach freiem Ermessen ein Teil

des Weltregiments überlassen u. s. w. Daß die Planeten
göttliche Namen trugen, erklärte man sich aus einer Umnennung unter der Annahme, daß sie ursprünglich andere,
dämonische Namen gehabt hätten. Besonders ragte dann unter
diesen dämonischen Gestalten die Gestalt der babylonischen
Göttermutter als die der Oberteufelin und der Mutter der
übrigen Dämonen hervor. Das ist etwa der Boden, in dem
auch die mandäische Gnosis und teilweise der Manichäismus im
letzten Grunde wurzeln, wenn auch die jetzige Ausgestaltung
der Systeme in eine spätere Zeit fällt. Über diese ganze schon
stark komplizierte Welt religiösen Glaubens ist dann im Diadochenzeitalter noch der griechische Einfluß gekommen. Während nach der alten persisch-babylonischen Vorstellung diese
körperliche Welt im Grunde doch als gut, aus der Hand der
höchsten Gottheit oder Gottheiten hervorgegangen und höchstens
nur durch dämonische Kräfte gestört und vorübergehend verderbt erscheint, brachte das Griechentum in seiner späteren
Entwicklung den Gedanken von der prinzipiellen Minderwertigkeit dieser körperlichen Welt und den Glauben, daß die wahre
Heimat der Seele des Menschen der obere Himmel sei, hinein.
Hierdurch veränderte sich nun der ganze Aufriß der Gedanken.
An Stelle des oder neben den orientalischen Dualismus, nach
welchem die guten und die bösen Mächte sich innerhalb dieser
Welt streiten und bekämpfen, setzte das Griechentum den meta-
physischen Dualismus einer höheren geistigen und einer niederen
minderwertigen körperlichen Welt. In diesem Zusammenhang
können nun die degradierten planetarischen Göttergestalten
sogar als Schöpfer dieser niederen Welt erscheinen, ein Gedanke, gegen den das persische Religionssystem auch in seiner
spätesten Gestaltung immer remonstrieren würde und den auch
die mandäische Religion nicht kennt[1]. Die Umwandlung voll-
zog sich um so leichter, da ja auch nach altbabylonischer
Auffassung bereits die höchsten Gottheiten als die Schöpfer der
Welt galten. Dadurch nun rücken zugleich diese Gestalten
wieder um eine Stufe höher. Sie gehören zwar immer noch nicht
zur oberen Welt der Gottheit und des Lichtes, aber sie sind

---

1. Sie kennt höchstens die Annahme, daß Ptahil die Ruhâ und
die Sieben als Arbeitsgenossen bei der Schöpfung anwirbt und dafür
bestraft wird (s. o. S. 32).

auch nicht mehr ganz böse, ganz dämonisch, sondern sie erscheinen als mittlere Wesen. Vor allem kommt dieses Aufrücken der Gestalt der $M\acute{\eta}\tau\eta\varrho$ zustatten. Sie erscheint nunmehr geradezu als das mittlere Wesen, das die obere Welt mit der niederen Welt verbindet, das irgendwie durch seinen Fall aus der oberen Welt die Entwicklung des Geschehens in der niederen Welt einleitet. Ja sie rückt geradezu wieder in den oberen Himmel, an die höchste Stelle; $\acute{\eta}\ \check{\alpha}\nu\omega\ M\acute{\eta}\tau\eta\varrho$! Die alte Gestalt der hohen babylonischen Göttermutter erscheint so in der Gnosis wieder, und trägt noch immer wie diese den Doppelcharakter, so daß sie auch hier bald die rein jungfräuliche Göttin, bald die wilde Liebesgöttin, die Göttin des Lasters und der Prostitution ist. Auf diesem Boden religiöser Vorstellungen ist dann die bunte Mannigfaltigkeit der gnostischen Systeme aufgeschossen.

Noch eine schwere Frage erhebt sich von hier aus: Wie kommt es, daß der Mensch, der dieser niederen Welt angehörig, ein Geschöpf der planetarischen Gottheiten ist, die ihn wie die ganze übrige körperliche Welt geschaffen haben, wie kommt es, daß dieser etwas ahnt und weiß von der oberen Welt des Lichts und seiner Gottheiten und sich ihr mit seinem Glauben und seiner Verehrung zuwenden kann? Der gnostische Mythus von der Schöpfung des Menschen antwortet auf diese Frage: Der Mensch ist nur nach seiner leiblichen Seite von den niederen Wesen geschaffen, der bessere Teil seines Wesens stammt irgendwie aus der höheren Welt. Durch eine weise Veranstaltung der höheren Mächte ohne Wissen der Dämonen ist der göttliche Funke ($\sigma\pi\iota\nu\vartheta\acute{\eta}\varrho$) in ihn hinabgekommen.

Auch das Judentum scheint Bruchstücke und Fragmente dieser ganzen fremdartigen Weltanschauung in seiner zweiten Heimat Babylon in sich aufgenommen zu haben. Von da mag sich auch dieser oder jener Anklang an diese Ideenwelt, der sich bereits im urchristlichen Zeitalter findet, erklären lassen. Als die junge christliche Kirche aufkam, müssen diese gnostischen, aus persischen, babylonischen und griechischen Elementen (vermehrt um manche andere Einflüsse) zusammengesetzten Anschauungen bis nach Vorderasien, namentlich Syrien vorgedrungen sein. Vielleicht ist Antiochia der Ort, wo sich die Religionen von neuem berührten. Das Christentum brachte

dann in diese Welt von neuem eine mächtige Gärung hinein
von der die bunte Welt der gnostisch-christlichen Systeme, die'
noch immer ihre ursprüngliche Herkunft deutlich verraten,
Zeugnis ablegt.

II. Kapitel.

Die „Mutter" und der „unbekannte Vater".

I.

Wir haben bereits im ersten Kapitel die Vermutung aufgestellt, daß die in den gnostischen Systemen eine so hervor-
ragende Stellung mit den Sieben einnehmende $M\acute{\eta}\tau\eta\varrho$ ursprünglich mit einer oder mehreren vorderasiatischen Himmelsgöttinnen
oder Muttergottheiten zusammenhänge, deren Gestalten ja beständig in einander fließen. Wir versuchen in diesem Kapitel
zunächst den Beweis für diese These noch weiter fortzuführen.
Es wird sich vor allem dabei um die Erhebung von noch wei-
terem, bisher nicht berücksichtigtem Material handeln. Wir
haben bis jetzt die $M\acute{\eta}\tau\eta\varrho$ eigentlich nur in Verbindung mit
den Sieben ins Auge gefaßt. Wir werden jetzt auch alle die
Überlieferungen ins Auge fassen, in denen ihre Gestalt von jenen
getrennt begegnet. Hier tritt überdies ihr Charakter als der der
hohen Göttin klarer heraus als dort, wo sie in Verbindung mit
den Sieben steht und mit diesen eine mehr oder minder niedere
Position und einen halbdämonischen Charakter erhalten hat.

In vielen gnostischen Systemen ist die $M\acute{\eta}\tau\eta\varrho$ nun allerdings
eine ganz schemenhafte Gestalt geworden, über die sich wesent-
liches nicht mehr sagen läßt. Ich erinnere etwa an die Gestalt des
heiligen Geistes (neben der Sophia, Prunikos) im System der
Gnostiker bei Irenäus, an die $\Sigma\iota\gamma\acute{\eta}$ oder $X\acute{\alpha}\varrho\iota\varsigma$ und (mit einer
unten zu erwähnenden Ausnahme) an die $\mathring{A}\lambda\acute{\eta}\vartheta\varepsilon\iota\alpha$ der Valentinianer. Auch im System der Naassener in Hippolyts Refutatio

sind alle konkreten Gestalten der gnostischen Aeonen verschwunden und auf die eine Gestalt des Urmenschen reduziert. Nur
in dem V 6 p. 132,63 überlieferten Hymnus schimmert noch eine
ursprünglichere Anschauung hindurch: ἀπό σου πατὴρ καὶ διί
σε μήτηρ, τὰ δύο ἀϑάνατα ὀνόματα, αἰώνων γονεῖς, πολῖτα
οὐρανοῦ, μεγαλώννμε ἄνϑρωπε. Die Peraten (Hippolyt V 16
p. 194₆₃) kennen eine μήτηρ πάντων τῶν ζώντων, κοινὴ φύσις,
τουτέστι ϑεῶν ἀγγέλων, ἀϑανάτων ϑνητῶν, ἀλόγων λογικῶν, die
sie mit der Eva irgendwie identifizieren.   Ich verweise in
diesem Zusammenhang ferner noch auf diejenigen gnostischen
Systeme, in denen die Μήτηρ trotz ihrer Verbindung mit den
Sieben neben dem Πατὴρ τῶν ὅλων an der Spitze der Aeonen
erscheint; endlich auch auf die »Mutter des Lebens«, die —
allerdings wieder als eine recht schattenhafte Gestalt — an der
Spitze der Aeonen im manichäischen System steht.   Daneben
aber können wir nun noch eine Reihe von einschneidenden
Beobachtungen machen, die alle zeigen, welche zentrale Stellung
die Μήτηρ weithin im Glauben und in der praktischen Frömmigkeit der Gnosis besessen hat.

In erster Linie kommt das System der sogenannten Barbelognosis in Betracht.   Denn hier steht in der Tat die Gestalt der Muttergöttin, der Barbelos, über deren Namen wir
bereits oben das Nötige gesagt haben, an allerhöchster Stelle.
Über die Barbelognostiker berichtet uns bekanntlich Irenäus
I 29. Der Bericht ist, wie sich neuerdings gezeigt hat, ein
Excerpt aus einem gnostischen Originalwerk, dem Evangelium
Mariae (vgl. Epiphanius Haer. 26, 8. 12), und durch eine glückliche Fügung ist dieses Werk im Koptischen erhalten und
neuerdings wieder aufgefunden. Der glückliche Entdecker, C.
Schmidt bietet aus ihm einige Excerpte (Sitzungsber. d. Berl.
Akad. 1896 S. 843). Im Anfang des Werkes heißt es: »Der
Vater des Alls, das reine Licht, in das Niemand mit seinen Augen
sehen kann, als der Geist, den keiner denken kann, wie er beschaffen ist, der Ewige, der Unaussprechliche, der Unbenannte ...
er denkt sein Bild allein und sieht es in dem Wasser des reinen
Lichts, welches ihn umgibt. Und seine ἔννοια machte ein Werk,
und es stand vor ihm in dem Funken des Lichts, welcher die
vor dem All existierende Kraft ist, die sich offenbart hat,
welcher die vollkommene πρόνοια des Alls ist, das Licht, die

Ähnlichkeit des Lichts, das Bild des Unsichtbaren, das ist
die vollkommene Kraft der Barbelo, der an Herrlichkeit vollkommene Aeon .... Sie ist die erste ἔννοια,
sein Bild; sie wurde πρωτάνϑρωπος (wie der Vater des Alls),
d. h. das παρϑενικὸν πνεῦμα, der Dreimännliche, der zu der
Dreikraft Gehörige, der Dreinamige, der Dreigebürtige, der Aeon,
welcher nicht altert, der Mannweibliche«. In Verbindung mit
den vier von ihr emanierten Aeonen bildet sie die obere heilige
πεντάς. »Dies ist die πεντάς der Aeonen des Vaters, d. h.
des πρωτάνϑρωπος .... das ist die Barbelo, die ἔννοια, die
πρόγνωσις, die ἀφϑαρσία, das ewige Leben«. Die Gestalt dieser
Barbelo finden wir in den koptisch-gnostischen Schriften wieder.
Nach der Pistis Sophia ist der Aufenthalt der Barbelo der über
den zwölf Aeonen liegende (ursprünglich als höchster gedachte)
dreizehnte Aeon. In Kapitel 29 werden als Bewohner dieses
Aeon aufgezählt: der große unsichtbare Urvater, ἀόρατοσ Προπάτωρ, die großen Dreigewaltigen, τριδύναμοι, und die 24 Emanationen, zu denen ursprünglich auch die gefallene Pistis Sophia
und ihr σύζυγος gehört. Seltsamerweise wird in dieser Umgebung die Barbelo nicht genannt, es kann aber kein Zweifel
sein, daß sie ebenfalls hierher gehört. Sie wird S. 233, 11
direkt neben dem unsichtbaren (ἀόρατος) Gott genannt[1]. S. 242, 28
ist von dem Ort der Barbelos, der großen Kraft des unsichtbaren Gottes, die Rede, und S. 246, 17 werden wieder die Barbelo, der unsichtbare Gott und die dreimal gewaltigen Götter
neben einander genannt. Hinzu kommt, daß S. 234, 40 die
Pistis Sophia ausdrücklich als Tochter der Barbelos bezeichnet
wird. Wir bemerken die Ähnlichkeit zwischen dem bei Irenäus
excerpierten barbelognostischen System und den Phantasien der
Pistis Sophia über den dreizehnten Aeon. Hie und dort haben
wir neben dem unsichtbaren Vater des Alls die Gestalt der
Barbelo, und während in der Quelle des Irenäus die Barbelo
die Dreimännliche, die zu der Dreikraft Gehörige genannt wird,
hören wir hier von den dreimal gewaltigen Göttern im dreizehnten Aeon[2]. Zählen wir die Aeonen, die im System der

---

1. Dieser erhält hier den auch sonst in Zauberpapyri nachweisbaren Namen Agrammachammarei.
2. c. 29 S. 26, 18 heißt es, daß der unsichtbare Urvater und die
beiden großen Dreimalgewaltigen die 24 Emanationen erzeugt haben.

Barbelognosis bei Irenäus genannt werden, zusammen, so ergeben sich 21 oder 22 Emanationen; das kommt nahe an die **Zahl 24** resp. 22 ohne die Pistis Sophia und ihren $\sigma\acute{v}\zeta\nu\gamma o\varsigma$, heran. — Ferner wurde schon erwähnt, daß auch im zweiten Buch des Jeû der unsichtbare Gott uud die Barbelos neben einander genannt werden (S. 325, 38 ff.). Allerdings befinden sie sich hier — das mag wohl auf einer Korruption der Überlieferung beruhen — im zwölften Aeon; doch hat diese Variante nichts zu bedeuten, da wir, wie bereits erwähnt wurde (s. o. S. 18), dann im dreizehnten Aeon den großen unsichtbaren Gott, den großen jungfräulichen Geist, $\pi\alpha\varrho\vartheta\varepsilon\nu\iota\varkappa\grave{o}\nu$ $\pi\nu\varepsilon\tilde{v}\mu\alpha$ = Barbelos (s. o.), und die 24 Emanationen noch einmal finden. Zu bemerken ist endlich noch, daß sich hier in einem darüberliegendeu vierzehnten Aeon der zweite große unsichtbare Gott und die drei Archonten, die später wieder die dreimalgewaltigen Götter genannt werden, aufhalten (S. 327 ff.). Ursprünglich muß in der Tat in allen diesen Darstellungen, die wir berührt haben, der höchste Himmel geschildert sein, in welchem sich die Barbelo neben dem Urvater befindet. In dem gegenwärtigen System der Pistis Sophia befindet sich allerdings der dreizehnte Aeon auf einer verhältnismäßig niederen Stufe; darüber ist noch ein ungeheurer Etagenbau der verschiedensten himmlischen Örtlichkeiten mit ihren Bewohnern aufgeführt. Das beweist, wie **stark fortgeschritten** und verwildert bereits der Prozeß der gnostischen Spekulation ist, wie er sich in der Pistis Sophia vorfindet. Das Stück des II. Jeû, in welchem die vierzehn Aeonen aufgezählt werden, scheint noch eine ursprünglichere und einfachere Anschauung gehabt zu haben, doch ist das nicht mehr ganz sicher festzustellen, da dasselbe als Fragment abbricht.

Wir haben aber neben der Barbelos noch eine zweite hervorragende weibliche Gestalt in den koptisch-gnostischen Schriften ins Auge zu fassen. Das ist die so oft hier erwähnte Lichtjungfrau, $\pi\alpha\varrho\vartheta\acute{\varepsilon}\nu o\varsigma$ $\tau o\tilde{v}$ $\varphi\omega\tau\acute{o}\varsigma$. Sie befindet sich nach dem System der Pistis Sophia in dem Ort der Mitte (vgl. S. 126, 15; 138, 25; 212, 11 f. u. ö.), also nach der Auffassung des Buches unmittelbar oberhalb des dreizehnten Aeon. Das scheint darauf

---

Sollte die Barbelo, eine von diesen letzteren sein? Aber an anderer Stelle erscheinen (s. o.) die (3) Dreimalgewaltigen neben der Barbelo.

hinzudeuten, daß hier eine abermalige Verdopplung der Barbelo
vorliegt und die Lichtjungfrau garnichts anderes ist als die in
eine höhere Welt dieses Systems hinaufgerückte Barbelo. Diese
Lichtjungfrau wird nun in zahlreichen Stellen der Pistis Sophia
zunächst als die Richterin eingeführt, welche im Orte der Mitte
die Seelen zu prüfen und zu richten hat und sie auch, wenn
sie sie aufs neue ins Dasein hinabsendet, mit einem Siegel, das
über ihr Geschick entscheidet, versiegelt (vgl. Register i. d. Ausgabe von Schmidt s. v. »Lichtjungfrau«). Vor allem aber ist es
bemerkenswert, daß die Sakramente, welche die koptisch-gnostischen Bücher überliefern, in bestimmte Beziehung zu dieser
Lichtjungfrau gesetzt werden. Im 2. Buch Jeû Kap. 45—47
werden bekanntlich drei Taufen nebeneinander empfohlen und
beschrieben: die Wassertaufe, die Feuertaufe und die Taufe
des Heiligen Geistes. Bei allen dreien spielt die Lichtjungfrau
eine ganz besondere Rolle. Das Gebet bei der Wassertaufe
lautet S. 309: »Erhöre mich, mein Vater, Du Vater aller
Vaterschaft, Du unendliches Licht, welches sich im Lichtschatz
befindet. Mögen die fünfzehn Helfer[1] kommen, die den sieben
Lichtjungfrauen, die der Lebenstaufe vorgesetzt, dienstbar sind ....
Mögen sie kommen und meine Jünger mit dem Lebenswasser
der sieben Lichtjungfrauen taufen, ihre Sünden vergeben und
ihre Missetaten reinigen, daß sie zum Erbe des Lichtreiches
gerechnet werden«. Ist in diesem Gebet nur von Dienern der
Lichtjungfrau die Rede, so wird in der Beschreibung der
Feuertaufe direkt von dem »Wasser der Feuertaufe der Lichtjungfrau, der Richterin« geredet. »Wohlan, erhöre mich,
mein Vater, Du Vater aller Vaterschaft, Du unendliches
Licht! Möge die Lichtjungfrau kommen und meine Jünger
mit der Feuertaufe taufen, ihre Sünden vergeben und ihre
Missetaten reinigen, denn ich rufe ihre (der Lichtjungfrau)
unvergängliche Namen an ... Wohlan, erhöre mich, o Lichtjungfrau, o Richterin, vergib die Sünden meiner Jünger und
reinige ihre Missetaten!« Beim Abschluß der Feuertaufe

---

1. Nach 26, 124 ff. u. ö. sind die sieben Lichtjungfrauen und deren
fünfzehn Helfer die Untergebenen der Lichtjungfrau. Daneben werden
noch zwölf Diener der Lichtjungfrau genannt. Die Zahlen 7 und 12
sind in diesem Zusammenhang erklärbar (7 Planeten, 12 Tierkreisgestirne). Aber wer sind die 15 Helfer?

heißt es (S. 311f.): »Und er (Jesus) taufte seine Jünger . . . .
und besiegelte sie auf ihrer Stirn mit dem Siegel der Lichtjungfrauen, das sie zu dem Lichtreich rechnen läßt«[1]. Weniger
deutlich ist die Beziehung der Sakramente zur Lichtjungfrau in
der Pistis Sophia. c. 142 wird nur eines dieser Mysterien geschildert und ein Gebet gegeben, bei dem von der Lichtjungfrau
nicht die Rede ist. Dagegen ist häufiger von den Taufen die
Rede, mit welchen die Lichtjungfrau oder die Diener der Lichtjungfrau die abgeschiedenen Seelen im Ort der Mitte besiegeln
(S. 188, 19 ff.): »Und die Lichtjungfrau besiegelt jene Seele,
und die $\pi\alpha\varrho\alpha\lambda\tilde{\eta}\mu\pi\tau\alpha\iota$ des Lichts taufen jene Seele und geben
ihr die geistige Salbe, und eine jede der Lichtjungfrauen besiegelt
sie mit ihren Siegeln«. S. 211, 32 ff.: »So soll jene Seele geführt werden vor die sieben Lichtjungfrauen, die über die Taufe
gesetzt sind, und sie sollen sie (nämlich die Taufe) auf jene
Seele legen und sie besiegeln mit den Zeichen des Reiches des
Unaussprechlichen und sie zu den Ordnungen des Lichtes führen«.
S. 212, 26 ff.: »Und die sieben Lichtjungfrauen prüfen jene Seele
und taufen sie mit ihren Taufen und geben ihr die geistige
Salbe« (vgl. noch 216, 8). Wir haben also in den koptisch-
gnostischen Schriften geradezu einen sakramentalen Kultus der
Lichtjungfrau.

Und das ist nun keine vereinzelte Beobachtung. Eine
ähnliche können wir bei den wichtigen Berichten machen, die
uns Irenäus über die sakramentalen Handlungen der Markosier
aufbewahrt hat. So überlieferte er uns I, 21, 3, daß diese die
Taufe vollzogen hätten auf den Namen des unbekannten Vaters
des Alls, auf die Wahrheit (᾽Αλήθεια), die Mutter aller
Dinge[2], auf den (Aeon), der auf Jesus herabgekommen sei.

---

1. Vgl. die ähnliche Formel am Schluß der »Taufe des heiligen
Geistes« S. 312.

2. Die Taufformel scheint älter zu sein als das ausgebildete Valentinianische System, denn in diesem stehen der $\Pi\alpha\tau\dot{\eta}\varrho$ und die ᾽Αλή-
θεια erst an zweiter Stelle. Der $\Pi\alpha\tau\dot{\eta}\varrho$ $\tau\tilde{\omega}\nu$ $\ddot{o}\lambda\omega\nu$ und die ᾽Αλήθεια sind
nach ursprünglicherer gnostischer Anschauung, die hier noch durch-
bricht, die höchsten Gottheiten des Himmels. Die $M\dot{\eta}\tau\eta\varrho$ ᾽Αλήθεια ist
nur eine Doublette der Barbelos. Woher der Name ᾽Αλήθεια stammt
kann ich nicht sagen. Im barbelognostischen System steht das Paar
Autogenes und Aletheia an hervorragender Stelle (Iren. I 29, 2 f.). Sie

Tritt hier schon die $M\acute{\eta}\tau\eta\varrho$ wiederum in den Mittelpunkt
der Taufhandlung, so ist das noch deutlicher in der wahrscheinlich älteren und ursprünglichen Taufformel, die uns in
demselben Kapitel in aramäischer Sprache in griechischer Trans-
scription erhalten ist. G. Hoffmann, der sich neuerdings um
diese Formel bemüht hat (Ztschr. f. neut. Wissensch. IV 298),
hat folgende Übersetzung für diese Formel vorgeschlagen: »Im
Namen der Achamoth tauche unter; das Leben, das Licht,
welches ausgeworfen wird, der Geist der Wahrheit möge bei
Deiner Erlösung sein«. Wigan Harwey (Hilgenfeld, Ketzergeschichte p. 380) weicht nicht sehr weit mit seiner Übersetzung von derjenigen Hoffmanns ab; mindestens wird das
»Im Namen der Achamoth« (Sophia) ganz sicher stehen. Auch
hier haben wir also eine Taufe: Im Namen der Sophia, der
$M\acute{\eta}\tau\eta\varrho$[1]. In diesem Zusammenhang ist auch das Gebet, das
nach Irenäus die Markosier beim Sakrament der $\mathit{A}\pi o\lambda\acute{\upsilon}\tau\varrho\omega\sigma\iota\varsigma$
sprachen (I 13, 6), zu erwähnen. In diesem wird ebenfalls
die ausdrücklich genannte $M\acute{\eta}\tau\eta\varrho$ als Beisitzerin Gottes und
der geheimnisvollen, ewigen $\Sigma\iota\gamma\acute{\eta}$ angeredet und von ihr behauptet, daß unter ihrer Führung die Engelmächte, die immer-
dar das Antlitz des Vaters sehen, ihre Ebenbilder, d. h. die
Seelen der Pneumatiker, welche die niedere Sophia (die niedere
Sophia = $\acute{\eta}\ \mu\varepsilon\gamma\alpha\lambda\acute{o}\tau o\lambda\mu o\varsigma\ \acute{\varepsilon}\varkappa\varepsilon\acute{\iota}\nu\eta$) dereinst durch ihre auf den
Urvater hingelenkte Phantasie erzeugt habe, aufwärts ziehen:
„$\mathit{I}\delta o\grave{\upsilon},\ \acute{o}\ \varkappa\varrho\iota\tau\grave{\eta}\varsigma\ \acute{\varepsilon}\gamma\gamma\grave{\upsilon}\varsigma\ \varkappa\alpha\grave{\iota}\ \acute{o}\ \varkappa\tilde{\eta}\varrho\acute{\upsilon}\xi\ \mu\varepsilon\ \varkappa\varepsilon\lambda\varepsilon\acute{\upsilon}\varepsilon\iota\ \acute{\alpha}\pi o\lambda o\gamma\varepsilon\tilde{\iota}\sigma\vartheta\alpha\iota\cdot$
$\sigma\acute{\upsilon}\ \delta\grave{\varepsilon}\ \acute{\omega}\varsigma\ \acute{\varepsilon}\pi\iota\sigma\tau\alpha\mu\acute{\varepsilon}\nu\eta\ \tau\grave{\alpha}\ \acute{\alpha}\mu\varphi o\tau\acute{\varepsilon}\varrho\omega\nu\ \tau\grave{o}\nu\ \acute{\upsilon}\pi\grave{\varepsilon}\varrho\ \acute{\alpha}\mu\varphi o\tau\acute{\varepsilon}\varrho\omega\nu\ \acute{\eta}\mu\tilde{\omega}\nu$
(vielleicht ist der Mystagoge und der Myste bei der beschriebenen
Weihe gemeint) $\lambda\acute{o}\gamma o\nu\ \acute{\omega}\varsigma\ \acute{\varepsilon}\nu\alpha\ \acute{o}\nu\tau\alpha\ \tau\tilde{\omega}\ \varkappa\varrho\iota\tau\tilde{\eta}\ \pi\alpha\varrho\acute{\alpha}\sigma\tau\eta\sigma o\nu$".
Und dann heißt es, daß die Mutter nach Anhörung des Ge-
betes sofort den Seelen, damit sie unsichtbar geworden dem
rächenden Dämon entfliehen können, den unsichtbar machenden
»Helm des Hades« aufsetze; und sie sogleich, nachdem sie sie
aufwärtsgerissen, in das »Brautgemach« führe. Endlich kommt
hier das Gebet in Betracht, das in dem Irenäus I, 21, 5 be-

---

sind hier Eltern des Urmenschen, also ursprüngliche an höchster Stelle
stehende Gottheiten (s. u.).

1. Daß hier die »gefallene« Göttin des Valentinianischen Systems
genannt wird, kann an der Parallele nicht irremachen. Die $M\acute{\eta}\tau\eta\varrho$ und
die gefallene Sophia sind ursprünglich identisch.

schriebenen Sacrament der letzten Oelung überliefert ist. Hier heißt es unter anderem: »Wenn Eure Mutter (die gefallene Sophia) ihre eigene Herkunft nicht kennt, ich kenne mich und weiß, woher ich bin, und rufe die unvergängliche Sophia an, welche im Vater ist, die Mutter Eurer Mutter . . . ., die ihre Mutter nicht kennt und meint, daß sie allein sei. Ich aber rufe ihre Mutter an«. Wieder und wieder erscheint bei den sakramentalen Handlungen der Markosier[1] die Gestalt der *Μή-τηρ*, und das ist um so bemerkenswerter, als in dem eigentlichen Valentinianischen System zwar wohl die gefallene Sophia, aber nicht die im Himmel wohnende *Μήτηρ* eine Rolle spielt. Wir dürfen annehmen, daß, wie sich immer und überall im Kultus das Ursprüngliche und Alte erhält, so auch in den Sakraments-gebeten der Markosier eine ursprüngliche und alte, vor dem Valentinianischen System liegende Anschauung erhalten ist, in welcher die *Μήτηρ* eben die alles beherrschende Stellung hatte. Diese Gestalt ist dann in den Markosischen Gebeten in ihrer gegenwärtigen Form künstlich der oberen Sophia (mit einer Ausnahme) angeglichen, aber sie hatte ursprünglich eine viel hervorragendere und bedeutendere Stelle als diese und hat jeden-falls, wie aus den Gebeten hervorgeht, mit dem Fall der Sophia in die Materie wenig oder garnichts zu tun.

In dem Sakramentskultus der Markosier tritt also offenbar eine uralte und ursprüngliche gnostische Anschauung zutage, und da, wo sie zutage tritt, stoßen wir auf die Gestalt der Muttergöttin.

---

1. Zu vergleichen ist hier noch der Bericht des Irenäus über die Ptolemäer I 6, 1, nach welchem die Anhänger der Sekte sich bezeichnen als *οἱ τὴν τελείαν γνῶσιν ἔχοντες περὶ Θεοῦ καὶ ὑπὸ τῆς Ἀχαμώθ μεμνημένοι μυστήρια* (der griechische Text ist nach dem lateini-schen herzustellen: qui perfectam agnitionem habent de Deo et hi qui ab Achamoth initiati sunt mysteria). Vgl. auch I 6, 4 *διὸ καὶ ἐκ παντὸς τρόπου δεῖν αὐτοὺς ἀεὶ τὸ τῆς συζυγίας μελετᾶν μυστήριον*. Auch darauf mag noch verwiesen werden, daß der Berichterstatter in Hip-polyts Refut.. V 9 p. 170, 56 von den Naassenern urteilt: *παρεδρεύ-ουσιν οὗτοι τοῖς λεγομένοις Μητρὸς μεγάλης μυστηρίοις . . . . οὐδὲν γὰρ ἔχουσι πλέον οὗτοι τῶν ἐκεῖ δρωμένων, πλὴν ὅτι οὐκ εἰσὶν ἀποκεκομμένοι, μόνον τὸ ἔργον τῶν ἀποκεκομμένων ἐκτελοῦσι*. Hier handelt es sich frei-lich um ganz bestimmte und singuläre Beziehungen einer kleinen Gruppe von Gnostikern zum Attiskult.

Es sei in diesem Zusammenhang weiter auf die schon behandelten sakramentalen Formeln hingewiesen, welche die Ophiten
bei Origenes c. Celsum. VI 31 ihren Gläubigen überlieferten,
damit die Seele sie bei der Auffahrt zum Himmel sprechen
könne. Es seien hier die Wendungen hervorgehoben: „*Πάρες
με παρθένου πνεύματι κεκαθαρμένον*“, und die andere: „*Πάρες
με τῆς σῆς μητρὸς φέροντά σοι σύμβολον χάριν κρυπτομένην
δυνάμεσιν ἐξουσιῶν* (man achte hier auf den Ausdruck »verborgene Gnade«, der uns weiter unten wiederbegegnen wird).
Endlich ist auch auf das an Sabaoth gerichtete Gebet zu verweisen. Dieser wird als Archon der fünften Macht angeredet
und bei der *πεντὰς δυναμωτέρα* beschworen, die Seele vorbeizu-
lassen (*σύμβολον ὁρῶν σῆς τέχνης ἀνεπίλημπτον . . . πεντάδι
λυθὲν σῶμα*). Wir erinnern uns bei dieser Wendung an die
obere *πεντάς* der Barbelognostiker (s. o. S. 60)[1].

Und wieder begegnet uns in den gnostischen Sakraments-
gebeten der Acta Thomae die Mutter resp. die Sophia, als die
alles beherrschende Gestalt. Am deutlichsten tritt das bei dem
eucharistischen Gebet Kap. 50 (nach dem griechischen Text)
heraus. Hier ist eigentlich nur von der „*Μήτηρ*“ die Rede:
»Komm, vollendete Barmherzigkeit, komm, Du Genossin des
Männlichen, komm, die Du die Geheimnisse des Auserwählten
kennst, komm, die Du an allen Kämpfen des edlen Kämpfers

---

1. Auch bei den Naassenern im Bericht der Refut. des Hippolyt
p. 164, 66 wird der *Μήτηρ,* obwohl sie sonst aus dem System fast verschwunden ist (s. o. S. 20), an einer Stelle in einer bemerkenswerten
Weise gedacht. Es ist hier im Zusammenhang die Rede von den kleinen
und den großen eleusinischen Mysterien, es wird dabei an das geheimnisvolle Wort der Mysterienfeier erinnert: *ἱερὸν ἔτεκε πότνια κοῦρον
Βριμὼ Βριμόν.* — Nicht ganz deutlich wird es hier, ob die kleinen und
großen Mysterien auf sakramentale Veranstaltungen der gnostischen
Sekte gedeutet werden, oder ob in ihnen nur eine Hindeutung auf den
Tod des Pneumatikers und seine Erhebung zur himmlischen Heimat
gesehen wird. Jedenfalls ist zum Schluß die Rede von dem dritten Tor
und der Wohnung Gottes, wo kein Unreiner, sondern nur der Pneumatiker eintreten darf: *ὅπου δεῖ γενομένους βαλεῖν τὰ ἐνδύματα καὶ
πάντας γενέσθαι νυμφίους ἀπηρσενωμένους διὰ τοῦ παρθενικοῦ πνεύματος.* Und dann wird mit Beziehung auf jenes eleusinische
Wort gesagt: *αὕτη γάρ ἐστιν ἡ παρθένος ἡ ἐν γαστρὶ ἔχουσα καὶ συλ-
λαμβάνουσα καὶ τίκτουσα υἱὸν οὐ ψυχικὸν οὐ σωματικὸν ἀλλὶ μακάριον
αἰῶνα αἰώνων.*

teilhast[1], komm, Du Ruhe, die Du offenbarst die Großtaten der
ganzen Größe, komm, die Du Verborgenes enthüllst und Geheim-
nisvolles offenbar machst, heilige Taube, die Du die beiden
jungen Zwillinge geboren hast (eine bisher unaufgeklärte Anspielung), komm, verborgene Mutter (s. o.), komm, die Du offenbar wirst durch Deine Taten, Du Spenderin der Freude und
der Ruhe für alle, die Dir anhängen, komm, teile Dich uns mit
in dieser Eucharistie, die wir in Deinem Namen begehen, und
in dem Liebesmahl, zu dem wir versammelt sind auf Deinen
Ruf«[2]. Also ein Sakrament der heiligen Mahlzeit zu Ehren der
gnostischen $M\acute{\eta}\tau\eta\varrho$! Und fast in derselben Weise tritt ihre
Gestalt in dem Taufgebet (c. 27) heraus. Nachdem hier im
Anfang allerdings der heilige Name Christi, die Kraft und die
Barmherzigkeit des Höchsten angerufen ist, heißt es wieder:
»Komm barmherzige Mutter, komm, Du Genossin des Männlichen (vgl. Kap. 50), komm, die Du die verborgenen Geheimnisse offenbarst, komm Mutter der sieben Häuser, die Du ruhst
in dem achten Hause«[3]. Dann folgt eine ebenfalls bisher noch
kaum verstandene und rätselhafte Anrufung des »Alten« mit
den fünf Gliedern[4] und endlich eine entschieden gemeinchristlich

---

1. Während die $M\acute{\eta}\tau\eta\varrho$ sonst oft in den gnostischen Systemen die
gefallene Göttin repräsentiert, ist sie hier offenbar die im Himmel
bleibende Gottheit, die von dort den Kämpfen des in die Materie hinab-
gestiegenen Erlösers zuschaut.

2. Daß hier und in den folgenden Stellen der Thomasakten die
Gestalt der $M\acute{\eta}\tau\eta\varrho$ ihre Entstehung dem Umstand verdanke, daß Ruach
(Rucha) im Semitischen Femininum ist, wird man angesichts der vielen
oben beigebrachten Parallelen doch kaum im Ernst behaupten wollen.
Nur das kann zugestanden werden, daß diese Anrufungen an die Meter
sich in den Sakramentsgebeten der Akten so lange unbeanstandet haben
halten können, weil das syrische Christentum zur Not in der Meter
die christliche Rucha erblicken konnte.

3. Die letzten Worte nach der syrischen Überlieferung. Der
Grieche hat: »auf daß Deine Ruhe im 8. Hause sei«.

4. Der Alte mit den fünf Gliedern ist wahrscheinlich ein Mißverständnis der Überlieferung. Es muß heißen »der Gesandte« u. s. w.
Es wird im Gr. statt $\pi\varrho\varepsilon\sigma\beta\acute{\nu}\tau\varepsilon\varrho\varsigma$ der doppeldeutige Ausdruck $\pi\varrho\acute{\varepsilon}\sigma\beta\nu\varsigma$
zu lesen, oder ein aus $\pi\varrho\varepsilon\sigma\beta\varepsilon\nu\tau\acute{\eta}\varsigma$ mißverstandenes $\pi\varrho\varepsilon\sigma\beta\acute{\nu}\tau\eta\varsigma$ anzunehmen
sein. Dann haben wir hier die bekannte manichäische Figur des
»dritten Gesandten« (s. u.). Wenn hier als die 5 Glieder des Ge-
sandten „$\nu o\tilde{\nu}\varsigma$, $\check{\varepsilon}\nu\nu o\iota\alpha$, $\varphi\varrho\acute{o}\nu\eta\sigma\iota\varsigma$, $\grave{\varepsilon}\nu\vartheta\acute{\nu}\mu\eta\sigma\iota\varsigma$, $\lambda o\gamma\iota\sigma\mu\acute{o}\varsigma$" genannt werden,

gefärbte Anrufung des $\ddot{\alpha}\gamma\iota\upsilon\nu$ $\pi\nu\varepsilon\tilde{\upsilon}\mu\alpha$. Aber in alledem hebt sich die Anrede an die Mutter durch die Fülle ihrer Worte und den geheimnisvollen Klang vom Ganzen sicher ab. Auch in anderen lithurgischen Wendungen begegnen wir der Hervorhebung der Gestalt der Mutter. So heißt es Kap. 39 am Schluß: »Wir loben und preisen Dich (Jesus) und Deinen unsichtbaren Vater (und Deinen heiligen Geist)[1] und die Mutter aller Geschöpfe. Auch Kap. 133 heißt es bei dem Gebet des Segens: »Wir rufen über Dich an den Namen der Mutter, des unaussprechlichen Geheimnisses der verborgenen Mächte und Gewalten«.

Nach alledem kann es nicht wundernehmen, wenn wir nun in Kap. 6 der Acta einen ganz eigentümlichen Hymnus, ein Hochzeitslied, auf eine weibliche Göttergestalt finden. Angeredet ist hier die gefeierte Göttin als $\dot{\eta}$ $\varkappa\acute{o}\varrho\eta$, $\tau o\tilde{\upsilon}$ $\varphi\omega\tau\grave{o}\varsigma$ $\vartheta\upsilon$-$\gamma\acute{\alpha}\tau\eta\varrho$: das Mädchen, Tochter des Lichts. Und ganz ersichtlich wird die hier besungene Gestalt als hohe Himmelsgöttin gefeiert. Schon wenn ihr Gewand den Frühlingsblumen verglichen wird, so denken wir an den sternbesäeten, strahlenden Himmelsmantel; wenn vom Strom des Wohlgeruchs, der von ihr ausgeht, die Rede ist, so erinnern wir uns, daß nach orientalischer Vorstellung sich mit Himmel und Licht der Gedanke des Wohlgeruchs verbindet (s. u. Kap. VII). Deutlicher tritt der Tatbestand heraus, wenn es heißt, daß ihr Nacken gebildet ist nach dem Vorbild der Stufen, die der erste Baumeister schuf; denn die Stufen, die der Weltbaumeister schuf, sind nichts anderes als die etagenmäßig übereinander gelagerten Himmelssphären. Die Himmelsgöttin erscheint als eine am Himmel ragende Gestalt. Ihre Hände weisen hin auf den Reigen der seligen

---

so ist dazu zu bemerken, daß die Worte genau in derselben Reihenfolge bei der Aufzählung der fünf Glieder der Seele (des Urmenschen) in dem Bericht des Turbo über Mani's Lehre, Act. Archelai c. 10, wiederkehren (Lipsius, Apokryphe Apostelgeschichte I 316). Wie diese Anspielung in die Acta Thomae hineingekommen ist, ist allerdings nicht deutlich. Ob eine direkte Entlehnung aus dem manichäischen System stattgefunden hat, ist fraglich. Vielleicht liegt hier eine ältere gemeinsame Vorstellung vor.

1. Wohl katholisch-christlicher Zusatz. Beachte, daß der Redaktor die »Mutter« und den heiligen Geist nicht identifiziert.

Aeonen, d. h. auf den Kranz der Tierkreisgestirne; ihre Finger zeigen auf die Tore der Stadt, d. h. auf die Stellen des Himmels, wo man sich dessen Tore und Eingänge dachte. Sie ist umgeben von sieben Brautführern und sieben Brautführerinnen, den Planetengestirnen, die hier in verdoppelter Anzahl erscheinen; und zwölf Diener dienen ihr, die zwölf Tierkreisgötter[1] (vgl. die sieben Lichtjungfrauen und die zwölf Diener der Lichtjungfrau in der Pistis Sophia o. S. 62). Das Lied, das im sechsten Kapitel der Acta Thomae vorliegt, ist also ein Hochzeitslied zu Ehren einer Himmelsgöttin gewesen. Es wird von einer gnostischen Sekte einem heidnischen Mysterienverein in seinen Grundzügen entlehnt und so in die Acta hineingeraten sein[2]. Wer der Gemahl der Himmelsgöttin ursprünglich war, wird allerdings nicht klar. Nach der Auffassung der Acta erwartet die Sophia als ihren Bräutigam den Christus, den wackeren Kämpfer, der von seinen Siegen und Kämpfen in der niederen Welt zurückkehrt. Das ist natürlich nicht die ursprüngliche Auffassung des Liedes gewesen. Ohne weiteren Zusammenhang wird übrigens am Schluß des Liedes noch der $\pi\alpha\tau\dot{\eta}\varrho$ $\tau\tilde{\omega}\nu$ $\ddot{o}\lambda\omega\nu$ eingeführt und von ihm nur gesagt, daß die beim

---

1. Rätselhaft bleibt in diesem Zusammenhang, wer die »32 Aeonen« sind, welche die Sophia preisen. Doch kennt die jüdische Kabbala 32 »Wege« der Weisheit, d. h. die 22 Buchstaben des Alphabets und die zehn Zahlen (Karppe, Zohar S. 381). Dagegen gewinnt bei der entschlossenen Durchführung der Auffassung der Sophia als Himmelsgöttin der bisher gänzlich unaufgeklärt gebliebene Ausdruck seine Deutung: „$Ka\grave{\iota}$ $\dot{\epsilon}\nu$ $\tau\tilde{\eta}$ $\varkappa o\varrho v\varphi\tilde{\eta}$ $\ddot{\iota}\delta\varrho v\tau\alpha\iota$ $\dot{o}$ $\beta\alpha\sigma\iota\lambda\epsilon\acute{v}\varsigma$: Auf ihrem Haupt ist der König befestigt«. Man hat bei dem König wahrscheinlich an einem am Himmelsgewölbe dominierenden Stern zu denken, der seinerseits als Gottheit »König« gedacht wird. Dieser Stern ruht auf dem Haupte der am Himmelsgewölbe gedachten hohen Himmelsgöttin. In der Beschreibung des Heiligtums von Hierapolis bei [Lucian] de dea Syria c. 32 wird erwähnt, daß die Göttin desselben (die Attargatis) auf dem Kopf einen Stern trug, der in der Nacht den Tempel erleuchtete.

2. Die Auffassung der Sophia als Himmelsgöttin tritt übrigens noch sehr klar in der Schilderung des Falles der Sophia Iren. I 30, 3 heraus. Es heißt hier zum Schluß: resiliit et in sublimitatem elata est; et facta in alto dilatavit (Theodoret: $\dot{\epsilon}\xi\acute{\epsilon}\tau\epsilon\iota\nu\epsilon\nu$ $\dot{\epsilon}\alpha\upsilon\tau\acute{\eta}\nu$) . . . et fecit caelum hoc, quod apparet, a corpore eius; et remansit sub caelo quod fecit, adhuc habens aquatilis corporis typum (vgl. Anz, Ursprung des Gnosticismus 90).

Gastmahl versammelten Großen ihn preisen; die letzten Worte
lauten: »Und sie verherrlichten und priesen nebst dem lebendigen Geist den Vater der Wahrheit und die Mutter der Weisheit«[1]. Wir dürfen wohl annehmen, daß hier die Eltern jener
Lichtgöttin, der Κόρη, τοῦ φωτὸς ϑυγάτηρ genannt werden,
diese selbst also identisch mit der Sophia ist, während der
»lebendige Geist« vielleicht erst eine spezifisch christliche Inter-
pellation ist. Im ganzen bleiben die Verwandtschaftsverhältnisse
der Lichtgöttin unklar, und es ist vielleicht anzunehmen, daß
auch die Phantasien über die Eltern der Sophia erst später
in einem gnostischen System hinzugefügt worden sind.

Zu dieser Idee von der Hochzeit eines himmlischen Götter-
paares liefert nun das System der Valentinianer eine bemerkenswerte Parallele. Dieses kulminiert sichtlich in der Erzählung
der himmlischen Hochzeit des Soter und der gefallenen Sophia.
Da wir auf diesen Mythus noch im sechsten Kapitel bei der Besprechung der Figur des gnostischen Erlösers genauer eingehen
müssen, so sei hier nur auf einen besonders markanten Zug der
Erzählung hingewiesen. Nach Hippolyt Refut. VI 34 sollen
der Soter und die Sophia in ihrer Ehe 70 Söhne gezeugt haben
(λόγους, οἵτινές εἰσιν ἄγγελοι). Auch dem blödesten Auge muß
es an diesem Zuge deutlich werden, daß hier ein Mythus poly-
theistischer Herkunft in das valentinianische System aufgenommen
ist. Vor allem ist auch die Zahl 70 in diesem Zusammenhang
bedeutsam. Sie deutet bestimmt darauf hin, daß auf die Sophia
und den Soter des gnostischen Systems ein Mythus, der von
zwei Gottheiten des Himmels und ihrer Hochzeit handelte,
übertragen wurde.

Mit diesen Vorstellungen hängt weiter eine sakramentale Handlung zusammen, die wir bei den Valentinianern
nachweisen können. Nach Irenäus I 21, 3 sollen die Markosier
dem einzuweihenden Mysten ein Brautgemach bereitet und in
diesem die heilige sakramentale Handlung vollzogen haben:
„Καὶ πνευματικὸν γάμον φάσκουσιν εἶναι τὸ ὑπ᾽ αὐτῶν γινόμενον κατὰ τὴν ὁμοιότητα τῶν ἄνω συζυγιῶν"[2]. Es ist hier
wahrscheinlich an eine Kulthandlung zu denken, bei welcher

---

1. Auch hier nach dem relativ ursprünglichen griechischen Text.
2. Vgl. auch an diese Vorstellungen anklingende Wendungen bei
den Naassenern des Hippolyt s. o. S. 66, 1.

jene himmlische Ehe der höchsten Gottheiten irgendwie nach-
geahmt wurde und der Gläubige so in eine mystische Einheit
mit jenen Gottheiten trat[1].

Die oben besprochenen Hymnen der Acta Thomae bringt
man ja, wie bekannt, mit Bardesanes zusammen. Es möge
hier im Zusammenhang darauf hingewiesen werden, daß nach
dem, was wir von dem System des Bardesanes wissen, auch in
diesem die Muttergöttin eine hervorragende Rolle gespielt haben
muß. Nach Ephraem Hymn. 55, 558 D werden als höchste
Götter des Bardesanischen Systems der Vater des Lebens und
die Mutter genannt, deren Sinnbilder Sonne und Mond seien,
daneben der verborgene Sohn des Lebens (55, 557 B). Viel
wissen wir allerdings nicht von dem Bardesanischen System,
nicht einmal, wie sich die Mutter des Lebens zu den übrigen
weiblichen Gestalten im System, der Ruhâ d'Qudšâ und der
Chakmuth, verhält[2]. Wie dem sein mag, jedenfalls steht die
$M\acute{\eta}\tau\eta\varrho$ im Zentrum der Gedankenwelt des Bardesanes, und
damit würde dann allerdings auch ihre Stellung in den Hymnen
der Acta Thomae übereinstimmen; auch begegnen wir hier
derselben Schwierigkeit, daß wir nicht genau sagen können,
in welchem Verhältnis zu der sonst immer erwähnten $M\acute{\eta}\tau\eta\varrho$
die Kap. 6 gepriesene $K\acute{o}\varrho\eta$, $\tau o\tilde{v}$ $\varphi\omega\tau\grave{o}\varsigma$ $\vartheta\upsilon\gamma\acute{a}\tau\eta\varrho$, steht.

Die hier zusammengetragenen Beobachtungen sind von der
höchsten Wichtigkeit. Sie scheinen in der Tat unwiderleglich
zu beweisen, daß der Glaube an eine hohe Himmelsgöttin, in
irgend einer Gestalt, von einer Reihe gnostischer Sekten einfach herübergenommen und mit ihrem neuen Glauben verbunden
wurde. Sie haben diese Gestalt nicht vergessen können. Den
Glauben an die mütterliche Göttin und alle die innigen Empfindungen und Stimmungen, die mit diesem Glauben zusammenhängen können, trugen sie hinein in die neue Welt, so daß er
auch für jedes geschulte Auge dort noch erkennbar steht. Und
wie stark der Glaube an die Muttergöttin in ihren Herzen
wurzelte, zeigt sich besonders darin, daß sie dieser in ihrem
Kultus, d. h. in ihren Mysterien, Sakramenten eine so hervor-

---

1. Genaueres über das Sakrament des Brautgemaches bei den
Valentinianern s. u. Kap. VII.

2. Vgl. die skeptische Zurückhaltung Horts, Dict. of Christian
Bibliogr. I 250 ff.

ragende Stellung gaben. Die Muttergöttin wurde als die Kraft empfunden und geglaubt, die bei jenen heiligen Handlungen wirksam war. Sie vor allem rief man in den feierlichen Kultgebeten um ihren Beistand und die Spendung des Segens an; sie feierte man in Hymnen und Dankgebeten; sie ehrte man, indem man im Sakrament ihre heilige Hochzeit mit dem hohen Himmelskönig nachahmte und indem man die Freuden, welche der seligen Pneumatiker harrten, sich in Ähnlichkeit mit den Hochzeitsfreuden der Himmelsgöttin dachte[1]. Ja vielleicht dürfen wir sogar den Rückschluß wagen, daß in irgendwelchen Gegenden und bei irgendwelchen Verehrern der Himmelsgöttin schon vor dem Aufkommen der Gnosis heilige sakramentale Handlungen zu Ehren der Muttergöttin existierten und diese dann einfach von den Gnostikern übernommen wurden, wie sich denn immer gerade in heiligen Handlungen und Sakramenten das Älteste bewahrt hat. Ein solches Sakrament, das direkt seiner Natur nach auf hohes Alter und heidnische Vergangenheit zurückweist, ist sicher das erwähnte Sakrament des Brautgemachs. Ob es in vorgnostischer Zeit bereits Taufsakramente auf den Namen der Himmelsgöttin gegeben hat, mag dahingestellt bleiben.

Aber die vorderasiatische Himmelsgöttin war nicht nur die hehre und reine hohe Göttin, die Jungfräuliche, das $\pi\alpha\varrho\vartheta\varepsilon\nu\iota\varkappa\grave{o}\nu$ $\pi\nu\varepsilon\tilde{v}\mu\alpha$, sondern auch die wilde Liebesgöttin, die Urheberin und Mutter aller Fruchtbarkeit, die man bis in die späte Zeit hinein auch durch unsittliche Kulte, durch Prostitution an heiliger Stätte[2] verehrte. Und es läßt sich leicht erkennen, daß

---

1. Es mag in diesem Zusammenhange darauf hingewiesen werden, daß der hier mehrfach erwähnte Bardesanes nach einer Nachricht bei Barhebraeus in seiner heidnischen Vergangenheit tatsächlich Priester der Dea Syria in Mabug gewesen ist (vgl. theol. Realenc.[3] Artikel Bardesanes von Krüger S. 400).

2. Unzüchtige Kulte im Dienst dieser Gottheit lassen sich auch noch für die spätere Zeit nachweisen. Mit voller Sicherheit im Heiligtum der (syrischen) Aphrodite von Aphaka. (Euseb. Vita Constant III 55, Gruppe Mytholog. u. Rel. S. 1355 »man glaubte sich hier durch einen geschlechtlichen Verkehr mit der durch Priesterinnen, heilige Sklavinnen oder Bürgerstöchter vertretenen Gottheit vom Hades loskaufen zu können, wie aus ihm Adonis befreit sein soll«). Eusebius Praep. Ev. IV 16, 22 behauptet dasselbe auch für das Heiligtum (der

jene Gestalt auch nach dieser Seite ihrer Auffassung die Gnosis beeinflußt hat, ja vielleicht sogar, daß jene unsittliche Kulte im Gefolge der Dea magna zum Teil in die Gnosis übergegangen sind und bestimmte Erscheinungen libertinistischer Systeme sich von hier aus am besten erklären. Es kommen hier vor allem die merkwürdigen Berichte des Epiphanius[1] über die Simonianer (21, 2), die Nicolaiten (25, 2), die Gnostiker (26, 1) in Betracht. Es wird hier überall berichtet, daß die Muttergöttin, die Helena resp. die Barbelo oder Noria die Archonten durch ihr Erscheinen zu unzüchtigem Begehren gereizt habe, um diesen dadurch, daß sie ihrer Liebesleidenschaft nachgeben, die in ihnen noch vorhandene himmlische Samenkraft zu entziehen und sie so ihres höheren Wesens zu entleeren[2]. Dürfen wir in diesem seltsamen Mythus vielleicht eine Umdeutung derjenigen Mythen erblicken, die von den Liebesabenteuern der Ištar, der Astarte, der syrischen Aphrodite mit den verschiedenen Göttern handeln? Die

Attargatis) in Heliopolis. Doch ist man, da Lucian, de Dea Syria, von der Sitte nichts weiß, mistrauisch gegen sein Zeugnis. Für Comana (Kappadozien) besitzen wir ein ausdrückliches Zeugnis bei Strabo XII 3, 36; für Prostitution im Kult der (persischen) Anaitis ib. XI 14, 16.; vgl. Cumont, les Religions Orientales 1906 p. 286f.; für Byblos Lucian, de Dea Syria c. 6. Demgegenüber kann auf Zeugnisse aus alter und uralter Zeit (vgl. die Figur der babylonischen Ištar) verzichtet werden.

1. Epiphanius läßt sich hier freilich nicht auf seine Quelle, Hippolyt, zurückführen. Er berichtet auf Grund eigner Erfahrungen. Es handelt sich also um spätere Auswüchse der Gnosis. — Doch findet sich auch schon in älteren Quellen die Figur der unreinen lasciven Μήτηρ. Hier ist an die seltsame — weiter unten noch zu besprechende — Kosmogonie zu erinnern, die Epiphanius 25, 5 = Philast. H. c. 33 = Ps. Tertullian c. 5 (also = Hippolyt) als Lehre der Nicolaiten vorgetragen wird und ihre Parallele wiederum in der Lehre der Sethianer, Hippolyt Refut. V 19 p. 204f., hat (s. u.) Auch die Gestalt der Edem in der Baruchgnosis (ib. V 26), ferner das Peratenlied auf die δύναμις ἀβυσσικοῦ θολοῦ mit Namen Θάλασσα (ib. V. 14), endlich die Spekulationen des simonianischen Systems der „μεγάλη ἀπόφασις" (ib. VI 14) gehören vielleicht hierher. Doch sind alle diese Spekulationen höchst verworren und undeutlich.

2. Vgl. z. B. Epiph. 25, 2: ταύτην δὲ ἀεὶ φαίνεσθαι τοῖς ἄρχουσιν ἐν εὐμορφίᾳ τινὶ καὶ ἀποσυλᾶν τὸ ἐξ αὐτῶν σπέρμα δι' ἡδονῆς καὶ ἐκχύσεως, ἵνα δῆθεν τὴν αὐτῆς δύναμιν τὴν εἰς διαφόρους σπαρεῖσαν αὖθις πάλιν ἀνακομίζῃ.

Umdeutung wäre hier von dem Standpunkt spezifisch gnostischer
Weltanschauung vollzogen. Es ist nun nicht wunderbar, wenn
wir in enger Verbindung mit diesen merkwürdigen Vorstellungen
bei denselben Gruppen der Gnostiker einen unsittlichen, sakramentalen Kultus nachweisen können, (vgl. Epiphanius H. 21, 4;
25, 2 am deutlichsten 26, 4 f.). Es handelt sich hier um spezifisch obscöne und widernatürliche mysteriöse Kulthandlungen;
die Gnostiker entziehen in unnatürlichem Geschlechtsverkehr
die Samenkraft der natürlichen Fortpflanzung und weihen diese
dem Himmel[1]. Denn nach ihrer Vorstellung gehört die natürliche Fortpflanzung dieser niederen Welt der Dämonen an, und
man vollzieht ein der höchsten Gottheit wohlgefälliges Werk,
wenn man deren Kraft in den obscönen Mysterienhandlungen
vergeudet und gleichsam dem Himmel weiht. Es handelt sich
hier wie es scheint um eine Herübernahme des im Dienst der
vorderasiatischen Muttergöttin überall üblichen geheiligten Pro-
stitutionswesens, wobei dann dieses Unwesen einen im gnostischen Sinn entstandenen geistig tieferen Sinn enthält.

In diesem Zusammenhange muß übrigens noch eine Gestalt des manichäischen Systems besprochen werden, die sich
mit der Figur der *Μήτηρ* in den eben besprochenen gnostischen Systemen eng verwandt erweist. Es handelt sich hier
um die Figur des sogenannten »dritten Gesandten« Was
es für eine Bewandtnis mit dieser Gestalt habe, wissen
wir erst jetzt, seitdem uns der hier das manichäische System
am vollständigsten wiedergebende Bericht des Theodor Bar-Kuni
bekannt geworden ist (Pognon p. 189 ff.). Hier wird als eigentliche Erlösergestalt des manichäischen Systems nach dem Urmenschen und dem weltschöpferischen Geist des Lebens der
»dritte Gesandte«[2] eingeführt. Dem entspricht, wie wir nunmehr sehen, der Bericht bei Alexander von Lykopolis (c. 4;
Baur, manich. Religionssyst. S. 205), der deutlich drei göttliche
Kräfte unterscheidet: die *δύναμις παϑητική* (Urmensch), die
δύναμις δημιουργική (Geist des Lebens) und die *δύναμις ἐπὶ
τὸ φωτοειδὲς τοῦ ἡλίου καϑέλκουσα*. In Manis Thesaurus bei

---

1. Ep. 26, 4 *δέχεται μὲν τὸ γύναιον καὶ ὁ ἀνὴρ τὴν φύσιν τὴν ἀπὸ
τοῦ ἄρρενος εἰς ἰδίας αὐτῶν χεῖρας καὶ ἵστανται εἰς οὐρανὸν ἀνανεύσαντες.*

2. Der Name ist ganz deutlich. Er erscheint als der dritte nach
dem Urmenschen und dem Lebensgeist.

Augustin (de natura boni c. 44) erscheint diese Gestalt unverkennbar unter dem Namen »beatus ille pater qui lucidas naves
habet« (Baur 215). Eine Bestätigung dieser Kombination bietet
Evodius (de fide c. 17; Baur 323): »beatus pater, qui naves
lucidas habet diversorias, quem tertium legatum appellatis«.
Der dritte Gesandte, erscheint übrigens neben vielen anderen
göttlichen Gestalten in den Acta Archelai (c. 13; ed. Beeson
p. 21)[1] und ebenfalls in den Anathematismen (Keßler p. 403)
in mißverstandener Überlieferung als der dritte Alte (πρεσβύτης τρίτος) resp. als der Alte. Ebenso ist auch der Ausdruck
„ὁ πρεσβύτερος τῶν πέντε μελῶν“, Acta Thomae c. 27, zu
beurteilen (s. o. 67, 4). Von diesem dritten Gesandten wird nun ein
außerordentlich merkwürdiger Mythus erzählt. Am ausführ-
lichsten finden wir denselben in Manis Thesaurus bei Augustin
(de natura boni c. 44; Baur 214 f.). Darnach soll der »beatus
ille pater«, der Besitzer der beiden Schiffe, der Sonne und des
Mondes, seine Kräfte, welche in den beiden Gestirnen wohnten,
veranlaßt haben, den Dämonen der niederen Welt, je nachdem
diese männlich oder weiblich seien, in weiblicher oder männlicher Gestalt zu erscheinen und diese zum sinnlichen Begehren
anzureizen. Durch den Aufruhr und die Bewegung, in welche
die Dämonen dadurch geraten, wird dann ein Teil der Licht-
materie frei, und die ganz reinen Bestandteile können zur himmlischen Welt aufsteigen, während das noch nicht gereinigte
Licht wieder in die untere Welt zurücksinkt und sich namentlich mit den Pflanzen vermischt. Die Darstellung des Thesaurus
wird bestätigt durch den Bericht des Theodor Bar-Kuni (Pognon
189 ff.). Auch nach diesem Bericht läßt der dritte Gesandte seine
Glieder bald in weiblicher, bald in männlicher Gestalt erscheinen,
so daß die männlichen wie die weiblichen Dämonen durch

---

1. Wenn es Acta Archelai c. 13 heißt, daß der „πρεσβύτης“ am Ende
der Welt sein Bild zeigen werde (ὅταν προφάνῃ αὐτοῦ τὴν εἰκόνα), so
entspricht dem die Schilderung des Weltendes im Fihrist (nach der
Übers. von Keßler Mani S. 400): »Hierauf kommt der Urmensch von
der Welt des Steinbockes(?) her und der Heilsbote vom Osten«. Die
Notiz ist neuerdings auch durch das manichäische Fragment (K. Müller,
Handschriftenreste aus Turfan; Abh. d. Berl. Akad. 1904 S. 20) bestätigt, nur daß hier an Stelle des Urmenschen Ormuzd, an Stelle des
Heilsboten der Gott des Lichtreiches steht. Der »Heilsbote« ist un-
streitig der dritte Gesandte des manichäischen Systems.

seine Gestalt angezogen werden: »und sie begehren in ihrer
Liebessehnsucht, das Licht, welches sie verschlungen hatten,
wieder von sich zu geben«. Dieser Mythus erinnert uns unmittelbar an den oben bereits besprochenen Bericht von der Barbelo oder Helena der Simonianer, Nikolaiten, Gnostiker.   Was
z. B. Epiphanius (Haer. 25, 2) von der Barbelo berichtet, können
wir direkt als Parallele dem manichäischen Mythus zur Seite
stellen: „τὴν δὲ Βαρβηλὼ[1] . . . . . . ἀεὶ φαίνεσθαι τοῖς ἄρχουσιν ἐν εὐμορφίᾳ τινὶ καὶ ἀποσυλᾶν τὸ ἐξ αὐτῶν σπέρμα δι'
ἡδονῆς καὶ ἐκχύσεως, ἵνα δῆθεν τὴν αὐτῆς δύναμιν τὴν εἰς
διαφόρους σπαρεῖσαν αὖθις πάλιν ἀνακομίζῃ". Die Muttergöttin der Gnostiker, über deren Natur und Herkunft wir bereits ins klare gekommen sind, erscheint also im Manichäismus
in einer merkwürdigen Metamorphose als dritter Gesandter
»beatus ille pater«, als eine offenbar mannweiblich gedachte
Erlösergestalt derart entstellt, daß aus dem manichäischen System der Sinn dieser Gestalt nicht mehr erkannt werden kann[2].

Nebenbei möge hier eine weitere rätselhafte Gestalt,
die mit der des dritten Gesandten eng verwandt ist, besprochen werden, die παρθένος τοῦ φωτός (Lichtjungfrau)
des manichäischen Systems.   Sie ist nicht mit dem dritten Gesandten identisch, wird vielmehr (Acta Archelai c. 13 u.
Anathematismen, Keßler S. 403) ausdrücklich neben diesem
genannt.   Nach einer bei Theodoret sich findenden Überliefe-

---

1. Da die Notizen des Epiphanius isoliert stehen, so könnte man
beinahe zu der Ansicht kommen, daß wir es an den betreffenden Stellen
mit manichäischen Einflüssen auf die Gnosis zu tun haben. Vorläufig
möchte ich aber an dieser Erklärung zweifeln, denn die Vorstellungen,
denen wir bei den Gnostikern begegnen, sind einfacher und klarer als
die des manichäischen Systems.

2. Neuerdings hat Cumont (Revue d'hist. et de la littérat. rel.
XII 1907 p. 134 ff.) eine Erklärung der Gestalt des dritten Gesandten
aus der persischen Mythologie versucht. Er findet hier den persischen
Nêriôsang (Nayryô-Sanha) den schönen Götterboten, von dem es schon
Yasna 17, 1 heißt, daß er nach dem Tode des Urmenschen Gayomard
zwei Teile seines Samens zur Bewahrung bekam, während die Göttin
Spendarmad den dritten Teil erhielt. — Falls die von mir nachgewie-
senen gnostischen Parallelen älter sind als das manichäische System,
würden Cumonts Vermutungen hinfällig sein. Aber auch im andern
Falle halte ich sie nicht für sehr überzeugend.

rung trägt sie den Namen »Joel« (Baur S. 151)[1]. Sie ist also nicht identisch mit der in den Acta Archelai c. 9 (Beeson 13 15) genannten „παρθένος τις ώραῖα κεκοσμήμενη", welche den männlichen Dämonen in weiblicher Gestalt und den weiblichen in der Gestalt eines reizenden Jünglings erscheint. Hier haben wir vielmehr unverkennbar die Gestalt des dritten Gesandten, die hier noch, am meisten dem ursprünglichen Zusammenhange gemäß, als παρθένος angeführt wird und nicht als männliche oder mannweibliche Gestalt. Im übrigen hat die Überlieferung den Mythus hier von neuem umgestaltet[2]. — Es muß aber die Figur der Lichtjungfrau, die uns ja direkt an die gleichgenannte Gestalt in der Pistis Sophia erinnert, eine bedeutendere Rolle im System, des Manichäismus eingenommen haben, als es aus den Nachrichten bei den Kirchenvätern sich ergibt. Das geht aus den zahlreichen an die Lichtjungfrau gerichteten Anrufungen in den Fragmenten von Turfan hervor, z. B. Müller S. 102: »Die Lichtjungfrau, welche das Haupt ist für alles Gute« (vgl. Müller S. 25); S. 67: »Führe mich Mani, Herr und Jungfrau des Lichts«. S. 77 werden unmittelbar neben einander angerufen: Jesus, Παρθένος τοῦ φωτός (vgl. S. 75).

Wie sich die manichäische Lichtjungfrau zum dritten Gesandten verhält, wird nicht recht klar. Wahrscheinlich liegt hier wieder eine einfache Verdoppelung vor; jedenfalls gehören beide Gestalten in den Kreis, der hier besprochen ist, hinein.

Bisher haben wir die Behauptung ganz im allgemeinen aufgestellt, daß die Gestalt der vorderasiatischen Muttergottheit, die in so vielen eng mit einander verwandten konkreten Gestalten erscheint, einen gewaltigen Einfluß auf den Glauben der Gnosis ausgeübt hat. — Vielleicht können wir noch einen Schritt weitergehen und bestimmtere Beziehungen zwischen ganz konkreten Gestalten nachweisen.

Eine solche konkretere Gestalt ist die Helena des simonianischen Systems. In dem wunderlichen Roman des Simon

---

1. Vgl. die δύναμις mit Namen 'Ιουήλ im anonymen kopt. gnost. Werk c. 13, Schmidt S. 355, 2. Ferner hat sich bei Priscillian ed. Scheps 29 der Name Joel erhalten.

2. Vgl. die noch weitergehende Umgestaltung des Mythus bei Cyrill, Katech. VI 34, Baur 220; weitere Parallelen bei Baur 220 ff.

und der Helena wird bekanntlich erzählt, daß Simon die Helena als Prostituierte in Tyrus aufgefunden, in ihr die Πρώτη Ἔννοια, die von den niederen Engelmächten aus Neid in Gefangenschaft gehalten sei, erkannt habe, und dann mit ihr herumgezogen sei. Ausdrücklich wird dabei behauptet, daß diese sich schon in der trojanischen Helena verkörpert habe und dann von Gestalt zu Gestalt wandernd in jene traurige Lage gekommen sei. (Iren. I 23, 2). Daß in dieser wunderlichen Erzählung mythologische Züge verarbeitet und auf die — doch wahrscheinlich im Kern historische — Figur des Simon adaptiert sind, darf man auf den ersten Blick vermuten. Es läßt sich auch beweisen.

Es dürfte anerkannt sein[1], daß die Helena des Homer wahrscheinlich ursprünglich eine göttliche Gestalt war, jedenfalls weithin später als solche gegolten hat. Und zwar ist sie wahrscheinlich Mondgöttin, Schwester der Dioskuren. Ausdrücklich sagt Athenagoras Leg. 1 uns, daß die Trojaner (neben dem Hektor) die Helena Adrasteia göttlich verehrten. Man spottete geradezu über Homer wegen des Anachronismus, daß er die Schwester der Dioskuren zur Gefährtin des Menelaos mache (Lucian, Gall. c. 17 p. 728). Daß auch dem Namen nach Helena und Selene mit einander zusammenhängen, wird allgemein angenommen (Roscher, Lex. der Mythologie s. v. Helena I 2 1971). Auch die verschiedenen Sagen vom Raube der Helena deuten auf ihren Charakter als einer Mondgöttin. Es liegt hier ein ätiologischer Mythus vor, der das Verschwinden der Göttin erklären soll (Gruppe, Mythol. u. Rel. d. Griechen 163, 1569 u. ö.)[2]. Bedeutsam ist in diesem Zusammenhang vor allem noch die Erklärung des Eustathius zu Homer δ. 121 (1488, 21): ὡς ἐκ τοῦ κατὰ Σελήνην κόσμου πεσοῦσαν καὶ αὖθις δὲ ἄνω ἁρπαγῆναι αὐτὴν ἐμυθεύσαντο, ἐπειδὰν δι᾽ ἐκείνης καὶ Διὸς βουλαὶ ἠνύσθησαν.

Es läßt sich nun aber weiter nachweisen, daß die Gestalt

---

1. Vgl. zum folgenden Abschnitt die Artikel Helena in Roschers Lexikon der Mythologie und der Enzyklopädie von Pauli-Wissowa. Mit Vorsicht ist Movers, Phönicier II 2 S. 64 ff. zu benutzen, aber unentbehrlich wegen des vortrefflichen Materials. Besonders ist noch Gruppe, griechische Mythologie u. Rel. S. 1569. 1612 u. ö. zu nennen.

2. Auf kleinasiatischen Münzen erscheint die Helena mit Mondhörnern, Gruppe S. 163.

der Göttin Helena in den Gegenden, in denen der Archihä-
retiker und seine Sekte zu Hause war, bekannt war. Sowohl
für Phönicien, wie für Nordägypten läßt sich namentlich für
das spätere synkretistische Zeitalter[1] ein Kult der Helena-Selene
nachweisen.

Bedeutsam ist es, daß bereits Homer erzählt, daß Paris mit
der Helena nach Sidon gekommen sei (Ilias VI 290)[2]. Noch
bemerkenswerter ist, was Herodot II 112—120 berichtet. Danach
habe der König Proteus von Ägypten (Memphis) die Helena
dem Räuber abgenommen und sie später dem Menelaus zurück-
gegeben, so daß diese also garnicht nach Troas gekommen sei.
In diesem Zusammenhang erwähnt auch Herodot einen Tempel
in Memphis, der einer ξείνη Ἀφροδίτη[3] geweiht sei, und wir
werden vermuten dürfen, daß die fremde Aphrodite identisch
mit der Helena ist[4]. Spätere Nachrichten weisen noch deutlich auf einen Kult der Helena in Ägypten. So soll sie nach
Aelian, de nat. an. XV 13, mit Menelaus nach Ägypten gekommen sein. Dort sei ihr Steuermann Kanopus von einer
Schlange gebissen. Helena habe die Schlange getötet, sich des
Giftes bemächtigt und den Steuermann dort begraben. Nach
einer anderen Erzählung bei Aelian IX 21 habe Menelaus die
Helena, als er nach Ägypten zog, im Schutze des Königs Thonis
von Ägypten gelassen. Da aber Thonis der Helena nachgestellt
habe, so sei diese von dessen Gattin nach der Insel Pharos[5]

1. Auf die Frage· nach dem Alter dieses Kultus und auf den
Streit, der hinsichtlich etwaigen phönicischen Einflusses auf griechische
Religion und Mythologie geführt wird, lasse ich mich nicht ein. Für
unsere Zwecke ist es irrelevant, wann jener Synkretismus griechischer
und vorderasiatischer Göttergestalten aufgekommen ist.

2. Die Odyssee läßt auch den Menelaus nach Sidon kommen.

3. Für unsern Zusammenhang beachtenswert ist es, daß das Heiligtum sich an einem Ort befunden haben soll, der Τυρίων στρατόπεδον
genannt wird (περιοικέουσι δὲ τό τέμενος τοῦτο Φοίνικες Τύριοι) Herod. II 112.

4. Dafür spricht noch Strabo XVII 1, 31 p. 804: ἔστι δὲ ἐν Μέμφει
καὶ Ἀφροδίτης ἱερόν, θεᾶς Ἑλληνίδος νομιζομένης· τινὲς δὲ Σελήνης ἱερὸν
εἶναί φασι.

5. Es ist wahrscheinlich, daß die Identifikation der Helena mit
einer ägyptischen Göttin (der Isis Pharia, Movers Phönicier II 2 S. 70)
zuerst auf Pharos vollzogen, dann auf das Heiligtum in Memphis übertragen wurde. Schon nach Herodot landen Helena und Paris auf Pharos
und Thonis der Wächter der Nilmündung schickt sie zum König Proteus.

geschickt mit der Aufgabe, die Schlange dort zu vertreiben.
Ein gegen den Schlangenbiß wirksames Kraut wird infolgedessen
nach ihr „σελένιον“ genannt. Nach dem Schol. zu Homer Δ 355
soll Helena aus Troas voll Sehnsucht nach ihrem früheren
Gatten geflohen sein. Ein karischer Schiffer Pharos habe sie
begleitet. In Ägypten sei dieser von einer Schlange gebissen
und gestorben, Helena habe ihn begraben, und davon habe die
Insel ihren Namen. Alle diese Erzählungen deuten daraufhin,
daß die Helena in Nordägypten mit der Gestalt einer einheimi-
schen Göttin verschmolzen ist, auch scheint sie als eine gegen
die Schlangen schützende, über die Schlangen herrschende
Göttin gegolten zu haben. So werden auch noch von Plutarch,
de Herodoti mal. 12 „πολλαὶ μὲν Ἑλένης, πολλαὶ δὲ Μενε-
λάου τιμαί“ in Ägypten erwähnt. Pausanias III 19, 10 kennt
auf Rhodos eine Helena Dendritis[1].

Läßt sich somit die Verschmelzung der Helena mit einer
ägyptischen Isis nachweisen, so läßt sich andrerseits wieder der
Beweis führen, daß die ägyptische Isis mit der vorderasiatischen
Aphrodite - Astarte vielfach vereinerlei ist. Darauf deutet
namentlich die Isis-Osirislegende in der Form, wie sie Plutarch
de Iside et Osiride vorträgt. Wenn hier c. 15 erzählt wird
(vgl. Lucian, de dea Syria c. 6 f.), daß die Isis nach Byblos gekommen und dort als Amme das Kind des Malkander (Melkat)
und der Astarte genährt habe, wenn nach Plutarchs Bericht
c. 50 die Ägypter das Fest der »Ankunft der Isis aus Phönicien« feierten, so ist der hier vollzogene Verschmelzungsprozeß
deutlich[2]. So erhalten wir die Gleichung Helena — Isis —
syrische Aphrodite (Astarte). Und damit haben wir den Boden
gewonnen, auf dem die Figur der simonianischen Helena ge-
wachsen ist.

Es läßt sich nämlich zunächst nachweisen, daß auch der
simonianischen Helena der Charakter einer Mondgöttin zukommt.
In dem pseudoklementinischen Schriftenkreis[3] begegnen wir be-

---

1. Sämtliche Stellen nach Roscher, Lex. der Mythologie I 2, 1948 ff.
2. Andre Beweise für die Verehrung der Isis in den phönizischen
Städten bei Movers, Phönicier II 2, S. 66.
3. Nachträglich sehe ich, daß auch Gruppe, Mythol. u. Rel. d.
Griechen diese Kombination bereits vollzogen hat (S. 1612, vgl. 1568 f.)
Aber vergleiche schon Movers, Phönicier II, 73.

kanntlich Hom. 2, 23 ff.; Rec. 2, 8 ff. einer ausführlichen Erzählung des Simon-Helena-Romans. Simon erscheint hier als ein Schüler des Dositheus (von der Beziehung zu Johannes dem Täufer sehen wir in diesem Zusammenhange ab), dem er sich zunächst mit andern Jüngern dreißig an der Zahl anschließt, um ihn dann aus seiner Meisterwürde zu verdrängen und sich selbst an seine Stelle zu setzen. In der Gefolgschaft des Dositheus aber — wird erzählt — befand sich auch ein Weib, welches nach der Verdrängung des Dositheus ebenfalls dem Simon zu eigen wird. Die Homilien nennen den Namen dieses Weibes nach der üblichen Tradition Helena. Zu unserm Erstaunen setzen die Rekognitionen für Helena überall einfach den Namen Luna ein! (c. 9: Sed hic non multo post incidit in amorem mulieris, quam Lunam vocant. c. 12: igitur post obitum Dosithei Simon accepit Lunam, etc.). Mag nun diese Überlieferung von dem Verfasser der Grundschrift stammen, oder von dem der Rekognitionen, sie beruht jedenfalls nicht auf müssiger Kombination, ist vielmehr im höchsten Grade wertvoll für die Beurteilung des Simon-Helena-Mythus. Auch die Homilien haben übrigens eine Andeutung von dem wahren Charakter der Helena als eine Mondgöttin erhalten. Sie berichten von den Jüngern des Dositheus (c. 23) γεγόνασι τριάκοντα τὸν μηνιαῖον τῆς σελήνης ἀποπληροῖντες λόγον. Und dann fahren sie fort: ἐν ᾧ ἀριθμῷ μία τις ἦν γυνὴ λεγομένη Ἑλένη, ἵνα μηδὲ τοῦτο ἀνοικονόμητον ᾖ· ἥμισυ γὰρ ἀνδρὸς οὖσα ἡ γυνὴ ἀτελῆ τὸν τῆς τριακοντάδος τέθεικεν ἀριθμόν, ὥσπερ καὶ τῆς σελήνης, ἧς ἡ πορεία τοῦ μηνὸς οὐ τέλειον ποιεῖται τὸν δρόμον. — Und noch von einer andern Seite läßt sich diese Identifikation der simonianischen Helena mit der Helena-Selene wahrscheinlich machen. Nach der bei Irenaeus sich findenden Überlieferung (I 23, 2) soll Simon die Helena in ihrer Erniedrigung in einem Bordell in Tyrus gefunden haben[1]. Dem entspricht nun in bemerkenswerter Weise eine Notiz in Epiphanius Ἀγκυρωτός c. 104, in welcher der Göttin Isis vorgeworfen wird, daß sie sich zehn Jahre in Tyrus der Prostitution hingegeben habe: (καὶ ἐν Τύρῳ πορνεύσασα ἔτη δέκα).

---

1. Vgl. Justin. Apol. I 26: καὶ Ἑλένην τινὰ τὴν περινοστήσασαν αὐτῷ κατ᾽ ἐκεῖνο τοῦ καιροῦ πρότερον ἐπὶ τέγους σταθεῖσαν τὴν ὑπ᾽ αὐτοῦ ἔννοιαν πρώτην γινομένην λέγουσι.

Ein Mythus wußte also von einer Göttin zu berichten, die sich
selbst — wohl in ihrem Heiligtum — in Tyrus preisgegeben
habe.   Daß diese Göttin bei Epiphanius Isis ist, im Simon-
Mythus die Selene-Helena, macht wenig aus.   Denn wir wissen
nun, daß die Gestalten der syrischen Aphrodite, der Isis
und der Mondgöttin Selene-Helena ineinander geflossen sind.
Damit gewinnt nun die Notiz des Justin (Apol. I 26) an
Wert, daß fast alle Samaritaner und einige unter den andern
Völkern Simon als den ersten Gott bekennen und verehren
und die Helena als dessen erste ἔννοια.   Und hochbedeutsam
wird auch der Bericht in Hippolyts Ref. VI 20: εἰκόνα τε τοῦ
Σίμωνος ἔχουσιν εἰς Διὸς μορφὴν καὶ τῆς ῾Ελένης ἐν μορφῇ
᾽Αθηνᾶς τὸν μὲν καλοῦντες κύριον, τὴν δὲ κυρίαν.   Da haben
wir noch einfachen und unverhüllten Polytheismus.   Kein Wunder,
wenn erzählt wird, die Simonianer hätten über diesen Kult den
Schleier des Geheimnisses gebreitet: εἰ δέ τις ὀνόματι καλέσει
παρ᾽ αὐτοῖς ἰδὼν τὰς εἰκόνας ἢ Σίμωνος ἢ ῾Ελένης, ἀπόβλητος
γίνεται, ὡς ἀγνοῶν τὰ μυστήρια.

Und vielleicht können wir von hier aus noch einen Schritt
weiter vorwärtsdringen und behaupten, daß in der Gestalt der
Helena-Selene, (Isis-Astarte) überhaupt das Prototyp gefunden
ist für die Gestalt der gnostischen, in die Materie versinkenden,
aus ihr wieder befreiten Göttin, der Helena des simonianischen
Systems wie der Sophia (Spiritus Sanctus, Rucha, Prunikos)[1]
der gnostischen Systeme.   Schon eine allgemeinere Überlegung
weist uns daraufhin.   Keine andere Gestalt paßt in der Tat
besser als Vorbild für die gnostische Μήτηρ, als die, die wir
in diesem Zusammenhang fanden, die Gestalt der Mondgöttin,
die für eine Weile in die Dunkelheit der Nacht verschwindet,
verloren geht, geraubt wird und dann aus der Dunkelheit wieder
emportaucht[2].   Erscheint nicht das Wort des Eustathius (s. o.), das

---

1. Wie in den gnostischen Systemen die Gestalt oft das Beiwort
παρθένος, παρθενικὸν πνεῦμα (Barbelos s. o.) trägt, so ist παρθένος auch
hier und da als Beiname der syrischen Aphrodite nachweisbar.   Sanchuniathon b. Euseb. Praep. ev. I 10, 22: παρθένον Ἀστάρτην.   Augustin,
de civitate Dei II 26: numen virginale. — Vgl. Movers, Phönicier
II 2 S. 80.

2. Ein ähnlicher Mythus, der gleichfalls das Thema der entschwun-
denen Göttin behandelt, ist der von dem Raub der Europa.   Diese Europa

der Helena-Selene galt, wie gemünzt auf die gnostische Helena-
Sophia: ὡς ἐκ τοῦ κατὰ Σελήνην κόσμου πεσοῦσαν καὶ αὖϑις
δὲ ἄνω ἁρπαγῆναι αὐτὴν ἐμυϑεύσαντο, ἐπειδὰν δι᾽ ἐκείνης καὶ
Διὸς βουλαὶ ἠνύσϑησαν[1]. Und vielleicht können noch weitere
Gesichtspunkte für die vorgetragene Kombination geltend gemacht werden, wenn wir die Frage erheben, ob sich nicht auch
auf dem Boden, auf dem wir uns bewegen, das Vorbild für den
Befreier, den Σωτήρ der versunkenen Sophia, in einer oder
mehreren konkreten Göttergestalten nachweisen läßt. Auch die
Idee der himmlischen Hochzeit müßte in die Untersuchung
hineingezogen werden. Aber das sind Fragen, die erst im Zusammenhang der folgenden Kapitel behandelt werden sollen.
Vorläufig dürfen wir behaupten, daß das mythische Urbild der
gnostischen Helena-Sophia mit großer Wahrscheinlichkeit nachgewiesen ist.

Und zum Schluß möge nur andeutungsweise und um weitere Nachforschung anzuregen, die Frage aufgeworfen werden,
ob mit dem Helenamythus nicht auch die vielfach bezeugte
Schlangenverehrung und Schlangenspekulation der betreffenden
gnostischen Sekten zusammenhängt (s. o. S. 80). Die Sophia
erscheint selbst hier und da als Göttin in Schlangengestalt (Iren.
I 30, 15, vgl. 30, 3).

II.

Neben der Gestalt der μήτηρ und der Sieben ist die mar-
kanteste Figur des gnostischen Systems in seiner relativen Einfachheit und Ursprünglichkeit die des höchsten Gottes, des unbekannten Vaters. Er steht in einer Reihe der älteren Systeme
einfach als πατὴρ τῶν ὅλων direkt neben der μήτηρ, oft in ent-

---

wurde später mit der sidonischen Astarte identifiziert. Lucian, de dea
Syria c. 4, sagt von der Göttin der Sidonier: »Die Astarte halte ich für
die Mondgöttin. Wie mir aber einer der Priester berichtete, ist sie
Europa die Schwester des Kadmus«. Nach Malalas, Chronicon p. 31
feierten die Tyrer bis in späte Zeit das Fest der Entführung der Europa
und nannten den Abend des Tages: κακὴν ὀψινήν. Movers, Phönicier
II 2 S. 82.

1. In ähnlichen Gedankenkreisen und Spekulationen bewegen wir
uns, wenn es Plutarch, Crass. c. 17, von der Attargatis in Hierapolis
heißt: οἱ μὲν Ἀφροδίτην, οἱ δὲ Ἥραν, οἱ δὲ τὴν ἀρχὰς καὶ σπέρματα πᾶσιν
ἐξ ὑγρῶν παρασχοῦσαν αἰτίαν καὶ φύσιν.

schiedener Überordnung über die μήτηρ und die Sieben; in den
späteren komplizierten Systemen ist er durch eine lange Reihe
von Emanationen von der Figur der fallenden Göttin getrennt;
da wo diese Figur ganz fehlt, steht er als der höchste unbekannte Gott in überlegener Stellung gegenüber den sieben weltschöpferischen Mächten.

Die Beinamen, die die höchste Gottheit bekommt, oder die
Umschreibungen, mit denen sie charakterisiert wird, verfolgen fast
alle den Zweck, diese Gottheit von allem kreatürlichen, endlichen Wesen abzurücken und sie im Gegensatz auch zu allen
naturhaften bedingten Gottheiten erscheinen zu lassen. So wird
er gern als πατήρ ἄγνωστος: Iren. I 24, 1; Epiph. 23, 1.
(Satornil); Epiph. 27, 2 (Karpokratianer); θεὸς ἄγνωστος: Klem.
Hom. 3, 2 bezeichnet. Er trägt im Gegensatz zu allen andern
Gottheiten keinen Namen: pater innominabilis Ir. I 29, 1
(Barbelognostiker); ἀκατονόμαστος θεός Epiph. 27, 2 (Karpokratianer); ἀκατονόμαστος δύναμις Epiph. 40, 7 (Archontiker);
vgl. 45, 1 (Severianer): ἐν ἀκατονομάστῳ ... οὐρανῷ ... ἀγαθός ... θεός. Dem entspricht die bei den Valentinianern beliebte Bezeichnung Ἄῤῥητος (neben Βυθός) Ir. I 11, 1; I 15, 1[1].
Dazu sind dann die Wendungen πατὴρ (δύναμις) ἐν ἀποῤῥήτοις
Klem. Hom. 18, 4. 11 cf. 3, 2 zu vergleichen. Gegenüber
allen kreatürlichen Wesen ist er der innatus pater Ir. I 24, 3
(Basilides), der ingenitus deus Ir. I 25, 1 (Karpokratianer); das
ἓν ἀγέννητον, πάντων πατήρ Epiph. 24, 1 (Basilides). Dem
entspricht bei den Valentinianern προπάτωρ Ir. I 1; I 12, 3
(vgl. das System der Barbelognostiker im koptischen Evang. d.
Maria); προαρχή Ir. I 1, 1; αὐτοπάτωρ Epiph. 31, 5. Er ist
der Gott der in den höchsten Himmelssphären wohnt, daher ὁ
ἄνω πατήρ Epiph. 37, 4 (Ophiten), ὁ ἄνω ἀγαθὸς θεός Ep.
40, 7 (Archontiker), ἀνώτατος θεός Hom. 3, 2. — πατὴρ τῶν
ὅλων heißt er endlich: Ir. I 30, 1. Epiph. 26, 10 (»Gnostiker«);
40, 2 (Archontiker); 27, 1 (Karpokratianer); cf. 24, 1 (Basilides)
kopt. Evangelium der Maria; Vater des Lebens: Bardesanes bei
Ephraem. Hymn. 55 p. 558 D (vgl. auch die Gottheit »das
erste Leben« bei den Mandäern, den πατὴρ τοῦ μεγέθους bei
den Manichäern).

---

1. Die Benennung Πατήρ haftet hier an der zweiten Emanation
des Systems.

Diese Spekulation über den höchsten, unbekannten Gott, der im Gegensatz namentlich auch zu den weltschöpferischen Mächten steht, kann nicht irgendwie auf jüdischen Einfluß zurückgeführt werden, steht vielmehr fast von vornherein in striktem Gegensatz zum jüdischen Glauben an den Schöpfergott und dessen partikulare Beschränktheit. — Wahrscheinlich christlichen Ursprung hat die in diesen Spekulationen, wie wir aus der Zusammenstellung sehen, weit verbreitete Bezeichnung des höchsten Gottes mit dem Vaternamen. Auch ist zuzugeben, daß weitaus die meisten der gnostischen Sekten, wie wir sie jetzt kennen, ihre höchste Gottheit als identisch mit dem von Jesus verkündeten Vatergott ansahen. Aber ihre Wurzel kann, nach allem, was bisher festgestellt ist, diese Spekulation auch nicht im Christentum gehabt haben. Dazu hängt die Gestalt zu eng mit der der Sieben und der $M\acute{\eta}\tau\eta\varrho$ zusammen. Sind unsre bisherigen Kombinationen richtig, so dürften wir vermuten, daß jener höchsten Gottheit der Gnosis die Gestalt der höchsten iranischen Gottheit — sei es Ahura Mazdas, sei es die Figur des Zervan akarana, zugrunde liegt. In der Gnosis ist nun freilich die Gestalt der höchsten Gottheit so sehr aller konkreten Züge entkleidet, daß es schwer fallen wird, hier über eine bloße Vermutung hinüberzukommen. Wir sehen an diesem Punkte eben sehr deutlich, daß wir uns mit der Gnosis jenseits der Welt der konkreten Nationalreligionen auf dem Boden eines halbphilosophischen, spekulativen Synkretismus befinden, der namentlich bei den höchsten Gestalten des Systems alle konkrete Bestimmtheit ängstlich vermeidet und sich wesentlich in Negationen bewegt.

Indessen brauchen wir doch nicht durchweg bei einer unbewiesenen Vermutung stehen zu bleiben. Wir finden bei einem allerdings recht späten Zeugen, Lactantius Placidus (ad Statii Thebaid. 516 p. 228 ed. Jahnke)[1] folgende bemerkenswerte Stelle: »Infiniti autem philosophorum magorum Persae etiam confirmant revera esse praeter hos deos cognitos, qui coluntur in templis alium principem et maxime dominum, ceterorum numinum ordinatorem, de cuius genere sint soli Sol atque Luna; ceteri vero, qui circumferi a sphaera

---

1. Die Stelle verdanke ich Cumont l. c. I 77, 5.

(sc. die Planeten) nominantur, eius clarescunt spiritu«. Weiter
heißt es hier: »Licet magi sphragidas habeant, qua(s) putant
Dei nomina continere, sed dei vocabulum a nullo sciri hominum potest . . sed dum magi vellent, virtutis eius, ut pu-
tabant, sese comprehendere singulas appellationes, quasi per na-
turarum potestates abusive modo designarunt etc. — Man sieht
auf den ersten Blick: hier befinden wir uns mitten in »gnostischen« Spekulationen, und diese Spekulationen werden ausdrücklich den persischen Magiern zugeschrieben. Ihnen wird die
gnostische Grundlehre von dem einen göttlichen Urwesen im
Gegensatz zu allen bekannten Gottheiten zugesprochen. Ganz
ebenso wird diese z. B. Klem. Rekogn. 2, 38 formuliert: »Et
Simon ait: ego dico multos esse Deos, unum tamen esse incom-
prehensibilem et incognitum omnibus deum, horumque omnium
deorum deum. — Wenn hier behauptet wird, daß Sonne und
Mond die Ebenbilder des höchsten Wesens seien, so ist das
zwar nicht spezifisch gnostisch im engeren Sinne. Aber wir
erinnern uns einerseits daran, daß auch im Zervanitischen System
nach Eznigs Bericht (übers. von Schmid S. 109) Sonne und
Mond als die erstgeborenen Geschöpfe Ormuzds galten, wir erinnern uns andrerseits, daß Bardesanes (Ephraem Hymn. 55.
p. 558 D) in Sonne und Mond Sinnbilder des Vaters des
Lebens und der Mutter sah, und daß im System des Mani
Sonne und Mond aus den reinsten Elementen der dem Urmenschen geraubten Lichtteile gebildet sind. Ferner stehen
auch in diesem Excerpt des Placidus — offenbar tief unter dem
unbekannten Gott — die übrigen Planetenmächte[1]. Und direkt
gnostisch mutet es an, wenn nach der Behauptung des Placidus
die Mager Siegel besitzen wollen, welche den Namen des höchsten
Gottes enthalten. Man denke an den Abraxas (Meithras) der
Basilidianer und den Caulacau bei derselben und bei ihr verwandten Sekten.

Und das alles wird hier in einem offenbar gut orientierten
Bericht bestimmt als eine Spekulation der Philosophen der persischen Mager bezeichnet! Wir haben also ein gewisses Recht
zu behaupten, daß persischer Gottesglaube vom Nationalen ganz

---

1. Die Abtrennung der Sonne und des Mondes von den Planeten-
mächten ist ebenfalls in der späteren persischen Religion nachweisbar
(s. o. S. 41 f.).

entkleidet, ins Spekulative und Allgemeine erhoben in der Gnosis
weitergewirkt und hier die Konzeption des unbekannten Gottes
herbeigeführt hat[1].

Vielleicht kann noch eine andere Beobachtung die ausgesprochene Vermutung zu größerer Wahrscheinlichkeit erheben.
In der persischen Religion verbindet sich mit dem Gegensatz
des höchsten guten Gottes und des bösen Geistes sofort der
andere Gegensatz von Licht und Finsternis. Spekulationen über
das uranfängliche ewige Licht, das später direkt neben der unendlichen Zeit Zervan steht, scheinen im Parsismus von Alters
her zu Hause gewesen zu sein (Spiegel, eranische Altertumskunde II 17). Wir werden vermuten dürfen, daß wir auch in
der Gnosis Spuren der Spekulation über den Lichtcharakter der
höchsten Gottheit begegnen.

Und die sind in der Tat reichlich vorhanden. In dem im
Koptischen erhaltenen Originalbericht des Systems der Barbelognostiker heißt es: »der Vater des Alls ... das reine Licht,
in das niemand mit seinen Augen sehen kann .... er denkt
sein Bild allein und sieht es in dem reinen Wasser des Lichts,
das ihn umgibt«. Weiter wird berichtet, daß seine Ennoia ein
Werk machte: und stand vor ihm in dem Funken des Lichts.
Im Auszug bei Irenaeus I 29, 1 heißt es: Barbelon prospicien-
tem in magnitudinem . . . . . generasse simile ei (sc. dem höchsten
Gott) lumen. Hanc (?) initium et luminationis et generationis
dicunt, et videntem Patrem lumen hoc (sc. Christus) unxisse
illud sua benignitate, ut perfectum fieret. Nach den Gnostikern
bei Irenaeus I 30, 1 wird das Urwesen genannt: quoddam primum lumen in virtute Bythi beatum et incorruptibile et interminatum, (vgl. Theodoret haer. fab. I 14). Daß im System des
Bardesanes Sonne und Mond als Sinnbilder des Vaters des
Lebens und der Mutter gelten, wurde bereits gesagt. Der
Hochzeitshymnus der Acta Thomae c. 6 beginnt: ἡ κόρη τοῦ
φωτὸς θυγάτηρ. Am Schluß des Liedes von der Perle, c. 113
ed. Bonnet, spricht der Königssohn: καὶ τὴν κεφαλὴν κλίνας

---

1. Dabei ist keineswegs ausgeschlossen, daß nicht andere hohe
Himmelsgottheiten der vorderasiatischen Götterwelt ebenfalls mitgewirkt haben, um jene Konzeption herbeizuführen. Aber wir werden
doch, namentlich wenn die Argumentation der ersten Kapitel zu Recht
besteht, in erster Linie persischen Einfluß anzunehmen haben.

προσεκύνησα τοῦ πατρὸς τὸ φέγγος. Besonders reiche Ausbeute gewährt hier die Pistis Sophia. Das Urwesen, nach
welchem die Sophia sich sehnt, und dessenwegen sie in irregeführter Sehnsucht in die Materie hinabsteigt, heißt: das höhere
Licht S. 26, 9. 11, das Licht der Höhe S. 26, 36 (58, 26. 29.
87, 5), das Licht der Lichter, das in der Höhe der Höhen S. 28, 6
(vgl. 53, 28. 89, 9). In den Hymnen der gefallenen Pistis
Sophia kehrt ständig die Anrufung an das »Licht der Lichter«
wieder (28, 29. 30, 29. 35, 1. 63, 31. 71, 3. 18. 104, 8. 111, 25
u. ö.). Als das höchste Geheimnis, das den Menschen mitgeteilt werden kann, gilt es zu wissen: »warum die Finsternis
entstanden und warum das Licht entstanden ist .... warum
die Finsternis der Finsternisse entstanden und warum das Licht
der Lichter entstanden ist« (134, 7ff., vgl. 141, 7. 48, 25) [1].
Das sakramentale Gebet c. 142 S. 244, 2 f. beginnt: »Erhöre
mich Vater, Du Vater aller Vaterschaft, Du unendliches Licht«
(vgl. 232, 10). Das Sakrament soll die Seele zu dem Licht der
Lichter, zu den Orten der Wahrheit und der Güte führen (245,30,
vgl. 246, 20) [2]. In ähnlicher Weise wird in den sakramentalen
Gebeten des II. Jeû-Buches die höchste Gottheit angeredet
c. 45 S. 309, 1 f.: »Erhöre mich mein Vater, Du Vater aller
Vaterschaft, Du unendliches Licht, welches sich im Lichtschatze
befindet« (vgl. 310, 13. 33. 40. 312, 5 f. 9 f. 313, 24 f.). In einem
der höchsten Himmel befindet sich hier Jeû, der Vater des
Lichtschatzes (319, 2), darüber der Ort des »großen Lichtes«
(319, 6) u. s. w.

Auch in einem Abschnitt der klementinischen Rekognitionen
spielen die Geheimnisse der Lichtwelt eine gewisse Rolle. 2, 49 [3]
behauptet Simon hier: puto esse aliquam virtutem immensae
et ineffabilis lucis, cuius magnitudo incomprehensibilis habeatur, quam virtutem etiam mundi conditor ignoret (vgl. 2, 51).
2, 61 verspricht Simon den Petrus zu lehren, wie er zu dieser

1. Im System des P. S. steht neben »dem ersten Gebot« das
»große Licht« mit seinen fünf Helfern. S. 1, 19. (2, 26). 9, 18 vgl. 125, 10.
2. Vgl. den Ausdruck: Siegel des Lichts 134, 27. 227, 4. 10; und:
»Mysterium des großen Namens aller Namen, d. h. des großen Lichtes«
II Jeû, S. 306, 20.
3. Vgl. Hom. 18, 11 φημί τινα δύναμιν ἐν ἀποῤῥήτοις εἶναι ἄγνω
στον πᾶσι.

Welt des Lichtes und des höchsten Gottes aufsteigen könne.
Er solle seinen Sinn auf den Himmel richten und wiederum
über den Himmel hinaus, dann werde er sehen, daß es einen
Ort geben müsse, an welchem unermeßliches Licht herrsche:
lumen considera, cuiusmodi esse possit, cui tenebrae nullae
succedunt. Danach behauptet Petrus, daß das Gesetz vor allem
selbst eine Offenbarung über das, was über dem Himmel sei,
und die Welt der immensitas besitze (2, 67); darauf Simon 2, 70:
magnum est, quod repromittis, ut immensae lucis aeternitas ex
lege possit ostendi, und damit wird die Disputation auf den
folgenden Tag verschoben. Sie wird an dieser Stelle 3, 14
am folgenden Tag wieder aufgenommen, es heißt aber sofort
3, 15: sed nunc omitto, de immensa luce discutere, — und wir
hören nur noch 3, 75, daß das zweite unter den Büchern, welche
Petrus an Jacobus schickte, an zweiter Stelle den Titel getragen
habe: quod non ignoret Hebraeorum lex, quid sit immensitas.
Wir dürfen also vermuten, daß in einem der Bücher der *Κη-
ρύγματα Πέτρου*, welche als letzte Grundschrift der Klementinen anzunehmen sind, das Thema de immensitate lucis einmal
ausführlich behandelt ist. Es ist zu bedauern, daß die Quellenschrift verloren gegangen ist, aber immerhin sind uns genug
Andeutungen erhalten, daß wir behaupten können, es sei in der
judenchristlichen Gnosis das Thema von den unermeßlichen
Lichtwelten der höchsten Gottheit mit einem gewissen Interesse
behandelt.

Es ist hier kaum noch nötig zu sagen, daß die Systeme
der Mandäer und der Manichäer hier die Beziehung zur persischen
Ideenwelt noch vollkommen deutlich zeigen. Für die Mandäer
genügt es auf Brandts Urteil M. R. S. 194 zu verweisen. Be-
treffs der Manichäer möchte ich die Aufmerksamkeit nur auf
einen Punkt lenken. Aus den Anathematismaten wissen wir,
daß die Manichäer *τὸν τετραπρόσωπον πατέρα τοῦ μεγέθους*
verehrten. (Keßler Mani 359. 403.) Was diese Formel des
»viergestaltigen Vaters der Größe« bedeutet, wird uns aus Flügel,
Mani S. 95 klar, wo es heißt: Die vier großherrlichen Wesenheiten: Gott, sein Licht, seine Kraft und seine Weisheit. Auch hier finden wir also das Licht[1]: in unmittelbarer

---

1. Es heißt ebendort: »sein Licht ist die Sonne und der Mond«.

Nähe des höchsten Gottes, als seine erste Hypostase. Wie
aber hier die Linien zusammenlaufen, sehen wir, wenn wir in
einem der manichäischen Fragmente (übers. von Müller, Abh.
d. Berl. Akad. 1904 S. 74)[1] die identische Formel: Zarvân
Licht, Kraft, Güte wiederfinden. Die Spekulation über den
viergestaltigen Gott und Gottes erste Hypostase, das Licht, ist
unmittelbar persisch. Die Gottheit um die es sich hier handelt
ist Zervan, die unendliche Zeit.

Auch darauf ist vielleicht noch Acht zu geben, daß die
höchste Gottheit in den gnostischen Systemen dann und wann
als ϑεὸς ὕψιστος erscheint. So lautet die Taufformel bei den
Elkesaiten ἐν ὀνόματι τοῦ μεγάλου καὶ ὑψίστου ϑεοῦ καὶ ἐν
ὀνόματι υἱοῦ αὐτοῦ τοῦ μεγάλου βασιλέως (Hippolyt, Refut.
IX 15 p. 466, 6. 29. — Auch in den klementinischen Homilien begegnet uns die Bezeichnung 18, 4: πατέρα τινὰ ἐν
ἀποῤῥήτοις ὄντα, ὃν καὶ ὕψιστον ὁ νόμος λέγει (vgl. im folgenden τὰ τοῦ ἀποῤῥήτου ὑψίστου ἴδια). Nun ist allerdings
zuzugeben, daß die Bezeichnung ὕψιστος, ὁ ὕψιστος für Gott
namentlich in der späteren jüdischen Literatur sehr häufig ist[2]
(weniger häufig in der christlichen). Andererseits spricht die
Wahrscheinlichkeit dafür, daß die Bezeichnung ὕψιστος ϑεός
letztlich aus Religionen stammt, in denen der ausschließliche
Monotheismus nicht so zur Herrschaft gelangt ist, wie im Judentum. Der Begriff des ὕψιστος ϑεός selbst deutet auf Polytheismus. Wir wissen nun aber auch, daß das Beiwort für
vorderasiatische Gottheiten, (z. B. in Palmyra) in Gebrauch war.
Auch für die westlichen Anhänger persischer Religion läßt sich
der Gebrauch nachweisen. Eine Inschrift bei Aradus lautet:
ϑεω υψιστω ουρανιω υ[πατω και Ηλιω ανικητω Μι]ϑρα ο
βωμος εκτισϑη[3]. Die bekannte Sekte der Hypsistarier
scheint eine Mischung von Judentum und Parsismus gewesen
zu sein. Jedenfalls beteten sie das Feuer an[4].

Es ist zuzugeben: wir können für unsere Vermutung der

---

1. Vgl. noch die Anrufungen in den Fragmenten S. 71: Vater,
Licht, Kraft«; und die Verherrlichung des Lichtes S. 65.

2. Vgl. Schürer, die Juden im bosporanischen Reich Sitzber. d.
Berl. Ak. 1897 S. 200 ff.; Cumont, ϑεὸς ὕψιστος in Syrien, Suppl. Rev.
Instr. publ. Belg. XL, 1897.　　3. Cumont, Textes et Monuments II 92.

4. Vgl. Schürer a. a. O. S. 221.

Herkunft der Gestalt des »unbekannten Gottes« nur Fragmente
eines Beweises erbringen. Es war von vornherein bei der Allge-
meinheit, in der sich die gnostischen Spekulationen an diesem Punkt
bewegen, nicht viel mehr zu erwarten. Wir werden aber auch
die Fragen nach der Herkunft dieser einen Gestalt nicht isolieren
dürfen, und um so wichtiger wird in diesem Zusammenhang die
Untersuchung des folgenden Kapitels über den gnostischen Dualismus sein.

———

III. Kapitel.

Der Dualismus der Gnosis.

I.

Carl Schmidt hat in seiner Schrift »Plotins Stellung zum
Gnostizismus und kirchlichen Christentum« (Texte und Unters.
N. F. V 4) mit Recht als das Wesentliche in der Differenz
zwischen Plotin und der Gnosis deren Weltbeurteilung hervorgehoben: Hier die antike, wenn auch gedämpfte optimistische
Freude an der Welt und ihrem Schöpfer und dort die trüb-
selige Überlegung von einer von bösen Mächten geschaffenen
bösen Welt (S. 76 ff.). Von hier hat er das durchaus ungrie-
chische Wesen der Gnosis in ihren Grundlagen richtig erkannt.
Er fragt zum Schluß seiner Abhandlung, worin die tiefen Gegensätze der drei Religionssysteme, der griechischen Philosophie,
des Christentums und der Gnosis, begründet seien, und antwortet (S. 89): »In den diametral verschiedenen Voraussetzungen;
der Neuplatonismus hat zur Voraussetzung die griechische Philosophie, der Gnosticismus den orientalischen Geist und die
orientalische Mythologie, das Christentum den Geist des Judentums resp. das Alte und Neue Testament. Pantheismus, Dualismus und Monotheismus sind die letzten Wurzeln der drei
Gedankensysteme, welche im Grunde alle Kompromisse und
Nivellierungen ausschließen«. Damit ist es richtig getroffen:
Orientalischer Dualismus und orientalische Mythologie — wenn

man mit einem Worte die Gnosis bezeichnen will, so dürften
dies die zutreffenden Formeln sein. Das ist in den uns erhaltenen Berichten der Gnosis freilich vielfach verdeckt; denn
die ausführlicheren und größeren Systeme der Gnosis namentlich die verschiedenen Valentinianischen und Basilidianischen
Systeme, welche die Aufmerksamkeit der berichterstattenden
Kirchenväter besonders auf sich gezogen haben, stellen bereits
eine gewisse Wendung der Gnosis zum Hellenismus dar. »Trotzdem haben Christen wie Gnostiker Kompromisse mit der hellenischen Weltanschauung geschlossen. Sie waren dazu geradezu
genötigt, wollten sie überhaupt durch ihre Gedankensysteme Zu-
tritt zu der gebildeten Welt erlangen. Diese Art der Hellenisierung hätte niemals geleugnet werden sollen«. Andererseits
geht überhaupt das Interesse in der Berichterstattung der
Kirchenväter nicht so sehr auf die letzten dualistischen Grundlagen der Gnosis, sondern mehr auf die phantastische Ausgestaltung der himmlischen Welten, auf Emanationssysteme und
Aeonenreihen. Dennoch kann kein Zweifel sein, daß im wesentlichen der ganzen Geistesbewegung ein starker orientalischer
Dualismus zugrunde liegt. Es gilt, diese Erkenntnisse noch
stärker herauszuarbeiten.

Einer der ältesten und bedeutendsten Führer der Gnosis,
der in diesem Zusammenhange in Betracht kommt, ist Basilides. Dessen ursprüngliche Gedanken sind allerdings für uns
durch die auf seinen Namen ausgearbeiteten großen Systeme,
die wenig von seinem Geist enthalten, verdeckt. Erst neuerdings sind wir besser instand gesetzt, die Grundgedanken des
Basilides in ihrer starken dualistischen Tendenz noch zu erkennen. Es kommt in erster Linie der Bericht über Basilides in den Acta Archelai in Betracht, den wir erst jetzt
nach der Entdeckung einer neuen Handschrift in seinem ganzen
Umfange besitzen[1]. An der Echtheit des hier mitgeteilten umfangreichen Basilidianischen Zitats kann wohl kaum gezweifelt
werden, da direkt angegeben wird, daß es aus dem 13. Buch
seines Werkes stamme. Hier trägt Basilides unter Abweisung

---

1. Die griech.-christlichen Schriftsteller der ersten drei Jahrhun-
derte, Hegemonius, Act. Archelai, herausgeg. von Ch. H. Beeson Kap. 67
p. 96 ff.

der »inanis et curiosa varietas« (offenbar der griechischen Philosophie) die Lehre der Barbaren über das Gute und Böse vor. Die Stelle ist für die Geschichte der Gnosis von eminenter Wichtigkeit, und wir müssen sie deshalb fast in extenso hier hersetzen: »Quidam enim horum dixerunt initia omnium duo esse, quibus bona et mala adsociaverunt; ipsa dicentes initia sine initio esse et ingenita; id est in principiis lucem fuisse ac tenebras, quae ex semet ipsis erant, non quae (genitae) esse dicebantur«. Solange ein jedes dieser Prinzipien für sich geblieben sei, hätten sie ein harmonisches Dasein geführt. »Postquam autem ad alterutrum agnitionem uterque pervenit et tenebrae contemplatae sunt lucem, tamquam melioris rei sumpta concupiscentia insectabantur ea et coadmisceri ac participari de ea cupiebant«. Das Licht habe zwar nichts von der Finsternis angenommen, nur eine Begierde, die Finsternis zu schauen, sei auch über dieses gekommen, und so habe es wie durch einen Spiegel geschaut. »Enfasis igitur, i. e. color quidam lucis, ad tenebras factus est solus, sed lux ipsa respexit tantummodo et abscessit, nulla scilicet parte sumpta de tenebris«. »Tenebrae vero ex luce sumpserunt intuitum et yles enfasin vel colorem, in quo ei displicuerant«. Und während sie, die Finsternis, einen Abglanz des Lichts verschlungen hätten (non veram lucem, sed speciem quandam lucis atque enfasin), hätten die Guten (Geister des Lichts) das Verschlungene der Finsternis wieder zu rauben versucht (boni raptiva mutatione traxerunt)[1]. Und nun folgt die Quintessenz der hier vorgetragenen Grundanschauung: »Unde nec perfectum bonum est in hoc mundo, et quod est, valde est exiguum, quia parum fuit etiam illud, quod initio conceptum est. Verumtamen per hoc ipsum exiguum lucis, immo potius per speciem quandam lucis, creaturae valuerunt generare similitudinem perferentem ad illam, quam de luce conceperant, permixtionem. »Et haec est ista, quam cernimus, creatura«. — Also eine ursprüngliche Vermischung der beiden sich ewig und ungezeugt gegenüberstehenden Prinzipien von Gut und Böse, von Licht und Finsternis, eine Vermischung, bei der die Finsternis wenigstens einen Abglanz des Lichtes verschlungen hat,

---

1. Ich habe versucht, den Sinn des in der Überlieferung entstellten Satzes wiederzugeben.

den jenes nun wieder an sich reißen möchte; und aus diesen
geringen Lichtelementen ist diese Schöpfung (creatura) entstanden
und daher so wenig Gutes in dieser Welt, und nichts Gutes
vollkommen. Wir wüßten übrigens bei dieser Darstellung gern,
wer die creaturae sind, die imstande waren, aus diesen gering-
fügigen Lichtelementen diese Welt zu schaffen. Wie es scheint,
gehören sie nach dem Zusammenhange wesentlich der Welt des
Bösen und der Finsternis an. In dem ausgeführten Basilidianischen System erscheinen in diesem Punkte die vom höchsten
Gott, — allerdings in unendlichem Abstande — emanierten
weltschöpferischen Engelsmächte. Diese Auffassung scheint aber
hier noch nicht vorzuliegen, und auch im allgemeinen ist hier
wenig von dem Geist des späteren Basilidianischen Systems zu
spüren.

Dagegen stimmen zu diesem Aufriß der Weltanschauung
vereinzelte ältere Notizen über Basilides' Lehre, die wir hier
und dort finden. Wir können uns nun etwa denken, was Basilides meinte, wenn er nach den Acta Archelai p. 96 in demselben Buch seines Werkes in der Parabel vom Reichen und
Armen angezeigt gefunden haben will: »naturam sine radice et
sine loco rebus supervenientem, unde pullulaverit«. Seiner Meinung nach hatte das Böse, das die Dinge dieser Welt über-
deckt, ein eigenes, uranfänglich wurzelhaftes Dasein. Auch die
Notizen, die uns Clemens Alexandrinus über das System des
Basilides aufbewahrt hat, stimmen genau zu dem Bericht der
Acta Archelai. So behauptet dieser unter anderem, daß Basilides nicht Vertreter des Monotheismus sei (Stromat. V 11, 75:
τὸν ἕνα, ὡς οὐκ ἔτι τῷ Βασιλείδῃ δοκεῖ . . . . . θεόν). Wie
Clemens das meinte, sagt er uns an einem anderen Orte, wenn
er davon spricht, daß Basilides den Teufel vergötterte: πῶς δὲ
οὐκ ἄθεος, θειάζων μὲν τὸν διάβολον; Stromat. IV 12, 87.
Damit stimmt auch der Bericht des Epiphanius (Haer. 24, 6),
welcher urteilt, daß die Ketzerei des Basilides damit begonnen
habe, daß er nach dem Ursprung des Bösen geforscht habe
(πόθεν τὸ κακόν;). Wenn Epiphanius dann hervorhebt, daß
das Böse weder anfangslos sei noch eine eigene Wurzel habe,
noch eine eigene Substanz, sondern durch freien Willen (διὰ
προφάσεως) bei jedem entstehe, der das Böse tue, so zeigt sich
hier durch den Gegensatz deutlich, wie Basilides jenes Problem

gelöst hat. Noch stärker erinnert an das Fragment der Acta
Archelai Clemens Stromat. II 20, 112, wonach Basilides
die Verderbnis der menschlichen Seele zurückführt auf eine
ursprüngliche Verwirrung und Vermischung (*κατά τινα τάραχον
καὶ σύγχυσιν ἀρχικήν*). Mit dieser dualistischen Grundanschauung in dem System des Basilides wird noch so manches andere
zusammengehangen haben, wenn wir dieses auch in allen seinen
Zusammenhängen nach den uns vorliegenden Nachrichten nicht
mehr ganz konstruieren können. So scheint Basilides die Seelen-
wanderung gelehrt zu haben. Clemens (Stromat. IV 12, 87)
nennt als dessen Hauptdogmata die Lehre von der Seelen-
wanderung („*εἰ μετενσωματοῦται ἡ ψυχή*“) und vom Teufel
(„*περὶ τοῦ διαβόλου*“). Auch die dualistische Anthropologie
des Basilides, die Lehre von den bösen *προςαρτήματα* der
Seele (vgl. Stromat. II 20, 112) und die Lehre seines Sohnes
Isidorus, der in einer eigenen Schrift über die »drangewachsene«
Seele („*περὶ προςφυοῦς ψυχῆς*“, Stromat. II 20, 113) handelte,
Anschauungen, die wir weiter unten im Zusammenhange be-
handeln werden, gehören hierher. Ebenso die streng asketische
Haltung des echten Basilides, die, wie es scheint, in Isidors
»Ethik« (Clemens Stromat. III 1, 1—3) bereits gemildert ist.
Endlich ist auch der entschlossene Doketismus in der Auffassung
der Person des Erlösers von dorther erklärbar. Interessant
ist noch, daß Basilides in der Konsequenz der dualistischen
Auffassung entschlossen genug war, die Sündlosigkeit des irdischen Jesus bis zu einem gewissen Grade zu leugnen (Stromat.
IV 12, 83; Hilgenfeld Ketzergesch. S. 208). Wenn in dem von
Hippolyt überlieferten Basilidianischen System als das letzte Endziel die Entmischung der widernatürlich zusammengekommenen,
widerstrebenden Elemente hingestellt wird, so entspricht das
ganz dem ursprünglichen Gedankengange des Basilides[1].

In diesem Zusammenhange erscheint denn auch noch der
Erwägung wert, was wir über Herkunft und sonstiges Milieu
des Basilides noch feststellen können. Es gewinnt an Bedeutung, daß in den Acta Archelai noch bestimmt behauptet wird
(c. 67 p. 96): »Fuit praedicator apud Persas etiam Basilides

---

1. Vgl. VII 27, p. 378, 16 *ἵνα ἀπαρχὴ τῆς φυλοκρινήσεως γένηται
τῶν συγκεχυμένων ὁ Ἰησοῦς.*

quidam antiquior, non longo post nostrorum apostolorum tempore«. Auch ist es interessant, auf die Autoritäten zu achten, auf die Basilides und sein Sohn Isidorus sich berufen. Nach Agrippa Kastor (Eusebius H. E. IV 7, 6—8) hat Basilides als Propheten den Barkabbas und den Barkoph verehrt[1]. Dem entspricht, daß Isidorus „Ἐξηγητικά" zum Propheten Παρχώρ geschrieben hat (Stromat. VI 6, 53). Denn Parchor ist offenbar identisch mit Barkoph. Den Barkabbas finden wir auch als Propheten der Nikolaiten oder der Gnostiker im engeren Sinne bei Philaster Haer. 33 und Epiphanius Haer. 26, 2 erwähnt. Endlich treten in den Acta Archelai c. 63 p. 91 im Kampf mit Terebinthus »Parcus quidam propheta et Labdacus Mithrae filius« auf. Den Namen Parcus hat Keßler (Mani 87) auf den parthischen Männernamen Pakôr (Πακώρης) zurückgeführt. Mit ihm und dem Mithraspriester Labdacus befinden wir uns wieder ganz in orientalischer Umgebung. Auch sei noch erwähnt, daß Isidorus (Stromat. VI 6, 53 f.) Prophetien des Cham erwähnt, aus denen der griechische Weise Pherekydes geschöpft haben soll. Cham aber wird in diesem Zusammenhange wahrscheinlich, wie weiter unten nachgewiesen wird, identisch mit Zoroaster sein; und wenn in diesem Zusammenhange von der geflügelten Eiche und dem buntgewirkten Tuche über ihr geredet wird, so sind es orientalische Phantasien von dem Weltenbaum, die hier zum Vortrag gelangen. Alles erinnert uns an die Herkunft der Basilidianischen Weltanschauung aus orientalischem Dualismus und orientalischer Mythologie.

Als zweiter spezifisch dualistischer Gnostiker sei dann Bardesanes genannt, den man mit völligem Unrecht, verleitet durch einige zufällige Anklänge vielfach noch immer als Anhänger des Valentinianischen Systems betrachtet. Leider sind die Nachrichten über dessen Weltanschauung noch fragmentarischer als die über den ursprünglichen Basilides. Wir sind hier fast ganz auf die hingeworfenen dunklen und rätselhaften Bemerkungen Ephraems angewiesen; dennoch wissen wir von ihm, um die

---

1. Agrippa fügt hinzu: καὶ ἄλλους ἀνυπάρκτους τινὰς ἑαυτῷ συστησάμενον βαρβάρους. Eine Parallele zu dem rätselhaften „ἀνυπάρκτους" (uranfänglich) bietet vielleicht die Einführung des gnostischen Propheten Nikotheos als „ἀνεύρετος" bei Zosimus (Reitzenstein, »Poimandres« S. 104 und 267 f.; dort andere Parallelen).

dualistische Grundlage seines Systems festlegen zu können, genug.
Neben 7 feindlichen Wesen, den Planeten, und den 12 Zeichen
des Tierkreises behauptete Bardesanes einen Leib ohne Auferstehung von dem Bösen, eine Seele von den Sieben
(Ephraem Hymn. 53 p. 553 F.). Er nennt den Teufel »die Hefe
des Prinzips der Finsternis« (Ephraem Hymn. p. 504 C; Hilgenfeld Ketzergeschichte 521), und spricht von einer ewigen Materie
(Hymn. 14 p. 468 D E). Zu diesen Andeutungen Ephraems
über Bardesanes' Dualismus kommen nun noch spätere Nachrichten über ihn und seine Schule, die den hier gewonnenen Eindruck durchaus bestätigen. So hat uns En-Nedim im Fihrist
die beachtenswerten Notizen überliefert: »Ibn Deiṣân (Bardesanes) behauptete, daß das Licht von einem Geschlecht und die
Finsternis von einem Geschlecht sei«. »Ibn Deiṣân ist Verfasser
des Buches, das Licht und die Finsternis«. (Flügel, Mani 162).
Man ist im allgemeinen sehr geneigt, diese Überlieferung als
spät und unzuverlässig einfach bei Seite zu setzen. Mit völligem
Unrecht. Denn En-Nedim ist auf diesem Gebiet ein ungemein
zuverlässiger Zeuge; auch tritt die Nachricht bei ihm mit aller
Bestimmtheit auf; Bardesanes wird ausdrücklich von seiner
Schule unterschieden und namentlich genannt. Und hinzukommt,
daß die späteren Nachrichten in West und Ost den schroffen
Dualismus der Bardesanitischen Schule hervorheben. Im dritten
Buch des Dialogus de recta fide in Deum (Ausg. v. Bakhuyzen S. 116) nennt der Bardesanit Marinus ausdrücklich
als die ersten unter den drei vom katholischen Glauben abwei-
chenden Lehren: τὸν διάβολον οὐχ ὑπὸ θεοῦ λέγομεν ἐκτίσθαι.
Weiterhin behauptet er: ἐγὼ τὸν διάβολον αὐτοφυῆ λογίζομαι
καὶ αὐτογένητον· καὶ δύο ῥίζας οἶδα πονηρὰν καὶ ἀγαθήν (118).
Über das Wesen der beiden entgegenstehenden Principien sagt
er: τοῦ ἀγαθοῦ ἡ ποιότης καὶ ἡ ἐνέργεια φῶς, ἀγαθὸν, δεξιὸν
.... δίκαιον .... τοῦ δὲ κακοῦ ... σκότος, πονηρὸν, ἀριστε-
ρὸν ... ἄδικον (118). κατὰ πάντα ἀντίκειται τὸ κακὸν τῷ ἀγα-
θῷ (122). Dem entsprechen nun weiter die späteren islamischen
Berichte über die Schule des Bardesanes in beachtenswerter
Weise. En-Nedim unterscheidet zwei Sekten der Bardesaniten,
die in ihrer Ansicht über die Vermischung des Lichtes mit der
Finsternis auseinandergehen. Nach der einen Ansicht sei das
Licht aus freier Wahl in die Finsternis eingegangen und habe

sich dann nicht mehr von ihm befreien können; nach der andern
— hier ist der nicht mehr ganz klare Bericht aus dem des
Scharastâni (s. u.) zu ergänzen — soll die Finsternis vermöge
ihrer Schlauheit in das Licht eingedrungen sein, das Licht also
eine mehr passive Rolle spielen (Flügel, Mani 162). Von dem
Fihrist des En-Nedim scheint Scharastâni abhängig zu sein. Er
bringt fast genau dieselben Ausführungen, nur daß er noch
einige weitere Notizen hinzufügt. So erwähnt er eine dritte
Sekte, derzufolge das Licht aus freier Wahl in die Finsternis
eingegangen sei, um sie glücklich zu machen und die gesunden
Teile aus ihr nach seiner Welt heraufzuführen[1] (Haarbrücker
I 293f.).   Albiruni (Chronology ed. Sachau p. 189) gibt ausdrücklich das Urteil ab, daß Bardesanes seine Lehre zum Teil
von Jesus, zum Teil von Zarathustra genommen habe. Interessant ist es auch, daß am Schluß eines Fragmentes, das in
einer Handschrift der »Gesetze der Länder« dieser Schrift (aus
der Schule des Bardesanes) angehängt ist, für die Zodiakalzeichen Namen erscheinen, die wir im persischen Bundehesh
wiederfinden (Renan, Journ. Asiatique 1852 S. 298; Spiegel,
Schriften der Parsen II 99). Von alledem, was uns die arabischen Schriftsteller über Bardesanes und seine Schule überliefern, mag ja nun vieles auf Rechnung der Schule allein und
der späteren Weiterbildung zu setzen sein. Aber es wäre doch
ein merkwürdiger Zufall, wenn die Bardesanitischen Schulge-
meinschaften in Ost und West den entschlossenen orientalischen
Dualismus in das System erst gleicher Weise eingeführt hätten,
ohne daß die Grundlage zu alledem in dem System des Meisters
vorhanden gewesen wäre. Wir werden Bardesanes selbst als
Vertreter des orientalischen (persischen) Dualismus mit Sicherheit in Anspruch nehmen dürfen.

Wenn man derart seinen Blick geschärft hat, so wird man
auch an einer ganzen Reihe anderer gnostischer Systeme die
eminent dualistische Grundlage nicht verkennen. So tritt diese
im System der Ophiten bei Irenäus I 30 noch ganz klar hervor.
Nach diesem System befindet sich unter der oberen Welt des
ersten und zweiten Menschen und des Spiritus sanctus die davon

---

1. Sollte bei dieser dritten Sekte ein Einfluß des manichäischen
Systems vorliegen?

geschiedene Welt der Finsternis: segregata elementa, aqua, tenebrae, Abyssus, Chaos[1]. In diese niedere und böse Welt versinkt die unreife Geburt des Spiritus sanctus, die Sophia Prunikos, und entnimmt aus ihnen das körperliche Element, durch das sie derart beschwert wird, daß sie mühsam nur nach Wiederabstreifung jenes körperlichen Elements in die Höhe streben kann (Irenäus I 30, 3). In dieses niedere Element schaut der Sohn der Sophia, Jaldabaoth, über den Streit der Engel verzweifelt hinein und erzeugt aus der Hefe der Materie den schlangengestalteten teuflischen Geist (den Ophiomorphos): »et desperantem conspexisse in subiacentem faecem[2] materiae et consolidasse concupiscentiam suam in eam, unde natum filium dicunt« Iren. I 30, 5 (etwas anders Epiphanius Haer. 27, 4, wo Jaldabaoth den Ὀφιομόρφος schafft, weil er darüber erzürnt ist, daß der eben geschaffene Mensch sich über ihn hinaus zur Verehrung des höchsten Gottes erhebt).

Auch in dem System der Barbelognostiker (Irenäus I 29) tritt, obwohl hier alle Aufmerksamkeit auf die allmähliche Emanation der himmlischen Aeonen gerichtet ist, die dualistische Grundlage doch noch deutlich heraus. Es heißt dort ausdrücklich, daß die letzte Emanation des Spiritus sanctus, quem et Sophiam et Prunicum vocant, sich, weil er sich vereinsamt und ohne Genossen gefühlt habe, in die Materie gestürzt habe: »asseverabat et extendebatur et prospiciebat ad inferiores partes, putans hic invenire coniugem«. Deutlich steht also auch hier eine unerschaffene böse Welt (die inferiores partes) in starkem Gegensatz (nicht nur als das μὴ ὄν) der oberen Lichtwelt gegenüber.

Auch hinsichtlich des Systems der Pistis Sophia machen

---

1. Die Formulierung dieses dualistischen Systems ist durch Reminiszenzen von Genesis 1 bedingt, aber die dualistische Auffassung stammt natürlich nicht von dort.

2. Vgl. die Behauptung des Bardesanes, der Teufel sei die Hefe des Prinzips der Finsternis. Nach der Auffassung der Mandaer entsteht Ptahil aus dem Spiegelbild des Abatur in dem schwarzen Wasser (Brandt M. R. 51). Im System der Zervaniten (Ullemaï Islam, Vullers S. 46) heißt es, daß Ormuzd, als er in den tiefsten Abgrund hinabblickte, dort den Ahriman »schwarz, unrein, übelriechend und bösartig« sah. Von einer Entstehung des Ahriman ist hier allerdings nicht die Rede.

wir dieselbe Beobachtung. Trotzdem das Interesse an der oberen
Lichtwelt und ihren Gestalten voll verwirrender und bunter
Mannigfaltigkeit fast ausschließlich hängt, so hat doch die Pistis
Sophia daneben, wenn auch nicht so klar heraustretend, charakteristische Vorstellungen von der Unterwelt, ja sie besitzt geradezu eine ausgedehnte Unterweltgeographie[1]. Die klarste und
zusammenhängendste Schilderung der Orte der Unterwelt und
ihrer Verhältnisse zu einander findet sich c. 127, S. 210.
Danach werden 4 Orte der Unterwelt bestimmt von einander
unterschieden: »Das Feuer, das in der Unterwelt, ist neunmal
heißer als das in der Menschheit, und das Feuer, das in den
Strafen des großen Chaos ist, ist neunmal gewaltiger als das
in der Unterwelt, und das Feuer, das in den Gerichten der
Archonten, die auf dem Weg der Mitte, ist neunmal
gewaltiger als das Feuer der Strafe, das in dem großen Chaos,
und das Feuer, das in dem Drachen der äußeren Finsternis
. . . . . ist siebenzigmal gewaltiger als das Feuer, das in den
Gerichten der Archonten, die auf dem Wege der Mitte«. Es
werden also hier 4 Orte nach ihrer Furchtbarkeit in aufstei-
gender Reihenfolge unterschieden: die Unterwelt, das große
Chaos, die Archonten auf dem Wege der Mitte, der Drache
der äußeren Finsternis. Die »Unterwelt« ist vielleicht identisch
mit dem Ort, der sonst »Amente« genannt wird. So finden
sich c. 145 S. 249, 11 hintereinander die Orte des Amente, des
Chaos und der Archonten des Weges der Mitte erwähnt (vgl.
S. 250, 2 ff.; 252, 9)[2]. Wir hätten dann hier die spezifisch
ägyptische Vorstellung von dem Amente neben der griechischen
Chaosvorstellung. Die Archonten der Mitte, die im vierten
Buch der Pistis Sophia besonders ausführlich behandelt werden,
sind ursprünglich freilich nichts anderes als die Planetengottheiten, die hier allerdings ganz und gar in die Hölle versetzt
sind. Auf ihre ursprüngliche Stellung im gnostischen System
weist nur noch der Name »Archonten des Weges der Mitte«
hin. Ausführliche Phantasien über den »Drachen der Finsternis«

---

1. Ich hebe hervor, daß diese Unterweltsgeographie der P. S., wie
es scheint, stark ägyptisch bedingt ist.

2. Es scheint allerdings, als wenn hier »Amente« als der unterste
und wenig furchtbarste Ort der Finsternis betrachtet wird, sodaß wir
hier die umgekehrte Reihenfolge hätten, wie oben (Kap. 127).

finden wir in der Pistis Sophia c. 126 S. 207 f. »Die äußere
Finsternis ist ein großer Drache, dessen Schwanz in seinem
Munde, indem sie (die Finsternis) außerhalb der ganzen Welt
ist und die ganze Welt umgibt«. Zu diesem Drachen, der sich
um die ganze Welt schlingt und den Kreis schließt, indem er
seinen Schwanz im Munde hat, findet sich eine direkte Parallele in den Acta Thomae c. 32: „Συγγενὴς δέ εἰμι ἐκείνου τοῦ ἔξωθεν τοῦ Ὠκεανοῦ ὄντος, οὗ ἡ οὐρὰ ἔγκειται τῷ
ἰδίῳ στόματι«. Wir erinnern uns auch an den Leviathan der
Ophiten, der mit seinem Kreise die Kreise der übrigen niederen Archonten umgibt (s. o. S. 11). Eine weit verbreitete,
naturhaft-mythologische Anschauung von der die Welt (resp.
die Erde) umschlingenden Schlange ist hier überall zum Ausgangspunkt dualistischer Spekulation genommen. Nach der
Pistis Sophia befinden sich im Inneren des Drachen zwölf ge-
waltige Strafzimmer, über deren jedem ein Archon mit einem
bestimmten Gesicht sich befindet, eine Vorstellung, die an die
ägyptische von den zwölf Regionen, welche die Sonne bei ihrem
Abstieg in die Unterwelt zu durchlaufen hat[1], lebhaft erinnert.
Diese ganze Welt der Finsternis steht nun auch in der Pistis
Sophia der Welt des Lichtes unvermittelt gegenüber. Von einer
Emanation derselben aus der höheren Welt des Lichts ist nirgends die Rede; sie erscheint vielmehr als ungeschaffen und
ewig. Charakteristisch ist hier vor allem, was c. 29 ff. über
den Fall der Pistis Sophia gesagt wird. Danach wird die Pistis
Sophia, die ursprünglich ihren Aufenthalt im dreizehnten Aeon
hatte, durch eine List des Dämon Authades in die Unterwelt
des Chaos hinabgelockt. Dieser nämlich sandte eine Lichtema-
nation aus in das Chaos hinein, und die Sophia, in der Meinung,
daß jenes Licht, das sie in der Unterwelt sieht, eine Lichtema-
nation der höchsten Gottheit sei, läßt sich verlocken, in das
Chaos hinabzusteigen und wird dort gefangen gehalten. Also
auch hier wieder ein Hinabsinken der Sophia in die vorher bereits existierende Welt der Finsternis und des Chaos. Wenn
dieses Hinabsinken hier in der oben angegebenen Weise dadurch motiviert wird, daß die Pistis Sophia das Licht in der
Unterwelt irrtümlich für ein Licht der höchsten Gottheit ge-

---

1. Vgl. de la Saussaye, Lehrb. d. Religionsgesch. II 222 f.

halten habe, so zeigt sich hier, wie bereits oben nachgewiesen
wurde, vielleicht ein Einfluß der spezifisch Valentinianischen
Gnosis. Aber dieser Einfluß hat den Dualismus des Systems
der Pistis Sophia keineswegs überwinden können. Wenn hier
ferner (c. 31) Jaldabaoth, der sonst als einer der Archonten des
Weges der Mitte erscheint, als ein Angehöriger der Welt der
Finsternis, aus der Sophia emaniert auftritt, so liegt auch hier
ein Kompromiß zwischen verschiedenen Systemen vor. Die
Idee, daß Jaldabaoth der Sohn der Sophia sei, ist ja ein Charakteristikum der verschiedensten gnostischen Sekten (s. o. S. 10 ff.).
Doch hebt dieser Kompromiß die entschieden dualistische
Grundanschauung der Pistis Sophia nicht auf. — Charakteristisch ist auch, daß in der Pistis Sophia vielfach von einer
Welt der Mischung ($\varkappa\varepsilon\varrho\alpha\sigma\mu\acute{o}\varsigma$) die Rede ist, zu der jedenfalls
diese körperliche Welt unter den Gestirnen gerechnet wird.
Nach c. 93 S. 139, 9[1] beginnt die Welt der Mischung bereits
unmittelbar unter der Welt des Lichtschatzes, und gehören die
sogenannten Orte der Rechten und der Linken mit ihren
über dem dreizehnten Aeon sich befindenden Emanationen
sämtlich bereits zur Welt der Mischung. Die Vorstellung, daß
die gesamte sichtbare Welt die Welt der Mischung zwischen
Licht und Finsternis sei, erinnert unmittelbar an die Lehre des
Basilides von der ursprünglichen Verwirrung und Vermischung,
welche zwischen der Welt der Finsternis und der des Lichtes
stattgefunden hat. Unmittelbar an diese Vorstellung schließt sich
übrigens auch hier der eschatologische Gedanke von der der-
einstigen endgültigen Auflösung der Welt der Mischung (c. 45,
S. 48, 33 ff.): »und wenn die vollkommene Zahl (der gerechten
Seelen) vollendet ist, damit die Mischung aufgelöst werde« (vgl.
S. 49, 10). In diese ganze dualistische Grundanschauung der
Pistis Sophia gehört endlich auch ihre eigentümliche Anthropologie hinein, wie sie namentlich c. 111 ff. ausführlich ent-
wickelt ist. Diese Lehre vom „$\dot\alpha\nu\tau\acute\iota\mu\iota\mu o\nu\ \pi\nu\varepsilon\tilde\upsilon\mu\alpha$", die in auffälligster Weise mit Andeutungen im System des Basilides und mit
der Anthropologie des manichäischen Systems übereinstimmt,
wird weiter unten noch genauer behandelt werden.

---

1. Die Welt der Mischung wird auch einmal in hellenischer Weise
als $\tau\grave{o}\ \mu\grave\eta\ \check o\nu$, »die nicht existiert« bezeichnet 139, 10. Das ist hier
natürlich nur eine Phrase.

Einen besonders charakteristischen Dualismus finden wir weiter bei der Sekte der wiederum zu der Gruppe der Gnostiker im engeren Sinn gehörigen »Nikolaiten«, deren System uns bei den Nachtretern des Hippolyt aufbewahrt ist. Pseudo-Tertullian c. 5 berichtet von Nikolaus ganz kurz: »Hic dicit tenebras in concupiscentia luminis et quidem foeda et obscoena fuisse. Ex hac permixtione pudor est dicere, quae foetida et immunda«. Ausführlich ist der Bericht des Philastrius (Haer. 33). Nachdem er erwähnt hat, daß von Nikolaus die Gnostiker abstammen und diese die Barbelo oder Noria, einige auch den Jaldabaoth verehren, gibt er eine zusammenhängende Darstellung des nikolaitisch-gnostischen Systems, zu der dann der ebenfalls von Hippolyt abhängige Epiphanius (Haer. 25, 5) eine oft wörtliche Parallele bietet. Danach lehrten diese Gnostiker folgendes: Ante erant solum tenebrae et profundum et aqua (σκότος ἦν καὶ βυθὸς καὶ ὕδωρ), atque terrae divisio facta est in medio et spiritus separavit haec elementa (τὸ δὲ πνεῦμα ἀνὰ μέσον τούτων διορισμὸν ἐποιήσατο αὐτῶν). Tunc ergo tenebrae inruentes in spiritum (σκότος ἀναδραμὸν περιεπλάκη τῷ πνεύματι) genuerunt quattuor aeonas, et isti quattuor genuerunt alios quattuor aeonas. (Nach dem Bericht des Epiphanius wird zunächst aus der Vereinigung von πνεῦμα und Finsternis eine Metra [τὶς μήτρα καλουμένη] geboren, und diese, wiederum vom Geist schwanger geworden, gebiert die vier Aeonen. Wenn nach dem Bericht des Epiphanius dann aus den vier ersten Aeonen vierzehn Aeonen entstehen, so ist sein Text hier wohl einfach nach Philastrius zu verbessern.) Hoc autem dextra atque sinistra, lux, inquit, sunt et tenebrae (καὶ γέγονε δεξιά τε καὶ ἀριστερά, φῶς καὶ σκότος). Et quendam etiam concubuisse cum illa muliere et virtute dicunt, de qua nati sunt dii et homines et angeli et septem spiritus daemoniorum. (Etwas genauer berichtet Epiphanius: Ὕστερον δὲ μετὰ πάντας τούτους προβεβλῆσθαί τινα αἰσχρὸν αἰῶνα, μεμίχθαι δὲ τοῦτον τῇ μήτρᾳ τῇ ἄνω προδεδηλωμένῃ u. s. w.). Wir haben hier eine merkwürdige Kosmogonie: Im Anfang zwei Grundelemente, Finsternis und Chaos auf der einen Seite, auf der anderen Geist resp. Wind. Dann eine Vermischung der Finsternis und des Spiritus, die Entstehung einer Muttergöttin (der ausführliche Bericht des Epiphanius wird an diesem Punkt zu Recht bestehen),

aus der Muttergöttin entstanden eine rechte und linke Aeonen-
welt. Der zuletzt erwähnte $\alpha i\sigma\chi\varrho\grave{o}\varsigma$ $\alpha i\acute{\omega}\nu$, der mit der Mutter
diese ganze Welt und auch die sieben Dämonengeister schafft,
könnte vielleicht die Gestalt sein, die uns sonst als Jaldabaoth
begegnet. Dann wäre die Metra etwa der Sophia gleichzusetzen.
Aber ganz singulär wäre es, daß hier die Sophia und Jaldabaoth als ein Paar erscheinen und beide ganz und gar dämonischen Charakter tragen. Man könnte fast an die Gestalten
des Ur und der Ruhâ im mandäischen System sich erinnern
lassen. Bemerkenswert ist, daß die Vertreter dieses ausgesprochen dualistischen Systems sich auf den Propheten Barkabbas berufen, ein Name, der uns bereits im Zusammenhang
bei den Untersuchungen über das Basilidianische System begegnet. Eine merkwürdige Parallele finden wir übrigens noch
innerhalb der Darstellung, die Hippolyt in seiner Refutatio von
dem System der Sethianer V 19 liefert. Sie ist hier mit einer
anderen Spekulation, die wir später noch in einem größeren
Zusammenhang zu besprechen haben, zu einer verworrenen
Masse verwoben. Nehmen wir sie für sich heraus, so ergibt
sich auch hier als das eine Grundprinzip der Spekulation: $\sigma\varkappa\acute{o}\tau o\varsigma$
oder $\mathring{v}\delta\omega\varrho$ (p. 200, 82: $\tau\grave{o}$ $\delta\grave{e}$ $\sigma\varkappa\acute{o}\tau o\varsigma$ $\mathring{v}\delta\omega\varrho$ $\grave{e}\sigma\tau\grave{i}$ $\varphi o\beta\varepsilon\varrho\acute{o}\nu$; vgl.
p. 204, 52: $\grave{e}\nu$ $\tau\tilde{\omega}$ $\sigma\varkappa o\tau\varepsilon\iota\nu\tilde{\omega}$ $\varkappa\alpha\grave{i}$ $\varphi o\beta\varepsilon\varrho\tilde{\omega}$ $\varkappa\alpha\grave{i}$ $\pi\iota\varkappa\varrho\tilde{\omega}$ $\varkappa\alpha\grave{i}$ $\mu\iota\alpha\varrho\tilde{\omega}$
$\mathring{v}\delta\alpha\tau\iota$). Dem $\sigma\varkappa\acute{o}\tau o\varsigma$ tritt der Wind zur Seite ($\mathring{\alpha}\nu\varepsilon\mu o\varsigma =$
$\pi\nu\varepsilon\tilde{v}\mu\alpha =$ spiritus): „$\Gamma\acute{e}\gamma o\nu\varepsilon\nu$ $o\mathring{v}\nu$ $\grave{e}\varkappa$ $\tau o\tilde{v}$ $\mathring{v}\delta\alpha\tau o\varsigma$ $\pi\varrho\omega\tau\acute{o}\gamma o\nu o\varsigma$
$\mathring{\alpha}\varrho\chi\grave{\eta}$ $\mathring{\alpha}\nu\varepsilon\mu o\varsigma$ $\sigma\varphi o\delta\varrho\grave{o}\varsigma$ $\varkappa\alpha\grave{i}$ $\lambda\acute{\alpha}\beta\varrho o\varsigma$ $\varkappa\alpha\grave{i}$ $\pi\acute{\alpha}\sigma\eta\varsigma$ $\gamma\varepsilon\nu\acute{e}\sigma\varepsilon\omega\varsigma$ $\alpha\mathring{i}\tau\iota o\varsigma$"
(204, 2 ff.). Der Wind, dessen Brausen mit dem Gezisch einer
Schlange verglichen wird (206, 58) und der deshalb geradezu
Schlange genannt wird (206, 60), verbindet sich mit dem Wasser
der Finsternis. Auch hier scheint (der Text ist leider bis zur
Unkenntlichkeit verdorben und entstellt) aus dieser Vereinigung
zunächst eine Metra hervorzugehen, die wenigstens 206, 63
ausdrücklich erwähnt wird; und dann heißt es, daß die Schlange
sich mit dieser Metra vereinigt habe und allerdings nicht die
Welt, sondern den Menschen, der hier wohl kosmologisch als
Urbild der Welt aufzufassen ist, erzeugt habe. $E\mathring{i}\varsigma$ $\tau\grave{\eta}\nu$ $\mathring{\alpha}\varkappa\acute{\alpha}$-
$\vartheta\alpha\varrho\tau\acute{o}\nu$ $\varphi\eta\sigma\iota$ $\varkappa\alpha\grave{i}$ $\pi o\lambda\upsilon\pi\acute{\eta}\mu o\nu\alpha$ $\mu\acute{\eta}\tau\varrho\alpha\nu$ $\mathring{\alpha}\tau\alpha\varkappa\tau o\nu$ $\varepsilon\mathring{i}\sigma\omega$ $\grave{o}$ $\mathring{o}\varphi\iota\varsigma$ $\varepsilon\mathring{i}\varsigma$ —
$\grave{e}\varrho\chi\acute{o}\mu\varepsilon\nu o\varsigma$ $\grave{o}$ $\mathring{\alpha}\nu\varepsilon\mu o\varsigma$ $\tau o\tilde{v}$ $\sigma\varkappa\acute{o}\tau o\upsilon\varsigma$, $\grave{o}$ $\pi\varrho\omega\tau\acute{o}\gamma o\nu o\varsigma$ $\tau\tilde{\omega}\nu$ $\mathring{v}\delta\acute{\alpha}\tau\omega\nu$,
$\gamma\varepsilon\nu\nu\tilde{\alpha}$ $\tau\grave{o}\nu$ $\mathring{\alpha}\nu\vartheta\varrho\omega\pi o\nu$ (offenbar eine direkte Parallele zu der
Vereinigung des $\alpha i\sigma\chi\varrho\grave{o}\varsigma$ $\alpha i\acute{\omega}\nu$ mit der $\mu\acute{\eta}\tau\varrho\alpha$ im Nikolaitischen

System). Für die Erklärung der Genesis dieser merkwürdigen Phantasien, die uns im System der Nikolaiten und Sethianer begegnen, scheint übrigens die phönizische Kosmogonie des sogenannten Sanchuniathon, die uns Eusebius (Praep. ev. I 10) aufbewahrt hat, einiges Licht zu geben. Auch diese Kosmogonie setzt zwei uranfängliche, unendliche Prinzipien: *ἀέρα ζοφώδη καὶ πνευματώδη ἢ πνοὴν ἀέρος ζοφώδους καὶ χάος ϑολερὸν ἐρεβῶδες* (I 10, 1). Hier haben wir beides, das finstere Chaos und den Spiritus resp. den Ἄνεμος, hier die hauchartig bewegte finstere Luft. Auch hier ist in dem folgenden von einer Vermischung der beiden · Prinzipien die Rede. Ὅτε δὲ *ἠράσϑη τὸ πνεῦμα* (wohl = *πνοὴ ἀέρος ζοφώδους*) *τῶν ἰδίων ἀρχῶν καὶ ἐγένετο σύγκρασις, ἡ πλοκὴ ἐκείνη ἐκλήϑη πόϑος· αὕτη δὲ ἀρχὴ κτίσεως ἁπάντων*. Aus dieser Verbindung geht denn auch hier eine, wie es scheint, weibliche Gottheit hervor, Μώτ mit Namen (*τοῦτό τινες φασιν Ἰλύν*); und aus ihr soll dann die *γένεσις τῶν ὅλων* entstanden sein[1]. Besonders charakteristisch ist dann noch der etwas außer dem Zusammenhang stehende und die neue Vorstellung von dem Weltenei einführende Satz I 10, 2: *Καὶ ἀνεπλάσϑη ὁμοίως ᾠοῦ σχήματι καὶ ἐξέλαμψε Μώτ, ἥλιός τε καὶ σελήνη, ἀστέρες τε καὶ ἄστρα μεγάλα*. Auch hier wird also die Mot, wie dort die Metra, mit den Gestirnen zusammen genannt. Es scheint, als wenn in den Systemen der Nikolaiten und Sethianer ein Stück der phönizischen Kosmogonie verarbeitet ist. Aber jedenfalls sind andere Ideen mit ihr vereinigt, und es ist interessant, im Vergleich zu sehen, wie der spezifisch orientalische Dualismus, der Gegensatz von Licht und Finsternis, erst in den gnostischen Systemen mit der phönizischen Kosmogonie verwoben ist.

---

1. Zu vergleichen ist hier der Bericht des Damascius über die Kosmogonie von Sidon c. 125 (ed Kopp p. 384 f.): Erste Grundwesen sind hier Χρόνος (!), Πόϑος, Ὁμίχλη. Von Πόϑος und Ὁμίχλη stammen Ἀήρ und Αὖρα: „πάλιν δὲ ἐκ τούτων ἀμφοῖν Ὦτον (= Μώτ bei Sanchuniathon) γεννηϑῆναι“. Wenn wir Ὁμίχλη etwa = Chaos setzen und die Verdoppelung der Gestalten Ἀήρ-Αὖρα absetzen, so bleiben auch hier die drei Figuren: Chaos, Aer, Pothos (neben dem aus einem andern System stammenden Chronos). Hinzu tritt dann die rätselhafte Figur Mot oder Ot.

Bei manchen und zwar den bekanntesten gnostischen Systemen ist nun allerdings der dualistische Grundgedanke fast
bis zur Unkenntlichkeit umgebogen und überarbeitet. Im Westen
namentlich, in Ägypten und Rom, reagierte der griechische
Geist gegen die ihm unerträgliche Anschauung und suchte in
verschiedener Weise den Anschluß an eine mehr monistische
Grundanschauung wieder zu erreichen. Charakteristisch sind
hier schon die beiden ausgeführten Systeme, die wir von der
Basilidianischen Schule besitzen. Schon in dem Basilidianischen
System, das uns Irenäus überliefert hat, ist der Dualismus dem
Emanationssystem fast ganz gewichen[1]. In unendlichen Reihen
entwickeln sich aus dem höchsten unbekannten Gott die Aeonenwelten, und die in weitem Abstande von dem höchsten Gott
stehenden niedrigsten Geister schaffen endlich diese körperliche
Welt, wobei dann die Welt der Finsternis ihre aktive Rolle
in der Weltentwicklung der Dinge gänzlich einbüßt und nur
noch als die passive Materie erscheint, die in sich allerdings
den Keim des Bösen trägt. Eine noch entschiedenere Wendung
zum Monismus repräsentiert ferner, wie man seit langem erkannt
hat, das in Hippolyts Philosophumena überlieferte System, auf
das ich hier nur kurz verweise, weil es in einem späteren Zusammenhang uns noch beschäftigen wird. Vor allem haben
dann Valentin und seine Schüler den orientalischen Dualismus
durch einen spekulativen Monismus — wieder mit Hilfe des
Emanationsgedanken — zu überwinden gesucht. Zwei entscheidende Punkte im Valentinianischen System kommen hier
vor allem in Betracht: Einmal ist hier nicht mehr von einem
Fall der Sophia in die Welt der Finsternis die Rede, vielmehr
vollzieht sich dieser Fall noch ganz innerhalb der oberen Him-

---

1. Den Emanationsgedanken vertritt auch das barbelognostische
System im Evangelium der Maria = Iren. I 29. Deutlich zeigt sich
aber auch hier der komplizierte und sekundäre Charakter der Gedanken.
— Sonst ist, abgesehen von den valentinianischen Systemen der kon-
sequente Emanationsgedanke nicht so charakteristisch für die gnostische Weltanschauung, wie man gewöhnlich annimmt. Mit dem eigentlichen Emanationsgedanken (Entstehung der niederen Welten durch
eine allmähliche Deteriorisierung des Göttlichen) ist der viel einfachere
Mythus vom Fall oder der Empörung der Sophia, der Sieben (resp. dem
Hinabsinken der Urmenschen [s. u.]) nicht zu verwechseln.

melswelt. Die Sophia stürzt nicht in die Materie, sondern sucht in sträflicher Liebessehnsucht sich der höchsten Gottheit zu einen[1]. Und zweitens ruht dann der Schwerpunkt des Systems auf dem Nachweise, daß die Materie erst aus der sträflichen Leidenschaft der Sophia entstanden sei. Wie großes Gewicht die Valentinianer auf diesen Gedanken in ihrem System legten, ergibt sich aus der verwirrenden Mannigfaltigkeit der Spekulationen, von der gerade hier die Berichterstatter, allen voran Irenäus, zu berichten wissen. An dem Lieblingsgedanken der Ableitung der Materie aus den Leidenschaften der Sophia scheint hier immer von neuem gearbeitet zu sein. Übrigens hat Dieterich (Abraxas S. 25 f.) vielleicht mit Recht darauf hingewiesen, daß an diesem Punkte Spekulationen ägyptischer Kosmogonie in die Gnosis eingedrungen seien. Es mag im Vorbeigehen darauf hingewiesen werden, wie dann meistens mit der veränderten Stellung zum Dualismus sich auch eine Erweichung verschiedener anderer gnostischer Grundanschauungen ergab. Die Überzeugung von der Verderblichkeit alles Körperlichen und Leiblichen, die damit zusammenhängende absolute Askese (Verwerfung der Ehe, Vegetarianismus), vor allem auch der starre Doketismus in der christologischen Auffassung, endlich die Beurteilung der sittlichen und religiösen Haltung des katholischen Christentums erscheint in dem Grade gemildert, als sich die Grundanschauung vom orientalischen Dualismus dem griechischen Monismus wieder zuwendet.

Trotz der tatsächlichen Wendung einer Reihe von gnostischen Systemen vom Dualismus zum Monismus und zur Emanationslehre und trotz der die dualistische Grundlage vielfach verdeckenden Berichterstattung der Kirchenväter schauen die Spuren der gnostischen dualistischen Grundanschauung doch also überall hindurch. Nur einiges möge hier im Zusammenhang noch hervorgehoben werden. So ist z. B. in der jetzigen Darstellung der Kirchenväter des Systems des Satornil der ursprüngliche Dualismus fast ganz verschwunden. Wir hören, daß der unbekannte Urvater Mächte und Engel schuf und daß von den untersten dieser Mächte, den sieben Engeln, diese Welt und

1. Mit dieser monistischen Spekulation scheint auch die Schöpfung der Gestalt des Bythos, die dem valentinianischen System eigen ist, zusammenzuhängen (s. u. Kap. VIII).

auch der Mensch nach seiner körperlichen Wesensseite geschaffen
wurde. Aber wenn es dann bei Irenäus I 24, 2 heißt: »Duo
enim, genera . . . hominum plasmata esse ab angelis dixit,
alterum quidem nequam, alterum autem bonum«, wenn also hier
zwei von Grund aus wesensverschiedene Menschenarten, eine
gute und eine böse, angenommen werden, wenn ferner Satornil
eine vollendete doketische Christologie lehrte, wenn er erklärt,
daß Heiraten und Zeugen vom Satan stammen und die meisten
seiner Anhänger Vegetarianer waren, wenn er den unbekannten
Vater in allerschärfsten Gegensatz zum Gott des Alten Testaments stellt, so daß dieser den Christus zur Auflösung der
Herrschaft der Archonten, insbesondere des Judengottes sendet,
so sind das alles Anzeichen eines strengen Dualismus, der wohl
auch im Gesamtsystem noch stärker hervortreten würde, wenn
dieses uns besser und ausführlicher überliefert wäre. So erscheint auch das System der Naassener in Hippolyts Philosophumena beinahe als ein monistisches. Es ist nach der Darstellung im Anfang des Berichts (V 6) derselbe Urmensch, der
über der Materie thront, in diese versinkt und sich wieder aus ihr
erhebt, zugleich geistig, psychisch und irdisch: „ἔστι γὰρ τούτου,
φασὶ .. τὸ μὲν νοερὸν, τὸ δὲ ψυχικὸν, τὸ δὲ χοϊκόν“ (p. 132, 66 ff.).
Aber an anderen Stellen ist die Auffassung eine sehr viel
lebendigere. Danach steht der oberen Welt des Lichts auch
hier im scharfen Gegensatz die Materie gegenüber. Der Urmensch hat sich aus der oberen Welt losgelöst und ist in die
Materie hinabgesunken; er heißt: „ὁ τὸν κατακλυσμὸν οἰκῶν
θεός“ (154, 14; vgl. Psalm 28, 10). Er ist es, der nach dem
Psalm (28, 3) seine Stimme auf den Wassern erhebt: „φθεγγό-
μενος καὶ κεκραγὼς ἀπὸ ὑδάτων πολλῶν“, der mit den Worten
Psalm 34, 17 fleht: „Ῥῦσαι . . . . ἀπὸ λεόντων τὴν μονογενή
μου“, der mit den Worten Jesajas 43, 1 f. in seiner Not ge-
tröstet und dessen Auffahrt aus der Unterwelt Psalm 23, 7—9
verherrlicht wird. — Deutlich zeigen sich hier auf dem Grunde
des Systems die starken dualistischen Gegensätze[1].

1. S. u. Kap. IV. Vgl. auch den Dualismus bei den Severianern
(Epiph. Haer. 45, 2) und die eng verwandten Anschauungen der von
Clemens Stromat. III 4, 34 von den Prodicianern ausgegangenen Gruppe
von Gnostikern, endlich den Bericht des Clemens (ebendort) über die
sogenannten Antitakten (C. Schmidt, Plotins Stellung zum Gnosticismus
S. 55 f.).

Vor allem ist aber hier zum Schluß das System des Marcion zu erwähnen. Man ist in letzter Zeit allzu geneigt gewesen, den Marcion wesentlich von der praktischen Seite seiner Frömmigkeit zu verstehen und zu beurteilen und hat dabei die spekulative und weltanschauungsmäßige Grundlage seines Systems allzusehr übersehen[1]. Und doch ist diese im höchsten Grade interessant; denn Marcion hat, genau genommen, den absoluten orientalisch-persischen Dualismus und den Gegensatz des guten und des bösen Gottes auf den Gegensatz zwischen dem höchsten unbekannten Gott, dem Vater Jesu Christi und zwischen dem Gott des Alten Testaments übertragen. Ihm ist der Gott des Alten Testaments, Ahriman, Satan geworden. Ganz deutlich geht das aus den älteren Berichten der Kirchenväter hervor, wobei zum Zweck der Vereinfachung der Beweisführung die vielerörterte Frage nicht untersucht zu werden braucht, wieviel von den Sätzen des Marcionitischen Systems dem Marcion eigentümlich sind und was er etwa seinem Vorläufer und rätselhaften Vorgänger, dem Cerdon, verdankt. Schon Irenäus sagt gerade heraus, daß Marcion den Gott des Alten Testaments »malorum factorem et bellorum concupiscentem« nenne (I 27, 2). An einer andern Stelle (III 12, 12) heißt es von den Anhängern Marcions: »Blasphemant fabricatorem dicentes eum malorum factorem .... duos naturaliter dicentes, distantes [ab] invicem, alterum quidem bonum, alterum autem malum«. Christus kommt, um Gesetz und Propheten und alle Werke des Weltschöpfers aufzulösen (I 27, 2). Alle Gegner des alttestamentlichen Gottes habe er, als er in die Unterwelt hinabstieg, in sein Reich aufgenommen, wogegen die Frommen des Alten Testamentes von ihm fern blieben (I 27, 3). Auch Hippolyt hat in seinem Syntagma den schroffen Dualismus

---

1. Freilich hat Marcion in jene dualistischen Formen einen Frömmigkeitsinhalt hineingegossen, der ihm mit Recht ein ganz besondres Interesse und eine besondere Stellung auch in der Geschichte der christlichen Frömmigkeit sichert. Marcion hat den orientalischen Dualismus und orientalische Mythologie stark abgeklärt und vereinfacht und zwischen ihnen und der christlichen Religion ein Bündnis geschlossen, das eine Weile als konkurrenzfähig gegenüber dem Bunde von Christentum und Hellenismus erscheinen konnte. Diese singuläre Bedeutung des Marcion kommt aber für die von uns verfolgten Zusammenhänge nicht in Betracht.

des Cerdon (Marcion) klar herausgestellt. Pseudo - Tertullian
(c. 16 f.) berichtet nach ihm: »Hic introduxit initia duo i. e.
duos deos, unum bonum et alterum saevum, bonum superiorem,
malum hunc mundi creatorem (vgl. die parallele Stelle bei Philastrius und Epiphanius, Hilgenfeld, Ketzergesch. S. 332 Anm. 563).
Auch in Hippolyts Refutatio derselbe scharfe Dualismus!
VII 29 (p. 382, 79): „*Δύο ἀρχὰς τοῦ παντὸς ὑπέθετο, ἀγαθόν
τινα λέγων καὶ τὸν ἕτερον πονηρόν*". VII 30 (394, 35): „*Δημιουργὸν φὴς εἶναι τοῦ κόσμου πονηρόν*". VII 31 (394, 51):
„*Ἡ μὲν οὖν πρώτη καὶ καθαριωτάτη Μαρκίωνος αἵρεσις ἐξ
ἀγαθοῦ καὶ κακοῦ τῆν σύστασιν ἔχουσα*". Wenn derselbe
Hippolyt X 19 angibt, daß Marcion und Cerdon drei Prinzipien angenommen haben (*ἀγαθόν, δίκαιον, ὕλην*), so liegt hier
eine Verwechslung mit dem System des Schülers des Marcion,
Prepon[1], vor, von dem er selbst in dem genaueren Bericht
(VII 31) diese Abweichung von dem System des Meisters angegeben hat[2]. Wenn also Ptolemäus in seinem Brief an die
Flora, in welchem er eine Vermittlung mit der katholischen
Auffassung des Alten Testaments herzustellen bemüht ist, von
solchen Leuten redet, die das Mosaische Gesetz auf den Teufel
selbst zurückführen (Epiph. H. 33, 3), den sie auch für den
Vater und Schöpfer dieser Welten erklärten, so ist hier wohl
(mit Hilgenfeld, Ketzergesch. S. 346) an das System Marcions
zu denken. Das reichste Material für den Dualismus Marcions
bietet uns Tertullian[3]. De praescriptione haer. c. 34 sagt er

---

1. Charakteristisch ist, daß Prepon seine vermittelnde Anschauung
in einer Streitschrift gegen einen Anhänger des Bardesanes entwickelt
haben soll, ein neuer Beweis, daß Bardesanes und seine Schule zu den
entschiedenen Dualisten zu rechnen sind.

2. Als bemerkenswert mag hier noch erwähnt werden, daß Marcion nach Hippolyts Philosophumena eine vollkommene doketische Christologie vorträgt, den Christus aber als „*μέσον ὄντα κακοῦ καὶ ἀγαθοῦ*"
auffaßt VII 31. p. 396, 76.

3. Es geht nicht an, alle diese Zeugnisse, namentlich die des
Tertullian in ihrer Tragweite zu reduzieren (wie dies Krüger in seinem
Artikel über Marcion, Real.-Enc. XII 269 f. tut) und zu behaupten, M. wäre
nur rein religiös und nicht metaphysisch interessiert. Daß Marcion in
der Einfachheit seiner Weltanschauung sich von den übrigen Gnostikern
und deren Äonenlehre wohltuend abhebt, ist durchaus richtig. Aber
dem Marcion alles metaphysische Interesse absprechen und dann die

kurz: »Nemo alterum deum ausus est suspicari, ... donec Marcion praeter creatorem alium deum solius bonitatis induceret«. Besonders charakteristisch sind gleich die ersten Kapitel seiner Schrift »adversus Marcionem« (I 2): »Duos Ponticus deos affert ..... quem negare non potuit, i. e. creatorem nostrum, et quem probare non poterit, i. e. summum«. Aus Jesaja 45, 7 (: ego sum, qui condo mala :) bewies Marcion die Schlechtigkeit des Weltschöpfers und verglich ihn mit dem bösen Baum, der notwendig böse Früchte bringt (ebend.; vgl. Ps. Tertullian c. 16 f.). Besonders charakteristisch ist der Anfang von I 4: »Sed argumentabitur quilibet posse et duo summa magna consistere distincta et disiuncta in suis finibus, et utique advocabit exemplum regna terrarum tanta numero et tamen summa magna in suis quibusque regionibus et putabit utique humana divinis conferenda«. Also: das Reich des guten und des bösen Gottes nebeneinander, wie zwei irdische Reiche, die durch bestimmte Grenzen getrennt sind! Man muß bei diesen Ausführungen an den Dualismus der persischen Religion oder des Manichäismus denken und diese zum Vergleich heranziehen, um die Andeutungen aus dem Marcionitischen System in ihrer ganzen Tragweite zu verstehen. Weiter heißt es I 6, daß Marcion zwei wesensverschiedene Götter statuierte: »alterum judicem, ferum, belli potentem, alterum mitem, placidum et tantummodo bonum atque optimum«. Deutlich ist hier das Bild des bösen Gottes mit den Zügen des alttestamentlichen ausgestattet. So spricht denn Marcion von der »malitia creatoris« (I 17; vgl. I 22, II 3, 24). Auch nach Tertullian hat Marcion eine prinzipiell doketische Christologie: Er kam als spiritus salutaris (I 19) in diese Welt, um die Menschen vom Weltschöpfer zu erlösen und wurde demgemäß von den Mächten des Weltschöpfers auch ans Kreuz geschlagen (III 23; vgl. Hilgenfeld, Ketzergesch. 528 ff.). Er untersagte die geschlechtliche Gemeinschaft (I 29; IV 11) und den Genuß von Fleisch mit Ausnahme der Fische I 14; (vgl. Hippolyt. Philos. VII 30 p. 394, 39: „κωλύεις γαμεῖν, τεκνοῦν, ἀπέχεσθαι βρωμάτων"). Wenn übrigens Tertullian von Marcion behauptet,

---

Überlieferung danach zurechtstellen, ist eine einfache petitio principii. Marcion war eben entschlossener Dualist, das hat Tertullian sehr richtig gesehen, und mit vollem Recht spricht er von zwei Göttern des Marcion im eigentlichen Sinne des Wortes.

daß nach seinem System der Gott des Alten Testaments die
Welt nicht aus nichts geschaffen habe, sondern eine unerschaffene Materie annehme (adv. Marc. I 15)[1], so scheint diese
Notiz dem eben behaupteten schroffen Dualismus des Marcions
in etwas entgegenzustehen, und man könnte fast zu der Annahme kommen, daß auch der Marcion Tertullians drei Prinzipien des Weltgeschehens angenommen habe, wie seine späteren
Schüler: den guten Gott, den gerechten Gott und die Materie
als das eigentlich böse Prinzip. Aber gesetzt, daß Tertullian
an dieser Stelle wirklich richtig die ursprüngliche Lehre Marcions wiedergegeben hat, so darf diese Folgerung dennoch nach
allem vorher Festgelegten nicht gezogen werden, vielmehr muß
die Materie in diesem Zusammenhang dann nicht als ein drittes
gleich mächtiges und aktives Prinzip mit dem guten und gerechten Gott verstanden werden, sondern höchstens als das μὴ
ὄν, als das passive Material, aus dem der böse Weltschöpfer,
der seinem Wesen nach böse bleibt und nicht durch die Materie
entlastet wird, die Welt schuf. Auch ist zu bezweifeln, daß
Marcion wirklich, wie Hilgenfeld (S. 527) meint, den Weltschöpfer (II 10) als »auctor diaboli« bezeichnet habe, also neben
dem Weltschöpfer noch einen Teufel angenommen hätte. Es
ist die Frage, ob Tertullian, der hier nur hypothetisch redet
und der, nachdem er bewiesen hat, daß der Sündenfall des
ersten Menschen nicht auf eine Schuld Gottes zurückgehe, nun
auch die Schuldlosigkeit des Schöpfergottes gegenüber der Existenz eines Teufels beweisen möchte, — ob Tertullian hier
Äußerungen des Marcion genau wiedergibt oder nicht vielmehr
mit eigenen Worten redet. Jedenfalls kann der Teufel im ursprünglichen System des Marcion keine irgendwie hervorragende
Rolle neben der teuflischen Gestalt des Weltschöpfers gespielt
haben und könnte höchstens überkommene Reminiscenz sein.
Ebenso hat Hilgenfeld (a. a. O.) den Tertullian kaum richtig
verstanden, wenn er behauptet, daß nach Tertullian Marcion
den Satan als »angelus creatoris« bezeichnet habe (V 16).
Nach dem allerdings schwierigen Zusammenhange ist hier nicht
vom Satan in sonst üblichem Sinne die Rede, sondern im An-

---

1. Dehinc si et ille mundum ex aliqua materia subjacente molitus
est, innata et infecta et contemporali Deo, quemadmodum de creatore
Marcion sentit.

schluß an die Stelle 2. Thessal. 1, 6—8 vom Antichrist. Von
diesem Antichrist sagt Marcion ausdrücklich: »Secundum vero
Marcionem nescio ne sit Christus creatoris; nondum venit apud
illum«. Daß nach Marcions Meinung vor dem Ende ein Christus
des Weltschöpfers auftreten werde und der Christus des guten
Gottes sowohl die Herrschaft des Schöpfergottes als auch die
des falschen Christus des Schöpfergottes vernichten werde, läßt
sich auch sonst belegen (adv. Marc. III 4; Hilgenfeld 528 f.).

Endlich schildert uns auch der Asiate Rhodon, ein
Schüler Tatians, bei Eusebius H. E. V 13, 3, den Marcion als
entschlossenen Dualisten: „ἕτεροι δὲ καθὼς καὶ αὐτὸς ὁ ναύτης
Μαρκίων δύο ἀρχὰς εἰςηγοῦνται, ἀφ᾽ ὧν εἰσιν ὁ Ποτῖτός τε
καὶ Βασιλικός“[1], während er dann andere Schüler des Marcion,
Syneros und Apelles, nennt, die ihm in diesem Punkte nicht
gefolgt sind. Eine Entstellung des ursprünglichen Marcionitismus scheint übrigens schon bei Clemens Alexandrinus (Stromat.
III 3, 12) vorzuliegen, wenn es dort heißt: „ἀλλ᾽ οἱ μὲν ἀπὸ
Μαρκίωνος φύσιν κακὴν ἔκ τε ὕλης κακῆς καὶ ἐκ δικαίου γενο-
μένην δημιουργοῦ“. Der ursprüngliche Dualismus des Marcion
ist viel ernster und entschlossener; er hat wirklich den alttestamentlichen Gott mit dem Satan identifiziert und mit dem orientalischen Dualismus den von ihm tief und stark empfundenen
Gegensatz zwischen dem Alten und Neuen Testament und dem
Gott des Alten und Neuen Testaments unterbaut.

Auch in die spezifisch heidnische und vom Christentum
unberührte Gnosis ist zum Teil wenigstens dieser Dualismus
eingedrungen. So hat mit Recht Reitzenstein dem ersten
Stück der pseudohermetischen Literatur, dem sogenannten »Poimandres«, den spezifisch orientalischen Dualismus abgespürt.
Der in Ekstase versetzte Gläubige schaut zunächst die heitere
und schöne Welt des Lichts und danach, ihr schroff gegenüber-
stehend, die Welt der Finsternis: „Καὶ μετ᾽ ὀλίγον σκότος
κατωφερὲς ἦν ἐν μέρει γεγενημένον φοβερόν τε καὶ στυγνόν“.
Auch das ist charakteristisch, daß sie dem Seher gewunden wie
ein Drache erscheint und daß es dann weiter heißt, daß die
Finsternis sich verwandelt habe: εἰς ὑγρὰν τινα φύσιν ἀφάτως

---

1. Vgl. noch Ephraem, Assemani II 443 E: Marcion nahm zwei
Götter an, den einen befestigte er unter der Erde, den andern versetzte
er in den Himmel.

τεταραγμένην καὶ καπνὸν ἀποδιδοῦσαν ὡς ἀπὸ πυρὸς καί τινα
ἦχον ἀποτελοῦσαν ἀνεκλάλητον γοώδη", ein Aufang der Kosmogonie, wie er uns speziell an die bereits behandelten Phantasien
etwa der Nikolaiten, der Sethianer und des phönizischen Sanchuniathon erinnert. Dann entwickelt sich aus diesen Gegensätzen die Weltschöpfung, auf deren Einzelheiten es uns jetzt
nicht ankommt. Erwähnt mag nur noch werden, daß hier der
»Mensch« im späteren Verlauf der Dinge sich in die Materie
(φύσις) hinabneigt und so den Anstoß zur Welt- und Menschenschöpfung gibt. Auch hier also der Dualismus zwischen einer
Welt des Lichts und der Finsternis, und die Welt- oder Menschenschöpfung eine illegitime Vermischung der beiden unver-
söhnbaren Gegensätze!

Auch die Gnostiker des Plotin, bei denen mir noch zwei-
felhaft ist, ob ihr christlicher Charakter feststeht und ob sie
sich mit einer der bekannten gnostischen Sekten, z. B. der
valentinianischen, identifizieren lassen (s. u.), ob nicht vielmehr
eine ausgesprochene Ähnlichkeit mit der im Poimandres vorliegenden gnostischen Konzeption stattfindet, reihen sich in diesen
Zusammenhang ein.   C. Schmidt urteilt in seiner Darstellung
(»Plotins Stellung zum Gnosticismus« S. 43): »Die dualistische
Weltanschauung tritt klar zutage. Neben dem guten ϑεὸς ὁ
πρῶτος, steht der böse δημιουργός, neben dem reinen κόσμος
νοητός der hylische κόσμος αἰσϑητός. Infolgedessen schmähen
die Gnostiker den δημιουργός und seine Schöpfung, sie ver-
achten die Welt und was in ihr . . . . Somit ist die Welt
schlecht und Ursache des Bösen für die Menschen«.

Am deutlichsten tritt dann der Dualismus in den Systemen
des Mandäismus und Manichäismus hervor. Von Uranfang
stehen sich unabhängig voneinander die Welt des Lichts und
die Welt der Finsternis gegenüber. Es wird zwar im 6. Traktat
des Genzâ r. (76, 13 f.) behauptet, daß die Finsternis und die ihr
angehörigen Mächte jünger als die Lichtwelt sind und auch
dereinst vergehen werden (Brandt M. R. p. 28), aber nirgends
wird gesagt, daß die Mächte der Finsternis von denen des
Lichts geschaffen seien, nirgends wird eine Ableitung der Welt
der Finsternis aus der des Lichts versucht. Das Drama der Weltgeschichte beginnt deutlich — wenigstens nach dem 8. Traktat
r. — mit geheimen Plänen und einer Revolution der Mächte

der Finsternis gegen das Licht. Um jene Pläne zu vernichten, steigt Hibil-Ziwâ hinunter in die sieben Höllen und nimmt den dämonischen Mächten ihre Kraft. Nach dem 6. Traktat r. geht der Ansturm gegen die Lichtwelt von dem Dämon Ur und der Ruhâ aus und wird allerdings von Mândâ d'Hajê sofort vereitelt. Die Gegensätze zwischen der Welt des Lichts und der Finsternis sind hier noch um ein gut Stück konkreter, lebendiger und persönlicher als in den meisten Systemen der Gnosis. Unberührt von griechischer Abstraktion hat sich der orientalische mythologische Dualismus hier in seiner ganzen Ursprünglichkeit erhalten. In einer Hinsicht ist allerdings dieser Dualismus wieder nicht derart intensiv, wie in der Gnosis: der Mandäismus teilt die Vorstellung von dem absolut bösartigen Charakter der körperlich-sinnlichen Welt nicht. Freilich ist diese Welt auch hier von halbbösen, mittlerischen Mächten (Abatur, Ptahil) und in Verbindung mit den »Sieben« geschaffen, aber auch in den älteren Zeugnissen des mandäischen Systems fordern die oberen Mächte zur Weltschöpfung auf, und diese wird nicht ohne ihr gnädiges Mitwirken vollendet. Die »Sieben« sind nicht Schöpfer dieser Welt, sondern es ist ihnen nur eine gewisse Herrschaft in ihr konzediert. Damit hängt denn auch zusammen, daß den Mandäern alle eigentlichen asketischen Neigungen fremd geblieben sind. Diese körperliche Welt ist zwar von den Bösen, der Ruhâ und den »Sieben«, verderbt und entstellt, und viel Schädliches und Verderbliches ist in ihr, aber sie ist nicht schlechthin böse. Die mandäische Gnosis hat, wie wir noch genauer sehen werden, den orientalischen Dualismus naiver und unberührter vom griechischen Spiritualismus bewahrt.

Daß das mandäische System auf vollkommen dualistischer Grundlage beruht, bedarf kaum des Beweises. Schroff stehen sich die Welt des Lichtes und der Finsternis gegenüber. An der Spitze der ersteren der »erste Großherrliche: Gott selbst, der König der Paradiese des Lichts«, an der Spitze der Welt der Finsternis der Satan (Flügel, Mani p. 86). Der Satan beginnt aus der Welt der Finsternis in die Höhe zu streben, so daß diese in Verwirrung gerät. Da zieht eine der Emanationen des Urvaters, der Urmensch, aus, um den Satan zu besiegen. Er gerät in die Gefangenschaft der Mächte der Finsternis, wird

8*

freilich selbst von seinen Genossen befreit, aber bereits haben
die Mächte der Finsternis von seinen Lichtgliedern resp. seinen
Waffen einiges verschlungen. Zur Befreiuung der so in der
Welt gefangenen Lichtteile wird dann die körperliche Welt
gebildet und einem allmählichen Läuterungsprozeß unterworfen.
Also auch hier die Welt eine Vermischung von Licht und Finsternis und das Endziel die Entmischung der widerrechtlich
zusammengekommenen Gegensätze.

Leicht läßt sich auch nun der Nachweis führen, daß diese
ganze dualistische Gedankenwelt, die wir besprochen haben,
ursprünglich von der persischen Religion bedingt ist. Ganz
klar liegen die Dinge bei der letztbesprochenen Erscheinung,
der Religion des Manichäismus. Wie dort Ormuzd, der König
des Lichts, dem Geist der Finsternis, Ahriman, gegenübersteht,
so hier der König der Paradiese des Lichts dem Satan; wie
dort die gute und lichte Schöpfung Ormuzd's der bösen und
dunklen Welt Ahrimans, so hier die Welt des Lichts der der
Finsternis. Wie dort im Anfang alles Werdens Ahriman die
Lichtwelt zu stürmen versucht, so strebt hier der Satan gegen
die Welt des Lichts empor, und wie dort der Urmensch Gayomard dem Ahriman unterliegt, so wird auch hier der Urmensch
von den Mächten der Materie gefangen genommen und geschä-
digt. Ist dort diese irdische Welt eine Welt des Kampfes
zwischen Ormuzd und Ahriman und ihren guten und bösen
Schöpfungen, so ist auch hier die Welt aus der Mischung von
Licht und Finsternis entstanden, und ist dort das Endziel der
Entwicklung das Aufhören des Kampfes, die gänzliche Besiegung Ahrimans und seine Entfernung aus dieser Welt, so ist
auch hier das letzte Ziel die Entmischung der disparaten Elemente und die Entfernung oder Vernichtung der Elemente der
Finsternis. Die neuentdeckten Fragmente von Turfan machen
es überdies jedem, der hier sehen will, noch klarer, als es bisher
war, wie stark der Manichäismus direkt mit persischen Elementen durchsetzt ist. Auch der Zusammenhang des mandäischen Dualismus mit dem persischen ist von vornherein klar.
Es genügt hier, auf das Urteil Brandts (M. R. 194) zu verweisen: »Die Identität des Gegensatzes von Licht und Finsternis
mit dem von gut und böse ist die Grundanschauung der persischen Religion, in welcher die mandäische nach dieser Seite

hin wurzelt. Die alte Schule hat wohl die Welt der Finsternis
für jünger als die Welt des Lichts erklärt, auch ist der Gegensatz hier noch mehr der elementare; . . . . . . die Lichtkönigslehre aber setzt ganz nach persischer Weise hier den erhabenen
Lichtkönig und sein Reich, dort den König der Finsternis und
diesen selbst, die von Natur böse ist, zwischen inne die Erde
mit den Menschen . . . . . . Wenn jetzt der Priester von Sûq
Herrn Petermann als ein Geheimnis seiner Zunft im Vertrauen
eröffnete, es sei gleichzeitig mit dem Mana Rabba der Fürst
der Finsternis aus der großen Frucht hervorgegangen, so erhellt,
daß auch die (jüngere) Lehre vom Zrwâna Akarana sich nachträglich noch Geltung verschafft hat. Nicht minder weist die
in der Lichtkönigslehre zuerst hervortretende Ansicht von den
bösen Gegenschöpfungen in einer von Hause aus guten Welt
auf den Parsismus zurück«. Von hier aus können wir nun
unsere Linien nach rückwärts ziehen. Nicht mit Unrecht hat
der Verfasser der Acta Archelai das enge Verwandtschaftsver-
hältnis zwischen dem Gnostiker Basilides und dem System des
Mani hervorgehoben. Wir haben in der Tat hüben und drüben
dieselbe und zwar wesentlich persisch bedingte Grundanschauung.
Auch hier bei Basilides (s. o. S. 92 ff.) die absoluten Gegensätze
einer Welt des Lichts und einer Welt der Finsternis. Das
mythologische Element ist allerdings ganz verschwunden. Es
sind die abstrakten Mächte des Lichts und der Finsternis,
die sich gegenüberstehen ohne persönliche Zusammenfassung.
Das ist aber eine Entwicklung, wie sie sich auf griechischem
Boden und unter griechischem Geisteseinfluß beinahe mit Not-
wendigkeit vollziehen mußte. Auch im System des Mani begegnen wir in der Berichterstattung griechischer kirchlicher
Schriftsteller derselben Entwicklung. Da ist anstatt vom Fürsten
der Finsternis nur noch von der $\H{\upsilon}\lambda\eta$ die Rede; an Stelle des
Urmenschen tritt etwa die Weltseele. Überall die Wendung
vom Konkreten zum Abstrakten. Selbst in die späteren Darstellungen des Parsismus ist dieser Grundzug eingedrungen
(man vgl. die Darstellung der Lehre Zarathustras bei Schahrastâni, Haarbrücker I 282). Auch bei Basilides haben wir
dann den Mythus von der Vermischung des Lichts und der
Finsternis, auch hier spielen die Mächte der Finsternis dabei
eine aktive, angreifende Rolle, während dem Lichte nur eine

mehr passive Rolle zugeschrieben wird. Auch hier die Welt
im wesentlichen aus den von der Finsternis gefangenen
Lichtteilen gebildet (hier wie es scheint, nicht durch die
guten, sondern durch dämonische Mächte), auch hier ist die
Entmischung der stattgefundenen Vermischung das letzte Endziel. Dazu kommen die oben zusammengestellten äußeren
Nachrichten über die Herkunft und Lehre des Basilides und
über die Beziehung seines Sohnes Isidor zu orientalischen Propheten. Auch von Bardesanes führten, wie wir sahen, die
Linien direkt zum Parsismus hinüber, und so werden wir nicht
fehlgehen, wenn wir auch alle übrigen verwandten dualistischen
Vorstellungen der Gnosis im großen und ganzen, abgesehen von
einigen anderen bereits nachgewiesenen Einflüssen, von dorther
ableiten. Auch auf das, was im ersten Abschnitt über die mit
dem gnostischen Dualismus verbundene Auffassung der »Sieben«
als dämonischer oder halbdämonischer Mächte gesagt ist, und
auf unsere Nachweise über die Herkunft dieser Idee sei noch
einmal in diesem Zusammenhang zurückverwiesen.

Andererseits muß freilich aber auch hervorgehoben werden,
daß der persische Dualismus in dieser Umgebung eine starke
Veränderung und Umwandlung durchgemacht hat. Zunächst
ist, wie wir bereits hervorgehoben, das konkrete mythologische
Element der persischen Religionsvorstellung stark zugunsten
einer mehr abstrakten, mehr spekulativen Auffassung zurück-
gedrängt. Vor allem aber ist hier ein neuer Gegensatz lebendig
geworden, den die persische Religion noch nicht kennt und der,
wie wir sahen, für die gesamte gnostische Welt von ungemeiner
Tragweite ist: der Gegensatz zwischen der guten geistigen
und der bösen körperlichen Welt. An diesem Punkt hat
sich eben der Geist der spätgriechischen Antike mit dem persischen Dualismus verbunden und in Gemeinschaft mit ihm
eine außerordentlich starke und geschlossene pessimistische Grundanschauung erzeugt. In der gemäßigt dualistischen Grundanschauung der späteren griechischen Antike ist und bleibt die
niedere materielle Welt doch wesentlich das nur Unvollkom-
mene, das noch Ungestaltete, daher immerhin, von der anderen
Seite angeschaut, ein Abglanz und bei aller Verdunklung doch
eine letzte Ausstrahlung der oberen geistigen Welt. Infolge
der Verbindung, welche die griechische Anschauung mit dem

persischen Dualismus eingeht, wird diese niedere körperliche
Welt erst recht eigentlich das feindliche Element, das mit
eigener Aktivität und Initiative der Lichtwelt gegenübersteht,
gegen diese zum Angriff übergeht, gegen sie revolutioniert oder
diese in sich hinabzieht und gefangen hält. Andererseits war
der Charakter des alten persischen Dualismus ein mehr zu-
fälliger. Innerhalb dieser Welt unterscheidet man je nach ihrer
Nützlichkeit für die Frommen die guten Schöpfungen Ormuzds
und die bösen Ahrimans, ohne daß eine wirkliche prinzipielle
und gedankenmäßige Scheidung durchgeführt würde. Durch
jenen Kontakt der verschiedenen Weltanschauungen wird nunmehr der persische Dualismus metaphysisch unterbaut und auf
die großen Gegensätze von geistiger und materieller Welt, Seele
und Körper bezogen. So entsteht der absolute und trostlose
Pessimismus der Gnosis mit seinen praktischen asketischen
Folgerungen, und dieser Charakter verbleibt der ganzen Geistesbewegung trotz aller Vermittelung der Emanationssysteme, in
denen immer noch der griechische Geist gegen den absoluten
orientalischen Dualismus reagierte. Selbst in den Systemen der
Valentinianischen Schule, die am weitesten nach der Richtung
des Monismus fortgeschritten sind, ist jene Grundlage noch
deutlich erkennbar.

II.

In diesem Zusammenhang haben wir aber noch auf eine
Reihe eigentümlicher mythologischer Vermittlungen und neuer
Gestalten zu achten, durch welche ebenfalls der absolute gnostische Dualismus irgendwie überbrückt und gemildert werden sollte.
Wir finden, daß in einer Reihe gnostischer Systeme die Welt
des Lichts und der Finsternis sich nicht mehr unmittelbar gegenüberstehen, sondern eine vermittelnde Macht zwischen ihnen angenommen wird. Auch hier ist es vom äußersten Interesse, auf
die weiteren religionsgeschichtlichen Zusammenhänge zu achten.

Das klarste Beispiel für die eben angedeutete Anschauung
bietet uns das System der Sethianer (nach der Darstellung in
Hippolyts Philosophumena V 19 p. 200, 66ff.). Wegen des außer-
ordentlichen religionsgeschichtlichen Interesses, das sich an diese
Darstellung knüpft, empfiehlt sich eine möglichst umfangreiche
wörtliche Wiedergabe. »Die uranfänglichen Substanzen«, heiß

es, »sind Licht und Finsternis. In der Mitte zwischen ihnen
befindet sich das lautere πνεῦμα. Dieses πνεῦμα, das mitten
zwischen der Finsternis, welche unten ist, und dem Licht, welches
oben ist, befestigt ist, ist nicht ein πνεῦμα, dem Sturme des
Windes gleich oder einem leichten Lufthauch, den man mit den
Sinnen fassen kann, sondern wie der Duft der Salbe oder der
leichte Duft des durch Mischung bereiteten Rauchwerks, eine
Macht, die mit unmerkbaren und über alle Worte hinausliegenden
Strömen des Wohlgeruchs[1] sich verbreitet. Da aber das Licht
oben ist und unten die Finsternis und in der Mitte von ihnen
auf diese Weise, wie ich sagte, das πνεῦμα, so leuchtet das
Licht seiner Natur nach wie ein Sonnenstrahl von oben in die
darunterliegende Finsternis hinein, und der Wohlgeruch des in
der Mitte befindlichen πνεῦμα wiederum dehnt sich aus und
strömt überall hin . . . . So ist also die Eigenart der dreifach
Getrennten (Substanzen) und es befindet sich die Macht des
πνεῦμα und des Lichts zusammen in der drunten befindlichen
Finsternis. Die Finsternis ist furchtbares Wasser, in das mit
dem πνεῦμα das Licht . . . . hinabgezogen und hinabgetragen
wurde. Die Finsternis aber ist nicht unverständig[2], sondern
überaus verständig und weiß, daß, wenn das Licht von der
Finsternis fortgenommen werden würde, die Finsternis öde, ohne
Schein und ohne Glanz, ohne Kraft, ohne Wirksamkeit und

---

1. Zu der Vorstellung vom Wohlgeruch des πνεῦμα ist zu bemerken,
daß die Anschauung, daß die Himmelswelten wohlriechend seien, die
Welt Ahrimans dagegen übelriechend, eine ganz geläufige persische
Vorstellung ist; vergl. z. B. Ulemaï Islam (übers. von Vullers S. 45 ff.):
Ormuzd war lichtglänzend, rein, guten Geruchs, dem Guten ergeben
und aller guten Handlungen fähig . . . . Ahriman schwarz, unrein, übelriechend und bösartig.« Eine weitere Reihe von Belegen auch mit
Parallelen jüdisch-christlicher Vorstellungen siehe bei Böklen, »die Verwandtschaft der jüdisch-christlichen mit der parsischen Eschatologie« S. 65.
2. Bemerkenswert ist, daß in der persischen Mythologie in der
Regel die Torheit und Unwissenheit Ahrimans gegenüber Ormuzd hervorgehoben wird; vergl. z. B. die ersten Kapitel des Bundehesh. Auch
im System der Bardesaniten (nach Schahrastâni, Haarbrücker I 293)
heißt es, daß »die Finsternis tot, unwissend, schwach, starr und un-
beseelt sei und ohne Tun und Unterscheidung.« Sie sind der Meinung,
daß »das Böse von ihr in natürlicher und unkundiger Weise« (nur
der Natur nach und ohne Sinn und Verstand) »entstehe.« (Vgl. das
System des Mazdak bei Haarbrücker S. 291.)

schwach bleibt. Deshalb ist sie mit aller Klugheit und allem
Verstand gewaltsam bestrebt, den Strahl und den Funken des
Lichts bei sich zu behalten nebst dem Wohlgeruch des Geistes.
. . . . Wie nun die Finsternis sich um den Lichtglanz bemüht,
um den Lichtfunken in der Sklaverei zu behalten . . . ., so be-
mühen sich das Licht und das $\pi\nu\varepsilon\tilde{v}\mu\alpha$ um die ihnen zugehörige
Macht und streben, ihre in die Vermischung mit dem drunten
befindlichen finsteren und furchtbaren Wasser eingegangenen
Kräfte zu befreien und wieder zu erwerben«. Durch das Zu-
sammenwirken dieser drei Mächte erfolgt dann in allmählichem
Werden die Schaffung dieser körperlichen Welt. Leider ist
hier die Darstellung durch die Aufnahme eines zweiten kosmogonischen Mythus, den wir bereits oben S. 104 besprochen haben,
entstellt und unterbrochen. Charakteristisch aber ist wieder der
Schluß der Darstellung des Systems der Sethianer (V 21). Da-
nach trugen die Sethianer einen „$\lambda\acute{o}\gamma o\varsigma$ $\pi\varepsilon\varrho\grave{\iota}$ $\varkappa\varrho\acute{\alpha}\sigma\varepsilon\omega\varsigma$ $\varkappa\alpha\grave{\iota}$
$\mu\acute{\iota}\xi\varepsilon\omega\varsigma$" (p. 210, 39) vor. Das ist charakteristisch. Auch hier
finden wir das Thema, daß diese körperliche Welt auf einer
unnatürlichen Vermischung beruhe und daß, wie nun weiter
ausgeführt wird, das Heil in der Entmischung der vermischten
Bestandteile bestehe. Zahlreiche Beispiele aus der natürlichen
Welt tragen die Sethianer für die Denkmöglichkeit einer solchen
Entmischung zusammen. So gebe der Weihrauch, der aus verschiedenen Bestandteilen zusammengemischt sei, zunächst nur
einen Geruch, aber der Kundige könne die verschiedenen zusammengesetzten Gerüche noch erkennen. So könne man die
Metalle miteinander verschmelzen, aber der Kunst gelinge auch
die Wiederauflösung der vermischten Bestandteile. Am be-
liebtesten ist in diesem Zusammenhange das Bild von dem
Magneten, der aus einer Masse die ihm verwandten Eisenteile
an sich zieht.

Es bedarf keines weiteren Beweises, daß wir uns mit diesen
gesamten Anschauungen in einer Welt bekannter und bereits
besprochener Vorstellungen befinden. Der spezifisch gnostisch-
orientalische Dualismus tritt hier überall klar zutage. Nur
eine neue Vorstellung haben wir zu verzeichnen, das ist die
Vorstellung von einer zwischen Licht und Finsternis in der
Mitte stehenden und vermittelnden Macht. Eine überraschende
Parallele zu dieser Vorstellung bietet uns hier der Bericht des

Plutarch über die persische Religion. »De Iside et Osiride«
c. 46 überliefert Plutarch: (nachdem er vorher erwähnt hat, daß
Zoroaster zwei Götter, den einen als Schöpfer des Guten, den
anderen als Schöpfer des Bösen angenommen und diesen »Oromazes« jenen »Areimanios« genannt habe): „καὶ προσαπεφαίνετο
τὸν μὲν ἐοικέναι φωτὶ μάλιστα τῶν αἰσθητῶν, τὸν δ' ἔμπαλιν
σκότῳ καὶ ἀγνοίᾳ, μέσον δ' ἀμφοῖν τὸν Μίθρην εἶναι· δι'
ὃ καὶ Μίθρην Πέρσαι τὸν Μεσίτην ὀνομάζουσιν." Hier treffen
wir also auf eine ungemein interessante spätere persische Spekulation, derzufolge Mithras als die mittlere Macht, der »Mesites«,
zwischen Ormuzd und Ahriman bezeichnet wird.   Obwohl sich
in den genuinen persischen Religionsurkunden diese Spekulation
nicht nachweisen läßt, so ist doch eine Erweiterung des persischen Religionssystems nach dieser mehr spekulativen Richtung
hin durchaus wahrscheinlich. Der Gott Mithras, der sowohl in
der ursprünglichen persischen Religion, wie in der Religion der
Mithras-Mysterien eine so entscheidende und zentrale Stellung
hat, eignet sich in der Tat außerordentlich gut für die ihm hier
zugedachte Position. Er ist ursprünglich nicht der Gott der
Sonne, sondern der Gott des Himmelslichts; Tiele (»Geschichte
der Religion im Altertum«, übers. v. Gehrich, II 242) charakterisiert ihn: »Er ist der Lichthimmel bei Tag und Nacht, persönlich aufgefaßt der Gott, der das Licht bringt zu allen Zeiten
und in allen Erscheinungen.«   Es ist sehr wohl denkbar, daß
dieser Lichtgott nach einer späteren mehr systematischen Auffassung diese Stellung zwischen dem höchsten Gott des Himmels,
Ormuzd, auf der einen Seite und dem Fürsten der Unterwelt,
Ahriman, auf der anderen Seite bekam. Ich bemerke noch, daß
nach Tiele (II 243) an einer Stelle des Avesta (Yašt VI 5) von
ihm gesagt wird, daß er die Verbindung zwischen Mond und
Sonne bilde. Tiele erklärt das für ein Wortspiel mit seinem
Namen, der auch »Freund« (μεσίτης?) bedeute[1]. Auch sonst
finden sich Parallelen zu dieser Vorstellung von einer zwischen
der Welt des Lichts und der Finsternis vermittelnden Potenz.

---

1. In Porphyrius de antro nympharum wird überdies Mithras
mehrfach der δημιουργός genannt; c. 6: δημιουργὸς ὢν ὁ Μίθρας καὶ
γενέσεως δεσπότης (vergl. c. 24). c. 57: εἰς τιμὴν τοῦ πάντων ποιητοῦ καὶ
πατρὸς Μίθρα. Die Rolle des δημιουργός paßt ebenfalls sehr gut für
den μεσίτης Mithras

So heißt es gleich im Anfang des Bundehesh (I 4), daß zwischen Ormuzd und Ahriman sich ein leerer Raum befunden habe; das sei das, was man Luft (Vayu) nenne und in ihr habe ihre Bewegung stattgefunden. Hier ist zwar von Mithras nicht mehr die Rede; es findet sich statt dessen die mehr abstrakte Vor-stellung von der Luft, die sich zwischen Ormuzd und Ahriman (Licht und Finsternis) befinde. Es ist aber sehr wohl denkbar, daß die beiden Vorstellungen: Mithras der Gott des Himmels-lichts, der also in der Luft oder im Äther wohnt, und die Vor-stellung von der Luft (ebenfalls einer Gottheit der Perser) mit-einander wechseln. Es nimmt sich fast wie eine Übersetzung jener persischen Vorstellungen ins Griechische aus, wenn es bei Hippolyt, Refut. IV 43 p. 108, 60, heißt: Οἱ δὲ ἐνδοτέρω τῆς ἀληθείας νομίσαντες γεγονέναι Πέρσαι ἔφασαν τὸν θεὸν εἶναι φωτεινόν, φῶς ἐν ἀέρι συνεχόμενον[1].

Ich glaube, daß wir die Parallele wagen dürfen[2]: das πνεῦμα ἀκέραιον, das sich im System der Sethianer zwischen Licht und Finsternis befindet, ist nichts anderes als der Mesites-Mithras, der nach Plutarch sich zwischen Ormuzd und Ahriman befindet und für den dann später die mehr abstrakte Vorstellung eintritt von der Luft, die zwischen dem Licht und der Finsternis befestigt ist. Erinnert doch auch die Vorstellung von πνεῦμα in seinem ursprünglichen Sinn — man vergleiche oben den von den Sethianern allerdings abgewiesenen Vergleich mit dem Windsturm oder dem sanften Lufthauch — unmittelbar an jene abstrakte persische Vorstellung; und findet doch das eben er-wähnte „φῶς ἐν ἀέρι συνεχόμενον" seine genaue Parallele in der Darstellung des Sethianischen Systems.

Es ist nun weiter bemerkenswert, daß diese Idee von einer Dreiteilung der Grundkräfte, die uns besonders deutlich im

---

1. Dem entspricht übrigens auch die manichäische Anschauung, bei Augustin c. Faustum 20, 2: Spiritus sancti, qui est majestas tertia, aeris hunc omnem ambitum sedem fatemur ac diver-sorium, cuius ex viribus ac spiritali profusione terram quoque conci-pientem gignere patibilem Jesum. Baur, d. manich. Religionssystem 71. Vergl. übrigens auch Philo, Leg. Alleg. I § 37: τείναντος τοῦ θεοῦ τὴν ἀφ' ἑαυτοῦ δύναμιν διὰ τοῦ μέσου πνεύματος ἄχρι τοῦ ὑποκειμένου.

2. Man beachte besonders, daß auch das ganze Milieu hier auf persische Religionsideen hinweist.

Sethianischen System entgegentritt, sich auch noch in einer
ganzen Reihe anderer gnostischer Systeme mehr oder minder
deutlich nachweisen läßt. Es scheint, als wenn jene Idee einer
zwischen der Welt des Lichts und der Finsternis vermittelnden
Macht sich starker Beliebtheit in den Schulen der Gnosis er-
freut hat. Eng verwandt mit den Sethianern ist jedenfalls die
bei Hippolyt Ref. V 12 ff. dargestellte Sekte der Peraten. Deren
Lehre wird V 17 kurz zusammengefaßt. Danach ist auch bei
ihnen die Welt dreigeteilt. Die drei Grundkräfte sind (196, 91 ff.)
»Vater, Sohn und $\\ddot{v}\lambda\eta$. Von diesen dreien hat jeder unendliche Kräfte in sich. Es hat nun der Sohn seinen Aufenthalt
mitten zwischen der $\ddot{v}\lambda\eta$ und dem Vater, das Wort, die
Schlange[1], die sich immerdar zu dem unbeweglichen Vater
und wieder zu der beweglichen Materie hinbewegt. Und bald
wendet er sich dem Vater zu und nimmt seine Kräfte in sich
auf, und wenn er die Kräfte empfangen hat, wendet er sich der
$\ddot{v}\lambda\eta$ zu, und die $\ddot{v}\lambda\eta$, die ohne Qualität und ohne Gestaltung
ist, bringt nun die von dem Sohn herstammenden Ideen zur
Ausprägung, die der Sohn vom Vater her zur Ausprägung gebracht hatte«. Es wird dann in diesem System noch außerdem
der böse Archon und Demiurg dieser Welt genannt, welcher
unter Aufnahme der von dem Sohn herstammenden Ideen diese
körperliche Welt geschaffen hat, und der Sohn dann als Erlöser
gefeiert; »denn wie er von oben die väterlichen Abdrücke her-
untergebracht hat, so trägt er auch wiederum die aus ihrem
Schlaf erwachten .... väterlichen Abdrücke hinauf ....«
198, 28 f. Es ist ganz klar, daß wir hier dieselben Grundanschauungen vor uns haben, nur daß die einzelnen Weltprin-
zipien andere Namen erhalten haben und dadurch die Konsta-
tierung ihrer ursprünglichen Bedeutung erschwert wird. Die
Macht des Lichtes wird hier schlechthin der Vater genannt,

---

1. An diesem Punkt mischt sich in die Darlegung eine fremde
Vorstellung ein, insofern hier der Sohn als »Schlange« bezeichnet wird
und seine vermittelnde Tätigkeit zwischen Vater und $\ddot{v}\lambda\eta$ in Parallele
gesetzt wird mit dem Sich-Hinundherwinden der Schlange. Die Auffassung der erlösenden und rettenden Macht als Schlange ist ja bekanntlich in gewissen gnostischen Sekten weit verbreitet und beruht
ursprünglich wahrscheinlich auf der Herübernahme und Vergeistigung
irgend eines, vielleicht phönizischen, Schlangenkultus.

ihm steht die ὕλη gegenüber, und der Mesites zwischen Licht und Finsternis ist hier naturgemäß der Sohn geworden[1]. Mit alledem hat hier die Gesamtvorstellung wieder eine konkretere und persönlichere Färbung bekommen. Die Zusammenhänge mit der persischen Spekulation werden allerdings nur noch deutlich, wenn wir in der Weise, wie es geschehen ist, das System der Peraten mit dem der Sethianer zusammenhalten.

Am Schluß der breitangelegten vorhergehenden Darstellung über die Naassener findet sich ein Psalm der Naassenischen Sekte angeführt, der in der Tat eher zu dem System der Peraten und Sethianer zu passen und einen kurzen Abriß dieser zu repräsentieren scheint, als daß wir in ihm eine Zusammenfassung des Naassenischen Systems zu sehen hätten. Hier lautet der Anfang:

„Νόμος ἦν γενικὸς τοῦ παντὸς ὁ πρῶτος νόος,
Ὁ δὲ δεύτερος ἦν τοῦ πρωτοτόκου τὸ χυθὲν χάος,
Τριτάτη ψυχὴ δ᾽ ἔλαβεν ἐργαζομένη νόμον".

Auch hier liegt wieder, nur unter anderen Namen, eine Dreiteilung vor: dem πρῶτος νοῦς, dem πατήρ im peratischen System, steht das χάος gegenüber; die vermittelnde Macht, von der in folgenden Versen geschildert wird, wie sie sich bald der einen, bald der anderen der entgegengesetzten Welten zuwendet, wird hier die ψυχή (die Weltseele) genannt, — unter neuen Formen dieselbe Grundvorstellung.

In diesen Zusammenhang gehört ferner die von Hippolyt behandelte Sekte der sogenannten Doketen. Hier ist zunächst (VIII 8 p. 414) von drei obersten Aeonen die Rede, die sich dann zu je zehn, im ganzen dreißig, Aeonen erweitern (wir denken etwa an das System der valentinianischen Schule). Weiter wird von dem Wesen und Charakter der drei Aeonen nichts Genaueres gesagt. Auch daß diese Aeonen zusammen dann einen neuen Aeon schaffen, den Erlöser, der mit dem von der Maria geborenen Jesus irgendwie zusammenhängt — wieder eine Reminiscenz an das Valentinianische System — interessiert uns in unserem Zusammenhang weniger. Dann aber werden

---

1. Vielleicht wirkten dabei christliche Einflüsse mit, die man aber keineswegs überall anzunehmen hat, wo die Figuren von Vater und Sohn begegnen.

(p. 416 80 ff.) uns schon bekannte Gedankengänge entwickelt. Der Welt des Lichts, über die die drei Aeonen herrschen, tritt die Welt der Finsternis, das Chaos, gegenüber. Auch hier heißt es wieder, daß das Licht von oben in das drunten befindliche Chaos (εἰς τὸ ὑποκείμενον χάος) hineingeleuchtet habe und daß das Chaos „πῆξιν ἔλαβεν καὶ ἀνεδέξατο τὰς ἰδέας[1] τὰς ἄνωθεν ἀπάσας ἀπὸ τοῦ τρίτου αἰῶνος τοῦ τριπλασιάσαντος αὐτόν" (418, 90). Wie der dritte Aeon dann gesehen habe, daß alle Abdrücke aus der Welt des Lichts in dem drunten befindlichen Chaos gefangen gehalten wurden, habe er, da er die Macht der Finsternis wohl gekannt habe, nicht mehr zugelassen, daß die Lichtabdrücke von oben noch weiterhin von der Finsternis hinabgerissen wurden; er habe viel- mehr die Veste unterhalb der Aeonen geschaffen und so zwischen Finsternis und Licht (Anlehnung an den Mosaischen Schöpfungs- bericht) geschieden. Ähnlich wie bei den Peraten wird dann auch hier gesagt, daß, nachdem die unendlich vielen Ideen des Lichts in der Finsternis verschlungen waren, aus dem Licht das lebendige Feuer (πῦρ ζῶν) entstanden sei und aus diesem wieder der große Archon, der πύρινος θεός, der dann diese körperliche Welt geschaffen habe. In diesem Zusammenhange vertritt also der dritte Aeon etwa die Stelle des πνεῦμα ἀκέραιον bei den Sethianern, des υἱός bei den Peraten, der ψυχή im Naasseni- schen Hymnus. Auch hier hat dieser die vermittelnde und scheidende Rolle zwischen der Welt des Lichtes und der Fin- sternis, und wenn über ihm noch zwei Aeonen erscheinen an- statt des einen in den anderen Systemen, so muß hier noch einmal eine Verdopplung des ersten Aeon stattgefunden haben, über die wir im einzelnen nichts sagen können, weil der folgende Bericht nicht ausführlich genug ist. Einige Spuren von der vorgetragenen Anschauung finden sich endlich auch noch im System des Arabers Monoimos (Hippolyt, Ref. VIII 12 ff.). Es wird hier unterschieden zwischen dem τέλειος ἄνθρωπος und dem υἱός τοῦ ἀνθρώπου (426, 39) und auf diesen letzteren zum Teil (ἀπὸ μέρους τινός) die Weltschöpfung zurückgeführt.

---

1. Eine sehr bemerkenswerte Parallele bietet Plutarch de Iside et Osiride c. 47. Auch hier ruft Ὠρομάζης dreißig Aeonen ins Dasein. Auch hier heißt es in diesem Zusammenhang ὁ Ὠρομάζης τρὶς ἑαυτὸν αὐξήσας.

Sehr interessant ist übrigens auch der Vergleich mit dem in Hippolyt Refutatio erscheinenden, im monistischen Sinn überarbeiteten System des Basilides. Hier ist bekanntlich im Anfang die Rede von den drei Sohnschaften, die sich aus dem οὐκ ὢν ϑεός, d. h. dem alles zugrunde liegenden Sein entfaltet. Von der ersten Sohnschaft heißt es (VII, 22 p. 362), daß sie fein und leicht gestaltet gleich im Anfang der Entwicklung von unten nach oben zu den höchsten Höhen aufgestiegen sei. Die mittlere Sohnschaft, die gröberen Wesens war, habe nicht in derselben Weise in die Höhe steigen können, sie sei aber, von den Flügeln des πνεῦμα ἅγιον getragen, dennoch ein wenig in die Höhe gestiegen und der feiner gearteten Sohnschaft und der höchsten nicht seienden Gottheit nahegekommen und sei in deren Nähe zurückgeblieben. Sie habe dabei einen Duft jener höchsten Sohnschaft behalten, so wie ein Gefäß, das eine wohlriechende Salbe enthalten habe, noch einen Duft zurückbehalte, auch nachdem die Salbe ausgegossen sei; und so habe die zweite Sohnschaft, die deshalb auch μεϑόριον πνεῦμα genannt wird, die mittlere Grenze gebildet zwischen der oberen Sohnschaft und der unteren Welt, in welcher die dritte Sohnschaft zunächst rettungslos verstrickt wird: „Διῄρηται γὰρ ὑπὸ Βασιλείδου τὰ ὄντα εἰς δύο τὰς προεχεῖς καὶ πρώτας διαιρέσεις, καὶ καλεῖται κατ' αὐτὸν τὸ μέν τι κόσμος, τὸ δέ τι ὑπερκόσμια, τὸ δὲ μεταξὺ τοῦ κοσμοῦ καὶ τῶν ὑπερκοσμίων μεϑόριον πνεῦμα, τοῦτο, ὅπερ ἐστὶ καὶ ἅγιον καὶ τῆς υἱότητος ἔχει μένουσαν ἐν ἑαυτῷ τὴν ὀσμήν (c. 23 p. 364, 8). Die Zusammenhänge sind auch hier unverkennbar. Wir haben wieder den Gegensatz zwischen einer oberen himmlischen und einer niederen kosmischen Welt und zwischen beiden die zweite Sohnschaft, das μεϑόριον πνεῦμα. Und besonders beachtenswert ist es, daß auch hier, wie in der Darstellung des Systems der Sethianer die himmlische εὐωδία des μεϑόριον πνεῦμα hervorgehoben wird.

Wieder eine etwas andere Wendung nimmt die Spekulation in dem späteren Simonianischen System bei Hippolyt, Refut. VI 6 ff. Hier finden wir (VI 18) ein längeres Zitat aus der sogenannten Ἀπόφασις μεγάλη der Simonianer. Dort heißt es gleich im Anfang: „Δύο εἰσὶ παραφυάδες τῶν ὅλων αἰώνων, μήτε ἀρχὴν μήτε πέρας ἔχουσαι ἀπὸ μιᾶς ῥίζης“. Als die eine der

beiden Grundmächte wird dann genannt der νοῦς τῶν ὅλων
(vgl. den Hymnus der Naassener) διέπων τὰ πάντα. Von der
zweiten heißt es: „ἡ δὲ ἑτέρα κάτωθεν ἐπίνοια μεγάλη θήλεια,
γεννῶσα πάντα“. Aber auch eine mittlerische Macht wird hier
angenommen: „Καὶ τὸ μέσον διάστημα ἐμφαίνουσιν ἀέρα
ἀκατάληπτον μήτε ἀρχὴν μήτε πέρας ἔχοντα (vgl. die
spätere persische Spekulation über die Luft, die sich zwischen
Licht und Finsternis befindet). Hier ist freilich ein neuer
Grundzug zu vermerken, nämlich der hervortretende Gegensatz
des Männlichen und Weiblichen, dem wir bei den bisherigen
dualistischen Systemen nicht begegneten. Von dieser Verbindung des Gegensatzes des Männlichen und Weiblichen mit dem
Dualismus zwischen Licht und Finsternis wird noch weiter unten
geredet werden.

Bisher haben wir nur eine Reihe von Systemen zum Vergleich herangezogen, die uns sämtlich in der Überlieferung von
Hippolyts Refutatio begegnen. Mit ihnen hat es nun
freilich eine eigene Bewandtnis. Als wirkliche Lebenszeugnisse
vollkommen verschiedener, ungetrennter gnostischer Gemeinschaften werden wir diese Systeme wegen ihrer ungemeinen
Verwandtschaft miteinander kaum auffassen können. Auf der
anderen Seite ist freilich auf alle Fälle die Vermutung, die
neuerdings aufgestellt ist, abzuweisen, daß wir es hier mit Fäl-
schungen eines und desselben gnostischen Kopfes zu tun hätten[1].
Es hätte doch eine ungeheure Phantasie dazu gehört, diese
verschiedenartigen Systeme nebeneinander hinzustellen und rein-
weg zu erfinden. Wir werden uns aber zu der Vermutung
entschließen müssen, daß wir es bei diesen eigentümlichen
Darstellungen in Hippolyts Refutatio mit einer zusammen-
gehörigen Literatur verschiedener, aufs engste verwandter gnostischer Kreise zu tun haben, die von einem Angehörigen dieser
Kreise gesammelt wurden und so dem Hippolyt in die Hände
kamen. Vielfach wird es sich bei dieser Literatur gar nicht
mehr um wirkliche Sekten und gnostische Gemeinschaften gehandelt haben, sondern nur um Systeme und Einfälle einzelner
Persönlichkeiten, die vielleicht einer größeren Gemeinschaft be-

---

1. H. Stähelin, die gnostischen Quellen Hippolyts, Texte u. Unters.
VI, 3. 1890.

reits angehörten. So dürfen wir, trotzdem wir jene Idee von der dreifachen Teilung alles Seienden in scheinbar so verschiedenen Systemen wiederfinden, dennoch nicht allzu schnell auf eine sehr weite Verbreitung derselben innerhalb der gnostischen Kreise schließen.

Aber es begegnen uns auch noch in anderen mit Hippolyt nicht zusammenhängenden und selbständigen Systemen hier und da Spuren jener Grundanschauung. So möchte ich hier hinweisen auf die Gestalt, die in der valentinianischen Lehre eine so entscheidende und zentrale Rolle spielt, nämlich die Gestalt des Horos (ὅρος). Der Horos hat hier in der Tat eine ganz ähnliche Bedeutung, wie die bisher behandelten mittlerischen Gestalten. Er ist die mittlerische Macht, welche die obere Welt von der niederen, aus dem Fall der Sophia entstandenen abgrenzt und zugleich diese höhere Welt so in sich zusammenschließt, daß ein neuer Fall unmöglich gemacht wird. Da in diesen Systemen der Fall der Gottheit die entscheidende Rolle spielt, so tritt hier natürlich eine gewisse Veränderung der Grundidee ein. Der Horos ist nicht von Anfang an vorhanden, sondern wird erst hervorgerufen, nachdem der Fall der göttlichen Welt eingetreten ist. Dennoch ist der Parallelismus der Gestalten trotz jener Verdunklung noch deutlich zu erkennen[1]. Auch das System der Gnostiker bei Irenäus I 30 darf in diesem Zusammenhange herangezogen werden. Hier befindet sich in der oberen himmlischen Welt das lumen beatum et incorruptibile et interminatum. Dieses lumen heißt auch Vater (vgl. das System der Peraten) und zugleich primus homo. Neben ihm steht der filius (wie bei den Peraten), der zugleich ἔννοια (vgl. die Ἀπόφασις des Simon), filius hominis, secundus homo genannt wird. Unter diesen oberen Mächten befindet sich der spiritus sanctus, unter dem spiritus sanctus die Elemente: aqua, tenebrae, abyssos, chaos. Wir haben auch hier wieder den dreigeteilten Aufbau des Gesamtdaseins. Gegenüber stehen sich

---

1. Daß die Gestalt des Ὅρος einst eine größere Bedeutung gehabt hat, zeigen die vielen für ihn überlieferten Namen: Σταυρός, Λυτρωτής, Καρπιστής, Ὁροθέτης, Μεταγωγεύς (Iren. I 2, 4 vgl. Hippolyt VI 31). Die Namen deuten zum Teil auf eine konkrete mythische Gestalt. In den uns erhaltenen Valentinianischen Systemen ist seine Gestalt durch ihren Doppelgänger, den Soter, zum größten Teil verdrängt.

die Welt des Lichts, beatum lumen auf der einen, die Welt
der Finsternis, tenebrae — abyssos — chaos auf der anderen
Seite, in der Mitte der spiritus sanctus (vgl. das $\pi\nu\varepsilon\tilde{v}\mu\alpha$ $\dot{\alpha}\varkappa\acute{\varepsilon}$-
$\varrho\alpha\iota o\nu$ der Sethianer), offenbar die vermittelnde Macht. Wenn
hier in der höchsten Welt des Lichts bereits zwei Wesen,
Vater und Sohn, angenommen werden, so ist eine willkürliche
Verdopplung eingetreten. Das geht auch daraus hervor, daß
nachher die unvollziehbare Vorstellung gebildet wird, daß Vater
und Sohn gemeinsam aus dem spiritus sanctus einen neuen
Aeon gezeugt hätten. Weiterhin geht dann allerdings das System der Gnostiker des Irenäus wieder seine eigenen Wege mit
der Annahme der Entstehung eines niederen weiblichen Aeons,
der $\varSigma o\varphi i\alpha$ $\varPi\varrho o\nu\nu\iota\varkappa\acute{o}\varsigma$, die dann erst durch ihren Fall die Weltentwicklung herbeiführt. Aber der Oberbau des Systems ist
noch unverkennbar der gleiche. Wir können nun mit Sicherheit sagen, daß die von uns dargestellte und durch die einzelnen
Systeme verfolgte Idee einer Dreiteilung des Weltganzen in Licht,
Finsternis und vermittelnde Macht einen ziemlich weitreichenden
Einfluß auf die Gestaltung der Gnosis ausgeübt hat.

Es kommt hinzu, daß auch die spätere Entwicklung des
Marcionitischen Systems unter dem Einfluß dieser Idee vor sich
gegangen zu sein scheint. Die ursprüngliche Lehre Marcions
war ein. schroffer Dualismus, in welchem der Gott der neuen
christlichen Religion mit dem unbekannten guten Gott des Lichts,
der Gott des Alten Testaments dagegen einfach mit dem Gott
der Bosheit und Finsternis identifiziert war. Es wurde bereits
darauf hingewiesen, daß die Schule Marcions vielfach bei diesem
schroffen Dualismus nicht stehen blieb, sondern irgendwie zu
vermitteln suchte. So tritt bereits in der Darstellung des Clemens Alexandrinus (Stromat. III 3, 12) im Marcionitischen
System der gerechte Weltschöpfer als Mittelwesen zwischen dem
guten Gott und der bösen $\ddot{v}\lambda\eta$ auf. Hippolyt Ref. VII 31 wird
von Prepon berichtet, daß er im Gegensatz zu dem Bardesaniten
Armenios ein drittes mittleres Prinzip zwischen dem Guten und
dem Bösen angenommen hätte, nämlich den Gerechten. Ebenso
behauptet Hippolyt (X 19) schlankweg von Marcion selbst, daß
er drei Grundkräfte angenommen habe ($\dot{\alpha}\gamma\alpha\vartheta\grave{o}\varsigma$, $\delta\acute{\iota}\varkappa\alpha\iota o\varsigma$, $\ddot{v}\lambda\eta$)[1].

---

1. Ebenso lehrt der Marcionit Megethius im Dialog des Adaman-

Nach Theodoret (Haer. fab. I, 24 vgl. Hippolyt X 19) soll
Marcion gar vier Grundwesen statuiert haben. Wiederum berichtet Rhodon bei Eusebius H. E. V 13, 4 daß ein anderer
Schüler Marcions, Syneros, τρεῖς φύσεις gesetzt habe. Ein
letzter Schüler des Marcion, Apelles, soll (nach dem Bericht
des Rhodon; vgl. mit Tertullian, de praescr. 34)[1] eine gewisse
Einheit des höchsten göttlichen Wesens angenommen, aber
doch dem höchsten Gott zwei Engel zur Seite gestellt haben,
den Weltschöpfer und den Gesetzgeber, den er als den »feurigen
Gott« bezeichnete. Hingegen berichtet Hippolyt (Refut. VII,
38), daß Apelles einfach vier Grundmächte gesetzt habe: den
guten Gott, den Gerechten, den Gesetzgeber, der zu Moses gesprochen habe (πύρινον δὲ τοῦτον) und einen vierten: ἕτερον
κακῶν αἴτιον. Er fügt allerdings auch seinerseits hinzu: τούτους δὲ ἀγγέλους ὀνομάζει (aber an anderer Stelle [X, 20]
wieder: ὑπέθετο τέσσαρας εἶναι θεοὺς . . . ., οὓς ἀγγέλους
καλεῖ). Wenn wir genauer aufmerken, so treffen wir auch hier
wieder jene sonderbare Dreiteilung in verkleideter Form: Gott
auf der einen, die ὕλη auf der anderen Seite und dazwischen
der Vermittler, hier der θεὸς δίκαιος, weil die Parallele mit
dem Gott des Alten Testaments festgehalten werden soll. Daß
die Gestalt des Vermittlers dann schließlich in zwei Gestalten
gespalten erscheint: Weltschöpfer und Gesetzgeber, gehört wieder
zu den speziellen und leicht erklärlichen Eigentümlichkeiten der
Marcionitischen Schule und mag auf sich beruhen. Daß wir
uns mit dieser Kombination nicht im Unrecht befinden, zeigt
uns die eigentümliche und nunmehr ganz orientalisch gefärbte
Darstellung, welche dieses spätere Marcionitische System bei
Schahrastâni (Haarbrücker I, 295) erhalten hat. Hier heißt es
über die Markûnija: »Sie nehmen zwei ewige, sich befeindende
Grundwesen an, das Licht und die Finsternis, aber auch noch

---

tius I. (ed. Bakhuyzen p. 4) drei Grundkräfte: θεὸν τὸν πατέρα τοῦ
Χριστοῦ ἀγαθὸν καὶ ἄλλον τὸν δημιουργὸν καὶ ἕτερον τὸν πονηρόν.
Dagegen zeigt sich der zweite Marcionit Markus als entschiedener Dua-
list Dial. II p. 60: ἐγὼ ὁρίζομαι οὐ τρεῖς ἀρχὰς εἶναι, ἀλλὰ δύο, πονηρὰν
καὶ ἀγαθήν. — Auch Lukian nach Epiphanius H. 43, 2 nahm drei
Grundwesen an (δημιουργός, ἀγαθός, πονηρός).

1. S. den verbesserten Text bei Hilgenfeld, Ketzergesch. 536,
Anm. 888. Dort die übrigen Parallelen.

ein drittes Grundwesen, den gerechten Vermittler (Mesites),
den Verbinder. Er sei die Ursache der Vermischung; denn die
beiden sich Bekämpfenden und feindlich sich Gegenüberstehenden vermischen sich nur durch einen, der sie verbindet. Sie
sagen, der Vermittler sei auf der Stufe unter dem Licht und
über der Finsternis, und diese Welt sei entstanden durch die
Verbindung und Vermischung. Es gibt unter ihnen solche,
welche sagen, die Vermischung sei nur zwischen der Finsternis
und dem Gerechten vor sich gegangen, da er dieser näher stehe;
sie sei aber mit ihm vermischt worden, damit sie durch ihn
besser gemacht werde«. Weiterhin ist noch die Rede von dem
»Netz der verdammungswürdigen Finsternis«, in das der Gerechte gefallen sei. Endlich heißt es: »Sie sagten, wir nehmen
den Gerechten nur an, weil das Licht, welches der höchste Gott
ist, sich mit dem Satan nicht vermischen kann. Wie sollte es
auch möglich sein, daß die beiden Gegner, welche von Natur
miteinander im Kampfe sind und vermöge ihres inneren Wesens
voneinander ausgeschlossen sind, sich mit einander vereinigen
und vermischen! Es sei also ein Vermittler notwendig, welcher
unter dem Licht und über der Finsternis stehe, mit welchem
die Vermischung stattfinde«. Ganz sicher hat hier eine Überarbeitung des ursprünglichen Marcionitischen Systems in der
Richtung spezifisch orientalischer Spekulationen über das Verhältnis der Welten des Lichts und der Finsternis stattgefunden.
Dennoch ist auch die Überarbeitung lehrreich; denn sie zeigt
deutlich, wie in der Tat in dieser Weiterbildung verwandte
Ideen sich weiter angezogen haben, und machen es von neuem
wahrscheinlich, daß auch die ursprüngliche Vermittlungstheologie
des Marcionitismus unter dem Einfluß jener orientalischen vermittelnden Spekulationen vor sich gegangen ist, die wir in den
spätesten Ausläufern des Marcionitismus in aller Deutlichkeit
hervorbrechen sehen[1]. Ganz besonders interessant ist in diesem

---

1. In diesem Zusammenhang mag auch noch darauf hingewiesen
werden, daß es in demselben Abschnitt des Schahrastâni von den Anhängern des Bardesanes heißt, daß »sie geglaubt hätten, der »Vermittler« sei der sinnenbegabte, mit Fassungskraft versehene Mensch,
da er weder reines Licht noch reine Finsternis sei«. Über diese Andeutung kann ausführlicher erst im folgenden Kapitel »über den Urmenschen« geredet werden. Auch darauf sei noch hingewiesen, daß in

Zusammenhang die Darstellung des Marcionitismus, wie sie in
Ezniks Werk über die Sekten (übers. von Schmid, S. 172 ff.;
Buch IV Kap. 1) vorliegt. Es heißt hier: »Marcion führt irgend eine Fremdheit (einen fremden, unbekannten Gott) ein
gegenüber dem Gott der Gesetze, neben ihm auch die Materie
aufstellend, als aus sich seiend, und drei Himmel. Im ersten,
sagte er, ist wohnhaft der Fremde, im zweiten der Gott der
Gesetze und im dritten seine Heerscharen und auf der Erde
die Materie, und diese nennen sie die Kraft der Erde«. Nach
der Darstellung Ezniks schafft dann der Gott der Gesetze mit
der Materie zusammen das All »als ob die Materie ein Femininum und ein Eheweib wäre«. Darnach sei der Gott der Gesetze in den Himmel hinaufgestiegen, und die Materie habe mit
ihren Söhnen die Herrschaft auf der Erde übernommen. Auch
an der Schaffung des Menschen sind der Gott der Gesetze und
die Materie gemeinsam beteiligt. Die Materie gibt von ihrer
Erde, und der Gott der Gesetze haucht den Geist ein. Dann
habe der Gott der Gesetze den Menschen von der Materie
trennen und mit sich verbünden wollen und habe ihm deshalb
befohlen, daß er keine anderen Götter außer ihm haben dürfe.
Die Materie habe aus Rache für den Abfall des Menschen von
ihr die Götzen und die Vielgötterei geschaffen und die Menschen
dadurch verführt, den Gott der Gesetze nicht anzubeten. Darüber sei der Gott der Gesetze erzürnt und habe die Menschen
in die Hölle geworfen, bis dann der gute und fremde Gott den
Erlöser gesandt habe. Ich habe das Marcionitische System in
der Darstellung Ezniks so ausführlich zur Darstellung gebracht,
weil es uns von hier aus gelingt, noch ein anderes System, das
uns in Hippolyts Philosophumena aufbewahrt ist, in seinen Zusammenhang einzuordnen. Es ist das System, das der Gnostiker
Justin in seinem Offenbarungsbuch Baruch entwickelt und das
Hippolyt V 26 ff. beschreibt. Es kann kaum ein Zweifel sein,

---

ebendemselben Zusammenhang auch die spätere persische Anschauung
von dem höchsten Gott Zervan unter dem Gesichtspunkt der Spekulation
über den Vermittler aufgefaßt wird. »Den Vermittler faßte er (Zarâduscht) wie einen solchen, welcher über zwei Gegner Entscheidung gibt,
zwischen zwei Streitenden vermittelt, wobei es nicht möglich sei, daß
seine Natur und Substanz die eines der beiden Gegner sei, da es Gott
selbst sei, der keinen Gegner und keinen ihm Gleichen habe«.

daß hier im großen und ganzen dasselbe System wie bei Eznik
vorliegt. Auch hier haben wir drei Grundmächte: den guten
Gott, den Vater der Schöpfung; Elohim und die weibliche böse
Gottheit, Edem (der ὕλη im Marcionitischen System zu vergleichen). Auch hier schaffen Elohim und Edem den Menschen
gemeinsam, sodaß die Edem die Seele gibt, Elohim den Geist.
Auch hier trennt sich Elohim nach der Schöpfung von der
Edem und fährt in die Höhe, indem er sich dem höchsten Gott
über ihm unterwirft. Auch hier sucht Elohim den von ihm und
Edem gemeinsam geschaffenen Menschen durch die Offenbarung
des Engels Baruch auf seine Seite zu ziehen. Auch hier die-
selbe Anspielung auf den Sündenfall des Menschen in Genesis 3.
Auch hier verfolgt die Edem den Menschen, zwar nicht aus
Rache für seinen Abfall von ihr, sondern im Zorn darüber, daß
Elohim sie verlassen habe. Auch hier werden die Engel der
Edem erwähnt, wie in dem System bei Eznik die Söhne der
Materie. Auch hier wird schließlich der Erlöser Baruch[1] ausgesandt, um die Menschen von der Nachstellung der Edem zu
befreien. In der Baruchgnosis des Justin haben wir also genau
dasselbe System, nur in etwas stärkeren mythologischen Farben
dargestellt, wie in dem sogenannten Marcionitischen System des
Eznik. Beide Systeme entfernen sich allerdings um ein Be-
trächtliches bereits von den Grundideen, die wir bisher verfolgt
haben, und zwar wiederum namentlich dadurch, daß hier die
Welt der Finsternis resp. die ὕλη als weibliches und zugleich
böses Prinzip erscheint. Durch diese Kombination des geschlechtlichen Dualismus mit dem ursprünglichen naturhaften
Gegensatz von Licht und Finsternis kommt zugleich eine stärkere mythologische Färbung in die Gesamthaltung hinein. Aber
immer sind die ursprünglichen Beziehungen noch deutlich erkennbar.

Zum Schluß möchte ich noch auf zwei ziemlich weit ab-
liegende Parallelen hinweisen. Es fällt zunächst von hier aus
noch ein helles Licht auf einen Zug im Manichäischen System.
Mani setzte bekanntlich zwei Grundwesen an, das Licht und
die Finsternis. Nach dem Bericht im Fihrist (bei Flügel, Mani

---

1. Übrigens befinden wir uns vielleicht auch mit diesem Namen
im Umkreise des persischen Milieu. Baruch ist ein Deckname für Zoroaster (s. u. Exkurs VI).

S. 86) aber heißt es weiter: »Er behauptete ferner, daß der
Lichtgott mit diesen seinen Eigenschaften anfangslos sei, mit
ihm zugleich aber zwei gleich anfangslose Dinge bestehen, das
eine der Luftkreis, das andere die Erde (Lichterde)«. Da haben
wir also noch neben dem höchsten Lichtgott zwei andere rätselhafte Wesen, den Luftkreis und die Lichterde. Diese Darstellung wird bestätigt durch Augustin (de actis cum Felice
Manichaeo I 17—18). Hier konstatiert auch Augustin: »Ergo
duae iam erunt res, ambae ingenitae, terra et pater«. Und
darauf erfolgt die Antwort: Immo tres sunt: pater ingenitus,
terra ingenita et aër ingenitus (Flügel, Mani S. 181). Der religionsgeschichtliche Zusammenhang dieser sonderbaren Phantasie
dürfte klar sein. Wir haben hier eine spezifische persische
Spekulation, nach welcher sich zwischen der Welt des Lichtes und
der Finsternis die Luft befindet (vgl. oben die Darstellung der
Bundehesh). Wenn daneben als drittes ungeschaffenes Wesen
noch die Lichterde[1] erwähnt ist, so hat wohl auch hier nur
eine der vielfachen Verdopplungen der Ideen stattgefunden,
denen wir so oft in den Spekulationen der Gnosis begegnen.
Vielleicht hat zu der Annahme einer unter der Welt des Lichtgottes befindlichen Lichterde noch eine naturhafte Anschauung
beigetragen, und ist die Lichterde ursprünglich nichts anderes
als die Milchstraße, die man oben am Himmel erblickt. — Und
derselben Idee begegnen wir nun auch in den Mandäischen Spekulationen, wenn hier als zweites oberstes Grundwesen neben
dem höchsten Wesen Pira das »Ajar« angenommen wird. Denn
Ajar wird nichts anderes sein als $\dot{\alpha}\dot{\eta}\varrho$ (Brandt M.R. S.22), die Luft,

---

1 Der Lichterde entspricht im System der Pistis Sophia der oft
erwähnte Lichtschatz, der sich direkt unterhalb der Welt des höchsten
Lichtes mit seinen Aeonen, die hier ins Unendliche vermehrt erscheinen,
befindet (vgl. das Register in der Ausgabe von Schmidt s. v. Lichtschatz).
Statt des gewöhnlichen Ausdruckes Lichtschatz finden wir auch den
andern Lichtland, z. B. S. 121, 36: Wenn ich euch zu dem Lichtland,
d. h. Lichtschatz führe. — Jeu (der Urmensch!) heißt im II. Jeu-Buch
S. 319, 2 der Vater des Lichtschatzes u. s. w. Im unbekannten kopt.
gnost. Werk (Schmidt 361) heißt diese obere Welt die Lufterde. Ähnliche Spekulationen sind auch in die jüdische Kabbala übergegangen;
vgl. S. Karppe Zohar, p. 374: Le En-Sof sépara l'air de lui et découvrit
un point. Ce point s'en étant détaché le reste se trouva être une lumière . . . et c'est la lumière primordiale (Zohar I 16b).

die sich nach der persischen Spekulation zwischen Licht und
Finsternis befindet, der Luftkreis im Manichäischen System[1]. So
haben wir eine spezielle Idee persischer dualistischer Spekulation
durch die ganze Welt der Gnosis hin verfolgt. Vielleicht gelingt es uns, noch eine zweite in anderen Zusammenhängen der
gnostischen Überlieferung und Literatur wiederzuentdecken.

III.

Eine ganz eigentümliche dualistische Theorie begegnet uns
in dem System des Pseudoklementinischen Schriftenkreises.
Diese wird ausführlich und im Zusammenhang Ho. 20, 2 ff.
dargestellt. Hier entwickelt Petrus, nachdem er vorher, ohne
das letzte Wort zu sprechen, mit Simon über den Ursprung des
Bösen disputiert hat, im Kreise seiner Jünger zusammenfassend
seine eigene Anschauung. Danach hat Gott »zwei Reiche ein-
gerichtet und zwei Aeonen festgesetzt und beschlossen, daß die
gegenwärtige Welt dem Bösen gegeben werde, weil sie gering
sei und schnell vergehe, dem Guten aber versprach er, den zukünftigen Aeon aufzubewahren, weil dieser gut und ewig sei«.
Weiterhin heißt es: »Es wurden zwei Könige verordnet, von
denen der eine erwählt ist, über die gegenwärtige und zeitlich
begrenzte Welt (durch das Gesetz?) zu herrschen, welcher auch
seiner Natur nach die Mischung erhielt, daß er sich über das
Verderben des Bösen freue; der andere aber, der seinerseits
König des zukünftigen Aeon ist, liebt jegliche menschliche
Natur«. Von diesen beiden Königen heißt es in c. 3: »Aber
diese beiden Herrscher sind die geschwinden Hände Gottes, die
begehren, seinen Willen vorzunehmen und ihn zu erfüllen«.
Von ihrer Herkunft wird gesagt, daß sie ihre Wesenheit nicht
außerhalb Gottes haben; »denn nicht wurden sie von Gott wie
die Lebewesen ins Dasein gerufen, da sie ihm gleich an Herrlichkeit waren, noch sind sie zufällig und von selbst gegen
seinen Willen entstanden, da andernfalls die Größe seiner Macht
aufgehoben wäre«. Vielmehr stellt sich der Verfasser ihre Entstehung so vor, daß durch Gottes Willen zunächst die vier Elemente: das Warme und das Kalte, das Feuchte und das Trockene

---

1. Zu erinnern ist hier auch an die mittlerische Gestalt des
»zweiten Lebens« (auch der Zweite oder Jôšamin genannt) im mandäischen System, Brandt M. R. S. 25 f. 31. 35, 50 u. ö.

geschaffen seien, auf daß Gott der Vater und Urheber jeglicher
Wesenheiten bleibe und daß ihnen dann bei ihrer Mischung,
die sich draußen vollzogen habe, ihr jeweiliger Charakter aner-
schaffen sei (ἔξω γὰρ κραθεῖσιν αὐτοῖς ὡς τέκνον ἡ προαίρεσις
ἐγενήθη). Der Verfasser löst, wie es scheinbar aus seinen verworrenen Ausführungen hervorgeht, das Problem des Bösen
derart, daß er die substanzielle Grundlage des Bösen von Gott
geschaffen sein, dagegen die Willensanlage später hinzugekommen sein läßt. Schließlich wird sogar in Aussicht genommen,
daß der Böse, nachdem er Gott auch seinerseits gedient habe
(und das tut er, indem er die Ausführung der von Gott
verhängten Strafen in dieser Welt übernimmt), umgeschaffen
wieder gut werden könne (μετασυγκραθεὶς ἀγαθὸς γενέσθαι
δύναται). Ja es wird von ihm sogar gesagt: „Οὐδὲ γὰρ νῦν
κακόν τι ποιεῖ, καίτοι κακὸς ὤν, νομίμως κακουργεῖν εἰληφὼς
ἐξουσίαν". In c. 8 scheint der Verfasser der Homilie sich
allerdings zu widersprechen; denn auf die Frage, ob der Gute
und der Böse in derselben Weise geschaffen und demgemäß
Brüder seien, scheint er doch einen Unterschied zu machen
zwischen der Entstehung des Guten und des Bösen. Jetzt bezieht er die Behauptung, die in c. 3 beiden »Händen Gottes«
gegolten hatte, daß zunächst von Gott ihre materielle Substanz
geschaffen sei, während ihre προαίρεσις außerhalb durch Mischung
entstanden sei, nur auf die Entstehung des Bösen. Von dem
Guten aber heißt es hier: „Ὁ δὲ ἀγαθὸς ἐκ τῆς τοῦ θεοῦ
καλλίστης τροπῆς γεννηθεὶς καὶ οὐκ ἔξω κράσει συμβεβηκὼς
τῷ ὄντι υἱός ἐστιν". Auch im folgenden Kapitel ist die Darstellung nicht mehr ganz klar. Auf die Frage, wie es denn
komme, daß der Böse, der doch von Gott dazu eingesetzt sei,
die Gottlosen zu quälen, am Ende mit seinen Engeln in die
äußerste Finsternis geworfen werde, erfolgt hier die Antwort,
daß der Böse vermöge seiner Vermischung dazu geschaffen sei,
an der Finsternis seine Freude zu haben (φίλον γὰρ πυρὶ τὸ
σκότος). Dann aber scheint doch wieder in dem folgenden,
offenbar überarbeiteten und in seinem ursprünglichen Sinn kaum
erkennbaren Satz der Gedanke ausgesprochen zu sein, daß die
Bestrafung des Teufels in der äußersten Finsternis dazu dienen
soll, seine schlechte Natur (Mischung) εἰς ἀγαθοῦ προαίρεσιν
umzuschaffen.

Sehen wir von den kleinen Schwankungen der Darstellung ab, so ergibt sich folgende eigentümliche Lehre der Homilien: Über dem ganzen Weltendasein steht der eine allmächtige Gott. Von ihm zum mindesten indirekt geschaffen (durch die Schaffung der ihm zugrunde liegenden Substanz) stehen die beiden Könige, der König dieser Welt, d. i. nach dem Zusammenhange des Systems der Klementinen der Teufel, und der König der zukünftigen Welt, d. i. Christus. Beide aber sind Diener Gottes, die schnellen Hände Gottes, wenn auch die Meinung abgelehnt wird, daß sie Brüder und in demselben Sinne Söhne Gottes seien. Aber Gott bedarf ihrer beide, und wie sich die Liebe Gottes durch den König des zukünftigen Weltalters auswirkt, so bedient sich Gott des Bösen, d. h. des Teufels, um zu strafen und zu töten. Daher ist auch der Böse nicht eigentlich böse, sondern hat die Vollmacht seiner Bosheit gleichsam von Gott erhalten. Es wird sogar seine Begnadigung und endgültige Umwandlung in ein gutes Wesen in Aussicht genommen, und auch seine Bestrafung im endgültigen Gericht soll nur zum Zweck der Besserung dienen. Ganz offenbar trägt der Teufel hier teilweise Züge des alttestamentlichen Gottes, obwohl dann auf der anderen Seite im System der Klementinen mit aller Bestimmtheit daran festgehalten wird, daß der über Christus und dem Teufel stehende Gott der Schöpfer dieser Welt sei und der Gott, der wenigstens zum Teil im Alten Testament redet, wenn auch dessen Offenbarung teilweise durch böse Mächte entstellt und verderbt ist.

Diese merkwürdige Anschauung ist nun nicht nur an dieser einen Stelle der Homilien vorgetragen, sondern sie findet sich auch an anderen Orten sowohl der Homilien wie der Rekognitionen. So wird dieselbe Lehre auch andeutungsweise Ho. 3, 5 ausgesprochen, und zwar wird sie hier als Geheimlehre, als ἐν ταῖς θεολογίαις enthalten, vorgeführt. Wir finden hier den bedeutsamen Satz, der der obigen Darstellung durchaus entspricht, daß der Böse (der Teufel) Gott nicht weniger liebe als der Gute (Christus) und nur in dem einen Punkte hinter dem Guten zurückbleibe, daß er auch denen, die aus Ursache der Unwissenheit gottlos handeln, nicht verzeihe und zwar weil er aus Liebe zu dem, gegen den gottlos gehandelt werde, das Verderben der Gottlosen begehre. Also auch hier ist der Teufel nicht der

Böse im eigentlichen Sinn, sondern eher der rächende, strafende, mit dem alttestamentlichen Gott verwandte Geist. Auch Ho. 8, 21 wird Christus als der König der zukünftigen Welt dem Teufel als dem König der gegenwärtigen Welt gegenübergestellt (vgl. Ho. 8, 22; Rek. 4, 34). Demgemäß heißt Christus Ho. 9, 19 ὁ τῆς εἰρήνης βασιλεύς (vgl. Rek. 4, 32). Ho. 3, 19 wird wieder von Christus behauptet, daß er gewürdigt sei, König des zukünftigen Aeon zu sein und daß er dem gegenüberstehe, der nach der Verordnung in der Jetztzeit das Reich bekommen habe. Bedeutsam ist, daß wir auch Rek. 1, 24 den Satz finden: quod (deus) duo regna posuit praesentis dico temporis et futuri.

Diese ganze Anschauung steht außerordentlich singulär in ihrer Umgebung da. Die Auffassung, daß der Teufel auch seinerseits neben Christus eine Kraft Gottes sei, erinnert allenfalls noch an die eben besprochenen Vermittlungen des Marcioniten Apelles, derzufolge der Teufel neben dem Schöpfer und Gesetzgeber als Engel Gottes erscheint. Und es ist, wie bekannt, auch wahrscheinlich, daß die Darstellung der Klementinischen Grundschrift durch ihre polemische Haltung gegen die Ausläufer des Marcionitismus bestimmt ist. Aber die Konzeption, die hier vorliegt, ist doch eine ganz eigenartige neue. Ich möchte wagen, diese innerhalb des Christentums und der Gnosis unerhörten Anschauungen, wie sie in den Klementinen vorliegen, wiederum durch Rückgang auf Spekulationen des persischen Dualismus zu erklären.

Die Parallele, um die es sich hier handelt, ist die Spekulation der späteren persischen Theologie über die unendliche Zeit (Zrwâna akarana) als die Schöpferin von Ormuzd und Ahriman. Über das Alter dieser Spekulation ist bereits oben gehandelt. Wir konnten mit einiger Wahrscheinlichkeit schließen, daß dieselbe früh einsetzt, und sich schon im Diadochenzeitalter nachweisen läßt. Es wird hier zunächst auf eine kurze Darstellung derselben ankommen. Ich stelle den Bericht einer späteren persischen Quelle, des schon oft genannten Ulemaï Islam voran. Hier heißt es (Vullers p. 44 ff.): »Es wird gelehrt, ... daß die Zeit der Schöpfer ist, und daß dieselbe keine Grenzen kennt, auf nichts gegründet und von jeher gewesen ist und immer sein wird. Der Verständige frage nicht: woher ist die Zeit? . . . . . Darauf ward Feuer und Wasser, aus deren

Vereinigung Ormuzd hervorging . ; . . . Als er in den tiefsten
Abgrund hinunter blickte, sah er in einer Entfernung von 96 000
Parasangen den Ahriman . . . . . Ormuzd erstaunte bei dem
Anblick dieses furchtbaren Feindes und dachte bei sich: ich
muß diesen Feind aus dem Wege räumen«. Dann beginnt die
uns aus den genuinen Quellen der persischen Religion bekannte
Schilderung des 12 000 jährigen Weltlaufes und des Kampfes
zwischen Ormuzd und Ahriman. Weiterhin wird p. 50 vermerkt, daß auch Ahriman aus den vier Elementen: Feuer,
Wasser, Erde, Luft zusammengesetzt sei und daß er deshalb
nicht, wie man wohl meinen könnte, am Anfang der Dinge von
Ormuzd hätte getötet werden können, da er infolge der Ewig-
keit der Elemente am Tage der Auferstehung dann doch wieder
auferstanden wäre. Nachträglich wird endlich der Ursprung
Ahrimans, über den nichts gesagt war, erörtert. Es wird hier
gesagt, daß die Meinungen der Sekten darin auseinandergingen,
daß nach der Meinung der einen die Zeit deshalb den Ahriman
geschaffen habe, damit sie Ormuzd ihre Macht über alle Dinge
kund tue; andere wiesen darauf hin, daß eben die Zeit jenseits
von gut und böse sei, deshalb auch keine Rechenschaft abzu-
legen habe über die Erschaffung des Bösen, wieder andere erklärten als Zweck der Schöpfung Ahrimans die Vermischung
des Guten mit dem Bösen, durch die erst die verschiedenartigen
Dinge hervorgebracht wurden; nach anderen sei Ahriman ein
wegen seines Ungehorsams gefallener Engel. — Etwas anders ist
die Darstellung, die uns der armenische Schriftsteller des fünften
Jahrhunderts Eznik (»Wider die Sekten«, Schmid S. 89 ff.) gibt.
Auch nach ihm ist der Urheber aller Dinge bei den Persern
Zrovan, was mit »Glück« oder »Ruhm« übersetzt werde. Dieser
habe 1000 Jahre Opfer dargebracht, um einen Sohn zu empfangen,
und habe dann schließlich gezweifelt, ob ihm das Opfer etwas
nützen werde. Ormuzd sei durch das Opfer entstanden und
Ahriman durch den Zweifel. So fanden sie sich beide als
Brüder im Mutterleibe. Ahriman, der von Ormuzd erfährt,
daß Zrovan denjenigen, der zuerst aus dem Mutterleibe her-
vorkommen werde, zum Könige machen werde, habe zuerst
den Mutterleib durchbrochen und sei vor Zrovan erschienen,
von diesem aber als Sohn, da er finster und übelriechend sei,
nicht anerkannt. Dann sei Ormuzd vor Zrovan erschienen, und

dieser habe ihm die Opferzweige und damit die Priesterherr-
schaft übergeben. Da aber habe Ahriman den Zrovan an sein
Versprechen erinnert, daß er denjenigen, der zuerst kommen
werde, zum Könige machen wolle, und so habe dieser dem
Ahriman das Königtum auf 9000 Jahre gegeben, und habe zugleich bestimmt, daß Ormuzd nach diesen 9000 Jahren allein
König sein solle. Dann beginnt auch hier der aus den ursprünglichen persischen Religionsquellen bekannte Kampf Ormuzds und Ahrimans. Eine ganz parallele Darstellung der
Zervanitischen Lehre bietet uns das offizielle Edikt des eranischen Ministers Mihr Nerseh über die Mazdäische Lehre, das
uns der armenische Geschichtsschreiber Eliseus in seiner Geschichte Wardans (übers. v. Langlois, Collection des hist. armen.
Paris 1869 II p. 190 ff.; vgl. Schmid p. 93) aufbewahrt hat.
Auch dieses Edikt stammt aus der Mitte des 5. Jahrhunderts
und ist als offizielle Urkunde bedeutsam: damals muß in der
Tat die Zervanitische Lehre in dieser Form die offiziell persische gewesen sein. Mit der Darstellung des Eznik stimmt, abgesehen von einigen Kleinigkeiten, die des Schahrastâni bei
Haarbrücker I, 277 ff. überein. Charakteristisch und bemerkenswert ist hier noch der Zug, daß später Ormuzd und Ahriman den bekannten Vertrag, nach welchem dem Ahriman die
teilweise Herrschaft auf 9000 Jahre gelassen wird, unter der
Vermittlung der Engel geschlossen haben. Und weiter heißt es
hier (Haarbrücker 1, 279): nachdem sie aber mit den Bedin-
gungen zu Ende gekommen wären, hätten sie sich zwei Gerechte als Zeugen genommen, welchen sie ihre Schwerter übergeben und gesagt hätten: wer von uns den Vertrag verletzt,
den sollt Ihr töten mit diesem Schwerte[1]. Auch die Sekte der
Kajûmarthîja, von der uns Schahrastâni 1, 276 berichtet, bringt
eine ähnliche Konstruktion. Danach erscheint allerdings nicht
die Zeit als die Ormuzd und Ahriman übergeordnete Macht,

---

1. Eine ähnliche Erzählung, wonach Ormuzd und Ahriman die
Sonne als ihren Schiedsrichter erwählt hätten, findet sich auch in der
Darstellung Ezniks bei Schmid S. 110. Sollte hier vielleicht die Erklärung für die Gestalt der beiden immer noch rätselhaft gebliebenen
Zeugen in Apokalypse 11 zu finden sein? Die zwei Zeugen wären dann
diejenigen, die ursprünglich dem Tier aus dem Abgrunde anzukündigen
haben, daß die Zeit seiner Herrschaft abgelaufen sei.

sondern es wird hier berichtet, daß nur Ormuzd (Jazdâ) ohne
Anfang und ewig sei. Dieser habe sich gesagt: Wenn ich
einen Gegner hätte, wie würde der beschaffen sein? — und so
sei Ahriman entstanden[1].

Wir sehen bei dieser Zusammenstellung, daß die Spekulationen über das Verhältnis von Zervan zu Ormuzd und Ahriman unendlich mannigfaltig und verschieden gewesen sind. Wir
werden aber wohl annehmen dürfen, daß die Grundlage dieser
Spekulation: Zervan die unendliche Zeit, der übergeordnete
Gott und Schöpfer aller Dinge und aus ihm hervorgegangen
die beiden sich gegenüberstehenden Götter, der gute Ormuzd
und der böse Ahriman — verhältnismäßig alt ist. Und nun
scheint zwischen dieser Spekulation und derjenigen der Grundschrift der Klementinen in der Tat eine interessante Parallele
vorzuliegen. Hier wie dort haben wir den einen höchsten Gott,
von dem letzlich alles Gute und Böse in irgendeiner Weise abgeleitet wird. Mit dem Namen der Zeit wird er allerdings in
den Klementinen nicht benannt, aber auch hier finden wir ähnliche abstrakte Spekulationen, wie in der persischen Lehre, von
der unendlichen Zeit. Besonders ist Ho. 17, 9—10 zu vergleichen. Hier wird die höchste Gottheit als eine abstrakt
räumliche Wesenheit betrachtet. Ihre sechs Grundeigenschaften
sind die Qualitäten der räumlichen Ausdehnung: „ʼΩν ὁ μὲν ....
εἰς ὕψος ἄνω, ὁ δὲ εἰς βάθος κάτω, ὁ δὲ ἐπὶ δεξιάν, ὁ δὲ ἐπὶ
λαιάν, ὁ δὲ ἔμπροσϑεν, ὁ δὲ ὄπισϑεν“. Von Gott und seinen
sechs räumlichen Grundkräften heißt es dann: „Τοῦτό ἐστιν
ἑβδομάδος μυστήριον“. Wir werden bei dieser Spekulation doch
an die persische Spekulation über Ahura Mazda und seine sechs
Ameshas Spentas denken, obwohl ja die Spekulation über diese

---

1. Ähnliche Zurückführungen der Macht der Finsternis auf die
des Lichts begegnen auch sonst in den späteren persischen Spekulationen. Man vergleiche z. B. die Darstellung des genuinen Systems
des Zarathustra bei Schahrastâni I 282: »Bisweilen setzte er auch das
Licht als Grundstoff und sprach sich so aus: seine Existenz ist eine
wirkliche, die Finsternis aber folge wie der Schatten in Beziehung auf
seine Person .... Er (Gott) habe also das Licht hervorgebracht, und
die Finsternis entstehe als Folge; denn zur Naturnotwendigkeit der
Existenz gehöre der Gegensatz«. Nach Schahrastâni I 280 behauptete
die Sekte der Mas'chîja, daß das Licht allein dagewesen sei; dann habe
sich ein Teil desselben verwandelt und sei Finsternis geworden.

sich im zervanitischen System nicht nachweisen läßt. Weiter, wie dort unter dem höchsten Gott der gute und der böse Gott Ormuzd und Ahriman stehen, so sind hier Christus und der Teufel, die Söhne oder doch wenigstens die Diener des höchsten Gottes, beide aus ihm hervorgegangen. Wie dort Ahriman die Herrschaft über die 9000 Jahre dieses Weltlaufs gegeben wird und Ormuzd die alleinige Herrschaft der kommenden Welt versprochen wird, so ist hier der Teufel der Herrscher dieser Welt, Christus der Herrscher jener Welt[1]. Wie hier die innerhalb der christlichen Spekulation ziemlich alleinstehende Anschauung von einer endgültigen Begnadigung und Verwandlung des Teufels ausgesprochen wird, so läßt sich diese Idee von der Begnadigung des Ahriman auch in den späteren Spekulationen der persischen Religion nachweisen, in der ja überhaupt die Idee der $\dot{\alpha}\pi o\varkappa\alpha\tau\dot{\alpha}\sigma\tau\alpha\sigma\iota\varsigma$ eine entscheidende Rolle spielt[2]. Besonders bedeutsam ist hier noch eine Einzelheit, nämlich die Spekulation der Klementinen, daß der Satan aus den vorher geschaffenen Elementen erst durch Mischung entstanden sei. Parallelen zu dieser immerhin charakteristischen Idee finden sich gerade in der persischen Spekulation. So hieß es in dem Berichte des Ulemaï Islam (Vullers p. 45), daß Zervan zuerst Feuer und Wasser, dann den Ormuzd geschaffen habe, und daß Ahriman aus einer Mischung der vier Elemente stamme (Vullers p. 50). Auch der persische Ketzer Mazdak (nach Shahrastani I, 291) lehrte, daß es drei Grundstoffe gebe: Wasser, Feuer, Erde, und nachdem sie untereinander gemischt worden, sei aus ihnen der Ordner des Guten und der Ordner des Bösen hervorgegangen. Charakteristischerweise finden wir diese Spekulation auch im System des Mani nach dem Bericht des Fihrist (Flügel S. 86) wieder. »Aus dieser finsteren Erde entstand der Satan nicht so, daß er an sich von Anfang her ewig war, doch waren seine Substanzen in seinen Elementen anfanglos. Es vereinigten sich nun diese Substanzen aus seinen Elementen und gingen als Satan hervor«. Auch hier also die

---

1. Vgl. auch Ho. 3, 19, wo ausdrücklich gesagt wird, daß der Teufel auf Grund eines Vertrages ($\dot{\varepsilon}\mu\pi\varrho o\sigma\vartheta\dot{\varepsilon}\sigma\mu\omega\varsigma$) die Herrschaft über die Welt habe.

2. Vgl. Cumont I 311; Turnel, Revue de l'hist. de lit. et. rel. III 1898, p. 306.

Idee von der Entstehung des Satan aus den Elementen, wenn
sich auch natürlich die Lehre von der Schöpfung der Elemente
der Finsternis durch den höchsten Gott nicht findet, vielmehr
der entschiedene Dualismus aufrecht erhalten wird.

Nach alledem würde ich dennoch kaum wagen, die Parallele zwischen der Zervanitischen Lehre[1] und der Spekulation
der Klementinen zu ziehen, wenn sich nicht auch von anderer
Seite her nachweisen ließe, daß dem Verfasser der klementinischen Grundschrift das persische Religionssystem bekannt war,
ja daß seine Anschauungen zu einem Teil geradezu als eine
Auseinandersetzung mit diesen entstanden oder doch bedingt
sind. Vor allem ist hier darauf hinzuweisen, daß in dem Überblick über die Geschichtsentwicklung des Menschengeschlechtes,
wie sie Ho. 8 ff. und Rec. 4 ff. vorliegt, gerade die Figur Zoroasters als des Archihaeretikers erscheint. Unmittelbar nachdem die allgemeine Sintflut und Noahs Ende erzählt ist, wird
seine Gestalt eingeführt. Ho. 9, 3 ist die Rede von den verschiedenen Herrschern, die damals nach der Herrschaft ge-
strebt hätten, und hier heißt es: »Unter ihnen war einer aus
dem Geschlecht des Cham, des Vaters des Mizraim, von dem
her sich die Stämme der Ägypter und Babylonier und Perser
vermehrt haben[2], — aus dessen (nämlich Chams) Geschlecht
tritt einer auf, der in der Nachfolge die Magie übernommen
hat, mit Namen Nimrod[3], der als Riese der Urzeit eine gott-
feindliche Gesinnung erwählt hat. Ihn nennen die Hellenen
Zoroaster«. Von diesem Zoroaster wird dann in der Folge der
Ursprung des Götzendienstes und die religiöse Verderbnis des
Menschen tatsächlich abgeleitet. Der Verfasser der Rekognitionen hat den, wie schon gesagt, schwer verständlichen Bericht,
der in den Homilien noch in seinem ursprünglichen Sinn enthalten ist, falsch verstanden. Infolge dessen ist hier die Identifikation Nimrods mit Zoroaster fortgefallen, und Zoroaster wird
mit Chams Sohn Mizraim identifiziert (4, 27), während Nimrod

1. Man achte auch auf die Differenzen. In den Klementinen wird
der Satan ganz und gar zu einem Diener Gottes umgestempelt. Der-
artiges findet man in den persischen Spekulationen nicht.
2. Der Satz scheint durch Überarbeitung entstellt zu sein.
3. Über die religionsgeschichtlich hochbedeutsame Identifikation
des Babyloniers Nimrod mit dem Perser Zoroaster siehe Exkurs V.

(4, 29) als identisch mit dem Assyrerkönig Ninus erscheint. Aber davon abgesehen steht auch hier Zoroaster in der eminent bedeutsamen Stellung als Urheber alles Heidentums. Rec. I 30 findet sich übrigens der interessante Satz: Septima decima generatione apud Babyloniam Nemroth primus regnavit urbemque construxit et inde migravit ad Persas eosque ignem colere docuit. Obwohl Zoroaster nicht genannt wird, so ist doch nach den Parallelen klar, daß auch hier Nimrod, von dem behauptet wird, daß er den Persern die Feuerverehrung gebracht habe, nur den Namen für den persischen Religionsstifter hergegeben hat. Für den Verfasser der klementinischen Grundschrift war Zoroaster nach seiner religiösen Qualität eine hochbedeutsame Erscheinung. Sein Auftreten leitet die Religionsgeschichte der Menschen nach der Flut in bedeutsamer Weise ein, ja die ganze weitere Entwicklung erscheint als von ihm her abhängig. Wer diesen Geschichtsabriß konzipierte, für den war die persische Religion die wichtigste Erscheinung des Heidentums.

In der Verbindung mit der Figur des Zoroaster entdecken wir nun auch in den Klementinen Spuren echter persischer religiöser Anschauung. Ho. 9, 4 finden wir über jenen Folgendes berichtet: »Dieser strebte nach der Flut nach der Herrschaft, und da er ein großer Mager war, so zwang er den den Weltlauf bestimmenden Stern des jetzt herrschenden Bösen mit magischen Mitteln, ihm die von ihm stammende Herrschaft zu schenken. Der aber, als Herrscher, und da er die Macht über ihn, der ihm Zwang antat, hatte, goß zornig das Feuer der Herrschaft über ihn aus, um sich gleichzeitig gegenüber der Beschwörung wohlwollend zu erweisen und den, der mit dem Zwang begonnen hatte, zu bestrafen. Durch diesen vom Himmel zum Boden fallenden Blitz wurde der Mager Nebroth getötet«. Im Anschluß hieran wird der Name Zoroaster dann etymologisierend gedeutet und erzählt: »Die unverständigen unter den damaligen Menschen glaubten, daß wegen seiner Liebe zu Gott seine Seele durch den Blitzstrahl versetzt sei, begruben das, was vom Leibe übrig war, und ehrten bei den Persern das Grab mit einem Tempel da, wo die Herabkunft des Feuers geschehen war, ihn aber verehrten sie wie einen Gott«. In den Rekognitionen 4, 27 ff. wird wesentlich das Gleiche erzählt, doch mit einigen charakteristischen Abweichungen: Zoroaster (Mizraim) wird ein Zauberkundiger, der erste Erfinder der Magie, von dem zahlreiche Bücher zirkulierten, und zugleich Astrologe. Er vergnügte sich damit, um von den Menschen als Gott gefeiert zu werden, Funken von einem Stern herabzulocken, bis ihn der Dämon des Sterns mit Feuer verbrannte. Die törichten Menschen hätten ihm aber zu Ehren ein Grabmal errichtet und ihn als vivens astrum (Zoroaster) verehrt. 4, 29 liegt eine Parallele zu dieser Tradition vor: »Und die verbrannten Gebeine dessen, von dem wir oben erzählt haben, daß er durch den Unwillen eines Dämons, dem er allzu lästig wurde, verbrannt sei, sammelten die völlig Betrogenen als die Überreste eines Blitzfeuers und bringen es zu den Persern, damit es von ihnen als ein göttliches, vom Himmel gefallenes Feuer unter beständigem Wachen und wie ein himmlischer Gott verehrt werde«. Abweichend lautet der parallele Bericht der Homilien (9, 6). Hier wird ohne Beziehung auf Zoroaster nur gesagt, daß die Perser Kohlen des vom Himmel gefallenen Feuers bei sich aufbewahrt und wie einen Gott verehrt hätten und so zuerst vom Feuer selbst der Herrschaft gewürdigt wären. Darnach hätten die Babylonier von den Feuerkohlen gestohlen und so die Herrschaft bekommen. Endlich hätten die Ägypter, welche dieses Feuer »Ptah« nannten, geherrscht[1]. Ehe wir zu der religions-

---

1. Eine Weiterbildung, wie es scheint, des Berichtes der Rekognitionen ist auf den sogenannten Malalaszweig der Byzantinischen Chronographie übergegangen: »Aus seinem (des Ninus) Geschlecht kam auch Zoroaster, der berühmte Astrologe der Perser, welcher, als er sterben sollte, betete, er möge von dem himmlischen Feuer verzehrt werden, und den Persern sagte: Wenn mich das Feuer verzehrt hat, so hebt von meinen verbrannten Gebeinen auf und bewahrt es, und nicht wird die Königsherrschaft von Eurem Lande weichen, solange Ihr meine Gebeine bewahrt. Und er betete zum Orion und wurde von dem himmlischen (ἀέριος) Feuer verzehrt. Und sie bewahren seine zu Asche gewordenen Überbleibsel bis jetzt« (Chron. Paschale ed. Bonn. I, 67; vgl. Ἐκλογὴ χρονικῶν, Cramer Anekdota II 231; Unechtes Prooemium des Malalas ed. Bonn p. 18. Kürzere Formen: Fragmenta Salmasiana des Johannes Antiochenus bei Müller, Fragm. Hist. Graec. IV p. 541; Suidas s. v. Zoroastres und Astronomos; vgl. Gelzer, Julius Africanus I 79. Wieder eine Parallele, die erst nach der Zerstörung des Perserreiches entstanden sein kann, bietet Georgius Cedrenus ed. Bonn I 29, vgl. Gregor von Tours I 5).

geschichtlichen Würdigung dieser interessanten Notizen übergehen, wird es gut sein, zur Verdeutlichung noch eine weitere
Parallele heranzuziehen. In der syrischen Schatzhöhle (übers.
von Bezold S. 36) heißt es: »Und in den Tagen des Regu, in
seinem 130. Jahre herrschte der erste König auf Erden, Nimrod der Riese (auch hier identisch mit Zoroaster). Er herrschte
69 Jahre lang, und das Haupt seines Reiches war Babel. Dieser
sah etwas wie eine Krone am Himmel. Da rief er Sisan, den
Weber, und er flocht ihm eine ähnliche und setzte sie auf sein
Haupt, und deshalb sagte man, es sei vom Himmel die Krone
auf ihn herabgestiegen«. Wahrscheinlich von der Schatzhöhle
abhängig ist das christliche Adamsbuch des Morgenlandes
(übers. v. Dillmann S. 117): »Dieser Namrud sah eine leuchtende Wolke unter dem Himmel vom Satan . . . . und er rief
einen namens Santâl, einen Bildner, und sagte: »Bilde mir
eine große Krone in Gestalt dieser Wolke«; und jener machte
ihm eine Krone, und Namrud nahm sie und setzte sie auf sein
Haupt, und deswegen sagen die Leute, daß eine Wolke vom
Himmel auf ihn herabkam. Und er ward immer mehr verderbt, bis daß er in seiner Seele dachte, daß er selbst Gott sei«[1].
Was dieser Bericht bietet, ist, wie dies der Wortlaut der Schatzhöhle deutlich noch zeigt, eine rationelle Deutung einer alten
Volksüberlieferung. Diese Volksüberlieferung lautete: auf Nimrod
(Zoroaster) sei eine Krone vom Himmel herabgestiegen. Die
vom Himmel gestiegene Krone ist dann rationalistisch auf eine
einer Himmelserscheinung nachgebildete gedeutet. Dann haben
wir in dieser Überlieferung offenbar eine Variante des in den
Klementinen vorliegenden Berichts; das vom Himmel gefallene
Feuer und die vom Himmel gestiegene Krone sind Varianten
derselben Überlieferung, Nimrod ist auch hier Nimrod-Zoroaster.

Damit ist aber zugleich auch klar geworden, daß wir hier
die echte, altpersische Vorstellung vom Ḫvarena vor uns haben.
Über diese äußert sich Tiele (Geschichte d. Religion im Altertum, übers. v. Gehrich II 212) zusammenfassend: »Ursprünglich
wird es (das Ḫvarena) wohl das Himmelslicht selbst gewesen
sein in seiner natürlichen Bedeutung . . . . Aber in der maz-

---

1. Vgl. die parallelen Berichte in der Chronik des Mar Michael
(Gelzer II 445) und Wardan d. Gr. (Gelzer II 489).

dayasnischen Lehre wird das Ḥvarena zum göttlichen Licht, das
den menschlichen Geist erleuchtet, sodaß man andere lenken,
führen, unterrichten, wunderbare Werke vollbringen und selbst
die Weltherrschaft erwerben kann. Es versteht sich von selbst,
daß man sich dieses Erwerben auf magische Weise vorstellte,
vielleicht auch wohl als eine Aureole, welche sichtbar das Haupt
des glücklichen Besitzers umgibt«. Dieses Ḥvarena besaßen nach
persischer Vorstellung die uralten Herrscher der Menschheit,
vor allem Yima, der Lichtgott Mithra und manche Helden der
Urzeit, besonders die alten sagenhaften Helden der Kayanischen
Dynastie. Vergeblich hat der alte Widersacher der persischen
Kultur, der Turanier Frañrasyan, sich seiner zu bemächtigen
gesucht. Auch Zarathustra und König Vistaspa besaßen es,
und in der Zukunft wird es dem persischen Messias eignen. und
wem es gehört, dem gebührt die Weltherrschaft[1].

Diese persischen Vorstellungen bilden geradezu einen Kommentar zu der Überlieferung in den Klementinen und der syrischen Schatzhöhle. Auch hier hat Nimrod-Zoroaster das Ḥvarena, den himmlischen Lichtglanz. Die Krone ist vom Himmel
herabgestiegen oder er hat versucht, den Lichtglanz herabzuzwingen. Auch hier wird jener Lichtglanz direkt mit dem Gedanken der Weltherrschaft zusammengebracht; in den Klemen-
tinen ist geradezu von „$\tau\grave{o}$ $\tau\tilde{\eta}\varsigma$ $\beta\alpha\sigma\iota\lambda\epsilon\acute{\iota}\alpha\varsigma$ $\pi\tilde{v}\varrho$", das der Stern
des Himmels herabschüttet, die Rede. Der Lichtglanz macht
auch hier den Menschen des göttlichen Wesens voll; »bis daß
er in seiner Seele dachte, daß er selbst Gott sei«, heißt es im
morgenländischen Adamsbuch. Auch hier ist der Lichtglanz
als eine Art Aureole gedacht, am deutlichsten in der Beschreibung der syrischen Schatzhöhle von der herabsteigenden Krone.
Allerdings verbinden sich namentlich in den Klementinen fremdartige Vorstellungen mit den persischen. Daß das Feuer der
Herrschaft dem die Welt mit seinem Horoskop regierenden
Stern gehört und Zoroaster versucht habe, jenes diesem zu
entreißen[2], ist keine persische Originalvorstellung; es wird hier

---

1. Hauptquelle für die Geschichte des Hvarena ist der Zamyâd
Yašt.

2. Doch man vergleiche die in der persischen Überlieferung be-
richteten vergeblichen Versuche des Turaniers Frañrasyan, sich des
Hvarena zu bemächtigen.

eher in der Vorstellung von einem Stern, der den Weltlauf bestimmt und die Weltherrschaft zu verteilen hat, babylonisches Lehngut vorliegen. Noch deutlicher wird dann in den Rekognitionen Nimrod-Zoroaster zur babylonischen Astrologie in Verbindung gesetzt und ganz als Zauberer geschildert[1].

Fremdartig berührt auch, was von Zoroasters tragischem Ausgang hier erzählt wird. Er soll bei jenem Versuch, das Feuer vom Himmel herabzuzwingen, von dem herabströmenden Feuer verbrannt sein. Auf der einen Seite scheinen hier Sagen von der Apotheose römischer Caesaren nachgewirkt zu haben, namentlich wenn erzählt wird, daß Zoroaster, als ob seine Seele vom Blitz zum Himmel getragen sei (Rek. 4, 28), göttlicher Ehren teilhaftig geworden sei. Aber jene Erzählung lehnt sich auch wider direkt an spätere Zoroaster-Sagen an. Am bemerkenswertesten ist hier die Parallele bei Dio Chrysostomos, Oratio 36 (ed. Dindorf II 20): »Von Zoroaster sagen die Perser, daß er aus Liebe zur Weisheit und Gerechtigkeit sich von den Menschen entfernt und für sich auf einem Berge gelebt habe. Darauf sei der Berg, indem von obenher viel Feuer herabkam, in Brand geraten und habe dauernd gebrannt. Der König mit den erprobtesten Persern sei dann nahegekommen, um zu Gott zu beten, und der Mann sei aus dem Feuer ihnen unversehrt erschienen und habe gnädig ihnen befohlen, Mut zu fassen und gewisse Opfer zu opfern, da ein Gott an diesem Orte erschienen sei. Und darnach sei er nicht mit allen zusammengekommen, sondern nur mit den zur Wahrheit Geeignetsten und denen, die Gott erfassen können, welche die Perser „Mager" nannten[2]«. Daran, daß wir in einer Erzählung, wie der des Chrysostomos, die Grundlage der Sage vom Tode des Zoroaster durch himmlisches Feuer haben, kann kaum ein Zweifel sein[3].

---

1. Die Überlieferung der Rekognitionen und Homilien läuft übrigens speziell parallel dem Bericht des persischen Chronisten Mirkhond, nach welchem Zoroaster ein Feuer besessen haben soll, das er in die Hand nehmen konnte (Spiegel, Eranische Altertumskunde I 709).

2. Eine Sage dieser Art scheint auch Arnobius vorauszusetzen, wenn er, adv. gentes I 52, sagt: »Age nunc veniat, qui super igneam zonam, interiore ab orbe Zoroastres, Hermippo ut assentiamur«.

3. Erwähnt sei hier noch die genuin persische Überlieferung, nach welcher Zoroaster sich nach der Bekehrung des Vistaspa nach einem

Endlich stimmt auch die Notiz, in welcher der Bericht der
Homilien und Rekognitionen gipfelt, daß man Zoroaster habe
göttliche Verehrung zuteil werden lassen, genau mit dem tatsächlichen Zustande der persischen Religionsanschauung in der
Periode der jüngeren Avesta-Schriften überein. Tiele (Gesch.
d. Religion im Altertum II 280) hat die spätere Stellung Zarathustras in der persischen Religion in die Worte zusammengefaßt: »Kurzum, wie Ahuramazda der Herr der Himmlischen,
so ist nun Zarathustra der Herr der irdischen Yazatas. Er
vertritt die Gottheit auf Erden . . . ., und wie ein Yazata
wird er durch Kultus und Opfer geehrt«. Auch in sonstigen
nichtpersischen Berichten sind direkte Zeugnisse für die göttliche Verehrung des Zarathustra nachzuweisen. Besonders bemerkenswert ist hier der bereits erwähnte Bericht in der Apologie des Melito von Sardes (Corpus apologetarum IX 426):
»De Nebo autem in Mabug quid scribam vobis? Nam ecce
omnes sacerdotes in Mabug sciunt eum esse simulacrum Or-
phei, magi Thracii, et Hadran esse simulacrum Zaraduscht, magi
Persici«. Hier ist also von einem Bilde, demgemäß von einem
Kult des Zarathustra in Mabug die Rede, und dieser scheint
hier an die Stelle eines syrischen Gottes Hadran getreten zu
sein. In den Anathematismaten gegen die Manichäer heißt es:
„Ἀναϑεματίζω Ζαράδην, ὃν ὁ Μάνης ϑεὸν ἔλεγεν πρὸ αὐτοῦ
φανέντα παρ᾽ Ἰνδοῖς καὶ Πέρσαις καὶ ἥλιον ἀπεκάλει“.

Wenn nun freilich in den Homilien erzählt wird, daß die
Perser die Überbleibsel des verbrannten Magers bestattet und
sein Grab mit einem Tempel geehrt hätten (ἔνϑα ἡ τοῦ πυρὸς
καταφορὰ γέγονεν 9, 4), so liegt hier wohl ein Mißverständnis
persischer Traditionen vor. Feuertempel gab es viele in Persien,
und an die wichtigsten der heiligen Feuerstätten knüpfte sich
vielfach die Sage an von einem vom Himmel gefallenen oder
aus der Erde gestiegenen Feuer. Aber dieses Feuer hat mit
dem Feuer, das den Zoroaster verbrannt haben soll, nichts zu
tun. Daneben wird es sicher Heiligtümer und Gottesbilder des
Zoroaster gegeben haben. Die Kombination dieser beiden Tat-

wunderbaren fernen Lande zurückgezogen habe (Sadder Bundehesh nach
Spiegel, Eranische Altertumskunde I 706).   Auch im Zartust-nâme
durchschreitet Zarathustra auf seinen Offenbarungsreisen einen eurigen
Berg, ohne Beschwerden zu verspüren (Spiegel I 696).

sachen ist ein freies Spiel des Verfassers der Klementinen.
Wenn endlich in den Rekognitionen die Weltherrschaft des
Perserreiches an die Aufbewahrung der Reliquie des durch das
Blitzfeuer vernichteten Magers geknüpft wird, und wenn die
oben genannten byzantinischen Chronographen diesen Tatbestand
auf einen ausdrücklichen Befehl des Zoroaster zurückführen,
so liegt hier wieder eine starke und wahrscheinlich apokryphe
Weiterbildung einer genuinen persischen Anschauung vor. Denn
nach dieser ist allerdings die Weltherrschaft der Perser an das
im Besitz der persischen Dynastie befindliche Ḥvarena gebunden.
Aber das Ḥvarena hat nichts mit der heiligen Reliquie des
Zoroaster zu tun. Ursprünglicher ist uns die persische Anschauung in den Homilien erhalten (9, 6): »Die Perser nahmen
zuerst Kohlen von dem vom Himmel gefallenen Blitz . . . .
und verehrten das Feuer als einen himmlischen Gott und wurden
als dessen erste Verehrer von dem Feuer selbst mit der ersten
Herrschaft geehrt«. Unter einer leichten Hülle der Bearbeitung
schaut hier noch die ursprüngliche persische Anschauung von
dem Herrschaft verleihenden Ḥvarena deutlich hindurch.

So stoßen wir vielfach in dem Bericht der Klementinischen
Grundschrift (und der ihr verwandten Literatur) auf echte altpersische religiöse Anschauungen oder auf interessante Weiterbildungen derselben. Der Verfasser der Klementinischen Grundschrift zeigt eine intime Kenntnis, wie wir sie sonst selten finden,
mit der Anschauungswelt der eranischen Religion.

Daß er übrigens die persische Religion als Haupterscheinung
des von ihm bekämpften Heidentums vor Augen hat, geht
weiter noch aus der feindlichen Stellung hervor, die er dem
Element des dort so hoch verehrten Feuers gegenüber einnimmt.
Das Feuer ist geradezu für ihn das böse Element. Er ordnet
bekanntlich alle Dinge in Syzygien verschiedenwertiger Wesen
an und stellt charakteristischerweise Himmel und Erde, Tag
und Nacht, Licht und Feuer[1], Sonne und Mond, Leben und
Tod gegenüber (Ho. 2, 15, vgl. auch Ho. 3, 22 u. 2, 18). Nach
seiner Lehre hat Jesus in erster Linie an Stelle des Opferkultus den Kultus der Taufe gebracht und den in die alttesta-

---

1. Das Feuer gehört mit der Finsternis zusammen: 20, 9 φίλον
γὰρ πυρὶ τὸ σκότος.

mentliche Offenbarung durch böse Mächte eingeschwärzten Opferkultus wieder beseitigt. Er faßt diese Vernichtung des Opferkultus zugleich als eine Vernichtung des Feuers auf (vgl. 3, 26: πῦρ βωμῶν σβέννυσιν). Das heilige Element des Wassers steht bei ihm im direkten Gegensatz zu dem von ihm überwundenen Element des Feuers (Rek. 1, 48: »Jesus .... qui ignem illum, quem accendebat pontifex pro peccatis, restinxit per baptismi gratiam«). Auf der anderen Seite verehrt er das Wasser, das dem Feuer feindliche Element, geradezu als göttliches weltschöpferisches Prinzip. Ho. 11, 24 (vgl. Rek. 6, 7—8): „λογισάμενος ὅτι τὰ πάντα τὸ ὕδωρ ποιεῖ, τὸ δὲ ὕδωρ ὑπὸ πνεύματος κινήσεως τὴν γένεσιν λαμβάνει, τὸ δὲ πνεῦμα ἀπὸ τοῦ τῶν ὅλων θεοῦ τὴν ἀρχὴν ἔχει". Wir haben hier fast eine trinitarische Theologie: Gott, Geist und Wasser. Dem entsprechen die Ausführungen über den sakramentalen Wert von Glaube und Taufe. Die Seele, welche durch den Glauben an Gott gleichsam in die Natur des Wassers verwandelt wird, löscht den Dämon wie einen Feuerfunken aus[1] (Rek. 4, 17 = Ho. 9, 11, vgl. Ho. 11, 26: »Deshalb fliehet zum Wasser, denn das allein kann den Feuerbrand auslöschen«; Rek. 6, 9 verändert in: »vim futuri ignis extinguere«).

Allerdings entwickeln nun die Homilien, wie oben schon angedeutet, einen Dualismus, der mit dem persischen Dualismus, wie es scheint, nichts zu tun hat, sondern anders geartet ist. Gerade die Darstellung ihres Systems ist nicht von dem Gegensatz zwischen Licht und Finsternis, sondern mehr von dem andern des »Männlichen« und (minderwertigen) »Weiblichen« beherrscht. Bezeichnender Weise nennen sie die (vgl. 2, 15) gegenübergestellten Paare „συζυγίαι". Sie sprechen davon, daß der gegenwärtige Aeon weiblich, der zukünftige männlich sei (Ho. 2, 15 cf. 19, 23). Besonders tritt der Gegensatz zwischen männlich und weiblich 3, 20 ff. (mehr als 2, 15 ff.) heraus. Es ist hier ständig von den Gegensätzen der männlichen und der weiblichen Prophetie die Rede. Ho. 3, 27 heist es: ὁ ἄρσην ὅλως ἀλήθεια, ἡ θήλεια ὅλη πλάνη[2]. Ja der Ge-

---

1. Vgl. Ho. 17, 12: ὕδωρ πῦρ σβέννυσιν. Eine ähnliche Anschauung wird in den Excerpta ex Theodoto § 81 vorgetragen (vgl. unten Kap. VII).

2. Hier und da findet sich auch der Gegensatz von rechts und links Ho. 2, 16.

gensatz von männlich und weiblich dringt bei den Homilien
selbst in die Spekulationen über die Gottheit ein, und es wird
16, 12 eine männliche und eine weibliche Wesenheit in Gott
unterschieden. Es ist Gott der zu seiner Weisheit sprach:
»Lasset uns den Menschen schaffen«. Das ist nun freilich
sicher: eine genuin persische Vorstellung liegt in diesen Phantasieen nicht mehr vor. Aber dennoch wird sich nachweisen
lassen, daß jener merkwürdige und andersartige, vielleicht mit
pythagoräischen Spekulationen zusammenhängende Dualismus
zwischen Männlichem und Weiblichem sich tatsächlich in irgend
einer späteren Zeit mit dem altpersischen Dualismus verbunden
hat. In Hippolyts Refutatio I 2 p. 12, 56 ff. findet sich ein
auf Diodor den Eretrier und Aristoxenos zurückgehender merkwürdiger Bericht. Danach soll Pythagoras zu dem Chaldäer
Zaratas — und das ist kein anderer als der Perser Zarathustra (siehe Exkurs) — gekommen sein. »Der aber habe
ihm dargelegt, daß von Anfang an zwei Ursachen der Dinge
existierten: Vater und Mutter, und der Vater sei das Licht,
Mutter aber die Finsternis. Des Lichtes Teile seien das Warme,
Trockene, Leichte und Schnelle, der Finsternis aber das Kalte,
Nasse, Schwere und Träge. Aus dem allen bestehe die Welt,
aus dem Weiblichen und Männlichen«. Und weiter wird hier
nach der Lehre des Zaratas behauptet, »es gebe zwei Götter
(Dämonen); der eine sei himmlisch, der andere sei irdisch, und
der irdische bringe die Geburt aus der Erde hervor, und das
sei das Wasser, der himmlische aber sei das Feuer, das mit
der Luft zusammenhänge . . . .«. Wir haben in diesem Bericht allerdings eine gänzlich entstellte und verdorbene Zarathustrische Lehre, und die Behauptung von Pythagoras als
dem Schüler des Zoroaster, mit welcher dieser Bericht eingeleitet ist, deutet wohl auch darauf hin, daß sich in dieser
Spekulation Elemente griechisch-pythagoräischer und persisch-
dualistischer Anschauungen verbunden haben. Wie dem sein
mag, wir haben hier ein Beispiel dafür, daß der persische
Dualismus mit seinen Gegensätzen »Licht und Finsternis« Verbindung eingegangen ist mit dem anderen Gegensatz von
»männlich und weiblich«, so daß nun das Licht mit dem männlichen Prinzip, dem πατήρ, die Finsternis mit dem weiblichen
Prinzip, der μήτηρ, identisch erscheint. Jedenfalls kann also

der Verfasser der Klementinen auch seine Syzygienlehre mit
ihren Gegensätzen von männlich und weiblich, rechts und links
aus einem Milieu geschöpft haben, in welchem dennoch die
persische Religion, allerdings eine verdorbene persische Religion,
die Hauptrolle spielte. In diesem Zusammenhange mag
noch darauf hingewiesen werden, daß wir auch in anderen
gnostischen Systemen bereits diesem Gegensatz von männlich
und weiblich begegnet sind, so in der Ἀπόφασις μεγάλη des
Simon (s. o. S. 127 f.), so in der eigentümlichen Ausbildung
des Marcionitischen Systems, das uns der Armenier Eznik überliefert hat, und endlich in der mit diesem System fast identischen Baruchgnosis des Gnostikers Justin (s. o. S. 133 ff.).

Es wird nicht ohne Interesse sein, von hier aus noch einen
Blick auf die mit der Klementinischen Grundschrift verwandten
Systeme und Sekten zu werfen. Zunächst mag auf die bekannte
Tatsache hingewiesen werden, daß das System, das uns in der
Grundschrift der Klementinen vorliegt, identisch ist mit dem
der Ebioniten, von denen Epiphanius Haer. 30 berichtet.
Bemerkenswerterweise finden wir auch hier als die Grundlehre dieser Ebioniten jene oben von uns behandelte merkwürdige Anschauung von Christus und dem Teufel als den
beiden Söhnen Gottes wieder. Kurz und prägnant erscheint
diese Lehre zusammengefaßt Epiphanius Haer. 30, 16: „Δύο
δέ τινας, ὡς ἔφην, συνιστῶσιν ἐκ θεοῦ τεταγμένους, ἕνα μὲν
τὸν Χριστόν, ἕνα δὲ τὸν διάβολον, καὶ τὸν μὲν Χριστὸν λέγουσι
τοῦ μέλλοντος αἰῶνος εἰληφέναι τὸν κλῆρον, τὸν δὲ διάβολον
τοῦτον πεπιστεῦθαι τὸν αἰῶνα ἐκ προσταγῆς δῆθεν τοῦ παν-
τοκράτορος κατὰ αἴτησιν ἑκατέρων αὐτῶν".

Auch sonst kann es keinem Zweifel unterliegen, daß die
von Epiphanius geschilderten Ebioniten diejenige Sekte sind,
welche die Literatur geschaffen hat, welche uns in mannigfacher
Umarbeitung und Weiterbildung in den Klementinischen Homilien und Rekognitionen vorliegt. In der Darstellung dieser
ebionitischen Sekte bei Epiphanius begegnen wir nun weiterhin
einem Namen, der uns in diesem Zusammenhang noch vielfach
beschäftigen muß. Es wird hier bereits 30, 3 gesᴜᴏ͜ᴜ, daß die
Ebioniten unter den Einfluß eines gewissen Elxai, eines Pseudo-
propheten, geraten seien, der auch bei den Sampsaeern, Ossäern
und Elkesaiten (über diese später) anerkannt sei. 30, 17 ist

wieder von dem Einfluß des Elxai auf die Ebioniten die Rede.
Es wird hier ausdrücklich behauptet, daß sie diesem vieles verdanken, unter anderem die Anrufung der Zeugen bei der
Taufe (s. u. Kap. VII). Von Ebion hätten sie Beschneidung,
Sabbath und Sitten, τοῦ δὲ Ἠλξαὶ τὴν φαντασίαν. Zugleich
finden wir einen Hinweis auf die Sekte der Ossäer, bei deren
Beschreibung von Epiphanius Ähnliches bereits gesagt sei. Dem-
entsprechend enthält Epiph. Haer. 19 (über die Ossäer) weitere
wichtige Notizen über Elxai. Er sei in den Zeiten des Königs
Trajan aufgetreten, habe einen Bruder mit Namen Jexai gehabt. Auch hier wird auf ihn die Anrufung der sieben Zeugen
bei der Taufe zurückgeführt, und es heißt weiterhin von ihm,
daß nicht weniger als vier Sekten ihn als Führer hätten: die
Ebionäer und Nazoräer (Haer. 29), die Ossäer und die Nasaräer
(Haer. 18). Auch erfahren wir, daß die Sekte der Ossäer im
Nabatäischen Lande und in Peräa in der Nachbarschaft der
Moabitis bis in die Tage des Epiphanius hinein noch existiere
und daß sie nunmehr mit dem Namen der Sampsäer bezeichnet
werden. So wird denn endlich in Verbindung mit dieser
Sekte der Sampsäer der Name des Elxai an verschiedenen
Stellen genannt. Im Prooemium zum ersten Abschnitt des
zweiten Buches von Epiphanius' Werk (ed. Dindorf II p. 420
c. 7) heißt es, daß die Sampsäer oder Elkesaiten, die bis
jetzt in Arabien wohnten, von dem falschen Propheten Elxai
verführt seien[1]. Ferner wird in der Darstellung der Sekte der
Sampsäer (Haer. 53) Elxai als deren Prophet erwähnt, und
daneben heißt es, daß sie noch ein anderes Buch des Jexai,
des Bruders des Elxai, besaßen. Auch von zwei Prophetinnen
der Elkesaiten, der Marthus und der Marthana ist hier die Rede,
von denen die erstere vor kurzem gestorben sein soll, die andere
bis in die Zeit des Epiphanius lebt. Die Person des viel-
genannten und bei einer Reihe verwandter Sekten als Prophet
geltenden Elxai bleibt freilich ganz im Dunklen. Ja es ist
möglich, daß wir in ihm überhaupt keine Person und keinen
Sektenstifter zu sehen haben, sondern nur den Namen eines

---

1. Vgl. auch Prooemium des zweiten Tomus des ersten Buches
des Werkes bei Dindorf II p. 5 c. 10, wo die Ebionäer zusammen
mit den Kerinthianern, Nazoräern, Sampsäern und Elkesaiten genannt
werden.

Offenbarungsbuches Elxai (verborgene Kraft?). Jedenfalls aber
sind wir in der glücklichen Lage, die Zeit, sei es des Auftretens
des Elxai, sei es der Entstehung jenes Offenbarungsbuches genau festlegen zu können. Da in dem Buch selbst nach Hippolyt, Refut. IX 16 (468, 59), der Beginn des Weltendes[1] auf
das dritte Jahr nach der Unterwerfung der Perser durch Trajan
geweissagt wird, so muß dieses sehr bald nach dem Jahre 116
geschrieben sein. Die Entstehung des Elxaibuches und der
Anfang einer weitgehenden Beeinflussung der ostjordanischen
Taufsekten durch dieses fällt also bereits in eine verhältnismäßig frühe Zeit. Es kann nun keinem Zweifel unterliegen,
daß auch das Elxaibuch, von dem uns bekanntlich in Hippolyts Refutatio IX 13 ff. lange Auszüge aufbewahrt sind, seinem
Gedankengehalt nach ganz und gar in diese Umgebung hin-
eingehört und sich aufs engste verwandt mit der Ideenwelt
der Klementinischen Schriftwelt erweist. Ich erinnere nur im
Vorbeigehen an die Wertlegung auf das Sakrament der Taufe,
an die Phantasien über die bei der Taufe anzurufenden Zeugen
(Hippolyt IX, 15, Epiphanius 19, 1. 6 und 30, 17; vgl. damit
die $\Delta\iota\alpha\mu\alpha\varrho\tau\upsilon\varrho\iota\alpha$ '$I\alpha\varkappa\dot\omega\beta\upsilon$ in der Einleitung der Klementinischen Homilien), an die eigentümliche Christologie, d. h. an
die Lehre des in verschiedenen Gestalten der Geschichte sich
offenbarenden Christus oder des ersten Menschen (vgl. Haer. 30, 3,
53, 1; Prooemium bei Dindorf II p. 5, und zum ganzen den
folgenden Abschnitt). Unmittelbar an die charakteristische Darstellung der Klementinen von den beiden aufeinander folgenden
Äonen und den beiden Königen dieser Äonen erinnert es, wenn
Christus (nach Epiphanius Haer. 19, 2 und Hippolyt IX, 15)
als $\dot{o}$ $\mu\acute{\epsilon}\gamma\alpha\varsigma$ $\beta\alpha\sigma\iota\lambda\epsilon\acute{\upsilon}\varsigma$ bezeichnet wird. Vor allem treffen wir
auch hier auf den merkwürdigen dualistischen Antagonismus
von Feuer und Wasser (Haer. 19, 3): „$\tau\grave{o}$ $\delta\grave{\epsilon}$ $\ddot{\upsilon}\delta\omega\varrho$ $\epsilon\tilde{\iota}\nu\alpha\iota$ $\delta\epsilon\xi\iota\acute{o}\nu$,
$\pi\tilde{\upsilon}\varrho$ $\delta\grave{\epsilon}$ $\dot{\alpha}\lambda\lambda\acute{o}\tau\varrho\iota\upsilon\nu$ $\epsilon\tilde{\iota}\nu\alpha\iota$ $\varphi\acute{\alpha}\sigma\varkappa\omega\nu$ $\delta\iota\grave{\alpha}$ $\tau\upsilon\acute{\upsilon}\tau\omega\nu$ $\tau\tilde{\omega}\nu$ $\lambda\acute{\epsilon}\xi\epsilon\omega\nu\cdot$ $\tau\acute{\epsilon}\varkappa\nu\alpha$,
$\mu\grave{\eta}$ $\pi\varrho\grave{o}\varsigma$ $\tau\grave{o}$ $\epsilon\tilde{\iota}\delta\upsilon\varsigma$ $\tau\upsilon\tilde{\upsilon}$ $\pi\upsilon\varrho\grave{o}\varsigma$ $\pi\upsilon\varrho\epsilon\acute{\upsilon}\epsilon\sigma\vartheta\epsilon$, $\ddot{o}\tau\iota$ $\pi\lambda\alpha\nu\tilde{\alpha}\sigma\vartheta\epsilon\cdot$ $\pi\lambda\acute{\alpha}\nu\eta$
$\gamma\acute{\alpha}\varrho$ $\dot{\epsilon}\sigma\tau\iota$ $\tau\grave{o}$ $\tau\upsilon\iota\upsilon\tilde{\upsilon}\tau\upsilon\nu$ . . . . $\pi\upsilon\varrho\epsilon\acute{\upsilon}\epsilon\sigma\vartheta\epsilon$ $\delta\grave{\epsilon}$ $\mu\tilde{\alpha}\lambda\lambda\upsilon\nu$ $\dot{\epsilon}\pi\grave{\iota}$ $\tau\grave{\eta}\nu$
$\varphi\omega\nu\grave{\eta}\nu$ $\tau\upsilon\tilde{\upsilon}$ $\ddot{\upsilon}\delta\alpha\tau\upsilon\varsigma$". Deutlich wird hier gegen den Feuerkultus[2]

1. Denn der hier geweissagte Krieg $\mu\epsilon\tau\alpha\xi\grave{\upsilon}$ $\tau\tilde{\omega}\nu$ $\dot{\alpha}\gamma\gamma\acute{\epsilon}\lambda\omega\nu$ $\tau\tilde{\eta}\varsigma$ $\dot{\alpha}\sigma\epsilon$-
$\beta\epsilon\acute{\iota}\alpha\varsigma$ $\tau\tilde{\omega}\nu$ $\ddot{\alpha}\varrho\chi\tau\omega\nu$ ist offenbar eschatologisch gemeint. Wir haben hier
eine Spur der mythologischen Gog-Magogidee.

2. Die entgegengesetzte Erscheinung finden wir bemerkenswerter-

zugunsten des Kultus des Wassers polemisiert. Es wird in
diesem Zusammenhang geradezu das Wasser als männliches,
das Feuer als das weibliche Element genannt, und dem entspricht auch hier eine absolute Verehrung des Wassers (Haer.
53, 1): „Τετίμηται δὲ τὸ ὕδωρ καὶ τοῦτο ὡς θεὸν ἡγοῦνται
σχεδὸν φάσκοντες εἶναι τὴν ζωὴν ἐκ τούτου (vgl. Prooemium,
Dindorf II p. 5: τὸ ὕδωρ δὲ ἀντὶ θεοῦ ἔχουσιν). Abgesehen
davon, daß das Feuer einmal als linkes, das Wasser als rechtes
Element erscheint und daß in der Offenbarung des Elxai neben
Christus die weibliche Gestalt des Heiligen Geistes eine Rolle
spielt, finden wir freilich in den bisher besprochenen Notizen
eines nicht wieder: die charakteristische Syzygienlehre der Klementinen und ihren Dualismus zwischen männlich und weiblich.
Aber hier kommt uns eine religionsgeschichtlich außerordentlich
wichtige Notiz zu Hilfe, die uns en-Nedîm im Fihrist aufbewahrt hat (übers. bei Chwolsohn »die Ssabier« II 543): »Die
Mogtasilah« (die sich Waschenden = Täufer) — diese Leute
sind zahlreich in den Sumpfdistrikten (die Niederungen an der
Mündung von Euphrat und Tigris), und sie sind eben die
Ssabier der Sümpfe. Sie behaupten, daß man sich oft waschen

weise in der Darstellung der Sekte der Kainawîja bei Schahrastâni
(bei Haarbrücker II 297). »Die Kainawija glauben, daß es drei Grundstoffe gebe: Feuer, Erde und Wasser .... Sie sprechen so: Das
Feuer ist durch seine Natur gut und leuchtend, das Wasser ist sein
Gegner von Natur. Was Du also Gutes in dieser Welt siehst, kommt
vom Feuer, und was Böses da ist, das kommt vom Wasser, und die
Erde ist ein Mittelding. Diese halten sehr viel auf das Feuer, insofern
es höherer Natur, ein Lichtwesen und fein sei. Das Wasser sei ihm
aber entgegengesetzt in seiner Natur und in seinem Tun, und die
Erde sei ein Mittelding zwischen beiden. Aus diesen Grundstoffen sei
die Welt zusammengesetzt«. Vgl. ferner die Darstellung der Lehre des
Zaratas nach Aristoxenos bei Hippolyt, Refut. I 2 p. 12, 66, wo zwei
Gottheiten unterschieden werden: eine himmlische und eine irdische,
die irdische das Wasser, die himmlische das Feuer (s. o. S. 153). Hippolyt, Refut. IV 43, finden wir als Lehre (wohl irrtümlich) der Ägypter
wieder eine ähnliche Unterscheidung der Elemente vorgetragen. Hier
ist freilich das Feuer das männliche Element im Gegensatz zu dem
weiblichen des Geistes (Windes), der Luft, und wiederum das Wasser
das männliche Element im Gegensatz zu dem weiblichen Element der
Erde. Ideen vom Kampf der Elemente untereinander sind auch in die
Anschauungswelt der Mithrasmysterien eingedrungen (Cumont I 100f.).

muß, und sie waschen auch alles, was sie essen. Ihr Oberhaupt wird Elchasai genannt, er ist derjenige, welcher ihre Kon-
fession gestiftet hat. Er behauptet, es gebe zwei Reihen von
Wesen, eine männliche und eine weibliche. Die Gemüsekräuter
gehören zum männlichen Geschlecht, der Mistel aber, dessen
Wurzel die Bäume seien, zum weiblichen. Er hatte einen
Schüler namens Schim' ûn (Simeon). Früher stimmten sie hinsichtlich der beiden Urprinzipien mit den Manichäern überein,
später aber gingen ihre beiderseitigen Konfessionen auseinander«.
Hier wird also auch von Elxai der eigentümliche Dualismus
zwischen Männlichem und Weiblichem behauptet, und charakteristischerweise hervorgehoben, daß zwischen ihnen und den
Manichäern hinsichtlich der Lehre von den beiden Urprinzipien
ein Widerspruch vorhanden sei. Das ist richtig; denn eben zu
dem Dualismus zwischen Licht und Finsternis gesellt sich der
Dualismus zwischen Männlichem und Weiblichem.

So zeigt sich also die Figur des Elxai nicht nur in allen
wesentlichen Punkten mit den Ebioniten der Klementinischen
Grundschrift verwandt, sondern es finden sich auch gerade hier
dieselben Spuren einer nahen Berührung und zugleich einer
feindlichen Auseinandersetzung mit der persischen Religion.
Verstärkt wird dieser Eindruck, wenn wir hören, daß Elxai
das geheimnisvolle Offenbarungsbuch von den Serern in Parthien empfangen habe und es seinerseits einem Manne mit
Namen Σοβιαΐ weitergegeben habe (Hippolyt IX 13). Wir
werden diese Notiz nach allem Vorhergegangenen nicht leichthin
als Phantasie behandeln dürfen. Natürlich ist dieselbe nicht
wörtlich zu nehmen, aber die Nachricht, daß Elxai sein Buch
aus Parthien empfangen habe, umschreibt eben einfach den
wirklich vorliegenden Tatbestand, daß persische Religionseinflüsse
in dem Religionssystem des Elxai vorliegen. Und wenn es
heißt, daß er sein Buch dem Σοβιαΐ übergeben habe, so ist auch
das nicht ohne Interesse und Bedeutung; denn Σοβιαΐ ist offenbar
nichts anderes als das persönliche Pseudonym für die Sekte der
Ssabier. Ssabier aber bedeutet wieder nichts anderes als
»Täufer« (von syrischem צבע), wie denn auch die Elkesaiten im Fihrist die Mogtasilah, d. h. die sich Waschenden
heißen. Wenn es also hier heißt, daß Elxai sein Buch von
Parthien empfangen und seinerseits dem Σοβιαΐ übergeben habe,

so übersetzen wir das religionsgeschichtlich und schließen, daß
auf die zwischen Euphrat und Tigris auf der einen Seite und
dem Jordan auf der anderen Seite wohnenden Täufersekten zu
einer bestimmten Zeit ein Einfluß von Seiten der persischen
Religion ausgegangen ist.

Wir fassen kurz die Resultate der langen, mühsamen Untersuchung zusammen: Es hat sich erwiesen, daß vor allem die
Grundschrift des klementinischen Schriftenkreises sich mit persischen Religionsideen weithin vertraut erweist[1], daß sie ihrerseits allerdings in einem scharfen Antagonismus zu dieser
Religion steht, daß in ihr Zoroaster fast als der Archihaeretiker
und die persische Religion als der Anfang alles Heidentums
gilt, daß sie das von ihr so hoch gehaltene Sakrament der
Taufe und den Wasserkult in direktem Gegensatz zum Feuer-
kult des Parsismus auffaßt. Es zeigte sich ferner, daß die
ebionitische Sekte, der wir jene Schriften zu verdanken haben,
im engsten Zusammenhang mit den verschiedenen Taufsekten steht, die sich mindestens schon im ersten nachchristlichen Jahrhundert und wahrscheinlich früher nicht nur in
den angrenzenden Gebieten des Jordan, sondern auch in den
Flußgebieten des Euphrat und Tigris nachweisen lassen. Und
auch in diesem Umkreis von Religionsgesellschaften begegnet
uns überall, soweit sich bei den verworrenen Berichten noch
irgendwelche sichere Schlüsse ziehen lassen, ein gewisser Einfluß persischer Religionsideen. Auf das alles gestützt dürfen wir
den Schluß wagen, daß der eigentümliche Dualismus, den
namentlich die klementinischen Homilien entwickeln, von persischer Herkunft und Heimat ist und mit der persischen zervanitischen Lehre irgendwie zusammenhängt, ja, daß selbst die
den Klementinen eigentümliche Syzygienlehre, so fremd sie dem
ursprünglichen persischen Dualismus ist, doch auch eine Weiterbildung desselben darstellt.

1. Noch mehr Beweise für diese These werden übrigens die Kapitel IV (über den Urmenschen) und Kap. V (über die Elemente) bringen.
Hier sei nur noch erwähnt, daß was Ho. 3, 47 über das Schicksal der
heiligen Schriften berichtet wird (sie seien von Nebukadnezar verbrannt),
merkwürdig an das Schicksal des Avesta nach persischer Tradition
erinnert (Tiele, Gesch. d. Rel. im Altertum II 10).

IV. Kapitel.

Der Urmensch.

I.

Wir gehen nunmehr zu der schwierigen Untersuchung einer auf den verschiedensten Religionsgebieten weitverzweigten Vorstellung über, der Vorstellung über den Urmenschen resp. Menschen. Die Spekulation hat ihre Wellen auch in die Gnosis hineingeschlagen. Auch hier begegnen wir in vielen Systemen der rätselhaften Gestalt des Menschen. Freilich eine beherrschende Rolle spielt der Mensch, wenn wir von vereinzelten Ausnahmen und dem manichäischen System absehen, in den meisten gnostischen Systemen nicht. Wo er sich in diesen findet, ist seine Gestalt farblos und abstrakt geworden und wird nur noch als eine nicht mehr verstandene oder halbverstandene Überlieferung weitergegeben. Wir haben hier eine der vielen Versteinerungen einst lebendiger Gestalten, wie sie in der Gnosis vorliegen. Dennoch wird es für die Kenntnis der Gnosis nicht nutzlos sein, dieser Figur in ihrem religionsgeschichtlichen Zusammenhang nachzugehen.

Wir beginnen mit einer möglichst eindringenden Erhebung des Tatbestandes. Die Figur des Urmenschen begegnet uns, und zwar an höchster Stelle, zunächst im System der Barbelognostiker. In der verkürzten Darstellung des Irenäus ist die Gestalt allerdings ganz verschwunden. Aber ausdrücklich heißt es in der gnostischen Quelle des Irenäus im koptischen Evangelium der Maria (Schmidt, Abh. d. Berl. Akad. 1896 843 ff.). daß die höchste Gottheit auch den Namen „$Πρωτάνθρωπος$" habe. »Diese ist die $Πεντάς$ der Aeonen des Vaters, d. h. des $Πρωτάνθρωπος$" Auch von der neben dem $Πρωτάνθρωπος$ stehenden Figur der Barbelo heißt es: »Sie wurde $Πρωτάνθρωπος$«, d. h. wohl das weibliche Ebenbild des männlichen Urwesens. Im Zusammenhang damit mag erwähnt werden, daß es in diesem System von dem Urvater heißt: »Er denkt sein Bild allein und sieht es in dem reinen Wasser des Lichts, welches ihn umgibt«. Demgemäß heißt die Barbelo das Bild des Unsichtbaren. Als erste Emanation des Urvaters und der Barbelo wird dann nach Erwähnung einiger weiblicher Aeonen der Χριστός genannt. Wir finden aber in dem System der Barbelognosis den Urmenschen in seltsamer Verdopplung noch an einer zweiten Stelle. Von der Barbelo und dem Protanthropos stammen zunächst (neben anderen Aeonen) Λόγος und Ἔννοια, von diesen wieder Αὐτογενής und Ἀλήθεια; Autogenes aber soll dann den vollkommenen und wahren Menschen, quem et Adamantem vocant, erzeugt haben Iren. I 29, 3. Ihm steht als Genossin zur Seite die Agnitio perfecta (Γνῶσις τελεία)[1]; auch soll dem Urmenschen vom jungfräulichen Geiste (virginalis spiritus = παρθενικὸν πνεῦμα = Barbelos) eine unbesiegbare Kraft gegeben sein und so das All in ihm seine Ruhe gefunden haben, um den großen Aeon im Hymnus zu preisen (vgl. die Stellung des Soter im valentinianischen System). Wenn es dann weiter heißt: »Hinc autem dicunt manifestatam matrem, patrem, filium«, so ist nicht ganz deutlich, worauf sich das bezieht, ob hier an den unsichtbaren Vater des Alls und an die Barbelo und an den Adamas als deren Sohn zu denken ist oder an die Dreiheit des Autogenes, der Aletheia und des Anthropos[2]. Wie dem sein mag, jedenfalls steht der Urmensch in merkwürdiger Verdopplung an zweifacher Stelle des Barbeloschen Systems, am Anfang und am Ende. Es scheint eben, als wenn alles Dazwischenliegende erst später eingeschobene Spekulation ist. Erwähnt muß eigentlich noch werden, daß unmittelbar hinter der Darstellung der Syzygie des Adamas die in die Materie hinabsinkende Sophia (Spiritus sanctus, Prunicos) erwähnt wird. Diese steht allerdings nicht in erkennbarem Zusammenhang mit dem Adamas, aber wohl mit dem Christus, dem Sohne des Urvaters und der Barbelo, der an dieser Stelle und auch im Anfang des Systems (zwar nicht nach Irenäus, aber wohl nach der von ihm excerpierten Quelle) den Beinamen »Monogenes« empfängt. Von dem ersten Engel, qui adstat Monogeni, soll die Sophia abstammen.

---

1. Der Figur entspricht vielleicht Mândâ d'Hajê (= γνῶσις τῆς ζωῆς) im mandäischen System.

2. Wenn es im System seltsamer Weise noch heißt, daß vom Anthropos und der Gnosis das lignum emaniert sei, so ist hier an die Figur des valentinianischen Horos-Stauros zu erinnern.

In einfacherer Gestalt liegt dieselbe Anschauung in dem gnostischen System vor, das uns Irenäus I 30 beschreibt. Es konnte aber dieses System deshalb nicht vorangestellt werden, weil es gerade im Anfang mit fremdartigen Bestandteilen kombiniert ist, die sich erst auf Grund einer Vergleichung mit Iren. I 29 ausscheiden lassen. Dasselbe beginnt mit der Behauptung, daß am Anfang das erste Licht, der Vater des Alls, gewesen sei, angerufen aber werde er als »primus Homo«, „Πρωτάνϑρωπος“. Neben ihm wird dessen ῎Εννοια erwähnt, also die Barbelo, nur daß hier der Name verschwunden ist. Wenn dann sonderbarerweise[1] die ῎Εννοια zugleich filius Hominis oder secundus Homo genannt wird, so erinnern wir uns daran, daß es auch in jenem System von der Barbelo hieß, daß sie Πρωτάνϑρωπος wurde. Offenbar wurde die hier erwähnte Gestalt trotz des Beinamens ursprünglich weiblich gedacht und erst von einem späteren Bearbeiter, wie wir weiter sehen werden, irrtümlich als männlich genommen. Ferner liegt augenscheinlich eine Überarbeitung des Systems vor, wenn es weiter heißt, daß sich unter diesen beiden der Spiritus Sanctus und unter diesem die vier Elemente befunden hätten. (Woher diese Gestalt des Spiritus Sanctus stammt, haben wir oben S. 119 ff. nachgewiesen.) Infolge dieses Einschubs und der falschen Auffassung der ῎Εννοια = secundus Homo als eines männlichen Wesens ist dann die monströse Vorstellung entstanden, daß der erste und zweite Mensch zusammen mit dem Spiritus Sanctus (dem ersten Weibe, prima femina) den Christus erzeugt habe. Im ursprünglichen System wird die Meinung gewesen sein, daß der erste Mensch mit der ῎Εννοια, dem sogenannten zweiten Menschen, zusammen den Christus gezeugt habe. Dann haben wir eine genaue Parallele zu Irenäus I 29: Dort den Urvater (Πρωτάνϑρωπος), die Barbelo, den Christus, hier den ersten Menschen, die ῎Εννοια oder den zweiten Menschen und wieder den Christus. Neben dem Christus erscheint dann hier ebenfalls, als die Sinistra neben dem Dexter eingeführt, die Sophia Prunicos, und ihr Hinabsinken in die Materie leitet die Weltentwicklung ein. Die Vermutung, daß wir in

---

1. Auch Preuschen hat die Verworrenheit der hier vorliegenden Überlieferung richtig erkannt. Zwei gnost. Hymnen 1904 S. 35 ff.

den langen Aeonenreihen der Barbelognosis (Irenäus I 29)
zwischen der ersten und zweiten Erwähnung des Urmenschen
eine spätere Erweiterung des Systems haben, dürfte sich durch
diese Vergleichung bestätigt haben. Daß uns in der Tat aber
durch den Vergleich von Irenäus I 29 und 30 die Heraus-
schälung des ursprünglichen Bestandes des I 30 vorliegenden
Systems gelungen ist, zeigt die parallele Ausführung über die
Gnostiker bei Epiphanius Haer. 26, 10. Nach deren System
sollen sich im höchsten achten Himmel befinden die sogenannte
Barbelo, der $Πατήρ$ $τῶν$ $ὅλων$[1] und der $Χριστός$, wobei
dann allerdings wieder zwischen zwei Christi ($Χριστὸν$ $ἄλλον$
$αὐτολόχευτον$ $καὶ$ $Χριστὸν$ $τοῦτον$ $τὸν$ $κατελθόντα$) unterschieden
wird. Also auch hier im Grunde dasselbe System, nur daß
die Bezeichnung des Urwesens als des Urmenschen verloren
gegangen ist. — Jedenfalls spielte also der Urmensch in den
verwandten Sekten der Barbelognostiker und der Gnostiker im
engeren Sinne eine ganz dominierende Rolle. Was für eine
Bedeutung dieser Urmensch habe und weshalb das höchste
Wesen Urmensch genannt werde, erfahren wir hier allerdings
nicht.

Auch in den verschiedenen valentinianischen Systemen begegnet dieselbe Gestalt; so schon in einem echten Fragment
aus Valentins Briefen, (Clemens, Stromat. II 8, 36), wo behauptet wird, daß Adam, auf den Namen des »Menschen«
geschaffen, den Dämonen Furcht eingeflößt hätte vor dem vorweltlichen Menschen ($φόβον$ $προόντος$ $ἀνθρώπου$). In dem ausgeführten valentinianischen System tritt die Gestalt des Menschen
etwas zurück. Sie findet sich an dritter oder vierter Stelle der
Aeonenreihen. Die ersten vier Aeonenpaare folgen einander
bekanntlich nach der gewöhnlichen Annahme der Valentinianer
in folgender Reihenfolge: $Βυθός$ — $Σιγή$, $Πατήρ$ — $᾿Αλήθεια$,
$Λόγος$ — $Ζωή$, $῎Ανθρωπος$ — $᾿Εκκλησία$. Doch ist auch die
Reihenfolge: $῎Ανθρωπος$ — $᾿Εκκλησία$, $Λόγος$ — $Ζωή$ gut bezeugt. Ausdrücklich wird Irenäus I 12, 3 ein altes Valentinianisches System erwähnt, in welchem $῎Ανθρωπος$ — $᾿Εκκλησία$ vor
$Λόγος$ — $Ζωή$ entstehen. Auch in der alten Valentinianischen

---

1. Wenn es dort heißt: „$καὶ$ $τὸν$ $πατέρα$ $τῶν$ $ὅλων$ $καὶ$ $κύριον$ $τὸν$
$αὐτὸν$ $αὐτοπάτορα$", so scheint mit dem ganzen Ausdruck ein und dasselbe Wesen gemeint zu sein.

Quellenschrift, die Epiphanius 31, 5 erwähnt, haben wir dieselbe Reihenfolge. Endlich hat auch eine Richtung der Markosier diese Anschauung vertreten (Irenäus I 15, 3). Wir werden annehmen dürfen, daß das Aeonenpaar: *Λόγος — Ζωή* erst später, um die Valentinianische *'Ογδοάς* vollzumachen, in den Zusammenhang eingefügt ist, wie denn auch diese Zusammenstellung einen speziell christlichen Klang zeigt und an das Johannes-Evangelium erinnert. Daraus wird sich auch die Differenz erklären, daß *Λόγος — Ζωή* bald an dritter, bald an vierter Stelle stehen. Ursprünglich werden also diese drei Gestalten nebst ihren weiblichen Gefährten nebeneinander gestanden haben: *Βυθός, Πατήρ, "Ανθρωπος*. Aber auch der *Βυθός* scheint nur wieder eine speziell Valentinianische Verdopplung des *Πατήρ* zu sein. In dem gnostischen System (Irenäus I 30) heißt es von dem Vater des Alls, daß er ein »lumen« sei »in virtute Bythi«. Hier ist der Bythos offenbar noch kein selbständiges Wesen, sondern identisch mit dem *Πατήρ*. So hätten wir also als den Kern der Valentinianischen *'Ογδοάς* erkannt die beiden Aeonenpaare: *Πατήρ — 'Αλήθεια, "Ανθρωπος — 'Εκκλησία*[1], und es wird kein Zufall sein, wenn uns in dem barbelognostischen System da, wo der Urmensch zum zweiten Mal erwähnt wird, dieselbe Aeonenreihe entgegentritt (Irenäus I 29, 3): Autogenes (= Pater) — Aletheia und Anthropos — Gnosis. Denn daß die Ecclesia, die Gemeinde der Pneumatiker, und die Gnosis im barbelognostischen System identisch sind, dürfte klar sein. Beachtenswert ist es weiter, daß in der Quellenschrift der Valentinianer bei Epiphanius 31, 5 angedeutet wird, daß der *Πατὴρ τῆς 'Αληθείας* auch den mystischen Namen „*"Ανθρωπος*" habe: „*ὃν οἰκείως οἱ τέλειοι "Ανθρωπον ὠνόμασαν, ὅτι ἦν ἀντίτυπος τοῦ προόντος ἀγενήτου*". Nach dieser Variante in der Auffassung erhalten wir auch hier, wie in dem System der Gnostiker (Irenäus I 30) einen ersten und einen zweiten Menschen, ja es ist sogar angedeutet, daß auch das höchste Wesen der *'Αγένητος* eigentlich *"Ανθρωπος* sei. Wir können uns deshalb nicht mehr wundern, daß bei einigen Anhängern der Valentinianischen Gnosis der Mensch wieder an die höchste Stelle

---

1. Vgl. die bestimmte Unterscheidung des himmlischen »Menschen« von dem irdischen Adam in Formeln, die an Philo anklingen (s. u.) bei einigen Markosiern, Iren. I 18, 2.

aller Aeonen gerückt ist.   Irenäus I 12, 4 : „*Άλλοι δὲ* . . . .
τὸν Προπάτορα τῶν ὅλων . . . . *Ἄνθρωπον λέγουσι καλεῖσθαι,*
καὶ τοῦτ' εἶναι τὸ μέγα καὶ ἀπόκρυφον μυστήριον, ὅτι ἡ ὑπὲρ
τὰ ὅλα δύναμις καὶ ἐμπεριεκτικὴ τῶν πάντων Ἄνθρωπος κα-
λεῖται" (vgl. auch den Bericht über Herakleon Epiph. H. 36, 2).

In den Umkreis der barbelognostischen Sekten gehört bekanntlich auch die Pistis Sophia, und auch in ihr finden wir
die Gestalt des Menschen, allerdings in keiner sehr hervorragenden Stellung wieder.   Hier wird der Aeon Jeû ausdrücklich als erster Mensch bezeichnet (S. 185, 4; 208, 25; 215, 29, 30).
Nach dem System der Pistis Sophia befindet sich dieser Jeû
im Orte der »Rechten«, d. h. oberhalb des Ortes der Mitte, wo
sich (s. o. S. 61 f.) die Lichtjungfrau befindet, und unterhalb des
sogenannten Lichtschatzes.   Neben ihm stehen fünf andere
Mächte: der Wächter des Vorhangs, die »beiden großen Anführer«, Melchisedek, Sabaoth, der große gute (c. 86 S. 125).
Dieser Jeû spielt immerhin eine gewisse Rolle in der Darstellung der Pistis Sophia; namentlich steht er in enger Verbindung
mit den Gestirnen des Himmels.   Neben Melchisedek wird
er (237, 6 ff.) Fürsorger aller Archonten, Götter und Kräfte
genannt, die aus der Materie des Lichtschatzes entstanden sind.
Von ihm heißt es, daß er auf Befehl des ersten Gebotes und
des ersten Mysteriums (s. u.) die Kräfte der *Εἱμαρμένη* und
der *Σφαῖρα* eingesetzt habe (S. 15, 30; 18, 39).   Oder er hat die
Archonten der *Εἱμαρμένη* und der *Σφαῖρα* »in ihren Fesseln
und ihren Sphären und ihren Siegeln gebunden« (S. 20, 36).
Ausdrücklich wird diese Fesselung dieser Archonten, namentlich
des Sabaoth — Adamas (c. 136, S. 234, 4 ff. und c. 139, S. 236, 25 ff.),
wie auch die Begnadigung des Jabraoth durch ihn (234, 13 ff.)
berichtet[1].   Jeû hat ferner die Aufgabe, mit Melchisedek zusammen die von den Archonten verschlungenen und festgehal-
tenen Lichtteile allmählich einzusammeln[2] (c. 86, S. 126, 5 ff.;

1. Vgl. zu dieser Idee der Fesselung der Archonten o. S. 51.
Auffällig ist, daß in diesem System der Urmensch die Archonten
fesselt, während es im Manichäischen System der Geist des Lebens ist
und der Urmensch gerade umgekehrt von den Archonten besiegt wird.

2. Auch diese Idee von der Einsammlung des Lichts durch die
oberen Mächte finden wir bekanntlich in dem Manichäischen System
wieder, aber auch dort ist diese Aufgabe nicht dem Urmenschen anvertraut, sondern (dem Geist und) dem dritten Gesandten.

c. 139, S. 237, 5 ff.).   Auch im Gericht über die Seelen spielt
Jeû eine Rolle.   Es heißt S. 185, 1 ff., daß das $\dot{\alpha}\nu\tau\dot{\iota}\mu\iota\mu\sigma\nu$
$\pi\nu\varepsilon\tilde{\upsilon}\mu\alpha$ die Seele heraufführe und »bringt sie vor das Licht
der Sonne gemäß dem Befehle des ersten Menschen Jeû und
bringt sie vor die Richterin, die Lichtjungfrau.«   Auch 216,
3 ff. 7. erscheint Jeû als der Prüfer der Seelen.   Endlich ist
er es, der die Wächter an den Toren des Zimmers des Drachen (der höllischen Unterwelt) eingesetzt hat (208, 25; 215, 27).
Es wird nützlich sein, zum Zweck der späteren Vergleichung
dieser Phantasien mit denen des Manichäischen Systems bereits
hier hervorzuheben, daß dieser Jeû zugleich .'s Gesandter des
ersten Gebotes erscheint (208, 26): »Jeû, der erste Mensch, der
Aufseher des Lichts, der Gesandte des ersten Gebotes« (vgl.
215, 29).   Ähnlich heißt es, daß Jeû auf Befehl des ersten Gebotes und auf Befehl des ersten Mysteriums die Kräfte der
$E\dot{\iota}\mu\alpha\varrho\mu\acute{\varepsilon}\nu\eta$ eingesetzt habe[1] (s. o.).

In den koptischen Jeû-Büchern nimmt dann Jeû, der
auch hier als der Mensch bezeichnet wird, eine viel höhere, ja
beinahe die höchste Stelle ein.   Der Ort, in dem er sich befindet, steht sogar weit über dem Orte des ersten Gebots.   Die
Seelen müssen alle diese Orte durchwandern, »bis Ihr zu dem
großen Menschen gelangt, d. h. zu dem König dieses ganzen
Lichtschatzes, dessen Name Jeû ist« (318, 34 ff.).   »Dann wird
sich Jeû, der Vater des Lichtschatzes, über Euch freuen, er
aber wird Euch wiederum sein Mysterium, sein Siegel und den
Namen des großen Lichtschatzes geben« (319, 2).

---

1. Der hier erwähnte Aeon, der den merkwürdigen Namen des
ersten Gebotes trägt, nimmt im System der Pistis Sophia bereits eine
verhältnismäßig hohe Stelle ein: er befindet' sich in der höchsten Re-
gion der himmlischen Welten oberhalb des Lichtschatzes und unter dem
neben ihm genannten ersten Mysterium. S. 1, 19 ff. werden hintereinander aufgezählt das erste Gebot, die fünf Einschnitte, das große Licht
und die fünf Helfer; ebenso werden S. 11, 16 ff. hintereinander die Mysterien des Verkündigers, welcher ist das erste Gebot, der fünf Einschnitte des großen Gesandten, des Unaussprechlichen, welcher ist das
Licht, und der fünf Anführer, welches sind die fünf Helfer, genannt.
In ähnlicher Reihenfolge kehren diese Aeonen c. 95, S. 141, 4 ff. wieder.
Das erste Gebot mit seinen fünf Lichteinschnitten und der große Gesandte mit den fünf Helfern erinnern uns aufs stärkste an die Spekulationen im Anfang des Manichäischen Systems (s. u. Kap. VIII).

Während in den bisher besprochenen Systemen die Gestalt des Urmenschen entweder an einer ziemlich niederen und verborgenen Stelle stand oder, doch von ihr da, wo sie an hervorragender Stelle steht, nicht viel mehr als der Name erhalten ist, hat sie in den Spekulationen einer Sekte ganz besonders die Phantasie angezogen. Das sind die bei Hippolyt, Refut. V 6ff., beschriebenen, oft schon erwähnten Naassener. Nur ein Übelstand ist dabei: über die hier ursprünglich zugrunde liegende Spekulation vom Urmenschen ist die Hülle einer monistischen Spekulation gebreitet, die wieder alles Charakteristische und Besondere uns zu verdecken droht. Doch schaut dieses hie und da dennoch klar heraus. Nach der als eigentlicher Lehre der Naassener am Anfang kurz dargelegten monistischen Spekulation erscheint freilich der Urmensch als das Grundwesen aller Dinge. Er ist mannweiblich, Vater und Mutter zugleich, er ist seinem Wesen nach dreifach geteilt: geistig, psychisch und irdisch. Es scheint auch sehr oft in der späteren Darstellung derselbe Urmensch zu sein, der über der Materie erhaben thront, in die Materie versinkt und sich aus dieser wieder emporarbeitet [1]. Aber bei schärferem Zusehen entdecken wir doch mindestens zwei verschiedene Gestalten. In der ursprünglichen Spekulation dieser Sekte müssen zwei Grundwesen angenommen sein, die allerdings beide bereits als Mensch in irgend einer Weise bezeichnet werden, aber doch von einander charakteristisch unterschieden sind. Deutlich treten die beiden Gestalten nebeneinander, wenn es V 7 p. 146, 77 heißt: „$Ov̓τός ἐστιν ὁ Χριστός$ (der Name „$Χριστός$" stammt aus dem vorhergehenden Zitat), $ὁ ἐν πᾶσι τοῖς γενητοῖς υἱὸς Ἀνϑρώπου κεχαρακτηρισμένος ἀπὸ τοῦ ἀχαρακτηρίστου Λόγου$". Der ungestaltete $Λόγου$ (sonst $Ἀρχάνϑρωπος$) ist offenbar das noch nicht in die Materie versunkene und hier in die Einzelwesen ausgestaltete Urwesen, der gestaltete zweite Mensch (hier $υἱὸς Ἀνϑρώπου$) aber eben der in die Materie hinabgesunkene und in die Einzelwesen zersplitterte. Deutlich ist die Terminologie p. 148, 2ff., wo es heißt: „$ὁ ἔσω Ἄϑρωπος ἐκεῖσε ἀποπεπτωκὼς ἀπὸ τοῦ Ἀρχανϑρώπου [τοῦ] ἄνωϑεν Ἀδάμαντος$".

---

1. Eine Parallelgestalt ist in dem System der simonianischen $Ἀπόφασις μεγάλη$ der $Ἑστώς, Στάς, Στησόμενος$.

Ebenso werden die beiden Götterbilder, welche auf Samo-
thrake in den geheimnisvollen Mysterien verehrt werden, auf den
Ἀρχάνθρωπος und den ἀναγεννώμενος πνευματικός[1] κατὰ πάνθ᾽
ὁμοούσιος ἐκείνῳ τῷ Ἀνθρώπῳ gedeutet (p. 152, 88f.). Am
deutlichsten wird wohl V 9 p. 166, 3 ff. zwischen den beiden
Urwesen unterschieden, wo von dem Πρωόν gesagt wird:
„Ἐγέννησε τὸν ἀόρατον καὶ ἀκατονόμαστον καὶ ἄῤῥητον παῖδα
ἑαυτοῦ" (vgl. p. 136, 29ff., wo die Frage erwogen wird, ob die
Psyche (Seele) von dem Πρωόν oder dem Αὐτογενής abstamme).
— Neben diesen zwei Urwesen steht übrigens, freilich auch
wieder mit ihnen zusammengezogen und identifiziert, dennoch
deutlich erkennbar, die Μήτηρ. Es heißt gleich im Anfang in dem Hymnus p. 132, 64: „Ἀπὸ σοῦ Πατὴρ καὶ διὰ
σὲ Μήτηρ . . . . αἰώνων γονεῖς"[2]. Ursprünglich standen also
auch an der Spitze des Naassenischen Systems bei Hippolyt
die drei Figuren: Vater, Mutter und Sohn[3], und unter ihnen
haben sich jedenfalls noch andere Aeonen befunden; so sicher
(p. 146, 3 ff.) die demiurgische Gottheit Esaldaios, die als θεὸς
πύρινος ἀριθμὸν τέταρτος eingeführt wird[4].

Das Wichtigste aber ist, daß in diesem System der Naassener die Gestalt des an zweiter Stelle stehenden Menschen, wie es im bisherigen schon teilweise klar geworden ist,

---

1. Der Ausdruck „ἀναγεννώμενος πνευματικός" für den zweiten
Menschen erklärt sich leicht daraus, daß der in die Materie hinabsinkende und wieder aufsteigende Urmensch im gegenwärtigen System der
Naassener kaum mehr als Einzelperson, sondern als Symbol für die sich
aus der Materie erhebenden Pneumatiker genommen wird.

2. Wenn dann allerdings fortgefahren wird: „πολῖτα οὐρανοῦ,
μεγαλώνυμε ἄνθρωπε", so zeigt sich hier sofort die Sucht, alle Gestalten zu verschmelzen, welchen das System seinen verwaschenen
Charakter verdankt.

3. Vgl. dazu auch die Erwähnung des παρθενικὸν πνεῦμα p. 166, 1 ff.

4. Das „ἀριθμὸν τέταρτος" würde sich erklären, wenn wir über
dem Esaldaios in der Tat drei Gottheiten: Vater, Mutter und Sohn
annehmen dürfen. Wenn es an anderer Stelle dagegen heißt, daß die
niedere Welt vom Dritten oder Vierten geschaffen sei (p. 150, 59 ff.),
so ist auch hier mit dem Demiurgen der niederen Welt wahrscheinlich
derselbe Esaldaios gemeint, nur daß der Gnostiker, der diese Worte
schrieb, sich nicht mehr klar war, ob er in seinem System über dem
Esaldaios zwei oder drei Grundwesen annehmen sollte.

einen ganz bestimmten Charakter annimmt. Dieser an zweiter
Stelle stehende Mensch ist nämlich der in die Materie hinabsinkende und sich mühsam wieder erhebende Urmensch.
Besonders deutlich ist dessen Gestalt V 8 p. 154 ff. bezeichnet.
Dort heißt es zunächst, daß die Thraker den Urmenschen
„Κορύβας" nennen, weil er von oben (ἀπὸ τῆς κορυφῆς), von
dem ungestalteten Urwesen herabgestiegen sei und alle die
niederen Welten durchwandert habe, ohne daß man wisse, wie
und in welcher Weise er eigentlich hinabgekommen sei. Ein
an Ev. Joh. 3, 8 anklingendes Zitat: »Wir haben seine Stimme
gehört, seine Gestalt haben wir aber nicht gesehen« wird wieder
auf diesen Urmenschen bezogen, dessen von oben, vom ungestalteten Urwesen herabgekommene Gestalt niemand in ihrer
Beschaffenheit erkannt habe; dieser Urmensch befinde sich jetzt
in der niederen Welt: „ἔστι δὲ ἐν τῷ πλάσματι τῷ χοϊκῷ,
γιγνώσκει δὲ αὐτὸ οὐδείς." (p. 154, 12.) Das Psalmwort von
dem Gotte, der die Wasserfluten bewohnt, und der Stimme des
Herrn, die auf dem Wasser ist (Ps. 28, 10), wird wieder auf
den in das Chaos versunkenen Urmenschen gedeutet. Die
vielen Wasser sind ἡ πολυσχιδὴς τῶν θνητῶν γένεσις ἀνθρώπων,
ἀφ' ἧς βοᾷ καὶ κέκραγε πρὸς τὸν ἀχαρακτήριστον ἄνθρωπον.
Die Worte Ps. 34, 17: »Rette meine Seele vor dem Löwen«
werden als Klagelied des Urmenschen aufgefaßt, und das Zitat
Jes. 41, 8 u. 43, 1f.: »Du bist mein Knecht Israel, fürchte
Dich nicht, wenn Du durch die Wasser hindurchwanderst u. s. w.«
wird auf dieselbe Situation gedeutet; endlich fanden die Gnostiker in Ps. 23 eine Weissagung auf die Auffahrt des Urmenschen nach seiner Erniedrigung. Und so wird schließlich
das Wort Jesu: »Ἐγώ εἰμι ἡ πύλη ἡ ἀληθινή = (vgl. Joh. 10, 9)
gedeutet: Ἔστι δὲ ὁ ταῦτα λέγων ὁ ἀπὸ τοῦ ἀχαρακτηρίστου
ἄνωθεν κεχαρακτηρισμένος τέλειος Ἄνθρωπος. So treffen wir
denn hier zum ersten Mal innerhalb der Gnosis auf eine bestimmte und charakteristische Gestalt des Menschen, während
er uns in den übrigen Systemen nur noch als Name begegnete.
Wir dürfen wohl auch vermuten — eine spätere Untersuchunng
wird diese Vermutung zur Gewißheit ergeben —, daß der
Name „Ἄνθρωπος" zunächst an dem in die Materie hinabsinkenden Menschen gehaftet hat. Erst nach ihm ist dann
das höchste Urwesen, der Πατήρ, ebenfalls als Ἀρχάνθρωπος,

als ᾿Ἄνθρωπος ἀχαρακτήριστος, als ὁ ἄνω Ἀδάμας bezeichnet [1].

Von hier aus können wir noch einen Blick rückwärts
auf die besprochenen barbelognostischen und gnostischen Systeme, wie sie namentlich bei Irenäus I 29 und 30 vorliegen,
werfen. Auch hier finden wir die drei Urwesen, die wir bei den
Naassenern trotz des Verschwimmens aller Gestalten doch noch
deutlich erkennen können, wieder; so bei Irenäus I 29 den
Πατήρ, die Βαρβηλώ und den Χριστός, bei Irenäus I 30 den
ersten Menschen, die Ἔννοια und ebenfalls den Χριστός. Durch
den Vergleich wird deutlich, daß bei diesen Sekten die Figur des
Χριστός den ᾿Ἄνθρωπος verdrängt hat. Auch hier wird ursprünglich der ᾿Ἄνθρωπος der Sohn der beiden höchsten Grundwesen gewesen und der Name „᾿Ἄνθρωπος" erst später auf das an erster
Stelle stehende Urwesen übertragen sein [2]. Freilich hat die Gestalt
des Menschen in den beiden Systemen ihr Charakteristikum, das
Hinabsinken in die Materie, gänzlich verloren, und in die so
entstandene Lücke ist eine andere Gestalt eingetreten, die in
vielen gnostischen Systemen die zentrale Rolle innehabende
Sophia. Wir sehen zugleich, daß es sich bei diesen Figuren,
dem Urmenschen und der fallenden Sophia, um Parallelge-
stalten handelt, die allerdings nicht denselben Ursprung haben,
die aber doch eine für die andere eintreten können. In den
Systemen der Gnostiker bei Irenäus I 30 hat die Sophia tatsächlich die Figur des Menschen gänzlich in den Hintergrund
gedrängt. Der Χριστός (᾿Ἄνθρωπος) und die Σοφία sind ungleiche Geschwistergestalten, ein höheres und ein niederes
Wesen, geworden und der Χριστός hat anstatt der Rolle des un-
freiwillig in die Materie Versinkenden die andere des aus freiem
Willen in die Materie zur Befreiung der Σοφία herabsteigenden

---

1. Vielleicht hat bei dieser Verdoppelung hier auch die christlich-
jüdische Tradition vom υἱὸς τοῦ ἀνθρώπου mitgewirkt.

2. Ganz verwickelt liegt die Sache bei den Gnostikern Iren. I 30.
Hier heißt der Urvater der erste Mensch; neben ihm steht der zweite
Mensch, der hier die Gestalt der Ἔννοια verdrängt hat. Eingeschoben
ist die Figur des Spiritus Sanctus (s o.). Der Christos, der hier als
ein Erzeugnis des ersten und zweiten Menschen mit dem Spiritus Sanctus
erscheint, ursprünglich aber der Sohn des Πρωτάνθρωπος und seiner
Ἔννοια war, ist im Grunde der eigentliche ᾿Ἄνθρωπος.

Erlösers übernommen. Auch in der Barbelognosis steht der
$X\varrho\iota\sigma\tau\grave{o}\varsigma$ $\mu o\nu o\gamma\varepsilon\nu\acute{\eta}\varsigma$, wie wir oben gesehen, in unmittelbarem
Zusammenhang mit der $\Sigma o\varphi\acute{\iota}a$, die aus einem Engel des
$Mo\nu o\gamma\varepsilon\nu\acute{\eta}\varsigma$ emaniert sein soll [1]. Es liegen also ganz deutliche
Zusammenhänge zwischen der Lehre der Naassener bei Hip-
polyt und dem der Gnostiker und Barbelognostiker bei Irenäus
vor, und erst durch das Zusammenhalten der verschiedenen
Systeme können wir den Sinn der ursprünglich vorliegenden Gedanken und Spekulationen noch deutlich erkennen.

Neben der Lehre der Naassener bei Hippolyt kommt für
uns eigentlich nur [2] noch ein gnostisches System in Betracht,
nämlich das des pseudoklementinischen Schriftenkreises. Auch
dieses wird von dem Gedanken des Menschen und seiner
Bedeutung für die Offenbarung Gottes getragen. Nur ist
hier der Urmensch keine rein spekulative Größe mehr, sondern
er ist seltsamerweise mit dem historischen ersten Menschen

---

1. Wenn der Erlöser hier, wie schon gesagt, allerdings immer
der $X\varrho\iota\sigma\tau\acute{o}\varsigma$ heißt und nie der $"A\nu\vartheta\varrho\omega\pi o\varsigma$, so ist dazu zu bemerken, daß
auch im System der Naassener der in die Materie hinabsinkende Ur-
mensch auch einmal, allerdings in Anlehnung an ein Zitat, ganz unbe-
fangen als der $X\varrho\iota\sigma\tau\acute{o}\varsigma$ bezeichnet wird (p. 146, 78); und es ist interessant zu sehen, wie hier mit dem spezifisch christlichen Beinamen des
Christus „$\nu\iota\grave{o}\varsigma$ $\tauo\tilde{\nu}$ $A\nu\vartheta\varrho\acute{\omega}\pi o\nu$" dann wieder in die Spekulation der Gnosis
über den Menschen eingelenkt wird. Andererseits ist hervorzuheben, daß
in gewissen Überlieferungen der valentinianischen Schule der Mensch ausdrücklich als die erlösende Gestalt eingeführt wird. So soll nach der
ursprünglichen Lehre des Valentinus, Irenäus I 11, 1, der Erlöser Jesus von
einigen Valentinianern direkt von dem $"A\nu\vartheta\varrho\omega\pi o\varsigma$ und der $'E\varkappa\varkappa\lambda\eta\sigma\acute{\iota}a$
abgeleitet sein. Nach dem System der Markosier (Iren. I 15, 3) wird
von Jesus gesagt, daß sein Name der Name $\tauo\tilde{\nu}$ $\grave{\varepsilon}\varkappa$ $\tau\tilde{\eta}\varsigma$ $oi\varkappao\nu o\mu\acute{\iota}a\varsigma$ $A\nu$-
$\vartheta\varrho\acute{\omega}\pi o\nu$ sei, und daß er nach dem Ebenbilde und der Gestalt $\tauo\tilde{\nu}$ $\mu\acute{\varepsilon}\lambda\lambdao\nu\tauo\varsigma$
$\varepsilon i\varsigma$ $a\grave{\nu}\tau\grave{o}\nu$ $\varkappa a\tau\acute{\varepsilon}\varrho\chi\varepsilon\sigma\vartheta a\iota$ $A\nu\vartheta\varrho\acute{\omega}\pi o\nu$ gebildet sei.

2. Kurz hingewiesen möge nur noch nebenbei werden auf den Bericht des Hippolyt über den Araber Monoimos VIII 12 ff. Denn das
System des Monoimos, das Hyppolyt nur andeutend behandelt, ist
identisch mit dem System der Naassener. Wir finden hier einen direkten Anklang an den schon erwähnten Naassenischen Hymnus:
„$A\H{\iota}\tau\eta$ $M\acute{\eta}\tau\eta\varrho$, $a\H{\nu}\tau\eta$ $\Pi a\tau\acute{\eta}\varrho$, $\tau\grave{a}$ $\delta\acute{\nu}o$ $\grave{a}\vartheta\acute{a}\nu a\tau a$ $\grave{o}\nu\acute{o}\mu a\tau a$. Allerdings werden
hier als die beiden Grundwesen „$"A\nu\vartheta\varrho\omega\pi o\varsigma$" und „$\nu\iota\grave{o}\varsigma$ $'A\nu\vartheta\varrho\acute{\omega}\pi o\nu$"
(mit einer Wendung der Terminologie ins spezifisch Neutestamentliche)
genannt.

Adam identifiziert, und so erklärt sich, daß wir in der Lehre
der Klementinen eine außerordentliche Verherrlichung dieses
ersten Menschen finden. Der Gedanke, daß Adam gefallen sei,
wird entschieden abgelehnt, denn er besaß ja den göttlichen Geist,
und dieser göttliche Geist kann doch nicht mitgesündigt haben.
Wenn man aber annehmen wolle, daß der Geist ihn nach dem
Sündenfall verlassen habe, wie sollte es doch möglich sein, daß
der Geist Ungerechten überhaupt gegeben werde? Ho. 3, 17
(vgl. 2, 52: οὔτε Ἀδὰμ παραβάτης ἦν). Adam war vielmehr
der vollkommene Besitzer des Geistes Gottes, der wahrhaftige
Prophet, der seine Weisheit dadurch bewies, daß er den Tieren
ihre sämtlichen Namen gab. Weit abgewiesen wird die ganze
Legende vom Baum der Erkenntnis des Guten und Bösen und der
Versuchung Adams durch die Schlange (3, 21; vgl. Ho. 16, 19;
17, 7). Dieser Urmensch Adam gilt dann hauptsächlich als
der Träger der reinen und vollendeten Offenbarung Gottes.
Nach Ho. 8, 10 war unter seiner Herrschaft am Anfang der
Welt ein glückliches und goldenes Zeitalter: wie ein echter
Vater habe er seine Kinder die Gottesliebe gelehrt und das
richtige Tun, das Gott verlange, und habe ihnen ein ewiges
Gesetz gegeben, das durch keine zeitlichen Unfälle vernichtet
werden könne [1]. Die den Klementinen ureigenste und charak-
teristischste Anschauung ist nun die, daß der in Adam sich
offenbarende göttliche Prophet sich nach Adam noch in einer
ganzen Reihe von Trägern persönlich offenbart habe. Ho. 3, 20:
„ὃς ἀπ' ἀρχῆς αἰῶνος ἅμα τοῖς ὀνόμασι μορφὰς ἀλλάσσων τὸν
αἰῶνα τρέχει, μέχρις ὅτε ἰδίων χρόνων τυχὼν διὰ τοὺς καμάτους θεοῦ
ἐλέει χρισθεὶς εἰς ἀεὶ ἕξει τὴν ἀνάπαυσιν." Kürzer Rek. II 22:
»nam et ipse verus propheta ab initio mundi per saeculum cur-
rens festinat ad requiem." Rek. I 52: Christus, qui ab initio
et semper erat, per singulas quasque generationes piis latenter
licet semper tamen aderat [2].« Die Namen der Männer, in denen
der Prophet erscheint, werden in der Überlieferung ziemlich
gleichmäßig angegeben. Nach Ho. 17, 4 = Rec. 2, 47 sind

---

1. Vgl. Ho. 9, 19: ἡ πρώτη τῇ ἀνθρωπότητι παραδοθεῖσα θρησκεία.
2. Die Ansicht, daß Christus, der wahre Prophet, sich in den einzelnen Frommen inkarniere, schwächt der Verfasser der Rekognitionen
dahin ab, daß der wahre Prophet diesen Frommen nur erscheint
(I 33 ff.). Vgl. den Ausdruck »aeternus Christus« I 44.

es neben Adam: Henoch, Noah, Abraham, Isaak, Jakob, Moses.
Dieselben Namen unter Weglassung des Moses werden
Ho. 18, 13 zitiert, während Ho. 2, 52 unter Weglassung von
Henoch und Isaak Adam, Noah, Abraham, Jakob, Moses genannt werden. Die Siebenzahl steht jedenfalls fest; denn
Ho. 18, 14 werden diese prophetischen Gestalten die »sieben
Säulen« genannt. Die letzte und höchste Gestalt, in der dann
der Urmensch erscheint, ist Christus, und es ist dies dann entweder so gedacht, daß der erste Mensch und Christus schlechthin identifiziert werden, oder daß Christus unter Weglassung
etwa des Moses als der siebente in der Reihe erscheint, so
vielleicht Ho. 18, 13. Kurz zusammengefaßt ist diese ganze
Anschauung auch in der Darstellung des Systems der Ebioniten,
das mit dem der klementinischen Schriften bekanntlich identisch
ist, bei Epiphanius 30, 3 [1]: Τινὲς γὰρ ἐξ αὐτῶν καὶ Ἀδὰμ τὸν
Χριστὸν λέγουσιν εἶναι τὸν πρῶτον πλασθέντα καὶ ἐμφυσηθέντα
ἀπὸ τῆς τοῦ θεοῦ ἐπιπνοίας.“ Weiterhin heißt es: „ἔρχεσθαι
δὲ ἐνταῦθα, ὅτε βούλεται, ὡς καὶ ἐν τῷ Ἀδὰμ ἦλθε καὶ τοῖς
πατριάρχαις ἐφαίνετο ἐνδυόμενος τὸ σῶμα .... ὁ αὐτὸς ἐπ᾽
ἐσχάτων τῶν ἡμερῶν ἦλθε καὶ αὐτὸ τὸ σῶμα τοῦ Ἀδὰμ ἐνεδύσατο [2].“

Im System der Klementinen erscheint nun Christus nicht
nur als der von neuem inkorporierte Urmensch, der bereits in

---

1. Vgl. übrigens noch den Bericht des Epiphanius über die
Sampsäer (= Elkesaiten) Haer 53, 2 (Prooem ed. Dind. II 5). Die
Lehre ist also auch elkesaitisch!

2. Ich verweise in diesem Zusammenhang noch auf die merkwürdigen Ausführungen Rek. I 45—47. Hier wird gesagt, daß, wie Gott
allen Wesen ihren einzelnen Klassen nach einen Führer gesetzt habe,
so er auch »den Menschen« als Anführer der Menschen gesetzt habe.
(Der Verfasser der Rek. fügt sofort allerdings hinzu: qui est Christus
Jesus.) Wenn dann c. 47 ausgeführt wird, daß zwar bekannt und erwiesen sei, daß der primus homo Prophet gewesen sei, aber noch nicht
erwiesen sei, daß dieser erste Mensch auch die Salbung erhalten habe,
und Petrus sich bemüht, nachzuweisen, daß, wenn der erste Mensch
Prophet gewesen sei, er dann auch notwendigerweise die Salbung
habe empfangen müssen, so scheint die Ausführung darauf hinzudeuten,
daß die Kombination: Adam oder primus homo = Christus verhält-
mäßig jung in dem System gewesen ist, und daß die ältere Anschauung
von dem in den einzelnen Generationen sich offenbarenden Menschen
zunächst ohne Hinblick auf die Gestalt Christi konzipiert wurde.

Adam erschienen war, sondern zugleich als der spezielle Wider-
part des Teufels, als der Regent des künftigen Aeon im Gegensatz zu dem Herrscher dieses Aeon. Dieser hier hervortretende
Gegensatz zwischen dem Urmenschen und dem Teufel läßt sich
im Umkreis der jüdischen Literatur noch weiter verfolgen. So
tritt besonders im slavischen Henochbuch der Antagonismus
zwischen Adam und dem Teufel deutlich heraus. Z. B. heißt es
c. 31, daß der Teufel besonders erzürnt gewesen sei über die
Schöpfung Adams. »Und der Teufel erkannte, daß ich (Gott)
eine andere Welt schaffen wolle, weil dem Adam alles unterworfen worden, was auf der Erde . . . . Daher veränderte er
sich von den Engeln . . . . und deshalb machte er einen Anschlag gegen Adam.« Auch hier wird übrigens betont, daß er
nur die Eva, nicht den Adam verführt habe. In dem griechischen Adamsleben c. 39 (Kautzsch Pseudepigraphen S. 526)
wird dem Adam verheißen, daß er am Ende der Zeit auf dem
Thron des Satan, seines Verführers, sitzen werde. »Er aber soll
in diesen Ort geworfen werden, daß er Dich sehe sitzen, über
ihn selbst erhöht. Dann soll er verdammt werden samt denen,
die auf ihn hörten, und er wird betrübt sein, wenn er Dich auf
seinem Throne sitzen sieht.« Hierher gehört die in der Tradition weitverbreitete Erzählung, daß, als Adam geschaffen sei,
Gott durch den Erzengel Michael allen Engeln befohlen habe,
den Adam anzubeten und daß, als der Satan sich geweigert
habe, das zu tun, Gott in Zorn geraten sei und ihn mit seinen
Engeln aus den himmlischen Wohnungen verstossen habe
(älteste Quelle etwa Vita Adae c. 12—17; vgl. ferner Fragen
des Bartholomäus [hrsg. v. Bonwetsch, Nachr. d. Gött. Ges. d.
Wissensch. 1807, H. 1], 4, 54 ff. und die bei Bonwetsch S. 37 ff.
verzeichneten Parallelen). Wir befinden uns offenbar mit dieser
Behauptung eines uranfänglichen Gegensatzes zwischen Adam
und dem Teufel und der auch hier vorliegenden weit über die
Auffassung des alten Testaments hinübergehenden Verherrlichung der Gestalt Adams in dem Umkreis der von uns behandelten Gedanken. Es sei schon hier vorläufig darauf hingewiesen, daß sich ein merkwürdig ähnlicher Gegensatz zwischen
dem Teufel und dem Urmenschen auch in der persischen Spekulation nachweisen lassen wird.

Die Gestalt des ersten Menschen, wie wir sie in den Klemen-

tinen finden, zeigt nun allerdings vor der Hand wenig Ähnlichkeit mit der Gestalt in den vorher besprochenen Spekulationen.
Von dem Urmenschen als einer göttlichen in die Materie hinabsinkenden Potenz ist hier nicht mehr die Rede, dagegen
werden ganz neue Gedanken lebendig: die Identifikation des
Urmenschen mit dem ersten Menschen, der Urmensch als
Offenbarer aller göttlichen Weisheit, seine Inkorporation in verschiedenen Gestalten der menschlichen Geschichte, der Gegensatz zwischen ihm und dem Teufel. Doch bleibt es immerhin
möglich, daß hier verborgene Zusammenhänge vorliegen[1]. Zunächst lassen wir unseren Blick weiter wandern über die verschiedenen Spekulationen und Systeme, in denen außerhalb der
christlichen Gnosis im engeren Sinne der Urmensch eine Rolle
spielt. Denn wir sind noch lange nicht am Ende[2].

---

1. Bemerkenswert ist immerhin, daß die Rekognitionen eine Spur
ihrer Bekanntschaft mit den Spekulationen vom mannweiblichen Urmenschen aufweisen. Rec. I 69: Nolite putare nos duos ingenitos
dicere deos, aut unum divisum esse in duos, vel, sicut impii dicunt,
eundem masculum et femininam sui effectum, sed filium dei unigenitum
dicimus. III 9: Periclitantur enim filii impiorum, pie se putantes in-
telligere, magnam blasphemiam Ingenito ingerendo, masculofeminam
eum existimantes.

2. Bemerkt mag hier übrigens noch werden, daß die Figur des
Urmenschen auch den Verfassern der Apostelakten zum Teil bekannt ist.
Im Martyrium Petri (Acta apostol. ed. Bonnet I 90, vgl. Reitzenstein
Poimandres 242 ff.) verlangt Petrus mit dem Haupt nach unten ge-
kreuzigt zu werden, um dem ersten Menschen zu gleichen: ὁ γὰρ
πρῶτος ἄνθρωπος . . . κατὰ κεφαλὴν ἐνεχθεὶς ἔδειξεν γένεσιν τὴν οὐκ
οὖσαν πάλαι· νεκρὰ γὰρ ἦν αὐτὴ μὴ κίνησιν ἔχουσα. κατασυρεὶς οὖν
ἐκεῖνος (ὁ καὶ τὴν ἀρχὴν τὴν αὐτοῦ εἰς γῆν ῥίψας) τὸ πᾶν τοῦτο τῆς δια-
κοσμήσεως συνεστήσατο. — Man sieht, der Verfasser der Acta kennt
nicht nur im allgemeinen die Figur des ἄνθρωπος, sondern es ist auch
mit dem ihr wesentlichen und charakteristischen Grundzug des Hinabsinkens in die Materie vertraut. — Ein Anklang an diese Vorstellungen
findet sich auch Acta Philippi c. 140 (ed Bonnet II 2, p. 74): τὸν γὰρ
τύπον φέρω τοῦ ἀρχανθρώπου κατὰ κεφαλῆς ἐνεχθέντος ἐπὶ τῆς γῆς [καὶ
πάλιν διὰ τοῦ ξύλου τοῦ σταυροῦ ζωοποιηθέντος ἐκ τοῦ θανάτου τῆς παρα-
βάσεως?] Es scheint, als wenn hier das Versinken des Urmenschen
und der Fall Adams mit einander kontaminiert seien.

II.

In den Spekulationen der Mandäer ist die Gestalt des
Menschen bis auf wenige Spuren verschwunden. Wenn Qolasta I 11 der Gabra Qadmaja (Urmensch) genannt wird, so
läßt das vielleicht nur auf manichäischen Einfluß schließen
(Brandt M R 199). Eine ähnliche Gestalt wie die des Urmenschen könnte man in dem Adakas Mânâ finden, dem die
Aufgabe zufällt, die Seele des erstgeschaffenen Menschen in die
körperliche, von den Sieben geschaffene Säule hineinzuwerfen
(s. o. S. 34). Die göttliche Hauptgestalt, Mândâ d'Hajê, ist
vielleicht mit der Gestalt des Urmenschen irgendwie verwandt,
aber doch nicht identisch. Es wird von Mândâ d'Hajê bekanntlich im 6. Traktat des Genzâ berichtet, daß er in die
höllische Welt der Dämonen, um diese zu bekämpfen, hinab-
gefahren sei. Doch ist Mândâ d'Hajê im Kampf mit den Dämonen eine schlechthin siegreiche Gestalt, und von einem Versinken in die Materie, dem Charakteristikum des gnostischen
Menschen, kann hier keine Rede sein. Aber bemerkenswert
bleibt es, daß dem Mândâ d'Hajê auch nach dem Bericht des
6. Traktats die Uroffenbarung (man erinnere sich an die Darstellung der Klementinen) zugewiesen wird. Er erhält hier von
dem Leben den Auftrag, der Seele Adams, des eben ins Dasein hervorgerufenen Menschen, eine wundersame Stimme zuzu-
rufen, d. h. ihm die wahre Religion zu verkünden (Brandt M R
S. 37. 121). Und auch das ist beachtenswert, daß in der späteren Spekulation der Mandäer, wie sie im 8. Traktat des
Genzâ vorliegt, an Stelle des Mândâ d'Hajê Hibil Ziwâ tritt,
d. h. Abel, der Sohn des ersten Menschen. Auch er ist freilich bei seiner Höllenfahrt, die wir ausführlich im 8. Traktat
berichtet vorfinden, eine schlechthin siegreiche Potenz. Wenn im
mandäischen System Reminiszenzen an die Spekulationen vom
Urmenschen vorliegen, so müssen sich diese doch hier mit
Ideen anderer Herkunft verbunden haben. In diesem Zusammenhang ist aber vielleicht noch eine andere Figur zu erwähnen,
nämlich die des Engels Gabriel, des Gesandten, die in den
Spekulationen der Mandäer hie und da eine Rolle spielt, wie
denn im 1. Traktat des Genzâ Gabriel, der Gesandte, geradezu
identisch mit Hibil Ziwâ erscheint (Brandt M R 44). Keßler

(Verhdlg. des Baseler Religionskongresses S. 257) hat .die Vermutung aufgestellt, daß Gabriel zusammengesetzt sei aus Gabar und El, daß also im Namen Gabriel der Name des Menschen resp. des Urmenschen stecke[1].

Während so im Mandäismus sich höchstens verschollene Spuren jener Spekulation nachweisen lassen, gewährt das manichäische System reiche Ausbeute. Die Figur des Urmenschen bildet hier bekanntlich den Angelpunkt für das ganze System. Über dessen Ursprung erfahren wir, daß, als Gott, der König der Paradiese, sich durch die Veranstaltungen der Finsternis bedroht fühlte, er den Urmenschen, um sich gegen die Finsternis zu schützen, geschaffen habe. Nach dem Fihrist (Flügel, Mani S. 87) erzeugte er »mit dem Geist seiner Rechten, seinen fünf Welten und seinen zwölf Elementen ein Geschöpf, und das ist der ewige Mensch (Urmensch) und berief ihn zur Bekämpfung der Finsternis.« In der Darstellung des Systems bei Theodor Bar-Kuni (Pognon p. 185) heißt es, daß der Vater der Größe zunächst die Mutter des Lebens schuf, die Mutter des Lebens den Urmenschen und der Urmensch seine fünf Söhne. Auch in den Acta Archelai c. 7 wird — wenigstens nach dem griechischen Text des Epiphanius, der hier den ursprünglichen Sinn besser erhalten — ebenfalls berichtet, daß der gute Vater aus sich eine Macht mit dem Namen der Mutter des Lebens emaniert habe und daß diese den Urmenschen, d. h. die fünf Elemente (diese erscheinen hier ungenau nicht als Söhne des Urmenschen, sondern als identisch mit ihm) ins Dasein gerufen habe. Wir dürfen ohne Bedenken den Geist der Rechten im Bericht des Fihrist mit der Mutter des Lebens in den Acta Archelai und bei Theodor Bar-Kuni identifizieren. Dann haben wir auch im Anfang des manichäischen Systems wiederum die schon sehr bekannte Zusammenstellung von Vater, Mutter und Sohn; und was wir aus den bisherigen Berichten der gnostischen Systeme nur erschließen

---

1. Ist die Vermutung richtig, so fällt von hier aus vielleicht ein Licht auf die Spekulationen des Danielbuches. Es ist schon häufiger hervorgehoben, daß der Menschengestaltige, der in Daniel dem Seher erscheint, kaum ein anderer sein kann als der Erzengel Gabriel. Dann wäre also schon vor der Zeit Daniels die Gestalt des »Menschen« in einen Engel Jahwes verwandelt worden.

konnten, daß der Name des Urmenschen an der Gestalt des
Sohnes haftet, das findet hier nun seine überraschende Bestätigung. Von dem Urmenschen wird dann weiter erzählt, daß er
sich zum Kampf der Materie mit seinen fünf Elementen (an
anderen Stellen seinen Söhnen) gewappnet habe. Nach dem
Fihrist sind diese fünf Elemente: der leise Lufthauch, das brennende Licht, das Wasser, der blasende Wind, das Feuer. Mit
diesen Waffen stürmt der Urmensch gegen den Fürsten der
Finsternis, der sich ebenfalls mit seinen fünf höllischen Elementen bewaffnet hat; in dem nun sich entspinnenden Kampf
unterliegt jener, und die Dämonen der Finsternis rauben
ihm einen Teil seiner Rüstung (vgl. namentlich die Schilderung im Fihrist, Flügel 87 ff. und bei Augustin, contra
Faustum II 3 u. ö.; Baur, das manich. Rel.-System 53). Bei
einigen Berichterstattern wird bemerkenswerterweise die Sendung
des Urmenschen etwas anders berichtet. Nach diesen wirft
Gott ihn gleichsam als einen Köder den Mächten der Finsternis vor. Diese werden von ungestümem Verlangen nach
demselben ergriffen, und in der Heftigkeit ihres Dranges
verschlingen sie ihn und werden so gleichsam wie ein Tier,
das auf einen Angelhaken beißt, durch die Verschlingung
des Urmenschen gebunden und gefesselt (Titus von Bostra
I 12; Theodoret, Haer. fab. I 26, Baur S. 56). Es scheinen
das freilich Spekulationen späterer Herkunft zu sein, die den
Zweck verfolgen, die Besiegung des Urmenschen durch die höllischen Mächte bereits als einen halben Sieg der Lichtmächte
darzustellen. Bemerkenswert ist auch, daß bei einigen griechischen Darstellern der Urmensch schlechthin den Namen
»Psyche« bekommt. So heißt er bei Titus von Bostra I 29
„$\psi v \chi \dot{\eta}$ $\dot{\alpha} \pi \acute{\alpha} \nu \tau \omega \nu$" (Weltseele). Bei Alexander von Lykopolis
c. 3 heißt es: „$\pi \acute{\varepsilon} \mu \psi \alpha \iota$ $o \ddot{v} \nu$ $\tau \iota \nu \alpha$ $\delta \acute{v} \nu \alpha \mu \iota \nu$ $\tau \dot{\eta} \nu$ $\dot{v} \varphi$' $\dot{\eta} \mu \tilde{\omega} \nu$ $\varkappa \alpha \lambda o v$-
$\mu \acute{\varepsilon} \nu \eta \nu$ $\psi v \chi \dot{\eta} \nu$ $\dot{\varepsilon} \pi \dot{\iota}$ $\tau \dot{\eta} \nu$ $\ddot{v} \lambda \eta \nu$, $\ddot{\eta} \tau \iota \varsigma$ $\alpha \dot{v} \tau \tilde{\eta}$ $\delta \iota \dot{\alpha}$ $\pi \acute{\alpha} \sigma \eta \varsigma$ $\mu \iota \chi \vartheta \acute{\eta} \sigma \varepsilon \tau \alpha \iota$"
(Baur 52). Ebenso spricht Augustin, de vera rel. c. 9, (Baur 52)
davon, daß Gott die »anima bona« gesandt habe: »et quandam
particulam suae substantiae, cuius commixtione atque miseria
hostem temperatum esse somniant, et mundum fabricatum«[1]. In

---

1. Zu der Erzählung von der sinkenden Weltseele vgl. Julius
Cassianus, bei Clemens Alexandrinus III 13, 93: „$\vartheta \varepsilon \acute{\iota} \alpha \nu$ $o \dot{v} \sigma \alpha \nu$ $\tau \dot{\eta} \nu$ $\psi v \chi \dot{\eta} \nu$
$\ddot{\alpha} \nu \omega \vartheta \varepsilon \nu$ $\dot{\varepsilon} \pi \iota \vartheta v \mu \acute{\iota} \alpha$ $\vartheta \eta \lambda v \nu \vartheta \varepsilon \tilde{\iota} \sigma \alpha \nu$ $\delta \varepsilon \tilde{v} \varrho o$ $\ddot{\eta} \varkappa \varepsilon \iota \nu$ $\varepsilon \dot{\iota} \varsigma$ $\gamma \acute{\varepsilon} \nu \varepsilon \sigma \iota \nu$ $\varkappa \alpha \dot{\iota}$ $\varphi \vartheta o \varrho \acute{\alpha} \nu$".

den Acta Archelai erscheint dagegen wieder nicht der Urmensch selbst als die Seele, sondern seine Rüstung, d. h. die fünf Elemente. c. 7: „*Οἱ δὲ τοῦ σκότους ἄρχοντες ἀντιπολεμοῦντες αὐτῷ ἔφαγον ἐκ τῆς πανοπλίας αὐτοῦ, ὅ ἐστιν ἡ ψυχή.*"

Nach der Besiegung des Urmenschen durch die finsteren Mächte erfolgt dann im manichäischen System seine Befreiung aus der vorübergehenden Gefangenschaft. Als Befreier werden nach den verschiedenen Quellen eine Reihe von göttlichen Mächten genannt. Zu diesen gehört der Freund der Lichter (Flügel S. 88, Pognon S. 186) und vor allem der Lebensgeist mit seinen fünf Söhnen. Über diese berichtet am genauesten Augustin (contra Faustum 20, 9 f., cf. 15, 5 f.). Hier werden die fünf Geister in folgender Reihenfolge aufgezählt: 1) der Splenditenens (= *Φεγγοκάτοχος*; Anathematismen bei Keßler S. 403), 2) der Rex honoris angelorum exercitibus circumdatus, 3) der Adamas, heros belliger, der mit der Rechten die Lanze führt und mit der Linken den Schild, 4) der alter gloriosus Rex, der die drei Räder des Feuers, des Wassers und des Windes treibt, und 5) der maximus Atlas (= *ὠμοφόρος* in den Anathematismen). Diese Aufzählung kehrt genau bei Theodor Bar-Kuni (Pognon S. 187) wieder[1]. Bei letzterem erhält dann jeder der Aeonen auch seine bestimmte Aufgabe. Der Splenditenens hat von oben die mit der Finsternis vermischten Lichtteile festzuhalten, der Träger (Atlas) von unten die Welten, auf eins seiner Kniee gestützt, zu tragen; der große König der Ehren (Rex honoris) hat seinen Platz in der Mitte des Himmels, um von dort aus über alles zu wachen; der andere glorreiche König hat, wie es scheint (die Textüberlieferung ist hier verdorben), die drei Räder des Windes, des Wassers und des Feuers zu drehen und so den Reinigungsprozeß, in welchem die Lichtelemente von denen der Finsternis allmählich geschieden werden, zu leiten (Pognon 189 ff.); der kriegführende Heros Adamas zieht gegen die in der Finsternis herrschenden Dämonen zu Felde und besiegt sie (Pognon 191). Dem entspricht genau Augustin, contra Faustum 20, 10: »Apud vos alius expugnat

---

1. Die syrische Bezeichnung für den ersten dieser Aeonen, die Pognon mit ›l'ornement de la lumière‹ übersetzt, wird dem *φεγγοκάτοχος* entsprechen. Im übrigen laufen die Namen genau parallel.

gentem tenebrarum (Adamas), alius ex ea capta fabricat mundum
(der Lebensgeist), alius desuper suspendit (Splenditenens), alius
subter portat (Atlas), alius rotas ignium, ventorum et aquarum
in imo versat (alter gloriosus Rex), alius in coelo circumiens
radiis suis etiam de cloacis membra dei vestri colligit[1] (Rex
honoris)«.

Die Art, wie die Befreiung des Urmenschen durch jene
höheren Mächte erfolgt, schildert uns andeutungsweise der Fihrist (Flügel S. 88).   Darnach macht sich der Lebensgeist mit
seinen Genossen auf den Weg an die Grenze der Welten des
Lichts und der Finsternis, und sie blickten in den Abgrund
der tiefsten Hölle herab und sahen dort den Urmenschen von
seinen übermütigen Drängern umgeben.   »Und es rief der
Lebensgeist den Urmenschen mit lauter Stimme so schnell
wie der Blitz, und der Urmensch wurde ein anderer Gott«.
Ausführlich erzählt die Befreiung Theodor Bar-Kuni (Pognon
188).   Auch hier ist von der Stimme zunächst die Rede, die
der Lebensgeist von sich gibt und die das Äußere eines scharfen
Schwertes hat.   Auf die Stimme hin erscheint das Bild des
Urmenschen in der Unterwelt, und es werden dann die Gebete

---

1. Ich habe mich bei diesen Spekulationen des Systems länger
verweilt, um von hier aus noch einmal auf die merkwürdigen Parallelen
mit der Pistis Sophia hinzuweisen.   Auch hier finden wir in dem
sogenannten Orte der Rechten den ersten Menschen Jeû, den Gesandten des ersten Gebotes, in der Gemeinschaft mit fünf Aeonen.
Sie werden aufgezählt S. 125 als: der Wächter des Vorhangs, die
beiden Anführer (Προηγούμενοι), Melchisedek und Sabaoth.   Im einzelnen lassen sich allerdings zwischen diesen Gestalten wenig Berührungen nachweisen.   Nur das verdient hervorgehoben zu werden, daß
nach Pistis Sophia c. 25, S. 21 davon die Rede ist, daß ein Σπουδαστής
die Aufgabe hat, die Kreise der Σφαῖρα und der Εἱμαρμένη schneller
in Bewegung zu setzen, so daß offenbar durch die raschere Bewegung
den Archonten ihre Lichtelemente schneller geraubt werden.   Melchisedek hat dann die Aufgabe, die den Archonten entzogenen Lichtelemente zu reinigen und sie in den Lichtschatz zu bringen.   Mit diesen
Phantasien befinden wir uns ersichtlich in dem Umkreis der manichäischen Gedankenwelt.   Wenn aber in der Pistis Sophia der erste Mensch
Jeû die Aufgabe hat, den ganzen Prozeß der Lichtgewinnung zu über-
wachen, und die fünf übrigen Aeonen als seine Untergebenen erscheinen,
so ist eine Verwechslung der Rollen des ersten Menschen und des Le-
bensgeistes eingetreten.

und die Worte berichtet, die der Urmensch in dieser Situation
gesprochen haben soll. Dann wird — aber etwas undeutlich —
erzählt, wie der Befreiungsprozeß nun wirklich einsetzt. Kürzer
und klarer sagen die Act. Archel. 7, daß der Lebensgeist dem
Urmenschen die Rechte gegeben und ihn aus der Finsternis
heraufgeführt hätte; nur die Elemente oder die Rüstung des
Urmenschen seien in der Gewalt der Finsternis geblieben. Und
diese werden hier wieder als die Psyche bezeichnet: „ἔκτοτε
οὖν κατέλειψε κάτω τὴν ψυχήν".

Aus dem Versinken des Urmenschen in die Finsternis, aus
der Vermischung seiner Elemente mit den Elementen des Reichs
der Finsternis wird dann, wie bekannt, im manichäischen System diese körperliche Welt in ihrer Mischung von gut und
böse abgeleitet. Besonders verweilt die Darstellung im Fihrist
(Flügel S. 88) bei der Mischung der feindlichen Elemente im
einzelnen. Zu erwähnen ist endlich noch in diesem Zusammenhange, daß bei der nach der Befreiung des Urmenschen
beginnenden Weltschöpfung aus dessen reinsten Bestandteilen
die Gestirne, namentlich Sonne und Mond, gebildet werden.
Act. Archel. 8: „Τότε πάλιν τὸ ζῶν πνεῦμα ἔκτισε τοὺς
φωστῆρας, ἅ ἐστι τῆς ψυχῆς λείψανα, καὶ οὕτως ἐποίησε τὸ
στερέωμα κυκλεῦσαι". Und dem entspricht, daß nun auch als
der Hauptsitz des Erlösers des manichäischen Systems, der dann
mit dem Christus des christlichen Glaubens identifiziert wird,
Sonne und Mond gedacht werden (vgl. Baur S. 214 ff.).

III.

Die Spekulation über den Urmenschen findet sich auch in
hellenistischen Überlieferungen, die von den bisher besprochenen
gnostischen, mandäischen und manichäischen Systemen unabhängig sind und im großen und ganzen noch gar keine Beeinflussung durch christliche Spekulationen zeigen. Hierher
gehört vor allem die merkwürdige Kosmogonie des ersten Stückes
im pseudohermetischen Corpus, des sogenannten Poimandres, und
es ist ein Verdienst von Reitzenstein, dieses Stück in den vorliegenden größeren Zusammenhang eingereiht zu haben. Die
Kosmogonie dieses Stückes erhebt sich auf durchaus dualistischer
Grundlage. Der Ekstatiker, der hier spricht, schaut zunächst
die beiden großen gegensätzlichen Welten des Lichts und der

Finsternis[1]: „Καὶ ὁρῶ ϑέαν ἀόριστον, φῶς δὲ πάντα γεγενη-
μένα εὔδιόν τε καὶ ἱλαρόν . . . . καὶ μετ᾽ ὀλίγον σκότος κατωφερὲς ἦν . . . . φοβερόν τε καὶ στυγνόν, σκολιῶς ἐσπειράμενον
ὡς εἰκάσαι με δράκοντι"[2]. Als höchster Gott der Welt des
Lichts thront (c. 9) der Νοῦς, der in sehr charakteristischer
Weise, etwa wie der Ἄνϑρωπος des Naassenischen Systems, als
mannweiblich aufgefaßt wird (ζωὴ καὶ φῶς ὑπάρχων). Der
Νοῦς erzeugt dann einen ἕτερος Νοῦς Δημιουργός. Wenn dieser
als ϑεὸς τοῦ πυρός bezeichnet wird, so erinnern wir uns etwa
an den πύρινος ϑεός in den verwandten oben besprochenen Systemen der Naassener, Peraten und Doketen (s. o. S. 124 ff.).
Ebenso sind wir in ganz vertrauten Gedankengängen, wenn
weiter behauptet wird, daß der weltschöpferische Νοῦς sieben
Διοικηταί geschaffen habe, die mit ihren Kreisen die gesamte sinnliche Welt umspannen[3]. Endlich heißt es dann (c. 12), daß der
Vater des Alls, der Νοῦς, also das höchste Urwesen, als letzte
Emanation den »Menschen« hervorgerufen habe. Dieser Urmensch trägt des Vaters Gestalt. »Daher liebte der höchste
Gott die eigene Gestalt und übergab ihm — dem Menschen —
alle seine Werke«. Der Mensch aber (c. 13) habe die Schöpfung des Demiurgen geschaut und habe ihm nachahmen wollen,
und wie er in die Sphäre des Demiurgen hinabgekommen sei,
da seien all die Herrscher von Liebe zu ihm ergriffen und hätten
ihm ein jeder etwas von seinem Wesen mitgeteilt. So neigt
sich nun der Urmensch zu der φύσις, der Materie, herab (c. 14),
und er zeigte der drunten befindlichen φύσις die schöne göttliche Gestalt. Die aber, wie sie seine unendliche Schönheit
gesehen, habe ihm in Liebe zugelächelt, wie sie das Bild der

---

1. S. den Text bei Reitzenstein, Poimandres S. 328 ff.

2. Wenn von der Finsternis hier weiter gesagt wird, daß sie
sich verwandelt habe εἰς ὑγράν τινα φύσιν ἀφάτως τεταραγμένην καὶ
καπνὸν ἀποδιδοῦσαν ὡς ἀπὸ πυρὸς καί τινα ἦχον ἀποτελοῦσαν . . . ., so
werden wir an die oben (S. 103 ff.) besprochenen Kosmogonieen erinnert,
wohin auch schon der Vergleich der Finsternis mit einem Drachen
deutet.

3. Wenn im folgenden neben dem Νοῦς δημιουργός noch der Λόγος genannt wird, von dem dann weiter behauptet wird, daß er sich
mit dem weltschöpferischen Νοῦς geeint habe (ὁμοούσιος καὶ ἦν), so
wird hier eine spätere Interpolation und Verwirrung des Systems vorliegen.

schönsten Gestalt des Urmenschen im Wasser und seinen Schatten auf der Erde gesehen habe. Er aber seinerseits habe sein eigenes Bild, das er im Wasser gesehen, liebgewonnen und habe diesem beiwohnen wollen. Da habe die φύσις den Geliebten ganz umfangen, und sie seien beide eins geworden. — Also auch hier wieder die Idee von dem Menschen, als dem besten Geschöpf des höchsten Urwesens, und seinem Hinabsteigen in die Materie, nur daß hier das Ganze unter dem mythologischen Bilde der Vereinigung des Urmenschen mit der φύσις dargestellt wird. Zu erwähnen ist, daß dann im weiteren Verlauf dieser Mythus von der Vermählung des Urmenschen mit der Materie nicht kosmologisch ausgedeutet wird, wie im manichäischen System, so daß aus dieser Vermischung die sinnliche Welt abgeleitet würde, sondern vorwiegend anthropologisch. Es ergibt sich nämlich dem Verfasser des Poimandres von hier aus die Lehre (c. 15), daß der aus dieser Vereinigung von Urmensch und Materie entstandene Mensch ein Doppelwesen sei, unsterblich und sterblich zugleich, unter der Gewalt der Εἱμαρμένη und doch wieder über ihr weit erhaben. Ganz besonders mythologisch und an uralte Zusammenhänge erinnernd klingt es, wenn erzählt wird, daß der Urmensch mit der Materie, weil er bei seinem Hinabsteigen durch die Himmelswelten die Naturen der sieben Herrscher der Planetensphären angenommen, sieben mannweibliche Menschen gezeugt habe. Wir dürfen schon hier daran erinnern, daß auch nach der persischen Spekulation über die Anfänge der Welten und des Menschengeschlechts sieben Menschenpaare von dem ersten Menschenpaar abstammen sollen.

Reitzenstein hat sich bemüht, den Spuren dieses Mythus im Poimandres in der hellenistischen Überlieferung weiter nachzugehen, und es ist ihm in der Tat gelungen, eine Fülle interessanten und wertvollen Stoffes, der nur hie und da noch ergänzt werden kann, zusammenzubringen. Vor allem ist es sein Verdienst, daß er in diesen Zusammenhang die von uns schon besprochene Darstellung der Lehre der Naassener bei Hippolyt hineingestellt hat. Nach Reitzensteins Meinung lassen sich nämlich die hier gegebenen Ausführungen in letzter Instanz auf ein Werk, das aus rein heidnischen Kreisen stammt, zurückführen. Es liegt ihnen ein Kommentar zugrunde, der zu einem bei Hippolyt, Refut. V 9, erhaltenen Attisliede entworfen war.

In diesem Attisliede war die Figur des Attis bereits mit allen
möglichen verwandten Göttergestalten der Urzeit zusammengestellt. In dem Kommentar ist dann diese Idee weiter ausgeführt und Attis als der in der ganzen Welt und bei allen
möglichen Völkern verehrte Urmensch dargestellt.. Dieses ganze
heidnische Elaborat sei dann von einem Anhänger der christlichen Gnosis überarbeitet, diese Darstellung wieder von einem
Gegner, der von dem ursprünglichen Zusammenhang keine
Ahnung mehr hatte, excerpiert, und dieses Excerpt dem Hippolyt zugekommen. Reitzenstein wird im allgemeinen die Herkunft des fraglichen Stückes richtig erkannt haben. Der große
Einschlag in der verworrenen Darstellung bei Hippolyt ist in
der Tat ein Kommentar zu dem hier am Schluß zitierten Attisliede. Doch wird man wohl, gerade wenn Reitzenstein mit der
Annahme der wiederholten Bearbeitung recht hat, darauf verzichten müssen, den Wortlaut der zugrunde liegenden Quelle
im einzelnen noch mit der Sicherheit, wie Reitzenstein es meint
tun zu können, herzustellen. Ja selbst die Frage ließe sich
erheben, ob in der heidnischen Quelle schon ausgesprochener
Maßen die Identifizierung zwischen Attis und dem Urmenschen
durchgeführt ist, oder ob das vielmehr erst als eine Zutat eines
der späteren Bearbeiter erscheinen kann. Immerhin deutet aber
auf eine solche Identifikation die Tatsache hin, daß schon in dem
Attisliede die geheimnisvolle Figur, die in den samothrakischen
Mysterien verehrt wird, Adamas genannt wird, auch ist
die von Reitzenstein rekonstruierte Schrift in ihrem Anfang
(V 7 S. 134, 90 ff.) so spezifisch hellenistisch, daß wir hier
kaum an eine spätere Bearbeitung denken können. Und hier
ist in der Tat die Idee von dem bei allen Völkern verehrten
Urmenschen klar ausgesprochen. Wir werden also annehmen
dürfen, daß die Lehre von dem Urmenschen irgendwann und
irgendwo auch in Kreisen der Attismysten vorhanden und
lebendig gewesen ist. Es läßt sich überdies aus anderen Quellen
über die Attismysterien der Beweis führen, daß ähnliche Ideen,
wie die in diesem Kommentar zum Attisliede niedergelegten,
tatsächlich in dem Kreis der Attismysten eine Rolle spielten.
Es handelt sich hier vor allem um die 5. Rede des Kaisers
Julian: *Eἰς τὴν Μητέρα τῶν θεῶν* (bei H. Hepding, Attis,
seine Mythen und sein Kult S. 51 ff.). Die Andeutungen und

die kurzen Anspielungen, die hier gegeben werden, sind allerdings recht undeutlich, aber wir besitzen noch eine von Julian offenbar abhängige, aber kürzere und präzisere Ausführung bei Sallustius, de diis et mundo c. 4 (Hepding S. 58)[1]. Hier wird das Geheimnis des Attismythus folgendermaßen gedeutet: „Ἡ μὲν οὖν Μήτηρ τῶν θεῶν ζωογόνος ἐστὶ θεὰ καὶ διὰ τοῦτο Μήτηρ καλεῖται, ὁ δὲ Ἄττις τῶν γινομένων καὶ φθειρομένων δημιουργός· καὶ διὰ τοῦτο παρὰ τῷ Γάλλῳ λέγεται εὑρεθῆναι ποταμῷ. Ὁ γὰρ Γάλλος τὸν γαλαξίαν αἰνίττεται κύκλον (Milchstraße) . . . ., ἐρᾷ δὲ ὁ Ἄττις τῆς νύμφης· αἱ δὲ νύμφαι γενέσεως ἔφοροι . . . . Ἐπεὶ δὲ ἔδει στῆναι τὴν γένεσιν καὶ μὴ τῶν ἐσχάτων γενέσθαι τὸ χεῖρον, ὁ ταῦτα ποιῶν δημιουργός, δυνάμεις γονίμους ἀφεὶς εἰς τὴν γένεσιν, πάλιν συνάπτεται τοῖς θεοῖς". Hier fehlt nur der Name des Ἄνθρωπος; deutlich liegt der Mythus von dem Menschen vor. Attis, der die Liebe der Göttermutter verschmäht und sich der Nymphe zuwendet, ist der in die Materie hinabsinkende und durch die Liebe zu ihr die Weltentwicklung in Bewegung setzende Mensch. Wenn es im Attismythus heißt, daß die Göttermutter den Attis in Raserei versetzt habe und dieser in der Raserei sich verschnitten, die Nymphe verlassen habe und wieder zu ihr gekommen sei, so findet dieser Zug die Deutung, daß der Urmensch sich wiederum aus der Materie erhebt, die Verbindung mit ihr zerreißt und sich den Göttern zuwendet. Auch hier haben wir dann die anthropologische Umdeutung dieses Mythus und seine Beziehung auf das Geschick der menschlichen Seele überhaupt: „Ταῦτα δὲ ἐγένετο μὲν οὐδέποτε, ἔστι δὲ ἀεί". Bei Julian finden sich noch einige Andeutungen, die noch mehr ins Einzelne gehen und noch deutlicher sprechen: „Ὁ δὲ (Attis) ἐπειδὴ προϊὼν ἦλθεν ἄχρι τῶν ἐσχάτων, ὁ μῦθος αὐτὸν εἰς τὸ ἄντρον κατελθεῖν ἔφη καὶ συγγενέσθαι τῇ νύμφῃ τὸ δίυγρον αἰνιττόμενος τῆς ὕλης (165 C). Ὁ δὲ προῆλθεν ἄχρι τῶν ἐσχάτων τῆς ὕλης κατελθών (167 B). Πρόεισι τὲ γὰρ ἐκ τοῦ τρίτου δημιουργοῦ (das klingt bereits ganz gnostisch) καὶ ἐπανάγεται πάλιν ἐπὶ τὴν Μητέρα τῶν θεῶν μετὰ τὴν ἐκτομήν" (168 A).

Demgemäß wird nun die Annahme nicht mehr zu gewagt

---

1. Ich nehme im folgenden wieder auf, was ich bereits in der Rezension von Reitzensteins Poimandres, Gött. gel. Anz. 1905 Nr. 9 S. 697 ff., ausgeführt habe.

erscheinen, daß in der Tat der Mythus von dem Menschen
auch in der Mysterienreligion des Attis seine Heimat gefunden
hat. Wir können vielleicht sogar noch ausmachen, wo etwa das
geschehen sein mag. Die Gnostiker, die nach dem Bericht des
Hippolyt die Ausführung des Mythus von dem Urmenschen
ihrerseits den Attismysterien entlehnten, gehören doch aller
Wahrscheinlichkeit nach dem syrischen Zweige der Gnosis an.
Sie mögen in Syrien oder in Mesopotamien ihre Heimat gehabt
haben. Darauf deuten auch manche Spuren in dem Bericht der
Naassener, so vor allem, daß Mesopotamien ihnen als Land der
ewigen Heimat gilt, Ägypten dagegen als das Land der niederen
Sinnlichkeit. Man wird annehmen dürfen, daß die Attismysterien
von Phrygien, Kleinasien frühzeitig in diese Gegenden hinüber-
gedrungen sind. Wir haben sogar bestimmte Beweise dafür,
daß die große Göttin Syriens, die Attargatis, deren Kultstätten
hauptsächlich in Hierapolis (Mabug) und Heliopolis (Baalbek)
sich befanden, tatsächlich mit der phrygischen Kybele identifiziert wurde[1]. In den Gegenden, wo man die syrische
Göttermutter verehrte und in ihr zugleich die Kybele sah, wird
man sich die Gnostiker zu denken haben, die die Ausführungen
über den Urmenschen der Literatur der Attismysterien entlehnten.

In diesen Umkreis heidnischer Gnosis, als deren Hauptlehre die Lehre vom Ἄνϑρωπος anzusehen ist, gehören nun
wahrscheinlich auch die Gnostiker des Plotin hinein, denen neuerdings C. Schmidt eine Monographie gewidmet hat (Texte und
Untersuchungen N. F. V 4). Schmidt sieht freilich in den von
Plotin bekämpften Gnostikern christliche Gnostiker und sucht
dieselben in einer ausführlichen Untersuchung irgendwie mit
den uns bekannten gnostischen Systemen zu identifizieren. Dagegen erheben sich doch starke Bedenken. Schon die Einführung dieser Gnostiker in des Porphyrius Vita Plotini c. 16
macht gegen jene Auffassung bedenklich; denn hier stehen die
Gnostiker als, wie es scheint, heidnisch-philosophische Haeretiker
neben den Christen: „Γεγόνασι δὲ κατ’ αὐτὸν τῶν Χριστιανῶν

---

1. Vgl. Artikel: Dea Syria bei Pauli-Wissowa IV 22 40. Corp.
Inscr. Lat. VI 30970 stehen nebeneinander Mater deorum et Mater Sy-
riae, Verschmelzungen der Kulte der beiden Götter im Piraeus und in
Brundisi (Pauli-Wissowa ibid.).

πολλοὶ μὲν καὶ ἄλλοι αἱρετικοὶ δὲ ἐκ τῆς παλαιᾶς φιλοσοφίας ἀνηγμένοι, οἱ περὶ Ἀδέλφιον καὶ Ἀκυλῖνον"[1]. Die Untersuchung über die hier genannten Namen der Sektenhäupter führt Schmidt selbst hinein in das ganze Milieu der neuplatonischen Lehrer und Schulhäupter (S. 15—19). Auch unter den Autoritäten, auf welche sich jene Gnostiker nach Vita Plotini c. 16 beriefen, finden wir keine einzige, die wir als spezifisch christlich-gnostisch ansprechen können. Neben ganz unbekannten Namen werden Zoroaster, *Ζοστριανός, Νικόθεος* genannt. Das dunkle *Ἀλλογενής* erinnert uns allerdings an die Schriften der *Ἀλλογενεῖς*, die uns bei der Sekte der Sethianer begegnen; aber ob wir es bei dieser rätselhaften Quelle mit spezifisch christlich-gnostischer Autorität zu tun haben oder nicht vielmehr mit Schriften, die sowohl die heidnische wie die christliche Gnosis beeinflußt haben, steht dahin. Schmidt weist selbst nach, daß die Gnostiker, die Plotin in seinen Lehrvorträgen und Disputationen bekämpfte und gegen die er eine bestimmte Schrift geschrieben hat, in enger Beziehung zu seiner Schule gestanden hätten. »Nicht ganz fremde Gegner sind also in die Schule Plotins eingedrungen, es sind vielmehr Männer, die er selbst zu seinen engeren Freunden rechnet. Doch sind sie, wie er gleich hinzufügt, bevor sie in seinen Freundschaftskreis traten, Anhänger der gnostischen Lehre gewesen — das Umgekehrte hätte er ihnen wohl nie verziehen — und sind es auch zu seiner Verwunderung geblieben, obwohl er es an Widerlegung ihrer Ansichten zur Gewinnung für die heidnische Philosophie hat nicht fehlen lassen« (S. 32). Wir können uns aber irgendwie bestimmt christlich gefärbte Gnostiker kaum in so unmittelbarer Umgebung Plotins denken. Auch finden sich in den Andeutungen des Plotin über die Lehre der »Häretiker«, soweit ich sehe, keine spezifisch christlichen Züge, keine Hindeutung auf die Erlösergestalt des *Χριστός*. Wir finden aber, wie es scheint, bei diesem heidnisch-gnostischen Kreis das uns bekannte Anthroposdogma. Andeutungen über ihre Lehre liegen namentlich in der zusammenhängenden Überlieferung bei Plotin, Enneas II 9 vor, die später den Titel *„Πρὸς τοὺς γνωστικούς"*

---

1. Schmidt S. 14 übersetzt selbt: Viele Christen, daneben auch zahlreiche Häretiker.

erhalten hat. Danach ist die Grundlehre, die uns bei diesen
Gnostikern entgegen tritt, wiederum, wenn wir einmal von
ihren Spekulationen über die höchsten göttlichen Grundwesen
absehen, die von dem Fall der Psyche in die niedere Welt,
verbunden mit der Anschauung von dem absoluten dualistischen Gegensatz zwischen der höheren und der niederen Welt.
c. 12: 'Ἡ γὰρ ψυχὴ ἡ νεύσασα ἤδη ὂν τὸ σκότος εἶδε καὶ
κατέλαμψε". Die Psyche steht bei diesen Gnostikern allerdings
in enger Verbindung mit der Gestalt der bekannten gnostischen Sophia, aber der Bericht darüber lautet sehr merkwürdig.
c. 10: „ψυχὴν γὰρ εἰπόντες νεῦσαι κάτω καὶ σοφίαν τινά, εἴτε
τῆς ψυχῆς ἀρξάσης, εἴτε τῇ τοιαύτῃ αἰτίας γενομένης σοφίας,
εἴτε ἄμφω ταὐτὸν θέλοντες εἶναι". Es scheint doch so, als
wenn hier die Figur der Psyche in etwas unklarer Weise mit
der allerdings spezifisch christlich-gnostischen Gestalt der Sophia
nachträglich verbunden ist. Ursprünglich aber war von dem
Fall der Psyche die Rede, und wir erinnern uns nun daran,
daß gerade der in die Materie hinabsinkende Anthropos vielfach,
so namentlich im manichäischen System, mit der Psyche identifiziert wird. Weiter lehrten dann diese Gnostiker, indem sie
das „νεῦσαι κάτω" näher bestimmen, daß die Seele eigentlich
nicht selbst in die Finsternis hinabgestiegen sei, sondern diese
nur erleuchtet habe (ἐλλάμψαι μόνον τὸ σκότος). Aus dieser
Erleuchtung der Finsternis sei dann das εἴδωλον entstanden:
„εἶτ' ἐκεῖθεν εἴδωλον ἐν τῇ ὕλῃ γεγονέναι" (c. 10). Das erinnert
uns unmittelbar an die Anthroposlehre des Poimandres, wo
ebenfalls von dem Abbilde und dem Schatten des in die Materie
sich hinabbeugenden Urmenschen die Rede war (τὸ εἶδος ἐν
τῷ ὕδατι καὶ τὸ σκίασμα ἐπὶ τῆς γῆς). Ferner lehrten die
Gnostiker, daß der Demiurg, die weltschöpferische Potenz,
aus einer Verbindung nicht der Psyche selbst, sondern des
Eidolon mit der Materie entstanden sei. c. 11: „Τί δ' ἔτι ἔδει
ἐμποιεῖν ἐξ ὕλης καὶ εἰδώλου τὸν ποιήσαντα"; c. 10: „εἶτα τοῦ
εἰδώλου εἴδωλον πλάσαντες ἐνταῦθά που δι' ὕλης". Auch in
der Poimandreslehre wird nicht ganz klar, wie die Vereinigung
des Anthropos mit der Physis gedacht sei. Man kann wenigstens allenfalls herauslesen, daß diese sich mindestens durch
die Vermittlung des Bildes des Menschen vollzogen habe. Dann
hätten wir auch hier die Verbindung des Eidolon mit der Hyle.

Darin weicht nun aber das System der Gnostiker des Plotin
von dem des Poimandres ab, daß, während in dem letzteren
aus jener Verbindung der irdische Mensch hervorgeht, der Demiurg dagegen direkt von dem höchsten Νοῦς emaniert und
schon vor dem Ἄνϑρωπος vorhanden ist, hier aus jener Vereinigung der Demiurg hervorgeht. Während also dort der
Mythus von dem Urmenschen anthropologisch gewandt ist, ist
er hier kosmogonisch gedacht. Aber das ist eine Variante, die
sehr wohl erklärbar ist. Immerhin gerät das System der
Gnostiker des Plotin mit dieser Lehre von der Abstammung
des Demiurgen von der Psyche in eine gewisse Nähe zu den
bekannten christlich-gnostischen Systemen. Und wenn es nun
weiter heißt, daß der Demiurg von der Mutter abgefallen sei
und diese Welt zu seiner Ehre geschaffen habe, so wird die
Verwandtschaft noch enger; aber die Identität dieses eigentümlichen gnostischen Systems mit irgendeinem der bekannten
christlich-gnostischen läßt sich nicht behaupten. Und so dürfen
wir es bei der Vermutung bewenden lassen, daß wir auch bei
den Gnostikern des Plotin einer heidnischen, von christlichen
Einflüssen vielleicht unberührten Anthroposlehre begegnen.

Die Autoritäten dieser Gnostiker, die wir in der Vita Plotini c. 16 fanden, führen uns nun noch auf weitere Parallel-
erscheinungen. Vor allem scheint ein merkwürdiges Verwandt-
schaftsverhältnis zwischen diesen Gnostikern und dem anonymen
koptisch-gnostischen Werk (Schmidt, a. a. O. S. 135 ff.) vorzuliegen. Wir finden in ihm den ganz singulären Namen des
Nikotheos wieder. Nikotheos erscheint (c. 7 S. 342, 2) als hohe
Autorität, als Prophet und Offenbarer der hier redenden gnostischen Sekte. Über Zeit und Herkunft dieses unbekannten
gnostischen Werkes wird sich allerdings nur wenig ausmachen
lassen. Wir können nur sagen, daß in ihm die Gnosis in ihrer
gänzlichen Entartung erscheint, daß die gnostische Phantasie
hier ihren wildesten Hexentanz aufführt, und daß man in diesem
zum System erhobenen Unsinn nirgends festen Fuß fassen kann.
Daher läßt sich auch die Frage, ob hier vorwiegend ein Werk
heidnischer Gnosis vorliegt, nicht zur Entscheidung bringen.
Zugestanden muß werden, daß hie und da wohl deutliche christliche Einflüsse vorliegen. Schmidt hat zur Erhärtung der
Verwandtschaft dieser Schrift mit der des Gnostikers Plotin

mit Recht (S. 61) darauf hingewiesen, daß die bei Plotin genannten merkwürdigen Hypostasen der παροικήσεις, ἀντί-
τυποι und μετάνοιαι, die sich sonst nirgends nachweisen
lassen, sich gerade in ihr S. 361, 39 wiederfinden, und hat auch
auf andere verwandte Erscheinungen ebendort aufmerksam gemacht. Das Wichtigste scheint mir zu sein, daß auch hier die
Lehre von dem Menschen vorgetragen wird. Gleich im zweiten
Kapitel (S. 336, 11) begegnen wir diesem Stichwort: »der unfaß-
faßbare Mensch«. 337, 27 ff. ist von den körperlosen Gliedern,
aus denen der Mensch zusammengesetzt ist, die Rede (vgl. weiter
unten die Spekulationen der jüdischen Kabbala). S. 358, 38 ff.
findet sich der bemerkenswerte Satz: »Denn Du hast den Menschen in Deinem selbstentstandenen Verstande (αὐτοφυὴς νοῦς)
und in der Überlegung (διάνοια) und dem vollkommenen Gedanken erzeugt. Dies ist der vom Verstand erzeugte Mensch,
welchem die Überlegung (διάνοια) Gestalt gegeben hat. Du
bist es, der dem Menschen alle Dinge gegeben hat. Und er
trug sie, wie diese Kleider, und zog sie, wie diese Gewänder an,
und hüllte sich, wie die Kreatur, in einen Mantel ein. Und
dieses ist der Mensch, den kennen zu lernen das All fleht«.
363, 20 finden wir endlich eine ausführliche Schilderung der
Gestalt des Menschen, die wiederum an kabbalistisch-jüdische
Spekulationen erinnert. Und zum Schluß heißt es Kap. 22:
»Dies ist der Mensch, der entsprechend jedem Aeon geschaffen
ist, und diesen hat das All begehrt«. Auch die Offenbarung
des Nikotheos scheint sich nach den Andeutungen c. 7 eben
auf die große Geheimlehre von diesem Menschen zu beziehen.

Den beiden Namen, die bei den Gnostikern des Plotin ihre
Rolle spielten, dem Zoroaster und dem Nikotheos, begegnen
wir noch einmal in dem mit Ω bezeichneten Buch des Alchimisten Zosimus. Reitzenstein, dessen Verdienst es ist, auch auf
diese Parallele die Aufmerksamkeit gerichtet zu haben, hält
wohl mit Recht die hier gegebenen Ausführungen ebenfalls im
Grunde für heidnisch, obwohl hier und da unter dieser Voraussetzung geringfügige christliche Interpolationen auszuscheiden
sind. Hier[1] ist nach Anführung der Autoritäten des Zoroaster
und des Hermes davon die Rede, daß der pneumatische Mensch,

---

1. Vgl. den Text bei Reitzenstein S. 103.

der allein auf Gott sein Augenmerk richte und der Heimarmene
überlasse, was sie τῷ ἑαυτῆς πηλῷ, τουτέστι τῷ σώματι, tun
wolle, bei solchem Wandel schließlich den Sohn Gottes schauen
werde, der sich der heiligen Seelen wegen in alle Dinge verwandle, damit er diese aus dem Lande der Heimarmene in das
körperlose Land hinaufziehe. „Πάντα γὰρ δυνάμενος πάντα
ὅσα θέλει, γίνεται καὶ πατρὶ ὑπακούει διὰ παντὸς σώματος
διήκων ⟨καὶ⟩ φωτίζων τὸν ἑκάστου νοῦν εἰς τὸν εὐδαίμονα
χῶρον ἀνώρμησεν, ὅπουπερ ἦν καὶ πρὸ τοῦ σωματικὸν γενέσθαι“. Wir denken bei dieser Gestalt des Sohnes, der in die
Materie hinabsinkt und wieder aus ihr emporsteigt, sofort an
den in die Materie hinabsinkenden Urmenschen. Und wenn
es heißt, daß dieser υἱός sich in alle Gestalten verwandle[1],
alles werde, was er wolle und durch jeglichen Körper hindurchgehe, so können wir hier auch eine Verwandtschaft mit den
manichäischen Spekulationen über den Urmenschen nachweisen.
Denn auch hier wird überliefert, daß der Urmensch bei seinem
Hinabsinken in die Finsternis sich in mannigfaltige Gestalten
verwandelt und immer wieder unter anderen Formen den dämonischen Gegnern erschienen sei. Augustin, de haeres 46: »hunc
primum hominem, quem laudatis, quia mutabilibus et menda-
cibus formis cum adversa gente pugnavit« (vgl. contra Faustum
V 4; Baur S. 55). — Und diese Vermutung, daß wir hier wieder
einmal den Zusammenhängen der Anthroposlehre begegnet sind,
täuscht uns nicht; denn unmittelbar nach diesen Ausführungen
wird im Text des Zosimus tatsächlich der Name des Anthropos
erwähnt. Mit Berufung namentlich auf die Autorität eines
Bitos (neben Hermes) wird behauptet, daß dieser Urmensch in
der heiligen ägyptischen Sprache den Namen »Toth« trage[2]
und daß die Chaldäer, Parther, Meder und Hebräer ihn Adam
nennen. Auch habe er noch einen Eigennamen und einen Bei-

---

1. Dieselbe Idee wird übrigens (Reitzenstein S. 105) nach einem
aus einer hermetischen Schrift stammenden Zitat bestimmter ausgesprochen: „Ὁ δὲ υἱὸς τοῦ θεοῦ πάντα δυνάμενος καὶ πάντα γινόμενος, ὅ τι
θέλει, ὡς θέλει φαίνει ἑκάστῳ.

2. Wenn der Urmensch in diesem Zusammenhang als „ἑρμηνεὺς
πάντων τῶν ὄντων καὶ ὀνοματοποιὸς πάντων τῶν σωματικῶν“ charakterisiert wird, so erinnern wir uns an die Spekulationen der Klementinen
über den Urmenschen, der den Geschöpfen allen ihren Namen gibt.

namen: ὁ δὲ ἔσω (streiche: αὐτοῦ) Ἄνθρωπος, ὁ πνευματικὸς
καὶ κύριον (ἔχει ὄνομα) καὶ προσηγορικόν". Den geheimnisvollen Eigennamen wisse niemand als der unauffindbare (ἀνεύρετος) Nikotheos; der Beiname aber sei φῶς. Weiter heißt es
dann von dem Urmenschen mit dem Beinamen φῶς, daß ihn
einst die Dämonen hätten bereden wollen, den von ihnen geschaffenen Adam, den aus der Heimarmene und von den vier
Elementen stammenden, anzuziehen; der aber habe wegen seiner
unverdorbenen Natur nicht gewollt. Zum Schluß wird noch
ausgesprochen, daß der Urmensch bis jetzt und bis zum
Ende der Welt öffentlich und im geheimen den Seinen bei-
wohne (λάθρᾳ καὶ φανερᾷ συνὼν τοῖς ἑαυτοῦ), diesen rate, durch
ihr höheres geistiges Wesen sich von dem ihnen anhängenden
Adam, der immerdar mit dem pneumatischen Lichtmenschen in
Streit liege, zu befreien (Ἀδὰμ .... διαζηλουμένου τῷ πνευ-
ματικῷ καὶ φωτεινῷ ἀνθρώπῳ). Dieser Bericht des Zosimus
ist in mehrfacher Hinsicht außerordentlich interessant[1]. Beachtenswert ist zunächst, daß bei Zosimus darauf hingewiesen

---

1. Was die Autorität des Bitos anbetrifft, auf dessen ihm vorliegende Schrift sich Zosimus zu berufen scheint (καὶ βλέψαι τὸν πί-
νακα, ὃν καὶ Βίτος γράψας), so finden wir — es ist ein Verdienst
Reitzensteins, das nachgewiesen zu haben — dieselbe Autorität unter
dem Namen des Bitys bei Jamblichus, de mysteriis 8, 4, wieder, und
auch hier taucht die Anthroposlehre wiederum auf. Es scheint, als ob in
dieser Spekulation zwei Grundwesen unterschieden werden: „Καθαρὸν
δὲ νοῦν ὑπὲρ τὸν κόσμον προτιθέασι καὶ ἕνα ἀμέριστον ἐν ὅλῳ τῷ κόσμῳ
καὶ διῃρημένον ἐπὶ πάσας τὰς σφαίρας ἕτερον". Hier scheint von dem
einen überweltlichen Νοῦς der in die Materie hinabgesunkene, in alle
Sphären verteilte ἕτερος, d. h. der »Mensch« unterschieden zu sein.
Außerdem ist in diesem Zusammenhang noch die Rede von der Erhebung der Seele in die obere Welt (und bei dieser Gelegenheit wird
gerade die Autorität des Bitys zitiert) und von der doppelten Seele,
die der Mensch besitze, einer oberen himmlischen und einer zweiten aus
der Welt der Heimarmene stammenden (s. Exkurs IV). Den Bitos des
Zosimus und den Bitys des Jamblichus dürfen wir vielleicht ferner in
dem in den ägyptischen Zauberpapyri häufiger erwähnten Thessaler
Pitys wiedererkennen und schließlich vielleicht mit dem von Plinius im
28. Buch benutzten Bithus von Dyrrhachium identifizieren. Wäre letztere Identifikation richtig, so hätten wir damit eine gewisse Zeit-
bestimmung für das Alter der hellenistischen Anthroposlehre gewonnen
(Reitzenstein S. 108).

wird, daß die Chaldäer, Parther, Meder und Hebräer den Urmenschen »Adam« nennen. Das erinnert uns an die Behauptung
der Naassener bei Hippolyt V 7, daß die Chaldäer den Urmenschen »Adam« nennen, und an die dort vorgetragene
»chaldäische« Spekulation über ihn. Wie oben schon angedeutet wurde, scheint freilich die »chaldäische« Spekulation im
Zusammenhang des naassenischen Systems falsch wiedergegeben
zu sein. Wir finden diesen Mythus in besserem Zusammenhang
eben in den Ausführungen des Zosimus. Bei den Naassenern
ist davon die Rede, daß der erste Mensch eine Säule ohne
Leben und Bewegung gewesen sei, ein Abbild des im Hymnus
gepriesenen oberen Menschen. Dann bricht der Bericht des
Mythus ab mit einem „περὶ ὧν ὁ κατὰ μέρος λόγος ἐστὶ πολύς“,
und es wird aus einem ganz anderen Zusammenhang der
Gedanke eingebracht, daß dem großen himmlischen Menschen
eine Seele gegeben sei, damit er infolge seiner Verbindung mit
dieser leide und gezüchtigt werde. Der ursprüngliche und in der
Darstellung der Naassener unterbrochene Zusammenhang liegt
nun wohl im Bericht des Zosimus vor, wenn es heißt, daß die
Archonten (dieser Welt) den Urmenschen (τὸ φῶς) hätten überreden wollen, den von ihnen aus den vier Elementen geschaffenen Adam, d. h. offenbar jene körperliche und geistlose Säule,
anzuziehen. Allerdings ist nun auch hier wieder der ursprüngliche Mythus dadurch entstellt, daß gesagt wird, der Urmensch
habe jener Verlockung widerstanden. Ursprünglich muß die
Erzählung gelautet haben, daß der geistige und körperlose Urmensch durch die List der Dämonen in sein Ebenbild, den
seelenlosen Leib, hinabgelockt sei (vgl. hier die manichäische
Lehre von der Schöpfung des Menschen).

Dann aber sehen wir ganz deutlich, daß wir in dieser
Erzählung von der Entstehung des ersten Menschen, deren weitere
Zusammenhänge wir bereits im ersten Kapitel behandelt haben,
einen Parallelmythus zu dem vom Fall des Urmenschen vor
uns haben. Der Urmensch, der, durch das Schauen der Materie
verlockt, in diese hinabsinkt oder durch die Liebe zu seinem
Spiegelbilde, das er schaut, hinabgezogen wird, und der obere
himmlische Adam, der von den Archonten verlockt wird, in sein
körperliches Ebenbild hinabzusteigen, sind in der Tat parallele
Figuren, nur daß wir hier die anthropologische und dort die

kosmógonische Wendung des Mythus haben. Und wie die
kosmogonische in die anthropologische Auffassung übergeht,
dafür bieten uns wieder die Spekulationen des Poimandres das
beste Beispiel (s. o. S. 183). Wenn es endlich von dem Urmenschen heißt, daß er λάϑρᾳ καὶ φανερᾷ vom Anfang der
Welt an bis zum Ende den Seinen beigewohnt und ihnen Rat
und Offenbarung gegeben habe, so werden wir lebhaft an die
Spekulationen der Klementinen über den durch die Generationen
wandelnden Urmenschen erinnert. So greifen die Parallelen
ineinander, und wir befinden uns immer wieder in demselben
Umkreis verwandter Gedanken und Spekulationen[1].

IV.

Wir können diese Spekulationen über den Urmenschen mit
einem Schlage in eine frühere Zeit zurückverfolgen, wenn wir
uns nunmehr dieser Gestalt auf dem Gebiet der jüdischen
Spekulation zuwenden. Vor allem dürfte es klar sein, daß die
Spekulationen des jüdischen Philosophen Philo über den Urmenschen in diesen Zusammenhang hineingehören. Philo unterscheidet bekanntlich zwischen dem erstgeschaffenen Menschen,
dessen Erschaffung Gen. 1 berichtet wird, und dem zweiten

---

1. Auch sonst lassen sich übrigens hier und da Spuren einer heidnischen Anthroposlehre nachweisen. So hat Reitzenstein auf ein Stück
in dem von Wessely (Denkschrift d. Akad. zu Wien 1888 S. 73 Z. 1168 ff.)
veröffentlichten Zauberpapyrus hingewiesen. Hier wird ein uns unbekannter und ungenannter Gott vom Zauberer angerufen, und zum Schluß
spricht der Zauberer: „Πρόσδεξαί μου τοὺς λόγους ὡς βέλη πυρός, ὅτι
ἐγώ εἰμι Ἄνϑρωπος ϑεοῦ, ᾧ πλάσμα κάλλιστον ἐγένετο ἐκ πνεύματος καὶ
δρόσου καὶ γῆς‘‘. Wenn man weiß, daß die Magier sich mit dem Namen
des Gottes, den sie anrufen, zu benennen und sich so mit diesem zu
identifizieren pflegen, so wird man schließen, daß der angerufene Gott
eben der Ἄνϑρωπος ϑεοῦ ist. Bemerkenswert ist hier die Spekulation,
daß dieser ἐκ πνεύματος καὶ δρόσου καὶ γῆς geschaffen sei, doch kann
sie vorläufig nicht erklärt werden. Zu vergleichen ist hier überhaupt,
was Reitzenstein S. 277—281 über den δεύτερος ϑεός ausführt. Ebenso
ist vielleicht noch auf die große Rolle hinzuweisen, die die Erschaffung
des ersten Menschen in der sogenannten Κόρη κόσμου bei Joh. Stobäus
I, 44 ed. Meineke p. 287 (946) spielt. Vor dessen Erschaffung ist die
ganze Natur noch öde und träge, erst nach derselben, die durch den
Beistand aller Planetengeister vor sich geht, kommt Leben und Bewegung in die träge Masse hinein (Reitzenstein S. 243).

Menschen, der als Mann und Weib (Gen. 2) von Gott erschaffen
wird. Daß Philo diese Unterscheidung nicht aus dem Bericht
der Genesis herausgesponnen, sondern erst in diesen hinein-
gelesen und hineingetragen hat, dürfte für jeden, der die gesamten religionsgeschichtlichen Zusammenhänge der Lehre
vom Urmenschen überschaut, klar sein. Die ausführlichste Darstellung der Philonischen Lehre vom Urmenschen findet sich
in Philos Schrift: »de opificio mundi« §§ 134—144, 148—150.
Es heißt hier sofort im Eingang: »Und deshalb . . . . besteht
ein ungeheurer Unterschied zwischen dem nunmehr geschaffenen
Menschen und dem, der früher nach dem Bilde Gottes geworden.
Denn der eine ist geschaffen, der Sinnenwelt angehörig und im
Besitz einer bestimmten Qualität, besteht aus Seele und Leib,
ist Mann oder Weib und von Natur sterblich, der aber nach
dem Bilde ist Idee oder das Genus oder Siegel, der Welt des
Geistes angehörig, körperlos, weder männlich noch weiblich«.
Leider verbreitet sich Philo im weiteren Zusammenhang
seiner Ausführungen nicht mehr über den erstgeschaffenen
Menschen κατ᾽ εἰκόνα, sondern gibt eine lange Ausführung
über die ebenfalls vorhandene, wenigstens relative Vortrefflich-
keit des ersten irdischen Menschen, des Ahnherrn des ganzen
Menschengeschlechts. Es scheint, als wenn die Verehrung des
vorweltlichen Anthropos etwas auf die Verherrlichung des ersten
irdischen Menschen eingewirkt hat. Wenn Philo hier den ersten
Menschen als die „ἀκμὴ τοῦ ἡμετέρου παντὸς γένους“ (§ 140),
als den „ἀρχηγέτης“ unseres Geschlechtes, als den allein wahren
Kosmopoliten feiert (§ 142), wenn er sagt, daß sich auf ihn die
Fülle des göttlichen Geistes ergossen habe (§ 144), wenn er
von ihm behauptet, daß er im Besitz einer des Kosmopoliten
würdigen πολιτεία gewesen sei und daß ὁ τῆς φύσεως ὀρϑὸς
λόγος in seinem Besitz gewesen sei (§143), so erinnert das alles
direkt an die Verherrlichung des Adam im klementinischen
Schriftenkreise. Aber dort ist eben Adam nicht nur der erste
irdische Mensch, sondern zugleich eine himmliche Potenz, der
wahre Prophet, der sich inkorporiert hat. Auch daß § 148 als
ein besonderer Beweis der Weisheit des ersten Menschen die
Erzählung eingeführt wird, daß Adam allen Tieren den Namen
gegeben habe, erinnert an die Darstellung der Klementinen.
Auch sonst begegnet uns die Gestalt des ersten himmlischen

Menschen (*κατ᾽ εἰκόνα*) häufig in den Ausführungen des Philo. Legum allegor. I § 31 ist die Rede von einem zweifachen Geschlecht der Menschen: „Ὁ μὲν γάρ ἐστιν οὐράνιος Ἄνθρωπος, ὁ δὲ γήϊνος" (vgl. § 53; § 88; II § 4: „Δύο γὰρ ἀνθρώπων γένη, τό τε κατὰ τὴν εἰκόνα γεγονὸς καὶ τὸ πεπλασμένον ἐκ γῆς"). Besonders bedeutsam sind die Ausführungen in »de confusione linguarum« § 146, wo die Rede ist von dem „πρωτόγονος αὐτοῦ λόγος, ἀγγέλων πρεσβύτατος" und es dann heißt: „καὶ γὰρ ἀρχὴ καὶ ὄνομα θεοῦ καὶ λόγος καὶ ὁ κατ᾽ εἰκόνα Ἄνθρωπος καὶ ὁ ὁρῶν Ἰσραὴλ προσαγορεύεται". Hier wird § 41 auch ausgeführt, daß die Menschen Frieden halten müssen, weil sie alle von einem Vater abstammen und zwar — an den irdischen Menschen wird hier nicht gedacht — von dem himmlischen Urmenschen: „ἕνα καὶ τὸν αὐτὸν ἐπιγεγραμμένοι πατέρα οὐ θνητόν, ἀλλ᾽ ἀθάνατον, Ἄνθρωπον θεοῦ, ὃς τοῦ ἀϊδίου λόγος ὢν ἐξ ἀνάγκης καὶ αὐτός ἐστιν ἄφθαρτος"[1].

Auch in der jüdisch-apokalyptischen Literatur ist der Urmensch, wie jetzt schon häufiger nachgewiesen ist[2], eine bekannte Figur. Es soll das hier nicht mehr ausführlich bewiesen, sondern nur kurz angedeutet werden, da jedenfalls die ursprüngliche Bedeutung dieser Gestalt den jüdischen Apokalyptikern nicht mehr bekannt ist, und diese hier überdies eine Verdunklung durch ihre Kombination mit der jüdischen Messiasgestalt erfahren hat, uns also ein genaueres Eingehen auf diese Phantasien bei unserem gegenwärtigen Thema nicht viel nützen wird. Aller Wahrscheinlichkeit nach hat aber bereits Daniel die Gestalt des himmlischen Menschen gekannt und sie künstlich erst in seinem berühmten siebenten Kapitel als Symbol des israelitischen Volkes umgedeutet. Charakteristisch ist, daß auch hier die Figur des Menschengestalteten in unmittelbarer Nähe des höchsten Gottes steht, mit seiner Herrlichkeit umkleidet ist

---

1. Weitere Stellen bei Gfrörer »Philo« I, 267 ff., 407 ff. Auch der Apostel Paulus scheint die Spekulation von dem himmlischen Urmenschen zu kennen, aber er geht kurz und unter einer gewissen Polemik an ihr vorüber (I Corinth. 15 46); denn für ihn ist der himmlische Mensch nicht der erste, sondern der zweite, der nach Adam gekommene Jesus Christus.

2. Über Spuren der Gestalt im A. Test., etwa Hiob 15 7f., Ezech. 28, wage ich nicht zu urteilen.

und neben ihm im Weltgericht erscheint (vgl. Bousset, Rel. d. Judent. ² S. 307 ff.; Greßmann, Israelitisch-jüdische Eschatologie 340—347). Von hier aus erklärt sich dann, daß die Bilderreden des Buches Henoch bereits ausführliche Spekulationen über den Menschen, sein vorweltliches Dasein, seine Schöpfung, bevor die Gestirne wurden, und seine Stellung im Weltgericht vorzutragen wissen. Schwerlich hat der Verfasser der Bilderreden das alles aus den Andeutungen des Daniel herausgesponnen, vielmehr ist anzunehmen, daß hier eine ältere Spekulation, die Daniel erst soeben und andeutungsweise herübergenommen hat, durchbricht und zur Erscheinung kommt. Noch einmal tritt uns bekanntlich innerhalb der jüdischen Apokalyptik in der sogenannten Menschensohn-Vision des 4. Esra ein bis ins Einzelne ausgeführtes Bild des vorweltlichen Menschen entgegen, und dieses ist mit besonders konkreten mythologischen Zügen ausgestattet, die uns noch weiter unten im Zusammenhang beschäftigen werden. — Wenn dann endlich in den drei ersten Evangelien das rätselhafte Wort »Mensch«, „ὁ υἱὸς τοῦ Ἀνϑρώπου", auf Jesus angewandt erscheint, sei es, daß dieser das apokalyptische Geheimwort selbst gebraucht hat, sei es, daß seine erste Gemeinde es auf ihn angewandt hat (Bousset, Rel. d. Judent.² 307), so ist hier allerdings die Gestalt des Menschen eine reine Hieroglyphe geworden, die, unverstanden oder umgedeutet, mit neuem Gehalt erfüllt, zunächst einfach weitergegeben wird. Doch zeigt sich in der Art, wie das vierte Evangelium die Figur des Menschensohnes behandelt, doch vielleicht noch irgendwie die Spur eines Verständnisses von der Bedeutung der ursprünglichen Gestalt. Die Ideen des vorweltlichen Seins, eines Herabsteigens aus der oberen Welt in die niedere, der Inkorporation eines göttlichen Seins in einem menschlichen Wesen erscheinen hier aufs engste verbunden mit der Gestalt des υἱὸς τοῦ Ἀνϑρώπου.

Darauf, daß dann gerade in den Spekulationen der judenchristlichen Gnosis, wie wir sahen, die Gestalt des durch die Welt wandernden Urmenschen eine zentrale Rolle spielt, mag in diesem Zusammenhang noch einmal zurückverwiesen werden. Hier soll nur kurz darauf aufmerksam gemacht werden, daß uns die Figur des Menschen auch in der späteren jüdischen Gelehrtenspekulation begegnet. Wenn hier freilich

betont wird, daß der erste Mensch mannweiblich gewesen sei
(Bereschith Rabba Kap. VIII zu Gen. I 26; Bamidbar R. Kap.
XIV; Berachoth 61a), so weisen die näheren Ausführungen
allerdings wohl auf den nicht in diesen Zusammenhang gehörigen platonischen Mythus vom mannweiblichen Urmenschen.
Bemerkenswerter ist bereits, daß die rabbinischen Quellen davon zu berichten wissen, daß der erstgeschaffene Mensch eine
ungeheure Größe gehabt und mit seinem Leibe die ganze Welt
von einem Ende zum anderen erfüllt hätte. Daran schließt
sich dann auf Grund von Ps. 139₅ (»Hinten und vorn hast Du
mich umschlossen und legtest auf mich Deine Hand«) die Phantasie, daß Gott, indem er seine Hand auf den ersten Menschen
legte, seine ursprüngliche ungeheure Größe vermindert habe
(Bereschith Rabba a. a. O., Sanhedrin 38 a. b., Pesachim 54 b).
Noch näher heran an gnostische Phantasien kommt der Bericht
in den Aboth des R. Nathan, daß Adam zuerst als ein lebloser
Körper von ungeheurer Größe die Erde bedeckt habe. Überall
erscheint doch auch hier der erste Mensch als eine kosmogonische Potenz[1]. Auch das mag erwähnt werden, daß nach
Sanhedrin 59a die Engel den ersten Menschen bedienten,
daß sie nach den Pirke des Rabbi Elieser bei der Hochzeit des
Adam als Brautführer erscheinen (vgl. die oben erwähnten mandäischen Legenden). Ferner sollen die Engel gegen die Schöpfung
Adams protestiert haben unter Bezugnahme auf das Psalmwort
8₃ (Sanhedrin 38 b, Pirke des Rabbi Elieser c. 13). Auch die
bereits in der älteren jüdischen Überlieferung nachweisbare
Legende (s. o. S. 174), daß der Satan sich geweigert habe, den
ersten Menschen anzubeten, und darüber zu Fall gekommen sei,
findet sich in der späteren jüdischen Tradition (Bereschith Rabba
des Rabbi Moses Hadarschan; Pugio fidei des Raimund
Martin p. 563). Ferner ist es für den weiter unten zu verfol-
genden Zusammenhang beachtenswert, daß nach der jüdischen
Tradition der erste Mensch im Besitz des himmlischen Glanzes,
der himmlischen Glorie erscheint. Nach Pesikta, ed. Buber 36b,

---

1. Vgl. hierzu auch Pirke des Rabbi Elieser Kap. XI: Gott habe
bei Erschaffung des ersten Menschen Staub von allen vier Enden der
Welt genommen. Geradezu als Mikrokosmos, als Zusammenfassung
aller Elemente erscheint Adam in dem Schöpfungsbericht Slav. Henoch
c. 30.

und Baba Bathra 58a war dieser Glanz Adams von solcher
Stärke, daß er die Sonne in Schatten stellte. Mit dem Sündenfall soll dann der Glanz verloren gegangen sein (Ber. Rabba
Kap. XI u. XII, 2)[1]. Verwandt mit dieser Vorstellung ist die
andere Phantasie, daß mit Adam das himmlische Licht erschaffen sei, mit dem er die ganze Welt habe überschauen
können, und daß dieses mit der Vertreibung Adams aus dem
Paradiese ebenfalls verschwunden sei (vgl. Baraitha in Chagiga
12a bei Bacher, Agada der Tannaiten II 397; Ber. Rabba a.
a. O.; Adamsbuch d. Morgenl. S. 17 ff.). Es braucht wohl kaum
daran erinnert zu werden, daß uns diese Phantasien lebhaft an
Vorstellungen der persischen Religion vom Hvarena erinnern
(s. o. S. 147 ff.)[2].

Eine Figur, die in engster Beziehung zu den Spekulationen
über den Urmenschen zu stehen scheint, ist dann die der spezifisch späten jüdischen Tradition eigene Gestalt des Engels Metatron[3]. Von dieser Figur des Metatron hören wir bereits
Chagiga 15a. Nach dem hier vorliegenden Bericht sah Rabbi
Elischa Ben-Abujah (= Acher, Anfang d. 2. nachchristl. Jahrh.)
in einer Vision, wie dem Metatron im Himmel die Erlaubnis
erteilt wurde, niederzusitzen, um das Verdienst Israels aufzu-
zeichnen. Da hätte er gedacht, ob es vielleicht nicht zwei
höchste Mächte gebe. Hier erscheint also der Metatron selbst
in der jüdischen Spekulation fast als ein δεύτερος Θεός, un-

---

1. Diese Phantasie ist auch in die christliche Überlieferung übergegangen. Nach Ephraem, Opera ed. Assem. I 26 E, sollen die ersten
Menschen sich ihrer Nacktheit nicht geschämt haben wegen der Glorie,
in die sie eingehüllt waren (vgl. den Bericht der Schatzhöhle übers.
von Bezold S. 4 und das Adamsbuch des Morgenlandes übers. von Dillmann S. 17 ff.; sämtliche Stellen über den Glanz Adams bei Ginzberg
»die Haggada bei den Kirchenvätern« 1900 S. 33).

2. Vgl. endlich noch die von Lietzmann (der Menschensohn 1896
S. 49) mißhandelte Stelle Taanith jerusal. 65a: »Sagt Dir einer, ich
bin Gott, so lügt er, sagt er Dir, ich bin der Mensch (Menschensohn),
so wird er es zuletzt bereuen«. — Auch hier erscheint der Mensch als
eine der jüdischen Spekulation vertraute Gestalt.

3. Die von Kohut, Abh. f. d. Kunde des Morgenlandes IV S. 39 f.,
u. a. (vgl. Henle, theol. Quartalschr. LXX 1888 612 ff.) versuchte Gleichung des Metatron (מיטטרין) mit Mithras (מיטטרין!) ist wohl definitiv
aufzugeben.

mittelbar neben dem höchsten Gott. So wird auch in der jüdi-
schen Tradition Ex. 24₁ (»Und zu Moses sprach er [Gott]:
„Steige zu Jahwe hinauf"«) in Verbindung mit 23₂₁ (»Mein Name
ist in ihm, dem Engel«) so gedeutet, daß man annahm, der
Metatron habe zu Moses gesprochen: »Steige hinauf zu Jahwe«.
Der Metatron werde hier geradezu mit Gott gleichgestellt, weil
hier der Name Gottes auf ihm ruhe (Sanhedrin 38b). Auch
als der Engel, dem Gott die Weltschöpfung überläßt, also als
Demiurg, erscheint der Metatron (Chullin 16a, Jebamoth 16).
Ber. Rabba zu Gen. 1₉ wird unter Berufung auf Ben Asai und
Ben Soma ausgesprochen, daß die weltschöpferische Stimme
Gottes sich im Metatron inkorporiere. Nach Josua Ben Cha-
nanja ist Metatron der Finger Gottes (Bacher I ², 154). Es
läßt sich also die Metatronspekulation auf Rabbinenkreise am
Ende des ersten und Anfang des zweiten nachchristlichen Jahrhunderts zurückführen[1]. Diese Gestalt des Metatron, die in
der Tat als ein δεύτερος Θεός neben dem höchsten Gott, als
eine weltschöpferische Potenz erscheint, erinnert uns stark an
die Gestalt des Urmenschen, und es scheinen hier auch wirklich
nachweisbare Beziehungen vorzuliegen. Und zwar können wir
den Nachweis auf einem Umweg führen. Es läßt sich nämlich zunächst beweisen, daß die Figur des Metatron in der
späteren jüdischen Spekulation mit der des Henoch zusammengebracht wurde. Ausdrücklich heißt es im Targum Pseudo-Jonathan zu Gen. 5₂₄: »Henoch . . . . wurde weggenommen und
durch den Memra des Herrn in den Himmel versetzt, und Gott
hieß von nun an seinen Namen »Metatron«, den »großen
Schreiber« «[2]. Auf der anderen Seite wird wiederum in den
Bilderreden des Henoch offenbar ein Ansatz zur Identifikation

---

1. Vgl. die Zusammenstellung der Stellen bei Karppe »Études sur
les origines et la nature du Zohar« Paris 1901 p. 54.
2. Andere Nachweise für diese Spekulation siehe bei Karppe S. 104.
Namentlich ist hier das bei Jellinek, Bet ha-Midrash II 4 sich findende
Henochfragment zu erwähnen. Bemerkenswert ist noch, daß in einer
spätjüdischen Schrift, dem Serubabelbuch, Metatron mit dem Erzengel
Michael identifiziert wird (Gfrörer, Jahrh. d. Heils I 320). Wie Metatron in der jüdischen Tradition, erscheint übrigens der Erzengel Michael, Ascensio Jesajae 9, 21—23 (lat. Text), als der Gerichtsschreiber
Gottes.

der Gestalt des Henoch mit der des Urmenschen gemacht.
Kap. 71 des Henochbuches kann nicht anders verstanden werden als unter der Annahme, daß hier die Erhöhung des Henoch
zum Urmenschen geschildert wird[1] (vgl. auch die Stellung des
Henoch im slavischen Henochbuch 22, 6ff.; 67, 2). Wenn nun
innerhalb der jüdischen Tradition Henoch auf der einen Seite
mit dem Urmenschen, auf der anderen Seite mit Metatron zusammengebracht wird und beide Male beschrieben wird, wie Henoch zum Urmenschen resp. zum Metatron erhöht wird, so ergibt
sich daraus m. E. die Gleichung: Metatron = Urmensch. Und
in der Tat wird denn auch diese Gleichung, allerdings erst in
den späten Quellen der jüdischen Kabbala, aber hier auch bestimmt ausgesprochen. So in einer von Gfrörer I, 350 zitierten
Stelle des Sohar: »Am Anfang schuf Gott, d. h. den Metatron,
ihn schuf Gott als den ersten und den Anfang des ganzen
Heeres der Himmel und der unteren Welten, das ist der »kleine
Adam« (Terminus der jüdischen Kabbala), den Gott sich zum
Bilde schuf« (andere Stellen bei Gfrörer S. 321, 350).

Überschauen wir diesen ganzen Zusammenhang, so ist
es nicht mehr verwunderlich, daß in der jüdischen Kabbala,
welche so viele uralte Elemente mythologischer Spekulation erhalten hat, die Gestalt des Urmenschen wieder in aller Deutlichkeit auftaucht. Es kann hier nur noch in Kürze auf diese
vielfach verschlungenen Spekulationen hingewiesen werden, wie
sie neuerdings von Karppe (vgl. p. 343ff. c. 15—21) ausführlich
zusammengestellt und behandelt sind. Nach dem System des
Sohar war Gott, bevor er den Anfang der Schöpfung gemacht
hatte, allein, ohne bestimmte Gestalt und ohne eine Ähnlichkeit
mit irgend einem Dinge. Von diesem Zustande Gottes wird
dann bestimmt die Zeit unterschieden, seitdem er die Figur
des Idealmenschen geschaffen habe. Der Idealmensch erscheint also auch hier von vornherein als eine kosmogonische Potenz. Er umfaßt die zehn Sephiroth. Daß diese
zehn Sephiroth kosmogonisch gedacht sind, ergibt sich aus der
Äußerung, bei Karppe p. 367f., daß die mit Kleidern beklei-
deten Sephiroth die Stationen sind, welche die vom Himmel

---

1. Es ist sehr gewagt mit Appel (Beitr. z. Förd. christl. Theol.
X 3 S. 255f.) durch Operationen am Text diese Idee, die ihre jüdischen
Parallelen hat, beseitigen zu wollen.

herabsteigenden Seelen durcheilen müssen, um den Körper zu erreichen. In ihrer Gesamtheit genommen, werden diese Sephiroth als das obere Universum, als der obere Mensch, als die Figur oder Form Gottes bezeichnet (Karppe 369). Beachtenswert ist es, daß als höchste der Sephiroth, also als oberste Hypostase die Krone erscheint, das Diadem, welches das Haupt des himmlischen Menschen schmückt. Es heißt von ihr, daß, wer die Krone betrachtet, die Herrlichkeit des Königs schaut (Karppe 370 ff.). Diese erste Substanz des Urmenschen wird auch als das Urlicht, die Urluft, bezeichnet (Karppe 372 ff.). Sollte vielleicht die Krone des Urmenschen wiederum nichts anderes sein, als das persische Hvarena, der himmlische Glanz, der auch nach persischer Spekulation (s. o. S. 148) dem Urmenschen eignet[1] und der hier eine himmlische Hypostase geworden ist? Auch die frühere jüdische Legende weiß ja bereits von einem Urlicht zu berichten, das mit dem ersten Menschen zusammen geschaffen wurde. Alle diese Vorstellungen gehören offenbar demselben Umkreis von Ideen an. Erwähnt mag aus den ausführlichen Spekulationen des Sohar noch werden, daß in diesen die nächstfolgenden Sephiroth als Vater, Mutter und Sohn erscheinen (Karppe 376). Im übrigen können wir kurz über diese letzten Auswüchse und Auswucherungen der Spekulation vom Menschensohn hinweggehen, da sie nichts Neues mehr bringen (vgl. noch Karppe 392, auch 454 ff., die Verherrlichung des ersten Menschen, und Gfrörer I, 344 ff.).

V.

Wir werden unsere Umschau noch weiter ausdehnen müssen und wenden uns zunächst den eigentümlichen Spekulationen der persischen Religion zu. Bereits die ältesten Quellenschriften der persischen Religion kennen die eigentümliche Gestalt eines Urmenschen. Sein Name ist Gayô-Maretan (= das sterbliche Leben; Tiele, Gesch. der Religion im Altertum II 133). Die Stellen, die von dieser Gestalt im Avesta handeln, hat Windischmann (Abhdlg. f. d. Kunde d. Morgenl. I 73 ff.) gesammelt. Sie hat dort ihre Stelle neben dem Urstier (Gêuš Urva, Gošurun

---

1. Nach Pognon p. 186 wird von einem Engel die Krone des Sieges dem manichäischen Urmenschen vorangetragen.

= Seele des Rindes) und wird auch das reine sterbliche Leben, das Leben, der reine Mann, der erste Mann genannt. Er hat die Gestalt eines 15jährigen glänzenden, weißäugigen Jünglings, ist der erste Bekenner des wahren Glaubens, der zuerst die Gedanken und Gebote Ahuramazdas hörte. Auch wird er bereits in Parallele mit dem persischen Messias gesetzt. An drei Stellen treffen wir auf die Formel »von Gayô-Maretan bis auf den Saošyañt« (Yasna 31, 5 u. 10 und Yašt 14, 5), eine Formel, durch welche der erste und der letzte Heros des ganzen Geschichtsverlaufes in engen Zusammenhang miteinander gebracht werden. Viel mehr ist es nicht, was wir im Avesta über ihn finden.

In der späteren Pehleviliteratur fließen die Quellen über Gayô-Maretan reichlicher, und hier finden wir denn auch einen zusammenhängenden Mythus von dem Urmenschen. Dieser steht ziemlich gleichlautend im Bundehesh c. 3, 19 ff., Zâd-Sparam 2, 8, Dâdistân-î Dînîk 64, 4, Dînkard IX 32, 7. Darnach ist Gayomard das erste und der Anfang der Geschöpfe Gottes, das von dem bösen Geiste Ahriman getötet wird. Nach einer 3000jährigen Herrschaft Gayomards und nach 6000jährigem Bestande des Weltlaufes beginnt der Angriff Ahrimans auf diese Welt und die Herrschaft des Urmenschen in ihr. Die Art, wie Gayomard von den Angriffen des bösen Geistes fällt, wird ausführlich berichtet, doch nicht so, daß man sich ein ganz klares Bild davon machen könnte. Man wird annehmen dürfen, daß bereits die Verfasser dieser späteren Literatur eine Erzählung wörtlich weitergaben, die sie selbst nicht mehr recht verstanden haben. Es ist hier im Anfang von einem Bündnis zwischen Ahriman, der 3000 Jahre voller Furcht dagelegen habe, ohne etwas zu unternehmen, und dem weiblichen Dämon der Unzucht Gahi die Rede. Diese letztere trägt ihm ein Bündnis mit ihr an und bedingt sich dafür von Ahriman einen jungen fünfzehnjährigen Mann, und dieser Wunsch wird ihr von Ahriman — es wird nicht ganz deutlich, wie — erfüllt (Bundehesh 3, 3—9). Auch wird nicht ganz klar, inwiefern diese Episode mit dem Untergange Gayomards tatsächlich zusammenhängt. Dann heißt es wörtlich weiter (die verschiedenen Übersetzungen stimmen hier so ziemlich überein) Bundehesh 3, 19: »Vor dem Kommen (Ahrimans) zu Gayomard brachte

Ahura Schweiß (? »Khei«) über Gayomard hervor so lange, wie man ein Gebet von einer Stanze zu sprechen pflegt. Und es schuf Ahura diesen »Schweiß« in der Gestalt eines jungen Mannes von fünfzehn Jahren, glänzend und hoch. Als Gayomard sich von dem »Schweiß« erhoben, sah er die Welt dunkel, wie die Nacht und die Erde, als wäre nicht ein Nadelknopf frei von schädlichen Kreaturen geblieben«. Und nun beginnt der Vernichtungskampf Ahrimans gegen Gayomard, den dieser noch dreißig Jahre überdauert, um dann zu sterben. Derselbe rätselhafte Bericht findet sich auch in den übrigen angegebenen Quellen. Bemerkenswert ist jedoch, daß nach dem Bericht des Dînkard der Schweiß nicht durch Ahura, sondern durch die Dämonen herbeigeführt wurde.

Was mag der Sinn dieser rätselhaften, von ihren Überlieferern nicht mehr recht verstandenen Erzählung sein? Ich glaube, daß bereits Windischmann a. a. O. hier das Richtige gesehen hat. Es wird hier ursprünglich der Mythus vorgelegen haben, daß der Urmensch, der als geschlechtlich ungespalten gedacht wird, in sinnlicher Liebe zu seinem Ebenbilde entbrennt und dadurch den Untergang findet. Man beachte den charakteristischen Zug in unserem Bericht, daß aus dem »Khei«, das über den Urmenschen gebracht wird, von Ahuramazda der jugendliche Leib eines Mannes von fünfzehn Jahren gebildet wird, also irgendwie dem Gayomard aus diesem sein eigenes Ebenbild entgegentritt. Mit dieser Vermutung wird es sich auch reimen, daß der Dämon der Unzucht, Gahi, in der betreffenden Erzählung eine Hauptrolle spielt, und vielleicht ließe sich von hier aus noch die ursprüngliche Bedeutung des Gegenstandes erraten, der jetzt in den Quellen mit »Schweiß« »Speichel« übersetzt werden muß. Der Mythus wird ursprünglich erzählt haben, daß Gayomard in irgend etwas Flüssigem, in Wasser oder in der Quelle, sein Ebenbild erblickt und zu diesem in sinnlicher Liebe entbrennt. Als er dann von jenem Wasser sich erhebt, in dem er sein Spiegelbild geschaut (Bundehesh 3, 20), ist eben das Verderben hereingebrochen, die Welt dunkel wie die Nacht und voll schädlicher Geschöpfe. Wenn diese von Windischmann ausgesprochene Vermutung und Deutung zu Recht besteht, so hätten wir in dem in den späteren persischen Quellen vorliegenden Mythus vom Urmenschen eine direkte Parallele

zu dem besprochenen Mythus in Poimandres, nach welchem der
Urmensch, durch die Liebe zu seinem eigenen Ebenbilde verlockt, in die Materie hinabsinkt[1]. Der Mythus findet nun in
den persischen Quellen seine Fortsetzung; denn, indem Gayomard zugrunde geht, erwächst neues Leben aus dem Tode.
Bei Gayomards Tode fällt dessen Same zur Erde und wird zunächst durch das Sonnenlicht gereinigt, dann übernimmt Nêryô-
sang (der Engel Ahura-Mazdas) zwei Teile desselben und
Spendarmad (der Geist der Erde) einen Teil zur Bewahrung,
nach 40 Jahren schießt aus diesem Samen in Gestalt einer
Reivaspflanze das erste miteinander verbundene Menschenpaar,
Mashya und Mashyana, hervor, und das Leben der Menschen
beginnt (Bund. 15, 1 ff.). Sehr bemerkenswert ist, daß nach
Bund. 15, 24 von diesem ersten Menschenpaare sieben Paare
abgestammt sein sollen, welche die sieben Teile der Welt bevöl-
kerten. Man erinnert sich unwillkürlich an die sieben Menschenpaare, die nach dem Poimandres aus der Vereinigung des Urmenschen mit der Physis hervorgehen.

Auch sonst wissen die späten persischen Quellen vielerlei
von dem ersten Menschen zu berichten. Er ist auch hier der
reine Mann (Dâd. Dîn. 2, 10. 12), der erste Gläubige (Dînkard
IX 53, 18), der erste Priester (Bund. 24, 1). Sein Name
wird zusammen genannt mit dem des Zarathustra und des
Sôshyans. »Die Besten sind diese Drei, welche sind Anfang,
Mitte und Ende der Schöpfung«, (Gayomard, Zaratûst, Śoshyans)
(Dâd. Dîn. 2, 9; cf. 4, 6; 28, 7). Bemerkenswert ist, daß es von
Gayomard vor allem heißt, daß er der erste bei der Auferstehung
sei (Bundehesh 30, 7). Er ist auch sonst der erste und der An-

---

1. Windischmann hat, ohne jene direktere Parallele zu dem von
ihm postulierten Mythus zu kennen, auf eine weitere vermutliche Parallele in dem griechischen Märchen von Narcissus hingewiesen. Strabo
erzählt bekanntlich, daß im Lande der Thespier am Helikon die Quelle
des Narcissus sei. Hier habe Narcissus ins Wasser geschaut und sich
in sein Spiegelbild verliebt, und so sei ihm der Tod geworden. An
seiner Stelle sei die blaue Narcissusblume aufgesprossen (Ovid, Met.
III 346 ff; Pausanias IX 31, 7). Daß auch dieser Narcissusmythus spe-
kulativ auf das Hinabsinken der Seele (der einzelnen Menschen) gedeutet werden konnte und gedeutet worden ist, beweist die interessante
Stelle bei Plotin, Enneas I 6, 8.

führer des Menschen. »Über die Führerschaft der Menschen, der Tiere und aller Dinge heißt es in der Offenbarung, daß als der erste des menschlichen Geschlechts Gayomard hervorgebracht wurde, glänzend und weiß mit Augen, welche nach dem einen großen (Gott) schauten« (Bundehesh 24, 1); vgl. die Verherrlichung des ersten Menschen als des Anführers des ganzen menschlichen Geschlechts in den Klementinen (Rek 1, 45 ff., s. o. S. 173, 2). Durch ihn als den ersten Menschen wird Zarathustras Stammbaum bis auf Gott selbst zurückgeführt (Bundehesh 32, cf. S. B. E. V 141 Anm. 8; Dînkard VII 2, 70)[1].

Interessanter noch sind diejenigen Züge der Überlieferung, die darauf hindeuten, daß Gayomard von Anfang an als kosmogonische Potenz aufgefaßt wurde. Hierher gehört, was z. B. Zâd-Sparam 2 6 von der ungeheuren Größe Gayomards erzählt wird. Dâd. Dîn. 2, 10 heißt es: »Einer ist der reine Mann, welcher ihr (der Weisheit) erster vernünftiger Oberpriester war, in dessen Schutz die ganze Schöpfung der heiligen Wesen von ihrem Anfang bis zur endlichen Vollendung der weltlichen Kreatur war.« Nach Dînkard VII 1, 7 gehört Gayomard zum Range der höchsten Engel. »Gayomard gehörte zu der guten geistigen Herrschaft der Erzengel, d. h. er war geeignet für den höchsten Himmel«. Ganz gnostisch klingt Dâd. Dîn. 64, 4: »Auharmazd, der Allherrscher, erzeugt aus dem endlosen Licht die Gestalt eines Feuerpriesters, dessen Name der Auharmazd's war und dessen Glanz der des Feuers.... Unter der Gestalt des Feuerpriesters wurde von ihm das materielle Dasein geschaffen, das »Mensch« genannt wird.« Die Vorstellung von Gayomard geht endlich ganz in die vom kosmischen Urmenschen über, wenn es Minokhired 27, 18 heißt, daß aus dem Leib des getöteten Urmenschen die Metalle werden. Ebenso wird Dâd. Dîn. 64, 7 gesagt: »Der Grund, wo Gayomard das Leben aufgab, ist Gold, und aus dem übrigen Lande, wo die Auflösung seiner Glieder erfolgte, wuchern die verschiedenen Arten der Metalle auf.« Zâd-Sparam 10, 2 nennt acht Arten von Metallen, die aus den Gliedern Gayomards entstanden

---

1. In der spätpersischen Sage ist Gayomard der König des goldenen Zeitalters, so bei Tabari; Firdusi etc.

seien, darunter die sieben Metalle, die man mit den sieben
Planeten in Zusammenhang bringt. Ganz deutlich schaut hier
überall die Auffassung von Gayomard als dem Makrokosmos,
der Personifikation des Weltalls, hindurch. Bemerkenswert ist
endlich, daß es Bundehesh 30, 9 heißt, daß bei der Auferstehung die eine Hälfte der Sonne dem Gayomard leuchten
werde, die andere sämtlichen übrigen Menschen[1].

Der Urmensch Gayomard hat also jedenfalls, wenn man
auch den ursprünglichen Sinn dieser Gestalt gar nicht mehr
verstand, in der Phantasie der persischen Religionsanhänger eine
ganz bedeutend Rolle gespielt, und man kann sich nicht mehr
darüber wundern, wenn Schahrastâni uns in seinem Werk überliefert (Haarbrücker I 276 f.), daß es bei den Persern eine eigene
Sekte des Urmenschen, die Kajûmarthîja, gegeben habe[2]. Leider
erfahren wir von der Lehre dieser Sekte sehr wenig. Immerhin
bedeutsam ist es, daß Schahrastâni zum Schluß von ihnen berichtet: »Sie glauben ferner, daß das Licht den Menschen, als
sie noch Geist ohne Körper waren, die Wahl gelassen habe,
daß sie entweder den Orten Ahrimans enthoben würden oder daß
sie mit Körpern bekleidet würden, um den Ahriman zu bekämpfen.
Sie hätten die Bekleidung mit Körpern und den Kampf mit
Ahriman unter der Bedingung gewählt, daß ihnen Beistand
vom Lichte und Sieg über die Heere Ahrimans und ein glücklicher
Ausgang gewährt würde, und daß bei dem Siege über ihn und
der Vernichtung seiner Heere die Auferstehung einträte. Jenes
sei die Ursache seiner Vermischung und dieses die Ursache der
Befreiung.« Sollte vielleicht bei der Sekte der Kajûmarthîja
das Schicksal des im Kampf mit Ahriman zunächst unterlie-
genden, dann doch endlich siegenden Urmenschen als Symbol

---

1. Über die späteren Phantasieen über die Abstammung Gayomards von Ahura und dessen Tochter Spendarmad s. u. Kap. VIII.

2. Hierzu ist dann wieder zu vergleichen, was Hippolyt V 7 von
den Spekulationen der Chaldäer (= Perser) über den Urmenschen berichtet, auch die oben S. 191 ff. aus Zosimus beigebrachten Notizen über
den Urmenschen bei den Chaldäern, Parthern, Medern und Hebräern.
Vielleicht löst sich von hier aus auch das Rätsel, daß Aristides in
seiner Apologie die Verehrung »des Menschen« neben der Verehrung
der Elemente als Irrtum der Chaldäer betrachtet (vgl. c. 7; J. Geffcken,
zwei griech. Apologeten S. 10).

für das Geschick der Seelen, die in diese Welt von Ahuramazda gesandt werden, gegolten haben? In diesem Zusammenhang mag übrigens noch eine Spekulation erwähnt werden, von
der uns Schahrastâni bei der Besprechung der echten Anhänger
Zarathustras (Haarbrücker I 281) berichtet. »Als 3000 Jahre
(der Schöpfung) vergangen seien, habe er (Ahuramazda) seinen
Willen in der Gestalt von glänzendem Licht[1] nach der Zusammensetzung der Gestaltung des Menschen herabgesandt,
welchen 70 von den verehrungswürdigen Engeln umgaben.«
Hier scheint also der Mensch als eine erste Hypostase des göttlichen Urwesens, als dessen Wille, als glänzende Lichtgestalt,
als hoher Himmelskönig, von 70 Engeln umgeben.

Es kann keinem Zweifel unterliegen, daß auch in der Welt
der persischen Spekulation der Urmensch eine ganz besondere
Rolle spielt, und auch hier ist er sicher ursprünglich eine kosmogonische Potenz gewesen. Sein Untergang wird als die
unerläßliche Vorbedingung alles Weltwerdens aufgefaßt, und
wenn er auch nicht direkt als Makrokosmos gilt, aus dem alle
anderen Wesen hervorgehen, so liegt diese Auffassung des Urmenschen als des Makrokosmos doch noch deutlich in der Phantasie vor, daß von dem sterbenden Gayomard die verschiedenen
Arten der Metalle sowie das erste Menschenpaar abstammen[2].

Überschauen wir nun endlich das bisher zusammengestellte
gesamte Material, so sehen wir, wie wesentlich zwei Linien der
Überlieferung neben einander herlaufen. In der persischen
Tradition und in dem Lehrsystem des Manichäismus, das auch
in diesem Punkt seinen engen Zusammenhang mit dem Parsismus
zeigt, wird der Urmensch vom Fürsten der Finsternis, von Ahriman
besiegt, verschlungen oder getötet. Und mit dessen Besiegung
oder gewaltsamer Vernichtung beginnt die Weltentwicklung.
In der gnostischen Überlieferung auf christlichem wie auf hel-

---

1. Man achte hier und im Vorhergehenden auf die Zusammenhänge
der Vorstellungen von »Urmensch« und »Licht« und vergleiche die jüdischen Spekulationen o. S. 199. 202.

2. Daß der Urmensch nicht in vollem Umfange als Makrokosmos
erscheint, liegt daran, daß neben ihm in der persischen Spekulation
die Gestalt des Urstieres steht, der ebenfalls einen unfreiwilligen und
gewaltsamen Tod erleidet, und aus dessen Samen dann die Vegetation
und das gesamte tierische Leben abgeleitet wird.

lenischem Boden versinkt der Urmensch mit seinem Willen in die Materie, aber auch hier beginnt nach seinem Fall die Vermischung der Prinzipien und die Geschichte alles Werdens[1]. — Vielleicht laufen aber die Linien noch enger zusammen und liegt die letztere Auffassung dem Ursprünglichen näher als die persisch-manichäische.

Es weisen nämlich verschiedene Anzeichen darauf hin, daß die Kombination, daß der Tod des Urmenschen von Ahriman ausgehe, erst Eigengut der persischen Spekulation ist, und daß der Mythus ursprünglich den Verlauf gehabt haben muß, daß die höchste Gottheit selbst den Urmenschen tötet oder als Opfer darbringt, um durch seinen Tod die Weltentwicklung in Bewegung zu setzen. Deutlich erkennbar liegt er so nach dem Urteil der Autoritäten noch in der Mithrasreligion vor. Wenn hier der Gott Mithras nach der immer wiederkehrenden allerheiligsten Darstellung der Mithrasmysterien den Stier tötet und aus dem Schweif des getöteten Stieres die Ähren aufsprießen, so liegt dem die Anschauung zugrunde, daß durch die von dem Gott vollzogene Tötung des Stieres alle Fruchtbarkeit und alle natürliche Entwicklung ins Dasein gerufen wird. Die Idee, daß die höchste Gottheit selbst das Urwesen preisgibt und tötet, um die Weltentwicklung herbeizuführen, würde in einer viel genaueren Analogie stehen zu der Wendung des Mythus in der Gnosis, nach welcher der Urmensch durch sein freiwilliges Versinken in die Materie die weitere Entwicklung herbeiführt. Daß wir mit diesen Kombinationen nicht fehlgreifen, wird uns im folgenden Abschnitt ein Blick auf die indische Mythologie beweisen.

VI.

Nur mit Zögern und einem gewissen Bedenken erweitern wir das Gebiet unserer Umschau noch einmal und wenden uns auch

---

1. Daneben steht eine dritte Auffassung, nach welcher der Urmensch überhaupt nicht fällt, sondern als δεύτερος Θεός, als ein vollendet herrlicher Aeon neben dem höchsten Urwesen stehen bleibt. Der Idee des Falles entspricht dann — wenigstens in den Klementinen — der Gedanke der immer wiederholten Inkarnationen in den frommen Offenbarungsträgern. Wo auch diese Idee fehlt, haben wir wohl nur Rudimente der ursprünglichen Auffassung.

den Spekulationen über den Urmenschen in der indischen Religion zu. Doch sind die Parallelen hier so auffällig und die Vorstellungen so urwüchsig und original, daß wir nicht daran vorbeikommen können, auch dieses Religionsgebiet ins Auge zu fassen. Bereits im Rigveda (X 90) findet sich eine eigenartige Spekulation über den »Urmenschen«. Die diesem dort entsprechende Gestalt heißt Purusha. Purusha ist nach der hier vorliegenden Auffassung eine kosmische Potenz, der Makrokosmos. Und besonders bemerkenswert ist, daß die Weltschöpfung hier d u r c h e i n e an P u r u s h a v o l l - z o g e n e O p f e r h a n d l u n g eingeleitet wird. »Als die Götter mit Purusha als Opferguß ein Opfer bereiteten, ward der Frühling sein Opferschmalz, der Sommer sein Brennholz, der Herbst der Opferguß. Von diesem alles darbringenden Opfer entstanden die Rig- und die Sâma-Lieder .... Als sie den Purusha zerlegten, wie vielfach verteilten sie ihn? Was ward sein Mund, was die Arme, was Schenkel und Füße genannt? Der Brahmane war sein Mund. Die Arme wurden zum Râjania, seine Schenkel zum Vaiçya, aus den Füßen entsprang der Çudra. Der Mond ist entstanden aus dem Geiste, aus dem Auge entstand die Sonne, aus dem Munde Indra und Agni, aus dem Atem entstand Vâyu, aus dem Nabel ward der Luftraum, aus dem Haupt entwickelte sich der Himmel, aus den Füßen die Erde, die Weltgegenden aus dem Ohre. So bildeten sie die Welten« (nach Lehmann bei Saussaye[3] II 56). Hier ist also die Idee, von der wir im persischen Mythus nur noch Spuren fanden, klarer ausgesprochen, daß die Welt aus dem Leib des getöteten Urmenschen stammt[1]. Auch das ist deutlich zum Ausdruck gebracht, was in der persischen Spekulation verdunkelt war, daß die Opferhandlung von den Göttern oder der höchsten Gottheit veranstaltet wird. Es wird also auch von hier aus wahrscheinlich, daß die Idee, daß der Urmensch dem bösen Geiste Ahriman unterliegt und von ihm getötet wird, erst sekundär ist. Wir stehen aber damit offenbar vor einem weitverbreiteten uralten, vielleicht arischen Mythus. Mit Recht bemerkt E. Lehmann bei Saussaye II 56 ff.: »Auch dieser Version liegt

---

1. Wir können dabei von einigen indischen Singularitäten, z. B. der Ableitung der Vedalieder aus dem Opfer des Urmenschen und der Ableitung der vier indischen Kasten aus dessen Leib absehen.

ein altes mythisches Motiv zugrunde, die Vorstellung, die wir
gleicherweise bei Persern und Germanen[1] finden, von dem Geschöpf, das getötet wird und aus dessen Körpern und Gliedern
die Welt oder die Lebenden gebildet werden.«

Was mag der Sinn jener merkwürdigen Spekulation über
die Opferung des Urmenschen sein? Eine Vermutung mag hier
wenigstens, ohne daß irgendwie das Resultat unserer Untersuchung von deren Gültigkeit oder deren Nichtgültigkeit berührt
würde, in diesem Zusammenhang versucht werden. Wir besitzen in dem Mythus von der Opferung des Urmenschen vielleicht einen uralten Kultmythus. Es wird als Kultsitte vorauszusetzen sein, daß, etwa als Frühlingsopfer, ein Mensch resp. ein

---

1. In der germanischen Mythologie entspricht diesen Theorien der
Mythus vom Riesen Ymir. Es heißt in der Edda, daß die Götter den
Urriesen Ymir zerstückelt und aus seinem Fleisch die Erde, aus seinen
Knochen die Gebirge, aus seinem Schädel den Himmel, aus seinem
Schweiß die Seen, aus seinen Haaren den Baum, aus seinen Brauen
den Midgard und aus seinem Gebein die Wolken gebildet hätten (E. H.
Meyer, Mythologie der Germanen S. 446, Edda, übers. v. Simrock, S. 253).
Neben dem Urriesen steht übrigens in der germanischen Mythologie,
wie in der persischen, die Kuh Audhumla als Urwesen und kosmogonische Potenz (vgl. Meyer S. 444 ff.). Daß diese Mythen der Edda
durchweg erst späteres Kunstprodukt sein sollen, und daß sie zumeist
aus mittelalterlichen Spekulationen christlicher Schriftsteller abzuleiten
seien, scheint mir immer noch eine recht ungesicherte und gewagte
Behauptung. Es mag ja allerdings manche Ausführung im einzelnen
spätere, künstliche und mit mittelalterlichen Ideen zusammenhängende Ausschmückung sein, aber die Grundideen sind m. E. für alt zu
halten und viel zu voreilig ist hierüber Saussaye II 565 geurteilt (»Jetzt
ist es auf Grund literarischer Forschungen für immer mit dieser urari-
schen Kosmogonie und Eschatologie aus«; vgl. das oben zitierte Urteil
Lehmanns). Zumal die Ableitung der kosmogonischen Auffassung des
Urriesen Ymir aus mittelalterlichen Spekulationen, in denen behauptet
wird, daß der Mensch als Mikrokosmus sich aus den einzelnen Bestandteilen der Weltelemente zusammensetze, erscheint mir gänzlich unmöglich. Die eigentliche mythische Spekulation über den Urmenschen als
Makrokosmos ist sicherlich älter als die gelehrten Phantasien über den
Menschen als mikrokosmisches Wesen. Eine erneute umfassende Untersuchung der ganzen Frage wäre dringend erwünscht. Doch kommt für
unsere Untersuchung in der Tat nichts darauf an, ob wir hier altarische
mythische Zusammenhänge haben, was mir allerdings wahrscheinlich
ist, oder nur indoeranische.

Rind dargebracht wurde. Man sah darin einen Fruchtbarkeitszauber, von dem alles Gedeihen der Erde und des Viehes von
dem betreffenden Jahre abhing. Aus dieser Kultsitte entstand
der kosmogonische Mythus. Man sagte sich, daß alle Weltentwicklung und alle Fruchtbarkeit des Werdens daher entstanden
sei, daß die Gottheit oder die Götter am Beginn der Welt den
Urmenschen oder den Urstier geschlachtet hätten und daß daher alles Werden auf Erden, alle Vegetation und Fruchtbarkeit
abstamme. So konnte sich denn die Idee entwickeln, daß aus
dem Leib des getöteten Urmenschen oder Urstieres die Welt
sich entwickelt habe, und diese Spekulation ließ sich dann ins
Einzelne unendlich weit ausmalen. Der Hauptlegende der
Mithrasmysterien, die in dem alles beherrschenden Kultbilde der
Mithrasverehrer ihre Darstellung gefunden hat, liegt nachge-
wiesenermaßen diese Idee zugrunde (s. o. S. 209)[1].

Die Gestalt des Urmenschen hat in der indischen Phantasie weiter gewirkt. Von Purusha ist allerdings in den späteren Spekulationen selten mehr die Rede. An seine Stelle tritt
eine andere Gestalt der altbramanischen Spekulation, Nârâyana.
Über Nârâyana bemerkt Grill (Unters. über d. Entstehung des
4. Evangeliums S. 348), dem wir die meisten der folgenden
Kombinationen verdanken, folgendes: »Nârâyana ist ursprünglich ein Bild der Theosophie des Bramanentums. Der Name
ist eine Ableitung von nara (Mensch, Mann, ἀνήρ) und besagt
etwa soviel, wie der Menschenartige, Menschenähnliche[2]. Er
diente nach allen Anzeichen anfänglich, wie der vedische Name
Purusha (d. i. Mensch) zur Bezeichnung der Welt, des Univer-
sums als des höchsten Wesens, des Absoluten, indem der Makrokosmos nach Analogie des Mikrokosmos angeschaut wurde.«
Der Zusammenhang der beiden Gestalten des Purusha und des

---

1. Ich habe diese Vermutung bereits in meiner Rezension von
Reitzenstein »Poimandres« G. G. A. 1905 S. 702 ausgesprochen, ohne
mich damals der indischen Spekulation zu erinnern, nur auf Grund einer
Untersuchung der persischen Phantasien. Ich finde in dem indischen
Mythus eine starke Bestätigung der Hypothese.

2. Grill, S. 348, 3 beruft sich hier auf Roth im Petersburger Sanskrit-
wörterbuch, der Nârâyana mit scharfsinniger Anspielung auf die biblischen Parallelen mit »Menschensohn« übersetze. Über das Alter der
Verehrung des Nârâyana vgl. Lehmann bei Saussaye II 128.

Nârâyana wird übrigens ausdrücklich auch im Çatapatha-brâhmaṇa[1] durch die einfache Nebeneinanderstellung der beiden Namen bestätigt (Stellen bei Grill 348, 4). Nun ist in der späteren indischen Spekulation Nârâyana in eine enge Beziehung zu Vishnu, dem höchsten Gott der hinduistischen Religion getreten. Es hängt das mit der Weiterentwicklung der Ideen über diesen letzteren Gott zusammen. Vishnu, der im alten vedischen System noch eine verhältnismäßig untergeordnete Rolle spielt, und von dem eigentlich nur der eine bekannte Mythus erzählt wird, daß er dereinst in drei Schritten die Welt durchmessen habe, rückt in der Entwicklung der indischen Religion allmählich zu einer der höchsten Gottheiten, ja zu der höchsten Gottheit des hinduistischen Pantheons auf. Als solcher ist er dann allmählich mit einer ganzen Reihe anderer Götter identifiziert, deren Kult und Verehrung er in sich aufsog. Man sagte dann, daß die betreffende Gottheit oder der betreffende Heros ein Avatara, eine Erscheinung Vishnus sei. Diese Avataralehre »scheint von Hause aus mit derselben Akkomodationspraxis in Verbindung zu stehen, durch welche überhaupt die hinduistische Religion ihren Charakter erhalten hat. Es ist eine der Methoden und zwar eine der wirksamsten, mit deren Hilfe die Sektengründer die bestehenden Kulte ihrer Religion einverleibt haben, um dieser einen um so sichereren Platz im Volke zu schaffen« (Lehmann bei Saussaye II 136). Die bedeutsamste Identifikation ist die des Vishnu mit dem bekannten Heros des großen indischen Heldenliedes Kṛishṇa (ursprünglich auch einer Gottheit) oder genauer die Lehre, daß Kṛishṇa ein Avatara des Vishnu sei. Im Zusammenhang damit vertieft sich die Avataralehre zu der Lehre von den Inkarnationen (Avatara = herabsteigen) des Gottes in Menschengestalt. So erscheinen die Avataras in der indischen Theologie »als tiefes Mysterium«, »es ist keine vorübergehende Manifestation der Gottheit, sondern die volle Existenz Gottes in diesem lebenden Wesen. Er ist wahrlich Gott und wahrlich Mensch (oder Tier) in innigster Verbindung« (Lehmann bei Saussaye II 136). Gerade in seiner Verbindung mit Kṛishṇa wird nun Vishnu zugleich Vishnu Narayana, eben der Gott, der sich in

---

1. D. h. Bramana der hundert Pfade; vgl. L. v. Schröder »Indiens Literatur und Kultur« S. 168 ff.

Menschengestalt inkarniert. Und welcher religiösen Vertiefung
diese Avataralehre fähig ist, zeigt am besten die schöne Stelle
in Bhagavadgîtâ. »Immer wieder und wieder, wenn Erschlaffung
der Tugend eintritt .... und das Unrecht emporkommt, dann
erschaffe ich mich selbst. Zum Schutz der Guten und zur
Vernichtung der Übeltäter, mit dem Zweck, die Tugend wieder
zu festigen, entstehe ich in einem Zeitalter nach dem anderen«
(L. v. Schröder Indiens Literatur u. Kultur S. 331)[1]. Von
Interesse dürfte für uns die Frage sein, bis in welches Alter
die Spekulationen der hinduistischen Theologie hinaufreichen.
Schröder a. a. O. 360—367 hat dieser Frage eine längere
und lehrreiche Untersuchung, bei welcher er sich auf den Bericht des Megasthenes über die Religion der Inder stützt,
gewidmet, deren Resultat er im folgenden Satz zusammenfaßt:
»Wir können nach alledem aus den griechischen Nachrichten
wohl schließen, daß im Jahre 300 v. Chr. der Kult des Rudra-
Çiva und der des Vishnu als höchster Götter bereits ganz in
den Vordergrund getreten war, daß der erstere im Berglande,
der letztere in der Gangesebene verehrt wurde und daß schon
damals der Heros Kṛishṇa, vielleicht auch Râmâ, als Inkarnation Vishnus angesehen und göttlich verehrt wurde« (S. 367).

Bemerkenswert ist, daß auch die Idee des geopferten
Gottes in diesem Umkreis der Gestalten Purusha, Vishnu, Nârâyana mehrfach wiederkehrt. So heißt es auch von Nârâyana, daß er sich zum Opfer hingab, um die Welt zu schaffen
(Schröder 327, Lassen, Indische Altertümer I² 918—920). So
kehrt in den Prosateilen des Yajur-Veda häufig der Satz wieder:
»Vishnu ist das Opfer«. Im Zusammenhange damit stehen
wohl auch die Legenden, in denen erzählt wird, daß Vishnu der
Kopf abgerissen und später wieder angefügt wurde, wie man
ihn in drei Teile geteilt habe u. s. w. (Schröder 325).

So haben wir in der indischen Religion nicht nur die Idee
von der Opferung und dem Tode des Urmenschen in ihrer verhältnismäßig reinen und ursprünglichen Gestalt aufgefunden, es
tritt uns jetzt auch in diesem Zusammenhang eine zweite Idee
entgegen, die ebenfalls in den gnostischen Systemen eine Rolle

---

1. Daß diese Avataralehre in Zusammenhang und in Abhängigkeit
zu der Lehre von den unendlich oft wiederholten Inkarnationen Buddhas
in der buddhistischen Theologie steht, ist wohl als sicher anzunehmen.

spielte, nämlich die Spekulation von dem Urmenschen, der von. Anfang der Welt an in verschiedenen Gestalten diese durch- wandert und in immer neuen Inkarnationen sich offenbart. Denn es läßt sich kaum annehmen, daß die eigentümliche Idee der judenchristlichen Gnosis von dem in den einzelnen Propheten sich offenbarenden ersten Menschen und die indische Avatara- lehre ganz außer Beziehung zu einander ständen [1].

VII.

Wir haben im Vorhergehenden weite und über die ent- legensten Gebiete sich erstreckende Zusammenhänge zu über- schauen versucht und fassen das Resultat kurz zusammen: Es hat einen uralten Mythus, vielleicht im Zusammenhang mit einer alten Kultsitte (Fruchtbarkeitszauber), gegeben, in welchem be- richtet wurde, daß die Welt durch das Opfer des Urmenschen entstanden, aus seinem Leibe gebildet sei. Der Mythus ist viel- leicht arischer, jedenfalls indoeranischer Herkunft. In seiner originaleren Gestalt liegt dieser Mythus bereits im Purushaliede des Rigveda vor. In der indischen Religion hat er stark weiter gewirkt. Mit Purusha verwandte Gestalten waren Nârâyana, Vishnu, Kṛishṇa. Die in der indischen Religion eigentümliche Avataralehre, die Lehre von der Inkarnation des Gottmenschen in wechselnden Gestalten hing mit diesem Mythus zusammen. Auch im Parsismus begegnen uns Spuren derselben Spekulation. Gayô-Maretan, das sterbliche Leben, die erste Schöpfung des guten Gottes vertritt dort die Stelle dieses Urmenschen. Auch hier ist noch die Idee erhalten, daß mit dessen Tode die Welt- entwicklung beginnt, und deutlich zeigen sich hier und da Spuren von einem ursprünglich kosmologischen Charakter des Urmenschen,

---

1. Was man sonst über Beeinflussung der Gnosis durch indische Religionssysteme behauptet hat, vgl. Garbe, Sâṃkhya-Philosophie 1894 S. 96—99, Sâṃkhya und Joga S. 4 ff. und 40; und endlich Philo- sophy of ancient India 1897 p. 46 ff.; Lassen, Indische Altertümer III 380—387 (Grill 356, 2) scheint mir im großen und ganzen kaum stichhaltig zu sein. Es handelt sich hier doch um sehr allgemeine und vage Beobachtungen. Von einer dieser Berührungen, die in der Tat erwähnenswert ist (Annahme von fünf Elementen) wird im folgenden Abschnitt die Rede sein. In der Urmenschen- und Avataralehre scheint man aber in der Tat der Annahme einer Berührung nicht ausweichen zu können.

z. B. wenn aus seinem Körper die Metalle entstanden sein sollen. Nur ist hier der Mythus insofern verdunkelt, als Gayomard seinen Tod durch den bösen Geist Ahriman erleidet und also die Idee einer Opferung[1] durch die Gottheit ganz und gar zurücktritt. Doch hat sich in einem Seitenzweige der persischen Religion, in der Mithrasreligion, die Idee eines durch die Gottheit dargebrachten Opfers des Urwesens erhalten; Mithras schlachtet im Anfang der Weltentwicklung den Urstier, dessen kosmogonische Bedeutung deutlich ist. Daß die Spekulationen von dem Urmenschen in der persischen Religion eine große Rolle gespielt haben müssen, erhellt auch daraus, daß noch ganz späte Quellen (Schahrastâni) eine persische Sekte kennen, die sich direkt nach dem Urmenschen Kajûmarthîja bezeichnen.

In dem Maß, als sich die griechische Gedankenwelt mit orientalischen Phantasien vermählte, hat dann dieser Mythus eine neue Wendung bekommen. Aus dem am Anfang der Weltschöpfung geopferten Urmenschen wird nun der Protanthropos, der Erstgeborene der höchsten Gottheit, der δεύτερος Θεός, der im Anfang der Weltentwicklung in die Materie hinabsinkt oder in die Materie hinabgelockt wird und so den Anstoß zur Weltentwicklung gibt. Es ist gleichsam die göttliche Idee, die mit ihrer Zersplitterung und Gebrochenheit in der realen Welt wirksam wird und aus ihr emporstrebt, die (platonische) Weltseele, die in die niedere Welt eingeht und in ihr sich nach Erlösung sehnt, die weltschöpferische Potenz, der Demiurg. So etwa liegt am reinsten, aber freilich mit einer gewissen anthropologischen Wendung, die wir später besprechen werden, diese Idee in der hermetischen Schrift im Poimandres vor. Auch die Gnostiker des Plotin, die wilden Spekulationen des Alchimisten Zosimos gehören in diesen Zusammenhang hinein. Verwandte Ideen kristallisieren sich um dieses Zentrum, so die pantheistisch gerichtete von dem göttlichen Urmenschen, der durch alle Dinge dieser Welt hindurchgeht, sich in alle Einzelwesen verwandelt und aller verschiedenen Wesenheiten teilhaftig wird (vgl. vor allem die halbheidnische, halbchristliche Spekulation der Naassener). Auch in dem Um-

---

1. Daß die gesamte Schöpfung und Weltentwicklung mit einer Opferhandlung des höchsten Wesens beginnt, ist übrigens auch Lehre des zervanitischen Systems.

kreis der Attisreligion und ihrer Mysterien scheinen diese Gedanken
von dem in die Materie versinkenden Urmenschen lebendig geworden zu sein. Attis wird der δεύτερος Θεός, dessen Liebe
zu der niederen Nymphe sein Versinken in die Materie bedeutet und dessen Kastration dann den Sinn der Erhebung
der Seele aus der Materie gewinnt.

Von dieser Idee zeigt sich die christliche Gnosis tief berührt. Viele ihrer Spekulationen sind nur von dort aus verständlich. Allerdings ist die Figur des Anthropos, wenn wir etwa
von dem System der Naassener absehen, recht undurchsichtig
geworden. Ihr eigentlicher Sinn ist verloren gegangen. Denn
der Mythus, der ursprünglich von dem Urmenschen erzählt
wurde, sein Hinabsinken in die Materie, ist nun auf eine verwandte, aber doch aus anderen Wurzeln stammende Gestalt,
nämlich auf die der Sophia übertragen, aber immer noch bleibt
die Figur des Urmenschen in der nächsten Nähe der Sophia
stehen, so im System der Gnostiker bei Irenäus I 30, bei den
Barbelognostikern, in der Pistis Sophia und den koptisch-gnostischen Schriften. Auch die valentinianischen Systeme zeigen
hier und da noch Spuren des ursprünglichen Zusammenhangs.
Geblieben ist dem Urmenschen, wenigstens in den älteren
Systemen, die Stellung des δεύτερος Θεός, ja seine Gestalt hat
sogar auf das Urwesen der gnostischen Spekulationen abgefärbt,
sodaß hier und da dieses Urwesen selbst als der erste Mensch,
der Urmensch erscheint, neben den dann noch ein zweiter tritt[1].
— Während in der mandäischen Religion die Gestalt des Urmenschen bis auf wenige Spuren verschwunden ist und hier
wahrscheinlich durch eine andere Figur, nämlich die des sieg-
reichen, in die Unterwelt hinabsteigenden Erlösergottes (Sonnengottes) verdrängt wird, tritt in der manichäischen Religion diese
Figur ganz deutlich wieder heraus. Der in die Materie hinab-
steigende und hier besiegte, gefangengehaltene und nur mühsam
und unter Verlust seiner Lichtrüstung befreite Urmensch ist

---

1. Grill S. 348, 4 macht darauf aufmerksam, daß auch in den indischen Spekulationen der Urmensch teilweise als ein gedoppelter erscheint. »Vom Purusha als dem Urwesen schlechthin wird der Purusha
als der . . . . Erzeugte, vom Allschaffenden der Ersterschaffene unterschieden, welch letzterer auch im Verhältnis zur Welt als der Vorher-
geborene bezeichnet wird«.

deutlich eine kosmogonische Potenz. Die ganze Weltentwicklung
wird hergeleitet aus der Vermischung der Lichtteile des Urmenschen mit den Elementen der Finsternis. Die besseren
Teile der Welt sind die Glieder des Urmenschen. Ja, man
kann geradezu sagen, daß dieser auch hier als ein Opfer
gilt, als eine Lockspeise, die das höchste Wesen dem Teufel
vorwirft. Es zeigt sich allerdings zugleich ein starker dualistischer Einschlag in die Grundidee. Die Besiegung und
teilweise Verschlingung des Urmenschen geht von dem bösen
Geiste aus, wie in der eng verwandten altpersischen Religion
die Tötung des Gayomard durch Ahriman erfolgt.

In diesem Zusammenhang müssen wir auch die anthropologische Wendung ins Auge fassen, welche der Mythus von
dem Urmenschen erfahren hat. Schon im Poimandres wird aus
der Vermischung des Anthropos mit der Physis nicht die gesamte Weltentwicklung abgeleitet, sondern die Entstehung des
Menschen. Aus der Vermischung der disparaten Elemente entsteht der Mensch, seinem Wesen nach geteilt, sterblich und unsterblich, der höheren und niederen Welt angehörig. Ebenso
wird, wenn es bei Zosimus heißt, daß der Urmensch durch die
Dämonen in den menschlichen Leib hinabgelockt sei, dieser
wohl als ein Symbol für das Drama betrachtet, daß sich bei
dem Fall jeder menschlichen Seele in diese niedere leibliche
Welt vollzieht. So liegt diese Wendung des Mythus auch in
manchen der in unserem ersten Kapitel behandelten Spekulationen vor, die von der Entstehung des ersten Menschen handeln. Hier kehrte, wie wir sahen, immer aufs neue die Idee
wieder, daß der Leib des Menschen von den niederen bösen
oder halbbösen Mächten geschaffen sei, und daß das höhere
Wesen des Menschen dann irgendwie von oben herzugekommen
sei. In den Schriften der mandäischen Religion scheinen sich
noch Spuren von der Auffassung erhalten zu haben, daß das
höhere Wesen, das in die »körperlichen Säulen« hineinfällt, der
Urmensch selbst (Adakas Mana, s. o. S. 34) ist. Diese Idee
scheint ferner in dem von den Naassenern (Hippolyt V 7) überlieferten chaldäischen Mythus, wenn auch entstellt, vorzuliegen.
Spuren dieser Auffassung zeigten sich endlich im manichäischen
System. An andern Orten ist die Idee ganz verdunkelt. Es
wird da nur berichtet von einer Lichterscheinung, die von oben

herabgedrungen sei, einem Spinther, der in den Menschen gekommen sei (System des Satornil, Gnostiker bei Irenäus I 30). Aber im Grunde liegt überall derselbe Mythus vor, und die Idee von einem höheren Wesen, das in den Leib des erstgeschaffenen Menschen eingeht, ist ursprünglich kaum etwas anderes als die ins Anthropologische gewandte Idee von dem Urmenschen, der durch sein Hinabgleiten in die Materie die Welt ins Dasein ruft.

Auch in die jüdische Religion ist die Spekulation von dem Urmenschen teilweise eingedrungen, hat aber hier wieder, zum Teil wenigstens, eine neue Wendung genommen, sodaß sie schwer erkennbar ist. Der Urmensch ist eine eschatologische Figur geworden und seine Gestalt im wesentlichen aus der Urzeit in die Endzeit verlegt. Schon in der persischen Spekulation spielte, wie wir sahen, der Urmensch Gayomard bei der Auferstehung eine besondere Rolle. Er wird als der Erste der Auferstandenen und zum Teil wohl schon als Herrscher der zukünftigen Welt aufgefaßt. Die ganze Weltentwicklung umspannt die persische Spekulation mit den Worten »von Gayomard bis Sôshyans«. Auch im Judentum scheint die Idee sich vor allem festgesetzt zu haben, daß der Mensch in der Endzeit eine ganz besondere Rolle spielt. So war, wie es scheint, bereits Daniel die Vorstellung gegeben, daß neben Gott im Endgericht die Figur des Menschen stehe, und er deutete sich diese Idee in seiner Weise symbolisch. Sehr bald aber wuchs dann die Gestalt des Urmenschen mit dem jüdischen Messias zusammen, und wir können uns nun nicht mehr wundern, daß wir auch in der jüdischen Theologie gleichsam einen $\delta\varepsilon\acute{\upsilon}\tau\varepsilon\varrho o\varsigma\ \Theta\varepsilon\acute{o}\varsigma$ finden, ein uranfängliches Wesen, das direkt neben Gott den Allmächtigen erscheint und ihn aus der Weltrichterstellung geradezu verdrängt. So ist die Idee weiter gewandert, hinein in die neutestamentliche Literatur, wo ihre Herkunft und ihr ursprünglicher Sinn allerdings völlig verdunkelt ist und wo sie nur noch als rätselhafte Hieroglyphe stehen geblieben ist. — Dagegen kannte der griechische Philosoph Philo die Idee des Urmenschen ohne diese eschatologische Wendung und ohne ihre Kombination mit der Messiasgestalt, und auch in der späteren jüdischen Spekulation, namentlich in der kabbalistischen, begegnet uns dieselbe Figur als die des $\delta\varepsilon\acute{\upsilon}\tau\varepsilon\varrho o\varsigma\ \Theta\varepsilon\acute{o}\varsigma$. Auch in die

jüdisch-christlichen Adamssagen hat die Idee vielfach hineingewirkt und veranlaßt, daß die Figur des Adam oft geradezu
im Gegensatz zu der Darstellung der Genesis über alles Maß
verherrlicht wurde.   Ja hier und da erscheint auch der Adam
des Alten Testaments fast als eine bereits kosmogonische Potenz.   Von hier aus kann es nicht mehr wundernehmen, daß
gerade in der judenchristlichen Gnosis, wie sie bei den Ebioniten
der Klementinen und verwandten jüdischen Sekten vorliegt, die
Gestalt des ersten Menschen, die hier zum Teil mit Adam zu-
sammenfällt, eine so beherrschende Rolle spielt.   Und hier
treffen wir nun mit einem Male auch jene, wie es scheint,
weitabliegende Spekulation wieder, die uns bisher nur in den indischen Systemen begegnete, von den verschiedenen Inkarnationen
des Urmenschen und seinem Wandern durch die Welt in wechselnden Gestalten.   So schließen sich überall die Ringe zur
Kette zusammen, und wir überschauen in der Tat einen großen
und zusammenhängenden Umfang von Spekulationen verwandter
Art.   Und erst wenn wir diesen ganzen Zusammenhang durch-
schauen und überarbeiten, können wir in die einzelnen verworrenen Phantasmata und barocken Einfälle einigermaßen Sinn
und Zusammenhang hineinbringen.

Zum Schluß möge noch darauf hingewiesen werden, daß sich natürlich die Spekulationen über den Urmenschen in mannigfacher Weise
mit andersartigen Phantasien und mythologischen Vorstellungen verschlingen.   So hat in dieses ganze Gebiet von Spekulationen wahrscheinlich auch die Verehrung des ersten Menschen hineingewirkt, die
sich bekanntlich in vielen Religionen als uralter Bestandteil nachweisen
läßt.   Der erste Mensch gilt dann als der Urahn des ganzen Menschengeschlechts, in welchem der Kult und die Verehrung der Ahnen gipfelt.
Er wird zugleich in diesem Zusammenhang der erste Tote, der Fürst,
der im Reich der Unterwelt die Scharen der Toten um sich sammelt,
oder der König, der nach einer damit zusammenhängenden Vorstellung
in einem fernen und fabelhaften Wunderlande jenseits der großen
Wasser des Ozeans etwa da, wo das Paradies ist und die Seligen weilen,
regiert.   Als Fürst der Unterwelt wird der erste Mensch zugleich
auch der große Totenrichter.   Ideen dieser Art, wie sie in der indischen Yamalegende und zum Teil auch in der eranischen Yimasage
deutlich vorliegen, mögen zum Teil namentlich in die jüdische Eschatologie hineingewirkt und hier zur weiteren Ausbildung der messiani-
schen Theologie beigetragen haben.   Wenn hier der Menschensohn
(Mensch) als der König des Paradieses und als der zukünftige Welten-
richter erscheint, so erklärt sich das zum Teil vielleicht aus diesen

Zusammenhängen (Gressmann, Ursprung der israelitisch-jüdischen Eschatologie S. 290 ff.; Bousset, Rel. d. Judent.² S. 297 ff. 557 ff.). Doch sind diese Spuren zu unsicher, als daß wir ihnen in diesem Zusammenhange weiter nachgehen könnten.

Charakteristischer ist die an manchen Punkten nachweisbare Beeinflussung der Vorstellungen von dem Urmenschen durch den verwandten Mythus von dem Sonnenheros, der, wie der Urmensch, tagtäglich stirbt oder in die Unterwelt hinabsinkt, um dort drunten mit den bösen Scharen der Finsternis, Teufeln, Ungeheuern und Dämonen zu kämpfen, der bei seinem Wiedererscheinen Licht, Leben und Gestaltung wiederbringt und schafft. Es ist nicht zu verwundern, wenn diese zwar nicht identische, aber doch verwandte Gestalt den Mythus vom Urmenschen mit neuen Zügen bereichert hat. Schon in der indischen Mythologie treffen wir auf die Tatsache, daß »der Urmensch mit Vorliebe in der Sonne verkörpert angeschaut wird« (Grill 348, 4). Auch der persische Urmensch Gayomard steht in einer gewissen Beziehung zur Sonne und zum Licht. Wir erinnern daran, daß nach dem Bundehesh (s. o. S. 205) der Same des gestorbenen Urmenschen der Sonne zur Reinigung anvertraut wird, ferner an die Phantasien von der glänzenden Lichtgestalt des Urmenschen, an den Zug, daß bei der Auferstehung das Sonnenlicht zur Hälfte diesem, zur Hälfte den anderen Geschöpfen eignen soll. Geradezu mit einem Lichtgott identifiziert wird er bekanntlich in der Darstellung des Zarathustrischen Systems bei Sharastâni (Haarbrücker I 282), wo es heißt, daß Gott seinen Willen in der Gestalt eines glänzenden Lichtes nach der Zusammensetzung der Gestalt des Menschen herabgesendet habe, und wo der Mensch als Himmelsfürst, umgeben von siebenzig verehrungswürdigen Engeln, erscheint. In der jüdischen Spekulation über den Messias-Menschensohn, wie sie uns im vierten Buch Esra c. 13 entgegentritt, scheint derselbe Zusammenhang vorzuliegen. Wenn hier der »Mensch« aus dem Meere auftaucht, mit den Wolken des Himmels fliegt, sich einen großen Berg losschlägt und darauf fliegt, wenn es heißt, daß, wohin die Stimme seines Mundes erging, alle, die seine Stimme vernahmen, zerschmolzen, wie Wachs zerfließt, wenn es Feuer spürt, oder wenn gesagt wird: »Ich sah, wie er von seinem Munde etwas wie einen feurigen Strom ausließ, von seinen Lippen einen flammenden Hauch und von seiner Zunge stürmende Funken«, und wenn der Messias mit diesen Waffen das unzählige ihm entgegengestellte Heer in einem Nu zu Asche verbrennt, so schauen hier die Züge des Sonnenheros, der aus dem Dunkel auftaucht, deutlich durch die Gestalt des »Menschen« hindurch. Auch im manichäischen System läßt sich ein derartiger Einfluß spüren. Die Art, wie hier der Urmensch sich wappnet, erinnert an die Waffenrüstung des Sonnengottes. »Das erste, was er anlegte, war der leise Lufthauch. Er hüllte dann den erhabenen leisen Lufthauch mit dem brennenden Licht wie mit einem Mantel ein,

zog über das Licht das von Atomen erfüllte Wasser an und bedeckte
sich mit dem blasenden Winde. Hierauf nahm er das Feuer als Schild
und als Lanze in seine Hand« (Flügel, Mani S. 87). Ausdrücklich heißt
es im manichäischen System, daß aus den reinsten Lichtelementen,
welche dem Urmenschen geraubt wurden und in der Materie gefangen
blieben, durch den Geist des Lebens Sonne und Mond gebildet seien.
Und dem entspricht, daß die manichäische Erlösergestalt, der Christus
der Manichäer, nach der Vorstellung des Systems seinen Hauptsitz in
Sonne und Mond hat (Baur, Manich. Rel. Syst. S. 67 und 214). Vielleicht lassen sich auch in der Gnosis einige Spuren dieser Anschauung
nachweisen und stehen gewisse hier vorkommende merkwürdige Spekulationen damit in Zusammenhang. So wissen wir von Hermogenes, daß
er gelehrt habe, daß Christus bei seiner Auffahrt in der Sonne seinen Leib
gelassen habe; Clemens Alexandrinus, Eclogae ex script. proph. § 56:
„Ἔνιοι μὲν οὖν φασι τὸ σῶμα τοῦ Κυρίου ἐν τῷ ἡλίῳ αὐτὸν ἀποτίθεσθαι,
ὡς Ἑρμογένης“. (Vgl. Hippolyt, Refut. VIII 17: ὃν . . . . ἀνερχόμενον
εἰς τοὺς οὐρανοὺς ἐν τῷ ἡλίῳ τὸ σῶμα καταλελοιπέναι, αὐτὸν δὲ πρὸς τὸν
πατέρα πεπορεῦσθαι“)[1]. Mit dieser Vorstellung hängt auch offenbar die
Phantasie zusammen, die sich bei den Gnostikern des Irenäus I 30, 14
und bei den Valentinianern III 17, 4 (u. ö.) nachweisen läßt, daß
Christus oder der psychische Christus bei seinem Aufstieg zum Himmel
zunächst im Topos des Demiurgen sitzen geblieben sei, sich hier zu
dessen Rechten niedergelassen habe und seinen Gläubigen, ohne daß
der Demiurg es ahne, den freien Durchzug durch diese Welten schaffe
und sichere, bis das letzte pneumatische Element in die obere Welt
eingezogen sei. Auch auf die späteren jüdischen Phantasien von dem
die ganze Welt durchleuchtenden Licht, das mit Adam geschaffen sei,
und auf die Spekulationen der Kabbala, in welcher neben dem Adam
Kadmon das Urlicht erscheint, sei in diesem Zusammenhang hingewiesen. — Ferner hängt es mit diesen Vorstellungen wohl zusammen,
daß des öftern von einem blitzartigen Erscheinen des Urmenschen die
Rede ist. So erscheint in dem System des Satornil dem weltschöpferischen Engel ein Licht von oben her, das die ganze Welt erleuchtet,
und durch dieses ihnen erschienene Licht werden jene Mächte veranlaßt,
den Menschen zu schaffen (Philaster Haer. 31: »Lumen . . . . , quod
eluminavit mundum istum«). Im manichäischen System heißt es Flügel,
Mani S. 88: »Und es rief der Lebensgeist den Urmenschen mit lauter
Stimme so schnell wie der Blitz, und der Urmensch wurde ein anderer
Gott« (vgl. Theodor Bar-Kuni bei Pognon S. 188). Sollte es zu gewagt
sein, in diesen Zusammenhang auch die neutestamentliche Spekulation

---

1. Die Beziehung auf Ps. 18, 5 f. ist natürlich erst später gefunden.
Dorther entwickelt ist die Idee nicht. Über die Identifikation Christi
mit der Sonne oder einer höheren Sonne als der sichtbaren vgl. noch
Augustin tract. in Ev. Jo. 24, 2 (Gruppe, a. a. O. S. 1626).

Luc. 17, 24 einzustellen: »Wie der Blitz von einem Ende des Himmels
bis zum andern aufleuchtet und strahlt, so wird auch der Menschensohn an seinem Tage sein«?

<hr />

V. Kapitel.

Elemente und Hypostasen.

In den Zeugnissen, welche wir in der griechischen Literatur
über die persische Religion besitzen, kehrt die Behauptung
außerordentlich häufig wieder (die auch den Tatsachen teilweise
entspricht), daß ein Charakteristikum der Religion der Perser
die Verehrung der Elemente sei.   Den Reigen eröffnet hier
Herodot, der uns überliefert, daß die Perser neben dem höchsten
Himmelsgott Sonne und Mond, Erde, Feuer, Wasser und Winde
verehren I 131.   Wir finden hier neben Sonne und Mond also
die bekannten vier Elemente als Götter der persischen Religion
aufgezählt.   Als charakteristisch mag dabei von vornherein bemerkt werden, daß als viertes Element nicht das Element der
Luft, sondern statt dieser die Winde genannt werden.   Das
hängt in der Tat mit einem Spezifikum der persischen Religion
zusammen.   Denn die Perser unterschieden bestimmt von dem
Gott der Luftreligion die Gottheit der Winde (Vâyu und Vâta),
und es scheint, als wenn der Kult des Windgottes und der
Winde wenigstens in der späteren persischen Religion die hervorragendere Stellung eingenommen hat (vgl. Spiegel, Eranische
Altertümer II 104).   Die Mitteilung des Herodot wurde von
Hand zu Hand weitergegeben.   So heißt es bei Strabo XV 3, 13:
„. . . . τὸν Οὐρανὸν ἡγούμενοι Δία· τιμῶσι δὲ καὶ ῞Ηλιον, ὃν
καλοῦσι Μίθρην, καὶ Σελήνην καὶ ᾿Αφροδίτην καὶ Πῦρ καὶ Γῆν
καὶ ᾿Ανέμους καὶ ῞Υδωρ“.   Man beachte in diesem Zusammenhange vor allem noch die Charakterisierung des höchsten Gottes
als Οὐρανός.   Wir werden des weiteren beobachten können, daß
vielfach in verwandten Aufzählungen der Elemente auch der
Οὐρανός neben der Γῆ eine Rolle spielt.   Es kann in diesem
Zusammenhang nicht wundernehmen, daß in der Rede des Dio

Chrysostomos an die Borysthener (XXXVI) als Lehre der
Mager eine eigentümliche Kombination griechisch-philosophischer
(stoischer) Lehren von den Elementen mit persischen Religions-
anschauungen vorgetragen wird. Es wird hier geschildert, wie
die Mager in ihren alten Gesängen vom Wagen des höchsten
Gottes mit seinem Viergespann zu singen wissen. Die vier
Rosse, von denen ein jedes eine bestimmte Farbe trägt, sind
deutlich als die vier Elemente: Feuer, Luft, Wasser, Erde
charakterisiert, die hier als Zeus, Hera, Poseidon, Hestia erscheinen, und in eigentümlicher Weise ist die persische Lehre
vom Weltbrande mit der stoischen Anschauung von der der-
einstigen Verschlingung aller Elemente durch das Feuer kombiniert. Auch daß alle Ausführungen in der Einkleidung
einer Lehre vom »Wagen« Gottes erscheinen, weist deutlich
auf teilweise orientalischen Ursprung dieser merkwürdigen Kombinationen. So ist denn auch die Behauptung, daß die Perser
die Elemente verehren, auf die christlichen Schriftsteller übergegangen[1]. Ganz besonders charakteristisch ist hier das Zeugnis
des Apologeten Aristides, der bei seiner Schilderung des heidnischen Gottesdienstes (c. 3) damit beginnt, daß er als den
Gottesdienst der Chaldäer (nach dem griechischen Text; der
Syrer hat: Barbaren) den Dienst der Elemente ($\sigma\tau o\iota\chi\varepsilon\tilde{\iota}\alpha$) bezeichnet. Als Elemente werden c. 4 aufgezählt: $o\dot{v}\varrho\alpha\nu\acute{o}\varsigma$, $\gamma\tilde{\eta}$,
$\ddot{v}\delta\omega\varrho$, $\pi\tilde{v}\varrho$, $\dot{\alpha}\nu\acute{\varepsilon}\mu\omega\nu$ $\pi\nu o\acute{\eta}$, $\ddot{\eta}\lambda\iota o\varsigma$, $\sigma\varepsilon\lambda\acute{\eta}\nu\eta$. Es ist in höchstem
Grade bemerkenswert, wie diese Liste mit der von Herodot
überlieferten übereinstimmt. Auch hier haben wir unter den
$\sigma\tau o\iota\chi\varepsilon\tilde{\iota}\alpha$ gegen alle griechische Gewohnheit den $o\dot{v}\varrho\alpha\nu\acute{o}\varsigma$ erwähnt
und daneben noch $\ddot{\eta}\lambda\iota o\varsigma$ und $\sigma\varepsilon\lambda\acute{\eta}\nu\eta$. Es ist hier nicht von
$\dot{\alpha}\acute{\eta}\varrho$ die Rede, sondern von $\dot{\alpha}\nu\acute{\varepsilon}\mu\omega\nu$ $\pi\nu o\acute{\eta}$. Unter dem gemeinsamen Namen der $\sigma\tau o\iota\chi\varepsilon\tilde{\iota}\alpha$ sind hier also nicht die Elemente
der griechischen Philosophie zusammengefaßt, sondern die Ele-
mentargottheiten, die nach griechischer Überlieferung die Haupt-
gottheiten der Perser sind. Daß hier von der Religion der

---

1. Vgl. u. a. Tertullian, adv. Marcionem I 13: »Substantiae . . . .,
quas colunt et Persarum magi et Aegyptiorum hierophantae et Indorum
gymnosophistae . . . . Theodoret H. E. V 39: „$M\acute{\alpha}\gamma o\nu\varsigma$ $\delta\dot{\varepsilon}$ $\varkappa\alpha\lambda o\tilde{v}\sigma\iota\nu$
$o\acute{\iota}$ $\Pi\acute{\varepsilon}\varrho\sigma\alpha\iota$ $\tauο\grave{v}\varsigma$ $\tau\grave{\alpha}$ $\sigma\tau o\iota\chi\varepsilon\tilde{\iota}\alpha$ $\vartheta\varepsilon o\pi o\iota o\tilde{v}\nu\tau\alpha\varsigma$“. Malalas, Chronogr. VII
p. 173 ed. Bonn.: „$O\acute{\iota}$ $\tau\tilde{\omega}\nu$ $\Pi\varepsilon\varrho\sigma\tilde{\omega}\nu$ $\beta\alpha\sigma\iota\lambda\varepsilon\tilde{\iota}\varsigma$ . . . $\tau\iota\mu\tilde{\omega}\nu\tau\varepsilon\varsigma$ $\tau\grave{\alpha}$ $\alpha\dot{v}\tau\grave{\alpha}$ $\tau\acute{\varepsilon}\sigma$-
$\sigma\alpha\varrho\alpha$ $\sigma\tau o\iota\chi\varepsilon\tilde{\iota}\alpha$“ (vgl. Cumont, a. a. O. I 103, auch II 24).

Chaldäer geredet wird, kann uns nicht irremachen. Wir werden noch nachweisen, wie infolge des Vordringens der persischen Religion ins babylonische Tiefland für die griechische Überlieferung die Begriffe »Perser« und »Chaldäer« vielfach ganz ineinander fließen (vgl. Exkurs V)[1]. Noch in später Zeit berichtet uns Albiruni, dem wir so vortreffliche Nachrichten über die ihm bekannten Religionssysteme verdanken: »Vor Zarathustra verehrten die Perser Sonne, Mond, Planeten und die ursprünglichen Elemente und brachten ihnen als heilige Wesen den Kult dar« (Chronology translated by Sachau p. 186)[2]. Auch in dem Absenker der persischen Religion, der Mithrasreligion, spielt die Verehrung der Elemente, wie Cumont ausführlich nachgewiesen hat, eine zentrale Rolle. Eine Darstellung der Elemente findet sich auch fast auf allen heiligen Kultbildern der Mithrasmysterien, und zwar finden wir hier das Element des Feuers gewöhnlich unter dem Bilde des Löwen, das des Erdgeistes unter dem Symbol der Schlange, das des Wassers durch einen Krug dargestellt, während an den Ecken des Altarbildes vielfach die Häupter der blasenden Winde sichtbar werden. Daneben haben wir immer wiederkehrend Darstellungen von Sonne und Mond, der sieben Planeten, der Zodiakalgestirne. Wenn in den eben erwähnten islamischen Zeugnissen neben der Verehrung der Elemente auch die Verehrung der Gestirne, der Planeten, als charakteristisch für die persische Religion angeführt wird, so trifft das für die Mithrasreligion ganz genau zu[3].

---

1. Im höchsten Grade bemerkenswert ist, daß Aristides als letzten Gegenstand der Verehrung der Chaldäer den Menschen nennt (c. 7) s. o. S. 207, 2.

2. Vgl. auch Bar-Salibi bei Pain Smith II 2009: »Der Magismus ist eine aus Heidentum und Chaldäismus zusammengesetzte Sekte. Sie betet die Elemente an, wie die Heiden, und betet die Sterne an« (vgl. Cumont I 14, 5).

3. Häufig finden sich Belege dafür, daß in den griechischen Nachrichten die Verehrung zwar nicht aller, aber dieses und jenes Elementes in der persischen Religion hervorgehoben wird. So haben wir bei Clemens, Protrept. I 5, die auf Dinon zurückgehende interessante Notiz: „τοὺς Πέρσας ἀναθήματα μόνα τὸ πῦρ καὶ τὸ ὕδωρ νομίζοντας“. Bei Vitruvius, de architectura VIII Praef. heißt es: »Thales Milesius omnium rerum principium aquam est professus.... Magorum sacerdotes aquam et ignem«. In dem Brief eines Peter von Alexandria in einem koptischen Manuskript bei (Cumont I 20 f.) steht ein Glaubensbekenntnis des Persers Ba-

Vielleicht erklärt sich auch von hier aus der spätere Sprachgebrauch des Wortes »Element, στοιχεῖον«. Diels (Elementum
S. 44) hat darauf hingewiesen, daß in der Zeit um Christi
Geburt etwa der Begriff „στοιχεῖον" eine wirkliche neue und
wichtige Umgestaltung erfahren habe, daß er nämlich seitdem,
während er vorher nur die Grundelemente alles Daseins nach
griechischer Philosophie bezeichnet habe, auch zur Bezeichnung
der Gestirne, Sonne und Mond, der Planeten, der Tierkreiszeichen verwandt werde.   Die rein sprachliche Erklärung, die
Diels für diese Erscheinung gibt, scheint mir kaum zureichend
zu sein. Sollten hier nicht direkt religiös-orientalische Einflüsse vorliegen?   In der religiösen Tradition der Chaldäer
oder der Perser, die tatsächlich einen weitreichenden Einfluß
auf griechisches Denken und Vorstellen gewonnen haben, erschienen eben Sonne, Mond, Himmel und die vier Elemente
als eine zusammengefaßte Einheit. Dazu gesellten sich auch an
manchen Orten, z. B. in der Mithrasreligion, die Planeten und
die Tierkreiszeichen.   Dürfte man nicht von hier aus die Erklärung wagen, daß, wenn nun namentlich in jüdischen und
christlichen Quellen der Begriff „στοιχεῖον" jene umfassendere
Wendung erhalten hat, dies eine Folge jener Religionsanschauung
ist, in welcher jene Größen als kultische Einheit erschienen, der-
gestalt daß nunmehr der Name für einen Teil der verehrungswürdigen Dinge „στοιχεῖον" auf das Ganze übertragen wurde?

Das näher zu untersuchen ist hier nicht unsere Aufgabe,
sondern wir haben die Frage zu stellen, ob sich nicht auch in
der Gnosis Spuren jener orientalischen Fundamentalanschauung
von der Verehrung der στοιχεῖα nachweisen lassen. Wir können
von vornherein vermuten, daß diese Spuren gar nicht so häufig
sein werden.   Denn infolge des starken Dualismus der Gnosis
liegt dieser ja im großen und ganzen der Gedanke fern, die
Elemente dieser körperlichen Welt irgendwie unter die höchsten

---

silius: »Ich glaube an die Sonne, an den Mond, das Wasser und das
Feuer, das gleichsam die ganze οἰκουμένη erhellt«.   Epiphanius, adv.
haer. Dindorf III 571: (im Anhang des Werkes), „Παρὰ Πέρσαις Μαγου-
σαῖοι καλούμενοι οἱ εἴδωλα μὲν βδελεττόμενοι, εἰδώλοις δὲ προσκυνοῦντες
πυρὶ καὶ σελήνῃ καὶ ἡλίῳ".   Persisches Glaubensbekenntnis bei Langlois,
Hist. Armen. II 193 f.; (vgl. 282): Wir beten nicht, wie Ihr, die Elemente,
die Sonne, den Mond, die Winde und das Feuer an.

Gottheiten, die sie verehrten, einzureihen. Dennoch aber finden
sich Spuren höchst interessanter Art der religionsgeschichtlichen
Beeinflussung auch an diesem Punkte. Vor allem haben wir
hier wieder auf die Spekulationen der klementinischen Schriften
und derjenigen Sekten hinzuweisen, die mit der im klementinischen Schriftenkreise sich darstellenden ebionitischen Gnosis
verwandt erscheinen. Bereits oben konnten wir auf die spezifische Berührung der hier vorliegenden Spekulationen mit dem
persischen Religionssystem hinweisen. Diese Beobachtung bestätigt sich hier von einer neuen Seite. In der am Anfang
der Homilien stehenden Διαμαρτυρία Ἰακώβου werden in der
Tat als die heiligen Zeugen, die beim Schwur des in die Mysterien Einzuweihenden anzurufen seien, die vier Elemente genannt und zwar: οὐρανός, γῆ, ὕδωρ, ἀήρ[1]. Daneben gelten,
was hier zunächst nicht weiter in Betracht kommt, Brot und
Salz als heilige, sakramentale Elemente. Charakteristischerweise
ist in jener Aufzählung das Element des Feuers nicht genannt;
denn dieses gilt im System der Klementinen, wie wir nachgewiesen haben, infolge eines offenbaren Antagonismus gegen
die persische Religion als unheiliges Element. Wenn anstelle
des Feuers hier οὐρανός eintritt, so erklärt sich das gut aus
dem bisher bereits Erörterten. Daß als viertes Element die
Luft und nicht die Winde genannt werden, ist allerdings spezifisch griechisch gedacht und nicht orientalisch. Wir werden
aber sofort sehen, daß hier nur eine schlechte Überlieferung
vorliegt und ursprünglich in der Tat in diesem Sektenkreis auch
das Element der Winde zu Hause ist.

Noch interessanter sind die charakteristischen Nachrichten
über die den Ebioniten verwandten Sekten der Ossäer, Sampsäer, Elkesaiten, die wir bei Epiphanius und Hippolyt finden.
Bei diesen werden in ziemlich einheitlicher Überlieferung sieben
Schwurzeugen genannt, und ausdrücklich wird auch überliefert,

---

1. Eine Parallele zu dieser Anrufung der Elemente als Schwurzeugen findet sich übrigens schon bei dem jüdischen Philosophen
Philo, De specialibus legibus I 1 (Diels Elementum S. 48 ff.), wo es
heißt, daß der Schwur bei Gott nicht erlaubt, dagegen der Schwur bei
der Erde, Sonne, den Sternen, dem Himmel gestattet sei (vgl. den bei
Vettius Valens [Diels S. 49] überlieferten Schwur bei Sonne, Mond,
Sterne, Natur, Vorsehung, den vier Elementen.

daß diese Schwurzeugen auch bei dem heiligen Sakrament der Taufe eine Rolle spielen und angerufen werden (Hippolyt, Refut. IX 15). Folgende Tabelle mag uns einen Überblick über die im großen und ganzen übereinstimmende Überlieferung verschaffen. Ich stelle zunächst in die drei ersten Kolumnen die Zeugenreihen zusammen, die uns Epiphanius Haer. XIX 1 (A und B) und XIX 6 bei seiner Schilderung der Sekte der Ossäer oder Sampsäer überliefert, dann die bei Epiphanius XXX 17 als ebionitisch oder genauer elkesaitisch überlieferte Zeugenreihe, dann diejenige nach Hippolyts Refut. IX 15. Zugrunde lege ich die Reihenfolge der Zeugen bei Epiphanius XIX 1 (A) und weise in den parallelen Listen durch beigefügte Ziffern auf die jeder Aufzählung eigentümliche Ordnung hin.

I. Ep. Haer. XIX 1 A:	II. XIX 1 B¹:	III. XIX 6:	IV. XXX 17:	V. Hipp. IX 15:
ἅλας	6. ἅλας	1. ἅλας	3. ἅλας	6. ἅλας
ὕδωρ	2. ὕδωρ	2. ὕδωρ	4. ὕδωρ	2. ὕδωρ
γῆ	7. γῆ	5. γῆ	2. γῆ	7. γῆ
ἄρτος	5. ἔλαιον	—	7. ἄρτος καὶ ἔλαιον	5. ἔλαιον
οὐρανός	1. οὐρανός	6. οὐρανός	1. οὐρανός	1. οὐρανός
αἰθήρ	4. ἄγγελοι τῆς προσ-ευχῆς	3. αἰθήρ	6. ἄγγελοι τῆς δι-καιοσύνης	4. ἄγγελοι τῆς προσ-ευχῆς
ἄνεμος.	3. πνεύματα ἅγια.	4. ἄνεμός	5. ἄνεμοι.	3. πνεύματα ἅγια.

Wenn wir in diesen Reihen der sieben Zeugen von den beiden sakramentalen Elementen: ἅλας und ἄρτος oder ἔλαιον absehen, so behalten wir als die verehrungswürdigen Zeugen die fünf Elemente: ὕδωρ, γῆ, οὐρανός, αἰθήρ, ἄνεμος. Auch hier ist das Feuer verschwunden, und es ist wiederum kein Rätsel mehr, weshalb gerade οὐρανός an seine Stelle getreten ist. Ganz besonders ist hervorzuheben, daß als das eine der Elemente ἄνεμος resp. ἄνεμοι eintritt. Hier haben wir die alte orientalische Auffassung, die in der Διαμαρτυρία verloren ge-

---

1. = Hyppolyt IX 15.

gangen ist. Wenn wir in zwei der Listen anstelle der ἄνεμοι
„πνεύματα ἅγια" genannt finden, so sehen wir, daß hier πνεύματα ursprünglich noch im alten Sinn = ἄνεμοι gedacht ist.
Wenn von „πνεύματα ἅγια" die Rede ist, so hat sich
allerdings vielleicht ein halbchristlicher Anklang an „πνεῦμα
ἅγιον" eingestellt. Charakteristisch ist, daß wir hier fünf Elemente haben. Neben den vier durchschnittlich genannten Elementen hat sich auch der αἰθήρ eingestellt. Dieses fünfte
Element des αἰθήρ[1] ist bekanntlich in der griechischen Spekulation seit frühester Zeit nachweisbar. Bereits der Pythagoräer
Philolaus kannte eine „πέμπτη οὐσία", die er „ἃ τᾶς σφαίρας
ὁλκάς" nennt (Zeller, Gesch. d. Philosophie I[4] 376 Anm. 3).
Unter dieser πέμπτη οὐσία hat dann Aristoteles den Äther
verstanden (Diels, Elementum S. 26). Es fragt sich dennoch,
ob wir ohne weiteres bei der Lehre von den fünf Elementen
nur griechischen Einfluß anzunehmen haben, wenigstens bei den
Überlieferungen, die sich sonst als orientalisch bedingt erweisen.
Die Lehre von den fünf Elementen ist nämlich auch in der
indischen Spekulation nachzuweisen. Ritter (»Stupas« S. 153)
bemerkt: »Der gewöhnlichen Klasse der Ordensbrüder bei den
Buddhisten . . . . werden nur Steine auf die Gräber gesetzt, die
durch ihre Gestalt die fünf Elemente bezeichnen: Äther Kha,
Wind Ka, Feuer Ra, Wasser Wa, Erde A (vgl. Flügel, Mani
S. 179)«. Und die Meinung, daß die Pythagoräer in ihrer
Annahme der fünf Elemente von indischer Spekulation abhängig
seien, ist weit verbreitet. Sie ist ausführlich vorgetragen und
begründet von L. v. Schröder[2], »Pythagoras und die Indier«
Leipzig 1884, aufgenommen z. B. von Garbe, »Sâṃkhya-Philo-
sophie 1894 S. 93 (vgl. Flügel, Mani 179 ff.).

Eine weitere Parallele zu der Verehrung der Elemente in
den klementinischen Schriften und bei den verwandten Sekten

---

1. Für das Element des αἰθήρ tritt dann in einigen Listen die
Umdeutung ἄγγελοι τῆς προσευχῆς, τῆς δικαιοσύνης ein.

2. v. Schröder äußert S. 65 Anm. 2: »Sollte am Ende gar in der
Stelle des Philolaus . . . . in dem seltsamen „ὁλκάς" als Bezeichnung
des fünften Elementes, das schon soviele Korrekturen, aber keine be-
friedigende hervorgerufen hat, sich eine Verstümmlung der indischen
Bezeichnung des Äther, d. i. Âkâça erhalten haben?« (vgl. dazu Garbe
S. 93, 1).

findet sich in der Spekulation der Ἀπόφασις μεγάλη des Simon Magus bei Hippolyt, Refut. VI 9 ff. Als das Grundelement aller Weltentwicklung wird hier — wohl in Anlehnung an stoische Spekulation — das Feuer bezeichnet. Orientalisch aber klingt es schon, wenn eine doppelte Art des Feuers unterschieden wird[1]: ein verborgenes und ein offenbares Feuer. Aus dem Grundelement des Feuers werden dann die sechs Urwurzeln alles Daseins abgeleitet (VI 12 ff.), und als diese werden zunächst genannt sechs hypostasenartige Wesen, diesen dann aber folgende Größen substituiert: οὐρανός, γῆ, ἥλιος, σελήνη, ἀήρ, ὕδωρ. Auch diese Auffassung ist uns nach dem oben Gesagten verständlich. Wieder werden, wenn wir das Feuer mitrechnen,

---

1. Merkwürdige Spekulationen »der Perser und Mager« über eine doppelte Natur des Feuers überliefert Firmicus Maternus de errore profan. relig. c. 4 (Cumont II 13). Über drei Arten von Feuern bei den Persern Darmesteter, Zend Avesta II 151 ff. — Yasna 17 werden gar fünf Arten aufgezählt, Brandt M. S. 23. Vgl. unten das doppelte Feuer in der Aufzählung der manichäischen Elemente nach den Acta Archelai. — Da in der obigen Untersuchung hauptsächlich die gnostischen Taufsekten herangezogen wurden, bei denen das Feuer als heiliges Element vielfach ganz ausscheidet, so möge in diesem Zusammenhang noch auf gnostische Spekulationen hingewiesen werden, bei denen wie in der Apophasis das Element des Feuers eine zentrale Rolle spielt. Die Gnostiker des Plotin lassen den Demiurgen zuerst das Feuer schaffen (Schmidt l. c. S. 42). Ebenso nennen die Markosier das Feuer als erstes der Elemente Iren. I 17, 1. Die Ptolemaeer leiteten das Feuer aus der ἄγνοια ab, weil diese allen anderen Leidenschaften zugrunde liege, so wie das Feuer durch alle Elemente hindurchgehe Iren. I 5, 4 (vgl. Excerpta ex Theodoto c. 48). Die Natur des Schöpfergottes gilt als feurig, vgl. den πύρινος θεὸς Ἡσαλδαῖος bei den Naassenern, den θεὸς πύρινος bei den verwandten Sekten, den angelus igneus des Apelles (s. o. S. 126. 131). Auch die Lehre vom Weltbrande war eine der Gnosis geläufige und beliebte Anschauung: Iren. I 7, 1 (Ptolemaeus); Pistis Sophia S. 48, 35 ff.; daß der letzte Akt der Weltgeschichte das große den letzten Rest der Vermischung vernichtende Weltfeuer sein werde, ist eine Grundlehre des Manichäismus: Flügel, Mani S. 90, vgl. auch die manichäische Apokalypse in den Turfan-Fragmenten (Müller S. 19 f.). Der Weltbrand soll 1468 Jahre ($4 \times 365 = 1460$?) dauern. Die Manichäische Eschatologie hängt wohl unmittelbar mit der bekannten persischen Spekulation vom Weltbrand zusammen. In den gnostischen Spekulationen sind persische und griechisch-stoische Elemente schwer zu sondern.

fünf Grundelemente aufgezählt; denn anstelle des $\alpha i \vartheta \acute{\eta} \varrho$ tritt hier, wohl infolge orientalischer Beeinflussung, $o\dot{v}\varrho\alpha\nu\acute{o}\varsigma$ ein, daneben stehen $\mathring{\eta}\lambda\iota o\varsigma$ und $\sigma\varepsilon\lambda\acute{\eta}\nu\eta$. Die ganze Aufzählung erinnert uns direkt an die Reihen der von den Persern verehrten Gottheiten, wie sie die griechische Tradition zu überliefern weiß[1].

Eine weitere direkte Parallele bieten uns die Spekulationen des manichäischen Systems über die Elemente. Als Grundwesen gelten hier bekanntlich neben dem ersten »Großherrlichen«, dem Könige der Paradiese, der Luftkreis (Lichtäther) und die Lichterde (Flügel, Mani S. 86). Jedes dieser Grundwesen hat dann wieder fünf Glieder, der König der Paradiese sogar zweimal fünf Glieder. Charakteristisch ist nun, das als Glieder der Lichterde die fünf Elemente in einer gleich zu besprechenden Reihenfolge aufgezählt werden. Diese fünf Elemente kehren auch als das Rüstzeug des Urmenschen wieder (Flügel S. 87) und finden sich abgesehen vom Fihrist bei verschiedenen Zeugen, deren Überlieferung ich hier nebeneinander stelle, und zwar bringe ich in der ersten Kolumne den Bericht im Fihrist (Flügel S. 86), in der zweiten den zweiten Bericht über die Geschlechter des Urmenschen (S. 87), in der dritten drei übereinstimmende Listen, die sich in den von F. W. K. Müller übersetzten Fragmenten aus Turfan S. 98f. und S. 38 finden, (vgl. auch die Zusammenstellung bei Müller S. 99), an vierter

I.	II.	III.	IV.	V.
Der leise Lufthauch Wind	1. Leiser Lufthauch 4. Wind	Reiner Äther (Geist) Wind	1. aër 5. ventus bonus	$\mu\acute{\varepsilon}\gamma\alpha \; \pi\tilde{v}\varrho$ $\mathring{\alpha}\nu\varepsilon\mu o\varsigma$
Licht	2. Licht	Reines Licht	2. lux	$\mathring{\alpha}\acute{\eta}\varrho$
Wasser	3. Wasser	Wasser	4. aqua bona	$\mathring{v}\delta\omega\varrho$
Feuer	5. Feuer	Feuer	3. ignis bonus	$\tau\grave{o} \; \mathring{\varepsilon}\sigma\omega\vartheta\varepsilon\nu$ $\pi\tilde{v}\varrho \; \tau\grave{o} \; \zeta\tilde{\omega}o\nu$

---

1. Bei Theo Smyrnaeus c. 8 (vgl. Diels, Elem. 49, 4) liegt eine engverwandte Aufzählung der acht Götter vor, bei denen die Orphiker zu schwören pflegen: $\pi\tilde{v}\varrho$, $\mathring{v}\delta\omega\varrho$, $\gamma\alpha\tilde{\iota}\alpha$, $o\dot{v}\varrho\alpha\nu\acute{o}\varsigma$, $\sigma\varepsilon\lambda\acute{\eta}\nu\eta$, $\mathring{\eta}\lambda\iota o\varsigma$, $\varphi\acute{\alpha}\nu\eta\varsigma$, $\nu\acute{v}\xi$. Nur das 7. und 8. Glied sind neu; im übrigen haben wir hier eine direkte Parallele, abgesehen davon, daß hier vier Elemente und nicht fünf genannt werden.

Stelle die Liste Augustins, de Haer. 46 (vgl. Flügel S. 185),
an fünfter die der Acta Archelai c. 13.

Deutlich tritt hier die Reihe der fünf Elemente heraus.
Das Feuer steht anders als in den klementinischen Schriften
und den verwandten Überlieferungen wieder inmitten der Reihe
als heiliges Element.   Als fünftes Element hinzukommend
tritt hier der leise Lufthauch (Nr. 1), der Äther, der Geist
ein, sonderbarerweise in den Acta Archelai „$\mu\acute{\epsilon}\gamma\alpha$ $\pi\tilde{\upsilon}\varrho$" genannt, so daß wieder von zwei Feuern die Rede ist, dem $\mu\acute{\epsilon}\gamma\alpha$
$\pi\tilde{\upsilon}\varrho$ und dem $\check{\epsilon}\sigma\omega\vartheta\epsilon\nu$ $\pi\tilde{\upsilon}\varrho$ $\zeta\tilde{\omega}o\nu$ (vgl. das Simonianische System).
Bemerkenswert ist, daß auch hier überall der Wind als Ele-
ment genannt wird.   Für die Erde ist dann offenbar das Element des Lichtes eingetreten und zwar deshalb, weil die fünf
Elemente ja als Glieder der Lichterde angeführt sind, diese
also in der Aufzählung nicht wiederholt werden konnten.   Son-
derbarerweise setzt die Aufzählung in Acta Archelai $\mathring{\alpha}\acute{\eta}\varrho$ statt
$\varphi\tilde{\omega}\varsigma$. — Die Sicherheit, mit der wir die ursprüngliche Aufzählung im manichäischen System rekonstruieren können, wächst
noch dadurch, daß daneben an verschiedenen Stellen der Überlieferung die gegenüberstehenden fünf bösen Elemente aufgezählt werden, und zwar entspricht dem leisen Lufthauch der
höllische Rauch, Qualm, fumus (bei Flügel S. 86 auch Gift),
dem Winde der Glühwind oder der böse Wind, dem Licht die
Finsternis, dem Wasser der Nebel (im Fihrist) und dem Feuer
der Brand, das böse Feuer[1].   Bemerkenswert ist hier noch die
weitere Ausführung Schahrastânis, nach welcher unter diesen
fünf Elementen der leise Lufthauch als das geistige Element
gilt, das sich in den vier anderen als den Körpern bewegt, und
ebenso bei den fünf bösen Elementen der Qualm das geistige
Element ist und die vier anderen die körperlichen.   Dem entspricht in den Fragmenten aus Turfan bei Müller S. 198 der
Hymnus: »Lob dem Vater und dem Sohne und dem auserwählten Lufthauch (dem Heiligen Geiste) und den erzeugenden
Elementen«.   Hier steht also der Lufthauch als die beherrschende Kraft neben den erzeugenden Elementen und wird

---

1. Vgl. die Aufzählung bei Flügel S. 86 und 87; Augustin, de haer.
46; Augustin, contra epistolam Manichaei, quam vocant fundamenti,
c. 28 und 31 (vgl. Flügel S. 186); Theodor Bar-Kuni bei Pognon
p. 184, Schahrastâni Haarbrücker I 286 ff.

dann mit der christlichen Vorstellung von dem Heiligen Geiste
in eins gesetzt. Zu dieser Vorstellung ist weiter zu vergleichen
die Wendung in der Διαμαρτυρία Ἰακώβου c. 2: »Himmel,
Erde und Wasser und zu alledem die Luft, die alles durch-
strömt«[1]. Es ist möglich, daß bei dieser Verhältnisbestimmung
der Elemente stoischer Einfluß weiter wirkt (Diels S. 48).
Übrigens ist bemerkenswert, daß sich auch im 6. Traktat des
Genzâ r. zum Teil dieselben elementaren Gegensätze finden.
Nach Norbergs Übersetzung I 147 finden wir hier gegenübergestellt: mansuetudo (der leise Lufthauch?) — contumacia loci
caliginosi, ignis vivus — ignis consumens, Jordanus tertius (Jordan) — aqua vorax. Es ist wahrscheinlich, daß hier ein direkter
Einfluß des manichäischen Systems vorliegt, möglich auch, daß
jene Spekulationen über die Gegensätze der Elemente älter sind[2].
    Im übrigen treten, wie schon angedeutet, in den gnosti-
schen Spekulationen die Elemente nicht sonderlich hervor. Hier
und da gelten sie als von vornherein böse Wesen; so befinden
sich in dem System der Gnostiker bei Irenäus I 30 unter dem
spiritus sanctus die elementa segregata: aquae, tenebrae, abyssus,
chaos[3] und repräsentieren hier die schlechte und die böse Welt.
Auch für Bardesanes sind die Elemente: Luft, Feuer, Wasser,
Finsternis die vier Substanzen der bösen Materie (Ephraem
Hymnus 41 p. 532 E Hilgenfeld 521). Ganz andersartigen und
wohl spezifisch griechisch beeinflußten Spekulationen über die
Elemente begegnen wir endlich bei den Valentinianern. Bei
den Markosiern erscheinen die vier Elemente: Feuer, Wasser,
Erde, Luft mit ihren vier Wirkungen: Warmes, Kaltes, Trocke-
nes, Feuchtes als die ersten Schöpfungen der gefallenen Sophia
(Irenäus I 17, 1). Daneben steht dann die Dekas: die sieben
Planetenhimmel und ein achter, der Fixsternhimmel, nebst
Sonne und Mond. Auch hier also wieder die Nebeneinander-

---

    1. Fast noch charakteristischer c. 4: ὁ διὰ πάντων διήκων αἰθὴρ
ὁ ὑπὲρ τὰ ὅλα θεός.
    2. Eine Spur ähnlicher Entgegensetzung der Elemente findet sich
auch in der persischen Spekulation, Bundehesh Kap. 3, 24, wo Feuer
als gutes, Rauch als böses Element sich gegenübertreten.
    3. Die Aufzählung ist natürlich durch Genesis 1 bedingt; auch
die Vorstellung, daß sich die Elemente unter dem spiritus sanctus befinden, stammt von dorther.

ordnung der Elemente und Gestirne. Vor allem im ptolemäischen System begegnet uns jene beachtenswerte Ableitung
der Elemente aus den Leidenschaften der Sophia, und es ist
bereits oben darauf hingewiesen, wie hier ein bemerkenswerter
Versuch vorliegt, die dualistische Grundlage der Gnosis zu
überwinden und zur monistischen Spekulation zurückzukehren.
Die Anhänger der valentinianischen, ptolemäischen Schule haben
offenbar sich ganz besonders mit diesem Gedanken der Ablei-
tung der materiellen Welt aus den $\pi\acute{\alpha}\vartheta\eta$ der Sophia beschäf-
tigt, und so sind die verschiedensten Kombinationen entstanden,
die uns die kirchlichen Überlieferer, allen anderen voran Irenäus, mit einem gewissen Behagen und Spott über die wilden
Phantasien der Gnostiker auftischen. Es stimmt kaum eine
Ableitung mit der anderen überein, und die Differenz in den
verschiedenen Versuchen scheint besonders daher zu rühren, daß
man bald versuchte, wirklich die vier körperlichen Elemente
aus den Leiden der Sophia abzuleiten, bald anstelle der vier
Elemente eine andere Einteilung der materiellen Welt substi-
tuierte, nämlich die Unterscheidung zwischen ihren psychischen (demiurgischen), hylischen und dämonischen Bestandteilen.
Eine einigermaßen klare Ableitung der vier Elemente liegt
z. B. Irenäus I 5, 4 vor, wo aus der $\sigma\tau\acute{\alpha}\sigma\iota\varsigma$ $\acute{\varepsilon}\varkappa\pi\lambda\acute{\eta}\xi\varepsilon\omega\varsigma$ die
Erde, aus der $\varkappa\acute{\iota}\nu\eta\sigma\iota\varsigma$ $\tauο\tilde{\upsilon}$ $\varphi\acute{ο}\beta\upsilon$ wie aus den Tränen der
Sophia das Wasser, aus der $\lambda\acute{\upsilon}\pi\eta\varsigma$ $\pi\tilde{\eta}\xi\iota\varsigma$ die Luft, aus der
in den drei aufgezählten Leidenschaften verborgenen $\ddot{\alpha}\gamma\nu\iota\alpha$
das durch alle drei Elemente hindurchgehende Feuer abge-
leitet wird[1].

Sehr interessant und charakteristisch ist es nun, wie in der
Spekulation der Gnosis aus den fünf Elementen, hier und da
noch deutlich erkennbar, abstrakte, göttliche Hypostasen werden.
Das ist ja überhaupt die Genesis aller Hypostasenlehre, daß in
der Tendenz auf den Monotheismus ursprünglich lebendige
Göttergestalten allmählich in abstrakte Wesen umgewandelt
werden, die dann in eine unio mystica zur höchsten Gottheit

---

1. Vgl. Irenäus II 10, 3, wo aus den Tränen das feuchte, aus dem
Gelächter der Sophia das lichte, aus der Traurigkeit das feste, aus der
Furcht das bewegliche Element abgeleitet wird. Andere Versuche liegen
vor Irenäus I 2, 3; I 4, 2 (vgl. noch I 5, 4 an erster Stelle); Excerpta
ex Theodoto 48; Hippolyt, Refut. VI 32.

treten, so daß sie halb noch als neben ihm stehende Wesen
gelten, halb als seine Eigenschaften genommen werden können.
Ganz deutlich ist das im System des Mani. Während hier die
fünf Elemente als die Glieder der Lichterde aufgezählt werden,
stehen daneben als die Glieder des Luftkreises (ursprünglich
nur eine Verdoppelung der Lichterde) fünf abstrakte Wesenheiten: die Sanftmut, das Wissen, der Verstand, das Geheimnis,
die Einsicht (Flügel S. 86). Dieselben Abstraktionen sind schon
vorher als fünf Glieder des Königs der Paradiese genannt,
daneben stehen hier fünf andere: die Liebe, der Glaube, die
Treue, der Edelsinn, die Weisheit. Deutlich sehen wir die
konkrete Vorstellung der fünf Elemente sich in die abstrakte
der fünf Tugenden oder Hypostasen der Gottheit umsetzen. In
diesem Zusammenhang wird es schon verlohnen, daß wir diesen
höchsten fünf Hypostasen des Manichäischen Systems noch etwas
weiter nachgehen. Ihre griechischen Namen finden sich überliefert in den Acta Archelai c. 10: νοῦς, ἔννοια, φρόνησις, ἐνϑύ-
μησις, λογισμός. Eine entsprechende Aufzählung findet sich
bei Theodor Bar-Kuni, die Pognon (S. 184) mit: intelligence,
science, pensée, réflexion, sentiment wiedergibt. Die Reihenfolge
scheint genau der in den Acta Archelai zu entsprechen. Es
ist nun im höchsten Grade beachtenswert, daß es in c. 27 der
Acta Thomae heißt: „Ἐλϑέ, ὁ πρεσβύτερος τῶν πέντε μελῶν,
νοὸς ἐννοίας φρονήσεως ἐνϑυμήσεως λογισμοῦ. Diese genaue
Übereinstimmung kann kein Zufall sein. Wir werden hier eine
manichäische Beeinflussung der Acta Thomae anzunehmen haben
oder eine gemeinsame Grundlage der hier und dort sich findenden Spekulationen. Und der πρεσβύτερος τῶν πέντε μελῶν kann kaum jemand anders sein als der mißverstandene
»dritte Gesandte« des Manichäischen Systems, der hier, wie
alle anderen höchsten Grundwesen, der König der Paradiese,
die Lichterde, der Urmensch, mit fünf Gliedern umgeben erscheint. Aber die Parallelen gehen noch weiter. Auch die
fünf Hypostasen, die nach dem bei Irenäus vorliegenden Bericht die höchste Gottheit im System des Basilides umgeben:
νοῦς, λόγος, φρόνησις, σοφία, δύναμις erinnern in auffälliger
Weise an die Spekulationen des manichäischen Systems. Da
wir bereits oben eine starke gemeinsame Grundlage des basilidianischen und des manichäischen Systems nachgewiesen haben,

so wird auch hier eine wirkliche Beziehung zwischen beiden
anzunehmen sein, und wir werden vermuten dürfen, daß auch
die fünf Hypostasen in der Lehre des Basilides einst lebendigere und konkretere Figuren gewesen sind. Greifbar und
deutlich liegt aber dieselbe Umwandlung konkreter Göttergestalten in Hypostasen im System der Ἀπόφασις μεγάλη des
Simon Magus bei Hippolyt, Refut. VI 12ff. vor. Hier haben
wir direkt die folgenden Parallelen nebeneinander: οὐρανός, γῆ,
ἥλιος, σελήνη, ἀήρ, ὕδωρ = νοῦς, ἐπίνοια, φωνή, ἔννοια, λογισμός, ἐνθύμησις. Auch diese Liste von abstrakten Wesenheiten
ist mit der des manichäischen Systems beinahe identisch, nur
daß hier ἐπίνοια etwa statt φρόνησις eingetreten und die φωνή
neu hinzugekommen ist[1].

Parallel läuft eine ähnliche Spekulation, bei der die Vier-
zahl an Stelle der Fünfzahl eine Rolle spielt. So ist im Fihrist
(Flügel S. 95) die Rede von dem Glauben an die vier großherrlichen Wesenheiten: Gott, sein Licht, seine Kraft und seine
Weisheit. Dieses Fragment der manichäischen Spekulation findet
seine merkwürdige Bestätigung in den Fragmenten aus Turfan
(bei Müller S. 74). Hier heißt es: »Die große Glorie lobe ich
und den Gott Zarvân, das Licht, die Kraft und die Güte« . . . .
Ebenso stehen (Müller S. 62) nebeneinander: Licht, Kraft, Weisheit, Gott (vgl. S. 71: Vater, Licht, Kraft; S. 102: »des Vaters
Zarvân — Gottes Kraft, des Sohnes Jesu Güte«). Bestätigt
wird die Lehre Manis vom viereinigen Gott auch in der Ab-
schwörungsformel (Keßler S. 359. 403 s. o.). Der vierpersön-
liche Gott der manichäischen Spekulation scheint ursprünglich
niemand anders als der persische Gott Zarvân gewesen zu sein
(s. o. S. 89 f.). Damit stimmt auch überein, daß nach Schahrastâni bei Haarbrücker I 292 der persische Ketzer Mazdak vier
Grundkräfte der höchsten Gottheit angenommen haben soll, die
Kraft der Unterscheidung, der Einsicht, des Gedächtnisses und
der Freude. Weiter müssen wir damit in Zusammenhang
bringen, daß nach Theodor Bar Kuni bei Pognon S. 162 Zoroaster vier Grundwesen, die hier ausdrücklich als die Elemente

---

1. Vgl. noch in dem unbekannten koptisch-gnostischen Werk bei
Schmidt S. 348, 30 ff. die Aufzählung der fünf Kräfte: »Liebe, Hoffnung,
Glaube, Erkenntnis, Friede« Auch an die Erwähnung der heiligen
Πεντάς bei Irenäus contra Celsum VI 31 ist hier zu erinnern.

bezeichnet werden, angenommen haben soll, welche die teilweise
rätselhaften Namen: Ashuqar, Parchuqar, Zaruqar und Zarvân
tragen sollen. Diese Notiz findet ihre Bestätigung in der von
Theodor Noeldeke (Festgruß an Roth S. 35) herausgegebenen
Acta des »Âdhurhormizd und der Anahedh«, wo ebenfalls als
die höchsten göttlichen Wesen der persischen Religion Ashoqar,
Frashoqar, Zaroqar zusammen mit Zarvân genannt werden. Es
liegt hier ein merkwürdiger religionsgeschichtlicher Zusammenhang vor. Ursprünglich offenbar dem zervanitischen System
angehörige Spekulationen finden sich mitten in den Traditionen
des manichäischen Lehrsystems wieder. Zugleich liegt eine
neue Illustration für die Umdeutung der Elemente, diesmal vier
an der Zahl, in Hypostasen vor.

Auf eine andere Umwandlung konkreter Götter- oder Dä-
monengestalten sei in diesem Zusammenhang noch hingewiesen.
Wenn es im System der Barbelognostiker bei Irenäus I 29, 4
heißt, daß der Weltschöpfer, der Proarchon, der Sohn der gefallenen Sophia mit der Authadia fünf Hypostasen: Kakia,
Zelos, Phthonos, Erinys, Epithymia gezeugt habe, so ist es klar,
daß hier die uns bekannte Hebdomas der Planetengötter in abstrakte Wesen umgedeutet ist. Ein ähnlicher Vorgang mag
zugrunde liegen, wenn die klementinischen Homilien 17, 9 neben
Gott und seiner Weisheit die sechs Ausdehnungen Gottes
kennen: oben und unten, vorn und hinten, rechts und links
(s. o. S. 142). Auch hier sind offenbar Abstraktionen an Stelle
ursprünglicher konkreter Wesenheiten getreten. Ein hübsches
Beispiel für diesen Vorgang bietet weiter auch der Bericht des
Plutarch über die persische Religion de Is. et Osir. c. 47, in
welchem die sechs Ameshas Spentas des höchsten Gottes ganz
abstrakt mit dem Beinamen: $\check{\epsilon}\nu\nu o\iota a$, $\mathring{a}\lambda\acute{\eta}\vartheta\epsilon\iota a$, $\epsilon\mathring{\upsilon}\nu o\mu\acute{\iota}a$, $\sigma o\varphi\acute{\iota}a$,
$\pi\lambda o\tilde{\upsilon}\tau o\varsigma$, $\acute{o}$ $\tau\tilde{\omega}\nu$ $\mathring{\eta}\delta\acute{\epsilon}\omega\nu$ $\delta\eta\mu\iota o\upsilon\varrho\gamma\acute{o}\varsigma$ eingeführt werden. Auch
die dreißig Hypostasen im valentinianischen System, die wir ver-
schiedentlich aufgezählt finden, entsprechen ursprünglich wohl
ebenfalls irgend einem Göttersystem. In diesem Zusammenhang
sind die geheimnisvollen Eigennamen, welche Epiphanius Haer.
31, 2 neben den abstrakten Beziehungen überliefert, beachtenswert. Vielleicht dürften sich hier noch irgend welche Spuren
alter Götternamen nachweisen lassen.

VI. Kapitel.

Die Gestalt des gnostischen Erlösers.

I.

In den meisten gnostischen Systemen gilt irgendwie Jesus Christus als der Erlöser; denn die Mehrzahl derselben ist eben bereits christlich beeinflußt, und diese Beeinflussung zeigt sich ganz wesentlich darin, daß in der bunten Welt der gnostischen Abstraktionen und Göttergestalten die Person Christi an dem Punkte erscheint, wo es sich um die Erlösung aus der niederen Welt handelt. Sieht man aber genauer zu, so ergibt sich mit großer Deutlichkeit, daß die Gestalt des Erlösers als solche nicht erst aus dem Christentum in die Religion der Gnosis eingedrungen ist, sondern hier bereits irgendwie und unter verschiedenen Formen vorhanden war, und daß diese Erlösergestalt (oder die Erlösergestalten) erst nachträglich und künstlich mit der Figur des historischen Jesus Christus verbunden worden ist. Das zeigt sich schon mehr oder minder daran deutlich, daß die gnostischen Systeme garnicht fähig waren, die volle und wahre Gestalt des Erlösers Jesus in sich aufzunehmen, daß sie namentlich für seine historische Erscheinung gar keinen Raum haben. Von hier aus begreift sich alles das, was man als christologischen Doketismus des Christentums bezeichnet. Wenn gelehrt wird, daß Christus nur als eine Scheingestalt auf Erden gewandelt sei, oder wenn wir die Behauptung finden, daß bei der Taufe sich eine überweltliche Erlösergestalt mit dem Menschen Jesus verbunden habe, oder auch, daß die überirdische Gestalt des Erlösers bereits vollkommen fertig durch den Leib der Maria, wie durch einen Kanal, hindurchgegangen sei, so sind das, religionsgeschichtlich betrachtet, alles nur Versuche, die historische Gestalt Jesu mit einer bereits gegebenen gnostischen Erlösergestalt zu kombinieren.

Diese Behauptung gilt es im Einzelnen zu erweisen. Das können wir nicht besser erreichen, als indem wir versuchen, die zugrunde liegende gnostische Erlösergestalt (oder die Erlösergestalten) aus den Fragmenten, die uns die gnostischen Quellen

bieten, zu rekonstruieren und ihren Sinn zu verstehen. Zu
diesem Zweck vergegenwärtigen wir uns eine Reihe gnostischer
Erlösergestalten und achten dabei von vornherein besonders auf
die fremdartigen Züge im gnostischen Erlöserbilde, die sich
häufig in diesen Spekulationen einstellen.

In der Darstellung des simonianischen Systems, Irenäus
I 23, 3 wird berichtet, daß der Erlöser (hier Simon), da die
Engel die Welt schlecht verwalteten und ein jeder von ihnen
nach der Herrschaft strebte, vom höchsten Himmel herabgestiegen sei. Daneben wird auch erwähnt, daß dieser Herabstieg
zu dem Zweck erfolgt sei, die Helena, die sich in der Gewalt
der bösen Engelmächte befand, zu befreien, eine Angabe, der
wir bereits in einem andern Zusammenhange nachgegangen sind.
Bemerkenswert ist bei alledem, daß nur ganz nebenbei bemerkt
wird, daß der Herabstieg des Erlösers Simon auch irgendwie
den Menschen zum Heil geschehen sei. Als der charakteristische Zug seines Herabkommens gilt aber schon hier, daß er
bei seinem Durchwandern durch die einzelnen Himmel sich
verwandelt und sich den jeweilig herrschenden Mächten ähnlich
gemacht habe (»descendisse eum transfiguratum et assimilatum
virtutibus et potestatibus et angelis«). Deutlicher gibt in seinem
Bericht Epiphanius (= Hippolyt; H. XXI 6) den Zweck dieser
Verwandlung an: „Πάλιν ἔλεγε μεταμορφοῦσθαι καθ᾽ ἕκαστον
οὐρανόν, ὅπως λάθοι τοὺς αὐτοὺς ἐν τῷ κατιέναι.“

Zu dieser merkwürdigen Vorstellung finden sich nun eine
Reihe von Parallelen in christlich-gnostischen Systemen. Leider
gibt uns Satornil Näheres über die Herabkunft des Erlösers
nicht an. Nur ist auch hier bemerkenswert, daß als erste Ursache der Herabkunft des Erlösers angegeben wird, daß der
himmlische Vater die Macht der Weltherrscher habe vernichten
wollen (Irenäus I 24, 2: »Et propter hoc quod dissolvere vo-
luerit pater[1] eius omnes principes, advenisse Christum ad de-
structionem Judaeorum dei et ad salutem credentium ei«).
Nur so nebenbei und an zweiter Stelle wird bemerkt, daß
das Kommen Christi auch zum Heile der Gläubigen erfolgt

---

1. So ist zu lesen statt der falschen lateinischen Übersetzung:
»voluerint patrem« nach der Parallele bei Theodoret: „Τὸν πατέρα φησὶ
τοῦ Χριστοῦ καταλῦσαι βουλόμενον μετὰ τῶν ἄλλων ἀγγέλων καὶ τὸν τῶν
Ἰουδαίων θεὸν ἀποστεῖλαι τὸν Χριστὸν εἰς τὸν κόσμον.

sei. In erster Linie ist auch hier die Absicht: der Sturz der
Herrschaft der Weltmächte. Auch in einem der folgenden Sätze
stehen die beiden Zweckbestimmungen nebeneinander: »Venisse
salvatorem ad dissolutionem malorum hominum et daemoniorum
ad salutem autem bonorum.« Ähnlich verhält es sich mit dem
System des Basilides bei Iren. I 24, 3 f. Hier wird behauptet,
daß die weltschöpferischen Engelmächte sich ein jeder bestimmte
Teile der Erde zur Herrschaft angeeignet hätten, und da namentlich der Höchste unter ihnen, der Judengott, sich habe alle
Völker unterwerfen wollen, so hätten alle anderen Engelfürsten
gegen ihn gestritten. Da habe der unbekannte Vater seinen
erstgeborenen *νοῦς* gesandt zur Befreiung der Gläubigen von
der Herrschaft der Weltschöpfer. Auch hier spielt also die
Weltherrschaft der Weltschöpfer und die Zerbrechung dieser Weltherrschaft eine Hauptrolle. Weiter lehren die Basilidianer, daß
der Erlöser die von ihnen angenommenen 365 Himmel habe
durcheilen müssen und daß er das in Kraft eines geheimnisvollen Namens »Caulacau« getan habe: »quemadmodum et . . . .
nomen esse, in quo dicunt descendisse et ascendisse Salvatorem,
[esse] Caulacau«. Der Erlöser scheint im Basilidianischen System
geradezu den Namen Caulacau getragen zu haben. Von dem
Gläubigen, der diesen Namen gelernt habe, wird I 24, 6 behauptet, daß er den gesamten Engeln und den Mächten gegenüber unsichtbar, ungreifbar werde, quemadmodum et Caulacau
fuisse. Ebenso wird bei Philaster (Hippolyt), Haer. 33, behauptet, daß die Nicolaiten Caulacau hominum verehren (vgl.
Epiph. 21, 3): „*ἄλλοι δὲ τὸν Καυλακαὺ ὡσαύτως δοξάζουσιν
ἄρχοντά τινα τοῦτον οὕτως καλοῦντες*" [1]. Durch die Ausführungen des Irenäus wird übrigens auch klar, was die Behauptung bedeutet, daß der Erlöser durch oder mit Hilfe des Namens
Caulacau herabgestiegen sei. Der zauberische Name hat offenbar die Kraft, ihn den Mächten zu verbergen und ihren Nach-

---

1. Vgl. auch Theodoret Haer. fab. I 4: „*Τὸν δὲ σωτῆρα καὶ κύριον
Καυλακαύαν ὀνομάζουσιν.*" Epiphanius 25, 4 führt das Wort zurück auf
קו לקו Jes. 28, 10; Hippolyt Refut. V 8, p. 150, 48 f.; Hilgenfeld,
Ketzergesch. S. 197 Anm. 319. Ob diese Deutung die richtige ist oder
ob vielmehr anzunehmen ist, daß hier ein fremdartiger gnostischer
Name später auf jene alttestamentliche Stelle gedeutet und bezogen
ist, steht noch dahin.

stellungen zu entziehen. Das geht aus der weiteren Überlieferung bei Irenäus ganz klar hervor: »Et sicut filium incognitum
omnibus esse, sic et ipsos a nemine oportere cognosci, sed cum
sciant ipsi omnes et per omnes transeant, ipsos omnibus invisibiles et incognitos esse.« Dieselbe Anschauung liegt vor, wenn
im Bericht des Epiphanius 26, 9 der Gnostiker nach der Vollendung bestimmter mysteriöser Kulthandlungen zu sprechen gelehrt wird: „᾿Εγώ εἰμι ὁ Χριστός, ἐπειδὴ ἄνωϑεν καταβέβηκα
διὰ τῶν ὀνομάτων τῶν τξε' ἀρχόντων." Ferner läßt sich ein
ähnlicher Zug bei den Gnostikern des Irenäus I 30, 12 nachweisen: »Descendisse autem eum per septem coelos, assimilatum
filios eorum dicunt et sensim eorum evacuasse virtutem. Ad
ipsum enim universam humectationem luminis concurrisse dicunt." Wir finden außerdem hier einen neuen Zug in der
Auffassung von dem Herabsteigen des unbekannten Erlösers:
Er soll auf diese Weise den niederen Mächten ihre Lichtkraft
entzogen haben. Weiter ist noch darauf hinzuweisen, daß auch
die Pistis Sophia diese Spekulationen kennt. Es heißt hier
c. 7 S. 7, 26ff.: »Und als ich (Jesus) mich zur Welt aufgemacht
hatte, kam ich in die Mitte der Archonten der Sphaera und
hatte die Gestalt des Gabriel, des Engels der Aeonen, und nicht
haben mich die Archonten der Aeonen erkannt, sondern sie
dachten, daß ich der Engel Gabriel wäre.« Dem gegenüber
wird c. 15ff. betont, daß bei dem nunmehr erfolgenden Aufstieg
des Erlösers die Archonten ihn in seiner wahren Lichtherr-
lichkeit schauen, gegen ihn Krieg zu führen beginnen, aber
von ihm besiegt und zum Teil vernichtet werden. Endlich
dürfen wir in diesem Zusammenhang die eigentümlichen Spekulationen der Himmelfahrt des Jesaja einstellen, die sich nunmehr
als entschieden gnostisch erweisen. Hier sieht der Seher, der
in den höchsten Himmel gelangt ist, c. 10, 7ff., wie Jesus
Christus den Befehl erhält, durch die Himmel auf die Welt
hinabzusteigen. Ausdrücklich wird auch hier vermerkt, daß er
sich in jedem Himmel verwandelt und das Aussehen der da-
selbst befindlichen Engel annimmt, und daß er dann (11, 22)
bei seiner Auffahrt in jedem einzelnen Himmel den Mächten zu
deren Erstaunen in seiner ursprünglichen Herrlichkeit erscheint.
Auch wird hier berichtet, daß er an den Pforten der einzelnen
Welten den Hütern das Losungswort abgibt und infolgedessen

durchgelassen wird (vgl. 10, 24. 25. 27; anders 10, 31). Diese
ganze Darstellung ist durchaus gnostisch gehalten.

Bei diesem immer wiederkehrenden konkreten Zug des gnostischen Mythus vom Erlöser hat unsere Überlegung einzusetzen.
Was mag es für einen inneren Sinn haben, daß der Erlöser
unerkannt zur Welt der Dämonen herunterfährt, um sein Erlösungswerk zu vollziehen? Aus christlichen Prämissen kann
dieser Zug kaum erklärt werden. Nach den Evangelien war
Jesus auch in seiner irdischen Erscheinung den Dämonen und
dem Teufel sehr wohl bekannt. Die Andeutung des Paulus
(I Kor. 2, 7ff.), daß die Archonten dieser Welt Jesus nicht erkannt hätten, steht außer allem Zusammenhang und ist so dunkel
und fragmentarisch, daß wir unmöglich annehmen können, die
sämtlichen gnostischen Spekulationen stammten dorther, daß vielmehr Paulus selbst aus einem größeren Zusammenhang erst erklärt
werden muß. Sollte dieser Zug im gnostischen Erlöserbilde
vielleicht aus der gnostischen Mysterienpraxis stammen, so daß
hier die bekannte Lehre von dem Aufstieg der pneumatischen
Seelen durch die sieben Himmel und ihre Archonten einfach
auf den Erlöser übertragen wäre und dieser somit als das Urbild und Vorbild der Erlösung erschiene? Aber weshalb wird dann
dieses Unerkannt-Bleiben den Dämonen gegenüber immer nur
beim Herabstieg, nicht beim Aufstieg des Erlösers gemeldet?
Alle diese Erklärungen reichen nicht aus. Wir haben hier vielmehr
einen durchaus plastischen, ganz und gar mythischen Zug. Es
muß den gnostischen Spekulationen die Erzählung von einem Er-
löser-Heros zugrunde gelegen haben, der sich unerkannt in die
Welten der bösen Mächte begab, um diese zu überlisten, um
ihnen ein hohes Gut, einen wertvollen Besitz oder ein ängstlich
gehütetes Geheimnis zu entreißen.

Um diese Rekonstruktion in ihrer Richtigkeit zu erweisen,
werden wir uns nach vollständigeren Erlösermythen umschauen
müssen, die uns möglichst ohne Verquickung mit christlichen
Einflüssen erhalten sind. Die mandäische Religion bietet uns
den großen Vorteil, daß wir hier den Mythus von der Höllenfahrt
des Erlösers noch unberührt mit christlichen Ideen und mit reichen
originalen Zügen ausgestattet wiederfinden. Es kommt hier
vor allem der 6. und noch mehr der 8. Traktat des Genzâ r.
in Betracht. Der 6. Traktat, der an und für sich gegenüber

dem 8. Traktat teilweise älteres Material enthält, ist leider gerade in der Darstellung der Besiegung der rebellischen dämonischen Mächte durch den Erlöser sehr fragmentarisch. Dennoch
läßt sich einiges bereits auch aus ihm entnehmen. Von dem
hier verherrlichten Mândâ d'Hajê, der mit der Gestalt des
christlichen Erlösers garnichts zu tun hat, wird berichtet, daß
er am Anfang der Weltentwicklung von den höheren und
ihm übergeordneten Wesenheiten ausgesandt wird, mit der Welt
der Finsternis Kampf zu führen. Allerdings scheint schon hier
die Darstellung in Unordnung geraten zu sein; denn als Motiv
dieser Aussendung wird nicht, wie wir nachher im 8. Traktat
finden werden, die Rebellion der Mächte der Finsternis gegen
das Licht genannt, sondern der Versuch mittlerischer Mächte,
von den höheren göttlichen Wesenheiten abzufallen und sich
eine eigene Welt zu gründen. Mit diesem Motiv steht aber die
nachmalige tatsächliche Entsendung des Mândâ d'Hajê und sein
gegen die Mächte der Finsternis Ruhâ und Ur gerichteter
Kampf in keinem Zusammenhang. Wir werden annehmen
dürfen, daß ursprünglich ein anderer Zusammenhang vorlag, in
welchem berichtet wurde, daß Mândâ d'Hajê tatsächlich ent-
sandt sei, um die revolutionierenden Mächte der Finsternis
zu bezwingen. Mit Kleid, Stab und Gürtel ausgerüstet steigt
er dann hinunter, um die finsteren Mächte zu bezwingen. Wie
schon angedeutet, ist der Bericht über die Bezwingung dieser
Mächte sehr kurz behandelt. Es wird eigentlich nur erzählt,
daß der Riese Ur bei jedem Versuch, aus der Welt der Finsternis hervorzubrechen, durch den bloßen Anblick des Erlösers,
besonders durch das Vorhalten des Margnâ des lebenden
Wassers und der Krone des lebenden Feuers all seine Macht
verliert. Wir finden hier in der Tat auf den ersten Blick keine
Parallelen zu jener gnostischen Erlösergestalt. Aber es mag
hervorgehoben werden, daß hier jedenfalls eine selbständige
mythische Gestalt vorliegt, die von christlichen Einflüssen gänzlich unabhängig erscheint. Die Besiegung der höllischen Mächte
erfolgt im Anfang der Welt, nicht in der Mitte der Geschichte.
Auch handelt es sich nicht, wie in den bisher behandelten Spekulationen der christlichen Gnosis, um einen Hinabstieg durch
die Himmel auf diese Erde, sondern um das Heruntersteigen in
die Unterwelt, in die Welt der finsteren höllischen Mächte.

16*

Und dennoch liefert uns auch der 6. Traktat, allerdings in einem
anderen Zusammenhange, eine direktere Parallele zu jenen gnostischen Spekulationen. Denn er berichtet uns weiter, daß nach
der Fesselung des Ur und nachdem die Ruhâ erst sieben, dann
fünf, dann zwölf Söhne von dem Ur geboren, die Ruhâ und
ihre Söhne sich auf dem Berge Karmel versammelt und dort
eine Revolution gegen die himmlischen Mächte geplant hätten
(Brandt M R 38). Hier nun wird (vgl. Norberg, Cod. Nasaraeus I 223) berichtet, daß Mândâ d'Hajê unerkannt unter die
Sieben getreten und ihnen in einer ihnen ähnlichen Gestalt erschienen sei, daß diese ihm dann angeboten hätten, ihn zu ihrem
Herrscher zu machen, und er zugesagt hätte unter der Bedingung,
daß sie ihm ihr wohlbehütetes Geheimnis verraten würden. Das
sei geschehen, und so habe sich Mândâ d'Hajê des Geheimnisses
der Macht der Sieben bemächtigt, sei ihnen dann in seiner
eigenen Gestalt erschienen und habe sie besiegt und vernichtet.
Hier haben wir tatsächlich den oben von uns postulierten
Mythus: der Lichtheros schleicht sich unerkannt unter die
Mächte der Finsternis, jagt ihnen das Geheimnis, auf dem ihre
Kraft beruht, ab und besiegt und vernichtet sie dann. Auch
hier handelt es sich übrigens um einen Kampf des Erlösers mit
den Sieben, wie in den christlich-gnostischen Spekulationen, nur
daß die Sieben hier als höllische Mächte gedacht sind, und auch
mit dem Unterschiede, daß dieser Kampf am Anfang aller Weltentwicklung vor sich geht, bald nach der Schöpfung Adams,
nicht auf der Höhe der menschlichen Geschichte.

Ergiebiger ist für unsere Zwecke der 8. Traktat[1] des
Genzâ r., die Höllenfahrt Hibil-Ziwâs. Dieser Traktat ist in
vielen Punkten dem 6. Traktat gegenüber sekundär. Es zeigt
sich das schon daran, daß als Erlöser hier Hibil-Ziwâ anstatt
Mândâ d'Hajês steht. Doch hat auf der anderen Seite der
Traktat wieder viele altertümliche Züge erhalten. Er stellt
überhaupt ein ungeheures Mixtum compositum dar, in welchem
sich die einzelnen Mythen mit einander zu einem bunten und
verwirrenden Bilde verschlingen, die mythischen Motive gehäuft
werden, ja oft dieselbe Erzählung in zwei- und dreifacher Gestalt
wiederkehrt. Wir müssen unser Bestreben darauf richten, die
einzelnen Mythen von einander zu sondern und einen jeden in

---

1. Vgl. den Text Brandt M S. 137—191.

seinem Sinn zu begreifen. Als Anlaß der Höllenfahrt des Hibil-Ziwâ wird hier richtig das Motiv angegeben, daß den Mächten der himmlischen Welt kundgeworden ist, daß einer, der aus der Mitte der Dämonen der Finsternis hervorgehen wird, mit der Welt des Lichts zu streiten begehrt und gegen diese sich empören wird. Um dem von weitem vorzubeugen, führt Mândâ d'Hajê seinen Sohn, den Hibil-Ziwâ, in die Versammlung der Urgötter ein. Der wird von seinen Vätern feierlich begrüßt und bekommt den Auftrag, in die Unterwelt hinabzusteigen und nach dem rechten zu sehen. Auch hier wird in immer wiederholten Wendungen betont, daß er unerkannt durch die einzelnen Welten der Finsternis hindurchfährt und unerkannt lange Zeit darin verweilt. Er fährt in der Kraft des großen Râzâ und in dessen Begleitung hinab. Râzâ bedeutet »Geheimnis« (Brandt M S. 143), und diese Gestalt ist gar nichts anderes als die Verkörperung der geheimnisvollen Macht oder des geheimnisvollen Namens, durch den der Erlöser diese Hinabfahrt in die unterirdischen Welten vollzieht. Bei seinem Hinabstieg kommt nun Hibil-Ziwâ nach dem jetzt vorliegenden Bericht des Stückes durch sieben Höllen. Es scheint aber diese Aufzählung der sieben Höllen erst späteres redaktionelles Beiwerk des Verfassers zu sein, der bei der Erzählung der Höllenfahrt, wie schon gesagt, die verschiedensten Mythen mit einander verwoben hat. Wir greifen zunächst den einen dieser Mythen heraus. In der siebenten Hölle wohnt der große Riese (der große Fleischberg Krun[1]). »Seine Gestalt ist von Staub, und das unter ihm befindliche Wasser ist Staub und gleicht den Nebeln« (S. 149). Ihm naht sich Hibil-Ziwâ mit der Frage: »Ein Sohn, der aus eurer Mitte hervorgegangen und von euerem Stamm und Geschlecht . . . ., will Unruhe werfen in die Lichtwelten (im Kampfe mit uns). Was sagst Du dazu?« Nun droht der Riese Krun ihn zu verschlingen! »Geh', daß ich dich nicht verschlinge!« »Als er so zu mir gesprochen, saß ich, Hibil-Ziwâ, in einem Futteral von Schwertern,

1. Die in der 5. und 6. Hölle sich befindenden Riesen, denen Hibil in derselben Weise und mit derselben Frage naht, und die nur die Aufgabe haben, ihn weiter in die unteren Welten zu verweisen, sind wohl nur Verdopplungen der Gestalt des Krun, die der systematisierende Verfasser des 8. Traktats erst nachträglich erfunden hat.

Säbeln und Spießen, Messern und Klingen, und ich spreche zu
ihm: »Verschlinge mich«. Der Riese verschlingt den Hibil,
muß ihn aber wieder ausspeien, da seine Eingeweide, Leber
und Nieren zerschnitten sind. Er unterwirft sich jetzt, und
Hibil fordert von ihm einen Paß. »Und er stand auf und
brachte mir den Paß und brachte den Siegelring, der in der
Schatzkammer verborgen war, auf welchen geschrieben und ge-
malt war der Name der großen Finsternis, der verborgen war,
den er nicht gesehen hatte von dem Tage, da er gepflanzt
worden, an.« Die Zweckbestimmung dieses Passes wird später
(Brandt 170) angegeben, wo Hibil sich den himmlischen Mächten
gegenüber rühmt: »Und einen Paß gaben sie mir in Ansehung
dessen, von dem uns der Gedanke gekommen war, daß er, wenn
er (geboren) sein würde, Streit mit uns machen würde.« Der
sogenannte Paß, den Hibil erringt, ist also hier das Zaubermittel, mit welchem später der Dämon der Finsternis, der gegen
die Lichtwelt revolutionieren wird, vernichtet werden soll. Hier
finden wir also jenen Mythus in der Tat wieder. Der Lichtheros steigt in die Unterwelt hinab, verweilt dort lange Zeit
unerkannt, und es gelingt ihm durch List, das geheimnisvolle
Mittel zu erwerben, durch welches der Lichtwelt der Sieg über
die Finsternis garantiert wird. Zugleich sehen wir aber damit
klar hinab in den Ursprung des ganzen Mythus. Bereits Brandt
hat richtig erkannt, daß es sich bei dieser Erzählung im großen
und ganzen um eine Entlehnung des babylonischen[1] Mythus
vom Kampf des Lichtgottes Marduk mit dem Chaosungeheuer

---

1. Fast noch nähere Parallelen, die aber bereits eine völlige Ver-
blassung und Verdunklung des Mythus bedeuten, bietet zur mandäischen Spekulation die jüdische Überlieferung. Wir erinnern uns vor
allem an die Erzählung vom Drachen zu Babel, wo dem Drachen
ein Kuchen aus Pech, Fett und Haaren vorgeworfen und berichtet wird,
daß der Drache, der diesen Kuchen verschlungen habe, durch diesen
mitten auseinander gesprengt wird. Etwas deutlicher ist der Mythus
bei Josippon Ben-Gorion erhalten, wo der Drache dadurch getötet wird,
daß eiserne Kämme, in Fleischstücken verborgen, ihm zum Fraße gegeben werden, während nach Bereschith Rabba Kap. 68 ihm Stroh, in
dem Nägel verborgen sind, gereicht werden. Andere Parallelen im jeru-
salemischen Talmud Nedarim III 12, im Alexanderroman, Nöldeke,
Beitr. z. Gesch. d. Alexanderromans S. 22; vgl. hierzu H. Schmidt,
Jona, Forschungen z. Rel. u. Lit. des A. und N. T. Hft. 9 S. 26, 2.

Tiâmat handelt. In diesem Mythus wird bekanntlich erzählt, daß der jüngste der Götter, der Lichtgott Marduk, von den Göttern feierlich begrüßt und zu seinem Werk ausgerüstet, in den Kampf zieht gegen das Chaosungeheuer, die Tiâmat, welche im Bunde mit anderen Dämonen die Lichtwelt der Götter bedroht. Wie es zum Kampfe kommt, so wird erzählt, fing Marduk die Tiâmat in seinem Netze, ließ den Orkan in ihren Rachen hineinfahren, daß sie das Maul aufsperren mußte, und füllte ihren Leib mit den Winden. Dann stößt er in den weit aufgerissenen Rachen das Schwert hinein, zerschnitt ihre Eingeweide, zerteilte ihr Inneres und bewältigte und vernichtete so die Tiâmat. Hier haben wir, wie in dem mandäischen Mythus, den Kampf des Lichtgottes mit einem chaotischen Ungeheuer, und eine besonders deutliche Parallele liegt bei beiden Erzählungen darin vor, daß das Ungeheuer von innen heraus zerschnitten wird. Noch stärker würde sich die Parallele herausstellen, wenn Schmidt (Jona S. 79 ff.) mit der Vermutung recht hätte, daß in dem Urbilde des babylonischen Mythus einst erzählt wurde, daß Marduk zunächst von der Tiâmat verschlungen wurde und dann diese mit seinen Waffen von innen heraus zerschnitten habe. Schmidt (S. 81) begründet seine Vermutung folgendermaßen: »Von der Art, wie Marduk gegen Tiâmat streitet, ist es schwer, sich ein Bild zu machen. Das ungeheure Weib reißt, wie es scheint, von Marduks Netz gefangen seinen Rachen auf. Warum führt Marduk nicht sogleich den Stoß? Warum schickt er den Orkan voran? Um ihren Rachen offenzuhalten, so erklärt man. Indessen der Orkan wütet grimmig in ihrem Bauch. Dann wird das Weib, wie Gunkel richtig sagt, »von innen zerschnitten«. Unwillkürlich denkt man es sich dabei in solchen Riesendimensionen . . . ., daß man den, der es zerschneidet, kaum anders als in ihrem Innern stehend vorzustellen vermag.« »Nach alledem scheint es jedenfalls der Erwägung wert, ob hier nicht ursprünglich . . . . erzählt worden ist, der von der Lichtflut bekleidete Gott sei selbst dem Meere (d. h. der Tiâmat) ins Maul gesprungen.« Ist die Vermutung Schmidts richtig, so wird die Parallele zwischen dem mandäischen Mythus und dem babylonischen Schöpfungsmythus ganz enge, und wiederum kann der mandäische Mythus, da ja nachweislich der Mandäismus Altbabylonisches erhalten hat, seinerseits zur Be-

stätigung der Hypothese Schmidts dienen. Es findet sich aber
noch eine weitere Parallele hüben und drüben. Im babylonischen Schöpfungsmythus heißt es weiter, daß darnach Marduk
auch den Genossen der Tiâmat, den Kingu bewältigt habe.
»Er entriß ihm die Lostafeln, die an seiner Brust hingen, sie-
gelte sie mit seinem Siegel und hängte sie sich an die Brust«[1].
Ebenso wird im mandäischen Mythus der Riese Krun von Hibil
gezwungen, ihm den Paß oder das Siegel mit dem Namen der Finsternis zu übergeben. Beide Male entreißt der Lichtgott den bösen
Mächten das Zaubermittel, an dem ihre Herrschaft hängt, die
Lostafeln oder den Paß oder den Siegelring mit dem geheimnisvollen Namen. Nur der Unterschied ist vorhanden, daß in der
Erzählung des babylonischen Mythus die Begebenheiten auf
zwei dämonische Wesen verteilt sind, daß nacheinander erst die
Tiâmat besiegt und getötet, dann Kingu bewältigt wird, während
im mandäischen Mythus nur ein Gegner des Hibil-Ziwâ er-
scheint, der Riese Krun, dieser deshalb auch nicht, wie die
Tiâmat, getötet wird, sondern am Leben bleibt, um ihm den
Paß zu geben.

Der Sinn des ursprünglichen Mythus ist durch diese Parallelen sichergestellt. Es handelt sich jedenfalls um einen
alten Sonnenmythus. Der Sonnenheros besiegt die Mächte
oder die Macht der Finsternis, sei es, daß man nun mit
Gunkel (Schöpfung und Chaos) den babylonischen Mythus
auf die siegende Frühlingssonne deutet, die das Ungeheuer, den
chaotischen Nebel spaltet und durchbricht, sei es, daß man mit
Schmidt hier den Sonnenheros findet, der jeden Abend in den
Rachen des Ungeheuers hinuntertaucht, um dann das Innere
des Ungeheuers mit seinem Schwerte zu zerspalten und am
anderen Morgen wieder emporzutauchen. Ein Mythus vom
Sonnenheros liegt unter allen Umständen vor, und zwar ist die
letztere Deutung wenigstens für den mandäischen Mythus die
wahrscheinlichere. In uralten Zeiten hat man sich den Vorgang, den man alltäglich vor Augen sah, daß der glänzende
Sonnenball in die Tiefe hinabsank und aus der Tiefe am anderen Morgen wieder hervorkam, mythisch so gedeutet, daß der
Sonnenheros in den Rachen des Ungeheuers hinabsteigt, dort

---

1. Zimmern bei Gunkel, Schöpfung und Chaos S. 413.

unten seine heldenhaften Kämpfe verrichtet, den Bauch des
Ungeheuers spaltet, die Dämonen der Tiefe besiegt, ihnen ihre
geheimnisvolleu Machtmittel raubt und dann wieder siegend
hervorsteigt.

Wir finden aber den Zug des Mythus, daß der in die
Unterwelt hinbfahrende Lichtgott den Mächten der Tiefe ihre
geheimnisvollen Machtmittel raubt, noch an anderen Stellen
des umfangreichen Berichtes von der Höllenfahrt des Hibil-
Ziwâ wieder. Es wird erzählt, daß Hibil-Ziwâ in der vierten
Hölle, der Welt des Riesen Anatan und seiner Gattin, der Qin,
sich dieser Qin in der Gestalt des Anatan genaht und sie aufgefordert habe: »Auf, zeigt mir, aus was wir[1] entstanden sind
und aus was wir geformt und entstanden sind« (Brandt, M.
S. 153). Da habe Qin ihm die große Quelle gezeigt, aus der
sie entstanden seien. Von hier ist der Bericht recht dunkel
und dem Überlieferer wohl selbst nicht mehr recht deutlich
gewesen. Es wird erzählt, daß Hibil in jener Quelle das
Merârâ und Gemrâ gesehen habe, welches »liegt und zappelt
in jener Quelle«. Da habe dieser Merârâ und Gemrâ, »die
Festigkeit der Welten der Finsternis« geraubt, so daß die Qin
es zu ihrem Entsetzen vergebens gesucht habe. Was dieses
Merârâ und Gemrâ sei, ist leider, wie es scheint, nicht mehr
festzustellen[2], jedoch der Sinn des Mythus ist im großen und

---

1. Hibil-Ziwâ gibt sich als eine der Mächte der Finsternis aus.
2. Vgl. dazu die Vermutungen bei Brandt 154, 1. Brandt macht
auf die Parallele aufmerksam, daß der später geborene Riese Ur in der
Darstellung des 8. Traktats Genzâ r. einem kleinen Gemrâ gleiche. Ich
möchte folgende Kombination versuchsweise wagen: An einer anderen
Stelle der mandäischen Überlieferung wird überliefert, daß die Ruhâ
durch einen Trunk lebenden Wassers die Sieben gezeugt habe. Ebenso
heißt es in der mandäischen Überlieferung einmal, daß die Mutter Jesu
aus dem Wasser, das sie aus einer Quelle getrunken habe, Jesus gezeugt
habe (Brandt, M. R. p. 67). Derartige Spekulationen scheinen weitere
Verbreitung gehabt zu haben. Wir erinnern uns, daß nach der persischen eschatologischen Spekulation eine Jungfrau in einem See baden
und dort, von dem in diesem See verborgenen Samen Zarathustras ge-
schwängert, den Messias gebären soll. Sollte nicht vielleicht das
Gemrâ-Merârâ, das in dem Wasser liegt, der Fruchtbarkeitszauber sein,
durch den die Geburten immer neuer Dämonen der Finsternis gesichert
werden, so daß also Hibil mit dem Raub dieses Zaubermittels dann in
der Tat der Dämonenwelt einen empfindlichen Schlag beibringt?

ganzen klar. Wieder raubt der Lichtgott den finsteren
Mächten das Geheimnis ihrer Macht, wie er denn nachher
(Brandt S. 165) triumphierend seinen Vater die »Festigkeit und
Kraft« vorzeigt, die er der Welt der Finsternis genommen habe.
Eine genaue Doublette zu diesem Vorgang wird übrigens gelegentlich der weit ausgesponnenen Schilderung des Aufenthalts
des Hibil in der dritten Unterwelt noch einmal berichtet. Auch
hier heißt die Mutter der dort befindlichen Mächte Qin, auch
hier naht sich Hibil mit der Frage: »Aus was seid ihr entstanden und aus was seid ihr [ins Dasein] gerufen?« Es heißt
dann weiter: »Und sie zeigte mir die Kraft und Festigkeit der
Finsternis und das verborgene Mysterium, welches behütet wird
von diesen Großen« (Brandt, M. S. 159). Auch hier scheint
also ganz dieselbe Erzählung vorzuliegen, die allerdings sofort
wieder durch ein anderes Motiv durchkreuzt und mit diesem
verbunden wird. Denn weiter wird erzählt, daß die Qin dem
Hibil auch eine Quelle gezeigt habe und in jener Quelle einen
Spiegel, in welchem die Mächte der Finsternis sich bespiegelten
und dann jedesmal wüßten, was sie zu tun hätten. Diesen
Spiegel nimmt dann Hibil von den Augen der Qin weg, und
es heißt dann wieder, daß die Qin spricht: »Was soll ich tun,
da unsere Festigkeit und Kraft nicht mehr vorhanden ist?«
(151). Es liegt hier ein doppeltes Motiv vor, aber die Grundauffassung ist beide Male dieselbe: Hibil raubt den Mächten
das geheimnisvolle Zaubermittel ihrer Macht; und auch darauf
mag noch hingewiesen werden, daß ihm das in beiden Fällen
dadurch gelingt, daß er unerkannt oder verwandelt als einer
der Ihren unter die Mächte der Finsternis tritt. Übrigens spielt
der Raub der geheimnisvollen Machtmittel noch an einer dritten
und vierten Stelle eine Rolle. In der Erzählung des 8. Traktats
gelegentlich der ausführlichen Schilderung des Kampfes des
Hibil mit der Ruhâ und ihrem Sohne, dem Ur, arbeiten die
Mächte der Finsternis wiederum mit geheimnisvollen Zauber-
mitteln. Die Ruhâ schenkt ihrem Sohne eine Krone und gibt
ihm so den Mut, den Ansturm gegen die Welten des Lichts
zu unternehmen (Brandt 174), oder sie läßt ihn in einen Zau-
berspiegel sehen und zeigt ihm in diesem die Welt ihrer Väter
(S. 176), oder sie schenkt ihm eine kostbare Perle, die ebenfalls
als eine geheimnisvolle Macht und Zaubermittel gedacht wird

(S. 180), und der Kampf zwischen Hibil und Ur gewinnt jedesmal damit sein Ende, daß dieser ihm erst die Krone (S. 178), dann die Perle wegnimmt. Und wiederum klagt hier Ur (S. 180): »Wehe, Mutter siehe, unsere Kraft und unsere Festigkeit ist von uns hinweggenommen worden!« Und die Ruhâ klagt (181): »Wehe, wehe, daß unsere Zauber- und unsere Kraftmittel verloren gehen«. Schließlich gewinnt Hibil durch das Vorzeigen der Perle[1], die er dem Ur abgenommen hat, den endgiltigen Sieg über diesen, bändigt und fesselt ihn. Wieder und wieder zeigt sich also in dem verworrenen Mythus des 8. Traktats des r. Genzâ dieses selbe Motiv, daß der Lichtgott den Mächten der Finsternis durch List oder Gewalt, geheim oder im offenen Kampf ihre zauberhaften Machtmittel raubt. Es dürfte offenbar dem Erzähler dieses Motiv ein sehr vertrautes und altbekanntes gewesen sein[2].

---

1. Die Auffassung des Textes ist hier nicht ganz sicher (vgl. Brandt 182, 3). Es fragt sich, ob hier nicht zu übersetzen ist statt »die erhabene Perle« »der erhabene Stab«, wie denn im 6. Traktat Mândâ d'Hajê den Ur durch das Vorzeigen des Stabes des lebenden Wassers vernichtet. Brandt ertscheidet sich für die nicht ganz sprachgemäße Übersetzung »Perle« trotz jener Parallele im 6. Traktat, weil er der Ansicht ist — und vielleicht mit Recht —, daß es sich hier nur um das vorhin dem Ur abgenommene Zaubermittel handeln könne.

2. Die Erzählung des 8. Traktats ist weiter dadurch noch besonders kompliziert, daß neben dem mannigfach verwandten Motiv vom geraubten Zaubermittel ein zweites Hauptmotiv die Erzählung beherrscht: die listige Entführung der Ruhâ aus der Unterwelt (S. 155 ff). Der ursprüngliche Zusammenhang des Mythus wird etwa folgender sein: Die Mächte des Lichts erfahren auf geheimnisvollem Wege, daß ein Dämon in der Welt der Finsternis, der erst noch geboren werden soll und dessen Geburt sich jetzt vorbereitet, ihnen einst durch den Ansturm auf die Welten des Lichts im höchsten Grade gefährlich werden wird. Sie entsenden einen, den jüngsten und tapfersten Gott, aus ihrer Mitte in die Welt der Dämonen hinein. Wahrscheinlich dachte der ursprüngliche Mythus hier garnicht an Wesen der Unterwelt, vielmehr sind die Unholde, zu denen Hibil-Ziwâ auszieht, als Riesen und zwar als schöne Riesen gedacht. Als Gegner der Götter des Lichts erscheinen also hier ursprünglich nicht die Ungetüme der Finsternis, sondern die Dämonen des Riesenreiches. Unerkannt schleicht dieser sich, indem er sich an Gestalt jenen Mächten ähnlich macht, in die Welt der Dämonen (Riesen) ein. Es gelingt ihm, die Mutter, die jenen gefährlichen Gegner der Götter gebären soll, zu entdecken. Durch List weiß

Nachdem unser Blick so für den Mythus von dem Sonnenheros als dem Erlöser und dem Besieger der Mächte der Finsternis geschärft ist, wird es auch gelingen, denselben in einer Quelle wiederzufinden, die der christlichen Gnosis, von der wir oben ausgingen, sehr viel näher steht. Es muß das berühmte Lied von der Perle, das man gewöhnlich dem Bardesanes zuzuschreiben pflegt, in diesen Zusammenhang hineingestellt werden. Man pflegt dieses Lied von der Perle im allgemeinen symbolisch auf die Seele des Frommen oder des Gnostikers zu deuten, die, aus der himmlischen Heimat stammend, hier unten ihre Aufgabe zunächst vergißt, dann, an diese erinnert, sie erfüllt und schließlich wieder zur himmlischen Heimat zurückkehrt. Es ist aber bereits von Preuschen richtig erkannt[1], daß diese allgemein symbolische Bedeutung nicht die richtige ist, sondern, daß es sich auch hier nicht um die menschliche Seele überhaupt, sondern um die Figur des gnostischen Erlösers handelt. Was Preuschen vermutete, kann in diesem Zusammenhang einigermaßen zur Gewißheit erhoben werden. Die Aufgabe, welche hier der aus der Himmelswelt Gesandte zu erfüllen hat, besteht darin, daß er die von dem Drachen

---

er sie aus der Mitte der ihrigen fortzuführen und von ihrer Welt abzusperren, so daß bei dem dann beginnenden Kampf der Ruhâ und des Ur mit der Lichtwelt aus jener Welt der finsteren Mächte den Unholden keine Unterstützung mehr erfolgen kann. So rühmt (Brandt S. 170) sich Hibil vor den versammelten Göttern: »Zu jener Finsternis habt Ihr mich gesandt. Bevor Mutter und Vater des Ur dasein würden und bevor sie seine Eltern sein würden, habe ich verschlossen alle ihre Tore und verändert alle ihre Riegel, so daß sie nicht mehr zueinander gehen (nicht mehr passen). Es schreitet jetzt nicht mehr einer in die Welt eines seiner Nachbarn, und kein Tor öffnet sich ihnen«. Das ist also wieder ein für sich stehender Mythus, der nur ganz künstlich und so, daß die Nähte deutlich erkennbar sind, mit der übrigen Erzählung verwoben ist. Es ist an dieser Stelle nicht der Ort, den weiteren Zusammenhängen des Mythus nachzugehen. Vielleicht könnten wir noch etwas weiter kommen und nachweisen, daß der hier ursprünglich vorliegende Mythus von einem Gott handelt, der ein bei den Unholden oder Riesendämonen gefangenes Weib befreit und so die Braut heimführt (Helena-Mythus).

1. E. Preuschen, Zwei gnostische Hymnen 1904, S. 45 ff. Nur glaube ich nicht, daß P. recht gesehen hat, wenn er hier sofort einen spezifisch christlichen Erlösungsmythus annimmt.

bewachte Perle diesem zu entreißen und in die Himmelswelt zurückzubringen hat. Bei der gewöhnlichen Deutung auf das allgemeine Geschick der menschlichen Seele oder der Seele des Frommen hat man sich bisher vergebens bemüht, den Zug vom Raube der Perle zu erklären. Beziehen wir aber das ganze Gedicht auf den Herabstieg des Erlösergottes, so gewinnt nun dieses Motiv, das doch das Ganze der Darstellung beherrscht, seinen inneren Sinn und seine Bedeutung. Die Perle, welche der Gesandte der himmlischen Lichtwelt zu erringen hat, ist das geheimnisvolle Machtmittel der Mächte der Finsternis; und deshalb wird sie von dem Drachen sorgsam behütet. Von hier aus verstehen wir erst recht den Höhepunkt der eigentlichen Erzählung, wenn es nun c. 111 heißt: „Ὑπεμνήσϑην δὲ καὶ τοῦ μαργαρίτου, ἐφ᾿ ὃν κατεπέμφϑην εἰς Αἴγυπτον. Ἠρχόμην δὲ φαρμακίῳ[1] ἐπὶ τὸν δράκοντα τὸν φοβερὸν καὶ κατεπόνεσα[2] τοῦτον ἐπονομάσας τὸ τοῦ πατρός μου ὄνομα, ἁρπάσας δὲ τὸν μαργαρίτην ἀπέστρεφον πρὸς τοὺς ἐμοὺς ἀποκομίσας πατέρας". Hier erinnert jeder Zug an den manichäischen Mythus: die Aussendung des jüngsten Gottes in die Welt der Finsternis (hier: Ägypten), der Kampf mit dem Drachen, der Raub der Perle, des geheimnisvollen Zaubermittels der Mächte der Finsternis, die Rückkehr zu den Vätern der Lichtwelt. Auch an einige parallele Züge ist hier zu erinnern. Wie im 8. Traktat des Genzâ von den Begleitern des Hibil bei seiner Hinabfahrt in die Unterwelt die Rede ist, so heißt es auch hier, daß zwei ἡγεμόνες den Königssohn bei seinem Abstieg begleiten. Freilich kehren diese hier an den Grenzen der Welt der Finsternis um. Auch wenn erzählt wird, daß der Königssohn die Gewänder der Ägypter angezogen habe, damit es nicht den Anschein habe, als komme er aus der Fremde, und diese den Drachen erweckten, so ist dieser Zug durchsichtig und deutlich. Wir erinnern uns, daß Hibil-Ziwâ unerkannt und den Mächten der Finsternis gleichgeworden sich in ihre Welten einschleicht. Auch wenn dann erwähnt wird, daß der Königssohn im Lande der Ägypter einen Genossen im Osten gefunden habe, einen Sohn der Großen (υἱὸν μεγιστάνων) und mit diesem freund-

---

1. So ist nach der syrischen Übersetzung zu lesen statt ἐφ᾿ ἅρμασιν.
2. Syrer: »Ich schläferte ihn ein«, vielleicht καϑύπνωσα?; aber καϑυπνοῦν scheint nur in intransitiver Bedeutung vorzukommen.

schaftlich verkehrt habe, so ist dabei vielleicht an den Genossen
des Hibil-Ziwâ zu denken, der mit ihm in der Unterwelt bleibt.
Ein neuer Zug kommt hier insofern hinein, als erzählt wird,
daß der Königssohn, im Ägypterlande durch die dort genossene
Nahrung beschwert, in tiefen Schlaf versunken sei und die
Aufgabe, wegen deren er aus der Lichtwelt hinabgesandt sei,
fast vergessen habe, und daß er erst durch ein Mahnzeichen
wieder an seine Aufgabe hätte erinnert werden müssen. Ich
gestehe, daß ich nach den vorliegenden Parallelen diesen Zug
allerdings nicht zu deuten weiß und daß er vielleicht nur mit
der hier in der Tat vorliegenden novellistischen Umgestaltung
des ganzen Mythus, wie er in der Perle vorliegt, zusammenhängt. Oder sollte hier vielleicht von dem letzten Redaktor
des schönen Liedes doch eine Beziehung auf die menschliche
Seele, die im Diesseits ihrer Aufgabe zu vergessen in Gefahr
steht, hineingebracht sein? Aber wie dem sein möge, jedenfalls
liegt in der Perle eine deutliche Parallele zum mandäischen
Mythus vor. Der Königssohn, der ausgesandt wird, die kostbare Perle dem Drachen zu rauben, und unerkannt in der niederen Welt weilt in der Tracht der »Ägypter« und der, nachdem
er in dem Kampf mit dem Drachen seine Aufgabe erfüllt hat,
zu der Welt der Väter zurückkehrt, — es ist der Sonnenheros,
der in die Welt der Finsternis herabsteigt, um den chaotischen
Ungetümen der Finsternis ihre Macht zu rauben, und dann
wieder in die Welt des Lichts emportaucht. Auch sonst zeigen
die Acta Thomae Spuren ihrer Bekanntschaft mit diesem Mythus und Hindeutungen auf diesen; so wenn in dem durchaus
gnostisch gehaltenen Abendmahlgebet (c. 50) die himmlische
$\mu\acute{\eta}\tau\eta\varrho$ mit den Worten angerufen wird: »Komm, Du Genossin
des Männlichen, komm, die Du die Geheimnisse des Auserwählten
kennst, komm, die Du teilnimmst an all den Kämpfen des
edlen Kämpfers«. Gemeint ist hier offenbar die hohe Himmelsgöttin, die Mutter oder die Braut des ausgesandten Königssohnes. Dieser ist der edle Kämpfer, der ausgezogen ist, den
Kampf gegen die Finsternis zu bestehen. Die Muttergöttin
folgt diesem Kampf mit ihrer Teilnahme von obenher. Sie
kennt seine Geheimnisse, die es gilt in der Welt der Finsternis
zu bewahren, bis der Sieg erfolgt ist[1]. Die Acta Thomae zeigen

1. Ebenso heißt es c. 27: »Komm, barmherzige Mutter, komm,

uns überdies, wie leicht nun diese Idee von der in die untere
Welt zur Bekämpfung der dämonischen Gewalten hinabsteigenden
Erlösergestalt mit der Gestalt Jesu verschmolzen werden konnte.
Schon in jenen von uns zitierten Gebeten ist in der gegenwärtigen Überlieferung sicher an niemand anders als an Jesus
Christus gedacht. Auch an einer anderen Stelle zeigt sich, wie
der hier vorliegende Mythus unmittelbar auf die Person Jesu
übertragen wird. c. 48 wird dieser angeredet: „*Ἰησοῦ ὕψιστε,
φωνὴ ἀνατείλασα ἀπὸ τῶν σπλάγχων τῶν τελείων, πάντων
σωτήρ, ἡ δεξιὰ τοῦ φωτός, ἡ καταστρέφουσα τὸν πονηρὸν ἐν
τῇ ἰδίᾳ φύσει καὶ πᾶσαν αὐτοῦ τὴν φύσιν συναθροίζων εἰς ἕνα
τόπον, ὁ πολύμορφος, ὁ μονογενὴς ὑπάρχων*". Was es heißt,
daß Jesus den Bösen *ἐν τῇ ἰδίᾳ φύσει* vernichte und zerstöre,
daß er seine ganze Natur an einen Ort zusammenbringt[1], was
es bedeutet, das Jesus *πολύμορφος* genannt wird, das alles
ergibt sich aus einem Vergleich mit dem auch dem Verfasser
der Acta Thomae bekannten Mythus, den wir soeben dargelegt
haben.

Der Mythus von dem Erlösergott, der in die Unterwelt
oder in die Hölle hinabfährt, um die dämonischen Gewalten zu
besiegen, hat übrigens seinen Einfluß noch weiter ausgedehnt,
und wir dürfen vermuten, daß er auch direkt das genuine
Christentum beeinflußt hat. Denn nur der hier nachgewiesene
Zusammenhang gibt uns die Erklärung dafür, daß die Theorie
von der Hadesfahrt Jesu so frühzeitig bereits im neutestamentlichen Zeitalter in die christliche Religion eingedrungen ist.
Die Sicherheit, mit welcher bereits im Neuen Testament überall
auf diese als auf eine als selbstverständlich vorausgesetzte Tatsache angespielt wird, erklärt sich eben nur unter der Annahme,
daß hier eine Herübernahme stattgefunden hat, und daß die
Idee von der Hadesfahrt bereits existierte, ehe sie auf Jesu
Person angewandt wurde. Am deutlichsten redet bekanntlich
der erste Petrusbrief (3, 19 ff. und 4, 6) von der Hadesfahrt
Jesu, und von allen anderen Stellen im Neuen Testament hebt
sich dessen Anspielung dadurch ab, daß hier bereits eine Zweck-

---

Genossin des Männlichen, komm, die Du verborgene Geheimnisse
enthüllst«.

1. Vgl. oben S. 241 die gnostische Idee, daß der unerkannte Erlöser die Kräfte aller niederen Wesen an sich zieht.

beziehung der Hadesfahrt Jesu, die Predigt für die Geister im
Gefängnis, angedeutet wird, eine Andeutung, auf deren ursprünglichen Sinn wir uns in diesem Zusammenhang nicht mehr ein-
lassen können. Im übrigen finden wir nur zahlreiche Hinweise
und Andeutungen auf die Tatsache; so Eph. 4, 9 ($\varkappa\alpha\tau\acute{\varepsilon}\beta\eta$ $\varepsilon\acute{\iota}\varsigma$
$\tau\grave{\alpha}$ $\varkappa\alpha\tau\acute{\omega}\tau\varepsilon\varrho\alpha$ $\mu\acute{\varepsilon}\varrho\eta$ $\tau\tilde{\eta}\varsigma$ $\gamma\tilde{\eta}\varsigma$). Matth. 12, 40 (»die drei Tage in
der Unterwelt«), Apg. 2, 24. 27. 31, Röm. 10, 6. Lebendiger
und inhaltsreicher ist wieder das Wort Apokal. 1, 18, in welchem
Jesus als der auftritt, der tot war und lebendig geworden ist
und der nun die Schlüssel des Todes und des Hades in der
Gewalt hat. Im allgemeinen ist dann die spätere Auffassung
durch die Stelle I. Petr. 3, 18 ff. beherrscht, und infolgedessen
finden wir in den älteren Kirchenväterzeugnissen wieder und
wieder den Gedanken der Predigt Jesu an die Geister im Gefängnis angeschlagen (vgl. bereits das unechte Petrusevangelium
Vers 41, die ältesten Zeugnisse aus den Kirchenvätern bei
Harnack Patr. apost. III 232; zum ganzen: C. Clemen: »Nie-
dergefahren zu den Toten« S. 115 ff. u. ö.). Bei dieser Herübernahme der Idee der Hadesfahrt in der ältesten christlichen
Überlieferung fällt allerdings auf und verdient hervorgehoben
zu werden, wie zurückhaltend man zunächst sich gegenüber den
eigentlichen mythologischen Zügen dieser Phantasie verhalten
hat. Es wird eigentlich nicht viel mehr als die Tatsache herübergenommen, die Höllenfahrt selbst, und einer solchen Phantasie bedurfte die alte Christenheit, um sich die Frage nach
dem, was mit Jesus zwischen Kreuzigung und Auferstehung
geschehen sei, zu beantworten. Wo die christliche Phantasie
hier gewaltet hat, hat sie eigentümlich weitergebildet, indem sie
eine neue und verhältnismäßig großartige Idee von der Predigt
Jesu an die Geister im Gefängnis hinzubrachte[1].

---

1. Auch die Frage wäre zu erheben, auf welchem Wege der ersten
Christenheit die Idee von der Hadesfahrt zugeführt sei. Es ist nicht
unmöglich, daß dieses durch die jüdische Apokalyptik geschehen ist,
daß hier sich noch eine dunkle Erinnerung an die Niederfahrt des göttlichen Wesens erhalten hat und das Christentum zunächst sich diese
verblaßte und abstrakt gewordene Überlieferung angeeignet hätte. Das
würde nun auch den abstrakten Charakter der Überlieferung in den
ältesten Zeugnissen erklären. Als Beweis für diese Vermutung mag
angeführt werden, daß in den Zusätzen, welche das Sirachbuch erhalten
hat und die doch wahrscheinlich sämtlich jüdischen Ursprungs sind,

Je weiter wir aber in der christlichen Überlieferung herunter-
gehen, desto stärker dringen bei der Schilderung der Hadesfahrt Christi die alten, uns bekannten mythologischen Züge
wieder hindurch. Es ist so, als wenn das Christentum erst
allmählich den Mut gewonnen habe, sich diesen heidnischen
Mythus in seinem ganzen Umfange anzueignen, und als wenn
das erst in einer Zeit geschehen wäre, wo das Heidnische an
ihm längst seine Gefahren und Bedenken verloren hatte
und man unbefangen auch solche Züge auf die Person Christi
übertragen konnte, ohne noch fürchten zu müssen, damit in
allzu gefährliche Nähe an heidnische Mythologie, die ihre
originale Kraft verloren hatte, zu geraten. Eine dramatische
Darstellung des Sieges Christi über den Hades begegnet uns
bereits im Evangelium Nicodemi (Tischendorf, Ev. apocr.[2] 1876,
jüngere griech. Rezension p. 329, lat. Text p. 392 f.). Hier
finden wir die später immer wiederkehrenden Züge: die erstaunten
Deklamationen des über die Herrlichkeit des Siegers erschrockenen
Hades, die Wendung: αἱ χαλκαὶ πύλαι συνετρίβησαν καὶ οἱ
σιδηροὶ μοχλοὶ συνεθλάσθησαν (Ps. LXX 106, 16). — Etwa seit
Origenes (vgl. die Darstellung in der Realenzykl.[3] s. v. Höllenfahrt) scheinen die Phantasien auch in die vornehmere Literatur
eingedrungen zu sein. Schon Origenes spricht gelegentlich nicht

---

zu Sirach 24, 32 sich ein allerdings nur im Lateinischen überliefertes
Fragment, das von der Hadesfahrt der Weisheit handelt, findet: »Ich
(die Weisheit) werde alle Gegenden tief unter der Erde durchdringen
und werde alle Schlafenden heimsuchen und werde erleuchten alle, die
auf den Herrn hoffen«. Hier hätten wir denn auch in der jüdischen
Überlieferung die Idee einer Predigt der Weisheit an die Entschlafenen.
Auch die Phantasie des äthiopischen Henochbuches, daß Henoch ausgesandt sei, den gefallenen Engeln das vernichtende Urteil Gottes zu
verkünden (Henoch c. 12 ff.), scheint in diesen Zusammenhang hinein-
zugehören und ebenfalls zu beweisen, daß der jüdischen Überlieferung
die Idee von einem Heros, der zu den Dämonen der Unterwelt hinabsteigt, nicht ganz fremd gewesen ist. Die seltsamen Wendungen I. Petr.
3, 18, werden sich in der Tat durch die Annahme erklären, daß diese
jüdische Parallelüberlieferung hier nachgewirkt hat. Freilich ist nicht
anzunehmen, daß im I. Petrusbrief an den praeexistenten Christus
zu denken sei, der in Gestalt des Henoch den Engeln ihr Gericht verkündet habe, vielmehr ist der Zug aus der Henochlegende hier auf die
Hadesfahrt Christi übertragen.

von einer Predigt, sondern einem Sieg über den Teufel, den
Christus im Hades erfochten habe (Clemen 180 ff.). Man vergleiche
ferner etwa Lactanz, Instit. div. IV 12, 15: »ut inferos quoque
vinceret ac praesignaret«; Firmicus Maternus, de err. prof. rel. 25:
»Clausit januas sedis infernae et durae legis necessitatem cal-
cata morte prostravit . . . . fregit claustra perpetua, et ferreae
fores Christo jubente collapsae sunt«. Man kann zu den einzelnen hier vorliegenden Wendungen, so der Idee von dem Ver-
schließen der Tore, dem Niedertreten des Todes, dem Sprengen
der Pforten, die Höllenfahrt des Hibil-Ziwâ geradezu als Kommentar betrachten. Ferner ist etwa die Abgarlegende bei Eusebius H. E. I 13, 20 heranzuziehen: „Καὶ κατέβη εἰς τὸν Ἅιδην
καὶ διέσχισε φραγμὸν τὸν ἐξ αἰῶνος μὴ σχισθέντα". Und in
der vierten Formel von Sirmium vom Jahre 359 heißt es bei
der Erwähnung der Hadesfahrt Christi: „ὃν πυλωροὶ Ἅιδου
ἰδόντες ἔφριξαν . . . . ὃν αὐτὸς Ἅιδης ἐτρόμασε"[1]. Auch in
den Acta Thomae spielen die Phantasien über die Hadesfahrt
Christi eine Hauptrolle; vgl. z. B. c. 156: „ὁ κατελθὼν εἰς
Ἅιδου μετὰ πολλῆς δυνάμεως· οὗ τὴν θέαν οὐκ ἤνεγκαν οἱ
τοῦ θανάτου ἄρχοντες"[2] (cf. c. 142).

Ganz besonders muß in diesem Zusammenhang auf eine
Schilderung der Höllenfahrt Jesu hingewiesen werden, die uns
Eznik als aus dem Marcionitischen System stammend überliefert
hat (übers. v. Schmid S. 176 f.). Hier wird erzählt, daß der
gute Gott, als er gesehen habe, daß soviele Geschlechter der
Menschen in dem Streit um sie zwischen dem Herrn der Geschöpfe (dem Gott der Gesetze) und der Materie gequält und
vom ersteren aus Zorn in die Hölle geworfen wurden, seinen
Sohn gesandt habe, sie zu erlösen. Zu diesem Zweck mußte
Jesus auf Erden erscheinen und sterben, um in die Hölle hinab-
zukommen. »Nach Deinem Sterben wirst Du in die Hölle
hinabsteigen und sie von dort herausziehen; denn die Hölle ist
nicht gewöhnt, in sich das Leben aufzunehmen. Und deswegen

---

1. Sämtliche Stellen nach Clemen S. 180 ff., 102, 126.
2. Vgl. noch Fragen d. Bartholomäus, hrsg. v. Bonwetsch S. 6;
endlich das wertvolle Material das v. d. Goltz, Texte u. Unters. N. F.
XIV 6 S. 107—111 beigebracht hat. Im einzelnen dem nachzugehen
lohnt sich kaum, da wir immer aufs neue denselben stereotypen Wendungen begegnen.

kommst Du an das Kreuz hinauf, damit Du gleichst den Toten,
und daß die Hölle ihren Rachen auftue, Dich aufzunehmen
und daß Du in sie hineintretest und sie ausleerest«. Hier ist
der alte Mythus wunderbar erhalten. Noch ganz deutlich herrscht
die Vorstellung, daß der Erlösergott in den Rachen des Ungetüms hineinfährt, daß dieses ihn, ohne zu wissen, wer er ist, verschlingt, und daß der Verschlungene dann von innen heraus die
Macht des höllischen Ungetüms vernichtet. Wir erinnern uns
unmittelbar an den Mythus von Hibil, der sich vom Höllen-
ungetüm verschlingen läßt und so dessen Verderben herbeiführt.
Auch der Zug, daß Jesus unerkannt in die Hölle hinunter-
kommt, erscheint uns in diesem Zusammenhang nunmehr ganz
vertraut und verständlich. In dem von Eznik überlieferten
Marcionitischen System hat dieser Mythus von der Hadesfahrt
noch eine Erweiterung erfahren. Nachdem Jesus nämlich in
die Hölle hinabgestiegen sei und die Seelen von dort heraus-
geführt habe, heißt es, sei er zum zweiten Mal in der Gestalt
seiner Gottheit zum Herrn der Geschöpfe herabgestiegen und
habe mit ihm Gericht gehalten wegen seines Todes. »Und als
der Herr der Welt die Gottheit Jesu sah, erkannte er, daß
ein anderer Gott außer ihm sei«, und Jesus sagte zu ihm:
»Ich halte Gericht mit Dir«. So richtet Jesus nun den Herrn
der Geschöpfe auf Grund seines eigenen Gesetzes und läßt sich
aus Genugtuung dafür, daß er ihn widerrechtlich getötet
habe, die Seelen der Menschen als Preis bezahlen. Auch diese
Erweiterung der Phantasie von der Hadesfahrt Christi mag
wegen ihrer außerordentlich mythologischen Haltung noch in
diesen Zusammenhang hineingestellt werden.

Im Unterschiede von dieser Adaption der Idee von der
Höllenfahrt des Erlöserheros auf Jesus kennt die christliche
Gnosis an den Stellen, die wir am Anfang des Kapitels
besprochen haben, keine eigentliche Hadesfahrt. Sie verlegt
den Abstieg ihres Erlösers in die obere Welt, und für sie
ist die niedere Welt diese Erde, auf der Jesus in seinem irdischen Aufenthalt lebte. Sie bezieht also den Hinabstieg des
Erlösers auf die Erscheinung Jesu auf Erden. Bei ihrer dualistischen Gesamthaltung wird eben diese körperliche Welt bereits die Welt der Verderbens und der Finsternis, und es bedarf
der Idee eines Abstiegs zur Hölle nicht mehr. Und in diesem

Zusammenhang mag darauf hingewiesen werden, daß, wie es
scheint, auch in nicht spezifisch christlich-gnostischen Quellen
die Phantasien namentlich von dem unerkannten Herabsteigen
des Erlösers in die Welten der Finsternis ebenfalls auf das
irdische Leben Jesu bezogen werden, nicht auf seine Hadesfahrt.
Wir erinnern uns daran, daß auch die Ascensio Jesajae, die
vielleicht doch auch in gemeinchristlichen Kreisen gelesen wurde
und nicht spezifisch gnostisch ist, nur einen Abstieg des Erlösers
durch die Himmel bis auf diese Erde kennt. Auch eine Parallele in den Acta Thomae, die ja allerdings auch schon
gnostisch berührt ist, möge hier erwähnt werden. Dort (c. 45)
läßt der Verfasser die Dämonen zu dem Apostel sprechen, daß
er in seiner Gestalt dem Herrn Jesus gleiche, als wenn er von
ihm gezeugt sei. »Denn wir haben einmal gemeint, auch jenen
unter unser Joch zu bringen, wie auch die übrigen. Der aber
wandte sich gegen uns und unterjochte uns; denn wir kannten
ihn nicht. Er hat uns aber durch seine unscheinbare Gestalt
und durch seine Armut und durch seinen Mangel betrogen;
denn wie wir ihn schauten, da glaubten wir, daß er ein Mensch
mit Fleisch und Blut sei, und wußten nicht, daß er es ist, der
die Menschen lebendig macht«[1]. Zum Schluß mag die Frage
hier aufgeworfen werden, ob nicht auch die schon bei Paulus
I. Cor. 2 sich findende Behauptung, daß die Archonten dieser
Welt den Herrn der Herrlichkeit, ohne ihn zu kennen, ans
Kreuz gebracht hätten und infolgedessen ihre Macht vernichtet
wäre, in diesen Zusammenhang einzureihen sei.

II.

Sind wir bisher der Erlösergestalt in der Gnosis da, wo
sie allein stand, nachgegangen, so gilt es nun, diese in Verbindung mit der weiblichen Gestalt der Sophia ins Auge zu fassen.
Dabei nehmen wir zugleich den Faden wieder auf, den wir
im zweiten Kapitel unserer Untersuchung haben fallen lassen.

---

1. Vgl. c. 143: οὗτος ὁ σφήλας τοὺς ἄρχοντας καὶ τὸν θάνατον
βιασάμενος. — Auch Hippolyt V 19 p. 206 (Sethianer) wird ausgeführt,
daß sich der Logos des Lichtes dem Tiere der Schlange (dem bösen
Geist) gleichgestaltet habe, um so durch Überlistung der höllischen
Mächte das Erlösungswerk zu vollbringen.

Es war uns dort gelungen, nachzuweisen, daß die eine dieser
weiblichen Gestalten, die mit dem gnostischen Erlöser zusammen
erscheinen, die Helena im Simonianischen System, tatsächlich
mit einer Göttin, die im späteren synkretistischen Zeitalter eine
gewisse Rolle gespielt zu haben scheint, der Helena-Selene
(Isis-Astarte) identisch sei. Läßt sich aber in Betreff der Helena dieser Nachweis führen, so wird er auch von deren Genossen dem »Mager« Simon zu gelten haben. Dieser mag nach
der einen Seite hin eine ursprüngliche historische Figur sein,
das soll nicht geleugnet werden; aber sicher ist, daß mit seiner
Figur eine Göttergestalt des späteren Synkretismus und deren
Mythus kontaminiert, und daß aus dieser Kombination die gnostische Erlösergestalt Simon entstanden ist. Eine Reihe von Spuren
deuteten darauf hin, daß Simon und Helena beide in der Tat
hellenistische Göttergestalten waren und als solche sogar einen
Kult besessen haben. Diese Erkenntnis ist von außerordentlicher Tragweite. Die simonianische Gnosis ist nach einstim-
migem Urteil der Überlieferung die älteste Erscheinung der
Gnosis, von der uns direkte Nachrichten erhalten sind. Die
Gestalt des Simon begegnet uns bereits in der Apostelgeschichte
also mindestens am Ende des ersten christlichen Jahrhunderts,
— und zwar in ihrer gnostischen Ausgestaltung (Apg. 8, 10:
ἡ δύναμις τοῦ ϑεοῦ ἡ καλουμένη μεγάλη). So haben wir
in den für uns erkennbaren Anfängen der Gnosis eine Erscheinung, zu deren Erklärung wir keinerlei christliche Prämissen gebrauchen, eine Erlösergestalt, die mit Jesus von Nazareth gar nichts zu tun hat. Und von hier aus drängt sich
uns von neuem mit fast zwingender Gewalt die Vermutung auf,
daß wie auf den Mager Simon die Gestalt einer heidnischen
Erlösergottheit adaptiert ist, so auch das Soter der christlichen
Gnosis aus einer Kontamination einer bereits fertig vorliegenden
Erlösergestalt mit dem von der christlichen Religion verkündeten Jesus Christus entstanden sei.

Bei alledem — das soll offen zugestanden werden — fehlt
ein Ring in der Kette des Beweises, und bleibt an einem Punkte
die vorgetragene Anschauung Postulat. Wir vermögen jene
postulierte Erlösergestalt in den Gebieten, die für uns in Betracht kommen (Mesopotamien, Syrien, Phönicien, Ägypten) und
in der betreffenden Zeit — etwa in Verbindung mit der Ge-

stalt der Helena nicht mit Bestimmtheit nachzuweisen. Eine
Reihe von Forschern hat allerdings in Anlehnung an die
recht wagehalsigen und der Nachprüfung bedürftigen Aufstellungen von Movers (Phönizier) die Behauptung aufgestellt, daß
eine derartige Gestalt tatsächlich nachweisbar sei. So spricht
A. Duncker in seiner Geschichte des Altertums (5. Aufl. I 330)
von einem Mythus, demzufolge der Sonnengott Melkart ausgezogen sei, die in die Dunkelheit der Nacht verschwundene
Mondgöttin (Selene-Astarte) zu suchen, diese im fernen Lande
gefunden und dort mit ihr die himmlische Hochzeit gefeiert
habe. Wäre dieser Mythus nachgewiesen, so bliebe allerdings
kein Zweifel mehr übrig, daß wir den Prototyp des gnostischen
Simon und des christlich gnostischen Soter gefunden hätten.
Aber leider ist derselbe bisher nur Postulat und nicht authen-
tisch nachweisbar.

Am nächsten kommt dem postulierten Mythus etwa die
bereits dem späteren synkretistischen Zeitalter angehörige Erzählung der Hochzeit des Kadmos und der Harmonia. Allerdings heißt es in diesem Mythus, daß Kadmos, der Sohn
Agenors, ausgesandt seine Schwester Europa zu suchen,
auf seiner Fahrt in Samothrake die Harmonia gefunden und
mit ihr die Hochzeit gehalten, resp. sie geraubt und im fernen
Lande, (etwa) in Theben, gefreit habe[1]. Die eine Gestalt
der verschwundenen, wiedergefundenen und gefreiten Göttin,
die wir postulieren müssen, erscheint hier auf zwei Figuren,
die Schwester Europa und die Braut Harmonia, verteilt.
Immerhin kann wenigstens darauf hingewiesen werden, daß die
Erzählung von Kadmos und Harmonia in späterer Zeit auch
in den Küstenstädten Phöniziens lokalisiert war. Nach Athe-
naeus XIV 77 p. 658 soll Euemeros die Harmonia als Flötenspielerin eines Königs von Sidon, die mit Kadmos dessen Koch
durchgegangen sei, bezeichnet haben[2]. Der Spott des Euemeros beweist, daß die Sidonier den Kadmos und die Harmonia

---

1. Vgl. Diodor V. 48; Ephoros, Schol. zu Euripides Phoenik. 7.
Zum Ganzen Art. Harmonia und Kadmos in Roschers Lexikon der Mythologie.

2. Darf hier vielleicht die rätselhafte Szene zwischen dem Apostel
Thomas und der Flötenspielerin Acta Thomae c. 7 — in Verbindung
mit dem Hochzeitslied c. 6 — verglichen werden?

für sich in Anspruch nahmen. Beachtenswert ist auch, daß
man nach Nonnus (Dionysiaca XL 346ff.)[1] in Tyrus das Haus
des Agenor und das Brautgemach des Kadmos zeigte. Das
»Brautgemach« (der ἱερὸς γάμος) ist für diesen Mythus überhaupt
charakteristisch; auch auf Samothrake und in Theben wurde es
gezeigt (Pausanias IX 12, 3; 16, 3)[2].

Können wir so den direkten Beweis für die vermuteten
Beziehungen nicht bis zum Ende führen[3], so werden wir um so
mehr den Weg der indirekten Beweisführung einschlagen müssen.
So haben wir in diesem Zusammenhang die Frage zu stellen,
ob sich nicht auch in den Parallelfiguren zu Simon und zur
Helena: dem christlich gnostischen Soter und der Sophia Züge
einer nicht aus christlichen Prämissen erklärbaren Mythologie
nachweisen lassen, Beweise, daß auch hier die Adaption eines
Mythus auf die Gestalt des christlichen Erlösers stattgefunden hat.

Schon bei den Gnostikern des Irenäus I 30 erscheinen die
beiden Gestalten des Χριστός und der Σοφία nebeneinander.
Wir haben schon oben darauf hingewiesen, daß der Χριστός in
dem System der Gnostiker, wie es uns hier vorliegt, vielleicht
an Stelle des Ἄνθρωπος oder des secundus homo infolge christ-

---

1. Vgl. auch wie bei Nonnus, Dionysiaka XLI 277. 314. 358, die
Göttin Harmonia als eine kosmische Potenz erscheint, als παμμήτωρ,
παντρόφος; die vier Weltgegenden sind ihre Türhüterinnen, u. s. w.

2. In diesem Zusammenhang mag noch der seltsame Bericht Theodor bar-Kunis über die Sekte der Kukaeer (Pognon 209ff.) verglichen
werden. Hier wird behauptet, daß der »großen Mutter des Lebens«
sieben Töchter von den Mächten der Finsternis geraubt und deren
Söhnen gegeben seien, daß aber die guten Mächte an einem bestimmten
Tage herabsteigen, um ihre Verlobten zu befreien und heimzuholen.
Die Jungfrauen sollen sich in Hatra, Mabug, Harran befinden. — Ein
merkwürdiger Nachklang des Mythus von der geraubten und befreiten
Göttin.

3. Man könnte natürlich noch auf eine Reihe anderer verwandter
Mythen hinweisen, so auf den der Befreiung der Ištar durch Uddu
šunamir im alten babylonischen Lied von der Höllenfahrt der Ištar
(vgl. Anz, Ursprung S, 90—93), vielleicht auch auf die Befreiung der
Hesione durch Herakles, der Andromeda durch Perseus. Doch wird
sich überall Gewisses nicht mehr ausmachen lassen. Es muß eventuell
genügen, den Typus des vorliegenden Mythus im allgemeinen festzustellen.

licher Bearbeitung getreten sei, daß aber der Ἄνϑρωπος die
ihn charakterisierenden Züge, namentlich den des Hinabsinkens
in die Materie, an die neu hier auftretende Gestalt der Sophia
abgegeben habe. Jedenfalls steht in dem gnostischen System
die obere im Himmel verbliebene Gestalt unmittelbar neben der
Sophia, der gesunkenen Göttin. Sie sind Geschwister von un-
gleicher Art und ungleichem Wert. Und zugleich wird der
Χριστός der Erlöser der gesunkenen Σοφία. Es wird I 30, 12
berichtet, daß die Sophia, als sie infolge der Abtrünnigkeit ihres
Sohnes keine Ruhe, weder im Himmel noch auf Erden, gefunden habe, betrübt ihre Mutter angefleht habe, daß ihr der
Christus zur Unterstützung gesandt würde. Es ist nun sehr
darauf zu achten, daß hier als die eigentliche Tat des Erlösers
die Befreiung der Sophia, seiner Schwester, und die Vereinigung
mit ihr berichtet wird. Ich erinnere daran, daß es auch hier
heißt, daß der Erlöser unerkannt durch die Welten der planetarischen Mächte hindurchgegangen sei und bei diesem Hindurch-
fahren diese ihrer Macht entleert habe, daß also auch hier der
Gegensatz gegen die dämonischen Mächte erhalten geblieben
ist. Dann aber heißt es: »Et descendentem Christum in hunc
mundum induisse primum sororem suam Sophiam et
exultasse utrosque refrigerantes super invicem et hoc esse spon-
sum et sponsam definiunt«. Hier haben wir augenscheinlich
das Ende und das Acumen eines ursprünglichen Mythus: der
Erlösergott befreit die gefangene und in die Materie versunkene
Göttin und feiert mit ihr die heilige Hochzeit, Christus und die
Sophia sind Braut und Bräutigam. Und wenn wir so das Auge
geschärft haben für das eigentliche Mythologische in dieser
Darstellung, so sehen wir nun auch deutlich, wie künstlich mit
der Erzählung vom Erlöser, der die Sophia befreit, die Gestalt
des historischen Jesus verbunden ist. Denn es wird hier nun
weiter berichtet, daß die Sophia vor dem Kommen des Retters
durch den Jaldabaoth, ohne daß dieser gewußt, was er getan,
zwei Menschen emaniert hätte (30, 11): »duorum homines factas
esse emissiones, alterum quidem de sterili Elizabeth, alterum
autem ex Maria virgine«. So habe die Sophia den Jesus vorher
vorbereitet, »uti descendens Christus inveniat vas mundum«, und
dann habe sich der mit der Sophia vereinigte Christus auf dem
Menschen Jesus niedergelassen, und so sei Jesus Christus ent-

standen. Diese wunderliche und verzwickte Christologie, die hier vorgetragen wird, wird erst dann eigentlich verständlich, wenn wir annehmen dürfen, daß hier ein ursprünglich selbstständiger Mythus von der Vereinigung des Soter mit der Sophia künstlich mit der Gestalt Jesu verbunden ist.

Dieselbe Beobachtung können wir machen, wenn wir versuchen, in die verschlungenen Gedankenzüge der Valentinianischen Systeme einzudringen. Wir haben zunächst zu unterscheiden zwischen einem früheren und einem späteren Zustand in der Ausbildung dieser Systeme.

Nach der älteren Auffassung des Valentinianismus finden wir auch hier das Paar, den Erlöser Christus und die gerettete Sophia, nebeneinander. In dem System, das als ursprüngliches des Valentin, des Meisters der Schule selbst, ausgegeben wird (Irenäus I 11, 1), heißt es noch ausdrücklich, daß Christus nicht, wie in den späteren Systemen angegeben werde, von den oberen himmlischen Mächten emaniert sei, sondern seine Mutter die gefallene Sophia sei. Diese habe ihn cum quadam umbra geboren, er aber habe, da er seiner Natur nach männlich sei, den Schatten von sich abgestreift und sei ins πλήρωμα zurückgekehrt. Dieselbe Auffassung setzt auch noch das System der Markosier I 15, 3 voraus, wo von dem Χριστός die Rede ist, als er nach oben geeilt und die Zwölfzahl wieder ausgefüllt habe: „τὸν ἀναδραμόντα ἄνω καὶ πληρώσαντα δωδέκατον ἀριϑμὸν Χριστόν". Ebendieselbe Auffassung liegt ferner in den von Clemens Alexandrinus überlieferten Excerpta ex Theodoto vor (vgl. c. 23: „Χριστὸς καταλείψας τὴν προβαλοῦσαν αὐτὸν Σοφίαν" — c. 32: „καταλείψας τὴν μητέρα ἀνελϑὼν εἰς τὸ πλήρωμα" — c. 33: „Χριστοῦ τὸ οἰκεῖον φυγόντος, συσταλέντος εἰς τὸ πλήρωμα" — c. 44: „ὅμοιον τῷ καταλιπόντι αὐτὴν φωτί"). Die Anschauung, die hier vorliegt, scheint sogar noch ursprünglicher zu sein als diejenige im gnostischen System des Irenäus. Christus ist hier nicht der himmlische Bruder der gesunkenen Sophia, sondern vielmehr der Sohn dieser Sophia, der sich als der bessere, männliche Teil derselben wieder ins πλήρωμα zurückerhoben hat, und auch die Vermutung, daß der an dieser Stelle stehende Christos ursprünglich identisch mit dem Anthropos gewesen sei, wird uns hier auf das deutlichste bestätigt. Denn die Gestalt des Christos, der von der Sophia in der außerhimmlischen Welt geboren wird und aus dieser sich unter Zurücklassung seines Schattens wieder erhebt (vgl. die Darstellung des Poimandres s. o.), ist offenbar identisch mit dem Menschen (Urmenschen), der in die Materie versinkt und sich wieder aus ihr erhebt. Dieser Christos, der sich von seiner Mutter getrennt und in die himmlische Welt erhoben hat, erscheint nun auch in den älteren Valentinianischen Systemen zugleich als der dann wieder zurückkehrende Erlöser, der seine Mutter aus dem Verderben befreit, und der durch seine auch hier schon vollzogene Identifikation oder Verbindung mit Jesus die Menschenwelt erlöst. Im System des Valentin bei Irenäus I 11 heißt es ausdrücklich, daß (nach einigen) Jesus der Erlöser in diesem Systeme von dem Christus, »qui recucurrit rursum in pleroma«, seinem Wesen nach abgeleitet werde. Wenn daneben bemerkt wird, daß er nach anderer Auffassung auch von dem Anthropos und der Ecclesia abstammen solle, so liegt hier nur ein neuer Beweis für die von uns postulierte Identität vom Christos und Anthropos vor. Auch in dem System der Markosier bei Irenäus I 15, 3 wird behauptet, daß auf Jesus in Gestalt einer Taube herabgekommen sei: „τὸν ἀναδραμόντα ἄνω καὶ πληρώσαντα δωδέκατον ἀριθμὸν Χριστόν“, d. h. eben, daß der Christos, der Sohn der Sophia, sich auf Jesus bei der Taufe herabgelassen habe. So erscheint hier Christos in diesem Zusammenhange geradezu als Vater Jesu: καὶ καθ- εῖλε μὲν τὸν θάνατόν φησιν ὁ ἐκ τῆς οἰκονομίας Σωτήρ, ἐγνώρισε τὸν πατέρα Χριστός“[1]. Bemerkenswert ist übrigens auch hier, daß, ohne daß eine Vermittlung zwischen diesen beiden Angaben klar herausgestellt wurde, daneben unmittelbar die Behauptung steht, daß der, der auf den irdischen Jesus herabgekommen sei, der Anthropos sei: „Εἶναι οὖν τὸν Ἰησοῦν ὄνομα μέν τοῦ ἐκ τῆς οἰκονομίας ἀνθρώπου . . . ., τεθεῖ- σθαι δὲ εἰς ἐξομοίωσιν καὶ μόρφωσιν τοῦ μέλλοντος εἰς αὐτὸν κατέρχεσθαι Ἀνθρώπου“. Also auch hier wieder die ursprüngliche Identität von Christos und Anthropos[2].

In den späteren valentinianischen Systemen, namentlich in dem des Ptolemäus, aber auch in den Excerpta ex Theodoto, die ja in der Auffassung von der Abstammung des Christos von der gefallenen Sophia mit den älteren Darstellungen überein-

---

1. So ist sicher zu lesen statt „Χριστόν“. Vgl. dazu die ausdrück- liche und genaue Parallele III 16, 1: »Qui autem a Valentino sunt, Jesum quidem, qui sit ex dispositione, (dicunt) ipsum esse, qui per Ma- riam transierit, in quem illum de superiori Salvatorem descendisse, quem et Christum dici . . . . participasse autem cum eo qui esset ex dispositione de sua virtute et suo nomine, ut mors per hunc eva- cuaretur, cognosceretur autem pater per eum Salvatorem quidem, qui desuper descendisset«.

2. Wenn es Irenäus III 11, 3 heißt: »Alii rursum Jesum quidem ex Joseph et Maria natum dicunt et in hunc descendisse Christum«, so haben wir auch hier dieselbe Anschauung. Es ist allerdings nicht ganz sicher, ob Irenäus hier eine spezifisch valentinianische Schulmeinung vorträgt, aber doch wahrscheinlich. Merkwürdig gegenüber der ge- wöhnlichen Behauptung der wunderbaren Herkunft auch des irdischen Jesus in den Systemen des Valentinianismus ist hier die Behauptung von der natürlichen Geburt des irdischen Jesus, auf den der Christus herabgekommen sei. Es bleibt möglich, daß hier ein sehr altes System der valentinianischen Schule vorliegt.

stimmen, tritt eine charakteristische zweite und eigentliche Erlösergestalt neben den Christos. Diese Gestalt wird gewöhnlich
schlechthin unter dem Namen des Soter eingeführt. Von der
Entstehung dieses Soter heißt es im Ptolemäischen System bei
Irenäus I 2, 6, daß das gesamte Pleroma sich zusammengetan
hätte und ein jeder von den Aeonen das Beste und Schönste
aus seinem Wesen zusammengetragen, und daß die Aeonen so
gemeinsam zu Ehren des Bythos den Soter emaniert hätten,
der hier auch Jesus genannt wird: „τελειότατον κάλλος τε καὶ
ἄστρον τοῦ πληρώματος, τέλειον καρπόν". Auch in der Darstellung von Hippolyts Refut. VI 32 gilt der Soter als κοινὸς
τοῦ πληρώματος καρπός[1]. Dieser Soter erscheint nun als der
eigentliche Erlöser, und in dem Bericht über die Erlösung, die
uns in den späteren valentinianischen Systemen vorliegt, tritt noch
deutlicher als bisher heraus, wie der eigentliche Akzent in der
Erzählung von der Erlösung auf dem Gedanken der Befreiung
der Sophia und ihrer Vereinigung mit dem Soter ruht[2]. Das
erscheint als das eigentliche und nächste Ziel der Sendung des
Soter: die Befreiung und Erlösung der Sophia.

Ganz mythisch klingt die Schilderung des Zusammentreffens
der Sophia mit ihrem Befreier. Es wird erzählt, daß dieser
mit seinen Genossen, den Engelmächten, zu ihr gekommen sei:

---

1. Die Art, wie hier der Soter als die letzte und jüngste und doch
als diejenige Gottheit eingeführt wird, die allen anderen überlegen und
erhaben ist und die Macht aller anderen in sich vereinigt, erinnert
sehr an bereits Besprochenes. So wird in dem babylonischen Schöpfungsmythus Marduk als der jüngste Gott eingeführt, dem dann doch alle
älteren Götter alle ihre Macht und Ehre geben. Ähnlich werden auch
in den Mandäischen Mythen die jungen Götter Mândâ d' Hajê und
Hibil Ziwâ in der Versammlung der Götter begrüßt.

2. In dem ptolemäischen System wird erzählt, daß zunächst der
Christos, der hier nicht als Sohn der Sophia, sondern neben dem
Heiligen Geist als eine Emanation des Monogenes resp. des Pater
(des an zweiter Stelle nach dem Bythos stehenden Aeon) aufgefaßt wird, sich der Sophia genaht und versucht habe, diese von ihren
Leiden zu befreien; dann habe er sich wieder von ihr entfernt, und als
sein Ersatz sei dann der Soter gesandt. Deutlich verrät sich noch in
dieser Anlage, daß der Christos und der Soter eigentlich nur Doubletten
sind. In den Excerpta ex Theodoto heißt es einfacher, daß der Soter
der Sophia als Ersatz für ihren Sohn, den Christos, der sich, sie hinter
sich lassend, in die Welt der Aeonen erhoben hatte, gesandt sei.

„*Τὴν δὲ Ἀχαμὼϑ ἐντραπεῖσαν αὐτὸν λέγουσι πρῶτον μὲν κά-
λυμμα ἐπιϑέσϑαι δι' αἰδῶ, μετέπειτα δὲ ἰδοῦσαν σὺν ὅλῃ τῇ
καρποφορίᾳ αὐτοῦ προσδραμεῖν αὐτῷ δύναμιν λαβοῦσαν ἐκ τῆς
ἐπιφανείας αὐτοῦ*" (Iren. I 4, 5). In der Parallelstelle, Exc. ex
Theod. 44, wird gesagt, daß die Achamoth sich wegen der Be-
gleiter des Soter aus Scham mit einer Hülle bedeckt habe.
Und was dann weiter in dem ursprünglichen, noch deutlich
durchschimmernden Mythus erzählt wurde, ist in der Tat ein
„*ἱερὸς γάμος*" der beiden Göttergestalten. Es wird Irenäus
I 3, 4 angedeutet, daß der Soter „*διήνοιξε τὴν μήτραν τῆς
Ἐνθυμήσεως τοῦ πεπονϑότος Αἰῶνος καὶ ἐξορισϑείσης ἐκτὸς
τοῦ πληρώματος*". Auf dieselbe Vorstellung deutet auch das
schon zitierte „*δύναμιν λαβοῦσαν ἐκ τῆς ἐπιφανείας αὐτοῦ*".
Ausdrücklich berichtet Hippolyt Refut. VI 34, daß die Sophia
mit dem Soter 70 Söhne (*λόγοι*) gezeugt habe, „*οἵτινές εἰσιν
ἄγγελοι ἐπουράνιοι πολιτευόμενοι ἐν Ἱερουσαλὶμ τῇ ἄνω τῇ ἐν
οὐρανοῖς*". »Denn das ist die Stadt Jerusalem; die draußen befindliche Sophia und ihr Bräutigam ist die gemeinsame Frucht
des *πλήρωμα*«. Diese echt mythische Vorstellung von den
70 Söhnen, die die beiden Himmelsgötter zeugen, scheint dann
bereits hier und da in eine weniger mythische umgedeutet zu
sein. Dann gilt als der himmlische Same, den die Sophia vom
Soter empfängt, das Geschlecht der (menschlichen) Pneumatiker.
Irenäus I 5, 1: „*Τριῶν οὖν ἤδη τούτων ὑποκειμένων κατ' αὐτοὺς τοῦ μὲν ἐκ τοῦ πάϑους, ὃ ἦν ὕλη, τοῦ δὲ ἐκ τῆς ἐπιστρο-
φῆς, ὃ ἦν τὸ ψυχικόν, τοῦ δέ, ὃ ἀπεκύησε, τοῦτ' ἔστι τὸ
πνευματικόν*". Auch scheint die Darstellung vorgelegen zu
haben, daß die Achamoth den geistigen Samen nicht vom Erlöser selbst, sondern von seinen begleitenden Engeln (*δορυφόροι
τοῦ Σωτῆρος*) empfangen habe (I 4, 5 Ende; vgl. II 19, 5:
»utrumne semel enixa sit mater illorum semen, ut vidit angelos, an particulatim«)[1]. Von diesem pneumatischen Samen,
den die Achamoth empfangen habe, ist dann weiter Irenäus I
5, 6 die Rede. Er ist der Mutter wesensgleich und geht in
diese Welt ein, ohne daß der Demiurg, der Weltschöpfer, etwas
von ihm ahnt. Es scheint auch hier auf den Mythus angespielt

---

1. Zu vergleichen ist hier die parallele Darstellung Exc. ex Theod.
39 und 40: „*ὅτε ὑπὸ τοῦ ἄρρενος τὰ ἀγγελικὰ τῶν σπερμάτων προεβάλετο*".

zu werden, der bei den Gnostikern des Irenäus klarer dargestellt ist, daß der Demiurg ohne sein Wissen und Wollen den
ihm ebenfalls ohne sein Wissen zugekommenen Samen bei der
Schöpfung dem ersten Menschenpaare einhaucht. So ist also
der geistige Same in dieser niederen Sphäre eingeschlossen und
unterliegt der weiteren Entwicklung. An diese Darstellung
schließt sich die von der Befreiung des geistigen Samens.
Wenn die Weltentwicklung einst zu Ende gebracht sein wird,
dann wird die Achamoth aus dem Orte der Mitte sich wieder-
erheben und in das $\pi\lambda\dot\eta\varrho\omega\mu\alpha$ hineinkommen und endgültig ihren
Bräutigam, den Soter, in Empfang nehmen, auf daß eine Sy-
zygie zwischen Soter und Achamoth entstehe. »Und das sei
der Bräutigam und die Braut, das Brautgemach aber das
ganze Pleroma« (I 7, 1). Die Pneumatiker sollen dann den
psychischen Bestandteil ihres Wesens ausziehen und rein geistige
Wesen werden, sie ziehen ebenfalls in das Pleroma ein und
werden als Bräute den Engeln des Soter übergeben. Die
Hochzeit der Sophia mit dem Soter gilt also hier als vor-
bildlich und urbildlich, als Hochzeit der Pneumatiker mit den
Engeln, den Begleitern des Soter[1].

Wir sehen nunmehr vollständig deutlich, daß der Erlösungsmythus im valentinianischen System ursprünglich nichts
mit der Idee der Erlösung durch Jesus zu tun hat. Im Zentrum der valentinianischen Gnosis stand ein heidnischer
Mythus, der von der heiligen Hochzeit zweier Götter, des
Soter und der Sophia, handelte. In diesem Mythus fanden
dann die Gnostiker das Urbild und Vorbild der von ihnen er-
hofften Vereinigung ihres höheren unsterblichen Wesens mit
himmlischen Geistesmächten. Wir dürfen vermuten, daß die
eigentliche mysteriöse Lehre, die hier den Eingeweihten mitgeteilt wurde, eben nur diese war, daß jedem Gnostiker ein ebenso
herrliches Geschick bevorstehen würde, wie es der Mythus von
der gefallenen Sophia und ihrer Vereinigung mit dem himmlischen Bräutigam erzählte, und es scheint klar zu sein,
wie nun erst um des Anschlusses an den gemeinchristlichen
Glauben willen mit diesem Erlösungsmythus ganz künstlich

---

1. Weiteres über diese Idee der Hochzeit der Pneumatiker mit
den Engeln s. im nächsten Kapitel.

und mechanisch die Lehre von der Erlösung durch den historischen Jesus Christus verbunden wurde. Wir sehen noch die
klaffenden Risse, die das System hier zeigt. Die Tätigkeit des
Soter in der exoterischen Darstellung der valentinianischen
Gnosis zerfällt ganz deutlich in zwei getrennte Etappen. Es
handelt sich zunächst um eine Erlösung in der Urzeit, bei der
einfach erzählt wird, wie der göttliche Heros, der Soter, die in
der Unterwelt gefangen gehaltene Sophia befreit und wie sich
beide dann zur himmlischen Hochzeit vereinen und 70 Himmels-
söhne erzeugen. Davon durch einen weiten Zeitabstand geschieden, vollzieht sich dann die zweite Etappe der Erlösung,
die eigentlich historische. Zu diesem Zweck wird die Gestalt
des Soter in eine künstliche Verbindung mit dem Menschen
Jesus gebracht. Auch dieser Jesus ist in den uns vorliegenden
valentinianischen Systemen bereits eine komplizierte Gestalt.
Nach dem ptolemäischen System soll er die verschiedensten
Elemente in sich vereinigt haben. Von der Sophia habe er das
pneumatische Teil bekommen, von dem Demiurg die psychischen
Bestandteile seines Wesens. Hinzu kommt dann eine unter
unendlicher Kunst in den oberen Welten bereitete wunderbare
Leiblichkeit, die es dem Erlöser ermöglicht, leiblich auf Erden
zu erscheinen, ohne daß er doch wirklich Bestandteile der niederen körperlichen Materie an sich trüge. Diese drei Elemente
vereinigen sich zu der Gestalt des irdischen Jesus, und diese
ist dann nach der Auffassung dieser Gnostiker nicht eigentlich
geboren, sondern, wie durch einen Kanal, durch den Leib der
Jungfrau Maria hindurchgegangen. Etwas einfacher ist das
Wesen des irdischen Jesus in dem System der Markosier gedacht (Irenäus I 15, 3). Aber wie auch hier im einzelnen sich
die Ausführung gestaltet, der Nachdruck in der Darstellung des
Systems liegt dann darauf, daß auf diesen irdischen Jesus
sich zur Erlösung der Menschen der himmlische Soter in der
Gestalt einer Taube bei der Taufe herabgelassen habe. Man
ist sich also hier noch einigermaßen deutlich der Verbindung einer fremden Erlösergestalt mit dem historischen Jesus
bewußt. So — und das ist besonders bedeutsam — erklärten
dann auch die Valentinianer, daß der Soter, d. h. dieser historische Erlöser Jesus Christus, eigentlich nur zur Erlösung des
Geschlechts der Psychiker herabgekommen sei. Die Hyliker

können nicht erlöst werden, die Pneumatiker bedürfen keiner eigentlichen Erlösung, da sie ihrer innersten Natur nach der himmlischen Welt verwandt sind; dagegen bedürfen die Psychiker einer solchen Erlösung. Irenäus I 6, 1: „$\varDelta\iota'$ $\mathring{\omega}\nu$ (? ob quam causam) $\varkappa\alpha\grave{\iota}$ $\varkappa\acute{o}\sigma\mu o\nu$ $\varkappa\alpha\tau\varepsilon\sigma\varkappa\varepsilon\upsilon\acute{\alpha}\sigma\vartheta\alpha\iota$ $\lambda\acute{\varepsilon}\gamma o\upsilon\sigma\iota$ $\varkappa\alpha\grave{\iota}$ $\tau\grave{o}\nu$ $\varSigma\omega\tau\~\eta\varrho\alpha$ $\delta\grave{\varepsilon}$ $\grave{\varepsilon}\pi\grave{\iota}$ $\tauo\~\upsilon\tau o$ $\pi\alpha\varrho\alpha\gamma\varepsilon\gamma o\nu\acute{\varepsilon}\nu\alpha\iota$ $\tau\grave{o}$ $\psi\upsilon\chi\iota\varkappa\acute{o}\nu$, $\grave{\varepsilon}\pi\varepsilon\grave{\iota}$ $\varkappa\alpha\grave{\iota}$ $\alpha\mathring{\upsilon}\tau\varepsilon\xi o\acute{\upsilon}\sigma\iota\acute{o}\nu$ $\grave{\varepsilon}\sigma\tau\iota\nu$, $\ddot{o}\pi\omega\varsigma$ $\alpha\mathring{\upsilon}\tau\grave{o}$ $\sigma\acute{\omega}\sigma\eta$". Deutlicher kann es nicht ausgesprochen werden, daß die ganze Lehre von dem historischen Erlöser und der historisch gegebenen Erlösung nur eine nachträgliche Erweiterung des Systems ist, die man zugunsten der Psychiker, d. h. der katholischen Christen, aufgestellt hat und um die eigene Lehre der gemeinchristlichen Lehre, soweit es möglich war, anzugleichen.

Von hier aus wird es vielleicht noch gelingen, die eigentümliche komplizierte Erzählung von der Befreiung der Sophia, wie sie sich in dem System der Pistis Sophia darstellt, zu begreifen und in ihre Elemente zu zerlegen. Nach der ungemein umfangreichen Darstellung dieser Schrift liegt diese Befreiung nämlich zum Teil vor dem irdischen Leben des Erlösers Jesus, zum Teil hinter demselben. So berichtet Jesus im Anfang der Schrift (c. 29), als er nach seiner Auferstehung den Jüngern erzählt, was er auf seiner vorübergehenden Auffahrt zum Himmel in den einzelnen himmlischen Welten gesehen habe, daß er die Pistis Sophia unterhalb des dreizehnten Aeon ganz allein, betrübt und trauernd angefunden habe, und diese Erwähnung gibt dann den Anlaß zu einer ausführlichen Darstellung des Geschicks der Sophia. Es wird erzählt, daß sie ursprünglich im dreizehnten Aeon ihren Aufenthalt gehabt habe, aber durch teuflische Mächte von dort in das Chaos hinabgelockt sei (s. o. S. 18). Von dort ist sie dann durch die Hilfe der himmlischen oberen Mächte, namentlich durch die Hilfe Jesu selbst befreit; und zwar liegt ihre Befreiung zeitlich zunächst vor dem historischen Leben Jesu offenbar in der uranfänglichen Zeit. Jesus berichtet darüber seinen Jüngern c. 58, daß er die Pistis Sophia zunächst vermöge seiner Lichtkraft zu den oberen Örtern des Chaos hinaufgeführt, daß er die Lichtkraft, die er ihr schickte, habe zu einem Lichtkranz um ihr Haupt werden lassen, durch den sie vor den Nachstellungen der Aeonen beschirmt werden sollte (c. 59), daß darauf, da die Zeit gekommen sei,

die Sophia aus dem Chaos zu retten, die höchste Gottheit, das
erste Mysterium, ihm eine große Lichtkraft aus der Höhe
gesandt (c. 60) und daß dieser Lichtabfluß dann in seiner
ganzen Stärke ins Chaos hineingeleuchtet habe, so daß die finsteren Mächte ihm gegenüber ohnmächtig geworden seien (c. 64).
Und so heißt es denn (Kap. 66 S. 91, 7 ff.): »Und ich führte
die Pistis Sophia aus dem Chaos heraus, indem sie auf die
Emanation des Authades mit dem Schlangengesicht trat, und
indem sie ferner auf die Emanation mit dem Basiliskengesicht
der sieben Köpfe trat, und indem sie auf die Kraft mit dem
Löwen- und Drachengesicht trat . . . ., und ich, das erste Mysterium, stand bei ihr und nahm alle in ihr befindlichen Kräfte
und vernichtete ihre ganze Materie, damit kein Same von ihr
von jetzt ab sich erhebe«.   Man sollte meinen, damit wäre die
Befreiung der Sophia vollzogen.   Aber wir hören nun zum Erstaunen c. 75, daß der Erlöser die Sophia nur zum Ort unterhalb des dreizehnten Aeon geführt hat und daß er sie dann
verläßt mit der Weissagung, ihre endgültige Erlösung werde
sich erst in der Zukunft, wenn die drei Zeiten vollendet werden, vollziehen; von neuem würden die feindlichen Mächte sie
bedrängen, aber dann werde auch endgültig die Befreiung erfolgen.   Und dann heißt es c. 76, daß Jesus, als er nach
seiner Auferstehung mit seinen Jüngern auf dem Ölberge
saß, erkannt habe, daß der Zeitpunkt der endgültigen Befreiung
der Sophia gekommen sei.   Wiederum und zum letzten Mal
hätten damals, als er sich in der Menschenwelt befand, die
finsteren Mächte die Sophia bedrängt.   Aber bei seiner Auffahrt zum Himmel habe Jesus dann die Sophia genommen und
sie in den dreizehnten Aeon endgültig eingeführt (c. 81).   Was
bedeutet hier die fortwährende Verlängerung des Befreiungs-
prozesses und der wiederholt auftretende Aufschub der endgültigen Erlösung?   Ich meine, nach dem Vorausgegangenen sei
die Sache klar.   In dem ursprünglichen Mythus war von einer
vorweltlichen, uranfänglichen Befreiung der Sophia durch einen
vorweltlichen Erlöser die Rede.   Der gesammte Befreiungsprozeß spiegelte sich in der Urzeit ab und hatte mit der historischen Erlösung nichts zu tun.   Dieser Mythus von der Befreiung der Sophia durch den Soter ist dann künstlich auf die
irdische Erlösergestalt Jesu bezogen und mußte so zum Teil in

die Mitte und auf den Höhepunkt der Geschichte verlegt werden. So half sich der Kompilator mit der Annahme, daß die Sophia in der Urzeit noch nicht endgültig befreit, sondern nur aus dem Chaos an den Ort unter dem dreizehnten Aeon entrückt sei, und daß dann Jesus bei seiner Auffahrt zum Himmel ihre endgültige Befreiung und Entrückung in den dreizehnten Aeon bewerkstelligt habe. Wenn wir die Darstellung der Pistis Sophia recht beurteilt haben, so liefert diese uns also einen neuen Beweis dafür, daß der ursprüngliche Mythus von dem Soter und der Sophia mit dem christlichen Erlösungsgedanken nichts zu tun hat. Im übrigen mag darauf hingewiesen werden, daß sich in der Darstellung der Pistis Sophia die Farben dieses ursprünglichen Mythus recht gut erhalten haben. Die Sophia ist hier wirklich noch eine rein mythische Gestalt, ein himmlisches Wesen, das in die Unterwelt hinabgesunken ist und hier von den Ungeheuern der Unterwelt, die von dem Erlöser siegreich zurückgeschlagen werden, verfolgt wird.

III.

Brandt hat in seiner Darstellung der mandäischen Religion über den Unterschied der Erlösungslehre in der Gnosis und dem Mandäismus folgendermaßen geurteilt (S. 191 f.): »Der große Unterschied zwischen den gnostischen und den mandäischen Schriften besteht darin, daß die christliche Erlösungslehre letzteren gänzlich abgeht. Dafür erscheint hier die Uroffenbarung, durch welche der Mensch über seine Zugehörigkeit zu der Welt des ersten Lebens aufgeklärt und ihm die entsprechende, diese Verbindung erhaltende Religionsübung mitgeteilt wird« ..... »Die abweichende gnostische Behandlung (ist) durch den bloßen Umstand, daß dem Gnostiker das christliche Evangelium ein Gegebenes . . . . war', bedingt«. »Die Verlegung des Entscheidungskampfes wider die Hölle vom Anfang der Schöpfung in die Fülle der Zeit, erschien dadurch geboten, und der Uroffenbarung stand die mosaische Gesetzgebung oder, wo man diese fallen ließ, die erst durch Christus erteilte Offenbarung im Wege. Schon deshalb muß die mandäische Anwendung für altertümlicher gelten als die christlich-gnostische«. Diese Beobachtung Brandts ist eine durchaus richtige und

außerordentlich beachtenswerte. Wir können dieselbe auch so
präzisieren, daß überall da, wo nicht eine geschichtliche, durch
eine bestimmte geschichtliche Persönlichkeit vollzogene Erlösung
geglaubt und gelehrt wird, sondern vielmehr eine mythische Erlösung und eine mythische Erlösergestalt angenommen werden,
notwendig der Bericht von der Erlösung (resp. die Idee der
Uroffenbarung) in die Urzeit zurückverlegt werden muß. Denn
der »Mythus« spielt eben in der vergangenen uralten Zeit.
So ist es in der Tat in dem von christlichen Einflüssen an
diesem Punkt freigebliebenen mandäischen System. Mândâ d'
Hajê ist der Offenbarer der Urzeit; er teilt am Anfang aller
Welt- und Geschichtsentwicklung dem ersten Menschen die
reine Lehre mit (Brandt M. R. 121). Ebenso verhält es sich,
im Grunde genommen, auch mit dem manichäischen System.
Auch in diesem vollzieht sich die eigentliche Erlösung in der
Urzeit. Hier findet die Befreiung des Urmenschen statt, hier
die auf die Erlösung abzielende Einrichtung der Welt, hier
auch die entscheidende Wirksamkeit der erlösenden Mächte des
lebenden Geistes und des dritten Gesandten. Man kann höchstens sagen, daß im Manichäismus der Erlösungsprozeß ein
dauernder, durch die ganze Weltentwicklung sich erstreckender
ist, und daß deshalb namentlich die Tätigkeit des dritten Gesandten sich weiterhin über die ganze Weltdauer ausdehnt.
Aber die grundlegende Tat der Erlösung ist doch in der Urzeit vollzogen. Auch hier ist, freilich anders als im Mandäismus, der Versuch gemacht, gerade diese Erlösungsidee mit der
spezifisch christlichen zu vereinen und irgendwie die Gestalt
Jesu Christi in dieses ganze System einzufügen. Aber die
Kompilationsarbeit, die hier stattgefunden hat, ist eine so
grobe und oberflächliche, daß sie auch dem blödesten Auge
erkennbar wird, und hier gar kein Zweifel bestehen bleibt, daß
ursprünglich die geschichtliche Erlösergestalt Jesu Christi gar
keinen Platz in dem System hatte. Wenn hier im ausgebildeten manichäischen System zwischen Christus und Jesus unterschieden wird und Christus mit der in der Sonne lebenden und
wirksamen Macht des dritten Gesandten identifiziert wird, d. h.
mit derjenigen Macht, welche durch ihre Erscheinung nach der
bekannten Darstellung die Archonten zur sinnlichen Lust reizt,
und wenn Jeus als Jesus patibilis denjenigen Lichtelementen

gleichgestellt wird, die noch in der Materie enthalten und gebunden sind und sich mühsam namentlich im Pflanzenleben zu
Luft und Licht hinaufringen, so begreift man in der Tat den
Spott, mit dem Augustin (contra Faustum XII 11, vgl. Baur
S. 72) diesen Versuch einer Kombination manichäischer und
christlicher Gedanken bedeckte: »Postremo dicite nobis, quot
Christos esse dicatis. Aliusne est quem de spiritu sancto con-
cipiens terra patibilem gignit, omni non solum suspensus ex
ligno, sed etiam jacens in herba, et alius ille, quem Judaei
crucifixerunt sub Pontio Pilato, et tertius ille per solem lunam-
que distentus? An unus atque idem ex quadam sui parte li-
gatus in arboribus, ex quadam vero liber, eidem ligatae captae-
que subveniens?« Es ist übrigens kein Wunder, daß in diesem
Zusammenhang auch im manichäischen System die Idee von
der Uroffenbarung wiederkehrt. Nach dem Fihrist (Flügel
S. 91) heißt es, daß Jesus dem Adam die Erkenntnis gebracht
habe. »Er erklärte ihm die Paradiese und die Götter, die
Hölle und die Teufel, die Erde und den Himmel und die
Sonne und den Mond, machte ihm bange vor der Hawwâ, indem er ihn über ihre heftige Zudringlichkeit aufklärte«. Wie
im mandäischen System Mândâ d' Hajê dem ersten Menschen
die Offenbarung bringt, so belehrt hier Jesus, der hier sicher
an Stelle eines mythischen Heros getreten ist, den Adam. Die
Offenbarung ist aus der Geschichtszeit in die Urzeit verlegt.

Aber auch in der Gnosis hat sich — das dürfte von Brandt
übersehen sein — die Idee der Uroffenbarung oder richtiger
der in der Urzeit stattfindenden Erlösung noch deutlich erhalten.
Überall da, wo es sich um die Erlösung und Befreiung der
Sophia durch den Soter handelt, vollzieht sich dieselbe eigentlich in der mythischen Urzeit. Deutlich tritt das noch in den
valentinianischen Systemen und in der Pistis Sophia heraus.
Die historische Erlösung durch den geschichtlichen Jesus Christus
ist erst künstlich mit der mythischen Erlösung der Urzeit ver-
knüpft. Aber auch noch in einer anderen Spekulation hat die
Gnosis die Idee von der Uroffenbarung bewahrt. Wir brauchen
hier nur an das System der pseudoklementinischen Schriften
zu erinnern. Auch hier liegt die eigentliche Offenbarung in
der Urzeit. Der »Prophet«, der die Geschlechter der Menschen
durchwandert, hat sich zunächst in dem Herrlichsten und Reinsten

aller Menschen, in dem ersten Adam geoffenbart, und alle folgenden geschichtlichen Offenbarungen sind nur Wiederholungen und teilweise geschwächte Wiederaufnahmen der Uroffenbarung, bis in dem historischen Jesus Christus dieses Wandern des Propheten durch die Generationen seinen Abschluß und sein Ende findet. Jesus Christus ist nichts anderes als der wiedererschienene göttliche Urmensch. So ist im ursprünglichen System der Sethianer Seth der eigentliche Träger der Offenbarung und Christus nur eine Erneuerung der Gestalt des Seth. Auch in der Baruchgnosis des Justin, deren Darstellung uns in Hippolyts Refutatio bewahrt ist, ist der Gedanke der Uroffenbarung ausgesprochen. Der Träger der Offenbarung ist hier der Engel Baruch, der schon im Paradies zu Adam redete, der sich dann in der heidnischen sowohl wie in der jüdischen Welt, in Gestalten wie den Propheten sowohl als in Herakles, wenn auch unvollkommen, offenbart hat und schließlich in der Erscheinung des Menschen Jesus seine vollkommene Stätte findet. So sehen wir überall denselben Zusammenhang. Wo die Mythologie überwiegt und der Erlösungsheros noch nicht oder nicht ausschließlich mit dem Menschen Jesus identifiziert wird, ist die Erlösung zugleich in die Urzeit verlegt; und wir werden nach allen Beobachtungen die Behauptung aufstellen dürfen, daß der Erlösungsmythus oder die Erlösungsmythen der gnostischen Religion nicht erst aus dem Gedankenkreis der christlichen Religion abgeleitet sind, sondern daß sie vorher vorhanden waren und nur künstlich mit diesem Gedankenkreise kombiniert wurden, daß in der Gnosis fremde mythische Erlösergestalten mit der Gestalt Christi nachträglich und künstlich identifiziert sind.

VII. Kapitel.

Die Mysterien.

Will man die Erscheinung der Gnosis religionsgeschichtlich rubrizieren, so muß man sie im allgemeinen den synkretistischen

Mysterienreligionen der ausgehenden Antike einordnen. Denn wie dort überall, so steht auch hier im Zentrum der praktischen Frömmigkeit der Glaube an ex opere operato wirksame, heilige Handlungen, Mysterien, Sakramente. In einem Zeitalter, in dem die hergebrachten national bedingten Formen des religiösen Lebens zusammenbrechen und neue höhere noch nicht gefunden sind, tauchen aus der Tiefe der Volksseele, aus den unteren und im Unbewußten liegenden Schichten des allgemeinen religiösen Lebens, alte und älteste Vorstellungen, Empfindungen, Handlungen wieder auf und dringen aus dem Gebiet des niederen Volksglaubens in die höheren Schichten. So wird in dieser Zeit der aus der Periode vollkommen materialistischer Auffassung des Göttlichen stammende Glaube wieder lebendig, daß man sich durch äußere naturhafte Mittel mit der Gottheit vereinen, die Kräfte göttlichen Lebens in sich aufnehmen könne. Es lebt die Überzeugung wieder auf, daß man sich mit der Gottheit geschlechtlich verbinden, sie in heiliger Speise und heiligem Trank genießen, daß man sie durch heilige Namen und Formeln in seine Gewalt bringen und zwingen könne, daß äußere Waschungen und Lustrationen eo ipso innere geistige Bedeutung haben können. So wird die Religion eine Religion äußerer sakramentaler Mittel: Waschungen, Lustrationen, Salbungen, sakramentales Essen und Trinken, heilige Namen, mystische Formeln und Symbole, geheimnisvolle Weisen, seltsame Riten an geheimnisvollen Orten beherrschen sie durchaus.

In dieses Milieu gehört die Bewegung der Gnosis ganz und gar hinein. Ja der Name Gnosis bedeutet in erster Linie gar nicht so sehr eine höhere intellektuelle Erkenntnis, sondern ein Wissen um jene geheimnisvollen Mittel, und das rein erkenntnismäßige religiöse Wissen hat meistens nur den Wert der Vorbereitung und der Einleitung in die religiöse Praxis.

So liefert denn die Gnosis ihrerseits einen wertvollen und erheblichen Beitrag zur Geschichte des »Sakraments« auf dem Boden der Mysterienreligion. Und im folgenden Abschnitt soll zusammengestellt werden, was sie uns hier lehren kann. Es kann dabei nicht die Absicht sein, eine Geschichte des Sakraments mit allen seinen Problemen auch nur irgenwie und annähernd zu geben. Ich beschränke mich durchaus und absicht-

lich auf das Material, das sich aus der Gnosis erheben läßt
und ziehe Parallelen nur da heran, wo dies zur Erklärung des
Tatbestandes unbedingt notwendig ist.

Freilich ist das Material, das sich uns hier bietet, nun nicht
so reichhaltig, wie man es nach dem Charakter der Gnosis erwarten sollte. Das liegt aber nur an der Art unserer Quellen.
Die Kirchenväter sind an der religiösen Praxis der gnostischen
Sekten, die wohl auch vielfach mit Erfolg geheimgehalten wurde,
gleichgültig vorübergegangen. Sie interessierte im wesentlichen
nur das bunte Rankenwerk der gnostischen religiösen Gedanken
und Vorstellungen; auf den Kern der Dinge drangen sie nicht.
Daher sind Notizen über die sakramentale Praxis und Frömmigkeit der Gnostiker uns nur gelegentlich erhalten. Dennoch ist
uns nicht allzuwenig bewahrt. Der Bericht des Irenäus über
die Markosier, die liturgischen Stücke der Acta Thomae, die
meines Erachtens sicher gnostisch sind, einige Abschnitte der
pseudo-klementinischen Schriften, der Bericht des Hippolyt über
die Elkesaiten, vor allem die koptisch-gnostischen Original-
schriften und die mandäischen uns erhaltenen Werke liefern
reiche Ausbeute. Es soll im folgenden versucht werden, diesen
bunten Stoff zu ordnen.

I.

Ich beginne mit den auch der genuin christlichen Kirche
bekannten sakramentalen Handlungen, in erster Linie mit dem
Sakrament der Taufe. Die Taufe, wie sie in den Kreisen des
genuinen wie des synkretischen Christentums als Sitte aufgekommen ist, ist bereits ein sehr kompliziertes Sakrament. Streng
genommen sind hier drei verschiedene Sakramente mit einander
verwoben, nämlich das Sakrament des Wasserbades, der Bezeichnung (Versiegelung) und der Nennung des Namens über
dem Täufling. Es ist nun interessant zu beobachten, wie deutlich dieser Tatbestand in den gnostischen Riten noch heraus-
tritt. Ganz besonders kommen hier die Nachrichten in Betracht,
die wir über die mandäische Taufe besitzen. Vollkommen klar
heben sich hier die einzelnen Momente von einander ab. Die
mandäische Beschreibung der Taufe, die im rechten Genza 196, 8
(Brandt M R 104) überliefert ist, lautet: »Alle geraden und
gläubigen Männer, die mit dem Zeichen des Lebens gezeichnet

und mit der reinen Taufe getauft sind und über denen der
Name des großen ersten Lebens genannt ist.« Qolasta f. 10, 7 ff.
und 14, 29 ff. (Brandt M R 105) lautet die Formel: »Du bist
bezeichnet mit dem Zeichen des Lebens. Der Name des Lebens
und der Name des Mândâ d'Hajê ist genannt über Dir, Du
bist getauft mit der Taufe des großen Behrâm«[1]. Dem entspricht der Taufritus der Mandäer. Nach der Beschreibung desselben, Qolasta fol. 10 (Brandt M R 221), soll der Priester den
Täufling zweimal drei Untertauchungen machen lassen, dann soll
er diesen mit drei Zeichen mit seiner Rechten bezeichnen und
darauf folgt dann die oben zitierte Taufformel. Wenn nach
Qolasta 14 über den Täufling, der das Wasser verlassen hat,
noch drei Bezeichnungen mit Öl vorgenommen werden, und
darauf die oben besprochene Taufformel zum zweiten Mal gesprochen wird, so bedeutet das wohl eine spätere Verdoppelung
der ursprünglich einfachen Handlung (Brandt M R 104). Bei
der modernen mandäischen Kindertaufe, wie sie Siouffi beschreibt (Brandt M R 103), scheint endlich die Ölsalbung die
Bezeichnung mit Wasser ganz verdrängt zu haben. Die Formel
»Du bist getauft« wird hier zu den drei Überströmungen gesprochen. Die beiden anderen Formeln: »Du bist bezeichnet
mit dem Zeichen des Lebens«, »der Name des Lebens und der
Name des Mândâ d'Hajê ist genannt über Dir« erscheinen dann
auf die Zeremonie der Salbung verteilt. Aber wie auch im
einzelnen die Überlieferung variieren mag, deutlich treten immer
wieder die drei Akte: Taufbad, Bezeichnung, Versiegelung heraus und bemerkenswert ist, daß jede der drei Handlungen in
der mandäischen Überlieferung ihren eigenen Namen hat (Brandt
M R 104).

Bei einer Zusammenstellung des Materials, das wir aus der
Gnosis für die Geschichte des Taufsakraments erheben können,
werden wir gut tun, diese drei Elemente der heiligen Handlung
für sich gesondert zu betrachten; und wir beginnen mit der
Handlung des Wasserbades.

Brandt hat in seinem Werk über die mandäische Religion

---

1. In dem (elften) Traktat vom Ausgang des Jochanan werden
ständig Taufe und Namennennung neben einander genannt. Brandt M.
S. 196. 198. 200.

(S. 177) mit Recht ausgeführt, wie der bei einer ganzen Reihe
von Sekten verbreitete Taufkultus seinen Ursprung in semitischer
Naturreligion habe. Das frisch von den Bergen herabfließende
Quellwasser und überhaupt jedes fließende Wasser, das so
wunderbar stärkend, reinigend, neubelebend auf den Menschen
wirken kann, ist selbst göttliches Element und wird geradezu
als eine Gottheit verehrt. So heißt es noch bei der späten Sekte
der Sampsäer bei Epiphanius 53, 1: *τετίμηται δὲ τὸ ὕδωρ,*
καὶ τοῦτο ὡς θεὸν ἡγοῦνται. Die Taufsitte bedeutet dann zunächst nichts anderes als das Bestreben, mit dem göttlichen
Element (der Gottheit) des Wassers eins zu werden, zu ver-
wachsen, an seiner Reinheit, seiner Heilsmacht und Lebenskraft
teilzunehmen. Daher denn auch die Sitte der wiederholten
Taufe, das Ursprüngliche (s. u.), und die Auffassung der Taufe
als eines einmaligen Initiationsaktes davon abgeleitet, sekundär
ist. In den Thomasakten wird diese Empfindung von der ursprünglichen Heiligkeit und Kraft des Wassers noch einigermaßen deutlich ausgesprochen in dem Gebet, welches der Apostel
über eine Schale mit Wasser spricht, um diesem wunderbare
Heilkraft zu verleihen (c. 52): »Kommt ihr Wasser von den
lebendigen Wassern, Seiendes von dem Seienden und uns gesandt; Ruhe von der Ruhe uns gesandt; Kraft der Rettung,
die von jener Kraft kommt, die alles besiegt und alles ihrem
Willen unterwirft, komm und wohne auf diesem Wasser[1]«. —
Hier 'wird allerdings zwischen dem oberen himmlischen Wasser
und gewöhnlichem Wasser unterschieden, jene sollen sich auf
dieses herabsenken. Aber das Wasser selbst ist hier noch die
göttliche Macht und an diese wendet sich sogar der Betende.
In diesem Zusammenhang begreifen wir auch erst die Wendung, die vom Gnostiker Justin (Hippolyt, Ref. V 27, p. 230,
82 ff.) überliefert wird: *καὶ ὕδωρ ἐστὶν ὑπεράνω τοῦ στερεώματος*
τοῦ ἀγαθοῦ ζῶν, ἐν ᾧ λούονται οἱ πνευματικοὶ ζῶντες ἄνθρωποι[2].

---

1. Nach dem griechischen Text. Der Schluß »auf daß die Gnade
des heiligen Geistes an ihnen vollkommen vollendet werde — fällt
vollständig aus der Gesamthaltung der Gebete heraus und ist wahrscheinlich später eingeschoben. Der syrische Text lautet völlig abweichend, hat vielleicht hier und da noch Ursprüngliches bewahrt.

2. Vergl. den Ausspruch der Naassener (Hippolyt, Refut. p. 174,
22): *.ἡμεῖς οἱ πνευματικοὶ οἱ ἐκλεγόμενοι ἀπὸ τοῦ ζῶντος τοῦ ῥέοντος*

Besonders lehrreich sind auch die Ausführungen in den klementinischen Homilien 11, 22 (vgl. Rekogn. 6, 7 ff.). Hier wird zunächst dargelegt, daß das Wasser das mächtigste Element sei. Stein, Holz und Erz, woraus man die Götterbilder bereitet, würden vom Eisen bearbeitet, das Eisen vom Feuer erweicht, das Feuer vom Wasser gelöscht. Das Wasser aber empfange seine Kraft und Bewegung direkt vom Geist Gottes (Genesis 1, 1) und noch einmal wird 11, 24 die Darlegung zusammengefaßt: *καὶ νῦν δὲ ἐκ τῶν ἡττόνων ἐπίγνωϑι τὴν τῶν ὅλων αἰτίαν, λογισάμενος ὅτι τὰ πάντα τὸ ὕδωρ ποιεῖ, τὸ δὲ ὕδωρ ὑπὸ πνεύματος κινήσεως τὴν γένεσιν λαμβάνει, τὸ δὲ πνεῦμα ἀπὸ τοῦ τῶν ὅλων ϑεοῦ τὴν ἀρχὴν ἔχει.* Demgemäß heißt es 11, 26: *ἔστι γάρ τι ἐκεῖ ἀπ' ἀρχῆς ἐλεῆμον ἐπιφερόμενον τῷ ὕδατι . . . δι ὃ προσφεύγετε τῷ ὕδατι· τοῦτο γὰρ μόνον τὴν τοῦ πυρὸς ὁρμὴν σβέσαι δύναται* (vgl. Rek. 6, 9) [1]. An diesen Stellen wird freilich die Kraft des heiligen Wassers irgendwie bereits als durch den Geist Gottes vermittelt gedacht — namentlich unter Heranziehung von Gen. 1, 1 — aber ganz deutlich schaut überall die naturhafte Verehrung des Wassers hindurch. Von hier aus begreift sich, daß bei allen Taufakten so starker Nachdruck darauf gelegt wird, daß die Taufe wirklich in fließendem

---

Εὐφράτου διὰ τῆς Βαβυλῶνος μέσης. Damit ist zu vergleichen Refut. p. 156, 44 (Naasener): *Μεσοποταμία δέ ἐστιν ἡ τοῦ μεγάλου ὠκεανοῦ ῥοὴ ἀπὸ τῶν μέσων ῥέουσα τοῦ τελείου ἀνϑρώπου.* Deutet diese Vorstellung von einem Strom, der mitten aus dem Urmenschen herausfließt, vielleicht auf ein altes Kultbild einer Wassergestalt? Auf Harranischen Münzen ist die Stadtgottheit von Harrân als Flußgöttin abgebildet, zu ihren Füßen ein strömender Fluß. Die Harranier verehrten nach anderen Nachrichten ein Götzenbild des Wassers und feierten vom 4.—11. Dez. ein Fest den »Töchtern des Wassers« zu Ehren (Chwolsohn, Ssabier, I 500).

1. Vgl. Hom. 9, 11: *ἡ γὰρ ψυχὴ τῇ πρὸς ϑεὸν πίστει ὡς εἰς ὕδατος φύσιν τραπεῖσα τὸν δαίμονα ὡς σπινϑῆρα πυρὸς ἀποσβέννυσιν* (Rek. 4, 17). In den Excerpta ex Theod. 81 wird ausgeführt, daß, wie es ein doppeltes Feuer gäbe, ein sinnliches und ein geistiges, so gäbe es auch eine doppelte Taufe, eine sinnliche durch Wasser, die das sinnliche Feuer der Leibesbegierden lösche, und eine geistige, die das übersinnliche Feuer der Dämonen lösche. — Auch hier ist die Betrachtung eine durchaus naturhafte. — Verehrung des Wassers bei den Persern Cumont I 105.

Wasser stattfindet [1]. Bei den Mandäern hat sich diese Empfindung bis in die späteste Zeit gehalten. Diese erkennen die
christliche Taufe nicht an und sind entrüstet über den christlichen Brauch, mit »abgeschnittenem Wasser« zu taufen. »Nicht
ein einziges Mal entschlüpft den Autoren des Genzâ für die damit
vollzogene christliche Taufe der Ausdruck masbutâ oder das Zeit-
wort צבא« (Brandt M R 98). Weiter verstehen wir in diesem Zusammenhang die eigentümliche Sitte in dem Taufritus der elkesaitischen Sekte. Ausdrücklich berichtet darüber Epiphanius, Haer.
30,17, daß wer von einer Krankheit befallen oder von einer Schlange
gebissen sei, ins Wasser steige und über dieses die (sieben) Schwurzeugen des Elxaibuches (s. o. S. 228) anrufe. Und in den Fragmenten
des Elxaibuches (Hippol., Ref. IX 15, p. 466 ff., 28 ff.) heißt es: »Er
soll sich taufen in voller Kleidung und soll zu dem höchsten
und großen Gotte beten . . . . . und dann die sieben Zeugen,
die in diesem Buch verzeichnet sind, anrufen« [2]. War ursprünglich das Wasser selbst das heilige Element, so werden hier die
heiligen als Götter gedachten Elemente mit ihrer himmlischen
Kraft auf das Wasser herabgerufen und dieses hierdurch wir-
kungskräftig gemacht. Erst später scheint dann die allgemeine
Kombination eingetreten zu sein, die wir hier sich schon an-
bahnen sehen, daß man annahm, daß der über dem Wasser
ausgesprochene Name der von der Taufsekte verehrten Gottheit,
resp. der Gottheiten, der eigentliche, die Wunderkraft des Wassers
bedingende Faktor sei. Das wird z. B. bestimmt in den Excerpt.
ex Theodoto c. 82 ausgesprochen: καὶ ὁ ἄρτος καὶ τὸ ἔλαιον
ἁγιάζεται τῇ δυνάμει τοῦ ὀνόματος . . . οὕτω καὶ τὸ ὕδωρ, καὶ
τὸ ἐξορκιζόμενον καὶ τὸ βάπτισμα γενόμενον [3].

---

1. Vgl. z. B. klement. Hom. 9, 19; Rek. 3, 67, 4, 32 u. ö. Dieselbe Vorstellung ist aber auch altkirchlich: Didache 7, 2.

2. Weniger klar ausgesprochen aber angedeutet ist das auch
Hippolyt, Refut. IX 15, p. 466, 9 ff.

3. Zu verweisen ist in diesem Zusammenhang noch auf die Annahme,
daß himmlische Mächte über dem himmlischen Wasser wachen und es
mit ihren Kräften füllen. — Unbekanntes kopt. gnost. Werk Schmidt
S. 362: »An jenem Ort waschen sie sich im Namen des Selbstgezeugten
. . . und man hat Kräfte an jenem Ort bei der Quelle von Lebenswasser
aufgestellt . . . Dieses sind die Namen der bei dem lebendigen Wasser
befindlichen Kräfte: Michar und Michev und sie werden durch Bar-
pharangês gereinigt«. Vgl. II Jeu c. 45, Schmidt S. 309: »die Lichtjung-

Auch das zeigen uns die gnostischen und verwandten Taufsekten noch mit vollkommener Deutlichkeit, daß diese Überzeugung
von der wunderbaren, Leib und Seele reinigenden Kraft des fließenden, aus der Welt der Gottheit stammenden Wassers die pri-
märe Vorstellung ist, aus der dann erst die Institution der
Taufe im engeren Sinn als eines feierlichen, von Sünden reinigenden, in die Gemeinschaft mit der Gottheit bringenden Initiationsaktes erwächst. Die Sitte der wiederholten Waschungen
und Lustrationen ist bekanntlich uralt und weit verbreitet. Es
sei hier nur im Vorbeigehen an die Sekte der Essener erinnert.
In meiner Religion des Judentums (² S. 529) habe ich hervorgehoben, wie die täglichen Waschungen der Essener bereits
recht eigentlich als sakramentale Handlungen anzusehen seien.
Aus den verschiedensten Anlässen wird hier das heilige
Wasserbad vollzogen: täglich vor der gemeinsamen Mahlzeit,
wenn ein Ordensglied einen Fremden oder einen Angehörigen des Ordens niedrigerer Klasse berührt hat, bei der Aufnahme des Novizen in den eigentlichen Orden. In letzterem
Fall ist der Übergang von der einfachen täglichen Lustration zum
feierlichen Initiationsakt besonders deutlich. — Auch die spätere
jüdische Überlieferung kennt solche, die sich täglich taufen:
Berachoth 22 a: »die des Morgens sich baden, »Tagestäufer«
(Hemerobaptisten); — Tosephtha Jadaim II: die Tagestäufer
(sprechen) zu den Pharisäern: »Wir klagen euch an, daß ihr
den Gottesnamen des Morgens ohne Baden aussprecht.« Auch
die Erscheinung Johannes des Täufers gehört sicher, wenn auch
Johannes nicht Essener war, direkt in diesen Zusammenhang
hinein. Die ältesten Ketzerkataloge der Kirchenväter vermerken
eine oder mehrere Täufersekten. So erwähnt Justin, Dialog 80,
die $Βαπτισταί$; Hegesipp bei Eusebius H. E. IV 22, 7 neben
den Hemerobaptisten die Masbotheer. Er kennt sogar (ib. IV
22, 5) einen Stifter dieser Sekte Masbotheos. Doch hat Brandt
(M. R. 180) sicher recht, wenn er diesen Namen mit syr. צבע
(Taufe מַצְבּוֹעִיתָא) zusammenbringt und einfach mit Täufer übersetzt, wie er auch die von Epiphanius Haer. 11 erwähnte samaritanische Sekte der $Σεβουαῖοι$ mit vollem Recht als Täufer

frauen, die der Lebenstaufe vorgesetzt sind.« c. 46 S. 310 (Zorokothora
Melchisedek, der das Wasser der Feuertaufe der Lichtjungfrau heraus-
bringt).

erklärt[1]. Die Masbotheer werden dann noch in den apostoli-
schen Konstitutionen VI 6 und bei Ephraem ev. concord. expos.
p. 287 (Mazbuthazi) erwähnt, die Hemerobaptisten von Epiphanius Haer. 17 (Hilgenfeld S. 31, Anm. 43). Mehr als die Namen
erfahren wir in dieser Hinsicht von den Elkesaiten. Nach dem
uns bei Hippolyt erhaltenen Fragmente kennen auch sie die zu
wiederholende Taufe. Wenn man von einem tollen Hunde gebissen ist (Ref. IX 15) oder an Lungenkrankheit leidet (IX 16)
— Epiphanius Haer 30, 17 erwähnt als Veranlassung zur Taufe
irgend eine Krankheit oder Schlangenbiß — so soll man sich
unter Anrufung der sieben Zeugen in eiskaltem Wasser bis zu
vierzig Malen (Ref. IX 16) baden. Daneben heißt es, daß wenn
man sich in geschlechtlicher Hinsicht versündigt habe und von
seinen Sünden Befreiung haben wolle, so solle man, nachdem
man das Elxaibuch »gehört« habe[2], sich zum zweiten Male auf
den Namen des höchsten Gottes und seines Sohnes und unter
Anrufung der sieben Zeugen taufen. Hier ist der Übergang
von der Auffassung des Taufbades als einer einfachen, beinahe
hygienischen Maßregel zur Gesundung des Leibes bis zur Institution eines Initiationsaktes besonders interessant und deutlich.
Wie man durch die Taufe die materiellen Krankheitsstoffe beseitigt so kann man durch dasselbe wunderbare Bad auch die
Sünde beseitigen und abwaschen, in erster Linie die Sünde der
geschlechtlichen Verunreinigung — auch hier herrscht noch
ganz die naturhafte Vorstellung — und dann die Sünde überhaupt. Und mit der Idee der Befreiung von der Sünde über-

---

1. Ephiphanius hat freilich, wie seine wertlosen Ausführungen
über diese Sekte beweisen, keine Ahnung mehr von diesem Zusammenhang.

2. Eine merkwürdige Parallele findet sich in der Chronik des Sa-
maritaners Abu'l Fath (ed Vilmar 151, nach J. A. Montgomery, the
Samaritans p. 256 f.). Hier wird von Dusis (Dositheus) erzählt, daß er
eine Reihe von Schriften hinterlassen habe, mit dem Befehl, daß niemand sie lesen solle, ohne in einer seinem Wohnort benachbarten Quelle
gebadet zu haben. — Sollten hier verborgene Beziehungen vorliegen?
Dositheus steht auch sonst in einer gewissen Beziehung zu den Taufsekten. In den klement. Rekognitionen erscheint er als Schüler Johannes des Täufers. Über seine Beziehungen zu den Mandäern s.
Pognon p. 12. 225 (Mandäer auch Nazaräer, Anhänger des Dositheus
genannt). Samaritanische Täufer, Sebuäer, kennt Epiphanius.

haupt, ergibt sich dann die Auffassung der Taufe als eines in
die Gemeinschaft mit der Gottheit bringenden Initiationsaktes,
der hier, wo schon die gemein-christliche Taufe vorausgesetzt
wird, dann »zweite Taufe« genannt wird. — Von der Bewegung, die mit dem Elxaibuch zusammenhing, sind dann bekanntlich auch die judenchristlichen Sekten der Ebioniten, Nazaräer etc. (Ephiphanius, Haer. 19, 5) ergriffen. So finden wir
auch bei den Ebioniten des Epiphanius den elkesaitischen Taufritus (30, 17), und nach dem Bericht des Kirchenvaters sollen
die im Besitz dieser Sekte befindlichen Περίοδοι von täglichen
Taufen des Apostels Petrus erzählt haben[1] (30, 15). Epiphanius
kennt übrigens bis auf seine Zeit erhalten gebliebene Ausläufer
der elkesaitischen Bewegung, eine Taufsekte, die in den Land-
schaften Nabataea und Peraea ihr Wesen trieb, früher, wie
Epiphanius gehört haben will, den Namen der Ossaer, zu seiner
Zeit den der Sampsäer trug, und von deren beiden Prophetinnen Marthus und Marthana die eine vor kurzem gestorben
war, die andere damals noch lebte (Haer. 19, 2. 5; 53, 1). —
Ein Beispiel der Anwendung des konsekrierten Wassers nur
und ausschließlich zu leiblicher Heilung bieten uns die Acta
Thomae in dem schon oben herangezogenen c. 52, wo erzählt
wird, daß der Apostel einem Jüngling befohlen habe, seine ver-
dorrten Hände in dem heiligen Wasser zu baden und daß diese
darauf sofort geheilt seien[2].

Aber nicht nur im Ostjordanland begegnen uns diese Taufsekten, deren Religion ganz wesentlich im sakramentalen Gebrauch des Wassers sich erschöpfte. Verwandte Erscheinungen
tauchen auch weit im Osten in den Flußgebieten des Euphrat
und Tigris auf. Ja vielleicht hat die ganze religiöse Bewegung
von dort ihren Ausgangspunkt genommen. Aus dem fernen
Osten will wenigstens das Elxaibuch stammen (s. o. S. 158).

---

1. In den uns erhaltenen Überarbeitungen dieser Περίοδοι in den
Rekognitionen, Homilien wird auf die zu wiederholende Taufe kein Gewicht mehr gelegt. Der Ritus tritt ganz hinter dem stark und immer
wieder empfohlenen einmaligen Inititiationsakt zurück. Doch vgl. z. B.
Ho. 8, 2.
2. Bemerkenswert ist der Unterschied, den die Excerpta ex Theodoto
c. 82 zwischen ὕδωρ ἐξορκιζόμενον (zu Heilzwecken geweihtes Wasser?)
und ὕδωρ βαπτιζόμενον machen.

Noch die spätere arabische Überlieferung, wie sie im Fihrist
vorliegt, kennt »Ssabier der Sümpfe«, die sie als Mogtasilah
(die sich Waschenden) bezeichnet, und als deren Oberhaupt sie
el-Ḥasaiḥ (= Elxai) nennt. Auch von ihnen heißt es: sie behaupten, daß man sich oft waschen müsse, und sie waschen
auch alles, was sie essen (vgl. Chwolsohn, die Ssabier II 543).
Von diesen Ssabiern wieder zu unterscheiden ist die örtlich
ihnen benachbarte Sekte der Mandäer. Welche Rolle bei ihnen
die wiederholte Taufe spielt, hat Brandt M. R. 95 dargelegt[1].

Neben dem Wasser aber gehören noch zwei weitere Elemente, mit jenem ziemlich unlöslich verbunden, zum Sakrament
der Taufe: das Zeichen und der Name. Wenn die Taufe vielfach und weithin als σφραγίς bezeichnet wird, βαπτίζειν und
σφραγίζειν Synonyma werden, so hängt dieser Name σφραγίς
nicht am Wasserbade als solchem. Daß das Untertauchen im
fließenden Wasser und der Terminus »Versiegelung« ursprünglich nichts mit einander zu tun haben, ergibt sich schon durch
eine Überlegung a priori, welche durch die Tatsachen weithin
bestätigt wird. — Aber auch mit der Nennung des Namens
oder der Namen über den Täufling hängt der Terminus σφραγίς
nicht in erster Linie zusammen; vielmehr deutet er auf die
Sitte hin, daß man den Täufling in irgend einer Weise mit
einem Zeichen, einem Symbol (auch dem Namenszug) der Gottheit versah, der er geweiht wurde.

Ganz deutlich tritt dies Element des Sakraments, die Versiegelung mit dem Zeichen, bei einer Reihe gnostischer Gebräuche und Riten heraus, am deutlichsten da, wo diese
heilige Handlung in ihrer Isoliertheit erscheint. Das ist der
Fall bei der Sekte der Karpokratianer. Irenäus I 25, 6 berichtet uns, daß diese ihre Jünger an dem hintern Teil des

---

1. Im Genzâ wird die Lustration nach vollzogenem Beischlaf erwähnt. — Sehr viel reichhaltiger ist die spätere Überlieferung des
Mandäismns: Unterscheidung zwischen Priestertaufe und Selbstlustration,
— Verpflichtung zur Taufe (eventuell Selbsttaufe) an jedem Sonntag
und Festtag, — Taufe nach der Berührung eines Ordensgenossen, der
sich im unreinen Zustand befindet, nach der Berührung eines Fremd-
lings (wie bei den Essenern), nach dem Genuß unreiner Speise, nach
dem Biß eines wilden Tieres (wie bei den Elkesaiten) u. s. w. Brandt
S. 95 nach Siouffis Darstellung.

rechten Ohrlappens zu brandmarken pflegten (Clemens Alex.
überliefert dasselbe von Heracleon: eclogae prophet. c. 25). Genauer noch berichtet Epiphanius, Haer. 27, 5: σφϱαγῖδα δὲ
ἐν καυτῆϱι ἢ δι᾽ ἐπιτηδεύσεως ξυϱίου ἢ ϱαφίδος ἐπιτιϑέασιν
οὖτοι οἱ ἀπὸ Καϱποκϱᾶ ἐπὶ τὸν δεξιὸν λοβὸν τοῦ ὠτὸς τοῖς
ὑπ᾽ αὐτῶν ἀπατωμένοις[1]. — In abgeschwächter Form begegnet
uns die Versiegelung bei den Mandäern. Qolasta f. 10 wird
vorgeschrieben, daß der Taufende den Täufling nach den zweimal wiederholten dreimaligen Untertauchungen mit drei Zeichen
mit seiner Rechten zu zeichnen habe (Brandt, M. R. 221). Nach
der Beschreibung Petermanns (bei Brandt 103) streicht er ihm
dreimal Wasser über die Stirn.   Darauf folgt dann die oben
besprochene dreiteilige Taufformel[2]. — Eine besondere Rolle
spielt die Versiegelung auch in den koptisch-gnostischen Schriften.
Hier heißt es II. Jeu c. 45 am Schluß der Beschreibung der
»Wassertaufe«: »er taufte sie, gab ihnen von dem Opfer und
besiegelte sie mit diesem Siegel«, — folgt das Zeichen des
Siegels.   Dieselbe Angabe wiederholt sich c. 46 und 47 bei der
Beschreibung der »Feuer-« und der »Geistes-Taufe«; c. 46 wird
außerdem das Siegel als das der Lichtjungfrau, c. 47 als das
der sieben Lichtjungfrauen bezeichnet.   In dem Abschnitt
II. Jeu c. 33 ff., in welchem der Aufstieg der Jünger Jesu durch
die einzelnen Lichtwelten (Schätze) beschrieben wird, wird ihnen
jedesmal angewiesen, mit welchem Siegel sie sich zu besiegeln
und welche Namen sie zu sprechen haben; das betreffende
Siegel ist für jeden Fall in Abbildung beigegeben.   So steht auch
sonst das »Zeichen« überall neben dem Namen.   II. Jeu c. 50
findet sich die immer wiederholte Formel: Mysterium, Siegel,
Namen[3], c. 52 ff. werden für jeden Aeon Namen, Siegel und
Apologie (die Zauberformel, welche der Gläubige zu sprechen

---

1. Eine genaue Parallele zu dieser sakramentalen Handlung liegt
in der Sitte der Mithrasmysten vor, dem Gläubigen, der die Weihe der
»Soldaten« empfing, mit glühendem Eisen ein Mal auf die Stirn zu
drücken. Tertullian de praesr. haeret. 40.

2. Von Hibil-Ziwâ heißt es im achten Traktat: »Der den sein
Vater gürtet und besiegelt und tauft und bestätigt«. Brandt, M.
S. 143.

3. Vgl. z. B. zum Schluß des Kapitels S. 320, 27 ff.: »Er aber der
wahre Gott, wird euch sein großes Mysterium, sein großes Siegel und
seinen großen Namen geben, welcher König über seinem Schatz ist.

hat) überliefert[1]. Auch in der Pistis Sophia ist offenbar die
Versiegelung als selbständige Weihehandlung bekannt. Man
vergleiche z. B. die Wendung c. 86 S. 127, 16: »Und die von
der Mitte werden sie taufen und ihnen die geistige Salbe
(s. u. S. 298) geben und sie mit den Siegeln ihrer Mysterien
besiegeln«. Auch ist von einem höheren Siegel die Rede, mit
welchem die Lichtjungfrau die vor sie gebrachten Seelen besiegelt (c. 97 S. 154, 3, vgl. c. 103 S. 170, 12, c. 108 S. 178, 40)[2].

Die Bedeutung dieser »Versiegelung« des Täuflings wird
uns am besten aus gewissen parallelen Wendungen klar, bei
denen ebenfalls von Versiegelung die Rede ist. Der gefallenen
»Pistis Sophia« c. 75 wird vom Erlöser die Verheißung gegeben: »Ich werde die Örter des Authades und aller seiner
Archonten versiegeln . . . . und ich werde ferner die Örter des
Adamas und seiner Archonten versiegeln, damit niemand von
ihnen imstande sei, mit dir Krieg zu führen«. Ähnlich wird
im achten Traktat des Genzâ berichtet, daß Hibil-Ziwâ die
Tore der einzelnen Orte der Unterwelt bei seinem Aufstieg
aus ihnen versiegelt, offenbar damit die dort hausenden Gewalten sich nicht gegenseitig zur Hülfe kommen und unter-
stützen sollen (Brandt, M. S. 153. 154 u. ö.)[3]. — Ganz deutlich zeigt sich hier die der Versiegelung ursprünglich zugrunde
liegende Idee. Wir befinden uns im Umkreis der Vorstellungen
des Zauberglaubens. Die Tore, die mit dem Siegel der höchsten
Gottheit versiegelt sind, sind für die niederen Dämonen unangreifbar geworden, können von ihnen nicht mehr geöffnet wer-

---

1. Vgl. die vollere Zusammenstellung c. 49 S. 314, 11: Mysterium,
Taufen, Opfergaben, Siegel, Zahlen, Namen, Apologieen.

2. Vgl. im anonymen koptisch gnostischen Werk, Schmidt
S. 340, 5: Siegel des Vaters; S. 336, 19: Glaube, Wiedergeburt, Siegel.

3. Eine etwas andere Vorstellung scheint in dem Hymnus der
Naassener, Refut. V 10 S. 176, vorzuliegen, wo der Erlöser spricht:
σφραγῖδας ἔχων καταβήσομαι, αἰῶνας ὅλους διοδεύσω, μυστήρια πάντα
διανοίξω. Hier ist das Siegel als eine Art Paß gedacht, durch den der
Durchgang durch die Welten der Aeonen erzwungen wird. Ebenso läßt
sich Hibil-Ziwâ von dem Fürsten der untersten Hölle einen Paß (offenbar einen Geleitpaß) mitgeben, der ihm den Durchgang durch die
Höllen ermöglicht (Brandt, M. S. 152). — Eine ähnliche Vorstellung
— auf die Himmelsreise der Gläubigen bezogen — scheint auch II. Jeu
c. 33 ff., c. 52 ff. vorzuliegen.

den. In dem mandäischen Traktat wird erzählt, daß die in Gefangenschaft gehaltene Ruhâ das (versiegelte) Tor, das in die tiefer gelegenen Welten der bösen Geister hinabführt, überhaupt nicht mehr findet (Brandt, M. S. 167)[1]. — Von hier aus läßt es sich am besten klarmachen, was man unter den mit dem Taufsakrament verbundenen oder neben der Taufe stehenden Siegelsakrament zu verstehen hat. Der Myste, dem das Siegel, das Symbol oder der Name der betreffenden hohen oder höchsten Gottheit aufgeprägt ist, steht damit in dem — zauberartig gedachten — Schutz dieser Gottheit, er ist gefeit gegen alle niederen Geister und Dämonen.

Was endlich die Handlung der Aufprägung dieses »Siegels« betrifft, so konnte sie in verschiedener Weise erfolgen. Die ursprünglichste und massivste Sitte war es jedenfalls, das Symbol oder den Namen direkt auf den Leib zu prägen, diesem einzuätzen — (vgl. das Sakrament der Karpokratianer). Etwas abgemildert erscheint die Sitte in der Form, daß man den Mysten mit Wasser (Sakrament der Mandäer) oder mit Öl (s. u.) das Zeichen auf den Leib zeichnet. Es war aber auch möglich, dem Gläubigen das Siegel in Gestalt eines Amuletts in die Hand zu geben oder umzuhängen[2].

Neben dem Zeichengeben steht dann endlich drittens im Taufsakrament das Nennen des Namens. Beide Sitten, die Versiegelung und das Nennen des Namens haben offenbar ur-

---

1. Daß die hier in Betracht kommenden Vorstellungen außerordentlich weit verbreitet sind, ist mir bekannt. Ich beschränke mich mit Absicht auf das Material, das die Gnosis bietet, und erinnere nur noch an Oratio Manasse 5: ὁ κλείσας τὴν ἄβυσσον καὶ σφραγισάμενος τῷ φοβερῷ καὶ ἐνδόξῳ ὀνόματί σου. Im übrigen verweise ich auf Heitmüllers reiche Materialsammlung über Siegel und Versiegelung »Im Namen Jesu« S. 143. 150. 171. 175. 249. 316f.

2. Darauf deutet vielleicht der Bericht des Origenes c. Celsum VI 32 über die Formeln, welche die Ophiten beim Aufstieg der Seele zu sprechen lehrten. Hier ist mehrfach von einem Symbolon die Rede, welches der Myste den seinen Weg hemmenden Dämonen vorzeigen soll. Z. B. bei der Begegnung mit Sabaoth: πάρες με σύμβολον ὁρῶν σῆς τέχνης ἀνεπίληπτον, εἰκόνι τύπου τετηρημένον, πεντάδι λυθὲν σῶμα. Wenn es II. Jeu c. 52 S. 322, 9 f. (u. ö.) heißt: »Ergreift diese Zahl (1119 etc.) mit euren beiden Händen«, so ist auch hier an ein zauberkräftiges Amulett gedacht.

sprünglich dieselbe Wurzel. Und zwar scheint mir das Nennen
des Namens im Initiationsakt gegenüber der »Versiegelung« die
abgeleitete und sekundäre Sitte zu sein. Die Ursprünglichkeit
kommt schon wegen ihrer plastischen Sinnbildlichkeit der Versiegelung zu, die Namennennung im Initiationsakt ist eine Abschwächung[1]. Wie bereits das Bezeichnen des Leibes, eventuell
der Stirn, durch das Zeichen vermittelst Wassers oder Öls ein
Ersatz der ursprünglichen Sitte der Einätzung oder Brandmarkung ist, so ist die bloße Nennung des Namens der Gottheit
ein noch stärkeres Surrogat. Dafür spricht auch der weitverbreitete Terminus Versiegelung selbst, der auch da an der Ge-
samthandlung hängen geblieben ist, wo der eigentliche Ritus
der Versiegelung ganz verdrängt oder zurückgetreten ist. Man
wäre nie auf den Gedanken gekommen, das Wasserbad und die
Nennung des Namens mit σφραγίς zu bezeichnen. Diese Bezeichnung hing ursprünglich ausschließlich und unmittelbar mit
der Sitte der Einätzung oder Brandmarkung zusammen und
ist von hier auf die damit kombinierten heiligen Handlungen
resp. auf das Ganze derselben übertragen. — In manchen unsrer
Quellen läßt sich übrigens der hier vorliegende Übergang noch
deutlich verfolgen. Während bei dem Aufstieg des Hibil-Ziwâ
aus den sieben Höllen zunächst erzählt wird, daß er die Höllen-
tore versiegelt habe (s. o.), tritt dann im weiteren Verlauf
anstelle der Versiegelung das einfache Nennen heiliger
Namen. »Als ich die Tore geschlossen und die Riegel verändert hatte, nannte ich über jenem Tore drei geheime Namen,
die niemand von ihrer Stelle setzen wird« (Brandt, M. S. 155. 161).

---

1. Anders urteilt Heitmüller S. 143: »Neben dem Aussprechen des
Namens steht der Gebrauch des geschriebenen Namens. Das Schreiben
des göttlichen Namens ... ist als eine Stereotypierung des Aussprechens
zu verstehen«. An anderer Stelle betrachtet H. beides, Namennennung
und Stigmatisierung als parallele Vorstellungen: »Zugehörigkeit zu
Jahve, innige Vereinigung mit ihm ... bedeutet es, wenn Jahves Name
über einer Person oder einem Gegenstand genannt wird, eine ähnliche
Bedeutung hat der Jahve-Name als Stigma« (S. 175). — Ich möchte
demgegenüber an der oben niedergelegten Meinung festhalten, betone
aber ausdrücklich, daß ich in diesem Zusammenhang nur von Namennennung und Versiegelung im Initiations-Sakrament spreche und nicht von
der allgemeinen Verwendung des Namens oder der Namen in der Zau-
berpraxis überhaupt.

Deutlich zeigt sich auch noch der Übergang der Vorstellungen
in den excerpta ex Theodoto § 86: »So (wie mit der Kaiser-
münze) verhält es sich auch mit dem Gläubigen. Denn als
Aufschrift hat er durch Christus den Namen Gottes, den Geist
als Bild. Und die unvernünftigen Tiere zeigen durch ihr
Siegel, wem ein jedes gehört . . . . So verhält es sich auch
mit der gläubigen Seele, die das Siegel ($\sigma\varphi\varrho\acute{\alpha}\gamma\iota\sigma\mu\alpha$) der Wahrheit empfangen hat, sie trägt die Stigmata Christi mit sich
umher«. Deutlich spürt man hier noch, wie die alten plastischen
Vorstellungen von der Versiegelung künstlich auf Namennennung und Geistestaufe umgedeutet sind.

Im einzelnen wird über dies Sakrament des »Namens« nach
Heitmüllers erschöpfender und weitausgreifender Untersuchung
nicht mehr viel beizubringen sein. Hervorzuheben wäre nur
noch, daß es von außerordentlicher Wichtigkeit für die Beurteilung der gnostischen Systeme ist, darauf zu achten, welche
Namen im einzelnen Fall beim Taufsakrament einer gnostischen
Sekte in Anwendung kommen. Denn wie überall, so hat
auch bei der Gnosis das Archaistische sich gerade im Kultus,
d. h. im Sakrament, erhalten. Und wir können hier daher
manchen wichtigen Einblick in die Genesis der gnostischen
Religion tun. So ist bereits auf die außerordentliche zentrale
Rolle hingewiesen, welche die $M\acute{\eta}\tau\eta\varrho$ im Sakrament, vor allem
auch im Taufkultus der gnostischen Sekten spielt, ich erinnere
an die Stellung der $M\acute{\eta}\tau\eta\varrho$ in den Gebeten der Acta Thomae,
wie auch der Markosier, der Lichtjungfrau in der Liturgie
der koptisch gnostischen Schriften. Besonders beliebt scheint
bei manchen gnostischen (namentlich den valentinianischen)
Sekten der Gebrauch des unbekannten Namens des Soter
gewesen zu sein. Die Markosier stellten ihre Taufe auf den
Namen des auf Jesus herabgekommenen Christus geradezu in
Gegensatz zu der Jesustaufe der Katholiken (Irenäus I 21, 2).
Bei ihnen lautete eine Taufformel: $\varepsilon\dot{\iota}\varsigma$ $\ddot{o}\nu o\mu\alpha$ $\dot{\alpha}\gamma\nu\acute{\omega}\sigma\tau ov$ $\pi\alpha\tau\varrho\dot{o}\varsigma$
$\tau\tilde{\omega}\nu$ $\ddot{o}\lambda\omega\nu$, $\varepsilon\dot{\iota}\varsigma$ $\dot{A}\lambda\acute{\eta}\vartheta\varepsilon\iota\alpha\nu$ $\mu\eta\tau\acute{\varepsilon}\varrho\alpha$ $\pi\acute{\alpha}\nu\tau\omega\nu$, $\varepsilon\dot{\iota}\varsigma$ $\tau\dot{o}\nu$ $\varkappa\alpha\tau\varepsilon\lambda\vartheta\acute{o}\nu\tau\alpha$
$\varepsilon\dot{\iota}\varsigma$ $\dot{I}\eta\sigma o\tilde{v}\nu$ I 21, 3. In der allerdings falschen Übersetzung der
ersten unter den beiden von ihnen überlieferten aramäischen
Taufformeln heißt es: $\dot{o}\nu\alpha\acute{\iota}\mu\eta\nu$ $\tauo\tilde{v}$ $\dot{o}\nu\acute{o}\mu\alpha\tau\acute{o}\varsigma$ σov $\Sigma\omega\tau\dot{\eta}\varrho$ $\dot{\alpha}\lambda\eta$-
$\vartheta\varepsilon\acute{\iota}\alpha\varsigma$. Und wieder eine andere Formel lautete: $\tau\dot{o}$ $\ddot{o}\nu o\mu\alpha$ $\tau\dot{o}$
$\dot{\alpha}\pi o\varkappa\varepsilon\varkappa\varrho v\mu\mu\acute{\varepsilon}\nu o\nu$ $\dot{\alpha}\pi\dot{o}$ $\pi\acute{\alpha}\sigma\eta\varsigma$ $\vartheta\varepsilon\acute{o}\tau\eta\tauo\varsigma$ $\varkappa\alpha\grave{\iota}$ $\varkappa v\varrho\iota\acute{o}\tau\eta\tauo\varsigma$ $\varkappa\alpha\grave{\iota}$ $\dot{\alpha}\lambda\eta$-

ϑείας, ὃ ἐνεδύσατο Ἰησοῦς ὁ Ναζαρηνὸς ἐν ταῖς ζωναῖς τοῦ φωτός[1] (I 21, 3). In den Excerpta ex Theodoto c. 22 wird berichtet, daß jene merkwürdige Taufe, welcher sich die Engel für die ihnen verlobten Seelen der Gnostiker unterziehen, erfolge ἐν λυτρώσει τοῦ ὀνόματος τοῦ ἐπὶ τὸν Ἰησοῦν ἐν τῇ περιστερᾷ κατελϑόντος. Wir sehen aus alledem, welch eine Bedeutung die Figur des geheimnisvollen Erlösers, dessen Name nur den Mysten bekannt war, und den man nur künstlich mit der Gestalt Jesu von Nazareth verband, in einer Reihe gnostischer Sekten, namentlich valentinianischer Observanz gehabt haben muß[2]. So ist auch die alte Taufformel der Mandäer bedeutsam, die nach Brandts Feststellungen (S. 104 f.) etwa gelautet haben muß: »Der Name des Lebens und der Name des Mândâ d'Hajê ist genannt über Dir«. Aus dem Bestand dieser Formel ergibt sich ohne weiteres, daß das (erste) Leben und Mândâ d'Hajê tatsächlich die höchsten Gottheiten der Mandäer gewesen sind und die in ihren Aeonenreihen noch über diesen genannten Pira, Ajar, Mana nur Gestalten blutleerer Spekulation waren. Wichtig ist auch die Taufformel der Elkesaiten: ἐν ὀνόματι τοῦ μεγάλου καὶ ὑψίστου ϑεοῦ καὶ ἐν ὀνόματι υἱοῦ αὐτοῦ τοῦ μεγάλου βασιλέως, — eine Formel, die, wie wir noch sehen werden, keineswegs notwendig unter christlichen Prämissen verstanden werden muß.

Eine ganz besondere und fremdartige Taufsitte liegt übrigens noch in dem hier und da erwähnten Ritus des Trinkens des geweihten Wassers vor. Begreiflich ist ja auch dieser Zug der Sakraments-Praxis. Denn wenn das heilige Wasser nach sakramentaler Anschauung göttliche Kräfte in sich birgt, warum

---

1. In dem Gebet der Mysten nach Vollendung der Weihe heißt es: λυτροῦμαι τὴν ψυχήν μου ἀπὸ τοῦ αἰῶνος τούτου καὶ πάντων τῶν παρ᾽ αὐτοῦ ἐν τῷ ὀνόματι τοῦ Ἰαώ, ὃς ἐλιτρώσατο τὴν ψυχὴν αὐτοῦ εἰς ἀπολύτρωσιν ἐν Χριστῷ τῷ ζῶντι Iren. I 21, 3. — Die Formel ist dunkel. Jao lautet im valentinianischen System der geheimnisvolle Zaubername, mit welchem der Horos die dem Χριστός nacheilende Achamoth aus der Welt des Pleroma zurückschreckt. In der Pistis Sophia begegnen wir dem Jao in dem Reich der »Mitte« neben der Lichtjungfrau. Den Jao-Namen wollte Harvey auch in der zweiten aramäischen Formel der Markosier Iren. I 21, 3 wiederfinden (Hilgenfeld 380).

2. Vgl. noch Acta Thomae 27: ἐλϑὲ τὸ ἅγιον ὄνομα τοῦ Χριστοῦ τὸ ὑπὲρ πᾶν ὄνομα (s. auch c. 132).

sollte man sich diese nicht ebensogut und noch besser durch
Trinken als durch Bespülen und Abwaschen des Leibes an-
eignen können? Ausdrücklich bezeugt ist das für den Taufritus der Mandäer. Qolasta fol. 10 schreibt vor, daß der Priester
nach dem zweimal wiederholten dreimaligen Untertauchen des
Täuflings, dem dreifachen Bezeichnen der Stirn mit Wasser
und dem feierlichen Sprechen der Taufformel dem Täufling drei
Handvoll Wasser zu trinken geben solle und dabei sprechen:
»Trink und sei geheilt und sei beständig. Der Name des Lebens
und der Name des Mândâ d'Hajê ist genannt über Dir«[1].
(Brandt, M. R. 221 u. 108). Aber auch bei den übrigen gnostischen Sekten finden sich Spuren desselben Brauches. Am
deutlichsten bei der Sekte, aus deren Mitte das von Hippolyt
in der Refutatio exzerpierte Baruchbuch stammt: »Nachdem
er (der aufzunehmende Myste) diesen Eid[2] geschworen, geht
er hinein zum Guten (Gott) und sieht was kein Auge gesehen und kein Ohr gehört hat . . . . und trinkt von dem
lebendigen Wasser, und das ist bei ihnen Taufe« (V 27,
p. 230). Denselben Ritus kannte die Sekte der Sethianer,
wenn sie von ihrem Erlöser behauptet, daß er, nachdem er in
den unreinen Mutterleib der Materie eingegangen sei, sich im
Bade gewaschen und den Becher mit lebendigem Quellwasser
($\pi o\tau\acute{\eta}\varrho\iota o\nu$ $\zeta\tilde{\omega}\nu\tau o\varsigma$ $\H{\upsilon}\delta\alpha\tau o\varsigma$ $\mathring{\alpha}\lambda\lambda o\mu\acute{\varepsilon}\nu o\upsilon$) getrunken habe, $\H{o}$ $\delta\varepsilon\tilde{\iota}$
$\pi\acute{\alpha}\nu\tau\omega\varsigma$ $\pi o\iota\varepsilon\tilde{\iota}\nu$ $\tau\grave{o}\nu$ $\mu\acute{\varepsilon}\lambda\lambda o\nu\tau\alpha$ $\mathring{\alpha}\pi o\delta\iota\delta\acute{\upsilon}\sigma\varkappa\varepsilon\sigma\vartheta\alpha\iota$ $\tau\grave{\eta}\nu$ $\delta o\upsilon\lambda\iota\varkappa\grave{\eta}\nu$
$\mu o\varrho\varphi\grave{\eta}\nu$ $\varkappa\alpha\grave{\iota}$ $\mathring{\varepsilon}\pi\varepsilon\nu\delta\acute{\upsilon}\sigma\alpha\sigma\vartheta\alpha\iota$ $\H{\varepsilon}\nu\delta\upsilon\mu\alpha$ $o\mathring{\upsilon}\varrho\acute{\alpha}\nu\iota o\nu$[3] (ib. V 19, p. 206).
Auch manches wichtige und interessante Material für die
Frage nach dem Zweck und der Bedeutung der Sakramente
der Taufe können wir aus der Überlieferung der Gnosis entnehmen. Im allgemeinen[4] wird natürlich auch hier schon Ver-

---

1. Dann unterscheidet das Rituell noch einen zweiten Trunk
Wassers, den der Täufling bereits am Ufer stehend in einer Schale vom
Priester bekommt.

2. Der Eid lautet: $\mathring{o}\mu\nu\acute{\upsilon}\omega$ $\tau\grave{o}\nu$ $\mathring{\varepsilon}\pi\acute{\alpha}\nu\omega$ $\pi\acute{\alpha}\nu\tau\omega\nu$, $\tau\grave{o}\nu$ $\mathring{\alpha}\gamma\alpha\vartheta\grave{o}\nu$, $\tau\eta\varrho\tilde{\eta}\sigma\alpha\iota$
$\tau\grave{\alpha}$ $\mu\iota\sigma\tau\acute{\eta}\varrho\iota\alpha$ $\tau\alpha\tilde{\upsilon}\tau\alpha$ $\varkappa\alpha\grave{\iota}$ $\mathring{\varepsilon}\xi\varepsilon\iota\pi\varepsilon\tilde{\iota}\nu$ $\mu\eta\delta\varepsilon\nu\acute{\iota}$ $\varkappa.\,\tau.\,\lambda.$ Feierlicher Schwur beim
Initiationsakt auch in der Diamartyria Jacobi und bei den Elkesaiten
Hipp. IX 15.

3. Auch Hibil-Ziwâ unterzieht sich nach seinem Heraufkommen
aus der Unterwelt von neuem der Taufe. Brandt, M. S. 163 f.

4. Die Markosier stellten ihre Christustaufe ($\mathring{\alpha}\pi o\lambda\acute{\upsilon}\tau\varrho\omega\sigma\iota\varsigma$) geradezu
in Gegensatz zur Jesustaufe zur »Vergebung der Sünden« Iren. I 21, 2.

gebung der Sünden als Endzweck der Taufe bezeichnet. So
z. B. II Jeû 45 im Taufgebet: »Mögen sie (die Helfer der Lichtjungfrau) kommen und meine Jünger .... taufen, ihre Sünden
vergeben und ihre Missetaten reinigen«. (Vgl. c. 46. 47, Pistis
Sophia c. 142). Bei den Mandäern heißt es (Genzâ r. 17f. Brandt
M. R. 99): »Tauft euch, damit ihr einen Vergeber der Sünden
und Schulden habt«. Diese Befreiung von Schuld und Sünde
wird aber zugleich auch sehr mechanisch, magisch gedacht. Die
Sünde gilt als ein stoffliches Etwas, das dem Menschen anhängt,
das durch das Sakrament der Taufe weggewaschen oder auch
weggebrannt wird. So wird in den Fragmenten des Elxaibuches
(Hipp. IX 15) die geschlechtliche Verunreinigung als die Sünde
κατ᾽ ἐξοχήν bezeichnet, die im Taufbade abgewaschen werden
muß. Ausdrücklich heißt es Pistis Sophia c. 115 S. 193, 32 ff.:
»Jetzt nun, wer die Mysterien der Taufen empfangen wird, so
wird das Mysterium jener zu einem großen sehr gewaltigen
weißen Feuer[1], und es verbrennt die Sünden und geht in die
Seele im Verborgenen ein, und verzehrt alle Sünden, die das
ἀντίμιμον πνεῦμα (s. Exkurs) an sie befestigt hat«. Nach Rekogn. 9, 8 löscht das Wasser der Taufe das Feuer der Begierde, das der Mensch durch seine Geburt mitbekommen:
Prima enim nostra nativitas per ignem concupiscentiae descendit
et ideo dispensatione divina secunda haec per aquam intro-
ducitur, quae restinguat ignis naturam[2].

Schließt sich diese Auffassung des Sakraments mehr an
das in diesem enthaltene Element der Wassertaufe an, so steht
mit dem Ritus der Namennennung und namentlich auch der
Versiegelung eine andre Anschauung im engsten Zusammenhang: das Sakrament der Taufe bringt Befreiung von der Macht
der Dämonen. Ganz deutlich ist das klement. Hom. 9, 19 ausgesprochen[3]: ἀεννάῳ ποταμῷ ἢ πηγῇ .... ἀπολουσάμενοι ἐπὶ
τῇ τρισμακαρίᾳ ἐπονομασίᾳ οὐ μόνον τὰ ἐνδομυχοῦντα ὑμῖν

---

1. Vgl. die Unterscheidung zwischen Wasser-, Feuer- und Geisttaufe Pistis Sophia c. 143; II. Jeu 45—47.

2. Vgl. Hom. 11, 26: διὸ προσφεύγατε τῷ ὕδατι, τοῦτο γὰρ μόνον
τὴν τοῦ πυρὸς ὁρμὴν σβέσαι δύναται, vgl. Rekogn. 6, 9; Excerpta ex
Theod. c. 81.

3. Ich behandle diese Vorstellungen nur kurz und verweise auf
Heitmüllers Darstellung »Im Namen Jesu« S. 305 ff.

πνεύματα ἀπελάσαι δυνήσεσθε, ἀλλ᾽ αὐτοὶ . . . τὰ ἄλλων κακι πνεύματα καὶ δαιμόνια χαλεπὶ σὺν τοῖς δεινοῖς πάθεσιν ἀπελάσετε. Diese Anschauung verbindet sich dann mit der »Zentrallehre« der Gnosis von dem Aufstieg der Seelen zum Himmel. So entsteht die Meinung, daß das Sakrament der Taufe die Pneumatiker nach dem Tode vor den Dämonen schütze, die ihnen den Weg zum höchsten Himmel versperren wollen. Die Markosier behaupteten ausdrücklich: *διὰ γὰρ τὴν ἀπολύτρωσιν* (d. h. ihr höheres, aber der Taufe der Art nach gleiches Sakrament) *ἀκρατήτους καὶ ἀοράτους γίνεσθαι τῷ κριτῇ* (d. h. dem den Seelen nachstellenden und sie richtenden Demiurgen) Iren. I 13, 6. Das betreffende den Markosiern eigentümliche Sakrament mag zum Teil im Hinblick auf diese seine Wirkung den Namen *ἀπολύτρωσις* bekommen haben. Nach den Excerpta ex Theodoto § 22 bewirkt die von den Engeln für die Pneumatiker vollzogene Taufe, daß diese bei ihrem Aufstieg zum Pleroma nicht gehindert werden: *ἵνα ἔχοντες καὶ ἡμεῖς τὸ ὄνομα μὴ ἐπισχεθῶμεν κωλυθέντες εἰς τὸ πλήρωμα παρελθεῖν τῷ ὄρῳ καὶ τῷ σταυρῷ* (d. h. dem die Grenzen des Pleroma hütenden »Horos«, der auch den Namen »Stauros« trägt).

Beide besprochenen Anschauungen von der Taufe verbindet die seltsame Spekulation in den Excerpta ex Theodoto c. 81. Hier wird, wie schon ausgeführt, behauptet, daß es zwei Arten von Feuern gäbe, ein sinnliches, das an den sinnlichen Leibern hänge, und ein geistiges, das den Dämonen und den Teufeln eigne. Demgemäß gäbe es eine doppelte Taufe: eine sinnliche durch Wasser, das Löschmittel des sinnlichen Feuers, und eine übersinnliche durch den Geist, das Hilfsmittel gegen das geistige Feuer der Dämonen. Also tilgt die Taufe einerseits die sündhafte leibliche Natur und schützt andererseits gegen die Dämonen. Künstlich wird die Betrachtung hier nur, weil beide Wirkungen der Taufe aus dem Wasserbad abgeleitet werden sollen[1].

Einer andern Kombination, die wieder zur Institution eines neuen Sakraments führt, begegnen wir im II. Jeu-Buch. Dieses kennt neben der Wasser-, Feuer- und Geisttaufe noch das

---

1. Eine ähnliche künstliche Kombination Hom. 9, 14 (= Rec. 4, 17): *ἡ γὰρ ψυχὴ τῇ πρὸς θεὸν πίστει ὡς εἰς ὕδατος φύσιν τραπεῖσα τὸν δαίμονα ὡς σπινθῆρα πυρὸς ἀποσβέννυσι.*

Mysterium der Beseitigung der Bosheit der Archonten (c. 44) und beschreibt dieses ausführlich (c. 48). Dabei waltet die Vorstellung ob, daß alle Schlechtigkeit und Sündhaftigkeit des Menschen diesem von den Dämonen gleichsam angezaubert, auf den Leib geheftet ist. Eine lange Theorie darüber entwickelt die Pistis Sophia, (c. 111. 131—133). Danach haben die Archonten der Sphären bereits vor der Geburt des Menschen das diesen zur Sünde zwingende $\dot{α}ντίμιμον$ $πνεῦμα$ mit ihm unauflöslich zusammengebracht. Die »Bosheit der Archonten« ist nichts andres als dies $\dot{α}ντίμιμον$ $πνεῦμα$. Das neben den verschiedenen Taufen genannte Sakrament der Beseitigung der Bosheit der Archonten hat den Zweck, die mit dem Wesen des Menschen durch die schlechte Tat der Dämonen untrennbar verbundene Sündhaftigkeit in wunderbarer Weise von diesem abzulösen. »Erhöre mich und zwinge den Sabaoth Adamas und alle seine Anführer, daß sie kommen und ihre Bosheit in meinen Jüngern wegnehmen« (313, 29 f.). Die Pistis Sophia drückt dasselbe nur etwas anders aus, wenn sie den Glauben ausspricht, daß die Taufen mit ihrem »Feuer« alle Sünden verzehre, die das $\dot{α}ντίμιμον$ $πνεῦμα$ (hier als selbständig wirkende Macht gedacht) an den Menschen befestigt habe.

So greifen die verschiedenen Vorstellungen im Taufsakrament auch hier ineinander. Das Wasserbad beseitigt die Sündhaftigkeit des Menschen in derselben natürlichen Weise, wie es leibliche Unreinheit und leiblichen Krankheitsstoff von ihm abwäscht, die Versiegelung im Taufsakrament befreit von der Macht der Dämonen. Aber wiederum ist es das Wasser, das die feurige Natur der Dämonen, wie das Feuer der leiblichen Begierde auslöscht. Andrerseits ist die Sünde ein Etwas, das die Dämonen dem Menschen äußerlich angeheftet haben; eine Krankheit und Unglück. Die Taufe, die die Gewalt der Dämonen bricht, befreit auch von der Macht der Sünde — u. s. w. — [1].

---

1. Eine merkwürdige Anschauung findet sich bei der Sekte der Doketen (Refutatio VIII 10 p. 422) ausgesprochen. Danach soll Christus in der Jordantaufe eine höhere Leiblichkeit erworben haben, damit er wenn sein irdischer Leib ans Kreuz geheftet werde: $ἐνδύσηται$ $τὸ$ $ἐν$ $τῷ$ $ὕδατι$, $ὅτε$ $ἐβαπτίζετο$, $ἀντὶ$ $τῆς$ $σαρκὸς$ $ἐκείνης$ $ἐκτετυπωμένον$ $σῶμα$. Vgl. dazu die Wendung Acta Thomae 132 (cod.): $ὁ$ $τὸ$ $λουτρὸν$ $τοῦ$ $βαπτίσματος$ $ἐνδυόμενος$. — Die ursprünglich hier zugrunde liegende

II.

Neben dem Wasser spielt nun aber auch das Element des Öls eine ganz besondere Rolle in der gnostischen Taufe. Ja in einer Reihe gnostischer Sekten scheint die Öltaufe die Wassertaufe mehr oder minder verdrängt zu haben. Die natürliche Grundlage jener sakramentalen Vorstellung ist hier fast noch deutlicher. Das Öl galt weithin als ein Wunder wirkendes, Krankheit heilendes, Dämonen vertreibendes, die Wirksamkeit der Dämonen aufhebendes Element[1]. Bei den Ophiten des Celsus-Origenes (VI 27) muß der Neueingeweihte, der σφραγιζόμενος (den man νέος, υἱός nannte) sprechen: κέχρισμαι χρίσματι λευκῷ ἐκ ξύλου ζωῆς. Versiegelung und Ölsalbung scheinen also hier identisch zu sein. Bei den Naassenern steht nach Hippolyt, Refut. V 7 p. 140, 88 f., die Wassertaufe allerdings neben der Öltaufe (τὸν λουόμενον κατ᾽ αὐτοὺς ζῶντι ὕδατι καὶ χριόμενον ἀλάλῳ χρίσματι), aber die Ölsalbung scheint doch noch das eigentliche und bevorzugte Sakrament auch dieser Sekte gewesen zu sein. Refut. V 9 p. 174, 24 ff.: καὶ ἐσμεν ἐξ ἁπάντων ἀνθρώπων ἡμεῖς Χριστιανοὶ μόνοι ἐν τῇ τρίτῃ πύλῃ ἀπαρτίζοντες τὸ μυστήριον καὶ χριόμενοι ἐκεῖ ἀλάλῳ χρίσματι. Unter den sieben Schwurzeugen der Sekte der Elkesaiten erscheint — wenigstens in den meisten Listen — neben dem Salz τὸ ἔλαιον[2] (Epiph. Haer. 19, 1; 30, 17[3]; Hippolyt, Philos. IX 15). — Eine Öltaufe kennen nach Tertullian adv. Marcionem I 14 auch die Marcioniten (oleum, quo suos unguit). — Die koptisch gnostischen Schriften kennen ein Ölsakrament neben der Taufe. II. Jeu 43 wird neben den drei verschiedenen Taufen und neben dem Sakrament zur Beseitigung der

---

Vorstellung ist diese, daß der Fromme im Wasserbad die Wassergottheit wie ein Kleid anzieht. Diese Vorstellung vom ἐνδύεσθαι hat sich bekanntlich bis ins neue Testament erhalten!

1. Vgl. bereits Mrk. 6, 13. Jak. 5, 14. Acta Thomae 67.

2. Vgl. Exc. ex Theodoto 82: ὁ ἄρτος καὶ τὸ ἔλαιον ἁγιάζεται τῇ δυνάμει τοῦ ὀνόματος.

3. In der ursprünglichen Liste sind allerdings wahrscheinlich ἅλας und ἄρτος als die heiligen sakramentalen Elemente genannt, und während sonst ἔλαιον den ἄρτος verdrängt, erscheinen Refut. IX 15 ἄρτος und ἔλαιον neben einander (neben ἅλας), so daß hier die Siebenzahl der Zeugen überschritten wird (s. o. S. 228).

Bosheit der Archonten die geistige Salbung, $\chi\varrho\tilde{\iota}\sigma\mu\alpha\ \pi\nu\varepsilon\nu\mu\alpha\tau\iota\varkappa\acute{o}\nu$, genannt. — Eine ähnliche Aufzählung findet sich Pistis Sophia c. 143. Ebenso heißt es hier c. 86 S. 127, 16: »Und die von der Mitte werden sie taufen und ihnen die geistige Salbe geben« (vgl. c. 112, S. 188, 21; c. 128, S. 212, 28; c. 130, 216, 9)[1].

Besonders bedeutsam ist hier die Überlieferung der Sekte der Markosier. Sie unterschieden bestimmt von der gewöhnlichen christlichen Taufe ihr Sakrament der $\dot{\alpha}\pi o\lambda\acute{v}\tau\varrho\omega\sigma\iota\varsigma$. Bei einigen Gruppen der Markosier scheint nun die $\dot{\alpha}\pi o\lambda\acute{v}\tau\varrho\omega\sigma\iota\varsigma$ doch wieder eine Wassertaufe gewesen zu sein, nur mit besondern und der Sekte eigentümlichen Taufformeln. Einige aber — so berichtet uns Irenäus I 21, 4 ausdrücklich — verwerfen das Wasserbad und gossen dafür über das Haupt der Mysten eine Mischung von Öl und Wasser.

Einer besondern Behandlung bedürfen in diesem Zusammenhang die Sakramentsgebräuche in den Acta Thomae. In diesen scheint das Ölsakrament die Wassertaufe ebenfalls vollständig verdrängt zu haben. Freilich kommt Lipsius in einer gründlichen Untersuchung (apokryphe Apostelgesch. I 331 ff.) dieser Stücke zu einem andern Resultat und ist der Meinung, daß hier Ölsakrament und Wassertaufe neben einander ständen. Die hier in Betracht kommende, entscheidende Stelle findet sich c. 26 f. und zwar hat man hier von dem griechischen — nicht von dem überarbeiteten syrischen — Text auszugehen. Es wird nun hier erzählt, daß der Apostel Thomas von dem König Gundaphoros und dessen Bruder gebeten wird: $\delta\grave{o}\varsigma\ \dot{\eta}\mu\tilde{\iota}\nu\ \tau\grave{\eta}\nu\ \sigma\varphi\varrho\alpha\gamma\tilde{\iota}\delta\alpha$. Darauf läßt der Apostel Öl bringen, $\H\iota\nu\alpha\ \delta\iota\grave{\alpha}\ \tau o\tilde{v}\ \dot{\varepsilon}\lambda\alpha\acute{\iota}ov\ \delta\acute{\varepsilon}$-$\xi\omega\nu\tau\alpha\iota\ \tau\grave{\eta}\nu\ \sigma\varphi\varrho\alpha\gamma\tilde{\iota}\delta\alpha$; dann weiter c. 27: „$\varkappa\alpha\grave{\iota}\ \dot{\alpha}\nu\alpha\sigma\tau\grave{\alpha}\varsigma\ \acute{o}\ \dot{\alpha}\pi\acute{o}$-$\sigma\tau o\lambda o\varsigma\ \dot{\varepsilon}\sigma\varphi\varrho\acute{\alpha}\gamma\iota\sigma\varepsilon\nu\ \alpha\dot{v}\tau o\acute{v}\varsigma$. Es offenbarte sich ihnen aber der Herr durch eine Stimme und sprach: Friede mit Euch, Brüder. Sie aber hörten die Stimme allein und sahen seine Gestalt nicht. $o\dot{v}\delta\acute{\varepsilon}\pi\omega\ \gamma\grave{\alpha}\varrho\ \tilde{\eta}\sigma\alpha\nu\ \delta\varepsilon\xi\acute{\alpha}\mu\varepsilon\nu o\iota\ \tau\grave{o}\ \dot{\varepsilon}\pi\iota\sigma\varphi\varrho\acute{\alpha}\gamma\iota\sigma\mu\alpha\ \tau\tilde{\eta}\varsigma\ \sigma\varphi\varrho\alpha\gamma\tilde{\iota}\delta o\varsigma$". Dann nimmt der Apostel das Öl und gießt es über ihre Häupter und salbt sie. Es folgt das sakramentale Gebet, und darauf

---

1. Vgl. noch Fragen des Bartholomaeus (bei Bonwetsch, Nachr. d. Königl. Ges. d. Wissensch. Göttingen 1897 H. 1 S. 27, 3 f.): $\dot{\varepsilon}\varkappa\acute{\alpha}\lambda\varepsilon\sigma\acute{\varepsilon}\nu\ \mu\varepsilon$ $\acute{o}\ \pi\alpha\tau\grave{\eta}\varrho\ X\varrho\iota\sigma\tauo\tilde{v}$, $\H\iota\nu\alpha\ \varkappa\alpha\tau\varepsilon\lambda\vartheta\tilde{\omega}\ \dot{\varepsilon}\pi\grave{\iota}\ \gamma\tilde{\eta}\varsigma\ \varkappa\alpha\grave{\iota}\ \chi\varrho\acute{\iota}\sigma\omega\ \pi\acute{\alpha}\nu\tau\alpha\ \H\alpha\nu\vartheta\varrho\omega\pi o\nu\ \dot{\varepsilon}\varrho\chi\acute{o}$-$\mu\varepsilon\nuo\nu\ \tau\tilde{\omega}\ \dot{\varepsilon}\lambda\alpha\acute{\iota}\omega\ \tau\tilde{\eta}\varsigma\ \zeta\omega\tilde{\eta}\varsigma$. Dem Gebrauch des Öls bei der Taufe in der genuinen christlichen Kirche gehe ich hier nicht weiter nach.

heißt es: »Nachdem sie gesalbt waren, erschien ihnen ein Jüngling mit einer Fackel«. Nun ist Lipsius der Meinung, daß in
diesem Bericht deutlich Taufe und Ölsalbung von einander unterschieden seien. Die Taufe sei durch den Satz am Anfang von
c. 27 angedeutet: καὶ ἀναστὰς ὁ ἀπόστολος ἐσφράγισεν αὐτούς.
Die Ölsalbung werde demgemäß als ἐπισφράγισμα τῆς σφραγῖδος = Besiegelung der Taufhandlung bezeichnet. Ich glaube,
daß Lipsius hier mit seiner Auffassung nicht im Recht ist.
Unmöglich kann nach dem ausdrücklichen Befehl des Apostels,
am Ende von c. 26, Öl zum Zwecke der Versiegelung zu bringen,
im Anfang von c. 27 an die Wassertaufe gedacht werden.
Entweder muß man hier einen doppelten Akt der Ölsalbung
annehmen, oder es sind die Worte καὶ ἀναστὰς ὁ ἀπόστολος
ἐσφράγισεν αὐτούς als vorläufige, den Gang der Handlung vor-
ausnehmende Überschrift zu c. 27 aufzufassen und ἐπισφράγισμα
τῆς σφραγῖδος im folgenden als Tautologie (die im Siegel be-
stehende Versiegelung) zu verstehen. — Jedenfalls berichten
Acta Thomae c. 26. 27 nur von einem Ölsakrament als Initiationsakt; für die Wassertaufe ist hier kein Platz. Demgemäß
ist auch c. 49 zu verstehen. Hier bittet die vom Dämon verfolgte Frau, daß der Apostel ihr das Siegel gäbe, und es heißt
dann ganz kurz: »Da ließ er sie näher treten und legte die
Hände auf sie und versiegelte sie auf den Namen des Vaters,
des Sohnes und des heiligen Geistes«. Und darauf folgt die
Feier der Eucharistie. Hier ist nur von einer einzigen heiligen
Handlung die Rede, und nach c. 26 f. haben wir hier nur an
das Ölsakrament zu denken. Daß diese Auffassung die richtige
ist, bestätigt uns auch der syrische Übersetzer, der an beiden
Stellen erst eine Erwähnung der Wassertaufe eingeschwärzt
hat. An den übrigen Stellen der Acta, die in Betracht kommen c. 131 (Taufe der Mygdonia), c. 132 (Taufe des Siphor),
c. 157 (Taufe des Vazanes) ist allerdings ständig und ausdrücklich vom Sakrament der Taufe neben und zwar nach dem Ölsakrament die Rede. Aber die Art, wie hier jedesmal in aller
Kürze und nur andeutungsweise nach der ausführlichen Schilderung des Ölsakraments die Wassertaufe angehängt wird, zeigt
deutlich, daß wir es überall mit einer katholischen Überarbeitung des vorliegenden Tatbestandes zu tun haben. Jedenfalls wird durch diese Darstellung Lipsius' Auffassung von dem

Hergang der Taufe in Kap. 26. 27 nicht gerechtfertigt, da nach seiner Annahme hier die Wassertaufe der Ölsalbung vorangehen würde, während sie nach den übrigen Darstellungen dieser folgt. — Demgemäß scheinen die liturgischen Stücke der Acta Thomae ursprünglich dem Schrifttum einer Sekte angehört zu haben, welche als Initiationssakrament nur die Ölsalbung kannte. — Bemerkenswert ist außerdem noch, daß c. 157 (Taufe des Vazanes) zwei Akte des Ölsakramentes unterschieden zu werden scheinen, nämlich die Benetzung des Hauptes und danach die Salbung des ganzen Leibes.　Auch das möge hervorgehoben werden, daß der Ölsalbung c. 132 ein Gebet vorangeht, in dem die bevorstehende Handlung nicht σφραγίς sondern βάπτισμα genannt wird.　Es ist allerdings fraglich, ob dies Gebet dem ursprünglichen Zusammenhang angehört, oder ob es mit Bezug auf die der Ölsalbung angehängte Wassertaufe ebenfalls später eingeschoben ist.

Ganz in gnostischen Gedankengängen befinden wir uns, wenn Irenäus uns berichtet, daß die Markosier ein Sakrament für die im Sterben Befindlichen kennen.　Sie nehmen, heißt es dort (Iren. I 21, 5), Öl und Wasser und zwar gewöhnlich ein bestimmtes Öl (ὀποβάλσαμον) und gießen es, nachdem sie Beschwörungen darüber gesprochen, über das Haupt des Scheidenden, ut incomprehensibiles et invisibiles principibus et potestatibus fiant[1].　Eine Taufe der Sterbenden kennen übrigens auch die Mandäer (Brandt, M. R. S. 96).　Und in diesem Zusammenhang mag noch die bemerkenswerte Behauptung der klement. Rekogn. I 45, daß Christus die Frommen, die in sein Reich gelangen »velut qui asperam superaverint viam, pro laborum refectione« mit Öl salben werde.

Wir haben noch auf die einzelnen Vorstellungen, die sich mit dem Ölsakrament verbinden, und auf dessen Zweckbeziehung zu achten.　Daß die Ölsalbung, wie wir sahen in den Acta Thomae durchweg mit σφραγίς bezeichnet wird, kann nicht wundernehmen.　Denn viel leichter als das Untertauchen bei der Taufe kann ja die Ölsalbung oder die Benetzung mit Öl

---

1. Mit fast denselben Worten wie Irenäus gibt Epiphanius einen Bericht über dieses Sakrament in seinen Ausführungen über Herakleon. Er gibt dabei an, daß dieser von Markus den Brauch übernommen habe. Haer. 36, 2.

als »Versiegelung« aufgefaßt werden[1] und mit ihr konnte
sich auch eine wirkliche »Bezeichnung« mit Öl sehr leicht
verbinden[2]. Hervorzuheben ist, daß als der Zweck der Ölsalbung fast ganz ausschließlich die Vertreibung der Dämonen
und die Vernichtung ihrer Macht über den Täufling angegeben
wird. So bittet die vom Dämon verfolgte Frau um die σφραγίς:
ἵνα μὴ ὑποστρέψῃ εἰς ἐμὲ πάλιν ὁ ἐχϑρὸς ἐκεῖνος (c. 49). Zweck
der Ölsalbung ist es c. 67 die Gesalbten διατηρεῖν ἀπὸ τῶν
λύκων. Breit ausgeführt ist der Gedanke in dem Gebet c. 157:
»Jesus, es komme deine siegreiche Macht und wohne auf diesem
Öl, wie einst auf dem ihm verwandten Holz deine (seine?) da-
malige(?) Macht wohnte, deren Wort(?), die dich kreuzigten, nicht
ertragen konnten. Es komme deine Gnadengabe, mit der du
deine Feinde angehaucht und sie hast rückwärts weichen und
kopfüber zu Boden stürzen lassen.« Die Öltaufe geschieht hier:
»zur Vergebung der Sünden, zur Abwehr der Feinde und zum
Heil ihrer Seelen.« Besonders deutlich ist dies auch von Irenäus
gelegentlich der Beschreibung des Sterbesakraments der Markosier ausgesprochen: ut incomprehensibiles et invisibiles principibus et potestatibus fiant, et ut superascendat super invisibilia
interior ipsorum homo (I 21, 5, vgl. auch I 13, 6).

Dabei herrscht wohl direkt die Vorstellung, daß der Geruch
des wunderbaren Salböles es selbst ist, der die Dämonen ver-
treibt. Ausdrücklich berichtet uns Irenäus, daß die Markosier
den Gebrauch des Balsamöles damit begründen, daß es τύπος
τῆς ὑπὲρ τὰ ὅλα εὐωδίας sei I 21, 3. Die Vorstellung von
einem speziellen Wohlgeruch der himmlischen Welten, welche
die Dämonen nicht ertragen können, scheint weit verbreitet gewesen zu sein. Sie ist vor allem in der persischen Religion
nachweisbar und mag dort ihre Heimat haben (Böklen, die
Verwandtschaft der jüdisch-christlichen mit der persischen Eschatologie S. 65). Sie findet sich auch in der spätjüdischen Literatur

---

1. Vgl. auch hier die charakteristische Vorstellung c. 26: δὸς
ἡμῖν τὴν σφραγῖδα. ἠκούσαμεν γάρ σου λέγοντος, ὅτι ὁ ϑεὸς, ὃν κηρύσσεις
διὰ τῆς αὐτοῦ σφραγῖδος, ἐπιγινώσκει τὰ ἴδια πρόβατα.

2. In der mandäischen Taufe scheint die dreimalige Bezeichnung
ursprünglich mit Wasser erfolgt zu sein. Später aber hat sich daneben
— so schon Qolasta 14 — die Bezeichnung mit Öl eingestellt (Brandt
M. R. 103 f.).

(aeth. Henoch 24, 3 ff.; slav. Henoch 8, 2 ff.; syr. Baruch 29, 7; Apok. Moses (*Βίος Ἀδάμ*) 29. 38. 40, Böklen S. 66)[1]. Auch neutestamentliche Stellen, wie II Kor. 2, 14—16 (*ὀσμὴ ἐκ ζωῆς εἰς ζωήν*) sind der Form nach aus diesem Zusammenhang zu erklären. — In der Gnosis haben wir zahlreiche Beweise dafür, daß bei der Schilderung der oberen himmlischen Welten deren Wohlgeruch besonders hervorgehoben wird. Die Sethianer (Refut. V 19, p. 200, 71) behaupteten, daß das Licht seinem Wesen nach sei: *οἱονεὶ μύρου τις ὀσμὴ ἢ θυμιάματος ἐκ συνθέσεως κατεσκευασμένου λεπτὴ διοδεύουσα δύναμις ἀνεπινοήτῳ τινὶ καὶ κρείττονι ἢ λόγῳ ἔστιν ἐξειπεῖν φορᾷ εὐωδίας*. In dem von Hippolyt dargestellten basilidianischen System heißt es, daß die obere Sohnschaft bei ihrem raschen Aufstieg zu den oberen Welten der mittleren Sohnschaft (dem *πνεῦμα μεθόριον*) eine *δύναμις* hinterlassen habe, so wie ein Gefäß, aus dem die kostbare Salbe ausgegossen sei, noch den Duft der Salbe bewahre (VII 22, p. 362)[2]. In dem Hymnus der Acta Thomae auf die *Κόρη*, des Lichtes Tochter, (c. 6) wird von den Kleidern der himmlischen Jungfrau gesagt: *ἀποφορὰ δὲ εὐωδίας ἐξ αὐτῶν διαδίδοται*. Zu vergleichen ist in diesem Zusammenhang etwa noch Pseudojoh. Apokalypse ed Tischend. p. 71: *εἶδον ἀνεῳγότα τὸν οὐρανὸν, καὶ ἐξήρχετο ἀπὸ τῶν ἔνδωθεν τοῦ οὐρανοῦ ὀσμὴ ἀρωμάτων εὐωδίας πολλῆς*. In der Schilderung des Lichtgesandten im vierten Traktate des rechten Genza ist des öfteren von dessen Wohlgeruch die Rede: »Ein jeder, der den Duft gerochen hat, ist aufgelebt.« »Ein jeder, der ihn gerochen hat, dessen Auge ist von Licht erfüllt worden« (Brandt M. S. 114 f., vgl. S. 18). — Von hier aus lag also die Kombination sehr nahe und ist, wie wir nachwiesen, vollzogen, daß das Ölsakrament den Gläubigen den himmlischen Wohlgeruch vermittele, vor dem die Dämonen der niederen Welten zurückschaudern[3].

---

1. Ebendort und bei Weinel, die Wirkungen des Geistes und der Geister, S. 197 f., noch mehr Material.
2. Iren. I 4, 1 (System des Ptolemäus) heißt es von der Sophia Achamoth: *ἔχουσά τινα ὀδμὴν ἀφθαρσίας ἐγκαταλειφθεῖσαν αὐτῇ τοῦ Χριστοῦ καὶ τοῦ ἁγίου Πνεύματος*.
3. Für diesen Zusammenhang zwischen Öl und himmlischem Wohlgeruch vgl. Ignatius, ad Ephes. 17: *διὰ τοῦτο μῦρον ἔλαβεν ἐπὶ τῆς κεφαλῆς αὐτοῦ ὁ κύριος, ἵνα πνέῃ τῇ ἐκκλησίᾳ ἀφθαρσίαν*. Eusebius H. E.

Dem parallel läuft eine andere Vorstellung, nämlich die,
daß das Ölsakrament dem Menschen, namentlich nach seinem
Tode, die höhere Leiblichkeit verschafft, durch welche er für die
Dämonen unangreifbar wird. Schon bei der Besprechung der
Wassertaufe fanden wir Spuren dieses Gedankens. Hier tritt
er noch viel deutlicher hervor. Bereits in dem seiner ganzen
Art nach halbgnostischen slavischen Henochbuch ist die Vorstellung bestimmt ausgesprochen: 24, 9 Rec. B[1]: »Und Michael
entkleidete mich meiner Kleider und salbte mich mit schöner
Salbe, und das Aussehen jener Salbe war mehr denn großes
Licht . . . . . und von glänzenden Sonnenstrahlen. Und ich
beschaute mich selbst betrachtend, und ich war wie einer der
Herrlichen, und es war kein Unterschied.« Henoch bekommt
hier also durch die Salbung den himmlischen Lichtleib (vgl.
56, 2). In den Acta Thomae heißt es ausdrücklich vom heiligen Öl: δύναμις ἡ τοῦ ξύλου, ἣν οἱ ἄνθρωποι ἐνδυόμενοι τοὺς
ἑαυτῶν ἀντιπάλους νικῶσιν (c. 157, vgl. c. 132). Ebenso in den
Acta Philippi c. 144: κύριέ μου Ἰησοῦ Χριστέ . . . . ἔνδυσόν
με τὴν ἔνδοξόν σου στολὴν, τὴν φωτεινήν σου σφραγῖδα
τὴν πάντοτε λάμπουσαν, ἕως ἂν παρέλθω πάντας τοὺς κοσ-
μοκράτορας καὶ τὸν πονηρὸν δράκοντα τὸν ἀντικείμενον ἡμῖν.
Rekogn. I 45 salbt Christus die seligen Frommen mit Öl, ut
et ipsorum lux luceat et spiritu sancto repleti immortalitate do-
nentur[2].

VI 35: οἱ μὲν (die Märtyrer von Lugdunum) γὰρ ἱλαροὶ προῄεσαν . . .
τὴν εὐωδίαν ὀδωδότες ἅμα τὴν Χριστοῦ, ὥστε ἐνίους δόξαι καὶ μύρῳ κοσ-
μικῷ κεχρῖσθαι αὐτούς.

1. In Rec. A ist das verwischt; hier tritt die Salbung neben die
Einkleidung in die Kleider himmlischer Herrlichkeit.

2. Die Vorstellung von der Bekleidung der Seelen ist übrigens
weit verbreitet. Urspünglich ist die Vorstellung ganz naiv. Die nackten
Seelen bedürfen im Jenseits der Bekleidung, sie müßten sonst frieren.
So liegt die Vorstellung z. B. noch in der persischen Religion deutlich
vor (Belege bei Böklen S. 61 f.). An einen himmlischen verklärten
Leib denkt man dabei zunächst nicht (vgl. aeth. Henoch 62, 15 f.;
Stellen im N. Test. vgl. Bousset, Rel. d. Judent. ² 319). Aber schon in
der Ascensio Jesaiae kann der Seher nicht eher zum höchsten Himmel
aufsteigen, als bis ihm sein himmlisches Kleid von dorther entgegen-
gebracht wird 9, 1—2. Er sieht im höchsten Himmel die Kronen
und Kleider, welche die Gläubigen bekommen sollen 9, 9—13. — In

Oft begegnet auch noch eine merkwürdige Kombination,
durch welche, wie es scheint, die Kraft des sakramentalen Öls
erklärt werden soll.   Der Myste bei den Ophiten spricht (s. o.)
κέχρισμαι χρίσματι λευκῷ ἐκ ξύλου ζωῆς (c. Celsum VI 27).
Bei dem ξύλον ζωῆς haben wir aller Wahrscheinlichkeit nach
an den Baum des Lebens im Paradiese zu denken.   Das sla-
vische Henochbuch (8, 5 Rec. B.) kennt einen Ölbaum im Paradies.   In dem apokryphen Leben Adams schickt Adam den
Seth ab, ihm von dem Lebensöl zu bringen, das aus dem Baum
im Paradiese fließt (*Βίος Ἀδ.* 10ff., Vita Adae 36ff.)[1].   Dieselbe
Erzählung findet sich im Evangelium Nicodemi c. 19 (decensus
Christi ad inferos 3, Tischend. ev. apocr. [2] p. 393f.) verbunden
mit der Weissagung, daß Christus einst nach seiner Taufe im
Jordan mit dem Öl seiner Barmherzigkeit alle Gläubigen taufen
werde.   Auch nach klement. Rek. I 45 ist Christus mit der
Salbe vom Baum des Lebens gesalbt und wird mit derselben
Salbe die seligen Frommen salben.   Also werden auch die
Mysten der Ophiten mit jenem Worte haben sagen wollen, daß

---

der Gnosis sind die Vorstellungen von himmlischen Lichtkleidern weit
verbreitet.   In der Pistis Sophia wird Jesus nach seiner Auferstehung
sein himmlisches strahlendes Lichtkleid herabgesandt, und nachdem er
in dessen Besitz gelangt ist, fährt er in die höchsten himmlischen
Höhen auf c. 7 u. 10.   In der »Perle« kommt dem Königssohn an der
Grenze der himmlischen Welten sein Lichtkleid, das er in der Heimat
gelassen, entgegen (über die Auffassung dieses Lichtkleides als des
himmlischen Ebenbildes und Doppelgängers und die Parallelen dieser
Vorstellung im Parsismus vgl. Bousset, Archiv f. Religionswissensch.
IV 3, 233f.). — Aus diesen Vorstellungen heraus hat sich übrigens bei
den Mandäern auch eine sakramentale Sitte entwickelt.   Die Anhänger
der mandäischen Sekte waren nach dem Genzâ angewiesen, nur weiße
Kleider zu tragen.   Jetzt ist die Sitte freilich verschwunden, aber die
Priester und die Laien zum Tauffest tragen noch immer weiße Kleider
(Brandt M. R. 91f.). — Dem entsprechend heißt es im achten Traktat
des rechten Genzâ: »Und mein Vater zog mir (Hibil-Ziwâ) sein eigenes
Kleid an, in welches er gewickelt worden war, und er war in jenem
Kleid getauft worden« (Brandt M. S. 141f.).   In der Pistis Sophia
werden c. 133, S. 227, 4. 11 Siegel und Kleider des Lichts neben ein-
ander erwähnt. — Beim Empfang der Sakramente sind Jesus und seine
Jünger mit leinenen Gewändern bekleidet c. 142, II Jeu 45ff.
  1. Parallel scheinen die persischen Vorstellungen vom Haoma-
Baum zu sein.   Bousset, Rel. d. Judentum [2] 556f.

das heilige Öl, mit dem sie gesalbt wurden, in irgend welcher wunderbaren Weise von dem Lebensbaum im Paradiese stamme. Nun aber wird dieser Lebensbaum andrerseits in christlicher Vorstellung mit dem Kreuzesstamm in Verbindung gebracht. So erklären sich die rätselhaften Wendungen in den Acta Thomae beim Ölgebet 157: ἐλθέτω ἡ νικητικὴ αὐτοῦ δύναμις καὶ ἐνιδρύσθω τῷ ἐλαίῳ τούτῳ, ὥσπερ ἰδρύνθη ἐν τῷ συγγενεῖ αὐτοῦ ξύλῳ ἡ ... αὐτοῦ (?) δύναμις. c. 121: ἔλαιον ἅγιον ..... μυστήριον κρυφιμαῖον, ἐν ᾧ ὁ σταυρὸς ἡμῖν ἐδείχθη [1].

III.

Über das Sakrament der Eucharistie bei den gnostischen Sekten wird sich nicht sehr viel sagen lassen. Im großen und ganzen scheint man in gnostischen Kreisen an ihm vielfach vorübergegangen zu sein. Eine Feier, in deren Zentrum die Idee der κοινωνία τοῦ αἵματος καὶ τοῦ σώματος mit dem Erlöser stand, mußte den gnostischen Sekten bei ihrer dualistisch-asketischen Grundstimmung fremd und unbrauchbar erscheinen. Auch mußte der Gebrauch des Weines beim Sakrament abstoßend wirken; wir wissen wenigstens, daß der Gebrauch des Wassers anstatt des Weines bei einer Reihe gnostischer Sekten üblich war [2].

Wo wir bei gnostischen Sekten der Eucharistie begegnen, scheint die Handlung weit abzustehen von der gemeinchristlichen Abendmahlsfeier. Allerdings muß hier infolge der großen Lückenhaftigkeit unserer Quellen sehr vorsichtig geurteilt werden. Aber es bleibt doch auffällig, daß in der klementinischen Grundschrift, soweit ich sehe, niemals von einem Kelch bei der wiederholten Schilderung gemeinsamer Mahlzeiten die Rede ist. An der markantesten Stelle, in der Διαμαρτυρία Ἰακώβου, heißt es am Schluß der Besprechung des großen Initiationsaktes einfach:

---

1. Vgl. c. 157: δύναμις ἡ τοῦ ξύλου, ἥν οἱ ἄνθρωποι ἐνδυόμενοι τοὺς ἑαυτῶν ἀντιπάλους νικῶσιν.

2. Vgl. für die Marcioniten Epiphanius H. 42, 3; Tatian ib. 46, 2; die Enkratiten 47, 1, die Apostoliker 61, 1. Lipsius, apokryphe Apostelgeschichten I 341. Brod und ein Kelch mit Wasser in den Mithras-Mysterien: Justin, Apol. I 66 (Tertullian de praescr. haer. 40).

καὶ μετὰ τοῦτο ἄρτου καὶ ἅλατος μετὰ τοῦ παραδιδόντος μετα-
λαβέτω (c. 4). Hom. 11, 36 wird die Feier mit εὐχαριστίαν
κλάσας (= Rek. 6, 15 eucharistiam frangens) umschrieben.
Hom. 14, 1 heißt es: τὸν ἄρτον ἐπ' εὐχαριστίας κλάσας καὶ
ἐπιϑεὶς ἅλας τῇ μητρὶ πρῶτον ἐπέδωκεν καὶ μετ' αὐτὴν ἡμῖν.
Hom. 13, 8 wieder nur: ὅπως κοινῶν (κοινῇ) ἁλῶν καὶ τρα-
πέζης μεταλαβεῖν δυνηϑῶμεν [1]. Man könnte die Nichterwähnung
des Kelches für Zufall halten und könnte vor allem darauf
hinweisen, daß Epiphanius (H. 30, 16) inbetreff der Sekte der
Ebioniten, aus deren Kreise die Quellen der klementinischen
Schriften sichtlich stammen, berichtet, daß sie eine alljähr-
liche, der christlichen Eucharistie ähnliche Feier haben, nur daß
sie den Wasserkelch dabei gebrauchten: καὶ τὸ ἄλλο μέρος τοῦ
μυστηρίου δι' ὕδατος μόνου. Aber was Epiphanius hier berichtet, scheint auf späterer Akkomodation der judenchristlichen
Gnostiker an katholischen Brauch zu beruhen. Diese jährliche
eucharistische Feier hat mit der nach den Klementinen sehr oft
wiederholten Handlung des ἄρτου und ἅλατος μεταλαμβάνειν
nichts zu tun. — Und überdies stellen sich nun hier doch eine
Reihe von Parallelen ein. Zu erinnern ist an die bekannten
Stellen der Apostelgeschichte, wo nur von κλάσις ἄρτου die
Rede ist (2, 42, vgl. 2, 46. 20, 7. 11. Lk. 24, 35), ferner
an die bekannte Variante des Cod. D. (vet. lat.) zum Abend-
mahlsbericht des Lukas, in welchem tatsächlich der Abendmahls-
kelch fehlt (nicht etwa dem Brote vorangestellt ist)[2]. — Vor
allem muß hervorgehoben werden, daß wir in den Acta Thomae
eine ganz ähnliche Beobachtung machen können. Hier heißt
es c. 27 nach der Schilderung der Taufhandlung von Thomas:
κλάσας ἄρτον κοινωνοὺς αὐτοὺς κατέστησεν τῆς εὐχαριστίας τοῦ
Χριστοῦ. c. 49 wird erzählt, daß der Apostel einen Tisch

1. Vgl. auch die immer wiederkehrende Wendung ἅλων μεταλαβεῖν
Epist. Clem. 9; Hom. 4, 6; 6, 26; 11, 34; 14, 8; 15, 11; 19, 25. —
Die Wendung eucharistiam Christi Domini Rek. I 63 entspricht wohl
am meisten dem gemeinchristlichen Sprachgebrauch.
2. Wellhausen, Erweiterungen u. Änder. im vierten Evang. S. 28 f.,
ist der Meinung, daß auch der Evang. Joh. nur das Sakrament des
Brotbrechens anerkenne und deshalb den Brauch der Einsetzung des
Abendmahls fortgelassen habe. Er muß freilich diese Ansicht durch
starke Korrekturen am Text Joh. 19, 31—37. 6, 53—56 stützen.

bringen läßt: *καὶ ἁπλώσας σινδόνα ἐπ᾽ αὐτὸν ἐπέθηκεν ἄρτον τῆς εὐλογίας.* Dann folgen zwei Abendmahlsgebete. In dem ersten kürzeren, das eine katholische Interpolation darstellen dürfte, ist allerdings von der Gemeinschaft mit Leib und Blut Christi die Rede. Dann aber wird nach dem längeren, spezifisch gnostischen Gebet, in dem nur allgemein von *εὐχαριστία* und *ἀγάπη* gesprochen wird, nur die Bezeichnung des »Brotes« mit dem Kreuz[1], dessen Brechen und Austeilen berichtet. Anders verhält es sich nun allerdings bei den Tauf- und Abendmahlsberichten in dem letzten Teil der Acta. Aber wir haben bereits oben gefunden, daß hier die Bearbeitung stärker eingesetzt hat als in den früheren Partieen. So ist bei der Taufe der Mygdonia c. 121 von Brot und Wasserkelch die Rede. Ebenso finden wir c. 158 ein Gebet über Brot und Kelch, das allerdings vollkommen vulgärchristlichen Charakter trägt. (Immerhin bemerkenswert ist es, daß es am Schluß nur heißt: *καὶ κλάσας τὴν εὐχαριστίαν ἔδωκεν.*) Und selbst innerhalb dieser späteren Partien steht nach der Taufe des Siphor (c. 133) wieder nur: *ἄρτον καταθεὶς ἐπὶ τὴν τράπεζαν ηὐλόγησεν* (folgt das Segensgebet über das Brot) . . . *καὶ κλάσας ἐπέδωκεν.* Es kann nach den Parallelen kaum ein Zweifel darüber bestehen, daß die kultischen Stücke der Acta Thomae ursprünglich nur eine Eucharistie des Brotes kannten.

Zu diesen Tatsachen tritt nun weiter noch die wichtige Beobachtung hinzu, daß wir in den Klementinen neben dem heiligen Brot das Salz als heiliges Element der Eucharistie finden. Und *ἄρτος* und *ἅλας* (zum Teil neben *ἔλαιον*) begegnen uns auch unter den sieben Schwurzeugen der elkesaitischen Sekte. Sie stehen hier offenbar neben den fünf großen Elementen der Natur als die Elemente der heiligen Kulthandlung der Sekte. Also müssen wir auch bei den Elkesaiten dieselbe (eucharistische) Kulthandlung wie bei den Essenern voraussetzen. Zugleich sehen wir damit aber auch deutlich, daß der gemeinsame feierliche Genuß von Brot und Salz mit der spezifischen christlichen Eucharistie wenig oder gar nichts zu tun hat. Was wir hier haben, ist einfach eine auf ursemitische Sitte zurückgehende Feier der

---

1. Bezeichnung der Hostie mit dem Kreuz auch bei den Mandäern. (Brandt. M. R. 109).

Verbündung und Verbrüderung. Wie nach weitverbreiteter alt-
semitischer Sitte die Aufnahme in den Stamm oder der Abschluß eines Bündnisses durch gemeinsamen Genuß von Brot
und Salz sich vollzieht, so ist diese Stammessitte hier auf
den religiösen Verband der Sekte übertragen. Daß dies
der Sinn des Brot- und Salz-Sakramentes wirklich sei, dafür
liefern uns die Klementinen noch einen weiteren Beweis.
Vor der Taufe wird es hier dem Clemens überhaupt ausdrücklich verwehrt, mit Petrus und den Seinen gemeinsam die
Mahlzeit einzunehmen (Ho. 1, 22 = Rek. 1, 19; Rek. 2, 70f.)[1].
Ausführlich legt Petrus diese Theorie der Mutter des Clemens
dar: πλὴν ὁπόταν αὐτοὺς πείσωμεν τὰ τῆς ἀληθείας φρονεῖν
τε καὶ ποιεῖν, βαπτίσαντες αὐτοὺς . . . . τότε αὐτοῖς συναυ-
λιζόμεθα 13, 4. Die sakramentale Handlung des Brot- und
Salz-Essens ist also in diesem Zusammenhang nichts anderes als der feierliche Initiationsakt, durch welchen der Täufling in das gemeinsame Leben der Sekte aufgenommen wird[2].
Der gemeinsame Kelch ist bei dieser Handlung durchaus ent-
behrlich, ja der Wasserkelch gehört in diesen Zusammenhang
gar nicht hinein. Denn das Wasser spielt bei den hier in Betracht kommenden Riten keine Rolle. Wenn bei derartigen
feierlichen Bundesschließungen und Verbrüderungen ein gemeinsamer Trank getrunken wurde, so konnte nur das Blut,
entweder das eigene Blut oder das Blut des Opfertieres, in Betracht kommen und als Ersatz des Blutes der Wein. Aber der
gemeinsame Genuß von Brot und Salz reichte für den gewöhnlichen Akt der Verbrüderung durchaus hin, und man kann sich
sehr wohl denken, daß in Gegenden, wo der Weingenuß weniger üblich, und bei Sekten, die einen Abscheu vor diesem
hatten und bei denen Opfer und Opferblut erst recht verworfen
waren, man auch bei feierlicher Gelegenheit auf den gemeinsamen Trank verzichtete, anstatt etwa in der falschen Symbolik
des Wasserkelches einen schlechten Ersatz zu suchen.

---

1. Auch beim Gebet des Petrus muß Clemens sich entfernen Ho.
3, 29 = Rek. 2, 19.
2. Bei den gemeinsamen Mahlzeiten dieser Sekten wurde nicht
viel mehr und anderes genossen als bei dem Initiationsakt. Ho. 12, 6:
ἄρτῳ μόνῳ καὶ ἐλαίαις χρῶμαι. Acta Thomae 29: ἄρτον ἔλαιον (ἐλαίας?)
λάχανον ἅλας.

Was sich aus diesem Nachweis, daß sich bei gnostisch-
christlichen Sekten die Sitte einer feierlichen gemeinsamen
Verbrüderungsmahlzeit (mit Brot und Salz) als Initiationsakt
ganz unabhängig von der Eucharistie im engeren Sinne und
vielleicht sogar ohne diese erhalten hat, — für die Urgeschichte
des christlichen Abendmahls ergibt, muß weiterer Untersuchung
vorbehalten bleiben.

Eine ganz eigentümliche sakramentale Feier, halb Eucharistie, halb Opferhandlung, haben uns die koptisch-gnostischen
Schriften überliefert. In der Pistis Sophia 142 und II Jeu 45—47
sind verschiedene heilige Handlungen unter dem Namen der
Wasser-, Feuer- und Geisttaufe beschrieben, die alle doch im
wesentlichen identisch und von einer ganz besonderen Art sind.
Die Beschreibung der Feier P. S. 142 beginnt: Jesus aber
sprach zu ihnen: »Bringet mir Feuer und Weinzweige. Sie
brachten sie ihm, er legte das Opfer (προσφορά) auf und stellte
zwei Weinkrüge hin, einen zur Rechten und den andern zur
Linken des Opfers«. Es scheint hier doch zunächst von einem
Feueropfer (προσφορά) die Rede zu sein. In den Berichten
des II Jeu ist das allerdings nicht so deutlich. Hier wird das
Feuer nirgends ausdrücklich — wenigstens nicht am Anfang
der Handlung — erwähnt. Aber sicher hat es doch seinen Platz
in der »Feuertaufe« II Jeu 46: Wenn es hier zu Beginn heißt,
daß Jesus die von den Jüngern gebrachten Weinzweige nimmt,
ein Räucherwerk auflegt und dann zum Schluß des feierlichen Gebetes spricht: Du mögest mir ein Zeichen in dem
Feuer dieses duftenden Räucherwerkes geben —, so haben wir
anzunehmen, daß Jesus das Räucherwerk auf einem vorauszu-
setzenden Feuer (Altar mit Feuer) dargebracht hat. Wir werden
nun aber auch die Wendung am Anfang der P. S. c. 142 »er
legte das Opfer auf«, genau so zu verstehen haben, wie den
Satz II Jeu 46 »er legte ein Räucherwerk auf« (II Jeu 47 »er
legte das Räucherwerk . . . der Taufe auf«). Es handelt sich
hier also wirklich um die Darbringung eines Brandopfers[1]. Die
Weinkrüge sind demgemäß Libationskrüge. Wenn es im Bericht der P. S. dann weiter heißt, daß Jesus darauf einen Becher

1. Sehr gern wüßten wir, worin das Opfer bestanden hat, doch
wird das nirgends gesagt.

Wassers vor den Weinkrug zur Rechten und einen Becher
Weines vor den Weinkrug zur Linken stellt, so ist das ein
Zug, welcher dem Bericht der P. S. allein eignet. In den
andern Berichten kehrt er nicht wieder. Dann fährt der
Bericht der P. S. fort »und legte Brote nach der Anzahl
der Jünger mitten zwischen die Becher und stellte einen
Becher Wassers hinter die Brote.« II Jeu 45 heißt es noch
genauer »Jesus aber stand bei dem Opfer, breitete an einem
Ort seine Gewänder aus und stellte einen Becher Weins darauf
und Brote gemäß der Anzahl der Jünger, legte Olivenzweige
auf den Ort des Opfers und bekränzte sie alle mit Oliven-
zweigen«[1] (ähnlich c. 46 u. 47). Es wird dann noch erwähnt,
daß die Jünger alle in leinene Gewänder gekleidet waren. Nach
II Jeu 45 steckt Jesus außerdem Flohkraut in den Mund der
Jünger und legt Sonnenkraut in ihre beiden Hände (ähnlich
II Jeu 46). Dann folgen in sämtlichen Beschreibungen der
Handlung feierliche Gebete, die wir bereits zum Teil besprochen
haben. In der P. S. scheint der Schluß zu fehlen. II Jeu
45—47 heißt es dann jedesmal etwa gleichlautend: »Er (Jesus)
taufte sie[2], gab ihnen von dem Opfer ($\pi\varrho o\sigma\varphi o\varrho\acute{\alpha}$)[3] und besiegelte sie mit dem Siegel«.

Lassen sich diese merkwürdigen Berichte noch erklären
und die hier beschriebenen Handlungen in einen größeren Zusammenhang einstellen und so begreifen? Oder haben wir es
hier mit den müssigen Phantasieen von Literaten zu tun, die

---

1. In den Acta Thomae c. 5 wird erzählt, daß der Apostel Thomas,
bevor er den Hymnus von der Hochzeit der Tochter des Lichtes singt,
sich salbt und bekränzt und einen Zweig ($\varkappa\lambda\acute{\alpha}\delta o\varsigma$ $\varkappa\alpha\lambda\acute{\alpha}\mu o\upsilon$) in die Hand
nimmt. — Spielt vielleicht Tertullian mit dem »rosam tibi si obstulero,
non fastidies creatorem« (adv. Marcion. I 14) auf eine sakramentale
Handlung an? — Vgl. das Überreichen von Blumen bei der persischen
Totenmesse, Saussaye II 221.

2. Nach II Jeu 45 betet Jesus: »Es möge ein Wunder geschehen und
Zorokothora (Melchisedek) kommen und das Wasser der Lebenstaufe in
einen von diesen Weinkrügen herausbringen«. »Und in demselben
Augenblick geschah das Wunder, das Jesus gesagt hatte, und der Wein
zur Rechten des Opfers ($\vartheta\upsilon\sigma\acute{\iota}\alpha$) wurde zu Wasser.«

3. In dem Bericht von II Jeu 45 scheint zwischen $\vartheta\upsilon\sigma\acute{\iota}\alpha$, dem im
Feuer dargebrachten Opfer, und $\pi\varrho o\sigma\varphi o\varrho\acute{\alpha}$, dem geweihten Brot und
Kelch, unterschieden zu werden.

jeder Erklärung spotten? Ein Versuch mag gewagt werden.
Verschiedene Züge dieser sakramentalen Handlung deuten auf
persischen Kultus hin[1]. Vor allem erinnern die immer wieder
erwähnten Weinzweige und die Kräuter, die Jesus beim Opfer
in die Hände der Jünger gibt, an die Opferzweige im persischen Kultus. Diese Opferzweige (Baresman, barsom) wurden
hier bei der Opferhandlung von dem Priester »als Gebetsstäb-
chen oder Zauberzweige oder ähnliches in verschiedener Anzahl
und Länge in die Hand genommen und feierlich entgegenge-
streckt« (Saussaye II 206). Die »Auflegung« des Opfers auf
das Feuer erinnert an die persische Kultsitte, auf kleinen Feuer-
altären Fleischopfer und Opferkuchen (Dârun) darzubringen.
Auch beim persischen Opfer werden Krüge mit Weihwasser bei
der heiligen Handlung hingestellt[2]. Vor allem aber ist bemerkenswert, daß bei der großen Yasna-Zeremonie (dem »Hochamt«
der persischen Kirche) die Priester von dem geweihten heiligen
Trunk (Haoma) und dem darzubringenden Opferkuchen selbst
genießen[3].

Diese dreifache Parallele: Die Opferzweige, die Darbringung eines Feueropfers und eine daran sich anschließende
Kommunion, ist immerhin bedeutsam, und es möge auf sie mit
aller Reserve hingewiesen werden. Freilich muß zugestanden
werden, daß in unsern Quellen die Parallele dadurch einigermaßen gestört wird, daß die ganze Handlung hier zugleich als
Taufe beschrieben ist. Aber wenn hier durch ein sich vollzie-
hendes Wunder, die Verwandlung des Wassers in Wein in
dem einen der Weinkelche, das heilige Taufwasser erst bereitet

----

1. Vgl. zum folgenden de la Saussaye, Religionsgesch. [3] II 206,
Tiele, Gesch. d. Rel. im Altertum II 321—323.

2. Daß in unsern Quellen Weinkrüge genannt werden, bedeutet
keine wesentliche Differenz, zumal hier von einer wunderbaren Verwandlung des Weines in Wasser die Rede ist.

3. Tiele II 322 macht darauf aufmerksam, daß ursprünglich die
heilige Mahlzeit eine gemeinsame Mahlzeit der Frommen überhaupt
war, und daß diese erst später auf die Priester beschränkt wurde.
Yasna 8 wendet sich an alle Männer mit der Abmahnung vor unwür-
digem Genuß der heiligen Speise. Die eindringendste Untersuchung
über den persischen Kultus und das Haomaopfer s. bei Darmesteter,
Zend-Avesta I (Annales du Musée Guimet XXI, p. LXXXI; vgl. auch
die vielen eingestreuten Bemerkungen im Text).

wird (II Jeu 45, vgl. P. S. 142), so geht daraus wohl deutlich
hervor, daß das Taufsakrament recht willkürlich mit einer ganz
anders gearteten Handlung verbunden wurde. Daher kommt es
auch, daß es vollkommen undeutlich bleibt, wie sich der Verfasser das Taufen mit dem Wasserkelch eigentlich dachte. —
Die Frage endlich, auf welchem Wege Fragmente einer persischen
Kulthandlung zu gnostischen Sekten in Ägypten gedrungen sein
mögen, läßt sich nicht beantworten. Wenn wir etwas Genaueres
über »Abendmahl« und »Taufe« der manichäischen Religion
wüßten, so könnten wir vielleicht noch einen Schritt weiter
kommen. Denn mit der manichäischen Religion erwies sich
das Lehrsystem der koptisch-gnostischen Schriften vielfach verwandt. Daß die Manichäer eine Art Taufe und Eucharistie
besessen haben, scheint nun zwar aus den Zeugnissen der Kirchenväter hervorzugehen. Aber leider wissen wir über Art und
Inhalt ihrer Sakramente nichts (Baur, manich. Relig.-System
S. 273—279. 354)[1].

Einige andere Gebräuche sakramentalen Essens und Trinkens, denen wir in der Überlieferung der Gnosis begegnen,
mögen noch kurz berührt werden. Die Sitte, dem Mysten Milch
und Honig zu reichen, über deren weite Verbreitung und innere
Bedeutung Usener in einem umfassenden und eindringenden Artikel gehandelt hat, ist auch bei einigen gnostischen Sekten
nachweisbar. Tertullian, adv. Marcion I 14: mellis et lactis
societatem, qua suos infantat; Naassener bei Hippolyt V 8,
p. 160, 10: τοῦτό ἐστι τὸ μέλι καὶ τὸ γάλα, οὗ γευσαμένους
τοὺς τελείους ἀβασιλεύτους γενέσθαι καὶ μετασχεῖν τοῦ πληρώματος[2].

Die Mandäer besaßen ebenfalls im Anschluß an die Taufe
eine Art Kommunion. Sie bestand aus Speise und Trank,
Pehtâ und Mambuhâ. Bereits im ersten Traktat des rechten

---

1. Ich möchte darauf hinweisen, daß bereits Baur bei Gelegenheit
seiner Ausführungen über die Eucharistie der Manichäer auf die persische Feier der Kommunion (Trinken des Haôma und Dârun-Essen)
hinwies.

2. Bei den »Leontica« der Mithras-Religion wurde dem zum
Grade des Löwen zu Weihenden Honig auf die Hände gegossen und
die Zunge mit Honig bestrichen. Honig wurde auch dem zum »Perser»
Geweihten dargereicht. Porphyrius, de antro nymph. c. 15, Cumont I 320.

Genzâ (Brandt, M. S. 31) werden Taufe, Pehtâ und Mambuhâ
neben einander genannt. Nach Qolasta 14 erfolgt nach der
Salbung (s. o. S. 279) des bereits aus dem Wasser gestiegenen
Täuflings die Darreichung beider. Das Pehtâ besteht in einem
Stück des im Tempel bereiteten Brotes, das der Priester dem
Kommunikanten abbricht, Mambuhâ in einem Trunk fließenden
Wassers (Brandt, M. R. S. 107 f.). Neuerdings hat Zimmern
den Versuch gemacht, das Pehtâ und Mambuhâ der Mandäer
sprachlich und dem Sachverhalt nach aus altbabylonischem
Kultus abzuleiten (Oriental. Studien, Nöldeke gewidmet S. 959
bis 967). Sicheres wird sich hier vor der Hand kaum be-
haupten lassen.

IV.

Zum Schluß bespreche ich einige der Gnosis eigentümliche
oder doch solche sakramentalen Handlungen, zu denen wir in
der Überlieferung der christlichen Kirche keine oder nur ge-
ringe Analogieen haben.

Vor allem kommen hier die heiligen Handlungen in Betracht, die sich an die »Zentrallehre« vieler gnostischer Systeme,
die Lehre vom Aufstieg der Seelen durch die (sieben) Himmel,
anschlossen. Unter den Einweihungsriten, mit denen die gnostischen Mysten in die Geheimnisse ihrer Religion eingeführt
wurden, wird vor allem und in erster Linie die feierliche Mitteilung der Namen der in den verschiedenen Himmeln herrschenden Dämonen, der Symbole und Zeichen, die man ihnen
vorweisen mußte, der Formeln und Zauberworte, die man zu
ihrer Abwehr zu sprechen habe, gestanden haben. Die koptisch-gnostischen Schriften, namentlich das II. Jeubuch, bieten
uns die besten Belege und Illustrationen dafür. Da das Material von Anz in seinem »Ursprung des Gnosticismus« nahezu
vollständig gesammelt ist, so beschränke ich mich hier auf die
ganz bestimmte Frage, wie weit sich bei den gnostischen Sekten
das Sakrament der Vorwegnahme der zukünftigen Himmelfahrt
der Seele noch in diesem Leben und in diesem Leibe nachweisen läßt. Es läßt sich wahrscheinlich machen — und schon
der Bericht des Origenes, contra Celsum VI 22, deutet darauf
hin — daß die Mithrasmysten in die geheimnisvolle Kunst, noch
in diesem Leibesleben sich in der Ekstase in den höchsten

Himmel zu erheben eingeweiht wurden[1]. Das von Dieterich
unter dem Titel einer Mithrasliturgie veröffentlichte merkwürdige
Stück gibt uns ein deutliches Bild von einer derartigen in der
Ekstase unternommenen Himmelfahrt, wenn freilich bezweifelt
werden muß, daß wir in jenem Stück ein offizielles Dokument
der Mithrasreligion besitzen. Ich habe nachgewiesen, daß jene
Kunst, zum Himmel aufzusteigen, bereits den Rabbinen des ersten
christlichen Jahrhunderts bekannt war — und mit ihnen dem
Apostel Paulus (II Kor. 12; Archiv f. Relig. Wiss. IV 3). Es
fragt sich, ob sich auch bei den gnostischen Sekten derar-
tiges nachweisen läßt. Das Resultat der Untersuchung ent-
täuscht hier etwas. Nur auf zwei oder drei Stellen kann in
diesem Zusammenhang hingewiesen werden. So zitiert Hippolyt
aus dem gnostischen Baruchbuch folgenden interessanten Satz
V 27 p. 230, 76: ἐπειδὰν δὲ ὀμόσῃ τοῦτον τὸν ὅρχον (Initiationsakt), εἰσέρχεται πρὸς τὸν ἀγαθὸν καὶ βλέπει, ὅσα ὀφθαλ-
μὸς οὐκ εἶδε καὶ οὓς οὐκ ἤκουσε καὶ ἐπὶ καρδίαν ἀνθρώπου
οὐκ ἀνέβη, καὶ πίνει ἀπὸ τοῦ ζῶντος ὕδατος. Hier scheint
davon die Rede zu sein, daß man den Mysten nach dem Initiationseid in das Sakrament der wunderbaren ekstatischen Erhebung zur höchsten Gottheit einweiht, um dann das zweite
Sakrament des Trinkens des heiligen Wassers folgen zu lassen.
Wenn Simon Magus auf die Frage des Petrus, auf welchem
Wege er sein Wissen um die höhere Welt des unermeßlichen
Lichtes bekommen habe, antwortet (Rek. 2, 6): Adhibe animum
ad ea quae dicturus sum, et facito eum invisibilibus semitis ince-
dentem pervenire ad ea quae tibi demonstravero . . . . et nunc
sensum tuum extende in coelum, et iterum super coelum, —
so scheint hier beinahe ein Mystagoge zu sprechen, der seinen
Schülern den geheimnisvollen Aufstieg zum Himmel lehrt. Die
obscönen Mysterien der Gnostiker, von denen Epiphanius H.
26, 4. 9; vgl. 21, 4 (andeutungsweise auch Irenäus I 31, 2) berichtet, stellen in der Tat eine Art praktische Ausübung der
Auffahrt zum Himmel dar. Das sind allerdings nur zerstreute
Spuren, wir dürfen vermuten, daß hier in der Überlieferung
der Kirchenväter manches verloren gegangen ist.

---

1. Porphyrius, de antro nympharum 6: οὕτω καὶ Πέρσαι τὴν εἰς
κάτω κάθοδον τῶν ψυχῶν καὶ πάλιν ἔξοδον μυσταγωγοῦντες τελοῦσιν τὸν
μύστην.

Ein besonderes Sakrament, das sich vielleicht auf die Sekte
der Valentinianer beschränkt haben mag, ist das des Brautgemachs, wir können auch sagen der mystischen Hochzeit. Bei
der Schilderung der Sakramente der Markosier überliefert uns
Irenäus I 21, 3 die wichtige Notiz: οἱ μὲν γὰρ αὐτῶν νυμφῶνα
κατασκευάζουσι καὶ μυσταγωγίαν ἐπιτελοῦσι μετ᾽ ἐπιῤῥήσεών
τινων τοῖς τελειουμένοις, καὶ πνευματικὸν γάμον φάσκουσιν
εἶναι τὸ ὑπ᾽ αὐτῶν γινόμενον κατὰ τὴν ὁμοιότητα τῶν ἄνω
συζυγιῶν. Das Sakrament des Brautgemachs hängt mit den
bereits dargestellten Anschauungen von der Hochzeit der Sophia
und des Soter der valentinianischen Schulen zusammen (s. o.
S. 267 f.). Danach sind die Pneumatiker die Bräute der himmlischen Engel (wie die Sophia die Braut des Soter)[1], die einst
mit dem Soter zur Erlösung der Sophia hinabgekommen sind.
Wie ihre Mutter die Sophia sich am Ende der Weltentwicklung
mit ihrem Bräutigam dem Soter endgültig vereinigt, so sollen
auch sie dann mit ihren Verlobten, den Engeln, in den Nymphon,
d. h. das himmlische Pleroma, einziehen. Auch die Engel
müssen so lange draußen vor dem Pleroma warten, bis sie mit
ihren Bräuten in dieses einziehen dürfen. Das Sakrament des
Brautgemachs ist also eine nicht nur symbolische, sondern wir-
kungskräftig gedachte Vorwegnahme jener himmlischen Hochzeit.
Wir können aber vielleicht noch etwas mehr von der Ausgestaltung dieser sakramentalen Feier des νυμφών erfahren. Es ist
uns nämlich wahrscheinlich ein Stück einer Liturgie dieser Feier
in der Darlegung des Irenäus I 13, 2 ff. erhalten. Hier sind
die liturgischen Stücke allerdings verwoben in eine Darstellung
der magischen Gaukeleien des Markus und seiner betrüge-
rischen Machinationen, mit denen er Frauen betört. Es wird
hier zunächst berichtet, daß Markus Frauen über einen Kelch
das Segensgebet sprechen lasse, dann einen viel größeren Kelch
nehme und aus dem kleinen in den größeren eingießend diesen
vollständig fülle. Dazu spreche er die Worte: ἡ πρὸ τῶν ὅλων
ἡ ἀνεννόητος καὶ ἄῤῥητος χάρις πληρώσαι σοι τὸν ἔσω ἄνθρωπον καὶ πληθῦναι ἐν σοὶ τὴν γνῶσιν αὐτῆς ἐγκατασπεί-
ρουσα τὸν κόκκον τοῦ σινάπεως εἰς τὴν ἀγαθὴν γῆν.

---

1. S. o. S. 269, dazu vergl. Excerpta ex Theodoto c. 21. 22. 35. 61.
Epiph. H. 31, 7.

Daß die Worte zu jenem Schauwunder nicht recht passen,
dürfte klar sein.   Sie würden aber vorzüglich zu der Feier des
ἱερὸς γάμος passen.   Noch deutlicher wird das bei den I 13, 3
überlieferten Worten: »Ich will Dir von meiner Gnade geben,
da der Vater des Alls Deinen Engel immerdar vor seinem
Angesicht sieht[1] .... Wir müssen in eins uns zusammenfinden.
Nimm zuerst durch mich und von mir die Gnade.   Schmücke
Dich wie eine Braut, die ihren Bräutigam erwartet, damit ich
Du sei und Du ich.   Laß sich in Deinem Brautgemach nieder-
lassen den Samen des Lichtes.   Empfange von mir den Bräutigam und nimm ihn auf und laß Dich von ihm aufnehmen.
Siehe die Gnade ist auf Dich herabgekommen«.   Der Überlieferer hat den Sinn dieser Handlung hier nicht mehr verstanden, und sieht hier nur eine Betrügerei, die der Zauberer
Markus mit den Frauen veranstaltet.   Die Worte aber sprechen
für sich selbst.   Der Mystagoge führt im Brautgemach die
Seele ihrem Bräutigam, dem Engel, zu.   Daß die Mysten notwendig Frauen sind, ist wohl ein leicht erklärbares Mißverständnis des Überlieferers, es handelt sich um Pneumatiker, seien
es Männer oder Frauen.   Wenn dann weiter berichtet wird,
daß der Myste (nach der Meinung des Berichterstatters) schließlich bei dieser heiligen Handlung in Ekstase fällt, die der Berichterstatter natürlich für trügerisch halten muß, und weissagt, so
mag das in der Tat ein beabsichtigtes Nebenresultat jener sakramentalen Feier sein, — aber der Berichterstatter irrt, wenn er
darin den einzigen Sinn und Zweck der Veranstaltung erblickt.
Vielmehr Ziel und Zweck der Handlung ist deutlich die Vermählung des Gläubigen mit einem himmlischen Geistwesen[2].
Noch an einer anderen Stelle erfahren wir vielleicht näheres
über die Feier des Brautgemachs.   Tertullian, adv. Valentinianos

---

1. Die ausgelassenen Worte lauten: ὁ δὲ τόπος τοῦ μεγέθους ἐν
ἡμῖν ἐστι. μέγεθος scheint die Bezeichnung für den Engel zu sein, mit
dem der Pneumatiker sich vermählen soll. Vgl. 13, 6: τὰ μεγέθη δια-
παντὸς βλέποντα τὸ πρόσωπον τοῦ πατρός; und hier kurz vorher: »da der
Vater des Alls Deinen Engel immerdar vor seinem Angesicht sieht«. Die
Idee der Vermählung der Seele mit einem Engel knüpft sich offenbar
an die weitverbreitete Vorstellung vom Schutzengel des einzelnen Menschen (dem himmlischen Doppelgänger) an.

2. Daher ist auch der Schluß der Ansprache des Mystagogen:
„ἄνοιξον τὸ στόμα σου καὶ προφήτευσον" kaum ursprünglich.

c. 1, macht folgende geheimnisvolle Andeutung über deren heilige Handlungen: Eleusinia Valentiniani fecerunt lenocinia, sancta silentio magno, sola taciturnitate caelestia. Si bona fide quaeras, concreto vultu, suspenso supercilio, Altum est, aiunt. Daß nun bei den eleusischen Mysterien eine Handlung mit einem Phallus eine Rolle spielte, hat Dieterich, Mithrasliturgie S. 125, überaus wahrscheinlich gemacht. Ist Dieterichs Vermutung richtig, so würden wir auch wissen, was unter Eleusinia lenocinia der Valentinianer zu verstehen sei und zugleich sicher sein, daß es sich in diesem Zusammenhang nur um das Sakrament des Brautgemachs handeln kann (vgl. Iren. I 13, 4 καθίδρυσον ἐν τῷ νυμφῶνι σου τὸ σπέρμα τοῦ φωτός)[1].

Über den Sinn dieser ganzen Feier kann nach den uns erhaltenen Parallelen kein Zweifel sein. Der irdische Mensch will frei werden von dem Geschick der Vergänglichkeit und des Hades, der Übermacht böser Dämonen. Er erreicht dieses Ziel durch seine geschlechtliche Vereinigung mit der Gottheit oder irgend einem Himmelswesen; im Sakrament des Brautgemachs wird ihm diese überirdische Vereinigung zu teil. Was der Mythus von den alten Heroen oder Heroinnen erzähle, daß sie durch ihre Liebe zu einem Gott oder einer Göttin in die Welt der ewigen Götter erhoben wurden, das wird den Mysten durch die Gnade des Sakraments zu teil. Wie der Soter die Sophia[2] aus ihrer Versunkenheit in die Materie und die Vergänglichkeit rettete, so werden die Gnostiker durch die ihnen zugetanenen Engel aus dieser Welt des Werdens und Vergehens befreit und in das Pleroma hinaufgehoben[3]. Wir verstehen von

1. Eine Anspielung auf das Sakrament des Brautgemachs liegt vielleicht auch bei den Naassenern, Hippolyt V 8 p. 164, 87 vor. Es ist in dem betreffenden Zusammenhang von den eleusinischen Mysterien die Rede: wer in die kleinen Weihen eingeweiht ist, muß sich auch in die großen einweihen lassen: αὕτη γάρ φησιν ἐστὶν ἡ πύλη τοῦ οὐρανοῦ καὶ οὗτος ὁ οἶκος θεοῦ, ὅπου ὁ ἀγαθὸς θεὸς κατοικεῖ μόνος, εἰς ὃν οὐκ ἐλεύσεται . . . . ἀκάθαρτος οὐδείς, ἀλλὰ τηρεῖται πνευματικοῖς μόνοις, ὅπου δεῖ γενομένους βαλεῖν τὰ ἐνδύματα καὶ πάντας γενέσθαι νυμφίους ἀπηρσενωμένους διὰ τοῦ παρθενικοῦ πνεύματος. — Hier liegen dieselben Anschauungen zugrunde, nur daß es sich hier um eine geistige Ehe nicht mit den Engeln, sondern mit dem παρθενικὸν πνεῦμα handelt.

2. Vergleiche auch den Hochzeitshymnus Acta Thomae c. 6.

3. Vgl. Gruppe, gnostische Mythologie und Religion S. 1358, und die Parallelen bei Dieterich, Mithrasliturgie 121—128.

hier aus endlich auch die Idee noch besser, daß die Engel sich
für ihre Bräute, die pneumatischen Seelen, taufen lassen (Exc. e?
Theod. 22).   Alles Heil ist für die pneumatischen Seelen be
reits von den Engeln erworben, sie bedürfen nur noch der An
eignung durch das Sakrament des Brautgemachs.

Wenn wir uns vergegenwärtigen, daß das Sakrament des
Brautgemachs jedenfalls in einem besonders feierlich dazu her-
gerichteten Raum abgehalten wurde, so kommen wir damit noch
zu einer letzten Frage, ob nämlich den niederen und höheren
Weihungen bei den gnostischen Sekten nicht auch hie und da
verschiedene, mehr oder minder feierlich ausgestattete Räume[1]
in ihrem Sanctuarium entsprochen haben werden.   Diese Annahme würde uns einige Rätsel lösen und uns tiefer in die
Mysteriensprache der Gnosis hineinschauen lassen.   Wenn die
Naassener bei Hippolyt V 9 p. 174, 25 behaupten: *καί ἐσμεν
ἐξ ἁπάντων ἀνθρώπων ἡμεῖς Χριστιανοὶ μόνοι ἐν τῇ τρίτῃ
πύλῃ ἀπαρτίζοντες μυστήριον*, so werden wir das wörtlich zu
verstehen und darin eine Anspielung auf bestimmte Räumlich-
keiten zu sehen haben, in denen diese Sekte ihre Mysterien
feiert.   So ist dann auch die Andeutung zu verstehen: *οἱ ζῶντες
ἄνθρωποι οἱ διὰ τῆς πύλης εἰσερχόμενοι τῆς τρίτης* V 8
p. 160, 19.   Vielleicht auch V 8 p. 158, 66: *αὕτη φησίν ἐστιν
ἡ ἀνάστασις ἡ διὰ τῆς πύλης γινομένης τῶν οὐρανῶν, δι᾿ ἧς οἱ
μὴ εἰσελθόντες . . . πάντες μένουσι νεκροί* (cf. 164, 86 s. o.).
— Wenn ferner in der Pistis Sophia oft von den Mysterien
des ersten, zweiten und dritten Raumes die Rede ist — besonders ausführlich und systematisch c. 98. 99 — so sind der erste,
zweite, dritte Raum, und die dem entsprechenden Mysterien,
das Mysterium des Unaussprechlichen mit seinen drei und fünf
Mysterien und das Mysterium des ersten Mysteriums mit seinen
zwölf Mysterien, — im System der P. S. allerdings bereits
himmlische Welten.   Aber diese ganze Einteilung und Benennung der himmlischen Welten erklärt sich dann am besten,
wenn wir annehmen dürfen, daß die Mysterien der Sekte je

---

1. In dem Heiligtum des Mithras im Ostium war der Raum am
Boden durch sieben Kreise gegliedert, denen an den Wänden die sieben
Planetensterne entsprachen.   Cumont nimmt an, daß diese Teilung des
Raumes auf die Mysterien der verschiedenen Grade Beziehung gehabt
hätte.   Vgl. Cumont II 244, Fig. 77.

nach ihrem Grade in verschiedenen Räumen, im ersten, zweiten und dritten Raum abgehalten wurden und daß man die Einrichtungen des irdischen Heiligtums dann einfach auf die himmlischen Welten übertragen hat[1].

Eine ganz besondere Besprechung würden endlich noch die mysteriösen Gebräuche der Manichäer erfordern, die Baur in seinem manichäischen Beligionssystem S. 248 ff. ausführlich darstellt. Sie fallen aber eigentlich nicht mehr unter den Begriff sakramentaler Handlungen, repräsentieren vielmehr höchst bemerkenswerte und in ihrer Umgebung einzig dastehende Residuen von sogenannten Tabugebräuchen[2]. Ein weiteres Eingehen auf diese würde nicht mehr zu unserer gegenwärtigen Aufgabe gehören.

VIII. Kapitel.
Die Genesis der gnostischen Systeme.

I.

In diesem Kapitel soll zum Schluß der Versuch gemacht werden, unter Zusammenfassung der vorhergehenden Untersuchungen die allmähliche Entstehung der gnostischen Gedankenwelt und deren Zusammenfassung und Ausarbeitung in immer komplizierteren Systemen zu begreifen.

Eine Grundform der Gnosis repräsentieren jedenfalls diejenigen Sekten, an denen der Name der »Gnostiker« im engeren Sinne hängt. Schon die Tatsache, daß bei ihnen die ältere und allgemeine Bezeichnung, welche der ganzen Richtung vor ihrer Zerspaltung in einzelne Schulen angehört hat, erhalten

1. Vgl. z. B. die Wendung c. 105 S. 172, 15 »hindurchgehen lassen zu den Mysterien des zweiten Raumes«.

2. Eine bemerkenswerte Parallele bei den Gnostikern des Epiphanius H. 26, 9.

blieb, zeigt, daß wir, wenn irgendwo, hier nach den Grundformen
gnostischer Anschauung suchen müssen. Die ursprünglich gnostische Bewegung ist nun aber auch ihrerseits in eine ganze Reihe
kleiner Gruppen und Sekten zersplittert, die, weil es sich hier
nicht um feste Schulen und die Lehrsysteme von Schulhäuptern
handelt, fließende Übergänge zeigen und schwer von einander
zu trennen sind. Es gehören aber sicher zusammen die Gnostiker, die Irenäus I 30 und Epiphanius (= Hippolyt) H. 26
beschreibt, ferner die fälschlich mit dem Teil-Namen Ophiten
bezeichnete Sekte bei Celsus Origenes, die der des Irenäus
auf das engste verwandt ist; die Gruppe von Gnostikern,
die Hippolyt unter den Namen Nikolaiten (Epiphanius H. 25),
Ophiten, Sethianer, Kaianer zusammenfaßt (vgl. Epiphanius
H. 37. 38. 39), alle die kleinen (z. T. ägyptischen) Gruppen, die
Epiphanius H. 26 zum Teil noch aus Autopsie beschreibt, —
zuletzt endlich die Archontiker, d. h. eine Gruppe uralter Gnostiker, die sich bis zu des Epiphanius Zeit in Palästina erhalten
hat. Wollen wir möglichst nahe an die Anfänge der Gnosis
oder an einen Anfang derselben herandringen, so wird es sich
empfehlen, das allen diesen Sekten und Gruppen Gemeinsame
herauszuarbeiten. Wir sehen also ab von der spekulativen Erweiterung, welche die »Gnosis« namentlich bei Irenäus — zu
einem kleinen Teil vielleicht schon im Diagramm der Ophiten
des Celsus — erfahren hat, ferner von den obscönen Kulten,
die uns Epiphanius unter dem Namen der Nikolaiten und Gnostiker schildert, von dem bei einigen dieser gnostischen Sekten
sich findenden Schlangenkult, der zu dem unglücklichen und
irreführenden Namen der Ophiten für die ganze Richtung geführt hat, endlich von den libertinistischen Tendenzen, die sich
bei manchen bis zur Verherrlichung der Bösewichte und Auf-
rührer im alten Testament steigerte.

Dann bleiben gemeinsame, deutlich erkennbare Grundlinien.
Die Grundvorstellungen dieser Gnosis lassen sich mit wenigen
Worten umschreiben: Ein höchster unbekannter und unbe-
nannter Gott, dessen Wesen Licht ist (lumen . . . beatum et
incorruptibile et interminatum Iren. I 30, 1), neben ihm die
$M\acute{\eta}\tau\eta\rho$ und unterhalb dieser oberen Welt die halbgöttlichen,
halbdämonischen Wesen der sieben Planetenfürsten, die Welt
der ‘$E\beta\delta o\mu\acute{a}\varsigma$, welcher die der Mutter als ’$O\gamma\delta o\acute{a}\varsigma$ gegenüber-

tritt. An der Spitze der sieben — wenigstens in der ursprünglichen Darstellung — der löwenköpfige Jaldabaoth, der bereits
fast überall mit dem Gott des alten Testaments identifiziert erscheint, daher auch teilweise den Namen Sabaoth bekommt.
Ein Mythus von der Schöpfung der Menschen durch die Sieben
belehrte die Mysten, daß die Menschen oder wenigstens einige
Menschen von Anbeginn an ein höheres, aus der Lichtwelt
stammendes Element (den σπινθήρ) in sich tragen, das sie be-
fähige, sich über die Welt der Sieben in die obere Welt des
Lichtes, des unbekannten Vaters und der himmlischen Mutter
zu erheben. In ihren Mysterien lehrten diese Gnostiker vor allem
die Mysten die Art, wie sich ihre Seele nach dem Tode durch
die Welt der sieben Archonten erheben könne; man teilte die
Namen der Archonten mit, überreichte die Amulette und Symbole, die gegen sie schützen sollten, lehrte die Ansprachen und Apologieen, welche die Seele den begegnenden Archonten gegenüber
zu sprechen habe. Andre sakramentale Handlungen (Ölsalbung,
Versiegelung) werden sich zu jener Mystagogie und mit dem
gleichen Endzweck hinzugefunden haben. Jene Gesamtanschauung der Gnosis hat sich dann wohl von Anfang an und ursprünglich mit asketischen Neigungen verbunden, die allerdings,
namentlich wo der Gegensatz gegen den Gott des alten Testaments stark betont wurde, leicht in das Gegenteil libertinistischer
Stimmung umschlugen. — Bemerkenswert ist, daß die
Figur des Erlösers bei manchen dieser Sekten, den
Ophiten des Celsus-Origenes, den nicolaitischen
Gnostikern mit den obscönen Kulten, den Archontikern u. s. w. noch gar nicht vorhanden ist.

Die Genesis dieser Ideen ist uns fast restlos klar geworden.
Wir konnten nachweisen, daß der Grundgedanke eines höchsten
unbekannten Gottes und der ihm untergeordneten Sieben aus
einem Zusammenprall persischer und babylonischer Religions-
gedanken entstanden sei. Bei der Idee der himmlischen Herkunft der menschlichen Seele und der die Praxis der Frömmigkeit bedingenden Lehre von der Rückkehr der Seele zum Himmel
mögen griechische Einflüsse mitgespielt haben, aber auch orientalische Parallelen drängen sich auf. Komplizierter und schwerer
in ihrer Genesis begreifbar ist die Gestalt der Μήτηρ. — Sie
erscheint bald einfach in der höchsten himmlischen Welt als

ἄνω Μήτηρ neben dem ἄνω Πατήρ, ja gegenüber den Sieben
als die wahre Herrschende der oberen himmlischen Welt. So bei
den Archontikern, den Gnostikern des Epiphanius, den Sethianern, ja noch bei den Naassenern des Hippolyt. Dann ist sie
die Barbelos, die Παρθένος, der jungfräuliche Geist (παρθενικὸν
πνεῦμα). Auch die Figur der Lichtjungfrau (παρθένος τοῦ
φωτός) in der Pistis Sophia und im manichäischen System erinnert noch an diese Gestalt. Bald aber ist sie der gefallene
Geist, die Προύνεικος, die gefallene Sophia, und als solche die
Mutter des Jaldabaoth und durch ihn die Mutter der Sieben,
— ein mittelschlächtiges Wesen, doch immer noch auch nach
ihrem Fall die Vertreterin des pneumatischen Prinzips in der
Weltentwickelung. So steht ihre Gestalt bereits in dem System
der Gnostiker des Irenäus und der Ophiten des Hippolyt (Epiphanius Haer. 37). Auch in dem Diagramm der Ophiten bei
Origenes-Celsus befindet sich die Sophia am Ort der Mitte.
Welche Auffassung der Gestalt der Μήτηρ die ursprüngliche ist,
steht dahin. Das Wahrscheinlichere ist doch wohl, daß sie
zunächst die neben dem ἄγνωστος Πατήρ stehende Kö-
nigin des Himmels war, und daß ihre Gestalt keine andere
ist, als die der hohen vorderasiatischen Himmels- oder Muttergöttin. Dafür spricht auch, daß in den Systemen, in denen die
gefallene Göttin eine zentrale Rolle spielt, die Figur der Μήτηρ
dann gedoppelt erscheint, und neben der gefallenen Göttin eine
zweite, nicht gefallene in der Nähe des höchsten Himmelsgottes
stehen bleibt. So bei den Gnostikern des Irenäus; so auch in
der allerdings bereits unendlich verwickelteren Lehre der Barbelognosis, und vielleicht in dem schwer erkennbaren System des
Bardesanes, auch in den späteren valentinianischen Systemen. —
Aber auch die Figur der gefallenen Sophia ist uralt; schon im
simonianischen System, das mit dem der ursprünglichen Gnosis
eng verwandt ist, tritt sie uns in der Gestalt der von den niederen Mächten gefangenen Helena, als deren Prototyp wir
deutlich die heidnische Helena-Selene (Isis-Astarte) erkennen
konnten, entgegen. Dieser Doppelcharakter der Gestalt der
Μήτηρ wurzelt vielleicht in dem Doppelcharakter der vorderasiatischen Muttergöttin, die bald als die hohe reine Himmelsgöttin, bald auch als die unreine Göttin, die Göttin der wilden
Geschlechtsliebe und der Prostitution erscheint.

Es ist nun außerordentlich bemerkenswert, daß wir bei
einer Reihe dieser Sekten noch ganz deutlich konstatieren können, daß hier im Grunde durchaus heidnische Religion vorliegt,
die mit der christlichen nichts oder fast gar nichts zu tun hat,
oder doch nur mit einem ganz dünnen christlichen Firnis über-
deckt ist. So ist bei den Ophiten des Celsus-Origenes kaum
eine Spur christlichen Einschlages zu entdecken. Origenes
wenigstens leugnet energisch jede Beziehung der Ophiten zur
christlichen Religion und wirft dem Celsus vor, daß er in seiner
Schrift gegen die Christen τὰ μηδαμῶς ὑπὸ Χριστιανῶν λεγό-
μενα ἀλλά τινων τάχα οὐδ᾽ ἔτι ὄντων, ἀλλὰ πάντη ἐκλελοι-
πότων καὶ εἰς πάνυ ὀλίγους καὶ εὐαριϑμήτους καταστάντων
ἐνετίϑει ταῖς κατὰ Χριστιανῶν κατηγορίας (VI 26). Wenn man
geneigt sein möchte, diese vollkommene Abschüttelung der
Ophiten für einen apologetischen Kunstgriff des Origenes zu
halten, so wird man die strikte Behauptung des Origenes ernst
nehmen müssen, daß die Gnostiker niemanden zu ihrer Versammlung zulassen ἐὰν μὴ ἀρὰς ϑῆται κατὰ τοῦ Ἰησοῦ VI 28
(vgl. auch VI 33 Ende). Auch daß Origenes in demselben
Zusammenhang den Euphrates, der anderswo als Stifter der
ebenfalls ursprünglich heidnischen peratischen Sekte genannt
wird, bezeichnet, ist beachtenswert (s. o. S. 26). Ferner finden
sich in der Beschreibung, die Epiphanius von den Archontikern entwirft, nicht die geringsten Spuren christlicher Beeinflussung. Vielmehr wird bei ihnen ausdrücklich erwähnt: ἀνα-
ϑεματίζουσι δὲ τὸ λουτρὸν, κἄν τε εἶέν τινες ἐν οὐτοῖς προει-
λημμένοι καὶ βεβαπτισμένοι. Die Beschreibung, welche Epiphanius H. 25. 26 von mehreren Gruppen gnostischer Sekten
zum Teil aus Autopsie entwirft, ist leider im einzelnen recht
dürftig. Aber bei den meisten scheint das nackte Heidentum
unverblümt hindurch. Bei andern Gnostikern, so bei denen des
Irenäus, zeigt sich ein dünner christlicher Firnis (vgl. auch Epiphanius 26, 10). Daß wir es im ursprünglichen Simonianismus
mit seiner Verehrung des Simon und der Helena mit einer von
christlichen Einflüssen unberührten Gnosis zu tun haben, dürfte
sicher sein. Es ist neuerdings von Reitzenstein endlich wahrscheinlich gemacht, daß sich in dem Bericht des Hippolyt über
die Naassener ein heidnisch-gnostisches Buch in christlicher

gnostischer Überarbeitung, exzerpiert von einem antignostischen Schriftsteller, erhalten habe.

Enger sind die Beziehungen dieser »Gnostiker« zum Judentum. Unter den Namen der Sieben finden wir schon in den ältesten Quellen bei den Ophiten des Celsus-Origenes und den Gnostikern des Irenäus (vgl. Epiphanius Haer. 26, 10; 40, 5) übereinstimmend alttestamentliche Gottesnamen (vgl. die jüdischen Engelnamen bei Celsus-Origenes) angegeben. Auch sonst zeigen sich bei fast allen diesen Sekten alttestamentliche Reminiszenzen, und es läßt sich nicht verkennen, daß z. B. der Mythus von der Schöpfung des Menschen, der ein Grunddogma dieser Sekten gewesen zu sein scheint, — zwar nicht aus dem alten Testament entlehnt ist, aber doch von dorther, aus Gen. 1 und 2 seine konkrete Ausgestaltung zum Teil erhalten hat (vgl. Irenäus I 30, 6; Epiphanius H. 37, 6). Dennoch ließ sich bestimmt nachweisen, daß die feindliche und animose Haltung gegen das Judentum und das alte Testament, das seinen schärfsten Ausdruck etwa in dem Schlagwort der Ophiten $\vartheta\varepsilon\grave{o}\varsigma$ $\varkappa\alpha\tau$-$\eta\varrho\alpha\mu\acute{\varepsilon}\nu o\varsigma$ $\tau\tilde{\omega}\nu$ $'Iov\delta\alpha\acute{\iota}\omega\nu$ fand (c. Celsum VI 27), zur Grundlage der gnostischen Religion nicht gehört hat. Gegen diese Annahme protestiert vor allem die Gestalt des Obersten der Sieben, des Jaldabaoth. Schon der Name zeigt, daß diese Figur mit der Gestalt des alttestamentlichen Gottes ursprünglich nichts zu tun hatte. Auch können wir beweisen, daß der löwenköpfige Jaldabaoth ursprünglich niemand anders war, als die babylonische Planetengottheit Kewan-Kronos-Saturn (s. Exkurs). Dieser Gott, der in der späteren synkretistischen orientalischen Religion als der älteste Gott unter den Sieben, als eine finstere, unheilvolle, verderbenbringende Gottheit galt — auch nach dem astrologischen Glauben ist Saturn Unglücksstern — trat an die Spitze der sieben feindlichen dämonischen Wesen. Später erst muß dann seine Figur in die des alttestamentlichen Gottes umgedeutet sein. Daß man das Bewußtsein davon hatte, daß Jaldabaoth eine dem Gott des alten Testaments fremde Gestalt sei, ersieht man noch daraus, daß einige Sekten den alttestamentlichen Sabaoth an die Stelle des Jaldabaoth setzten (s. o. S. 14 f.). Wann mag diese antijüdische Wendung in der gnostischen Religion erfolgt sein und aus welchen Gründen? Vermutlich doch schon vor der Berührung der Gnosis mit dem Christentum. Denn die

Einflüsse von der Seite des alten Testaments her scheinen, wie
gesagt, viel tiefer und wurzelhafter in der gnostischen Bewegung
zu sitzen als die christlichen. In der antijüdischen Wendung
der Gnosis, als deren Ort wir uns etwa Syrien im weiteren
Sinn (Phönizien, das Ostjordanland) zu denken haben, zeigt sich
die Erbitterung der Nachbarvölker gegen das mächtig sich aus-
breitende, an Einfluß und Macht ständig wachsende, exklusive
Judentum des makkabäischen und neutestamentlichen Zeitalters.
Diese Stimmung klingt z. B. noch heraus aus der Schilderung
der Spekulationen des Basilides: et quoniam hic (der Judengott)
suis hominibus, id est Judaeis, voluit subjicere reliquos gentes,
reliquos omnes principes contra stetisse ei et contra egisse[1]. —
Auf der andern Seite ist freilich auch das sicher, daß eine vom
Christentum berührte Gnosis sich des von ihr vorgefundenen
gnostischen Grunddogmas von dem Gegensatz zwischen der unbekannten Gottheit und den sieben weltschöpferischen Mächten
bedient hat, um darin die Überlegenheit des Christentums über
die jüdische Religion und das alte Testament zum Ausdruck zu
bringen.

Wie übrigens der Jaldabaoth der älteren Gnosis in den
Schöpfergott des alten Testaments verwandelt wurde, so deutete
man noch eine zweite gnostische Gestalt in derselben kühnen
Weise um. Ursprünglich hat die Figur der Μήτηρ, oder gar die
Gestalt der in die Materie versinkenden Προύνεικος mit jüdischen oder christlichen Gedanken rein gar nichts zu tun. Auch
fiel es hier offenbar schwer, innerhalb der Gedankenwelt des
Judentums eine äquivalente Gestalt zu finden. Doch fand man
diese in der weltschöpferischen Weisheit Gottes, deren Gestalt
die spätere jüdische Spekulation beherrscht. Und wie man in
der vorderasiatischen höchsten weiblichen Gottheit, der Mutter
alles animalischen Lebens, der Göttin der Liebe und der

---

1. Häufiger kehrt der allgemeine Zug wieder, daß der Erlöser gesandt
sei, um dem Kampf und Streit der um die Weltherrschaft kämpfenden
Engel ein Ende zu machen. Iren. I 24, 2 (Satornil). Klem. Ho. 18, 4
(vgl. 3, 62). Rek. 8, 50; vgl. noch Ascensio Jesaiae 7 9—12 10 28—31.
Genza, 28 Tractat rechts (Brandt M. R. 132 ff.) — Das sind Stimmungen
der Sehnsucht nach Frieden und nach einem Herrscher, wie diese im
ganzen Osten in den letzten Jahrhunderten der wirren Diadochenzeit
durchaus begreiflich sind.

Schöpferin alles Seins das Symbol für die zwischen dem höchsten Gott und der Materie vermittelnde Macht, durch deren Begierde die Weltentwickelung einst verursacht wurde, sah, so übertrug man dieselbe Idee auf die weltschöpferische Weisheit des alten Testaments, und fand hier von neuem ein Mittel, das alte Testament und seine Gottheit zu desavouieren. Auch die jüdischen Spekulationen vom weltenschaffenden Geist Gottes, der über dem Chaos brütet (Gen. 1), konnten hier herangezogen werden. Zu Hilfe kam dieser Spekulation der Umstand, daß Ruach, Rucha in der hebräisch-aramäischen Sprache Femininum war. Auch diese Kombinationen werden vor der Berührung des Christentums mit der Gnosis fertig gewesen sein. Denn es läßt sich schwer denken, daß christliche Gnostiker dem »Geist« oder gar dem heiligen Geist in ihren Spekulationen eine so bedenkliche Rolle zugewiesen hätten, wie das hier geschehen ist[1].

Dicht neben den »Gnostikern«[2] im engeren Sinn stehen übrigens noch Erscheinungen wie die des Karpokrates und des Kerinth. — Karpokrates unterscheidet sich von allen bisher genannten Sekten, deren Grunddogma er teilt, dadurch, daß bei ihm die Gestalt der weiblichen Gottheit — sei es der $M\acute{\eta}\tau\eta\varrho$, sei es der Sophia $\Pi\varrho o\acute{v}\nu\epsilon\iota\varkappa o\varsigma$, überhaupt nicht erscheint. Es wird sich schwer entscheiden lassen, ob hier wirklich eine ursprünglichere und noch einfachere Gestalt der Gnosis, oder eine spätere Vereinfachung des ursprünglichen Schemas vorliegt. Beachtenswert ist jedenfalls, daß in Karpokrates System die weltschöpferischen Mächte schon einfach als (namenlose) Engel auftreten, die tief unter dem ungezeugten Vater stehen. Wir begegnen hier einer weiteren Umdeutung der ursprünglichen Gestalten heidnischer Mythologie. Aus dem löwenköpfigen Jaldabaoth und seinen Genossen, den planetanischen Gottheiten, sind hier und bei den nun folgenden Gnostikern Engel geworden. Das beweist stär-

---

1. Vgl. die Lehre der Barbelognostiker Iren. I 29, 4: Spiritum sanctum, quem et Sophiam et Prunikum vocant. — Auch die Valentinianer kennen die Bezeichnung Spiritus für die Sophia Achamoth. Diese Bezeichnung scheint ihnen bereits anstößig und unerklärlich gewesen zu sein. Sie erklärten den Namen künstlich mit der Annahme, daß die Achamoth diesen Namen von dem sich ihrer erbarmenden himmlischen Aeon des heiligen Geistes erhalten habe (Iren. I 4, 1).

2. Vgl. Irenaeus I 25, 6 Gnosticos se autem vocant.

keren jüdischen (christlichen) Einfluß, und es ist doch wahrscheinlich, daß diesem Einfluß die Gestalt der *Μήτηρ* zum Opfer gefallen ist[1]. Karpokrates kennt die Gestalt des Erlösers Jesu. Aber Jesus war ihm ein natürlicher, aus der Ehe des Joseph und der Maria geborener Mensch, dessen reine Seele nur mit einer besonders reinen Erinnerungskraft an die himmlische Heimat ausgerüstet war. Und deshalb sei ihm eine Kraft vom unbekannten Gott gesandt, durch welche er sich über die Herrschaft der niederen weltschöpferischen Mächte erheben konnte. Jesus hat also in diesem Punkte nur vorbildliche Bedeutung, daher sich auch die Anhänger des Karpokrates ihm gleichstellten, ja gar überordneten. ὅϑεν εἰς τῦφον μέγαν οὗτοι ἐληλακότες . . . . . ἑαυτοὺς προκριτέους ἡγοῦνται καὶ αὐτοῦ τοῖ Ἰησοῦ Epiph. H. 27, 2. Dem entspricht, daß die Karpokratianer Jesus mit Pythagoras, Plato, Aristoteles eine Art Heroenverehrung (mit Aufstellung und Bekränzung seiner Abbilder) zu teil werden ließen Iren. I 25, 6. Wir gewinnen auch hier den Eindruck, daß in eine schon vollkommen fertige Winkel-Religion, deren Ideen auf völlig anderem Boden erwachsen sind, der Person Jesu nachträglich und künstlich eine gewisse Position eingeräumt ist.

Dem Karpokrates scheint ferner nach dem wenigen, was wir von ihm wissen, Kerinth sehr nahe gestanden zu haben. Auch bei ihm fehlt die Gestalt der Sophia. Auch er ließ, wenigstens nach Hippolyt (Philaster, Ps. Tertullian, Epiphanius), die Welt von Engeln geschaffen sein, während Irenaeus I 26, 1 freilich nur von einer weltschöpferischen Macht spricht. Allerdings ist die Überlieferung über ihn auch sonst eine dunkle und verworrene. Denn auf der einen Seite soll ihm das Gesetz ein Erzeugnis der niederen Mächte gewesen sein: φάσκει δὲ οὗτος τὸν νόμον καὶ τοὺς προφήτας ὑπὸ ἀγγέλων δεδόσθαι καὶ τὸν δεδωκότα τὸν νόμον ἕνα εἶναι τῶν ἀγγέλων τῶν τὸν κόσμον πεποιηκότων Epiph. H. 28, 1 (Philaster, Ps. Tertullian). Andererseits soll er aber nach Epiphanius und Philaster Judaist gewesen sein und Beschneidung und Sabbatfeier gefordert haben. Wir wundern uns mit Epiphanius c. 2: φάσκει γὰρ τὸν τὸν

---

1. So sind auch bei einem Teil der Ophiten des Origenes-Celsus aus den Archonten Engel geworden. Sie haben aber ihre ursprünglichen Tiergestalten behalten.

νόμον δεδωκότα οὐκ ἀγαϑόν, οὗ τῷ νόμῳ πείϑεσϑαι δοκεῖ, und
die Vermutung drängt sich auf, daß die Überlieferung hier
nicht in Ordnung ist. Die Christologie des Kerinth ist schon
künstlicher als die des Karpokrates: Jesus, der Sohn des Joseph
und der Maria: der Sohn des Weltschöpfers, auf ihn bei der
Taufe herabkommend der Christus des höchsten Gottes.

Als dritter wäre zu diesen beiden nach den uns vorliegenden Berichten Satornil von Antiochia zu stellen. Auch hier
fehlt die weibliche Gestalt in der Welt der Äonen, auch hier
werden die Weltschöpfer Engel genannt, die hier bereits als die
untersten in einer langen Reihe von Schöpfungen des Urvaters
erscheinen. Der Oberste der weltschöpferischen Mächte ist
auch hier der Judengott. Bekannt ist uns auch aus den
verwandten Systemen der von ihm vorgetragene Mythus von
der Schöpfung des Menschen und die von da aus sich
ergebenden Folgerungen. Es bleiben nur wenige dem Satornil
eigentümliche Züge. Dahin ist etwa zu rechnen die Lehre,
daß die Engel zwei von Haus aus verschiedene Menschenarten,
eine gute und eine böse, geschaffen haben; die vollkommen doketische Auffassung des Erlösers, der kommt, um die Herrschaft
der Archonten zu stürzen, endlich eine dementsprechende rigo-
rose asketische Gesamthaltung.

II.

Schon den besprochenen gnostischen Systemen lag eine
entschlossene dualistische Gesamtanschauung zu Grunde. Die
Welt gilt prinzipiell als das Werk böser oder halbböser
Wesen. Der höchste Gott und der Gott dieser Schöpfung sind
zwei prinzipiell verschiedene Wesen. Die praktische Haltung
der Frömmigkeit ist asketisch oder libertinistisch, ihr Ziel die
Befreiung von diesen Weltmächten. In einer weiteren Gruppe
gnostischer Systeme tritt der metaphysische (orientalische) Dualismus nackt und unverhüllt heraus. Ein entschiedener Dualist orientalischer Herkunft ist Basilides. Sein System begann mit der Lehre von dem grundsätzlichen, ewigen Gegensatz
der Welten des Lichtes und der Finsternis und stellte im weiteren Verlauf die willkürliche Vermischung dieser Welten und
ihre Entmischung dar. Gott und der Teufel waren ihm, wie
es scheint, zwei uranfängliche, sich gegenüberstehende Gewalten:

$\vartheta\varepsilon\iota\acute{\alpha}\zeta\varepsilon\iota$ $\tau\grave{o}\nu$ $\delta\iota\acute{\alpha}\beta o\lambda o\nu$. Leider sind uns nur Trümmer und Fragmente von Basilides eigner Anschauung erhalten. Das basilidianische Schulsystem, das uns Irenäus überliefert, lenkt in die
gewöhnlichen und bekannten Wege der »Gnosis« zurück. Doch
haben wir hier bereits eine reichere Ausgestaltung der Aeonenwelt: fünf oder sieben Hypostasen neben dem höchsten Vater.
Des weiteren aber begegnen uns etwa dieselben Spekulationen,
wie bei Satornil. Aber wir wissen nicht, wie viel von alledem
dem ursprünglichen Basilides angehört. Es verdient aber hervorgehoben zu werden, daß wir in diesem System des Basilides
zum ersten Mal der durchgeführten Emanationstheorie begegnen.
Von dem höchsten Gott, der offenbar ursprünglich als Himmelsgottheit, Sonnengottheit gedacht wird (365 = $M\varepsilon\acute{\iota}\vartheta\varrho\alpha\varsigma$), emanieren 365 Himmel, so daß jeder der folgenden Himmel das
ursprüngliche Göttliche nur in abgeschwächter Weise enthält.
Die Herrscher des untersten Himmels sind dann die Schöpfer
dieser materiellen Welt. So wird das Problem gelöst, wie aus
der höchsten und vollkommenen Gottheit diese materielle Welt
entstehen konnte. Gewöhnlich ist man geneigt, diesen Emanationsgedanken als spezifisch charakteristisch für die Gnosis anzusehen. Ich kann nicht finden, daß das mit Recht geschieht.
Er kehrt nur in einigen wenigen Systemen wieder und tritt
nirgends mehr so rein auf wie im basilidianischen System. Der
Nachdruck liegt sonst überall nicht auf dem Gedanken der
allmählichen Emanation und Verschlechterung der Aeonen, sondern auf dem des abrupten Falles eines dieser Aeonen (Barbelognosis, valentinianisches System). Deshalb ist auch die
Frage nach der Herkunft des Emanationsgedankens für die
Erkenntnis der Gnosis ziemlich irrelevant.

Einen einfachen, reinen und ursprünglichen Dualismus hat
neben Basilides Marcion vertreten. Und bei ihm stehen sich
nicht die abstrakten Gegensätze Licht und Finsternis gegenüber,
sondern nach der Art echter orientalischer Mythologie der gute
und der böse Gott; zwei uranfängliche Wesen in absoluter
Gegensätzlichkeit. Und indem Marcion jenen großen Gegensatz
mit unerhörter Schroffheit auf den Gott des neuen und des
alten Testaments übertrug, letzteren zum Satan-Ahriman degradierte und somit die Neuheit und Absolutheit des Christentums
mit besonderer Schärfe erfaßte, gab er, sich aller weiteren Spe

kulationen enthaltend, seiner Lehre die grandiose Einfachheit
und Geschlossenheit, die es ihm ermöglichte, ganz anders als
die übrigen gnostischen Winkelsekten und Gelehrtenschulen in
die Masse und Breite zu wirken.

Entschlossener Dualist wird auch nach dem wenigen, was
wir von ihm wissen, Bardesanes gewesen sein. Und man hat
nicht das Recht, Notizen über seine Lehre, die in diese Richtung deuten, auf Kosten seiner Schule zu setzen. Jedenfalls
hat Bardesanes Lehre mit dem Valentinianismus gar nichts zu
tun, obwohl er schon in der alten Überlieferung als zur anatoli-
schen Schule des Valentinian gerechnet wird. Die wenigen
Fragmente, die wir von seiner Lehre haben, zeigen den einfacheren Bau ursprünglicher Gnosis.

In einer weiteren Reihe gnostischer Systeme mit ausgesprochen dualistischer Grundlage liegt dann ein bemerkenswerter spekulativer Vermittlungs- und Abschwächungsversuch
dieses Dualismus vor. Es wird ein mittlerisches Wesen zwischen
den beiden entgegengesetzten Welten angenommen. So steht
bei den Sethianern des Hippolyt das $\pi\nu\varepsilon\tilde{\nu}\mu\alpha$ $\mu\varepsilon\vartheta\acute{o}\varrho\iota o\nu$ zwischen
$\varphi\tilde{\omega}\varsigma$ und $\sigma\varkappa\acute{o}\tau o\varsigma$, im Hymnus der Naassener $\psi\nu\chi\acute{\eta}$ zwischen
$\nu o\tilde{\nu}\varsigma$ und $\chi\acute{\alpha}o\varsigma$, bei den Peraten der $\nu\acute{\iota}\acute{o}\varsigma$ zwischen $\pi\alpha\tau\acute{\eta}\varrho$ und
$\H{\nu}\lambda\eta$. Bei einigen Nachfolgern Marcions tritt der Gott des alten
Testaments, der Weltschöpfer als Mittelwesen zwischen den unbekannten Gott und die Materie, und das Verhältnis dieser
drei Wesen zu einander wird zum Teil, wie es der Bericht des
Eznik zeigt, mit starken mythischen Farben geschildert. Ganz
eng verwandt mit dem bei Eznik dargestellten Marcionitismus
ist die Spekulation in der Baruchgnosis Justins: Elohim in der
Mitte zwischen dem unbekannten Vater und der Eden. —
Überall haben wir dasselbe Schema: Zwei absolut gegensätz-
liche Welten und dazwischen die Figur des $\mu\varepsilon\sigma\acute{\iota}\tau\eta\varsigma$. Die Parallele zu der späteren schon Plutarch bekannten Spekulation
über Mithras, den $\mu\varepsilon\sigma\acute{\iota}\tau\eta\varsigma$ zwischen Ormuzd und Ahriman, drängt
sich von selbst auf. — In einigen Systemen ist diese Spekulation
über den $\mu\varepsilon\sigma\acute{\iota}\tau\eta\varsigma$ noch etwas erweitert, und so erhalten wir noch
mehr Grundwesen. So bei den Doketen in Hippolyts Philo-
sophumena. In dieses Milieu gehört endlich das unter Basilides
Namen von Hippolyt überlieferte Lehrsystem mit seiner Theorie
von der dreifachen Sohnschaft, das einfach auf das ältere

bei Irenäus erhaltene System aufgepfropft erscheint[1]. Auch der
Horos der Valentinianer schien hierher zu gehören[2].

An diese Gestalt des μεσίτης werden wir vielfach da zu
denken haben, wo auch ohne erkennbaren Zusammenhang mit
der dualistisch spekulativen Grundlage und der Lehre vom μεσίτης die Gestalt des »Sohnes« oder des zweiten Gottes neben
der höchsten Gottheit erscheint. Ich denke dabei z. B. an das
Diagramm der Ophiten, in deren oberstem Kreis nach dem
Bericht des Origenes sich die Namen πατήρ und υἱός fanden
oder an die Elkesaiten, die ihren feierlichen Initiationseid im
Namen des großen und höchsten Gottes und seines Sohnes, des
großen Königs, ablegten. Keineswegs darf man bei dieser Erwähnung von Vater und Sohn gleich an christliche Herkunft
der Gestalten denken. Epiphanius wird darnach Recht haben,
wenn er H. 19, 3 treuherzig urteilt: οὐ μὴν πάνυ γε κατείληφα
ἐκ τῆς αὐτοῦ δολερᾶς καὶ παραπεποιημένης συντάξεως τῆς
βίβλου τῆς αὐτοῦ ληρωδίας, εἰ περὶ τοῦ κυρίου ἡμῶν Ἰησοῦ
Χριστοῦ ὑφηγήσατο[3].

Immer neue Ideen sehen wir in den Bereich der gnostischen Systeme einströmen, durch welche diese erweitert, umgewandelt, teilweise auch gesprengt werden. Eine von diesen
hinzukommenden Ideen, die der besonderen Erwähnung und
Behandlung bedarf, ist die vom Menschen oder Urmenschen.
Aus uralter mythischer Vergangenheit stammend ragt diese
Gestalt auch in die Gnosis hinein und steht dort als eine Sphinx,

---

1. Dem höchsten unbekannten Gott, dem innatus pater, im System
bei Irenaeus entspricht der μέγας ἄρχων oder ἀρρήτων ἀρρητότερος, der
Herrscher der Ogdoas bei Hippolyt. Der ersten Emanation des innatus
pater dem νοῦς entspricht der Sohn des μέγας ἄρχων; unter diesem befindet sich die Welt der Sieben, die Hebdomas; die 365 Himmel sind
bis auf eine flüchtige Spur verloren gegangen. Die Lehre von der dreifachen Sohnschaft ist einfach dem alten System überbaut.
2. In den »Oracula chaldaica« scheinen nur zwei, nicht drei, oberste
göttliche Wesen angenommen zu werden. Kroll, Bresl. Philol. Abhandl.
VII. S. 14.
3. S. das oben S. 156 Bemerkte. In diesem Zusammenhang sei
noch darauf hingewiesen, daß bei dem armenischen Schriftsteller Eli-
saeus Vartabed Mithras, König, Sohn Gottes und Verbündeter der
sieben Götter heißt (Langlois, Hist. Armén. II 194; Cumont II, 4).

die den Bauleuten der gnostischen Systeme selbst nicht mehr
verständlich war. Sie erscheint infolgedessen innerhalb der gnostischen Systeme meist in einem Winkel ohne beherrschende und
erkennbare Bedeutung. Aber einige und zwar gerade spezifisch
nicht-christliche gnostische Systeme beherrscht sie noch ganz
und gar. Sie steht im Mittelpunkt der seltsamen Spekulationen
des Poimandres, in den noch krauseren und bunteren Phanta-
sien eines Zosimus und Bithys, sie tritt als $\psi v \chi \acute{\eta}$, Weltseele,
in der Lehre der Gnostiker des Plotin auf. Ganz und gar ist
von ihr die ebenfalls ursprünglich heidnische Spekulation der
Naassener bei Hippolyt beherrscht, und bemerkenswerter Weise
erscheint sie hier in einer seltsamen Verbindung mit der Figur
des kleinasiatischen Attis. Am bekanntesten und eindrucks-
vollsten ist endlich die Gestalt des Urmenschen im Manichäismus. — Aber auch 'in den übrigen gnostischen Systemen entdecken wir sie hier und da wieder. Wenn wir in der Barbelognosis bei Irenäus I 29 den gesamten Oberbau entfernen,
so stoßen wir unter ihm auf die offenbar uralte Trias: Autogenes, Aletheia und Urmensch = Adamas. So begann das
System der Gnostiker Iren. I 30 wahrscheinlich ursprünglich
mit den drei Grundwesen: Urvater (beatum lumen, $\Pi \varrho \omega \tau \acute{\alpha} \nu$-
$\vartheta \varrho \omega \pi o g$), Ennoia (Spiritus sanctus), Anthropos (jetzt Christus).
Auch der »Oberbau« des barbelognostischen Systems, Irenäus I
29, 1, begann mit der Dreiheit: der unnennbare Vater ($\Pi \varrho \omega \tau$-
$\acute{\alpha} \nu \vartheta \varrho \omega \pi o g$), Barbelo, Anthropos (jetzt Christus). Daß dieselbe
Dreiheit ($\Pi \alpha \tau \acute{\eta} \varrho$, $\mathcal{A} \lambda \acute{\eta} \vartheta \varepsilon \iota \alpha$, $\mathcal{A} \nu \vartheta \varrho \omega \pi o g$) als Kern und Keim
der valentinianischen Ogdoas anzusehen ist, wird weiter unten
noch bewiesen werden. In den koptisch gnostischen Schriften
finden wir den Urmenschen Jeu zum Teil noch an hervorragender
Stelle (Jeubücher, unbekanntes Werk), teils im Winkel wieder.
Als der Erlöser im valentinianischen System gilt neben dem
»Soter« bald der Christos, bald der Anthropos.

Daß im großen und ganzen die Figur des in die Materie
hinabsinkenden und aus ihr sich wieder erhebenden Urmenschen,
welcher der ganzen Weltentwickelung den entscheidenden Anstoß
gibt, in den christlich-gnostischen Spekulationen so stark zurücktritt, mag' seine Veranlassung daran haben, daß sie mit einer
andern, verwandten und der Gnosis näherliegenden zu rivalisieren
hatte, nämlich mit der in die Materie versinkenden Sophia-

Achamoth, Προύνεικος. Daß diese Gestalten auf das engste
mit einander verwandt sind, zeigt noch ihre Stellung in den
Systemen. Bei den Gnostikern des Irenäus steht die Sophia
Προύνεικος als gefallene Schwester neben dem göttlichen Bruder
Χριστός = ῎Ανϑρωπος. Auch im Barbelognostischen System
rücken die beiden Gestalten nahe zusammen. Wenn im ursprünglichen valentinianischen System der Χριστός der Sohn
der gefallenen und aus dem Pleroma ausgeschiedenen Sophia
ist, welcher nach seiner Geburt den Schatten hinter sich lassend
ins Pleroma hinaufeilt, so kann man in der Figur dieses Χριστός die ursprüngliche Gestalt des ῎Ανϑρωπος, der in die Materie hinabsinkend, sich aus ihr wieder erhebt, gar nicht verkennen. Der Anthropos und die Sophia sind Doppelgänger,
und infolge der Übertragung seiner Schicksale auf die Sophia
wird ersterer dann in die Erlöserrolle hineingedrängt, die ihm
von Haus aus nicht zukommt.

Die sämtlichen besprochenen Prämissen muß man überschauen, wenn man die in den gnostischen Systemen eine so
große Rolle spielende Trias: Vater, Mutter und Sohn nach ihrer
Herkunft begreifen und deuten will. Eine Reihe derartiger
Triaden sind bereits oben aufgezählt. Einige andere sind hier
noch hinzuzufügen. In dem Diagramm der Ophiten fand sich
nach Origenes neben dem ersten größeren Kreis mit der Inschrift πατήρ und υἱός ein kleinerer mit der Inschrift ἀγάπη.
Bei Bardesanes erscheinen an der Spitze des Systems der Vater
des Lebens und die Mutter (deren Sinnbilder: Sonne und Mond)
neben dem verborgenen Sohn des Lebens Ephraem Hymn. 55.
557 B. 558 D. Und zwar ist dieser Zug des bardesanitischen
Systems gesichert, während fast alles Übrige unsicher ist und im
Dunkel liegt. Zu erwähnen ist in diesem Zusammenhang, daß
in der Perle (des Bardesanes) als die himmlischen Verwandten
des Königssohnes der Πατήρ, βασιλεὺς τῶν βασιλέων, die Μήτηρ
und »dein Bruder unser Zweiter« (nach dem syrischen Text)
aufgezählt werden (Acta Thomae c. 110)[1]. Besonders charakteristisch ist in dieser Umgebung die Lehre einer gnostischen Sekte, wahrscheinlich der Prodicianer, über welche Cle-

---

1. Vgl. die wohl nicht ursprüngliche Trias: ζῶν πνεῦμα, πατήρ (τῆς
ἀληϑείας), μήτηρ (τῆς σοφίας): c. 6. 39.

mens Alex. III 4, 29 Bericht erstattet: ἓν ἦν τὰ πάντα· ἐπεὶ
δὲ ἔδοξεν αὐτοῦ τῇ ἑνότητι μὴ εἶναι μόνῃ, ἐξῆλθεν ἀπ’ αὐτοῦ
ἐπίπνοια (= ἔννοια) καὶ ἐκοίνωσεν αὐτῇ καὶ ἐποίησεν τὸν ἀγα-
πητόν, ἐκ δὲ τούτου ἐξῆλθεν ἀπ’ αὐτοῦ ἐπίπνοια, ᾗ κοινω-
νήσας ἐποίησεν δυνάμεις μήτε ὁραθῆναι μήτε ἀκουσθῆναι
δυναμένας κ. τ. α. (C. Schmidt, Plotins Stellung zum Gnosticismus S. 54)[1]. Auch die heidnische Gnosis lieferte hier Parallelen. Auf die Frage nach der Herkunft der Stoicheia
erfolgt in einem in die Kosmogonie des »Poimandres« einge-
sprengten Fragment die Antwort: ἐκ Βουλῆς θεοῦ, ἥτις λαβοῦσα
τὸν Λόγον καὶ ἰδοῦσα τὸν καλὸν κόσμον ἐμιμήσατο. Wir begegnen hier also der Trias Θεός, Βουλή, Λόγος[2]. Zosimus erwähnt in seinem Buche Ω in einem nicht christlich bestimmten
Zusammenhang — es werden hier Hermes und Zoroaster genannt — τὴν ἀκατονόμαστον τριάδα (Reitzenstein 103). An
christliche Trinitätslehre werden wir hier heinesfalls zu denken
haben. Auch die in ihren Grundlagen heidnische Naassener-
predigt bei Hippolyt kannte wohl ursprünglich die drei Gestalten
Πατήρ (ἀρχάνθρωπος), Μήτηρ, Υἱός (ἄνθρωπος). Endlich finden
wir an der Spitze des manichäischen Systems den Πατὴρ τοῦ
μεγέθους, die Μήτηρ τῆς ζωῆς und den Urmenschen. — Daß
die Gnostiker selbst großes Gewicht auf die Lehre von der
Trias legten, zeigt Irenäus I 29, 3, wo es nach Erwähnung der
Trias: Autogenes, Aletheia, Adamas heißt: hinc autem dicunt
manifestatam Matrem, Patrem, Filium. Und bei Hippolyt findet
sich der bemerkenswerte Ausspruch der Naassener: λέγουσι δὲ
ὁ λέγων τὰ πάντα ἐξ ἑνὸς συνεστάναι πλανᾶται· ὁ λέγων ἐκ
τριῶν ἀληθεύει καὶ περὶ τῶν ὅλων τὴν ἀπόδειξιν δώσει V 8
p. 150, 35 ff.

Wenn wir nach religionsgeschichtlichen Parallelen zu dieser
Lehre der Gnosis von der Dreieinigkeit von Vater, Mutter und
Sohn suchen, so begegnet uns davon eine schier erdrückende
Menge in verwirrender Mannigfaltigkeit und Buntheit. Wie

---

1. Weniger deutlich ist der Tatbestand bei den Gnostikern Plotins
Schmidt S. 36 ff. 40 f.

2. Reitzenstein, Poimandres S. 330. Reitzenstein zieht als Parallele Philo de ebrietate § 30 ed. Wendland heran, wo wir als Trias den
πατὴρ δημιουργός, die μήτηρ (sonst σοφία) und den von diesen erzeugten
ἀγαπητὸς υἱός finden (ἀγαπητὸν αἰσθητὸν υἱὸν ἀπεκύησε τόνδε τὸν κόσμον).

weit verbreitet derartige Spekulationen über Götter-Triaden sind,
hat uns neuerdings Usener (Rhein. Museum N. F. 58. 1903)
gezeigt. Vor allem ordneten die Ägypter ihre Götter in Triaden
von Vater, Mutter und Sohn. Reitzenstein hat zur Erklärung der
Spekulationen im Poimandres und bei Philo die seltsamen
Spekulationen des ägyptischen Synkretismus bei Plutarch de Is.
et Osir. c. 53. 54 und an andern Orten herangezogen. Auf spätere
jüdisch-kabbalistische Philosophien über Vater, Mutter und Sohn
(Gfrörer I 344f.) sei hier nur im Vorbeigehen hingewiesen.
Näher liegen für unsern Zweck, da doch die Gnosis ihren eigentlichen heimatlichen Boden im babylonischen Tiefland und in
Syrien hatte, die Parallelen in der babylonischen und syrischen
Religion. Auch die altbabylonische Religion ordnete ihre Götter
vielfach in Triaden von Vater, Mutter, Sohn (Ea, Damkina,
Marduk; Marduk, Zarpanitu, Nabu u. s. w.). Aber diese Spekulationen waren vielleicht lange verschollen. Noch näher
kommen wir an Zeit und Ort der Gnosis heran mit dem Hinweis, daß in Hierapolis Mabug eine Trias von Vater, Mutter
und Sohn verehrt wurde (Lucian, de Dea Syria c. 33), — wahrscheinlich auch in Heliopolis-Baalbek, auch in Edessa (Cumont
I 207, 3)[1].

Vielleicht aber können wir auf diesem Gebiete durchein-
ander wirrender Parallelen noch einen weiteren bestimmten
Schritt tun. Wir erinnern uns noch einmal daran, daß in den
meisten der aufgezählten gnostischen Triaden die Figur des
Ἄνϑρωπος an dritter Stelle steht. Nun wissen wir, daß im
späteren Parsismus eine Spekulation existierte, derzufolge die
weibliche Figur unter den Ameshas-Spentas Spenta Armaiti zugleich als Tochter und als Geliebte des Ahura Mazda er-

---

1. Daran, daß die Wurzel der gnostischen Spekulationen in der
Tatsache zu suchen sein sollte, daß »Ruach« im hebräisch-aramäischen
Femininum ist, ist gar nicht zu denken (gegen Usener, Rhein. Museum
58 S. 41). Sie stammen aus lebendigem Heidentum und nicht aus den
zufälligen Daten der Grammatik. Höchstens hat jene Tatsache dazu
beitragen können, daß sich auch gemeinchristliche Kreise die heidnische
Trias leichter angeeignet und verständlich gemacht haben. Der Verfasser der Acta Thomae in der gegenwärtigen Form dachte bei der
μήτηρ wohl schon überall an den heiligen Geist. Aber entstanden
ist die Figur der gnostischen μήτηρ nicht auf diesem Wege.

scheint. Als deren Sohn gilt dann der erste Mensch Gayomard. West hat in seiner Abhandlung über Khvêtûk-Das, die persische Sitte der Heirat im nächsten Verwandtschaftsgrad, die wichtige Stelle Dînkard III 82 beigebracht, in der es nach seiner Übersetzung heißt: the daughter of himself (Ormuzd) the father of all was Spendarmad the earth, a female being of the creation, and from her he created the male Gâyômard .... the first man (Sacred Books of the East XVIII p. 401). — Man sah nach persischer Tradition dann in diesem Vorgang die Rechtfertigung der Sitte der Heirat zwischen Vater und Tochter. In der Erzählung, daß von dem Samen des sterbenden Gayomard ein Teil auf die Erde (Spendarmad) gefallen (vgl. Bundehesh XV 1f.), sah man weiter die Rechtfertigung der Heirat zwischen Mutter und Sohn, und das heilige Vorbild der Geschwisterehe fand man in der ehelichen Vereinigung des Mashya und der Mashyana, der Nachkommen des Gayomards und der Ahnen des Menschengeschlechts (Dînkard ebend.). Diese Theologumena werden doch wahrscheinlich alt sein, d. h. aus einer Zeit stammen, in der jene barbarischen Sitten bei den iranischen Völkern noch lebendig waren[1]. Eine weitere Parallele aus den Rivayets hat West (S. B. E. 415) beigebracht[2]. Danach sieht Zoroaster den Ahura Mazda umgeben von den Ameshas-Spentas, die Spendarmad aber in inniger Vereinigung mit ihm, und auf seine Frage nach ihr bekommt er zur Antwort: »Das ist Spendarmad, meine Tochter, meine Geliebte, die Mutter der Kreaturen[3]«. Daß übrigens derartige Spekulationen frühzeitig unter den Persern umgingen, bezeugt auch der Bericht des zervanitischen Systems bei Eznik. Danach soll Ormuzd auf den Rat Ahrimans durch die Ehe mit seiner Mutter und

---

1. Die heutigen Parsen wollen nichts mehr davon wissen, daß diese Sitten bei ihnen je existiert haben, und bekämpfen alle dahingehenden Behauptungen aufs heftigste als Verleumdungen Unwissender.

2. Als Tochter Ahura Mazdas erscheint Spenta Armaiti bereits Yašt XVII 16 (Darmesteter, Zend-Avesta II, 603). Vgl. Darmesteter I 128₅ 144. II 640.

3. Dazu vielleicht eine höchst beachtenswerte Parallele bei Bardesanes: »Wann endlich schaun wir Dein Gastmahl, sehn wir das Mädchen, die Tochter, die auf Dein Knie Du setztest und der Du vorsangst« (Ephraem Hymn. 55, II, 557).

seiner Schwester Sonne[1] und Mond gezeugt haben (s. die Übersetzung v. Schmid S. 99 u. 109). Und dieser im fünften Jahrhundert durch Eznik als Bestand der zerwanitischen Lehre bezeugte Mythus ist nun sicherlich jünger und sekundär gegenüber
dem eben besprochenen verwandten, beweist also indirekt dessen
relativ hohes Alter.

Die hiermit nachgewiesene Trias späterer eranischer Spekulation: Ahura-Mazda, Spenta Armaiti, Gayomard könnte
nun möglicher Weise bei der Ausbildung der gnostischen
Systeme von Einfluß gewesen sein. Nicht daß wir überall, wo
wir eine gnostische Trias finden, eine Entlehnung von dorther anzunehmen hätten; wir haben vielmehr namentlich auch
an die auf dem speziellen Heimatsboden der Gnosis nachgewiesenen syrischen Göttertriaden zu denken, aber die eranische
Parallele wird sich doch überall da aufdrängen, wo wir als
drittes Glied in der Trias die Figur des Anthropos finden.
Auch darauf darf in diesem Zusammenhang hingewiesen werden,
daß die weibliche Gestalt der Trias fast überall in den gnostischen Systemen nicht selbständig neben dem Πατὴρ τῶν ὅλων
steht, sondern als sein Geschöpf, seine Emation erscheint; die
Μήτηρ ist immer die Tochter und die Geliebte des höchsten
Gottes zugleich[2]. Es mag diese Übereinstimmung ja hier und
da Zufall sein, insofern an diesem Punkte zugleich das Bestreben der Gnostiker eingreift, alles auf eine letzte und
höchste Ursache zurückzuführen. Aber im Zusammenhang
mit dem Vorhergesagten wird doch auch diese Parallele bedeutsam. Jedenfalls wird man geneigt sein, die manichäische Trias:
Πατὴρ τοῦ μεγέθους, Μήτηρ τῆς ζωῆς, Urmensch, auf das eranische Vorbild zurückzuführen.

---

1. Demgemäß erscheint hier Mithras (Sonne) an der Stelle des
Gayomard, als Sohn in der Trias.

2. Vgl. die Gnostiker bei Clemens oben S. 334: ἐξῆλθεν ἀπ᾽ αὐτοῦ
ἐπίπνοια καὶ ἐκοίνωσεν αὐτῇ καὶ ἐποίησεν τὸν ἀγαπητόν· — In der
Schilderung des Systems der auch bei Ephraem II 440 erwähnten
Kukeer heißt es bei Theodor Bar-Kuni in der Übersetzung von Pognon
p. 209: lorsque Dieu naquit de la Mer eveillée, il s'assit sur les eaux,
les regarda et y vit sa propre image; qu'il étendit la main, la prit en
fit sa campagne, eut des rapports avec elle et engendra d'elle une
foule de dieux et de déesses.

Wenn wir uns dann noch der behandelten Spekulationen
über die Elemente und die ihnen entsprechenden Hypostasen erinnern, dann haben wir die Bausteine für die komplizierten
gnostischen Systeme so ziemlich bei einander und können
teilweise bis ins Einzelne in ihre Genesis eindringen. Es gilt
an einigen besonders verwickelten Systemen noch die Probe auf
das Exempel zu machen.

III.

Wir beginnen mit dem barbelognostischen System, das
Irenäus auf Grund einer gnostischen Quellenschrift I 29 entwickelt. Mit leichter Mühe erkennen wir, daß hier ein einfaches ursprüngliches System etagenartig überbaut ist. Dieses
ursprüngliche System begann erst mit I 29, 3. An der Spitze
desselben standen die bekannten Figuren des Autogenes (Pater),
der Aletheia und des Adamas (Anthropos). Daß dem Adamas
hier noch ein weiblicher Syzygos gegeben wird, die $\gamma\nu\tilde{\alpha}\sigma\iota\varsigma\ \tau\varepsilon$-
$\lambda\varepsilon\iota\alpha$, und beiden ein gemeinsamer Sproß, das lignum ($\xi\acute{\nu}\lambda o\nu$), ist
sicher spätere Erweiterung. Daneben steht dann, irgendwie mit
jener Trias zusammenhängend — der Übergang ist hier durch
die Bearbeitung verwischt — die Gestalt der in die Materie versinkenden Göttin: Spiritus sanctus, Sophia, Pruneikos. Von
ihr stammt der Proarchon, der mit der Authadia fünf Aeonen
zeugt. An Stelle der ursprünglichen Gestalten der sieben Planeten sind hier bereits abstrakte Figuren getreten. Es ist aber
ohne weiteres deutlich: wir haben hier das alte gnostische System,
dessen Genesis in allen seinen Bestandteilen erkannt ist. Darüber baut sich nun eine neue Welt von Aeonen I 29, 2.
Wir finden hier die quatuor luminaria: Harmuzêl (koptische
Originalschrift = Harmogenes bei Irenäus), Raguel (? kopt.
Oroiaêl), David (Daveithe), Eleleth mit ihren vier weiblichen
Syzygoi, abstrakten Figuren, deren Namen uns nicht mehr
interessieren. Jene vier luminaria sollen von den Aeonen
Christus und der Aphtharsia abstammen, ihre Genossinnen werden
auf ein anderes Aeonenpaar Thelema und Zoe zurückgeführt[1].

---

1. Zum ersten Male stoßen wir hier auf die Syzygienlehre, die
aber nur für eine kleine Gruppe ausgebildeter gnostischer Systeme
charakteristisch ist. Die religionsgeschichtliche Genesis der Lehre ist

Die konkreten Namen der quatuor luminaria weisen auf eine ursprüngliche konkrete Vorstellung. Wir werden bei diesen Gestalten mit großer Wahrscheinlichkeit — die bezeichnende Zusammenfassung führt uns darauf hin — an vier hohe und höchste Gestirngeister zu denken haben. Nun kannte die persische, wohl aus Babylon übernommene Überlieferung die Annahme von vier das Himmelszelt und die einzelnen Weltteile und Himmelsgegenden beherrschenden Gestirnen (Bundehesh 2, 7; 5, 1), und über ihnen noch eine große Gottheit (Gestirngottheit), die in der Mitte des Himmelsgewölbes thront und gleichsam alles überschaut und beherrscht (Bundehesh 2, 8, vgl. noch 5, 1). Auch in die jüdische Literatur ist die Annahme von vier das ganze Sternenheer beherrschenden Führern bereits eingedrungen (äthiop. Henoch c. 82)[1]. An diese vier die Fixsternwelt beherrschenden Gestirnen, über denen als fünftes dann hier der gnostische »Christus« thronen würde, werden wir vielleicht bei den quatuor luminaria denken dürfen.

Über diesem »Pleroma« des Christus und der quatuor luminaria baut sich endlich im System der Barbelognosis nach dem einfachen Schema der Verdoppelung eine noch höhere Aeonenwelt auf. Wenn Christus und die luminaria eine Aeonenwelt von 2 × 5 Syzygien bilden, so haben wir hier noch einmal eine Dekas oder zwei Pentaden. An der Spitze steht die bekannte Trias von Vater, Mutter und Sohn: der Vater des Alls (das reine Licht, der Protanthropos), die Barbelo, der Christus (ursprünglich Anthropos). Die Trias, mit der das ursprüngliche System begann, ist hier also einfach noch einmal

---

dunkel. Schon der Anfang des alten babylonischen Schöpfungsberichtes zeigt eine Art Syzygien-Spekulation.

1. Die Vorstellung von vier hohen Geistern begegnet auch sonst hier und da. So finden wir bei den Mandäern gelegentlich der Schilderung der Orte, welche die Seele zu passieren hat, über der Welt der Sieben (Planeten!) die Matarta des (Demiurgen) Abatur, die Matarta der vier Friedenssöhne (Fixsternwelt! Anz, Ursprung, S. 76) und die der (himmlischen) Wasserbäche (Milchstraße) genannt. — In der Selbstoffenbarung des Drachen, Acta Thomae c. 32, findet sich der bemerkenswerte Satz: υἱός εἰμι ἐκείνου τοῦ βλάψαντος καὶ πλήξαντος τοὺς τέσσαρας ἀδελφοὺς τοὺς ἑστῶτας. Vielleicht stehen auch die oben erwähnten Spekulationen über vier höchste göttliche Hypostasen (s. o. S. 236 f.) mit diesen Anschauungen in Verbindung.

wiederholt und an die Spitze gestellt. Zum Christus treten drei
weitere männliche Aeonen hinzu: Nus, Thelema, Logos (von
diesen sind die Figuren Nus und Logos außerordentlich häufig
in der Gnosis, die des Thelema seltener), zur Barbelo vier weibliche Aeonen. So ergeben sich fünf Syzygien. Dann werden
die einzelnen Welten dadurch mit einander in Verbindung gesetzt, daß von den beiden Aeonenpaaren Christus-Aphtharsia
und Thelema-Zoe das zweite Pleroma der luminaria abgeleitet
wird, und von dem dritten Aeonenpaar Logos-Ennoia die
oberste Syzygie des ursprünglichen gnostischen Systems: Auto-
genes-Aletheia. Das vierte obere Aeonenpaar Nus-Prognosis
geht bei dieser Verteilung leer aus.

In ähnlicher Weise läßt sich das System (oder die Systeme)
des Valentinianismus zergliedern. Wir fassen zunächst das valentinianische Pleroma ins Auge. Die Entstehung der valentinianischen Ogdoas haben wir bereits begriffen. Als dessen Kern
finden wir auch hier die Trias: $Πατήρ$ ($νοῦς$, $πατὴρ$ $τῆς$ $ἀλη$-
$θείας$), $Ἀλήθεια$, $Ἄνθρωπος$. Der $Ἄνθρωπος$[1] hat hier die Genossin $Ἐκκλησία$ erhalten. Man begreift weshalb: zu dem $Ἄν$-
$θρωπος$, der sich siegreich aus der Materie erhob, in die er
versunken war, gehört die Gemeinde der Pneumatiker, die ihm
auf diesem Wege folgt. Daß sich zwischen diese beiden Paare
lie Syzygie $Λόγος$-$Ζωή$ (unter dem Einfluß des vierten Evangeliums?) eingedrängt hat, beweist der Umstand, daß diese
bald an dritter, bald an vierter Stelle der Ogdoas steht. Daß
dem $Πατήρ$ und der $Ἀλήθεια$ noch ein Aeonenpaar $Βυθός$
und $Σιγή$ vorgeordnet ist, ist ein Spezificum der valentinianischen Gnosis, dessen innerer Sinn uns noch deutlich werden
wird. So erhält das System seine Ogdoas[2], eine Idee, welche
(im Gegensatz zur Helidomas) bereits der früheren Gnosis, allerdings in einem etwas andern Sinn, geläufig war. Unter dieser
Welt der Ogdoas befindet sich die der Dekas und der Dodekas.
Über die Entstehung dieses Schemas orientieren uns vielleicht

---

1. Vgl. die Trias im ursprünglichen barbelognostischen System:
$Αὐτογενής$, $Ἀλήθεια$, $Ἄνθρωπος$. Weshalb die $Μήτηρ$ in diesen Systemen
den Namen $Ἀλήθεια$ bekommt, kann ich nicht sagen.

2. Die gnostischen Spekulationen über die Ogdoas mögen immerhin durch Parallelen in der ägyptischen Götterlehre angeregt und befördert sein. Reitzenstein, Poimandres S. 54.

noch die Spekulationen des Markus Iren. I 17, 1. Demnach
entspräche die Dekas den zehn Himmelskreisen[1], die man annahm, die Zwölfzahl den zwölf Tierkreisbildern[2]. Hochbedeutsam ist die Zahl 30 der gesamten Aeonen des valentinianischen
Systems. Dreißig höchste Götter kannte die spätere persische
Spekulation. Sie ist bereits Plutarch vertraut, der ausdrücklich
überliefert, daß Oromasdes erst die sechs (Ameshas-Spentas)
und dann noch einmal vierundzwanzig Götter schafft[3]. Diesen
dreißig Göttern sind dann im persischen Kalender (und Kultus)
die einzelnen Tage des Monats (von 30 Tagen) heilig[4]. Auch
in einer späteren Bestreitung der persischen Religion in
syrischen Märtyrerakten heißt es noch: die Angehörigen des
Hormizd (Ahura Mazda) und Behman (Vohumano), die dreißig
Götter und Göttersöhne (Nöldeke, Festgruß, R. Roth gewidmet S. 36). — In dem »Horos« endlich, der im valentinianischen System das Pleroma von der niederen Welt abtrennt,
können wir die Figur des $\mu\varepsilon\sigma\acute{\iota}\tau\eta\varsigma$ ($\mu\varepsilon\vartheta\acute{o}\varrho\iota o\nu\ \pi\nu\varepsilon\tilde{\upsilon}\mu\alpha$) wiedererkennen, die wir bereits oben besprochen haben.

Eine bedeutsame Wendung im valentinianischen System ist

---

1. Aufgezählt werden die sieben Planetenkreise, dann $\acute{o}\ \pi\varepsilon\varrho\iota\varepsilon\varkappa$-
$\tau\iota\varkappa\grave{o}\varsigma\ \alpha\grave{\upsilon}\tau\tilde{\omega}\nu\ \varkappa\acute{\upsilon}\varkappa\lambda o\varsigma$, der Fixsternkreis; dann noch einmal Sonne und
Mond. Diese Zählung ist sekundär. Das System des Mani kennt acht
Erden und zehn Himmel (Flügel S. 89). Vgl. die pythagoräische
Zählung der zehn Kreise bei Flügel S. 220.

2. Vgl. im manichäischen System 12 »Elemente« des höchsten
Gottes (Flügel 87), und 12 »Jungfrauen« (Kräfte) des dritten Gesandten
(Theodor Bar-Kuni bei Pognon p. 189, dazu Fragmente aus Turfan, Müller
S. 44), 12 Aeonen in der Pistis Sophia u. s. w.

3. Plutarch rechnet Orosmasdes nicht mit in die Zahl der 30.
Auch bei den Valentinianern war ein Schulstreit darüber vorhanden,
ob bei der Zählung der Aeonen $Bv\vartheta\acute{o}\varsigma$ (und $\Sigma\iota\gamma\acute{\eta}$) mitzuzählen seien
oder nicht. Im letzteren Fall gewann man die Zahl 30 durch Hinzu-
fügung der nachgeschaffenen Aeonenpaare $X\varrho\iota\sigma\tau\acute{o}\varsigma$ und $\Pi\nu\varepsilon\tilde{\upsilon}\mu\alpha$ wieder.
Hippolyt, Philos. VI 31, p. 276´ (VI 29, p. 270).

4. Freilich ist in der uns erhaltenen Überlieferung des persischen
Kalenders der 1. 8. 15. 23. Tag des Monats dem Ahura Mazda heilig, sodaß
also neben Ahura nur 26 Götter genannt werden (vgl. Spiegel, eran.
Altertumskunde II 41, Darmesteter, Annales du Musée Guimet T. 21,
p. 34 f.). Aber das wird auf eine spätere Bearbeitung zurückgehen,
ändert jedenfalls an der Zuverlässigkeit der Überlieferung Plutarchs
nichts.

es, daß die Sophia nicht mehr in die Materie versinkt, wie in
den älteren gnostischen Systemen, sondern in Liebesleidenschaft
sich in den Höchsten der himmlischen Aeonen versenkt. Wir
erkannten hier eine entschieden monistische Wendung und einen
Versuch zur Überwindung des gnostischen Dualismus. Die Materie
steht nicht mehr ewig und ungeschaffen neben dem Pleroma,
so daß die Sophia dann in diese hinabsinken kann. Vielmehr
vollzieht sich der Fall im Pleroma, und die Materie wird aus
dem Fall der Sophia abgeleitet. Und nur natürlich ist es, daß
die Valentinianer sich um diesen, den eigentlich originalen Teil
ihres Systems, d. h. den Versuch der Ableitung der Materie
aus den Leidenschaften der Sophia (Achamoth), ganz besonders
im lebendigen Streit der Schulmeinungen bemühten. In diesem
Zusammenhang kann m. E. auch die Einführung des $Bv\vartheta\acute{o}\varsigma$ in
das System erklärt werden. Der $Bv\vartheta\acute{o}\varsigma$ wird urspünglich nichts
anders gewesen sein als das Chaos, die im Abgrund befindliche
Materie, in welche die Sophia sich stürzte. Die valentinianische
Gnosis hat daraus in monistischer Tendenz ein höchstes himmlisches Wesen gemacht, den alleinen Urgrund alles Seins und
Wesens.

Wenn nach dem ursprünglichen oder relativ ursprünglichen
valentinianischen System die gefallene Sophia, die hier noch ungeteilt
erscheint, außerhalb des Pleroma den Christos gebiert und dieser
nach seiner Geburt unter Zurücklassung seines Schattens in das
Pleroma eilt, so ist die Parallele mit dem Mythus bei den Gnostikern des Irenäus deutlich. Dort ist der Christos der wesens-
ungleiche Bruder der Sophia, der im Pleroma bleibt, während
diese in die Materie versinkt. Hier ist er ihr wesenshöherer Sohn,
der die gesunkene Mutter verläßt, um ins Pleroma zurückzu-
eilen.

Es weisen bestimmte Spuren darauf hin, daß in einer
von uns direkt nicht mehr nachweisbaren Urgestalt des Systems
dieser Christos auch als Erlöser zur Sophia-Achamoth zurückkehrt. — In dem ausgebildeten valentinianischen System haben
wir dann aber neben einer doppelten Sophia eine zweifache, ja
eine dreifache Erlösergestalt, woher es denn kommt, daß die
Erzählung vom Fall und der Erlösung sich endlos ausdehnt.
In gewisser Hinsicht ist nämlich bereits der Horos im ptolemäischen System eine Erlösergestalt und vollzieht einen Teil des

Erlöserwerkes[1]. Es scheint überhaupt, als wenn der Horos mit seinen vielen Beinamen in irgend einem, im valentinianischen aufgegangenen System eine bedeutsame und mehr für sich stehende Rolle gespielt habe. Dann aber üben an der gefallenen Sophia der Christos sowohl, wie der Soter neben einander ihr Rettungswerk, ein Beweis, daß hier eine einfache Addition verschiedener Gestalten stattgefunden hat. Die für das System charakteristische Gestalt ist jedenfalls der Soter, der jüngste und doch der hervorragendste Gott, die gemeinsame Frucht des Pleroma, der himmlische Verlobte der gefallenen Göttin, der die befreite Braut nimmt und mit ihr 70 Gottessöhne zeugt. Diesem Mythus entspricht dann die ebenfalls dem valentinianischen System eignende Idee von der himmlischen Hochzeit der Pneumatiker mit den Engeln des Soter.

Die Ausmalung der oberen himmlischen Welten zieht im valentinianischen System bereits so sehr das Hauptinteresse auf sich, daß darüber das Interesse an der niederen Welt der Hebdomas, d. h. an der ursprünglichen Hauptlehre der Gnosis ganz erlahmt. Aus dem löwenköpfigen Jaldabaoth der Gnosis ist hier die viel blassere und abstraktere Gestalt des Demiurgen, des Geschöpfes der Achamoth, geworden. Die Gestalten der Sieben sind fast ganz verschwunden. Nur gelegentlich wird erwähnt, daß der Demiurg sieben Himmel geschaffen (z. B. Epiphanius H. 31, 4). Wenn es hier heißt, daß der Demiurg in der Ogdoas, dem Abbild einer höheren Ogdoas, sich befinde und unter sich die sieben Himmel habe, so ist hier eine neue Verdoppelung eingetreten. Ursprünglich gehört der Demiurg der Hebdomas an. — Auf eine nochmalige Darstellung der künstlichen Vereinigung der valentinianischen Erlösungstheorie mit dem Gedanken der historischen Erlösung durch Jesus von Nazareth kann ich hier verzichten.

In aller Kürze sei noch ein Blick auf das manichäische System geworfen und darauf hingewiesen, wie uns die meisten Bausteine, aus denen es sich zusammensetzt, bereits bekannt sind. Die ausgesprochen dualistische Grundlage des Systems, auch die Wendung der orientalischen dualistischen Mythologie

---

1. Der Überblick bei Epiphanius H. 31, 4 scheint nur eine Erlösergestalt zu kennen, die hier sowohl Soter wie Horos (σταυρός, ὁρο-θέτης, μεταγωγεύς) wie auch Christos heißt.

ins Spekulative (Gegensatz von Licht und Finsternis, Vermischung von Licht und Finsternis) haben wir bereits beim
echten Basilides gefunden.   Die höchste Trias des manichäischen
Systems: πατὴρ τοῦ μεγέϑους, Mutter des Lebens, Urmensch
ist uns in ihren religionsgeschichtlichen Zusammenhängen deutlich geworden.   Wenn neben dem Vater des Alls, dem Könige
der Paradiese des Lichts die ungezeugte Erde und die ungezeugte Luft stehen, so fanden wir bereits verwandte Spekulationen über die Luft als Mittelwesen zwischen φῶς und σκότος
(die Lichterde ist einfache Doublette).   Auf alte Verehrung der
Elemente ist es zurückzuführen, wenn die fünf Elemente als
Glieder der Lichterde oder auch als Rüstung des Urmenschen
erscheinen und daneben ihnen entsprechende Gestalten als
Hypostasen des höchsten Gottes.   Die zwölf »Elemente« des
Urvaters haben ebenfalls ihre entsprechenden Parallelen gefunden.
Eigentümlich (direkt persisch) ist im manichäischen System
die scharfe Betonung der vorübergehenden Niederlage eines
Aeons der Lichtwelt im Kampf mit der Finsternis, die hier an
Stelle der Annahme eines Falles trifft.   Aber die Gestalt des
Urmenschen selbst ist uns nun völlig vertraut.   Bis zu einem
gewissen Grade eigentümlich sind dem System die beiden Er-
lösergestalten: der Lebensgeist, dem die Befreiung des Urmen-
schen und zu gleicher Zeit die demiurgische Tätigkeit zufällt,
und der dritte Gesandte, der das Erlösungswerk an den in der
Materie gefangen gehaltenen Lichtteilen fortsetzt.   Singulär und
vollkommen mythologisch sind die fünf Trabanten, die den
Lebensgeist bei seinem Werke helfen: der Splenditenens, der
Atlas, der König, der an der Mitte des Himmels wandelt,
der Lanzenträger und der Dreher der drei Räder.   Doch ist
uns der Mythus von der Besiegung der Archonten durch den
Lebensgeist und seine Trabanten, die Idee ihrer Befestigung am
Himmel, resp. ihrer Häutung, und der Bildung der Himmelsgewölbe aus ihren Häuten durch die beigebrachten religionsgeschichtlichen Parallelen vollkommen deutlich geworden.   Auch
zu der seltsamen Erlösungsidee, daß der dritte Gesandte, der
seinen Sitz in Sonne und Mond genommen hat und dort den
Archonten in Gestalt einer schönen Jungfrau oder eines schönen
Knabens erscheint, diese zur Liebesraserei reizt und ihnen dadurch
die von ihnen verschlungenen Lichtteile entzieht, fanden wir be-

reits in der simonianischen Gnosis und in verwandten Erscheinungen (Nicolaiten, »Gnostiker«) überzeugende Parallelen, die uns zugleich über den ursprünglichen Sinn des Mythus Aufklärung gaben. Eine ähnliche Figur, wie die des dritten Gesandten, ist die der manichäischen Lichtjungfrau, und zwar scheint die Figur des dritten Gesandten nur eine Doublette zu jener zu sein, die dann die ursprüngliche Gestalt ganz in den Winkel gedrängt hat. Neben diesem merkwürdigen Erlösungsmythus steht endlich im manichäischen System — wieder als Doublette und einfaches Pendant — die Idee, daß Sonne und Mond die himmlischen Schiffe seien, die durch die zwölf Eimer des Tierkreises die aus der Materie gesammelten Lichtteile zugeführt erhalten und diese dann in die höheren himmlischen Welten hinüberführen. Auch diese Anschauung ist dem Manichäismus nicht eigentümlich, es wird dem ein weit verbreiteter naiver Volksglaube zu Grunde liegen. Ausgesprochene Parallelen finden wir auf indischem Religionsgebiet[1]. Der höchst seltsame und bizarre Mythus von der Schöpfung der ersten Menschen ward zum Teil schon durch die Parallelen des weitverbreiteten gnostischen Mythus verständlich. Zu der barbarischen Lehre von der Verschlingung der unreifen Geburten der Dämonen durch ihren Obersten Saklas und der dadurch erfolgten Ansammlung von Lichtteilen, die dann in die von Saklas gezeugten Menschen übergehen, — fanden wir wenigstens eine gewisse Parallele in einem gnostischen Kultgebrauch. Zur Idee von der dem ersten Menschen gegebenen Uroffenbarung und zu der hier vorliegenden vollkommenen Divergenz des urspünglichen Systems gegenüber dem christlichen Erlösungsgedanken zeigte sich Verwandtschaft mit der mandäischen Religion. So ist der Manichäismus allerdings ein ziemlich wirres Konglomerat von Phantasieen und

---

1. Vgl. de la Saussaye II 57 (eine Stelle aus der Kaushitaki-Brâhmana-Upanishad): »Alle, welche aus dieser Welt scheiden, gelangen in den Mond. Dieser schwillt in der ersten Häfte des Monats von den Lebenshauchen jener an; während der andern Hälfte des Monats befördert er jene zur Geburt. Der Mond ist das Tor zur himmlischen Stätte. Wer ihm antwortet, den läßt er durch, wer ihm aber nicht antwortet, den regnet er wieder herab.« — Andere Parallelen aus der indischen Religion, in denen auch der seelenbefördernden Tätigkeit der Sonne gedacht wird, hat bereits Baur, manich. Religionssystem S. 308 f., zusammengestellt.

Spekulationen verschiedenster Herkunft; doch soll nicht geleugnet
werden, daß dies alles von einem energischen Geist zu einer
höheren Einheit zusammengefaßt ist, die freilich überall ihre
Risse und Sprünge hat.

Nach alledem können wir uns noch an den Versuch wagen,
das Lehrsystem der Pistis Sophia in seine einzelnen Bestandteile zu zerlegen und in seiner Genesis, so gut es geht, zu
begreifen.

Zunächst gibt uns die Pistis Sophia selbst eine Andeutung
über die verschiedenen Schichten des ungeheuren Aeonen-
systems, das wir in ihr entwickelt finden. Es heißt im ersten
Kapitel, daß Jesus seine Jünger in der Zeit vor dem Empfang
der neuen Offenbarung noch nicht über die Lichtwelten jenseits
des ersten Gebotes belehrt habe, er habe ihnen vielmehr nur
gesagt, daß das erste Gebot von jenem Mysterium umgeben sei.
Ferner habe er ihnen nicht die einzelnen Emanationen des Lichtschatzes genannt, auch nicht die Welt des dreizehnten Aeons
eingehender geschildert — es werden besonders unter den Gestalten, von denen bisher nicht die Rede war, die drei Dreimalgewaltigen, und die 24 Unsichtbaren genannt. — Das heißt,
der Verfasser der Pistis Sophia kennt ein ursprünglicheres und
einfacheres System, das er im vorliegenden Buch überarbeitet
hat, und er gibt genau die Partieen des Systems an, auf die
sich seine Bearbeitung erstreckt. Skizzen dieses einfacheren
Systems finden sich nun auch tatsächlich im vierten Buch der
Pistis Sophia c. 138 und etwa im zweiten Buch Jeu c. 43.
Danach ist die Gliederung der Aeonenwelten kurz skizziert
folgende: Unter dem »großen Mysterium« befindet sich die Welt
der höchsten Lichtwesen, des »ersten Gebotes« und seiner Umgebung; eng verbunden mit dieser Welt erscheint der noch nicht
in seine vielen Emanationen differenzierte Lichtschatz, ihm folgt
der Ort derer von der Rechten, dann der Ort derer von der
Mitte, darauf der dreizehnte Aeon mit dem $\dot{\alpha}\acute{o}\varrho\alpha\tau o\varsigma\ \Pi\alpha\tau\acute{\eta}\varrho$ und
der Barbelo, der Mutter der Pistis Sophia, dann die 12 Aeonen
und unter den zwölf Aeonen die Örter der Unterwelt und der
Höllenbewohner. Der Aufbau dieses älteren, bereits recht komplizierten Systems wird sich noch rekonstruieren lassen. Wir erkennen zunächst deutlich, daß einmal in einem der P. S.
zugrunde liegenden System die Welt des dreizehnten Aeons

die höchste Welt gewesen sein muß. Die Gestalten, denen wir
hier begegnen, der ἀόρατος Πατήρ und die Barbelo, sind uns
aus den älteren Systemen als die höchsten gnostischen Aeonen
bekannt. Hier ist auch die ursprüngliche Heimat der Pistis
Sophia, und wir wissen, daß diese aus dem obersten Pleroma
nach der ursprünglichen Auffassung fiel und nicht aus irgend
einer beliebigen niederen Himmelswelt. Auch geht aus der
Überlieferung im II. Jeu c. 51 ff. noch deutlich hervor, daß
das Mysterium der zwölf Aeonen, das den Mysten lehrt, wie
er sich über die zwölf Aeonen in den dreizehnten erhebt,
ursprünglich eine abschließende Bedeutung hatte, und die
hätte es nicht, wenn nicht der dreizehnte Aeon als die höchste
Welt gedacht wäre. Von den ursprünglich gnostischen Systemen, die wir kennen lernten, unterscheidet sich der hier vorliegende Bau dann nur dadurch, daß hier nicht von einer
Ogdoas und einer Hebdomas die Rede ist, sondern von einem
dreizehnten Aeon und von zwölf unter ihm befindlichen Aeonen.
Nur die Zahl hat sich verändert, wir vermissen die alte Siebenzahl. Wir können aber vielleicht noch erkennen, daß ursprünglich auch dieses System auf die alte Siebenzahl der Archonten
zurückweist. Im vierten Buch der P. S. werden die zwölf
Archonten wieder in sechs gute, bußfertige und sechs böse,
unbußfertige eingeteilt. An der Spitze der ersteren steht Jabraoth und an der Spitze der letzteren Sabaoth, die ersteren
sind nach ihrer Buße von Jeu an einen höheren Ort versetzt,
nur die letzteren in die Welt der Sphären gebunden c. 136.
Das stimmt nun allerdings nicht zu der Anschauung von zwölf
unterhalb des dreizehnten Aeons befindlichen Mächten. Dennoch
wird dieselbe Anschauung auch im II. Jeu c. 52 vorausgesetzt.
Hier heißt der sechste Aeon, zu dem der Myste beim Aufsteigen
gelangt »die kleine Mitte«: »die Archonten jener Örter haben
ein kleines Gut, weil die Archonten jener Örter geglaubt
haben« (vgl. das Gebet unbekannter Herkunft S. 332, 31: »alle
Archonten und Jabraoth, die an das Lichtreich geglaubt haben«).
Sollte das alles nicht darauf hindeuten, daß dem ursprünglich
zugrunde liegenden System von P. S. und II. Jeu nur sieben
wirklich böse Archonten bekannt waren, nämlich Sabaoth —
eine aus der einfachen Gnosis als das Oberhaupt der »Sieben«
bekannte Figur — und die andern sechs? Vielleicht deutet

noch eine Beobachtung in dieselbe Richtung. Den zwölf
Aeonen, unter welche die P. Sophia heruntergesunken ist, entsprechen zwölf Bußpsalmen der Sophia, mit dem dreizehnten
ist für sie die Stunde der Erlösung gekommen. Nun hat Rahlfs
(die Berliner Handschr. des sahidischen Psalters 1901 S. 7) die
schöne Beobachtung gemacht, daß die Zitate S. 53—70 der
Ausgabe Schmidts nach einer andern, von der gewöhnlichen
sahidischen Übersetzung total verschiedenen Version der Psalmen
zitiert sind im Vergleich mit den Zitaten vorher und nachher.
Nun enthalten aber die S. 53—70 genau den achten bis zwölften
Bußpsalm der Sophia. Es wird also wahrscheinlich, daß eine
Quelle der P. S. einmal nur sieben (resp. acht) Bußpsalmen der
Sophia kannte, gemäß den sieben Welten, die sie zu durch-
wandern hatte.

Was die Erzählung vom Fall der P. S. in diesem alten
Grundsystem betrifft, so konnten wir bereits nachweisen,
daß die vorliegende Auffassung zwischen der ursprünglich
gnostischen und der valentinianischen die Mitte einhält. Die
Sophia versinkt auch hier in die Materie, das Chaos, aber sie
tut das aus Sehnsucht nach dem $\mathring{\alpha}\acute{o}\varrho\alpha\tau o\varsigma$ $\Pi\alpha\tau\acute{\eta}\varrho$, in der Meinung, daß das im Chaos ihr von den Dämonen trügerisch vor-
gespiegelte Licht das des Urvaters sei. Wenn übrigens c. 29 von
den vierundzwanzig Emanationen des $\mathring{\alpha}\acute{o}\varrho\alpha\tau o\varsigma$ $\Pi\alpha\tau\acute{\eta}\varrho$ die Rede
ist, zu denen auch die Sophia und ihr Syzygos gehören (vgl.
II. Jeu 52 S. 226), so läßt dieser Zug wohl mit Sicherheit
auf einen Einfluß des valentinianischen Systems schließen. Aber
zugleich erfuhren wir oben, daß die 24 Emanationen des dreizehnten Aeonen zu der allerletzten Schicht des vorliegenden
Systems gehören.

Dasjenige System, das sich nun über diesem ursprünglichen
Grundstock abgelagert hat, gleicht in auffälligster Weise, wie wir
bereits nachgewiesen haben, dem manichäischen System[1]. Das
erste Gebot und die fünf Einschnitte, das große Licht (der
große Gesandte) und die fünf Helfer (Anführer) unter ihnen,
mit ihnen eng verbunden der Lichtschatz — das alles erinnert

---

1. Schmidt, Texte u. Unters. VIII hat auf einzelne Parallelen aufmerksam gemacht (S. 375. 404. 417. 564). Aber auf die prinzipielle
Verwandtschaft der Systeme ist er nicht aufmerksam geworden.

an den Anfang der manichäischen Lehre: den *Πατὴρ τοῦ μεγέ-θους* und seine fünf Hypostasen, die Lichtluft und Lichterde mit ihren fünf Gliedern. Die Vermutung steigert sich zur Gewißheit, wenn wir in der unter dem Lichtschatz sich befindlichen Welt an erster Stelle dem Urmenschen Jeu, der ausdrücklich der Gesandte des ersten Gebots genannt wird, begegnen. Die übrigen Gestalten des »Ortes der Rechten« erinnern uns direkt an die Erlösergestalten des Manichäismus, hier wie dort leiten sie den mechanischen Prozeß der Erlösung und Reinigung der in die Materie versunkenen Lichtteile. In Melchisedek möchten wir am liebsten den dritten Gesandten wiedererkennen. Direkt werden die Paralemptores der Sonne und des Mondes erwähnt (S. 21, 25 f., vgl. die mit ihnen identischen beiden *προηγούμενοι* S. 125, 25). Endlich finden wir unter dem Ort der Rechten, in dem Ort der Mitte, die merkwürdige Gestalt der Lichtjungfrau wieder, die uns nur noch im manichäischen System begegnet.

An der Verwandtschaft der beiden Systeme kann gar kein Zweifel sein. Es bleibt nur noch die Frage möglich, ob in P. S. und II. Jeu direkte Abhängigkeit vom manichäischen System vorliegt, oder ob beiden Systemen eine gemeinsame Quelle zugrunde liegt. Das letztere erscheint mir vorläufig als das wahrscheinlichere. Manche der verwandten Ideen scheinen in P. S. in ihrer ursprünglicheren und reineren Gestalt vorzuliegen, die Gestalt der Lichtjungfrau hat hier Sinn und große Bedeutung, während sie im manichäischen System eine Schattengestalt neben dem dritten Gesandten ist. Sollte die letztere Vermutung zutreffen, so hätte Mani an seinem System noch viel weniger Eigentumsrecht, als es bisher noch erschien.

Eigentum der P. S. und der verwandten Schriften wäre unter diesen Umständen wesentlich die Gruppierung und Einteilung der überlieferten bunten Gestaltenreihe nach dem übrigens auch schon teilweise entlehnten Schema: Lichtschatz, Ort der Rechten, Ort der Mitte. Daß sie an den Ort der Mitte die Lichtjungfrau setzen, ist bedeutsam, nach den älteren Systemen ist der Ort der Mitte der Ort der gefallenen Sophia. Zwischen beiden Figuren wird doch wohl ein Zusammenhang vorhanden sein. Unerhört ist es, daß über dem Ort der Mitte noch ein Ort der Rechten angenommen wird, denn nach der

älteren Auffassung befindet sich der unterhalb der Sophia stehende Demiurg am Ort der Rechten.

Jedenfalls zerlegt sich so das ursprüngliche System der P. S.
auf eine verhältnismäßig einfache Weise. Wir haben erstens
einen dem manichäischen Lehrsystem entsprechenden Oberbau,
darunter das alte bekannte gnostische System nur mit dem Unterschiede, daß hier anstelle der Hebdomas eine Dodekas tritt. —
Den weiteren Überbau, den nun der letzte Redaktor nacn seiner
eigenen Angabe in Kap. 1 mit seinen Phantasien über die Lichtwelten jenseits des ersten Gebotes und über die Emanationen des
Lichtschatzes zurechtgezimmert hat, noch zu zergliedern, wird
man mir erlassen. Es dürfte sich kaum lohnen. Denn wir sind
hier an der Grenze, wo die Methode zum Wahnsinn wird. Und
dieser Wahnsinn führt im anonymen koptisch-gnostischen Werk
seinen ärgsten Hexentanz auf.

An eine Auflösung des mandäischen Systems in seine Bestandteile wage ich mich, obwohl auch hier sich schon jetzt
manches sagen ließe, nicht heran, ehe wir nicht eine bessere
und vollständigere Kenntnis des ursprünglichen Systems und
seiner späteren Geschichte besitzen. Aber der Nachweis dürfte
gelungen sein, daß wir in den sämtlichen gnostischen Systemen
Zweige an demselben Baum zu erblicken haben, der mit seinen
Wurzeln tief in den synkretistischen Boden der absterbenden
antiken Religion hinabreicht.

Exkurs I (zu Kapitel I).

Jaldabaoth.

Im ersten Kapitel ist nachgewiesen, daß die die Gnosis beherrschende Vorstellung von den sieben Archonten sich weder aus jüdischen noch aus christlichen Prämissen erklären lasse, daß diese vielmehr letztlich ihre Wurzel in der babylonischen Verehrung der sieben planetanischen Gottheiten haben. Hier soll noch der Versuch gemacht werden, die einzelne Figur des Jaldabaoth, die in einer Reihe gnostischer Systeme an der Spitze der Sieben erscheint, zu erklären.

Von vornherein dürfte klar sein, daß Jaldabaoth ursprünglich mit dem alttestamentlichen Schöpfergott in keiner Weise identisch ist. Schon der Name, der diesem Archon eignet, sollte das ein für allemal beweisen. »Jaldabaoth« hat mit irgend welchen alttestamentlichen Gottesnamen gar nichts zu tun; das hat man später auch empfunden und hat hie und da, nachdem die Identifikation mit dem Gott des alten Testaments durchgeführt war, Jaldabaoth durch Sabaoth zu ersetzen (s. o. S. 32) versucht. Vielleicht können wir sogar bestimmt nachweisen, welche Gottheit mit jenem Rätselnamen ursprünglich gemeint war, wenn für uns der Name selbst auch nicht mehr deutbar ist. Origenes hat uns glücklicherweise noch die Beschreibung seiner Gestalt aufbewahrt und uns zugleich mit der Deutung derselben auf den richtigen Weg gewiesen. Er sagt ausdrücklich, daß der Jaldabaoth der Ophiten löwenköpfig sei (λεοντοειδής) und behauptet weiter: φασὶ δὲ τῷ λεοντοειδεῖ ἄρχοντι συμπαθεῖν ἄστρον τὸν Φαίνοντα (c. Celsum VI 31). Also Jaldabaoth ist Saturn![1] Zu dieser Annahme

---

1. Die oben S. 10 von mir vorgeschlagene Identifikation der sieben ophitischen Dämonen erklärt auch Baudissin, Stud. z. semit. Rel. Gesch. S. 236, für naheliegend, weist sie aber dennoch ab, weil Jao, der nach jener Vermutung mit Jupiter kombiniert werden müßte, als πρῶτε δέσποτα θανάτου angeredet würde. Das stimme in keiner Weise zu der astrologischen Bedeutung des Jupiter, der nur als beglückendes Gestirn gelte.

stimmt nun auch sein löwenartiges Aussehen[1]. Die Gestalt
Saturn-Kronos pflegte man tatsächlich als ein löwenartiges Ungetüm darzustellen. In dem Mytographus Vaticanus tertius (bei
A. Mai, Classic. auct. T. III p. 162 allerdings aus dem 13.
Jahrhundert) heißt es § 8[2]: Fingitur etiam modo faciem habere
draconis propter frigoris nimietatem[3], nunc rictus leoninos
propter nimium caloris aestum, nunc etiam cum aprinis
dentibus cristas[4] propter frequentem elementorum intemperantiam.
Die folgende Erklärung der wechselnden Gestalten des Saturnus
unter Beziehung auf die verschiedenen Jahreszeiten, über die er
als Zeitgott herrscht, beruht natürlich auf nachträglicher künstlicher Reflexion. Wir werden aus diesen Nachrichten über
Saturn vielmehr schließen dürfen, daß in dessen Gestalt verschiedene Göttergestalten zusammengeflossen sind[5]. Mit der

---

Aber die späteren astrologischen Spekulationen über den Glücks- oder Un-
glücks-Charakter der einzelnen Planeten darf man zur Erklärung der gnostischen Phantasieen nicht heranziehen, da hier die Planeten sämtlich als
dämonisch gelten. Wenn hier aber Jao-Jupiter als Todesfürst erscheint,
so mag eine Identifikation mit irgend einem uns nicht näher bekannten
syrischen Baal vorliegen. Über die Umkehrung der Reihenfolge der Anrufungen der Planeten (Origenes c. Celsum VI 32, Jaldabaoth steht an
erster statt an siebenter Stelle u. s. w.; vgl. Wendland, hellenistisch
römische Kultur 169, 4).

1. Dieser Zug ist auch in der Pistis Sophia bewahrt. Hier ist
Jaldabaoth ein Dämon der Unterwelt, ein Archon mit Löwengesicht,
dessen eine Hälfte Feuer und dessen andere Hälfte Finsternis ist c. 31
S. 28, 17 ff.

2. Nach Cumont l. c. II 53.

3. Saturnus-Kronos (Chronos) gilt hier als der Jahres- und Zeit-
Gott. § 6 heißt es: tempora omnia in se recurrunt, qua de causa dra-
conem flammivovum in dextra tenere perhibetur, draco enim ille annum
designat, qui bene caudae suae ultima devorat. Er erscheint nach § 8
bald als Knabe, bald als Greis: quod corpus singulis annis senescere
in hieme et revirescere in vere videtur.

4. Im II. Buch Jeu c. 43 S. 304, 23 ff. ist ein Dämon Taricheas,
Sohn des Sabaoth geschildert, der halb die Gestalt eines Wildschweines
halb die eines Löwen hat.

5. In der bekannten auf den Mithrasdenkmälern immer wiederkehrenden Gestalt des löwenköpfigen Gottes, den eine Schlange um-
ringelt, mit der Feuerfackel und dem Schlüssel in den Händen, welche
Cumont als Kronos-Saturn-Darstellung zwingend erwiesen hat, finden
sich die verschiedenen oben angegebenen Darstellungen des Gottes in

Gestalt eines alten vorderasiatischen Baals-Kronos (Saturn)[1], der ursprünglich die Löwengestalt zukommt, scheint vor allem eine Gottheit der Zeit kontaminiert zu sein, die uns in der persischen Mythologie als Zervan begegnet, deren Sinnbild etwa die sich im Kreise windende, den Schwanz im Maule haltende Schlange ist, — eine Kombination, bei der der Gleichklang *Κρόνος-Χρόνος* jedenfalls wirksam gewesen ist[2]. Und endlich ist diese komplizierte Gestalt wiederum mit der planetarischen Gottheit, Kewan, Kronos, Saturn — mit dem ursprünglich jenes molochartige, löwenköpfige Ungeheuer nichts zu schaffen hatte — gleichgesetzt, wie es denn in der Fortsetzung des Mythographus Vaticanus heißt: quod Saturni sidus secundum mathematicos .... contrarium est et adversam habet constellationem. Doch kommt es auf die Komplikation dieser Gestalt hier nicht an; es interessiert uns in diesem Zusammenhang nur der Nachweis der Darstellung des Saturns in löwenartiger Gestalt. Auch auf einem Relief aus Nordafrika erscheint Kronos-Saturn, d. h. der nordafrikanisch-phönicische Baal, auf einem Löwen von Strahlen umgeben (Roscher, Lexikon der Mythologie 1496). Auf diesen afrikanischen Baal-Saturnus bezieht sich wahrscheinlich auch der Satz bei Arnobius, adv. nat. VI 10: Inter deos videmus vestros leonis torvissimam faciem mero oblitam minio et nomine Frugiferi[3] nuncupari. Endlich bezeugt uns Damascius die Verehrung eines löwengestaltigen Gottes in Heliopolis, Syrien: *Ἡλιουπολῖται τιμῶσιν ἐν Διὸς ἱδρυσάμενοι μορφήν τινα λέοντος.* (Vita Isidori bei Photius,

---

eins zusammengezogen. Ähnliche Kombinationen bei Damascius, de principiis c. 123 p. 381 ed. Kopp (*δράκοντα δὲ εἶναι κεφαλὰς ἔχοντα προσπεφυκυίας ταύρου καὶ λέοντος, ἐν μέσῳ δὲ θεοῦ πρόσωπον ἔχειν . . καὶ ἐπὶ τῶν ὤμων πτερά, ὠνομάσθαι δὲ Χρόνον ἀγήρατον*). Vgl. Athenagoras, Leg. cap. 18; vgl. Cumont I 75 ff.

1. Für die Gleichsetzung des *Κρόνος* mit Bel, El vgl. Damascius, vita Isidori § 115.

2. Über die (namentlich orphischen) Spekulationen über *Κρόνος-Χρόνος* s. Roschers Lexikon der Mythologie s. v. *Κρόνος* 1546 f. Vgl. z. B. Macrobius, Saturnal. I 22, 8: Saturnus ipse, qui auctor est temporum, et ideo a Graecis immutata litera *Κρόνος* quasi *Χρόνος* vocatur. (Im folgenden wird Saturnus freilich mit dem Sonnengott identifiziert.)

3. Frugifer ist der Beiname des afrikanischen Saturn. Cumont II 58. I 78, 1.

Bibl. cod. 242 p. 348 b ed. Bekker)[1]. Nach alledem werden
wir das Recht haben zu urteilen, daß Origenes mit seiner
Gleichsetzung von Jaldabaoth-Saturn Recht hat, und daß die
löwenköpfige Gestalt des Jaldabaoth so zustande gekommen
ist, daß die planetanische Gottheit, die man sich über den Planeten Kronos gestellt dachte, mit einem vorderasiatischen Baal-
Moloch identifiziert wurde, den die Griechen gleichfalls mit
ihrem Kronos in eins gesetzt haben.

Interessante Notizen über Κρόνος, die uns mitten in direkt
gnostische Spekulationen hineinführen, sind uns auch bei Damascius, de principiis, erhalten. Hier heißt es § 266 (Ruelle
II 132): τῷ μὲν Κρόνῳ προσήκει ἡ ἑβδομὰς μάλιστα καὶ
πρώτως, ὡς δοκεῖ καὶ τοῖς Φοίνιξιν — (etwas weiter unten):
τῇ δὲ ῾Ρέᾳ ἡ ὀγδοάς (τῷ δὲ Διὶ ἡ ἐννεάς). Die theologischen
Ausführungen und Spekulationen, die Damascius weiterhin an
diese Sätze anknüpft, interessieren uns weniger, aber im höchsten
Maße interessant ist es, daß nach der Lehre der Phönicier hier
dem Kronos die Hebdomas, der Rhea die Ogdoas zugeschrieben
wird. Zwischen dem Kronos und der Rhea der Phönicier, und
dem Jaldabaoth und der Sophia der Gnostiker muß eine enge
Beziehung vorliegen, denn auch in gnostischen Systemen erscheint Jaldabaoth als der Beherrscher der Hebdomas, die
Sophia als Herrscherin der Ogdoas[2]. In diesen Zusammenhang
gehört weiter die Notiz § 265 (Ruelle II 131), daß die Phönicier
in ihren Mythen dem Kronos sieben Häupter geben. Das
erinnert uns wieder auf das lebhafteste an die gnostischen Spekulationen über Jaldabaoth und seine sechs Söhne[3].

Wir wundern uns nicht mehr, daß an einer weiteren Stelle
bei Damascius Kronos als Demiurg[4] erscheint. § 270 II 137:

---

1. Noch mehr Material bei Cumont I 78 f.

2. Vgl. auch § 265, II 132 (nachdem von der ἑβδομάς die Rede
war) ἐπὶ δὴ τούτοις τὴν ὀγδοάδα τοῖς ὑπερκοσμίοις (εἶναι).

3. Cumont gibt I 157, 1 einen Satz aus einem bisher unveröffent-
lichten kosmogonischen Stück wieder (Cod. Vatic. 190 saec. XIII f. 230ʳ):
Μετὰ ταῦτα ὥρισεν ὁ θεὸς αἰῶνας ζʹ διδοὺς ἑκάστῳ ἀστέρι ἔτη χίλια κατὰ
τὴν τάξιν τῶν ζωνῶν, καὶ ἔλαχε τῷ Κρόνῳ τῷ κυρίῳ τῆς πρώτης ζώνης
ἄρχειν τὴν πρώτην χιλιάδα . . . . Τὴν δὲ δευτέραν χιλιάδα ἄρχει ὁ Ζεῦς
ἔτη χίλια. — Auch dieses Fragment gehört in diesen Zusammenhang
hinein.

4. Bei Johannes Lydus, de mensibus, Μάρτιος c. 5, (vgl. Baudissin,

ἔτι τοίνυν σαφέστερον οἱ Φοίνικες ταῦτα περὶ αὐτοῦ (Κρόνου) ἀξιοῦσιν πρῶτον μὲν δαίμονα αὐτὸν ποιοῦντες εἰληχότα τὸν δημιουργόν. Dann wird diese Behauptung im folgenden ein wenig abgeschwächt. Kronos soll doch nur im uneigentlichen Sinne der Demiurg sein: ἔπειτα καὶ δημιουργὸν ἐντεῦθεν ἀνυμνοῦσιν τὸν Κρόνον, τὸν προχειρισμὸν τῆς δημιουργίας ἐν ἑαυτῷ θεασάμενον.

So finden wir zwischen der phönicischen Lehre von Kronos und der gnostischen über Jaldabaoth eine auffallende Übereinstimmung. Kronos und Jaldabaoth walten beide über die Hebdomas, sie haben beide den Rang eines Demiurgen, über beiden steht als Herrscherin der Ogdoas eine weibliche Gestalt, hier die Rhea, dort die Sophia. Sollte Damascius spätere, durch die Gnosis bestimmte phönicische Spekulationen kennen gelernt und weitergegeben haben? Die Annahme, daß rein heidnische Spekulationen ihrerseits unter dem Einfluß der christlichen Gnosis gestanden hätten, ist doch recht prekär. Wir werden vielmehr diese Übereinstimmung mit der Annahme zu erklären haben, daß der Gnosis verwandte Spekulationen über die Welt der planetarischen Hebdomas und die darüber sich erhebende Ogdoas auch in rein heidnischen (phönicischen) Kreisen bestanden haben. Und damit wäre auch von dieser Seite der Beweis erbracht, daß die gnostischen Spekulationen über die Sophia, über Jaldabaoth und die Hebdomas ihre Wurzeln nicht in jüdischem oder christlichem Boden haben.

Die Identifikation von Jaldabaoth und dem Gott des alten Testaments erklärt sich nach alledem übrigens leicht. Der heilige Tag des Saturns ist zugleich der heilige Tag Jahwes[1].

Stud. z. semit. Rel. Gesch. I 218) findet sich folgende bemerkenswerte Parallele: οἱ Χαλδαῖοι τὸν θεὸν (nämlich den Dionysos) Ἰάω λέγουσιν ἀντὶ τοῦ φῶς νοητόν. Τῇ Φοινίκων γλώσσῃ καὶ Σαβαὼθ δὲ πολλαχοῦ λέγεται, οἷον ὁ ὑπὲρ τοὺς ἑπτὰ πόλους, τουτέστιν ὁ δημιουργός.

1. Vgl. die Identifikation des Judengottes mit Saturn: Tacitus Hist. V 4; Baudissin, Studien I 232. In den von Dozy neu aufgefundenen Dokumenten der Ssabier (s. Nachtrag) heißt es hinsichtlich Saturns: »Nahe Dich ihm in der Weise der Juden gekleidet, denn er ist ihr Patron«. (Akten d. Orientalistenkongresses 1883 p. 350.)

Exkurs II (zu Kapitel I).

Ptahil.

Eine außerordentlich rätselhafte Gestalt ist die des Weltschöpfers Ptahil im mandäischen System. Vielleicht kann im
folgenden Einiges zur Erläuterung derselben und zur Frage
ihrer Herkunft beigetragen werden. Es scheint, als wenn sich
bestimmte Beziehungen dieser Gestalt zum persischen Heros
Yima nachweisen lassen. Bereits Brandt (M. R. 194) hat
darauf hingewiesen, daß sich eine Bekanntschaft der Mandäer
mit dem Mythus des persischen Yima nachweisen läßt. Nach
der persischen Sage bekommt Yima bekanntlich am Ende seines
Regiments den Befehl, einen »Var« zu bauen[1] und sich mit
allen seinen Geschöpfen in diesem vor dem kommenden Welten-
winter zurückzuziehen. Seitdem thront Yima in einer verborgenen Welt. Diese Anschauung scheint sich in der merkwürdigen mandäischen Vorstellung von dem Mšunê kuštâ wiederzufinden. Mšunê kuštâ bedeutet wörtlich (Brandt, M. R. 38, 1):
Entrückte der Gradheit, Gerechtigkeit. Nach Siouffi (157 f.;
Brandt, M. R. 38, 1) ist dies der Name einer geheimnisvollen
und unsichtbaren Welt, in der die Menschen, die darin wohnen,
in vollkommener Religionsübung, Gerechtigkeit und Glückselig-
keit weilen. Im Genzâ findet sich der Ausdruck selten und
nur in dunklen Andeutungen, die aber der oben gegebenen
Erklärung zum mindesten nicht widersprechen (Brandt, M. R.
38, 1). Besonders bedeutsam ist, daß nach Petermann (Reisen
II 458) und Siouffi (134 ff.; Brandt, M. R. 160, 1) berichtet
wird, daß die entvölkerte Welt am Ende der Tage aus Mšunê
kuštâ neu bevölkert werden soll. Ebenso heißt es in der persischen Überlieferung, daß, sobald die Entvölkerung der Erde
am Ende der Welt eingetreten sein wird, der Garten des Yima
geöffnet werden soll und von dort eine Anzahl frommer Familien
sich wieder über die Erde verbreiten und diese bevölkern soll
(Spiegel, Real.-Enc.[2] XI 238). An der Identität von Mšunê kuštâ

---

1. Über Parallelen zu dieser Vorstellung in jüdischer und christlicher Tradition vgl. Boeklen, Verwandtsch. d. jüd. christl. u. d. persischen Eschatologie S. 136 ff.; Bousset, Rel. d. Judentums[2] S. 558 f.

und dem Garten des Yima kann demnach kaum ein Zweifel
bestehen. Nun wird merkwürdigerweise weiter im 41. Traktat r.
berichtet, daß die erste Schöpfung des Ptahil eben Mšunê kuštâ
gewesen sei (Brandt, M. R. 53, 1). Somit erhielten wir die
Gleichung: Yima = Ptahil. Bedeutsam ist in diesem Zusammenhang auch, daß in der späteren arabischen Überlieferung
Fitaḥl = Ptahil als König des goldenen Zeitalters erscheint.
Zeiten des Fitaḥl sind dort uralte Zeiten, goldenes Zeitalter
(Brandt, M. S. 60, 3). Das ist wiederum genau dieselbe Vorstellung, die die persische Religion von den Zeiten des Yima
hat. Nun ist aber auch in der späteren persischen Überlieferung
von einem Fall des Yima die Rede. Allerdings sind diese
Nachrichten sämtlich nicht sehr klar, und es ist möglich, daß
wir hier nicht die ursprüngliche Anschauung[1], sondern eine
spätere Erweiterung der Sage von Yima haben. In dem Bericht Firdusis über Yima heißt es z. B.: »Ihm gehorchen die
Dêws, die Vögel und die Peris. Da wird Jemšid (Yima) stolz
und versagt Gott die Anbetung. Er fordert sie für sich, da weicht
die Gnade Gottes von ihm«. In dem Bericht Ulemaï Islam
(bei Vullers p. 56) findet sich der fragmentarische Ausspruch:
»Dieser (Jemšid) regierte 616 Jahre und 6 Monate, und der Zorn
der Diws kam über ihn, und er gab sich für einen Gott aus«
(vgl. auch den Bericht des Bundehesh 34, 4, wo ebenfalls von den
616 Jahren des Jemšid die Rede ist und von seiner darauf-
folgenden Verborgenheit). Gewöhnlich wird berichtet, daß Yima
am Ende seines Regiments dem Dämon resp. dem bösen Herrscher Dahâk unterlegen und von ihm getötet sei. Vorher ist
auch sonst vielfach davon die Rede, daß er über die Dämonen
geherrscht und daß er diese gezwungen habe, ihm prächtige
Bauten und einen Thron aufzuführen (Spiegel, eranische Alter-
tumsk. I 523—529). Diese Yima-Sage ist übrigens ins Judentum hinübergewandert und hier auf Salomo übertragen[2]. Wir
vergleichen damit, daß auch Ptahil nach der Auffassung des mandäischen Systems ein Bündnis mit den Dämonen abschließt und
daß er wegen dieses Bündnisses verworfen und in Fesseln gelegt wird. Es scheint, als wenn in der späteren persischen und

---

1. Über die Entwicklung der Yima-Sage vgl. Tiele, Gesch. d. Religion im Altertum, übers. v. Gehrich II 264—275.

2. Bousset, Rel. des Judentums[2] 564.

mandäischen Sage verwandte Grundzüge vorliegen. Hier wie
dort haben wir die Gestalt eines göttlichen Heros, der mächtige
Bauten, im mandäischen System Weltenbauten, aufführt, mit den
Dämonen ein Bündnis schließt und schließlich verworfen wird,
weil er sich gegen Gott empörte. Vielleicht würde sich hier
durch eine systematische Erforschung der Sagen von dem welten-
bauenden Heros, der sich am Ende gegen Gott empört und
schließlich gedemütigt wird, eine größere Sicherheit hinsichtlich
dieser Kombinationen gewinnen lassen.

Exkurs III (zu Kapitel I).
Die Zahl 70 (72).

Wir sahen, daß in der Pistis Sophia die fünf Archonten
mit ihren 360 Trabanten eine Rolle spielten. Die Korrelatzahl
zu diesen Zahlen 5 und 360 ist »72«. Sie steht im engen Zusammenhang mit der Fünfzahl. Früher und sicherer als die
Woche von sieben Tagen ist nämlich in Babylon die fünftägige
Woche: ḫamuštu nachweisbar (vgl. K. A. T.³ S. 257. 634.
621, 5; Jensen, Zeitschr. f. deutsche Wortforschung I S. 151 ff.;
Meinhold, Sabbat u. Woche im A. Test. [Forschungen z. Rel.
u. Lit. d. A. u. N. Test. Heft 5] S. 16)[1], und wie die sieben
Tage der bekannten babylonischen Woche zu den sieben Planeten wenigstens nachträglich in Beziehung gebracht wurden,
wenn sie auch nicht ursprünglich mit ihnen zusammenhingen,
so wird auch die Fünferwoche mit den fünf Planeten im engeren
Sinn in Beziehung gebracht sein. Es ergeben sich bei dieser
Rechnung bei einem Jahr von 360 Tagen 72 Wochen, und wie
über den 5 Wochentagen die Planeten walten, so dachte man
sich auch über die 72 Wochen Engelmächte gesetzt, als deren
Oberhäupter dann die Tagesgötter erscheinen. Diese Anschauung hat sich dann, wie es scheint, in eigentümlicher Weise erweitert. Die Babylonier kannten nämlich ein großes Weltenjahr
(Weltenperiode), das nach Analogie des gewöhnlichen Jahres

---

1. Sehr bedeutsam ist, daß sich die fünftägige Woche auch bei
den Persern nachweisen läßt. Spiegel, eranische Altertumskunde III
667 f. (vgl. Herodot III 80, ein fünftägiges Fest).

verläuft. Also hat nun auch das Weltenjahr 72 Wochen. Aus
dieser Annahme, daß eine Weltenperiode 72 Wochen habe, erklärt sich wahrscheinlich die Weissagung des Jeremias[1] (25, 11;
29, 10) von der 70jährigen[2] Dauer der Gefangenschaft Israels,
sicher die Danielsche Weissagung von den 70 Jahrwochen.
Den 70 (72) Unterperioden des Weltverlaufs entsprechen dann
70 (72) Regenten. Das sind die 70 (72) Hirten oder Engelmächte, die Israel in der Periode der Not nach der Weissagung
des äthiopischen Henoch (c. 89, 59 ff.) weiden sollen. Hiermit
hängt dann weiter die Theorie der Existenz von 72 Völkern der
Welt zusammen, über die 72 Engel als Regenten gesetzt sind.
Ausgesprochen ist dies bereits in der Septuaginta zu Deutero-
nomium 32, 8 (vgl. die klementinischen Rekognitionen II 42,
d. hebräische Testamentum Naphthali Kap. 8). Im elften Kapitel der Genesis fand man dann bekanntlich diese 70 resp. 72
Völker wieder (vgl. Targum, Pseudo-Jonathan zu Genesis 11, 8
[Kraus, Ztschr. f. alttestamentl. Wissensch. 28, S. 38—43]; zum
Ganzen Bousset R. J.[2] 373. 375). Wir erinnern uns ferner an
die sicher damit in Verbindung stehende Zahl der 72 resp. 70
Übersetzer des A. Testaments resp. des Pentateuchs, an die 72
resp. 70 Heidenapostel Jesu (Lukas 10, 1), an die 72 Epi-
skopen der manichäischen Kirche. — Für den Zusammenhang der Zahlen 5 und der Zahlen 72 kommen besonders noch
folgende Beobachtungen in Betracht: Die Septuaginta soll nach
einer Variante der Sage nicht von 72, sondern von 5 Über-
setzern angefertigt sein (K. A. T.[3] 634). Auch in dem der
Pistis Sophia eng verwandten zweiten Jeû-Buche finden wir
Kap. 43 die 72 Archonten tatsächlich erwähnt, die wir im
vierten Buch der Pistis Sophia vermissen. — Die Zahl 72 resp. 70
ist übrigens auch deshalb wichtig, weil sie dazu dient, verborgene mythologische Zusammenhänge aufzudecken. Sehr oft
wenigstens deutet, wo erzählt wird, daß ein König von 72 oder
70 Untergebenen umgeben sei, dieser Zug darauf hin, daß wir
es mit einer ursprünglichen Gottheit des Himmels zu tun haben.

---

1. Vgl. Greßmann, israelitisch-jüdische Eschatologie S. 160 f.;
Bousset, Religion d. Judentums[2] 282.

2. »70« ist bekanntlich die Abkürzung der Zahl 72, vielleicht auch
hervorgegangen aus der Berechnung des Mondjahres zu 70 Wochen +
4 Tagen.

In dem persischen Siroza (bei Wilson, Parsireligion p. 556) wird
im Kalender zum 15. Tage des Monats, dem Tage des Daev-
Mihir, d. h. Mithras, erwähnt, »der Gott Yazata, welcher über
alle Sprachen der Welt regiert, der Sprachen sind 72 an Zahl«.
Wenn in Hippolyts Refutatio (VI 34) gesagt wird, daß der Soter
und die Sophia 70 λόγοι gezeugt haben, so ist das ein deutlicher
Hinweis auf den ursprünglichen Charakter des Soter und der
Sophia als Himmelsgottheiten. Ebenso charakteristisch ist es,
wenn uns Schahrastâni (übers. v. Haarbrücker, I 281) überliefert,
daß nach dem System des Zarâduscht der höchste Schöpfer die
Lichtgestalt des Urmenschen, umgeben von 70 verehrungswürdigen Engeln, herabgesandt habe. Im Esther-Targum (übers.
v. Cassel, S. 244) erscheint Salomo auf seinem Himmelthrone
von 70 Mitgliedern des Hohen Rats umgeben. In der bekannten
Erzählung von dem Könige Wird-Chân und seinem Wesir
Schimâs (tausend und eine Nacht, Bulacker Ausg., 899.—930.
Nacht), wird von dem Könige behauptet, daß ihm 72 Könige
und 350 Kadis (Mondjahr!) umgeben haben. Daß wir es hier
ursprünglich mit einer Sage von einer himmlischen Gottheit zu
tun haben, zeigt auch die Erwähnung des wunderbaren auf dem
Meer zu erbauenden Schlosses, auf welche die Erzählung schließlich hinausläuft. Ebenso umgeben in der jüdischen Sage den
alten Heros Nimrod 350 Könige (Jellinek, Bet ha-Midrassh V
p. 40); nach der arabischen Sage soll er um Babylon herum 72
Städte erbaut haben, jede mit einem eigenen Oberhaupt (M.
Grünbaum, neue Beiträge z. semit. Sagenk. 1893, S. 96). Dem
Priesterkönige Johannes, der in der mittelalterlichen Sage eine
große Rolle spielt, dienen 7 Könige, 7 Heerführer und 365
comites (Kampers, Alexander d. Gr. und die Idee des Welt-
imperiums in Prophetie und Sage S. 106 ff.). Im Gedichte
»König Rother« herrscht Ymelôt-Nimrod über 72 Könige Babylons (vgl. Wesselowsky, Arch. f. slaw. Literatur I 320 f. u. s. w.).
Auch die Zahl 360 deutet natürlich auf ähnliche Zusammenhänge hin. In dem 7. Traktat des Genzâ r. heißt es z. B.,
daß der große Strahl, der alle Welt erleuchtet, der auch Jatir
Jatrun heißt, 360 Namen hat (Brandt M. R. 195). Wir erinnern
uns dabei an die 365 Himmel in den verschiedenen gnostischen
Systemen und an das gnostische geheimnisvolle Wort Abraxas,
das diese Zahl umschließt. Hieronymus bemerkt dazu (zu

Amos 3, Opera, ed Vallarsi VI 1, p. 257), daß die Heiden diese Zahl in dem Gotte Meithras wiederfinden. Ursprünglich wird wohl auch hier »Mithras« = 360 überliefert gewesen sein. In der Erzählung der Tausend und eine Nacht von der wunderbaren Säulenstadt Irem (Bulacker Ausgabe, 276.—279. Nacht) ist der König Schadâd, der Erbauer der wunderbaren Stadt, von 360 Königen umgeben, und es ist hier aus dem Berichte deutlich, daß die wunderbare Himmelstadt ursprünglich gar nichts anderes ist als das Himmelsgewölbe selbst in seinen wundervollen Schmuck, der Erbauer also nichts anderes als die höchste Himmelsgottheit.

Exkurs IV (zu Kapitel I und III).

Der anthropologische Dualismus.

In Verbindung mit der gnostischen Vorstellung, daß die eigentliche Heimat des Menschen im höchsten Himmel über den planetarischen Gestirnen sich befinde, steht eine merkwürdige anthropologische Anschauung, derzufolge die Seele aus dem höchsten Himmel stamme, in diese niedere Welt herabgefallen sei, beim Fall aus den einzelnen Planetenkreisen die bösen und unglücklichen Eigenschaften erhalten habe, die sie im Leben quälen, und beim Aufstieg in den Himmel sich dieser wieder entledige. In der Überlieferung der Kirchenväter haben sich nur Rudimente dieser offenbar in der Gnosis verbreiteten Anschauung erhalten. Vollständig klar und zusammenhängend ist sie uns bei römischen und griechischen Schriftstellern der ausgehenden Antike überliefert.

Die Überlieferung geht vielleicht weit zurück. In erster Linie kommt hier ein Satz bei Servius, dem Scholiasten des Virgil, in Aen. VI 714, in Betracht: docent autem philosophi, anima ad ima descendens, quid per singulos circulos perdat. unde etiam mathematici fingunt, quod singulorum numinum potestatibus corpus et anima nostra connexa sunt; ea ratione quia, cum descendunt animae, trahunt secum torporem Saturni, Martis iracundiam, libidinem Veneris, Mercurii lucri cupiditatem, Jovis regni desiderium: quae res faciunt perturbationem animabus, ne possint uti vigore suo et viribus propriis. Eine Parallele bietet

Servius, in Aen. XI 51[1]: Dicunt physici, quum nasci coeperimus, sortimur a sole spiritum, a luna corpus, a Venere cupiditatem, a Saturno humorem, quae omnia singulis reddere videntur extincti. Die erstere Stelle hat Schmekel[2] durch den Aufweis der bei Arnobius, adv. nationes c. 16 u. 28, vorliegenden, fast alle Ausführungen deckenden Parallelen mit einiger Sicherheit auf die gemeinsame Quelle beider, das erste Buch von Varros Antiquitates, zurückgeführt. Varros erstes Buch aber geht nach Schmekels Untersuchung S. 132ff. auf Posidonius v. Apamea zurück. Ob wir freilich die gesamten Ausführungen bereits dem Posidonius zuschreiben dürfen, ist nicht ganz sicher. Das Zitat selbst scheint auf verschiedene Quellen hinzuweisen. Die allgemeinen Aufstellungen der Philosophen werden von den bestimmteren der Mathematiker unterschieden. Immerhin ist es möglich, daß die ganze Überlieferung wirklich auf Posidonius zurückgeht. Dann würde bereits letzterer über sich hinaus als auf die letzte Quelle der Lehre zu den »Mathematikern« weisen. In ihnen hätten wir aber aller Wahrscheinlichkeit nach — schon der Inhalt des Zitates spricht dafür — chaldäische Astrologen zu erkennen. Es wäre sehr wohl denkbar, daß gerade Posidonius von Apamea Überlieferungen, die von dorther kamen, weitergegeben hätte[3].

Weitere interessante Ausführungen verdanken wir in der Darstellung dem Macrobius, in somnium Scipionis I Kap. 11 u. 12.

---

1. Vgl. hier und zum folgenden Lobeck, Aglaophamus II, p. 932f.
2. Die Philosophie der mittleren Stoa 1892, S. 112 u. 130.
3. Posidonius v. Apamea scheint überhaupt einer der hervorragendsten Vermittler zwischen Ost und West gewesen zu sein. Über seine beherrschende Stellung in der Geistesgeschichte des Hellenismus s. jetzt Wendland, d. hellen.-röm. Kultur in ihren Bezieh. zu Judent. u. Christent. S. 29f. — Über orientalische Einflüsse bei ihm müssen noch genauere Untersuchungen angestellt werden. Beachtenswert ist es, daß Posidonius gerade in der dualistischen Wendung seiner Anthropologie von der älteren Stoa vollkommen abweicht, und andrerseits, wenn obige Zurückführung richtig ist, sich der orientalische Einschlag hier besonders deutlich zeigt. Vielleicht geht auch die Notiz Ciceros, de div. I 19, 36, nach der das Alter der Astrologie 470000 Jahre betragen soll, auf Posidonius zurücl. (Schmekel, S. 241, 3). Die hier vorliegende Berechnung der Weltdauer ist spezifisch babylonisch (Zimmern K. A. T.[3] 539, 4). Auch die Vorliebe des Posidonius für astronomisch-mathematische Kenntnisse (Schmekel 281ff.) gehört hierher.

Hier werden (ed. Biponti 1788 I 58) drei Meinungen über die
Einteilung der Welt und die Herkunft der Seele unterschieden.
Von der dritten heißt es: »Alii vero ..... in duas quidem ipsi
partes sicut primi faciunt, sed non iisdem terminis dividunt
mundum. Hi enim coelum, quod aplanes sphaera vocatur, partem unam, septem vero sphaeras, quae vagae vocantur, et quod
inter illas ac terram est, terramque ipsam alteram partem esse
voluerunt. Secundum hos ergo, quorum sectae amicior est ratio,
animae beatae ab omni cuiuscunque contagione corporis liberae,
coelum possident. Quae vero appetentiam corporis et huius,
quam in terris vitam vocamus, ab illa specula altissima et perpetua luce despiciens desiderio latenti cogitaverit, pondere ipso
terrenae cogitationis paulatim in inferiora elabitur.« Dieser Fall
ist ein langsamer und allmählicher: »In singulis enim sphaeris
quae coelo subiectae sunt, aetheria obvolutione vestitur, ut per
eas gradatim societati huius indumenti testei concilietur. Et
ideo totidem mortibus, quot sphaeras transit, ad hanc pervenit,
quae in terris vita vocitatur.« Deutlich erkennen wir hier die
gnostische Welteinteilung. Der obere Himmel und unter ihm
die sieben Planetenspären und die Erde; die Seelen, die von der
Begierde des Körpers und dem irdischen Leben angezogen
werden, fallen in die niedere Welt hinab und werden bei ihrem
Durchgang durch die Sphären allmählich mit den Kleidern der
äußeren Sinnlichkeit bekleidet. Genauer ist das Kap. 12 I 62
geschildert: »Hoc ergo primo pondere de zodiaco et lacteo ad
subiectas usque sphaeras anima delapsa .... in singulis non solum ..... luminosi corporis amicitur accessu, sed et singulos
motus, quos in exercitio est habitura, producit: in Saturni ratio-
cinationem et intelligentiam . . ., in Jovis vim agendi . . ., in
Martis animositatis ardorem . . ., in Solis sentiendi opinandique
naturam . . ., desiderii vero motum .... in Veneris, pronun-
tiandi et interpretandi quae sentiat .... in orbe Mercurii . . .,
naturam plantandi et augendi corpora ingressu globi lunaris
exercet.« — In dem ersten Stück des Hermetischen Corpus, dem
sogenannten Poimandres, der, wie Reitzenstein nachgewiesen hat,
von orientalischen Ideen stark bedingt ist, findet sich zu dieser
Darstellung im Macrobius die Ergänzung, nämlich die Schilderung,
wie die zum Himmel aufsteigende Seele bei dem Durchgang
durch die Planetensphären einer jeder derselben wieder zurück-

gibt, was sie bei dem Abstieg von ihr empfangen hat[1] (c. 24,
Reitzenstein 336): „καὶ ὁ θυμὸς καὶ ἡ ἐπιθυμία εἰς τὴν ἄλογον
φύσιν χωρεῖ". (c. 25): „καὶ οὕτως ὁρμᾷ λοιπὸν ἄνω (ὁ ἄνθρωπος)
διὰ τῆς ἁρμονίας, καὶ τῇ πρώτῃ ζώνῃ δίδωσι τὴν αὐξητικὴν ἐνέρ-
γειαν καὶ τὴν μειωτικήν, καὶ τῇ δευτέρᾳ τὴν μηχανὴν τῶν κακῶν ἀνενέργητόν, καὶ τῇ τρίτῃ τὴν ἐπιθυμητικὴν ἀπάτην ....,
καὶ τῇ τετάρτῃ τὴν ἀρχοντικὴν προφανίαν ...., καὶ τῇ πέμπτῃ
τὸ θράσος τὸ ἀνόσιον καὶ τῆς τόλμης τὴν προπέτειαν ....,
καὶ τῇ ἕκτῃ τὰς ἀφορμὰς τὰς κακὰς τοῦ πλούτου ἀπλεονεκ-
τήτους, καὶ τῇ ἑβδόμῃ ζώνῃ τὸ ἐνεδρεῦον ψεῦδος". (c. 26): „καὶ
τότε γυμνωθεὶς ἀπὸ τῶν τῆς ἁρμονίας ἐνεργημάτων γίγνεται
ἐπὶ τὴν ὀγδοαδικὴν φύσιν τὴν ἰδίαν δύναμιν ἔχων καὶ ὑμνεῖ
σὺν τοῖς οὖσι τὸν πατέρα". Eine ähnliche Anschauung findet
sich im Buch 13 (14) desselben Corpus, der sogenannten »Pro-
phetenweihe«. Hier erfolgt an den Mysten die Mahnung, sich
zu reinigen (c. 7): ἀπὸ τῶν ἀλόγων τῆς ὕλης τιμωριῶν, und
auf die Frage: „τιμωροὺς γὰρ ἐν ἐμαυτῷ ἔχω, ὦ πάτερ";
werden hier 12 böse Geister, die dem Menschen anhängen und
ihn quälen, aufgezählt. Die Siebenzahl ist hier verdrängt
durch die den Tierkreisgestirnen entlehnte Zwölfzahl. Reinigen
aber kann sich von diesen quälenden Geistern der Mensch
durch Unterstützung der göttlichen δυνάμεις. Bei der Aufzählung dieser δυνάμεις finden wir dann noch eine deutliche
Spur der ursprünglichen Siebenzahl wieder. Es werden hintereinander zunächst sechs Mächte aufgezählt (c. 9), und als siebente, und, wie es scheint höchste, folgt die ἀλήθεια, so daß
wir in der Tat sieben göttliche Mächte haben. Indem aber der
ἀλήθεια ohne weitere Aufzählung noch τὸ ἀγαθόν, ζωὴ καὶ φῶς
hinzugefügt werden, so ist die Siebenzahl hier zur Zehn-
zahl erweitert, so daß nun die göttliche δεκάς der Zwölfzahl
der τιμωροί gegenübertritt (Reitzenstein 342 ff.). Verwandte
Anschauungen finden sich noch bei anderen, namentlich neuplatonischen Schriftstellern[2], und Cumont hat bereits diese Lehre,

---

1. Vgl. oben, Servius, in Aen. XI 51.
2. Porphyrius, de abstinentia I 31: Ἀποδυτέον ἄρα τοὺς πολλοὺς
ἡμῖν χιτῶνας". Proclus, in Timaeum I 113, 8 ed. Diehl; Oracula Chaldaica, Vers 215 ff., Kroll p. 51, 2; Julian, Oratio II p. 123, 22 ed.
Hertlein. Vgl. Cumont, les religions orient. Paris 1906 p. 309; ferner
noch Joh. Stobaei eclogae ed. Meineke I p. 274 (902). Cumont bringt

allerdings ohne ganz strikte Beweisführung, als eine Lehre der Mithrasmysterien angesprochen.

Diese Vorstellung von der Bekleidung der Seele bei ihrem Abstieg aus der himmlischen Welt und ihrer Entkleidung bei dem Aufstieg ist allerdings in der Gnosis vielfach durch eine andersartige Idee verdrängt, nämlich, daß die Seele bei ihrem Aufstieg durch die Himmel die einzelnen dämonischen Widersacher, die ihr dort begegnen, durch Zauberformeln und Symbole zu überwinden und in die Flucht zu schlagen hat, um sich den Weg nach oben freizumachen. Es wäre aber merkwürdig, wenn wir in den erhaltenen gnostischen Systemen jene Idee, die ursprünglich dort ihren Heimatboden gehabt haben muß, nicht hier und dort wiederfänden. Und sie findet sich in der Tat, wenn auch unter gewissen Verkleidungen und Entstellungen. So können wir sie in dem System des Basilides nachweisen. Erst von jenen oben gesammelten Parallelen aus begreifen wir, was es heißt, daß nach Clemens Alexandrinus (Stromat. II 20, 112): „οἱ ἀμφὶ τὸν Βασιλείδην προσαρτήματα τὰ πάθη καλεῖν εἰῴθασιν, πνεύματά τινα ταῦτα κατ᾽ οὐσίαν ὑπάρχειν προσηρτημένα τῇ λογικῇ ψυχῇ κατά τινα τάραχον καὶ σύγχυσιν ἀρχικήν"[1]. Auch verstehen wir von hier aus den merkwürdigen Titel des Werkes Isidors, des Sohnes des Basilides: „περὶ προσφυοῦς ψυχῆς (über die drangewachsene Seele Stromat II 20, 113)"[2]. Die deutlichsten und interessantesten Spuren dieser eigentümlichen Anthropologie finden wir übrigens in der Pistis Sophia c. 111 und 131—133. Die Anthropologie

---

diese Idee von der Bekleidung der Seelen in den Himmelssphären mit der alten Idee zusammen, daß die Seelen Kleider brauchen, — schwerlich mit Recht; denn es handelt sich hier ja um die Bekleidung der Seelen bei dem Abstieg in die körperliche Welt, während sie bei dem Aufstieg gerade entkleidet werden.

1. Ganz parallel läuft die Ausführung bei Jamblichus, de mysteriis VIII 6 (Reitzenstein, Poimandres 107): δύο γὰρ ἔχει ψυχὰς . . . . ὁ ἄνθρωπος, καὶ ἡ μέν ἐστιν ἀπὸ τοῦ πρώτου νοητοῦ . . . . ἡ δὲ ἐνδιδομένη ἐκ τῆς τῶν οὐρανίων περιφορᾶς, εἰς ἣν εἰσέρπει ἡ θεοπτικὴ ψυχή. Vgl. was über die πρὸς τοὺς νοητοὺς θεοὺς ἄνοδος der höheren Seele gesagt wird.

2. Vgl. die Ausführungen Valentins, Stromat. II 20, 114. Von hier aus wird es vielleicht auch deutlich, was Bardesanes meint, wenn er behauptet, der Mensch habe »eine Seele von den Sieben« (Ephraem. Hymn. 53 p. 553 E).

der Pistis Sophia unterscheidet am Menschen vier resp. fünf
Teile: die (göttliche) Kraft, die Seele, den Körper, das dem
Menschen beigegebene Verhängnis und schließlich, der Seele
beigesellt, das sogenannte ἀντίμιμον πνεῦμα, den Ursprung
und die Ursache aller Schlechtigkeiten in der menschlichen
Seele (c. 111 S. 182). Dieses ἀντίμιμον πνεῦμα ist offenbar
nichts anderes als die προσφυὴς ψυχή des Isidor, die προσαρτήματα des Basilides und auch nichts anderes wie die Eigenschaften und Kleider, welche die menschliche Seele bei ihrem
Durchgang durch die Planetensphären anzieht. Wir finden
demgemäß über die Entstehung des menschlichen Wesens und
des ἀντίμιμον πνεῦμα (c. 131 p. 218 ff.) folgenden interessanten
Bericht. Die neuen Seelen, die gebildet werden, werden nach
der Anschauung der Pistis Sophia aus der Hefe des gereinigten
Lichtes genommen und von den fünf großen Archonten der
„εἱμαρμένη" gebildet. »Es kneten die fünf großen Archonten
der großen εἱμαρμένη die Hefe miteinander, teilen sie und
machen sie zu verschiedenen Seelen, damit ein jeder der Archonten der Aeonen, ein jeder von ihnen, sein Teil in die Seele
lege«. Hier finden wir deutlich die Züge der oben erwähnten
Lehre wieder. Die fünf großen Archonten der εἱμαρμένη sind
nichts anderes als die fünf planetarischen Gestirngeister, von
denen freilich Sonne und Mond, die erst die Siebenzahl voll-
machen würden, getrennt erscheinen. Wenn es hier heißt, daß
sie die Seelenmaterie kneten und die Hefe miteinander teilen,
damit ein jeder von ihnen sein Teil in die Seele lege, so erkennen wir mit Sicherheit die Anschauung, daß die Seele von
einer jeden der Planetensphären eine bestimmte Eigenschaft
bei ihrem Durchgang durch dieselben empfängt. An einer
anderen Stelle beteiligen sich sogar die sieben Gestirngeister an
der Schaffung der Seele. S. 219 heißt es: »Und die fünf
großen Archonten der großen εἱμαρμένη und der Archon der
Sonnenscheibe und der Archon der Mondscheibe blasen mitten
hinein in jene Seele, und es kommt heraus aus ihnen ein Teil
aus meiner Kraft«. Nur das hier diesmal nicht die schlechten
Eigenschaften der Seele, sondern die göttliche Kraft auf die
Einblasung der Sieben zurückgeführt wird. Wieder etwas anders
heißt es dann (S. 222), daß die Archonten das ἀντίμιμον πνεῦμα
in die Seele hineinsiegeln oder, daß die Archonten der Aeonen

die Seele dem ἀντίμιμον πνεῦμα übergeben und daß dann die
Liturgen dieser Aeonen, an Zahl 365, die Seele, die Kraft,
das ἀντίμιμον πνεῦμα und das Verhängnis zusammenbinden
(223, 20) und so in die Welt (in den Mutterleib) hinabbringen
und zur Geburt befördern. Bemerkenswerterweise wird in
diesem Zusammenhange auch gesagt, daß das ἀντίμιμον πνεῦμα
das Äußere der Seele sei (222, 39). Das erinnert wiederum
deutlich an jene Vorstellung von der Bekleidung der Seele bei
ihrer Fahrt durch die Planetenwelt. Dazu sind endlich nach
der Anschauung der Pistis Sophia die Mysterien notwendig,
daß der Mensch imstande sei, sich von den Banden und Siegeln, mit denen die Archonten ihn an das ἀντίμιμον πνεῦμα
gefesselt haben, zu lösen. — Beachtenswert ist auch noch,
daß im System der Pistis Sophia von der Erschaffung der
neuen Seelen unterschieden wird die Rückkehr oder die Rück-
sendung der alten Seelen, also der Seelen, die schon einmal
diesen Weltlauf durchgemacht haben, in diese Welt hinein.
Von den alten Seelen wird nun unter Aufnahme der bekannten
platonischen Vorstellung gesagt, daß sie den Becher der Vergessenheit zu trinken bekommen, aber von diesem Becher heißt es 218, 4:
»Und jener Becher des Vergessenheitswassers wird Körper außerhalb der Seele, und er wird der Seele gleich in allen Formen und
ihr ähnlich, welches ist das sogenannte ἀντίμιμον πνεῦμα«. Oder
219, 1 ff.: »Und jener Becher der Vergessenheit wird zum
ἀντίμιμον πνεῦμα für jene Seele und bleibt außerhalb der
Seele, indem er Kleid für sie ist und ihr in jeder Weise gleicht«.
Diese merkwürdige Vorstellung, daß der Becher der Vergessenheit Kleid und Hülle der Seele und ἀντίμιμον πνεῦμα wird,
erklärt sich ebenfalls nur durch eine Kombination der bekannten
platonischen Anschauung mit einer andern fremdartigen. Wir
könnten etwa sagen, um jene Vorstellung zu erklären, daß durch
den Becher der Lethe die Seele in die Materie hinabsinkt und
bei diesem Hinabsinken durch die Planetensphäre mit dem
materiellen Kleide oder dem ἀντίμιμον πνεῦμα, der unheilvollen
Beigabe der Planetengeister, bekleidet wird.

Die letzten Spuren dieser Anschauung finden wir endlich
im manichäischen System. Wenigstens behaupten verschiedene
Kirchenväter (und ihr Bericht wird doch wohl den Tatsachen
entsprechen, obwohl Baur [das Manichäische Religionssystem

S. 165 ff.] es stark bezweifelt), daß sie bei den Manichäern eine
doppelte Lehre von der Seele gefunden hätten. So sagt Titus
von Bostra II 6: »Die Anhänger des Manes versuchen nachzuweisen, daß wir zwei entgegengesetzte Naturen besäßen, weil
wir bald das Schlechte begehren, bald das Gute«. I 23: »Der
Mensch habe einen Leib der Bosheit, eine Seele vom Guten,
sei es daß sie eingestaltig, sei es daß sie aus entgegengesetzten
Bestandteilen zusammengesetzt sei«. I 27: »Wir wollen annehmen nach der falschen Lehre jenes (des Mani), daß auch
die Seele des Menschen aus Gutem und Bösem besteht«.
Augustin behauptet ausdrücklich Op. imperf. contra Jul. III
172: »Sie stellen die wahnwitzige Behauptung auf, daß zwei
Seelen in einem Menschen seien, eine böse und eine gute,
die von ihren entgegengesetzten Prinzipien emaniert sind«. Er
hat auch eine eigene Schrift »De duabus animabus contra
Manichaeos« geschrieben, in deren Anfangsworten es heißt:
»Animarum illa duo genera, quibus ita singulas naturas pro-
priasque tribuerunt, ut alterum de ipsa dei esse substantia, al-
terius vero deum nec conditorem quidem velint accipi«. Demgemäß sei nach Mani die concupiscentia nicht ein vitium substantiae bonae, sondern selber mala substantia« (Opus imperf.
contra Jul. I 172). Und ebenso deutlich äußert sich endlich
Augustin, contra duas epistolas Pelagii IV 4: »Und darin
stimmen die Manichäer mit den Pelagianern überein, daß das
Verbrechen des ersten Menschen nicht auf das ganze Geschlecht
übergegangen sei, weder vermöge des Fleisches, von dem sie
behaupten, daß es niemals gut gewesen sei, noch vermöge
der Seele, von der sie darlegen, daß sie »cum meritis inqui-
namentorum suorum«, mit denen sie vor dem Fleisch (dem
Kommen ins Fleisch) befleckt war, in das Fleisch des Menschen komme«. Was wir hier finden ist ein unmittelbarer
Reflex der oben dargestellten Anschauung, daß die Seele
sich bereits bei ihrer Herabkunft aus den oberen Welten in
diese untere mit den niederen Bestandteilen ihres Wesens ver-
binde. Wenn man sich diese Parallelen vergegenwärtigt, so
wird von einer Abschwächung der manichäischen Lehre von
der doppelten Seele, wie sie Baur versucht hat, kaum die Rede
sein dürfen, zumal da gerade auch die Pistis Sophia, die auch
sonst in so enger Verwandtschaft mit den Grundanschauungen

der manichäischen Lehre steht, diese Anschauung bietet. Eine andere Frage ist es, ob der Manichäismus bereits in seinen ersten Anfängen diese Anthropologie besessen hat oder ob sie erst später bei seinem Vordringen nach dem Westen an ihn herangebracht sei.

Es ist also doch, wie die Andeutungen in den Systemen des Basilides, des Isidor und des Mani und die breiteren Ausführungen der Pistis Sophia beweisen, jener mit der Annahme der niederen planetarischen Sphären zusammenhängende anthropologische Dualismus auch in der Gnosis nachweisbar[1].

Exkurs V (zu Kapitel III).
Nimrod und Zoroaster.

Wir nehmen als Ausgangspunkt unserer Untersuchung jene schon oben erwähnte merkwürdige Überlieferung, die sich in den klementinischen Homilien, wie in den Rekognitionen findet, also jedenfalls der Grundschrift angehört haben muß. Da die Homilien sie besser erhalten haben, so beginnen wir mit deren Darstellung. Hier heißt es Ho. 9, 3f.: „$\tilde{\omega}\nu$ (von denen, die nach der Flut nach der Herrschaft strebten) $\varepsilon\tilde{\iota}\varsigma$ $\tau\iota\varsigma$ $\dot{\alpha}\pi\dot{o}$ $\gamma\acute{\varepsilon}$-$\nuο\upsilon\varsigma$ $\tilde{\omega}\nu$ $X\acute{\alpha}\mu$ [$\tauο\tilde{\upsilon}$ $\piο\iota\acute{\eta}\sigma\alpha\nu\tauο\varsigma$ $\tau\dot{o}\nu$ $M\varepsilon\sigma\tau\varrho\acute{\varepsilon}\mu$, $\dot{\varepsilon}\xi$ $ο\tilde{\upsilon}\pi\varepsilon\varrho$ (nämlich $X\acute{\alpha}\mu$) $\tau\dot{\alpha}$ $A\dot{\iota}\gamma\upsilon\pi\tau\acute{\iota}\omega\nu$ $\varkappa\alpha\grave{\iota}$ $B\alpha\beta\upsilon\lambda\omega\nu\acute{\iota}\omega\nu$ $\varkappa\alpha\grave{\iota}$ $\Pi\varepsilon\varrho\sigma\tilde{\omega}\nu$ $\dot{\varepsilon}\pi\lambda\acute{\eta}\vartheta\upsilon\nu\varepsilon\nu$ $\varphi\tilde{\upsilon}\lambda\alpha$] $\dot{\varepsilon}\varkappa$ $\tauο\tilde{\upsilon}$ $\gamma\acute{\varepsilon}\nuο\upsilon\varsigma$ $\tauο\acute{\upsilon}\tauο\upsilon$ (nämlich Chams) $\gamma\acute{\iota}\nu\varepsilon\tau\alpha\acute{\iota}$ $\tau\iota\varsigma$ $\varkappa\alpha\tau\grave{\alpha}$ $\delta\iota\alpha\deltaο\chi\grave{\eta}\nu$ $\mu\alpha\gamma\iota\varkappa\grave{\alpha}$ $\pi\alpha\varrho\varepsilon\iota\lambda\eta\varphi\dot{\omega}\varsigma$ $\dot{o}\nu\acute{o}\mu\alpha\tau\iota$ $N\varepsilon\beta\varrho\dot{\omega}\delta$ ... $\dot{o}\nu$ $ο\dot{\iota}$ $^{\prime}E\lambda$-$\lambda\eta\nu\varepsilon\varsigma$ $Z\omega\varrhoο\acute{\alpha}\sigma\tau\varrho\eta\nu$ $\pi\varrhoο\sigma\eta\gamma\acute{o}\varrho\varepsilon\upsilon\sigma\alpha\nu$.“ »Unter ihnen war einer aus dem Geschlecht des Cham [des Vaters des Misraim, von dem die Stämme der Ägypter und Babylonier und Perser sich vermehrten], aus dem Geschlecht dieses Cham (der Satzanfang ist anakolutisch wieder aufgenommen) stammt einer mit Namen Nimrod, der in der Nachfolge die magische Kunst überkam ..., den die Hellenen Zoroaster nennen.« Hier wird also — wenn Übersetzung und angedeutete Erklärung der Stelle richtig sind — behauptet, daß der aus dem Geschlecht des Cham stammende Nimrod identisch sei mit dem von den Griechen soge-

---

1. Vgl. noch die Anthropologie der Excerpta ex Theodoto c. 51—56. Selbst in der jüdischen Kabbala zeigen sich noch Spuren der vorgetragenen Anschauung. Karppe, Zohar p. 367.

nannten Zoroaster. Die Auffassung der Stelle aber wird bestätigt durch eine Reihe von späteren Notizen bei den Kirchenvätern, die in ihrem Bericht von den Homilien oder von einer
diesen sehr ähnlichen Schrift abhängig sind. So kennt Epiphanius[1] (adversus Haer. 1, 6) die Gleichsetzung des Nimrod, den
er nach Genesis 10 als Sohn des Chus, des Sohnes Chams
($\tau o \tilde{v}$ $A i \vartheta i o \pi o \varsigma$), einführt, mit Zoroaster, obwohl er sie bezweifelt[2]. Von Epiphanius abhängig ist Procopius von Gaza
(in Genesim 11), identifiziert aber, da er diesen mißversteht, den
Nimrod mit Assur. Einen ähnlichen Bericht bringt auch Gregor
von Tours (Hist. Franc. I 5), nur daß er offenbar durch ein
Mißverständnis seiner Quelle den Cham, den Vater des Nimrod,
mit Zoroaster identifiziert. Endlich identifizieren Hugo von
St. Victor (Adnot. educidat. in Pentateuch. Migne P. L. 175.
col. 49) und Petrus Comestor (Hist. scholast. lib. Genes. c. 39.
P. L. 198, col. 1098 f.) Cham und Zoroaster, der hier zugleich
nach der bekannten Sage König der Baktrer und Gegner des
Ninus ist.

Auch in der Parallele der Rekognitionen findet sich, wie
schon angedeutet, der entsprechende Bericht; doch ist er hier
merkwürdig entstellt (4, 27): »Ex quibus unus, Cham nomine, cui-
dam ex filiis suis, qui Mesraim appellabatur, a quo Aegyptiorum
et Babyloniorum et Persarum ducitur genus, male compertam
magicae artis tradidit disciplinam. Hunc gentes, quae tunc
erant, Zoroastrem appellaverunt.« Hier ist durch ein grobes
Mißverständnis der Grundschrift, die uns in den Homilien
erhalten ist, die Kombination Nimrod-Zoroaster zerrissen und
die andere gegenstandslose und uns nicht weiter interes-
sierende Zoroaster-Misraim eingeführt. Auf der andern Seite

---

1. Eine sehr brauchbare Sammlung der »Zeugnisse« über Zoroaster
findet sich bei W. Jackson, Zoroaster, the prophet of ancient Jran 1899,
p. 231—259.

2. Epiphanius fügt außer dem Bericht über den Zusammenhang mit
Assur noch hinzu, daß Zoroaster der Erfinder der Magie und Astrologie
sei, daß er nach Baktrien ausgewandert sei, und daß Nimrod ihm vielmehr mit Kronos (lies nach dem von Epiphanius abhängigen Procopius
von Gaza, Comm. in Genesim 11, Migne P. G. 87 a, col. 312: $o \tilde{v} \tau o \varsigma$ $\tilde{\eta} v$ $\dot{o}$
$K \varrho \acute{o} v o \varsigma$) identisch erscheine, Nimrod aber und Zoroaster der Zeit nach
zusammengehörten.

ist die Figur Nimrods in diesem Zusammenhang ganz verschwunden, offenbar weil dem Verfasser der Rekognitionen für
Nimrod eine andere Kombination vorlag (4, 29: rex appella-
tur quidam Nimrod, quem et ipsum Graeci Ninum voca-
verunt). Nebenbei mag erwähnt werden, daß unmittelbar von
dieser Stelle der Rekognitionen der Bericht Chron. Paschale
ed. Bonn. I 49 abhängig ist, nur daß hier Misraim-Zoroaster
noch außerdem zum Baktrer gemacht wird. Einen letzten
Nachklang dieser Kombinationen haben wir in Hist. Brettorum
(Chron. min. ed. Mommsen III 151): »Zoroastres, filii Mesram,
filii Cham«.

Doch wird an einer anderen Stelle der Rekognitionen die
Auffassung der Homilien und die Kombination Nimrod-Zoroaster
noch direkt bestätigt. Rec. 1, 30 heißt es: »Im 17. Geschlecht
(der Menschen) regierte in der Gegend von Babylon als erster
Nimrod, und er baute die Stadt und wanderte von dort zu den
Persern und lehrte sie die Feuerverehrung«. Ist Nimrod hier
auch nicht Zoroaster genannt, so ist er doch mit aller Deutlichkeit als solcher charakterisiert. Ja die Darstellung der
Homilien gibt geradezu die Erklärung für dieses kurze und
rätselhafte Fragment. Eine Kombination der Berichte von Rek.
4, 29 (4, 27) und 1, 30 liegt Chron. Paschale (ed. Bonn.) I 50
vor. Hier scheint Nimrod mit Ninus identifiziert, und auf der
anderen Seite wird behauptet, daß er Babylon gegründet und
den Assyrern (hier an Stelle der Perser) die Feuerverehrung
gebracht habe[1]. Und so begegnet uns auch an noch anderen
Stellen die Identifikation Nimrod-Zoroaster, ohne daß diese
deutlich ausgesprochen würde. In einem weiteren Bericht des
Chron. Paschale I 64, den dieses wieder mit der »Malalasgruppe«[2] der byzantinischen Chronographie gemeinsam hat, wird

---

1. A. Waitz, Pseudoklementinen S. 45, irrt in der Annahme, daß
Chron. Paschale hier nicht aus den Rekognitionen, sondern aus der
gemeinsamen Grundschrift von Homilien und Rekognitionen geschöpft
habe. Die geringen Abweichungen von Rek. erklären sich aus der Annahme, daß Chron. Paschale einen etwas anderen Text der Rek. besaß.
Über allem Zweifel aber ist die Abhängigkeit des Chron. von Rek.,
deren eigentümliche Fehler und Entstellungen es überall teilt.

2. Ἐκλογὴ Χρονικῶν bei Cramer, Anecdot. Paris. II 175 f., Johannes
Antiochenus bei Müller, Fragm. Hist. Graec. IV 541.

Nimrod als Sohn des Chus mit dem Beinamen »Aethiops«, des Sohnes Sems[1] (!) eingeführt. Von ihm wird berichtet, daß er Gründer von Babylon sei, bei den Persern vergottet und als Orion[2] unter die Sterne versetzt wurde, endlich daß er über die Perser herrschte. Der mit der Malalasgruppe zusammenhängende Bericht des Georgius Monachus (identisch mit dem unechten Prooemium des Malalas) fügt dem Obigen noch hinzu, daß Nimrod die Perser in der Astronomie und Astrologie unterrichtet habe, und daß diese Künste von den Magusäern zu den Griechen gekommen seien[3]. Endlich finden sich die charakteristischen Wendungen des Berichts auch bei Georgius Cedrenus (Migne P. G. 121, col. 56f.) und in den Excerpta Salmasii (Fragm. Hist. Graec. IV 541); nur bringen beide Quellen ihren Nimrod nicht mit den Persern, sondern mit den Assyrern in Verbindung (vgl. Chron. Paschale I 50), und Cedrenus fügt noch hinzu, daß Nimrod identisch mit Kronos und Gemahl der Semiramis sei.

Besonders beachtenswert sind in diesem Zusammenhang noch einige orientalische Quellen, vor allem der Bericht der syrischen Schatzhöhle. Hier heißt es (übers. von Bezold S. 33 f.):»Und in den Tagen Nimrods des Riesen erschien ein Feuer, welches aus der Erde aufstieg, und Nimrod stieg hinab und betete an und stellte Priester an, die dort dienten und Weihrauch hineinwarfen. Und seit dieser Zeit fingen die Perser an, das Feuer anzubeten bis auf den heutigen Tag«. Im weiteren Verlauf wird dann von der Einführung der Verehrung des Rosses durch Sîsân (= Sasan, Ahnherr der Sassanidendynastie) berichtet und darauf erzählt, daß der Priester Îdâšer (Ardashir ist der Name des Gründers der Sassanidendynastie) den im Feuer waltenden Dämon um die Weisheit Nimrods ge-

---

1. Die falsche Zurückführung auf Sem ist durch den Zusammenhang gegeben. Nimrod ist nach der in diesen Quellen vorliegenden Gesamtanschauung mit Bel-Kronos identisch, und Bel-Kronos, der Ahnherr von Babylon und Assur, gehört natürlich zu den Söhnen Sems.

2. Mit Orion wird Nimrod auf Grund von Genesis 10 in Zusammenhang gebracht. Nimrod der Riese erhält das Gestirn des Riesen.

3. Die Wendung findet sich in Joels Chronographie cap. 4 (Migne P. G. 139, col. 225) und in der Chronographie des Michael Glykas (ed. Bonn. p. 244) wieder.

beten habe[1], und wie dieser die Erfüllung des Gebetes zugesagt
habe unter der Bedingung, daß er die Verwandtenehe (alte
hochheilige persische Sitte) einführe. Genau der gleiche Bericht liegt in dem von der Schatzhöhle abhängigen Adamsbuch
des Morgenlandes vor (übers. von Dillmann S. 119 ff.). Auch
findet sich eine ähnliche Erzählung unter den Namen des
Ephraem und Eutychius bei Lagarde, Materialien p. 96. Nimrod soll danach gesehen haben, wie die Sonne feurig aus dem
Meere stieg, und deshalb das Feuer als Gott angebetet haben.
Darauf folgt auch hier der Bericht vom Feuerpriester Indschan,
den der Satan zur Verwandtenehe verführte. Auch in die
sagenhaften Erzählungen von der Begegnung und dem Kampf
Abrahams mit Nimrod in der spätjüdischen Literatur ist die
Vereinerleiung Nimrods mit Zoroaster eingedrungen. So for-
dert Nimrod, Bereschith Rabba c. 38, nach langem Disput den
Abraham auf, das Feuer anzubeten. »Wenn Du mich nur mit
Worten abfertigst«, sprach endlich Nimrod, »so wisse, ich bete
nur das Feuer an«. Auch der islamische Historiker Jakubi
erzählt, daß Nimrod, als er das aus der Erde hervorbrechende
Feuer sah, dieses angebetet habe. Aus dem Feuer habe der
Satan zu ihm geredet, und Nimrod habe an der Stelle einen
Feuertempel errichtet. Dann wird der Streit zwischen Nimrod
und Abraham in der sonst üblichen Weise erzählt. Wenn auch
in allen diesen Quellen der Name Zoroaster fehlt, so ist der
Zusammenhang doch ein so deutlicher, daß er nicht erst bewiesen zu werden braucht.

Diese merkwürdige Ineinssetzung der Figur des Persers
Zoroaster und des Babyloniers Nimrod in der jüdischen und
frühen christlichen Literatur hat nun eine interessante Parallele in der griechischen Überlieferung von der Gestalt des Zoroaster. Auch in dieser ist Zoroaster vielfach zu einem Babylonier, Chaldäer, Assyrer geworden. Bereits in einem der
ältesten Berichte, den wir in der griechischen Literatur über

---

1. Dazu vgl., daß von dem Gnostiker Mazdak (Ende des 5. Jahrh.)
berichtet wird, er habe einen Menschen sich in der Nähe des heiligen
Feuers verbergen lassen und behauptet, ein Dämon spräche aus dem
Feuer zu ihnen; er soll mit diesen Gaukeleien Eindruck auf den persi-
schen Herrscher gemacht haben (Spiegel, Eranische Altertumskunde
II 233).

den persischen Reformator besitzen, in dem des Aristoxenos
bei Hippolyt, Refut. I 2, p. 12, 57 ff., wird erzählt, daß Pythagoras auf seinen Reisen auch zu dem Chaldäer Zaratas
gekommen sei. Daß mit diesem Zaratas derselbe persische
Religionsstifter gemeint sei, den die Griechen sonst Zoroaster
nennen, daran kann m. E., obwohl oft anders geurteilt ist, gar
kein Zweifel sein. Zwar suchen ältere Berichterstatter einen
Unterschied zwischen dem Perser Zoroaster und dem Chaldäer
oder Assyrer Zaratas zu machen. So berichtet Clemens
Alexandrinus (Stromat. I 15, 70) von dem Perser Zoroaster,
dem Lehrer des Pythagoras, um dann einige Zeilen weiter
auf Grund des Berichtes des Alexander Polyhistor von dem
Assyrer Zaratus als Lehrer desselben Mannes zu sprechen.
Porphyrius (Vita Pythagorae 12) berichtet, daß Pythagoras mit
den übrigen Chaldäern und mit Zabratus (= Zaratus) verkehrt
habe, und dann wieder, daß er von den Magern gelernt habe.
Plinius (Hist. nat. XXX 2, 1) unterscheidet ausdrücklich
zwischen dem Perser Zoroaster und dem Meder Zaratus. Auch
Suidas nennt in seinem Lexikon eine ganze Reihe von Personen:
Zoroastres, Zoromasdres, Zares den Mager. Aber das beweist
nichts anderes, als daß diese Berichterstatter sich durch die verworrenen und widersprechenden Berichte über den persischen
Religionsstifter nicht mehr hindurchzufinden wußten und deshalb die Person verdoppelten oder verdreifachten. Auch von
modernen Forschern ist freilich dann und wann die Meinung
aufgestellt, daß wir es in der griechischen Überlieferung mit
zwei Weisen zu tun hätten, dem Perser Zoroaster und dem
Babylonier oder Assyrer Zaratus, Zarades (vgl. Windischmann,
Zoroastrische Studien S. 261 ff.). Doch ist diese Vermutung
gänzlich in die Luft gebaut. Wir haben auch nicht eine geschichtliche Spur von zwei Religionsstiftern mit ähnlichem Namen,
von denen der eine bei den Persern und Medern, der andere
unter den Assyrern und Babyloniern gewirkt hätte. Auch die
Verschiedenheit der überlieferten Namen kann einen Grund zu
dieser Annahme nicht abgeben. Es läßt sich unter anderem
sicher beweisen, daß mit dem Zarades der griechischen Überlieferung Zoroaster-Zarathustra gemeint ist. So soll nach
Theodor von Mopsueste (Photius, Bibl. c. 81) Ζασϱάδης das
uns bekannte Dogma vom Zervan erfunden haben (vgl. Moses

von Khoren, Hist. Arm. I 39: »Von Zervan sagt ein gewisser
Zradasht«). Theodoret (Ἑλληνικῶν παϑημάτων ϑεραπευτικαί
IX, Migne P. G. 83, col. 1045) beschreibt den Zarades bestimmt als
den Urheber der Gesetze der Perser (Verwandtenehe, Totenbe-
stattung). Ebenso findet sich in den Anathematismen des Mani
(Keßler 403) Zarades als einer der Vorgänger des Mani, und
da hier Zarades mit Buddha zusammensteht, kann an dessen
Identität mit Zarathustra nicht gezweifelt werden. Der gut-
unterrichtete Agathias sagt ausdrücklich (Hist. II 24, Migne
P. G. 88, col. 1381 f.): „οὗτος δὲ ὁ Ζωρόαστρος ἤτοι Ζαρά-
δης — διττῇ γὰρ ἐπ᾽ αὐτῷ ἡ ἐπωνυμία“. Wenn aber Zarades
und Zoroastres identisch sind, dann ist es unmöglich, wegen
der noch übrig bleibenden Namensform Zaratus noch einen
zweiten Religionsstifter zu rekonstruieren (vgl. auch die Form
Zoradus in der Apologie des Melito, Otto, Corp. apologet. IX
p. 426). Auch wenn in den Berichten (s. o.) Zoroastres wie
Zarades als Lehrer des Pythagoras bezeichnet werden, so ist
doch die Verdopplung dieses Lehrers des Pythagoras in zwei
Personen eine höchst prekäre Hypothese, die nur im äußersten
Notfall zuzulassen wäre. Es ist freilich richtig, daß das, was
Aristoxenos in seinem ausführlichen Bericht als Lehre des Za-
rades bezeugt, nichts weniger ist als die echte Theologie des
persischen Reformators (s. o. S. 153). Aber man wird auch
von vornherein nicht anzunehmen haben, daß das, was etwa in
Babylon im dritten vorchristlichen Jahrhundert als Lehre des
Zarades umlief, echte, altpersische Religion gewesen sei. Wir
haben aber schon oben konstatiert, daß hier eine interessante
Weiterbildung des persischen Dualismus vorliegt.

Uns interessiert nun diese Überlieferung, insofern sie den
Zaratus etc. bald zum Babylonier, bald zum Assyrer zu machen
scheint. Die Behauptung, daß der persische Reformator Babylonier bezw. Assyrer gewesen sei, scheint sich namentlich an die
Namensform Zarades, Zaratus anzuschließen. So bezeugt
Clemens Alexandrinus (Stromat. I 15, 70): „Ἀλέξανδρος ....
Ζαράτῳ (Cyrill, adv. Jul., Migne P. G. 76, col. 705 liest in
dem parallelen abhängigen Zeugnis: Ζαρᾷ) „τῷ Ἀσσυρίῳ
μαϑητεῦσαι ἱστορεῖ τὸν Πυϑαγόραν“[1]. Auch Porphyrius, Vita

1. Der Zusatz — diesen halten einige für Ezechiel — deutet

Pythagorae 12, sagt von diesem, daß er in Babylon mit den
übrigen Chaldäern zusammengetroffen und auch zum Zabratos
gekommen sei. Dem gegenüber kommt unter den Stellen, an
denen sich die ungewöhnliche Namensform für Zoroaster findet,
nur eine, soweit ich übersehen kann, in Betracht: Plinius, Hist.
nat. XXX 2, 1 bezeichnet den Zaratus ausdrücklich als
Meder. Zahlreich sind auch die Stellen, an denen Zoroaster
unter diesem Namen mit Babylon und Chaldäa in Beziehung
gesetzt wird. Lucian, Nekyomantia c. 6, setzt ohne weiteres
Babylon als den Ort an, wo man die Mager, die Schüler
und Nachfolger des Zoroaster, finde. Ammianus Marcellinus
XXIII 6, 32—34 überliefert gelegentlich der Schilderung
von Platos Reisen: »Cuius scientiae .... multa ex Chaldae-
orum arcanis Bactrianus addidit Zoroaster«. Johannes Lydus,
de mensibus II 3, spricht von den Chaldäern um Zoroaster
und Hystaspes. Gregor d. Gr. soll nach Michael Glykas (Ed.
Bonn. p. 244) in seiner Streitschrift gegen Julian geäußert haben,
daß die Babylonier durch Zoroaster zuerst die Astronomie erfunden hätten. Dieselbe Behauptung findet sich ohne Quellen-
angabe bei Georgios Hamartalos (Migne P. G. 110, col. 117).
In den Theologumena arithmetica (ed. Ast p. 43) lesen wir eine
Berufung auf: „Βαβυλωνίων οἱ δοκιμώτατοι καὶ Ὀστάνης καὶ
Ζωροάστρης“. Die Notiz ist deshalb wichtig, weil sie aus einer
alten Quelle, den Arithmetica des Nicomachus von Gerasa, geschöpft ist. Zu vergleichen ist endlich Suidas s. v. Ἀστρονομία:
»Als erste haben sie die Babylonier erfunden durch Zoroaster,
nach welchem auch Hostanes auftrat«. Ferner s. v. Ζωρομάσδρης:
„Χαλδαῖος σοφός“[1].

Wie erklärt sich dieser ständig wiederholte Irrtum, durch
welchen aus dem persischen Reformator ein Babylonier oder
Assyrer wird? Aus der Annahme, daß zu einer gewissen
Zeit, als jene Nachrichten entstanden, die Religion

---

darauf hin, daß Alexander hier möglicherweise eine jüdische Quelle
benutzt habe.

1. Hinzuzufügen ist endlich noch, daß auch die Snorra Edda
eigentümlicherweise den Zoroaster erwähnt. Sie bringt ihn mit dem
Turmbau von Babel in Verbindung, macht ihn zum König der Assyrer
und identifiziert ihn mit Bel. An einer anderen Stelle ist von dem
Irrtum, der von den Chaldäern und Assyrern ausging, die Rede.

der Perser in ihrer Zarathustrischen Form weit nach
Westen in das Gebiet Babylons und Assyriens, d. h.
des mesopotamischen Tieflandes, vorgedrungen war
und dort eine herrschende Rolle[1] spielte. Die griechischen Reisenden, die in der Diadochenzeit — denn so alt sind
jene Nachrichten — Mesopotamien und das babylonische Tiefland bereisten, brachten den Eindruck mit, daß dort die Lehren
des Magers Zarades-Zaratus-Zoroastres heimisch seien. Infolge
dieses Eindrucks wurde Zoroaster Babylonier oder Assyrer. So
konnte denn auch Pythagoras, der nach einem anderen älteren
Bericht einst im Heere des Assyrerkönigs Assarhaddon Kriegs-
dienste geleistet haben sollte, in Assyrien mit Zaratus zusammengetroffen sein. So wurde Zaratus das Haupt der Chaldäer, der
Erfinder der astronomisch-astrologischen Kunst, mit der ja ursprünglich seine Religion garnichts zu tun hatte.

So rückt denn nun auch jene rätselhafte Identifikation des
Zoroaster mit Nimrod in diesen interessanten religionsgeschichtlichen Zusammenhang ein. Diese ursprünglich jüdische Phantasie ruht ganz auf jener Anschauung, die wir in der griechischen Überlieferung nachweisen konnten. Auch den Juden des
babylonischen Tieflandes muß von einer bestimmten Zeit an
Zoroaster als der Urheber der in ihrer Umgebung herrschenden
heidnischen Religion, als der bekannteste und hervorragendste
Religionsstifter des Heidentums erschienen sein. So wurde auch
für sie Zoroaster Babylonier, Schöpfer der babylonischen Weisheit und Haupt der Chaldäer. Von dort war dann nur ein
Schritt zur Identifikation Zoroaster-Nimrod. Die Gestalt des in
der jüdischen Sage viel behandelten Tyrannen Nimrod und die
des persischen Religionsstifters, dessen Religion auch im babylonischen Tieflande die herrschende geworden war, fließen nunmehr zusammen, und so haben wir in dieser Identifikation
Nimrod-Zoroaster, die auf den ersten Anblick wie die Phantasie
eines müßigen Kopfes aussieht, einen letzten deutlichen Nachklang eines ungemein wichtigen religionsgeschichtlichen Vor-
ganges, nämlich des Vorwärtsdringens der persischen Religion
in das babylonische Tiefland. Auch von hier aus wird von

---

1. Über einen Kult des Zarathustra bei Mabug: Fragmente des
Melito, Corpus Apologetarum IX p. 426 und dazu eine Parallele bei
Theodor Bar-Kuni (Pognon 161).

neuem wahrscheinlich, daß der Grundbestand des klementinischen Schriftenkreises, in welchem jene Identifikation mit aller
Bestimmtheit vorgetragen wird, orientalischer (vielleicht syrischer)
Herkunft ist und in einem Milieu entstanden sein muß, in
welchem die persische Religion oder was man damals persische
Religion nannte, eine Hauptrolle spielte. Es ist sehr bemerkenswert, daß die einzige selbständige Quelle neben den Klementinen für die Tradition Nimrod-Zoroaster eine spezifisch morgenländische ist, nämlich die syrische Schatzhöhle.

Exkurs VI (zu Kapitel III).
Zoroaster-Seth.

Wir fanden oben gerade bei der Sekte der Sethianer Spuren
spezifisch persisch gefärbter, dualistischer Spekulationen. Es
wird das vielleicht kein Zufall sein; denn es läßt sich der Nachweis führen, daß die Figur des Zoroaster und des Seth sich
tatsächlich in der Tradition berührt haben, und daß man bei Erwähnung des Namens Seth vielfach an Zoroaster zu denken hat.

Unter dem Titel[1] »Weissagung des Seth« findet sich in
dem fälschlich dem Chrysostomus zugeschriebenen Opus imper-
fectum in Matthaeum (Migne P. G. 56, 638) folgender Bericht: Bei
einem Geschlecht, das fern im Osten am Ozean seine Wohnung
habe, sei eine gewisse Schrift unter dem Namen des Seth überliefert, die von dem bei der Geburt Christi erscheinenden Stern
und den Geschenken, die ihm dargebracht werden sollten, handle.
Diese sei durch Generationen von Vater auf Sohn überliefert,
und daher hätten sich bei ihnen Männer, die der himmlischen
Geheimnisse beflissen gewesen seien, abgesondert und der Er-
wartung des Sternes gewidmet. Und wenn einer gestorben sei,
sei der Sohn an die Stelle getreten. Diese seien zu einer bestimmten Zeit des Jahres auf einen Berg mit Namen Mons
victorialis gestiegen, auf dem sich eine Höhle mit Quellen und
auserwählten Bäumen befunden habe. Dort seien sie hinaufgestiegen, hätten sich gewaschen und drei Tage in Stillschweigen

---

1. Ich schließe mich im folgenden an Kuhn, Festgruß R. v. Roth
gewidmet, S. 217—221 an.

gebetet. Und so hätten sie auf den Stern gewartet, bis dieser
schließlich erschienen sei und sich auf den Mons victorialis
herabgelassen habe. Dieser Stern habe aber in sich die Gestalt
eines kleinen Knaben und über diesem die Gestalt eines Kreuzes
getragen. — Daran knüpft sich dann die Erzählung von der
Reise der Mager nach Bethlehem. Eine parallele Überlieferung
findet sich in der »Biene« des Salomon von Basra cap. 37
(Anecdota Oxoniensia, Semitic Series I p. 82). Sie wird hier
als Prophetie des Zârâ = Zârâdôšt über unseren Herrn bezeichnet, und daneben wird vermerkt, daß dieser Zârâdôšt der
Schreiber Baruch sei (also wieder eine andere Identifikation).
Hier weissagt also Zoroaster von dem großen König, der kommen
soll: »Ein Kind soll empfangen werden im Leib der Jungfrau.
Die Bewohner der Erde sollen sich versammeln, es auszurotten,
aber es nicht vermögen. Dann werden sie ihn kreuzigen, und
er wird in die Tiefen der Erde hinabsteigen und von dort erhöht werden und wiederkommen mit den Heeren des Lichts«.
Auf die Frage des Hystaspes, von wem der Betreffende seine
Macht haben werde und wer von beiden größer sein werde, antwortet Zarathustra: »Er soll aus meiner Familie abstammen,
ich bin er und er ist ich, er ist in mir und ich in ihm.« Daran
schließt sich eine Ermahnung Zarathustras an seine Söhne,
welche aus den Schätzen des Lichts und des Geistes stammen,
und die gesäet seien im Lande des Wassers und Feuers, daß
sie auf die Ankunft des großen Königs warten sollen. »War-
tend habt acht, er und ich sind eins«. Darauf schildert die
»Biene« den Zug der Könige nach Bethlehem unter der Leitung
des Sternes. Ein Stück dieser Überlieferung findet sich auch
in der syrischen Schatzhöhle (übers. v. Bezold S. 56 f.). Darnach sollen die Mager zwei Jahre vor der Geburt des Herrn
einen hellstrahlenden Stern gesehen haben und »in seiner Mitte
war ein Mädchen, welches einen Knaben trug, und auf dessen
Haupt war eine Krone gesetzt«. Darauf hätten sie in ihren
gelehrten Büchern nach der Deutung des Zeichens gesucht und
in dem Orakel des Nimrod (also auch hier wieder der uns jetzt
deutliche Hinweis auf Zoroaster) gefunden, daß ein König in
Juda geboren werden solle, und sofort hätten sie gemäß der
Tradition, die sie aus der Überlieferung ihrer Väter erhalten
hatten, den Osten verlassen (es ist auch hier von einem Herab-

steigen vom Berg die Rede) und seien nach Bethlehem gezogen.
Die Namen der drei Könige sind die persischen: Hormizd,
Jezdegerd, Peroz. Diese Erzählung der Schatzhöhle ist dann auch
in das morgenländische Adamsbuch (übers. von Dillmann S. 135)
übergegangen. Ähnliche Berichte finden sich noch im Evangelium infantiae Arabicum cap. 7 (Tischendorf, Ev. apocr. ²
p. 183 f.) und bei Gregorius Abû'l-farag (Hist. dynast. ed. Po-
cockius p. 54). Diese letzteren sind deshalb interessant, weil
auch sie bestimmt von einer Weissagung des Zoroaster reden
(vgl. noch Cumont l. c. I 42 f.).

Es ist bereits von Kuhn darauf hingewiesen, daß wir in
diesen Berichten eine merkwürdige Mischung christlicher und
persischer Religionselemente haben. Ich will nur einige Punkte
hervorheben. Ich setze zum Vergleich zunächst einen Satz aus
Spiegels »eranischen Altertümern« über die Geburt des persischen Erlösers hierher, der gewiß unabhängig und ohne Rück-
sicht auf die vorliegenden Quellen geschrieben ist (I, 254)[1]: »In
der Nähe des Sees (in welchem der Same Zarathrustras ge-
borgen ist) ist ein Berg, welcher »Berg Gottes« genannt wird.
An diesem leben immer viele Fromme. Diese reinen Männer
senden in jedem Jahr zu einer bestimmten Zeit ihre Töchter
aus, um in dem See zu baden«. Diese Darstellung spielt auf
ein bekanntes Stück der persischen Eschatologie an. Nach
dieser habe Zarathustra, als er sich seinem Weibe näherte,
dreimal den Samen fallen lassen, und dieser sei in einem See
aufbewahrt. Am Ende der einzelnen Millennien der letzten
Periode des Weltverlaufs sollen Jungfrauen in diesem See baden,
nacheinander schwanger werden und die drei persischen Erlöser gebären (Tiele, Geschichte d. Religion im Altertum II
307 ff.). Von hier aus verstehen wir eine Reihe von Zügen
jener merkwürdigen Erzählung, so in erster Linie die Weissagung
des Zarathustra in der »Biene«, daß der Messias aus seiner
Familie kommen solle: »Ich bin er und er ist ich, er ist in mir
und ich bin in ihm. Ich und er sind eins«. Wir haben
hier eine spezifisch persische Vorstellung über das Verhältnis
zwischen Zarathustra und den drei persischen Messias, übertragen auf das Verhältnis zwischen Zoroaster-Seth und dem

---

1. Vgl. Bundehesh 32, 8; Dînkard VII, auch die persischen Rivayets.

christlichen Messias. Die Erzählung von den Männern, die auf
dem Mons victorialis des Sterns des Erlösers harren, findet in
der persischen Legende von den reinen Männern bei dem »Berge
Gottes« ihre Parallele. Die Felshöhle auf dem Berge erinnert
an die Rolle, welche die Höhlen in dem Kultus der Mithrasreligion einnehmen[1]. Aber auch die Art, wie der hellleuchtende
Stern in jenen Legenden beschrieben wird, erinnert an persische
Vorstellungen. Wenn sich in dem Stern eine Jungfrau mit
einem Kinde findet, so kann das zwar christliche, aber ebensogut persische Vorstellung sein. Wenn der Knabe nach der
Schatzhöhle auf dem Haupt eine Lichtkrone trägt oder nach
dem Adamsbuch eine leuchtende Wolke wie eine Krone hat,
so werden wir wieder unmittelbar an das persische Ḥvarena erinnert. In der Offenbarung des Seth bei Pseudo-Chrysostomus
ist allerdings die Vorstellung von der Krone, dem Ḥvarena,
bereits verchristlicht und aus der Lichtkrone ein Kreuz geworden.
Daß andererseits christliche Elemente in jener Legende vorliegen, bedarf keines weiteren Beweises. Wir haben hier eine
Mischlegende, die immerhin eine intime Berührung mit der persischen Religion voraussetzt. Uns interessiert in diesem ganzen
Zusammenhang wesentlich die Gleichsetzung von Seth-Zoroaster.
Dieselbe Schrift, die in der einen Quelle als Offenbarung des
Seth erschien, erscheint in der anderen ausdrücklich als Offenbarung des Zarathustra. Daß sie ursprünglich eine christlich
bearbeitete Offenbarung des Zarathustra gewesen ist, daran kann
der nicht zweifeln, der die Darstellung in der »Biene« aufmerksam liest. In einem Nebenzweig der Überlieferung ist dann
also Seth an Stelle des Zarathustra getreten[2].

---

1. cf. Porphyrius, de antro nympharum c. 6.

2. Von hier aus erklärt sich vielleicht ein gut Teil des Sagen-
kreises, der sich um die Person Seths gewoben hat. So gilt Seth (wie
Zoroaster) in der späteren Überlieferung als Erfinder der Astronomie
(Zeugnisse dafür bei Fabricius cod. pseudepigr. Vet. Test. I 141—152.
II 49—51, vgl. bereits Josephus Ant. I § 68 f.). Seine Offenbarungen
soll auch Seth von einem Engel erhalten haben (Michael Glykas, An-
nal. p. 121; Suidas s. v. Seth). In einer Chronik, die nach Krum-
bacher, Gesch. d. byzantin. Literatur S. 329, ein Auszug aus dem
Werk des Malalas sein soll (Vaticanum Palatinum N. 277, Text bei
Fabricius p. 143 f.), wird erzählt, daß Seth plötzlich entrückt sei
und während seiner Entrückung Offenbarungen über die Zukunft er-

In diesem Zusammenhang haben wir nunmehr eine Notiz über die Sethianer bei Epiphanius Haer. 39, 3 einzustellen: „Ἀπὸ δὲ τοῦ Σήθ κατὰ σπέρμα καὶ κατὰ διαδοχὴν γένους ὁ Χριστὶς ἦλθεν αὐτὸς Ἰησοῦς, οὐχὶ κατὰ γένεσιν, ἀλλὰ θαυμαστῶς ἐν τῷ κόσμῳ πεφηνώς, ὅς ἐστιν αὐτὸς ὁ Σήθ ὁ τότε καὶ Χριστὸς νῦν ἐπιφοιτήσας τῷ γένει τῶν ἀνθρώπων, ἀπὸ τῆς μητρὸς ἄνωθεν ἀπεσταλμένος". Hier ist zwischen Seth und Christus dasselbe Verhältnis gesetzt, wie zwischen Zoroaster und dem »Messias« in der Biene des Salomo. Wie es dort heißt: »er und ich sind eins«, so heißt es hier: „ὅς ἐστιν αὐτὸς ὁ Σήθ". Allerdings ist die Vermittlung hie und dort eine andere. An eine wirkliche Geburt des Erlösers aus dem Samen des Seth scheint hier allerdings nicht mehr gedacht zu sein, sondern nur an ein wunderbares doketisches Erscheinen des Seth in Christus. Dennoch weist das „κατὰ σπέρμα καὶ κατὰ διαδοχὴν γένους" vielleicht auf eine ältere und ursprünglichere Anschauung zurück. Sollten hier nicht doch verborgene Zusammenhänge vorliegen? Wenn Seth auch hier = Zoroaster wäre, so würde von persischen Grundvorstellungen aus klar, wie bei den Sethianern die Idee entstand, daß Seth = Christus sei.

Exkurs VII (zu Kapitel III).

Samaritanische Taufsekten.

Auch auf die Samaritaner muß die ganze Bewegung der Taufsekten einen gewissen Einfluß ausgeübt haben. Epiphanius nennt unter den Sekten der Samaritaner auch eine der Sebuäer

---

halten habe. Selbst von einer göttlichen Verehrung des Seth ist die Rede (Theodoret quaest. in Genesim 47, Einleitung der Chronik des Malalas, Suidas s. v. Seth u. s. f.). Als Grund der göttlichen Verehrung des Seth wird bei Anastasius Sinaita (ὁδηγός ed. Gretser, p. 270) auf den wunderbaren Glanz (Hvarena!) hingewiesen, welcher den Seth umflossen haben soll (vgl. auch das Chronicon Vaticanum Palatinum). Besonders interessant sind in diesem Zusammenhang die Legenden des manichäischen Systems, die von einer Nachstellung der bösen Geister gegen Seth in dessen früher Jugend berichten (Flügel, Mani S. 92 f.). Von Zoroaster wird ganz Ähnliches erzählt. Man vergleiche auch noch was in der Schatzhöhle und im äthiopischen Adambuch über den Kultus des Seth in der Höhle, in der Adam bestattet war, berichtet ist.

(Haer. 11). Er weiß allerdings von dieser fast nichts Charakteristisches zu berichten, aber der Name »Sebuäer« spricht für sich selbst: wir haben hier eine samaritanische Taufsekte. Auch die verschiedenen Nachrichten über den samaritanischen Dositheus sind hier heranzuziehen. In den klementinischen Homilien und Rekognitionen erscheint Dositheus als Lehrer und Vorgänger des Simon Magus, und auch sonst spielt der Name des Dositheus eine Rolle gerade in der Geschichte der Taufsekten. Theodor Bar-Kuni (bei Pognon, Inscr. mandaïtues p. 224) bezeichnet die Mandäer geradezu als Anhänger des Dostaï (Dositheus). Ferner hat Pognon (p. 12) auf eine Stelle in der Chronik des Patriarchen Michael hingewiesen, die wahrscheinlich in ihrem ursprünglichen Text lautete: »In dieser Zeit (nämlich zwischen 480 und 485) erschien in Persien die Sekte der Kantäer (wahrscheinlich gleichbedeutend mit »Mandäer«) und der verächtlichen Dositheaner«. Auch Schahrastâni (Haarbrücker I 258) spricht von zwei Sekten der Samaritaner, den Dûsitânija und den Kûsânîja und charakterisiert die erste als lügnerische Sekte, die Kûsânîja als die wahrhafte Gemeinde. Sollte hier vielleicht eine Erinnerung daran vorliegen, daß die Mandäer sich mit Vorliebe als die »Wahrhaftigen« oder die »Zuverlässigen« bezeichnen? Dann würde auch hier neben den Dositheanern die Sekte der Mandäer genannt, so daß durch irgendwelche Begriffsverwirrung die Dositheaner und die Mandäer als zwei Sekten der Samaritaner erschienen. Eine eigentümliche Notiz über Dositheus bringt ferner Epiphanius Haer. 13. Hier wird erzählt, daß Dositheus, ein gelehrter Jude, später zu den Samaritanern übergetreten sei, eine Sekte gegründet und sich endlich in eine Höhle zurückgezogen habe, daß er dort an freiwillig herbeigeführtem Starrkrampf gestorben und sein Leib nachher von Würmern und Fliegen verzehrt sei. Dem entspricht, daß nach Origenes (»in Johannem« XIII 27) von Dositheus die Sage umging, daß er nicht gestorben sei, sondern noch lebe. Mit diesen Notizen steht offenbar ein Bericht des samaritanischen Schriftstellers Abu'l fath in enger Verbindung. Dieser bringt von einem Dusis, den er allerdings ins vierte nachchristliche Jahrhundert verlegt, einen Bericht, der aufs stärkste an Epiphanius erinnert[1]. Nach diesem hinterließ Dosi-

---

1. Vgl. die Übersetzung bei Montgomery, the Samaritans, Phila-

theus eine Reihe von Büchern und gab den Befehl, daß
keiner sie lesen sollte, bevor er sich in einer benachbarten
Quelle gewaschen hätte. Dann habe er sich zurückgezogen, sei
in eine Berghöhle gegangen und sei hier Hungers gestorben.
Ein Levi, Neffe eines Hohenpriesters, sei in diese Gegend gekommen, und es sei ihm von den Schriften des Dositheus und
dessen Befehlen berichtet. Er sei in die Quelle hinabgestiegen,
und wie er wieder herausgestiegen, habe er ausgerufen: »Mein
Glaube gilt Dir und Deinem Knechte, Dositheus!«   Dann
hätten sie die Bücher des Dositheus gelesen u. s. w. Es kann
gar keine Frage sein, daß wir auch hier eine Dositheussage,
die nur in eine falsche Zeit verlegt ist, vor uns haben, dieselbe
Dositheussage, die uns Origenes und Epiphanius erhalten haben
und die in eigentümlicher Weise an die Legenden vom Ende
des Zarathustra wie auch des Mani (vgl. auch die Legenden
von Simon) erinnert. Von Interesse ist noch, daß hier heilige
Bücher des Dositheus erwähnt werden, und vor allem, daß Dositheus in Verbindung mit einer Taufe gebracht wird.   Wie bei
Elxai, haben wir ein heiliges Buch oder heilige Bücher und
eine Taufe.   Es scheint nach diesen zerstreuten Notizen, als
wenn der auch bei den Kirchenvätern als Samaritaner geltende
Dositheus ein bei den verschiedenen Täufersekten weithin bekannter Name gewesen ist und seine Offenbarungen in ihrer
Geschichte eine Rolle gespielt haben. Es würde sich vielleicht
verlohnen, diesen Zusammenhängen in einer weiter angelegten
Untersuchung nachzugehen.

---

delphia 1907 p. 256—257, wie überhaupt den ganzen Abschnitt dort
über Dositheus p. 252—265.

Nachträge und Berichtigungen.

S. 16. Zum Beweise, daß Bardesanes die Spekulation über die sieben weltschöpferischen Planetengeister gekannt habe, kann man noch die Ausführungen Ephraems in einer seiner Oden anführen (Nicene a. Postnicene Fathers. II. Ser. Vol. XIII p. 130) »Verflucht sei unser Glaube, wenn er sich auf die Sieben richtet, die Aeonen die Bardesanes bekennt«. »Verflucht sei, wer seinen Schöpfer lästert und die Herrschaft den Sieben zuschreibt«.

S. 22. Herr Prof. Schürer machte mich auf weitere Notizen über die Religion der Ssabier aufmerksam, die Dozy in einer spanischen alchymistischen Schrift (Ghaŷa alhakîm) aus dem 11. Jahrh. entdeckt und die de Goeje (Akten des 6. Orientalistenkongresses Leiden 1883 p. 285—366) veröffentlicht hat. Das Bild jener merkwürdigen Sekte wird durch die interessanten Stücke hier und da mit neuen Zügen bereichert, aber nicht wesentlich verändert. In einer langen Ausführung wird hier unter anderm dargelegt, um welche Gaben man jede Planetengottheit bitten dürfe, in welcher Kleidung, mit welchen Opfern, Zeremonien und Gebetformeln man sich ihr zu nahen habe. Bemerkenswert ist, daß bei jedem Planeten von einem Engel die Rede ist, der demselben vorgesetzt sei, z. B. ist Ichbil über Saturn, Rufael (Roufiyaêl) über Jupiter gesetzt u. s. w. (p. 352 f. vgl. dazu o. S. 33. 41). Auch hier haben wir die uns bekannte künstliche und dem ursprünglichen Religionssystem nicht angehörige Verknüpfung des Planetendienstes mit einem gewissen Monotheismus.

S. 41 f. Eine Anspielung auf den Himmelssturm des Ahriman mit seinen Trabanten bietet bereits Plutarch, de Iside et Osiride c. 47, in einem in der Überlieferung leider verstümmelten Satz: οἱ δὲ ἀπὸ τοῦ Ἀρειμανίου γενόμενοι καὶ αὐτοὶ τοσοῦτοι (vorher war von den 6 und den 24 Trabanten des Oromazes die Rede) διατηρήσαντες τὸ ᾠὸν (das Weltenei, in das der höchste Gott die 24 Götter setzte) . . . . ὅϑεν ἀναμέμικται τὰ κακὰ τοῖς ἀγαϑοῖς.

S. 80. Zur Verschmelzung der syrischen Aphrodite mit der ägyptischen Isis vgl. die Darstellung »König Jehavmelek von Byblos vor der Göttin von Byblos« (Erman, ägypt. Religion S. 197). Hier haben wir die Aphrodite von Byblos in der Gestalt einer Göttin in spezifisch ägyptischer Gestalt (der Hathor-Isis) mit den Kuhhörnern, der Mondscheibe, dem Papyruszepter u. s. w.

S. 306. E. v. d. Goltz, Tischgebete u. Abendmahlsgebete (Texte u. Unters. N. F., XIV 2a S. 32) vermutet, daß die Eucharistiefeier der Acta Thomae als häusliche Feier des Abendmahls zu gelten haben.

S. 28 Z. 11 u. 13 lies statt Ruhâ d'Quudšâ: Ruhâ d'Qudšâ.

S. 31 Z. 11 v. u. lies statt Mândâ d'Hajê: Hibil-Ziwâ.

S. 115 Z. 10 v. u. lies statt mandäische: manichäische.

S. 278 Z. 13 v. u. lies statt synkretisch: synkretistisch.

Verzeichnis häufig und in Abkürzung zitierter Schriften.

Acta Thomae nach Acta apostolorum apocrypha ed. Bonnet II 2 1903 (syrischer Text: Wright, apocryphal acts 1871 II).

Baur, Chr. F., Das manichäische Religionssystem 1831.

Brandt, W., M. R. = Mandäische Religion 1889.

Brandt, W., M. S. = Mandäische Schriften 1893.

Bundehesh nach Sacred Books of the East V.

Cumont, F., I. II = Textes et Monuments relatifs aux Mystères de Mithra I 1899, II 1896.

Chwolsohn, die Ssabier Bd. I u. II 1856.

Dâdistân-î Dînîk (Pehlevi-Schrift) nach Sacred Books of the East XVIII.

Damascius zit. nach den Ausgaben v. Kopp 1826 und Ruelle 1889.

Dînkard (Pehlevi-Schrift) nach Sacred Books of the East XXXVII. XLVII.

Flügel, Mani 1862.

Hilgenfeld, Ketzergeschichte des Urchristentums 1884.

Hippolyt, Refutatio ed. Duncker-Schneidewin (nach dieser Ausgabe die Angabe der Seiten und Zeilen).

Jeûbücher (koptische) nach Kap., Seiten und Zeilen der Übers. von C. Schmidt (die griech.-christl. Schriftsteller der ersten drei Jahrh.). Kopt.-gnost. Schriften I 1905.

Irenaeus zitiert nach den alten Kapitel- und Paragraphen-Angaben von Massuet (nicht nach Harvey).

K. A. T. [3] E. Schraders Keilinschr. u. d. A. T. 3. Aufl. von Winckler und Zimmern I—II 1902. 1903.

Kessler, K., Mani I 1889.

Koptisch-gnostische Schrift, anonym, zitiert nach C. Schmidt s. o. »Jeûbücher«.

Minokhired (Pehlevi-Schrift) nach Sacred Books of the East XXIV.

Pistis Sophia zitiert nach C. Schmidt s. o. »Jeûbücher«.

S. B. E. = Sacred Books of the East.

Schahrastâni, Religionsparteien und Philosophenschulen übers. v. Haarbrücker 1850.

Theodor Bar-Kuni, Scholienbuch (Buch XI) übers. v. H. Pognon, Inscriptions Mandaïtes 1898—99 p. 159 ff.

Turfan, manichäische Fragmente von, nach F. W. K. Müller, handschriftliche Reste aus Turfan. Abhandl. d. Akad. z. Berlin 1904.

Ulemaï Islam, übers. von A. Vullers, Fragmente über die Religion des Zoroaster 1831.

Zâd-Sparam (Pehlevi-Schrift) nach Sacred Books of the East V.

Namen- und Sach-Register.

Basilikos 113
Baum d. Lebens 304f.
Baur, F. Chr. 1. 5. 7
Becher d. Vergessen-
heit (Lethe) 366
Behman (= Vohumano)
341
Behrâm 33. 42. 279
Bekleidung 303[2]
Bêl (= Kronos) 372[1]
s. Baal
Ben Asai (Rabbi) 200
Ben Soma (Rabbi) 200
Bhagavadgîtâ 214
Bhâq 32
Bithus, Bitos, Bithys
191. 192[1]
Blitz 180
BlitzartigesErscheinen
d. Urmenschen 222
Blumen b. d. Toten-
messe 310[1]
Bosporanisches Reich
90[2]
Brand (Element) 232
s. Weltbrand
Brandmarkung 286f.
Brandt, W. 3
Brautgemach (Sakra-
ment); 70. 263. 315f.
Brot 227f. 297[3]
Brotbrechen 306f.
Brundisi 186[1]
Buddhas Inkarnatio-
nen 214[1]
Buddhisten 229
Bundehesh 98. 120[2].
123. 203ff.
Bundesmahlzeit 308
Bundesschliessung 308
Byblos 80. 385
Bythos 16. 18. 107[1].
164. 267. 340. 341[3].
342

Cassianus 178
Çatapatabrahmana
213[1]
Caulacau 237
Celsus ü. d. Ophiten
10ff.
Cerdon 109f.
Chaldäer 207[2]. 224;
= Perser 225; chald.
Mythus v. d. Men-
schenschöpfung (Ur-

menschen) 20. 34.
193. 218
Cham 96. 144. 369f.
Chaos 99f. 105. 271f.
Charis 58
Christus 54. 69. 109.
111. 138f. 143. 154.
156. 161ff. 170f.
171[1]. 173.241.263ff.
274f. 339ff.
— Bedeut. s. Taufe
296[1]
— Sitz i. d. Sonne 222
— verborgener Name
291
Chronicon Paschale 371
Chronos (-Kronos) 45[1].
105[1]. 353
Chrysostomus, Dio 224
Çiva 214
Comana 72[2]
Cumont 25

Dâdistân-î Dînîk
203f.
Dämonen 192f; Ver-
treibung durch d.
Taufe 294. 301
Damascius 45. 105[1].
354f.
Daniel 196f. 219. 359
David (Daveithe), Aeon
15. 338
Dea Syria 26. 72[1]
s. Attargatis
Dekas d. Valentinianer
340f.
Demavend 41
Demiurg 182. 188. 343.
354f.
Diamartyria d.Jakobus
156. 227. 292[2]. 305
Dieterich, A. 5[1]
Dio s. Chrysostomus
Diodor, Bericht ü. d.
babylon. Rel. 22
Diodor d. Eretrier 153
Dînkard 203ff.
Dinon 225[3]
Dioskuren 78
Dlibat (Dilbat) 28
Dodekas d. Valentini-
aner 340f.
Doketen 125f. 182
296[1]. 330
Doketismus 95. 107.
110[2]. 111

Doppelgänger himm-
lischer 303[2]
Dositheus 81. 284[2].
383
Drache 182
— Bewacher der Perle
252f.
— d. Finsternis 100
— d. Unterwelt 166
— zu Babel 246[1]
Dreiheit s. Trias
Dreimalgewaltige Göt-
ter 60f.
Dualismus 91—159.
328. 361ff.
Dusis s. Dositheus

Ebioniten 154f. 173.
220. 285. 306
Edda 211[1]. 376[1]
Edem 73[1]. 133
Eiche, geflügelte 96
Eid (Initiationsakt)
293
Einschnitte, die fünf
166[1]
Ekklesia 163f. 177[1].
340
Eleleth 15. 38
Elemente 223—237.
135f. 140. 143. 307
Elemente, böse 232f.
Elemente, fünf 177f.
229—231
Elemente, vier 162.
223ff.
Elemente, zwölf 177
Eleusinische Myste-
rien 66[1]. 317
Eliezer, Rabbi 198
Elilaios 15
Elischa ben Abuja 199,
Elkesaiten 90. 292
(Taufformel); 154f.
(Beziehung z. d. ver-
wandten Sekten,
Dualismus); 173[1].
227 (d. 7 Schwur-
zeugen); 282ff. (Tau-
fe); 293[2] (Initiations-
eid)
Eloaeus s. Ailoaios
Elohim 133
Elxai 37[1]. 154ff. 384
Elxaibuch 282. 294
Emanationsgedanke
106. 329